Marcus von Welser

Urheberrecht im Prozess

De Gruyter Praxishandbuch

Marcus von Welser

Urheberrecht im Prozess

Urheberrechtliche Ansprüche und ihre Durchsetzung

DE GRUYTER

ISBN 978-3-11-055297-3
e-ISBN (PDF) 978-3-11-061720-7
e-ISBN (EPUB) 978-3-11-061557-9

Library of Congress Control Number: 2022940876

Bibliografische Information der Deutschen Nationalbibliothek
Die Deutsche Nationalbibliothek verzeichnet diese Publikation in der Deutschen Nationalbibliografie; detaillierte bibliografische Daten sind im Internet über http://dnb.dnb.de abrufbar.

Einbandabbildung: Maxger/iStock/Getty Images Plus
Satz: jürgen ullrich typosatz, Nördlingen
Druck und Bindung: CPI books GmbH, Leck

www.degruyter.com

Vorwort

Kaum ein anderes Rechtsgebiet entwickelt sich derzeit so schnell wie das Urheberrecht. Dies liegt unter anderem an dem technologischen Wandel, auf den das Urheberrecht Antworten finden muss. Digitalisierung und neue Geschäftsmodelle bestimmen heute die politische und juristische Debatte um das Urheberrecht.

Das vorliegende Buch behandelt die Ansprüche, die aus der Verletzung eines Urheberrechts oder eines verwandten Schutzrechts folgen, und deren Durchsetzung. Die kombinierte Darstellung des materiellen und prozessualen Rechts orientiert sich an den Bedürfnissen der Praxis. Den praktischen Anforderungen wurde auf zweierlei Weise Rechnung getragen. Zum einen bei der Themenauswahl, die sich auf die Bereiche konzentriert, die in der anwaltlichen Tätigkeit besonders häufig vorkommen. Zum anderen bei der inhaltlichen Darstellung, die sich vorrangig an der Rechtsprechung orientiert.

Das Buch berücksichtigt die umfassende Reform des Urheberrechts durch das „Gesetz zur Anpassung des Urheberrechts an die Erfordernisse des digitalen Binnenmarktes“ vom 31.5.2021, welches unter anderem die DSM-Richtlinie (RL 2019/790) und die Online-SatCab-Richtlinie (RL 2019/789) umsetzt.

Das Buch gliedert sich in vier Teile. Teil 1 gibt einen Überblick über das Urheberrecht, Teil 2 behandelt die Plattformhaftung nach dem neuen Urheberrechts-Diensteanbieter-Gesetz, Teil 3 stellt die einzelnen Anspruchsgrundlagen und -voraussetzungen vor und Teil 4 widmet sich der gerichtlichen und außergerichtlichen Durchsetzung der Ansprüche.

Das Buch ist auf dem Stand von August 2022

München, im August 2022 Marcus v. Welser

https://doi.org/10.1515/9783110617207-202

Inhaltsübersicht

Inhaltsverzeichnis

Abkürzungsverzeichnis

a.A.	anderer Ansicht
a.a.O.	am angegebenen Ort
abl.	ablehnend
ABl.	Amtsblatt
Abs.	Absatz
a.E.	am Ende
AEUV	Vertrag über die Arbeitsweise der Europäischen Union
a.F.	alte Fassung
AfP	Archiv für Presserecht
AG	Amtsgericht
AGB	Allgemeine Geschäftsbedingungen
AGICOA	Association de Gestion Internationale Collective des Œuvres Audiovisuelles
ALAI	Association Littéraire et Artistique Internationale
AmtlBegr	Amtliche Begründung
Anm	Anmerkung
Art	Artikel
AVAG	Gesetz zur Ausführung zwischenstaatlicher Verträge und zur Durchführung von Abkommen der Europäischen Union auf dem Gebiet der Anerkennung und Vollstreckung in Zivil- und Handelssachen
BAG	Bundesarbeitsgericht
BAGE	Entscheidungen des Bundesarbeitsgerichts
BayObLG	Bayerisches Oberstes Landesgericht
BB	Betriebs-Berater
BGB	Bürgerliches Gesetzbuch
BGBl	Bundesgesetzblatt
BGH	Bundesgerichtshof
BGHZ	Entscheidungen des Bundesgerichtshofes in Zivilsachen
BKartA	Bundeskartellamt
BMJ	Bundesministerium der Justiz
BNotO	Bundesnotarordnung
BORA	BerufsordnungfürRechtsanwälte
BPatG	Bundespatentgericht
BRAO	Bundesrechtsanwaltsordnung
BT-Drucks	Bundestags-Drucksache
BVerfG	Bundesverfassungsgericht
BVerfGE	Entscheidungen des Bundesverfassungsgerichts
BVerwG	Bundesverwaltungsgericht
CISAC	Confédération Internationale des Sociétés d'Auteurs et Compositeurs
CR	Computer und Recht
CRi	Computer und Recht International
CUII	Clearingstelle Urheberrecht im Internet

https://doi.org/10.1515/9783110617207-205

DAT	Digital Audio Tape
DB	Der Betrieb
ders	derselbe
DesignG	Gesetz über den rechtlichen Schutz von Design
dies	dieselbe(n)
DIN-Mitt.	Mitteilungen des Deutschen Instituts für Normung e.V.
Diss	Dissertation
DMA	Digital Markets Act (EU-Verordnungsvorschlag)
DMCA	Digital Millennium Copyright Act
DNS	Domain Name System
Dok	Dokument
DPMA	Deutsches Patent- und Markenamt
DSA	Digital Services Act (EU-Verordnungsvorschlag)
DSM-RL	Richtlinie (EU) Nr. 2019/790 über das Urheberrecht und dieverwandten Schutzrechte im digitalen Binnenmarkt und zur Änderung der Richtlinien 96/9/EG und 2001/29/EG
DVD	Digital Versatile Disc
E-Commerce-RL	Richtlinie (EG) Nr. 2000/31 über bestimmte rechtliche Aspekte der Dienste der Informationsgesellschaft, insbesondere des elektronischen Geschäftsverkehrs, im Binnenmarkt
EGBGB	Einführungsgesetz zum Bürgerlichen Gesetzbuch
Einf.	Einführung
Einl	Einleitung
EIPR	European Intellectual Property Review
EPA	Europäisches Patentamt
ErwG	Erwägungsgrund
EU	Europäische Union
EuGH	Gerichtshof der Europäischen Union
EuGVO	Verordnung (EU) Nr. 1215/2012 über die gerichtliche Zuständigkeitund die Anerkennung und Vollstreckung von Entscheidungen in Zivil- und Handelssachen
EuGVÜ	Europäisches Gerichtsstands- und Vollstreckungsübereinkommen
EuVTVO	Verordnung (EG) Nr. 805/2004 zur Einführung eines europäischenVollstreckungstitels für unbestrittene Forderungen
EUV	Vertrag über die Europäische Union
EuZVO	Verordnung (EG) Nr. 1393/2007 über die Zustellung gerichtlicherund außergerichtlicher Schriftstücke in Zivil- oder Handelssachen in den Mitgliedstaaten
EuZW	Europäische Zeitschrift für Wirtschaftsrecht
EWR	Europäischer Wirtschaftsraum
EWS	Europäisches Wirtschafts- und Steuerrecht
f., ff.	folgende
Fn	Fußnote
FS	Festschrift
FuR	Film und Recht

GATT	General Agreement on Tariffs and Trade
GEMA	Gesellschaft für musikalische Aufführungs- und mechanische Vervielfältigungsrechte
GG	Grundgesetz
GIF	Graphics Interchange Format
GPL	General Public License
GRCh	Charta der Grundrechte der EU
GRUR	Gewerblicher Rechtsschutz und Urheberrecht
GRURInt.	Gewerblicher Rechtsschutz und Urheberrecht International
GRUR-Prax	Gewerblicher Rechtsschutz und Urheberrecht – Praxis
GRUR-RR	Gewerblicher Rechtsschutz und Urheberrecht Rechtsprechungs-Report
GTA	Genfer Tonträgerabkommen
GÜFA	Gesellschaft zur Übernahme und Wahrnehmung von Filmaufführungsrechten mbH
GVBl	Gesetz- und Verordnungsblatt
GVG	Gerichtsverfassungsgesetz
GVL	Gesellschaft zur Verwertung von Leistungsschutzrechten mbH
GVGA	Geschäftsanweisung für Gerichtsvollzieher
GWB	Gesetz gegen Wettbewerbsbeschränkungen
GWFF	Gesellschaft zur Wahrnehmung von Film- und Fernsehrechten mbH
GWVR	Gesellschaft zur Wahrnehmung von Veranstalterrechten mbH
Hdb.	Handbuch
HGB	Handelsgesetzbuch
Hrsg.	Herausgeber
h. M.	herrschende Meinung
HZÜ	Haager Übereinkommen über die Zustellung gerichtlicher und außergerichtlicher Schriftstücke im Ausland in Zivil- oder Handelssachen
i. d. F.	in der Fassung
i. d. R.	in der Regel
IFG	Gesetz zur Regelung des Zugangs zu Informationen des Bundes
IFPI	International Federation of the Phonographic Industry
IIC	International Review of Intellectual Property and Competition Law
ILA	International Law Association
InfoSoc-RL	Richtlinie (EG) Nr. 2001/29 zur Harmonisierung bestimmter Aspekte des Urheberrechts und der verwandten Schutzrechte in der Informationsgesellschaft
insb.	Insbesondere
IP	Internet Protocol; Intellectual Property
IPR	Internationales Privatrecht
IPRax	Praxis des Internationalen Privat- und Verfahrensrechts
i. S. d.	im Sinne des
i. V. m.	in Verbindung mit
JEFTA	Japan-EU Free Trade Agreement
JBeitrG	Justizbeitreibungsgesetz
JZ	Juristenzeitung

Kap.	Kapitel
KG	Kammergericht
KUG	Gesetz betreffend das Urheberrecht an Werken der bildenden Künste und der Photographie
KUR	Kunstrecht und Urheberrecht
K&R	Kommunikation und Recht
LAN	Local Area Network
LG	Landgericht
LGVÜ	Luganer Übereinkommen über die gerichtliche Zuständigkeit und die Vollstreckung gerichtlicher Entscheidungen in Zivil- und Handelssachen
lit.	littera (Buchstabe)
LUG	Gesetz betreffend das Urheberrecht an Werken der Literatur und der Tonkunst
MarkenG	Markengesetz
MFM	Mittelstandsgemeinschaft Foto-Marketing
Mitt.	Mitteilungen der deutschen Patentanwälte
MMA	Madrider Markenrechtsabkommen
MMR	Multimedia und Recht
MStV	Medienstaatsvertrag
m. w. N.	mit weiteren Nachweisen
Nachw.	Nachweise
NetzDG	Gesetz zur Verbesserung der Rechtsdurchsetzung in sozialenNetzwerken
n. F.	neue Fassung
NJW	Neue Juristische Wochenschrift
NJW-RR	NJW-Rechtsprechungs-Report Zivilrecht
OGH	Oberster Gerichtshof (Österreich)
OLG	Oberlandesgericht
OMPI	Organisation Mondiale de la Propriété Intellectuelle
Online-SatCab-RL	Richtlinie (EU) Nr. 2019/789 mit Vorschriften für die Ausübung von Urheberrechten und verwandten Schutzrechten in Bezug auf bestimmte Online-Übertragungen von Sendeunternehmen und die Weiterverbreitung von Fernseh- und Hörfunkprogrammen und zur Änderung der Richtlinie 93/83/EWG
OVG	Oberverwaltungsgericht
PatG	Patentgesetz
PVÜ	Pariser Verbandsübereinkunft zum Schutz des gewerblichen Eigentums
RabelsZ	Zeitschrift für ausländisches und internationales Privatrecht
RBÜ	Revidierte Berner Übereinkunft zum Schutz von Werken der Literatur und der Kunst
RefE	Referentenentwurf
RegE	Regierungsentwurf
RIW	Recht der Internationalen Wirtschaft

RL	Richtlinie
Rn.	Randnummer
Rom-I-VO	Verordnung (EG) Nr. 593/2008 über das auf vertragliche Schuldverhältnisse anzuwendende Recht (Rom I)
Rom-II-VO	Verordnung (EG) Nr. 864/2007 über das auf außervertragliche Schuldverhältnisse anzuwendende Recht (Rom II)
RVG	Rechtsanwaltsvergütungsgesetz
S.	Seite
s.	siehe
SatÜ	Brüsseler Satellitenübereinkommen
StGB	Strafgesetzbuch
str.	strittig
TMG	Telemediengesetz
TKG	Telekommunikationsgesetz
TRIPS	WTO-Übereinkommen über handelsbezogene Aspekte der Rechte des geistigen Eigentums
TWF	Treuhandgesellschaft Werbefilm mbH
Tz.	Textziffer
u. a.	unter anderem
UFITA	Archiv für Urheber-, Film-, Funk- und Theaterrecht
UrhDaG	Gesetz über die urheberrechtliche Verantwortlichkeit von Diensteanbietern für das Teilen von Online-Inhalten
UrhG	Gesetz über Urheberrecht und verwandte Schutzrechte
UrhWissG	Urheberrechts-Wissensgesellschafts-Gesetz
URL	Uniform Resource Locator (Webadresse)
UStG	Umsatzsteuergesetz
UWG	Gesetz gegen den unlauteren Wettbewerb
VerlG	Gesetz über das Verlagsrecht
VFF	Verwertungsgesellschaft der Film- und Fernsehproduzenten mbH
VG	Verwertungsgesellschaft; Verwaltungsgericht
VG Bild-Kunst	Verwertungsgesellschaft Bild-Kunst
VGF	Verwertungsgesellschaft für Nutzungsrechte an Filmwerken mbH
VGG	Gesetz über die Wahrnehmung von Urheberrechten und verwandten Schutzrechten durch Verwertungsgesellschaften
vgl.	vergleiche
VG Media	Gesellschaft zur Verwertung der Urheber- und Leistungsschutzrechte von Medienunternehmen mbH
VG Musikedition	Verwertungsgesellschaft zur Wahrnehmung von Nutzungsrechten an Editionen von Musikwerken
VG WORT	Verwertungsgesellschaft der Wortautoren
VO	Verordnung

WahrnG	Gesetz über die Wahrnehmung von Urheberrechten und verwandten Schutzrechten
WAPT	WIPO Audiovisual Performances Treaty
WCT	WIPO Copyright Treaty
WIPO	World Intellectual Property Organization
WLAN	Wireless Local Area Network
WM	Wertpapier-Mitteilungen
WPPT	WIPO Performances and Phonograms Treaty
WRP	Wettbewerb in Recht und Praxis
WTO	World Trade Organization
WUA	Welturheberrechtsabkommen
WuW	Wirtschaft und Wettbewerb
z. B.	zum Beispiel
ZEuP	Zeitschrift für Europäisches Privatrecht
ZGE	Zeitschrift für Geistiges Eigentum
ZPO	Zivilprozessordnung
ZRHO	Rechtshilfeordnung für Zivilsachen
ZS	Zivilsenat
ZUM	Zeitschrift für Urheber- und Medienrecht
ZUM-RD	Zeitschrift für Urheber- und Medienrecht – Rechtsprechungsdienst

Verzeichnis abgekürzt zitierter Literatur

Berneke/Schüttpelz	Die einstweilige Verfügung in Wettbewerbssachen, 4. Auflage, 2018
Busche/Stoll/Wiebe	TRIPs, Internationales und europäisches Recht des geistigen Eigentums, 2. Auflage, 2013
Cepl/Voß	Prozesskommentar Gewerblicher Rechtsschutz und Urheberrecht, 2. Auflage, 2018
Dreier/Schulze	Urheberrechtsgesetz, Kommentar, 7. Auflage, 2022
Fromm/Nordemann	Urheberrecht, Kommentar, 12. Auflage, 2018
Loewenheim	Handbuch des Urheberrechts, 3. Auflage, 2021
Raue/Hegemann	Münchener Anwaltshandbuch Urheber- und Medienrecht, 2. Auflage, 2017
Schack	Urheber- und Urhebervertragsrecht, 10. Auflage, 2021
Schricker/Loewenheim	Urheberrecht, Kommentar, 6. Auflage, 2020
Schuschke/Walker/Kessen/Thole	Vollstreckung und Vorläufiger Rechtsschutz, 7. Auflage, 2020
Teplitzky	Wettbewerbsrechtliche Ansprüche und Verfahren, 12. Auflage, 2019
Ulmer	Urheber- und Verlagsrecht, 3. Auflage, 1980
Wandtke/Bullinger	Praxiskommentar zum Urheberrecht, 6. Auflage, 2022
Zöller	Zivilprozessordnung, Kommentar, 34. Auflage, 2022

https://doi.org/10.1515/9783110617207-206

Erster Teil: Grundlagen

Literatur: *Arnold*, Paintings from Photographs: A Copyright Conundrum, IIC 2019, 860; *Arnold/Rosati*, Are national courts the addressees of the InfoSoc three-step test?, GRUR Int. 2015, 1193; *Barth*, Der Kampf um die Werbung im Internet, 2020; *Bauer*, Die Aneignung von Bildern: Eine urheberrechtliche Betrachtung von der Appropriation Art bis hin zu Memes, 2020; *Birkmann*, Die Anknüpfung der originären Inhaberschaft am Urheberrecht, 2009; *Böcker*, Computerprogramme zwischen Werk und Erfindung, 2009; *de la Durantaye*, Weit und kollektiv – Vergriffene Werke und kollektive Lizenzvergabe mit erweiterter Wirkung nach der DSM-RL, GRUR 2020, 7; *de la Durantaye/Kuschel*, Regelungen zu nicht verfügbaren Werken, ZUM 2021, 785; *Dietz*, Das Droit Moral des Urhebers im neuen französischen und deutschen Recht, 1968; *Döhl*, Nach § 24 Abs. 1 UrhG: Zum Pastichebegriff im Kontext der anstehenden Neuaufstellung der Spielregeln freier Benutzung, UFITA 2019, 19; *ders.*, Das neue Bearbeitungsrechtsregime, kunstspezifisch betrachtet, ZUM 2020, 740; *Dörr*, Ist die Richtlinie fit für das digitale Zeitalter? Chancen und Grenzen der Online-SatCab-Richtlinie aus Rundfunksicht, ZUM 2019, 556; *Dreier*, Grundrechte und die Schranken des Urheberrechts, GRUR 2019, 1003; *Dreier/Schulze*, UrhG, Kommentar, 7. Auflage, 2022; *Ebers/Heinze/Krügel/Steinrötter*, Künstliche Intelligenz und Robotik, 2020; *Ferrari/Kieninger/Mankowski*, Internationales Vertragsrecht, 3. Auflage, 2018; *Ficsor*, Guide to the Copyright and related Rights Treaties Administered by WIPO, 2004; *Fischer*, Digitale Kunst und freie Benutzung: Systematisierung und Flexibilisierung, 2018; *Forkel*, Lizenzen an Persönlichkeitsrechten durch gebundene Rechtsübertragung, GRUR 1988, 491; *Gabler*, Die urheberrechtliche Drittnutzung zwischen Vervielfältigung, Bearbeitung und freier Benutzung, 2018; *Ginsburg*, „With Untired Spirits and Formal Constancy“: Berne-Compatibility of Formal Declaratory Measures to Enhance Title-Searching, Berkeley Technology Law Journal 2013 (Volume 28) 1583; *dies.*, Berne-Forbidden Formalities and Mass Digitization, Boston University Law Review, 2016 (Volume 96) 745; *Goldstein/Hugenholtz*, International Copyright: Principles, Law, and Practice, 4. Auflage, Oxford 2019; *Grisse/Kaiser*, Freiheit ab Unkenntlichkeit? Die Bedeutung der (fehlenden) Wiedererkennbarkeit für das urheberrechtliche Vervielfältigungsrecht, ZUM 2021, 401; *Grünberger*, Die Entwicklung des Urheberrechts im Jahr 2020, ZUM 2021, 257; *ders.*, Die Entwicklung des Urheberrechts im Jahr 2021, ZUM 2022, 321; *Haas*, Die Verwendung von Bearbeitungen urheberrechtlich geschützter Werke, 2019; *Haberstumpf*, Der europäische Werkbegriff und die Lehre vom Gestaltungsspielraum, GRUR 2021, 1249; *Hansen*, Der urhebervertragsrechtliche Regelungskomplex im „Diskussionsentwurf“ zur Umsetzung der DSM-RL aus Sicht der Film- und Fernsehbranche, ZUM 2020, 692; *Hauk/Pflüger*, Die Umsetzung der DSM-RL in das Urheberrecht – Neujustierung der urheberrechtlichen Rahmenbedingungen für Hochschulen, Forschungs- und Kultureinrichtungen in der digitalen Welt, ZUM 2020, 383; *von Hellfeld*, Sind Algorithmen schutzfähig?, GRUR 1989, 471; *Hofmann*, Aktuelle Entwicklungen der Rechtsprechung zum europäischen Urheberrecht von Mai 2018 bis April 2020, EuZW 2020, 397; *Höpfner/Amschewitz*, Die Zweitveröffentlichungspflicht im Spannungsfeld von Open-Access-Kultur und Urheberrecht, NJW 2019, 2966; *Jongsma*, Parody After Deckmyn – A Comparative Overview of the Approach to Parody Under Copyright Law in Belgium, France, Germany and The Netherlands, IIC 2017, 652; *Jung*, Werbeblocker im Internet, 2021; *Kleinkopf/Pflüger*, Digitale Bildung, Wissenschaft und Kultur – Welcher urheberrechtliche Reformbedarf verbleibt nach Umsetzung der DSM-RL durch das Gesetz zum Urheberrecht im digitalen Binnenmarkt?, ZUM 2021, 643; *Klopschinski*, Der Schutz geistigen Eigentums durch völkerrechtliche Investitionsverträge, 2011; *Koch*, Der Schutz technisch bedingter Merkmale in der Rechtsprechung des I. Zivilsenats, GRUR 2021, 273; *Kühling/Buchner*, DS-GVO BDSG, Kommentar, 3. Auflage, 2020; *Kühling/Sackmann*, Irrweg „Dateneigentum“, ZD 2020, 24; *Lauber-Rönsberg*, Reform des Bearbeitungsrechts und neue Schrankenregelung für Parodien, Karikaturen und Pastiches, ZUM 2020, 733; *Leistner*, Der Referentenentwurf zur Umsetzung der DSM-RL und die Theorie vom Sui-generis-Charakter des Art. 17 DSM-RL, ZUM 2020, 897; *ders.*, Notarielle Prioritätsverhandlungen im Urheber- und Computerrecht, MittBayNot 2003, 3; *Leventer*, Google Book Search und vergleichendes Urheberrecht, 2012; *v. Lewinski*, International Copyright Law and Policy, Oxford, 2008; *Metzger/Pravemann*, Der Entwurf des UrhDaG als Umsetzung von Art. 17 DSM-RL – Ein gesetzgebungstechnischer Drahtseilakt, ZUM 2021, 288; *J. Meyer*, Die Hinterlegung von Quellcodes und Prioritätsverhandlungen in der notariellen Praxis, RNotZ 2011, 385; *S. Meyer*, Miturheberschaft bei freier Software, 2011; *Müller*, Die Haftung von Streamripping-Diensten, MMR 2020, 513; *Müller-Terpitz*, Filter als Gefahr für die Meinungspluralität? – Verfassungsrechtliche Erwägungen zum Einsatz von Filtertechnologien, ZUM 2020, 365; *Oechsler*, Der Tatbestand der öffentlichen Wiedergabe in der Rechtsprechung des EuGH, GRUR Int. 2019, 231; *ders.*, Die Wahrung des Grundrechtsstandards im Urheberrecht, NJW 2020, 3206; *Ohly*, Urheberrecht im digitalen Binnenmarkt – Die Urheberrechtsnovelle 2021 im Überblick, ZUM 2021, 745; *Ottermann*, Der Werkschöpfer im Arbeits- und Auftragsverhältnis, 2019; *Pajunk*, Leitlinien für Geistiges Eigentum und Internationales Privatrecht („Kyoto Leitlinien"), GRUR 2021, 1270; *Peifer*, Anpassungsbedarf durch die neue Urheberrechtsrichtlinie, GRUR 2020, 14; *Peukert*, Das Gebot der Bestimmtheit des Schutzgegenstands im geistigen Eigentum, GRUR 2021, 1117; *Pohlmann/Lindhauer/Peter*, Das Leistungsschutzrecht für Presseverleger und die qualifizierte News-Aggregation durch Google News Showcase: Ein Fall für § 19 und § 19a GWB? – Teil 1, NZKart 2021, 466; *Pötzlberger*, Pastiche 2.0: Remixing im Lichte des Unionsrechts, GRUR 2018, 675; *B. Raue*, Die Freistellung von Datenanalysen durch die neuen Text und Data Mining-Schranken (§§ 44b, 60d UrhG), ZUM 2021, 793; *Ricketson/Ginsburg*, International Copyright and Neighbouring Rights – The Berne Convention and Beyond, 3. Auflage, Oxford 2022; *Röß*, Die Europarechtskonformität der §§ 121ff. UrhG, GRUR 2021, 1485; *Schack*, Das neue UrhWissG – Schranken für Unterricht, Wissenschaft und Institutionen, ZUM 2017, 802; *ders.*, Das neue Leistungsschutzrecht für Presseverleger – Ein schlechtes Vorbild wird reformiert, ZUM 2020, 165; *ders.*, Schutzgegenstand, „Ausnahmen oder Beschränkungen" des Urheberrechts, GRUR 2021, 904; *Schiessel*, Reichweite und Rechtfertigung des einfachen Lichtbildschutzes gem. § 72 UrhG, 2020; *Schlingloff*, Das Urheberpersönlichkeitsrecht im Spannungsfeld von Kunstfreiheit und politischer Betätigungsfreiheit, GRUR 2017, 572; *Schroeter*, Die Überwindung des Territorialitätsprinzips bei der Anknüpfung des Inhalts von Urheberrechten, Dissertation, Münster 2018; *Schrör/Fischer/Beaucamp/Hondros*, Tipping Points: Interdisziplinäre Zugänge zu neuen Fragen des Urheberrechts, 2020; *Schulze*, Die freie Benutzung im Lichte des EuGH-Urteils „Pelham", GRUR 2020, 128; *Spindler*, Der Vorschlag für ein neues Haftungsregime für Internetprovider – der EU-Digital Services Act (Teil 1), GRUR 2021, 545; *dies.*, Haftung für Urheberrechtsverstöße auf Online-Plattformen – YouTube Reloaded, NJW 2021, 2554; *Sprigman*, Reform(aliz)ing Copyright, Stanford Law Review, 2004 (Volume 57) 485; *ders.*, Berne's Vanishing Ban on Formalities, Berkeley Technology Law Journal 2013 (Volume 28) 1565; *Stieper*, Die Schranken des Urheberrechts im Gesetz zur Anpassung des Urheberrechts an die Erfordernisse des digitalen Binnenmarktes, ZUM 2021, 776; *Sutterer*, Erweiterte kollektive Lizenzen im Kontext grenzüberschreitender Werknutzungen, GRUR 2021, 662; *Tolkmitt*, Gestaltungsfreiheit und Gestaltungshöhe, GRUR 2021, 383; *von Ungern-Sternberg*, Die Rechtsprechung des EuGH und des BGH zum Urheberrecht und zu den verwandten Schutzrechten im Jahr 2020, GRUR 2021, 1; *ders.*, Die Rechtsprechung des EuGH und des BGH zum Urheberrecht und zu den verwandten Schutzrechten im Jahr 2021, GRUR 2022, 3; *ders.*, Zum Recht auf Anerkennung der Urheberschaft, GRUR 2017, 760; *Vlah*, Parodie, Pastiche und Karikatur: Urheberrechte und ihre Grenzen, 2015; *Wandtke/Hauck*, „Scherz, Satire, Ironie und tiefere Bedeutung": Die §§ 23 und 51 a im Referentenentwurf zur Neufassung des UrhG, GRUR-Prax 2020, 542; *v. Welser*, Die Wahrnehmung urheberpersönlichkeitsrechtlicher Befugnisse durch Dritte, 2000 (zitiert: v. Welser); *v. Welser/A. Hoppen*, Nachweis von Urheberrechten an Source Code mittels Git, CR 2020, 350; *WIPO*, Guide to the Berne Convention for the Protection of Literary and Artistic Works (Paris Act, 1971), 1978; *WIPO*, Guide to the Copyright and Related Rights Treaties Administered by WIPO and Glossary of Copyright and Related Rights Terms, 2004; *Zurth*, Der Pyrrhussieg der deutschen Störerhaftung in Luxemburg, ZUM 2021, 829.

§ 1 Funktion des Urheberrechts

I. Urheberrecht und verwandte Schutzrechte

Das Urheberrecht schützt die ideellen und materiellen Interessen des Werkschöpfers. Neben diesem subjektiven Recht des Urhebers bezeichnet der Begriff Urheberrecht auch den Teil der objektiven Rechtsordnung, der dieses subjektive Recht und angrenzende Rechtsfragen regelt. Geregelt ist das Urheberrecht vor allem im Gesetz über Urheberrecht und verwandte Schutzrechte (Urheberrechtsgesetz/UrhG) vom 9.9.1965, in EU-Rechtsakten (Richtlinien und Verordnungen) und in internationalen Staatsverträgen. Regelungen zum Urheberrecht finden sich auch in dem Urheberrechts-Diensteanbieter-Gesetz (UrhDaG) vom 31. Mai 2021, im Gesetz über das Verlagsrecht (VerlG) vom 19.6.1901 und im Gesetz über die Wahrnehmung von Urheberrechten und verwandten Schutzrechten durch Verwertungsgesellschaften vom 24.5.2016 (VGG). Das UrhG regelt unter anderem das Urheberrecht (§§ 1ff. UrhG) und die verwandten Schutzrechte (§§ 70ff. UrhG). Der Schutz des Urhebers ist umfassend, wohingegen den Leistungsschutzberechtigten lediglich einzelne Ausschließlichkeitsrechte gewährt werden. Den umfassenden Schutz des Urhebers legt § 11 UrhG fest. Danach schützt das Urheberrecht den Urheber in seinen geistigen und persönlichen Beziehungen zum Werk und in der Nutzung des Werkes. Es dient zugleich der Sicherung einer angemessenen Vergütung für die Nutzung des Werkes. 1

II. Verhältnis zu anderen Rechtsgebieten

Das Urheberrecht ist ein Immaterialgüterrecht, das sowohl Ähnlichkeiten mit den gewerblichen Schutzrechten als auch mit den Persönlichkeitsrechten aufweist. 2

https://doi.org/10.1515/9783110617207-001

1. Persönlichkeitsrechte

a) Allgemeines Persönlichkeitsrecht

3 Das allgemeine Persönlichkeitsrecht ist in der Rechtsprechung des BGH seit dem Jahre 1954 als ein durch Art. 1 und 2 GG verfassungsmäßig garantiertes Grundrecht und zugleich zivilrechtlich nach § 823 Abs. 1 BGB geschütztes „sonstiges Recht" anerkannt.[1] Das Urheberrecht steht in mancher Hinsicht den Persönlichkeitsrechten näher als den gewerblichen Schutzrechten. Dies zeigt beispielsweise § 29 Abs. 1 UrhG, der das Urheberrecht für insgesamt unübertragbar erklärt. Nach der Rechtsprechung ist das Urheberpersönlichkeitsrecht ein Ausschnitt und eine besondere Erscheinungsform des allgemeinen Persönlichkeitsrechts.[2]

4 Da nach der monistischen Theorie die ideellen und die materiellen Interessen und Befugnisse miteinander verwoben sind, besteht diese Nähe zum allgemeinen Persönlichkeitsrecht nicht nur beim Urheberpersönlichkeitsrecht, sondern auch beim Urheberrecht insgesamt.

b) Besondere Persönlichkeitsrechte

5 Teil des allgemeinen Persönlichkeitsrechts sind auch die besonderen Persönlichkeitsrechte. Zu den besonderen Persönlichkeitsrechten zählt beispielsweise das Recht am eigenen Bild (§§ 22ff. KUG) und das Namensrecht (§ 12 BGB). Daneben sind auch andere Persönlichkeitsmerkmale wie beispielsweise die Stimme über das allgemeine Persönlichkeitsrecht geschützt.[3]

6 Die Zulässigkeit von Bildveröffentlichungen beurteilt sich nach §§ 22, 23 KUG. Bildnisse einer Person dürfen grundsätzlich nur mit deren Einwilligung gemäß § 22 S. 1 KUG verbreitet oder öffentlich zur Schau gestellt werden. Die Veröffentlichung des Bildes einer Person ist grundsätzlich ein rechtfertigungsbedürftiger Eingriff in das Persönlichkeitsrecht des Abgebildeten. Auch wenn eine Person in einer Tribute-Show durch einen Doppelgänger dargestellt wird, liegt ein rechtfertigungsbedürftiger Eingriff vor.[4] Die nicht von der Einwilligung des Abgebildeten gedeckte Verbreitung seines Bildes ist nur zulässig, wenn dieses Bild dem Bereich der Zeitgeschichte oder einem der weiteren Ausnahmetatbestände des § 23 Abs. 1 KUG zuzuordnen ist und berechtigte Interessen des Abgebildeten nicht verletzt werden (§ 23 Abs. 2 KUG). Dabei ist schon bei der Beurteilung, ob ein Bild dem Be-

---

1 BGH NJW 1954, 1404 – Leserbriefe.

2 BGH GRUR 1971, 525, 526 – Petite Jacqueline; OLG Düsseldorf GRUR-RR 2013, 278, 279 – Ganztagsrealschule.

3 Vgl. KG, Urteil vom 18.7.2018, Aktenzeichen 24 U 104/17 – Gabriele Kuby; OLG Köln, Urteil vom 29.5.2018, Aktenzeichen 15 U 64/17 – Helmut Kohl.

4 BGH, Urteil vom 24.2.2022, Aktenzeichen I ZR 2/21 – Tina Turner.

reich der Zeitgeschichte zuzuordnen ist, eine Abwägung zwischen den Rechten des Abgebildeten einerseits und den Rechten der Presse andererseits vorzunehmen.[5]

§ 12 BGB schützt das Namensrecht. Dieses ist allerdings beschränkt und schützt nur gegen Namensanmaßung und Namensbestreitung. Wird das Recht zum Gebrauch eines Namens dem Berechtigten von einem anderen bestritten oder wird das Interesse des Berechtigten dadurch verletzt, dass ein anderer unbefugt den gleichen Namen gebraucht, so sieht § 12 BGB Beseitigungs- und Unterlassungsansprüche vor. Ein umfassenderer Schutz des Namens kann durch die Eintragung als Marke erreicht werden. 7

2. Gewerbliche Schutzrechte

Das Urheberrecht und die gewerblichen Schutzrechte (Patente, Gebrauchsmuster, Marken, Designschutzrechte etc.) bilden zusammen das Immaterialgüterrecht. Der häufig synonym verwendete Begriff des geistigen Eigentums (intellectual property) verdeutlicht, dass dem Inhaber eines Immaterialgüterrechts eine geschützte Rechtsposition an seinem Immaterialgut zukommt. 8

Das Urheberrecht und die gewerblichen Schutzrechte weisen Gemeinsamkeiten und Unterschiede auf. Anders als bei den gewerblichen Schutzrechten gilt im Urheberrecht beispielsweise nicht das Prioritätsprinzip. Liegen zwei ähnliche, unabhängig geschaffene Werke vor, so ist es für die Frage des Urheberschutzes ohne Bedeutung, welches zuerst geschaffen wurde. Der Schutz aus dem Urheberrecht wird für die persönliche Schöpfung gewährt, ohne dass es darauf ankommt, ob diese – objektiv betrachtet – neu ist. 9

Die meisten gewerblichen Schutzrechte setzen – anders als das Urheberrecht – eine Eintragung voraus. Neben diesen Registerrechten gibt es jedoch auch nicht registrierte gewerbliche Schutzrechte wie die Benutzungsmarke im deutschen Recht (§ 4 Nr. 2 MarkenG) oder das nicht eingetragene Gemeinschaftsgeschmacksmuster (Art. 11 GGV) im EU-Recht. An einem Gegenstand können mehrere Schutzrechte bestehen. Der urheberrechtliche Schutz steht der Entstehung eines weiteren (gewerblichen) Schutzrechts nicht entgegen. 10

5 Nach Inkrafttreten der DS-GVO (EU-Verordnung 2016/679/Datenschutz-Grundverordnung) war deren Verhältnis zum Bildnisschutz klärungsbedürftig. Im journalistischen Bereich steht die DS-GVO der Anwendbarkeit der §§ 22, 23 KUG nach Auffassung des BGH nicht entgegen. Geht es um die Beurteilung von Bildveröffentlichungen im journalistischen Bereich, so greift die Öffnungsklausel des Art. 85 DS-GVO und wird nach Meinung des BGH von den §§ 22, 23 KUG ausgefüllt (BGH NJW 2020, 3715 Rn. 11).

a) Designrecht

11 Das Designrecht schützt die Erscheinungsform von Erzeugnissen. Ein Design ist nach § 1 Nr. 1 DesignG die zweidimensionale oder dreidimensionale Erscheinungsform eines ganzen Erzeugnisses oder eines Teils davon, die sich insbesondere aus den Merkmalen der Linien, Konturen, Farben, der Gestalt, Oberflächenstruktur oder der Werkstoffe des Erzeugnisses selbst oder seiner Verzierung ergibt.

12 Das deutsche Designgesetz hat am 1. Januar 2014 das deutsche Geschmacksmustergesetz abgelöst. Das Begriff „Geschmacksmuster" hatte sich nicht durchgesetzt und wurde durch den Begriff „Design" ersetzt. Allerdings lässt sich die Erscheinungsform nicht nur durch ein Design im Sinne des Designgesetzes, sondern unter Umständen auch durch eine Marke (Bildmarke, 3-D-Marke) oder durch ein Urheberrecht schützen. Insofern hatte die alte Bezeichnung „Geschmacksmustergesetz" den Vorzug, dass der Oberbegriff „Design" frei blieb. Das Wort Geschmacksmuster findet sich heute noch auf EU-Ebene beim unionsweit geltenden Gemeinschaftsgeschmacksmuster.

13 Beim Design/Geschmacksmuster gilt das Prioritätsprinzip. Es kann nur dann entstehen, wenn es neu ist. Ein nicht eingetragenes Gemeinschaftsgeschmacksmuster wird beispielsweise geschützt, wenn es die Voraussetzungen der Gemeinschaftsgeschmacksmusterverordnung erfüllt, insbesondere Neuheit und Eigenart aufweist, und wenn es in der in dieser Verordnung vorgesehenen Weise der Öffentlichkeit zugänglich gemacht worden ist. Ein Geschmacksmuster gilt gemäß Art. 5 GGV als neu, wenn der Öffentlichkeit kein identisches Geschmacksmuster vorbekannt ist. Darüber hinaus erfordert die Eigenart gemäß Art. 6 Abs. 1 GGV, dass sich der Gesamteindruck, den das Geschmacksmuster beim informierten Benutzer hervorruft, von dem Gesamteindruck unterscheidet, den ein anderes vorbekanntes Geschmacksmuster bei diesem Benutzer hervorruft. Der Schutz für ein nicht eingetragenes Gemeinschaftsgeschmacksmuster entsteht nach Art. 11, 110a Abs. 5 S. 2 GGV nur, wenn das Geschmacksmuster der Öffentlichkeit auf dem Territorium der EU erstmals zugänglich gemacht wurde. Eine Veröffentlichung außerhalb des Territoriums der EU genügt den Anforderungen des Art. 11 GGV nicht.[6]

b) Markenrecht

14 Überschneidungen zum Urheberrecht sind auch beim Markenrecht denkbar. Ein doppelter Schutz ist also möglich. Als Marke können nach § 3 Abs. 1 MarkenG alle Zeichen, insbesondere Wörter einschließlich Personennamen, Abbildungen,

6 BGH GRUR 2009, 79 – Gebäckpresse.

Buchstaben, Zahlen, Klänge, dreidimensionale Gestaltungen einschließlich der Form einer Ware oder ihrer Verpackung sowie sonstige Aufmachungen einschließlich Farben und Farbzusammenstellungen geschützt werden, die geeignet sind, Waren oder Dienstleistungen eines Unternehmens von denjenigen anderer Unternehmen zu unterscheiden.

So kann beispielsweise eine aufwendige Grafik urheberrechtlich geschützt 15 sein und zugleich als Marke angemeldet werden. Auch dreidimensionale Werke der angewandten Kunst können unter Umständen als Marken geschützt werden. Schließlich sind auch bei Klängen oder Filmsequenzen Überschneidungen denkbar, etwa wenn eine kurze Melodie als Marke angemeldet wird.

c) Patentrecht

Schließlich kann es auch beim Patentrecht gewisse Überschneidungen zum Urhe- 16 berrecht geben. So erwähnt § 2 Abs. 1 Nr. 7 UrhG Darstellungen wissenschaftlicher oder technischer Art, wie Zeichnungen, Pläne, Karten, Skizzen, Tabellen und plastische Darstellungen. Technische Zeichnungen können also urheberrechtlich geschützt sein. Sofern sie Teil eines erteilten Patents sind, greift allerdings § 5 UrhG.[7]

Auch bei Software kommen Überschneidungen vor. Obwohl Programme für 17 Datenverarbeitungsanlagen nach § 1 Abs. 3 Nr. 3 PatentG nicht als Erfindungen angesehen werden, gibt es eine Vielzahl von Patenten, die Computerprogramme erfassen. § 1 Abs. 4 PatentG stellt klar, dass § 1 Abs. 3 PatentG der Patentfähigkeit nur insoweit entgegen steht, als für die genannten Gegenstände oder Tätigkeiten als solche Schutz begehrt wird.

3. Wettbewerbsrecht

Das Wettbewerbsrecht umfasst als Oberbegriff sowohl das Lauterkeitsrecht als 18 auch das Kartellrecht. Der Wettbewerb soll vor unlauterem Wettbewerb und vor Beschränkungen geschützt werden.

a) Lauterkeitsrecht

Überschneidungen zum Urheberrecht sind beim sogenannten ergänzenden wett- 19 bewerblichen Leistungsschutz nach § 4 Nr. 3 UWG denkbar. Ansprüche aus dem UrhG und aus § 4 Nr. 3 UWG können parallel geltend gemacht werden. Unlauter

7 Schricker/Loewenheim/*Katzenberger*/*Metzger*[6] § 5 UrhG Rn. 46.

handelt nach § 4 Nr. 3a UWG, wer Waren oder Dienstleistungen anbietet, die eine Nachahmung der Waren oder Dienstleistungen eines Mitbewerbers sind, wenn er eine vermeidbare Täuschung der Abnehmer über die betriebliche Herkunft herbeiführt.

20 Das Anbieten einer Nachahmung kann nach § 4 Nr. 3 UWG wettbewerbswidrig sein, wenn das nachgeahmte Produkt wettbewerbliche Eigenart aufweist und besondere Umstände – wie eine vermeidbare Täuschung über die betriebliche Herkunft oder eine unangemessene Beeinträchtigung oder Ausnutzung der Wertschätzung des nachgeahmten Produkts – hinzutreten, aus denen die Unlauterkeit folgt. Dabei besteht eine Wechselwirkung zwischen dem Grad der wettbewerblichen Eigenart, der Art und Weise und der Intensität der Übernahme sowie den besonderen wettbewerblichen Umständen. Je größer die wettbewerbliche Eigenart und je höher der Grad der Übernahme sind, desto geringere Anforderungen sind an die besonderen Umstände zu stellen, die die Unlauterkeit der Nachahmung begründen und umgekehrt.[8] Ein Erzeugnis besitzt wettbewerbliche Eigenart, wenn seine konkrete Ausgestaltung oder bestimmte Merkmale geeignet sind, die interessierten Verkehrskreise auf seine betriebliche Herkunft oder seine Besonderheiten hinzuweisen.[9]

21 Anders als beim wettbewerblichen Leistungsschutz sind beim Urheberrechtsschutz lauterkeitsrechtliche Gesichtspunkte, wie die vermeidbare Herkunftstäuschung, irrelevant.[10] Der wettbewerbsrechtliche Leistungsschutz ist marktabhängig und kann durch vielfachen, nicht beanstandeten Nachbau verwässert oder aufgehoben werden.

b) Kartellrecht

22 Zwischen dem Urheberrecht und dem Kartellrecht besteht ein Spannungsverhältnis. Das Urheberrecht verleiht ein gesetzliches Monopol und beschränkt damit den Wettbewerb, während das Kartellrecht den Wettbewerb gerade vor Beschränkungen schützen soll.[11] Rechtsquellen des Kartellrechts sind auf EU-Ebene insbesondere der AEUV (Vertrag über die Arbeitsweise der Europäischen Union) und in Deutschland das GWB (Gesetz gegen Wettbewerbsbeschränkungen).

---

8 BGH GRUR 2010, 80 Rn. 21 – LIKEaBIKE; BGH GRUR 2013, 951 Rn. 14 – Regalsystem; BGH GRUR 2015, 909 Rn. 9 – Exzenterzähne; BGH GRUR 2016, 725 Rn. 12 – Pippi-Langstrumpf-Kostüm II; BGH GRUR 2017, 79 Rn. 40 – Segmentstruktur; BGH GRUR 2018, 311 Rn. 13 – Handfugenpistole; BGH GRUR 2019, 196 Rn. 11 – Industrienähmaschinen.

9 BGH GRUR 2018, 311 – Handfugenpistole; BGH GRUR 2017, 1135 – Leuchtballon.

10 OLG Frankfurt, Urteil vom 11.12.2018, Aktenzeichen 11 U 12/18 – Modeschmuck.

11 Vgl. Wandtke/Bullinger/*v. Welser*[6] Vor §§ 120 ff. UrhG Rn 43 ff.

aa) Nebeneinander von deutschem und EU-Kartellrecht

Für die Anwendung des EU-Kartellrechts ist die Zwischenstaatlichkeitsklausel entscheidend. Art. 101 AEUV ist auf zwei- und mehrseitige wettbewerbsbeschränkende Verhaltensweisen nur anwendbar, wenn diese geeignet sind, den zwischenstaatlichen Handel zu beeinträchtigen. In diesem Falle müssen die mitgliedstaatlichen Behörden und Gerichte Art. 101 AEUV zumindest auch anwenden. Mitgliedstaatliches Kartellrecht darf zwei- und mehrseitiges Verhalten, das nach Art. 101 AEUV erlaubt ist, nicht verbieten. 23

Anders ist dies beim Verbot des Missbrauchs einer marktbeherrschenden Stellung nach Art. 102 AEUV. Hier bleiben die Mitgliedstaaten berechtigt, strengere Vorschriften zur Kontrolle einseitigen Verhaltens zu erlassen und anzuwenden. Art. 102 AEUV sichert insoweit nur einen europaweiten Mindeststandard. § 19 GWB, der ebenfalls den Missbrauch einer marktbeherrschenden Stellung verbietet, ist also daneben anwendbar. 24

bb) Wettbewerbsbeschränkende Abreden

Art. 101 AEUV verbietet sowohl horizontale als auch vertikale wettbewerbsbeschränkende Abreden.[12] Horizontale Abreden sind Abreden zwischen Unternehmen gleicher Marktstufe, also von Konkurrenten. Vertikale Abreden sind demgegenüber Abreden zwischen Unternehmen, die auf unterschiedlichen Marktstufen tätig sind. Nach Art. 101 Abs. 1 AEUV sind alle Vereinbarungen zwischen Unternehmen, Beschlüsse von Unternehmensvereinigungen und aufeinander abgestimmte Verhaltensweisen, welche den Handel zwischen Mitgliedstaaten zu beeinträchtigen geeignet sind und eine Verhinderung, Einschränkung oder Verfälschung des Wettbewerbs innerhalb des Binnenmarkts bezwecken oder bewirken, mit dem Binnenmarkt unvereinbar und verboten. Nach Art. 101 Abs. 3 AEUV können die Bestimmungen des Art. 101 Abs. 1 AEUV in bestimmten Fällen für nicht anwendbar erklärt werden. Art. 101 Abs. 3 AEUV wird durch mehrere Gruppenfreistellungsverordnungen konkretisiert. Für das Urheberrecht relevant sind insbesondere die Technologietransfer-GVO[13] und die Vertikal-GVO.[14] 25

12 Wandtke/Bullinger/*v. Welser*[6] Vor §§ 120 UrhG ff. Rn. 49 ff.

13 EU-Verordnung 316/2014 über die Anwendung von Art. 101 Abs. 3 AEUV auf Gruppen von Technologietransfer-Vereinbarungen.

14 EU-Verordnung 2022/720 über die Anwendung von Art. 101 Abs. 3 AEUV auf Gruppen von vertikalen Vereinbarungen und abgestimmten Verhaltensweisen.

cc) Missbrauch einer marktbeherrschenden Stellung

26 Art. 102 AEUV verbietet den Missbrauch einer marktbeherrschenden Stellung.[15] Mit dem Binnenmarkt unvereinbar und verboten ist nach Art. 102 Abs. 1 AEUV die missbräuchliche Ausnutzung einer beherrschenden Stellung auf dem Binnenmarkt oder auf einem wesentlichen Teil desselben durch ein oder mehrere Unternehmen, soweit dies dazu führen kann, den Handel zwischen Mitgliedstaaten zu beeinträchtigen. Unter bestimmten Umständen kann etwa die Weigerung, Lizenzen – überhaupt oder zu bestimmten Bedingungen – zu erteilen, als Missbrauch einer marktbeherrschenden Stellung nach Art. 102 AEUV gewertet werden.[16]

27 Eine marktbeherrschende Stellung im Sinne des Art. 102 AEUV ist eine wirtschaftliche Machtstellung, die ein Unternehmen in die Lage versetzt, die Aufrechterhaltung eines wirksamen Wettbewerbs zu verhindern, indem sie dem Unternehmen ermöglicht, sich seinen Wettbewerbern und Kunden gegenüber in nennenswertem Umfang unabhängig zu verhalten. Eine solche marktbeherrschende Stellung folgt nicht bereits daraus, dass jemand aufgrund eines Ausschließlichkeitsrechts andere von der Benutzung des geschützten Immaterialguts ausschließen kann. Die dem Inhaber eines Immaterialgüterrechts zustehenden Ausschließlichkeitsrechte können alleine die marktbeherrschende Stellung nicht begründen.[17] Eine beherrschende Stellung ergibt sich aus dem Zusammentreffen mehrerer Faktoren, wobei der Bestimmung des betroffenen Marktes wesentliche Bedeutung zukommt.[18] Nach der Rechtsprechung des EuGH müssen grundsätzlich drei Kriterien kumulativ erfüllt sein, um eine Lizenzverweigerung als missbräuchlich zu beurteilen: Die Weigerung muss erstens das Auftreten eines neuen Erzeugnisses, nach dem eine potenzielle Nachfrage der Verbraucher besteht, verhindern, sie darf zweitens nicht gerechtfertigt sein, und sie muss drittens geeignet sein, jeglichen Wettbewerb auf einem abgeleiteten Markt auszuschließen.[19]

---

15 Wandtke/Bullinger/v. *Welser*[6] Vor §§ 120 UrhG ff. Rn. 44 ff.

16 Vgl. LG München ZUM-RD 2019, 652 – Bodenrichtwerte.

17 EuGH EuZW 1995, 339 Rn. 46 – Magill TV Guide; BGH GRUR 2020, 961 Rn. 56 – FRAND-Einwand.

18 Die Bestimmung eines relevanten Angebotsmarkts folgt grundsätzlich dem Bedarfsmarktkonzept. Danach umfasst der relevante Erzeugnis- oder Dienstleistungsmarkt alle Erzeugnisse oder Dienstleistungen, die sich aufgrund ihrer Merkmale zur Befriedigung eines gleichbleibenden Bedarfs besonders eignen und mit anderen Erzeugnissen oder Dienstleistungen nur in geringem Maße austauschbar sind (EuGH GRUR Int. 1999, 262 – Oscar Bronner). Ist beispielsweise durch einen De-facto-Standard eine durch Schutzrechte geschützte Produktgestaltung vorgegeben, bildet die Vergabe von Rechten, die potenzielle Anbieter dieses Produkts erst in die Lage versetzen, es auf den Markt zu bringen, regelmäßig einen eigenen, dem Produktmarkt vorgelagerten Markt (EuGH GRUR 2004, 524 Rn. 44 – IMS Health).

19 EuGH GRUR 2004, 524 Rn. 52 – IMS Health.

Vorwürfe des Marktmissbrauchs wurden häufig auch gegenüber Verwertungsgesellschaften erhoben. Bei einer Verwertungsgesellschaft, die für die Wahrnehmung der Urheberrechte hinsichtlich einer bestimmten Werkkategorie in einem Mitgliedstaat über ein Monopol verfügt, nimmt der EuGH an, dass sie eine beherrschende Stellung auf einem wesentlichen Teil des Binnenmarkts im Sinne von Art. 102 AEUV innehat. In Bezug auf die Gebühren, die Verwertungsgesellschaften fordern, hat der EuGH schon mehrfach entschieden, dass das Verhalten unter das Verbot des Art. 102 AEUV fallen kann, wenn sie beim Festlegen der Gebührenhöhe einen überhöhten Preis ohne vernünftigen Zusammenhang mit dem wirtschaftlichen Wert der von ihnen erbrachten Leistung verlangen.[20] In die Betrachtung miteinbezogen werden können beispielsweise die Preise, die das beherrschende Unternehmen in der Vergangenheit für gleiche Dienstleistungen auf demselben Markt verlangt hat.[21] Auch ein Vergleich mit den Tarifen in den Nachbarstaaten kann zweckmäßig sein. Dabei müssen die Referenzstaaten nach objektiven, geeigneten und überprüfbaren Kriterien ausgewählt werden und die Vergleiche auf einer einheitlichen Grundlage beruhen.[22] 28

4. Sacheigentum

Urheberrecht und Sacheigentum bestehen unabhängig voneinander.[23] Allerdings kann ein Spannungsverhältnis zwischen den Interessen des Werkeigentümers und denen des Urhebers bestehen, was bei Änderungen an Bauwerken häufig zu gerichtlichen Auseinandersetzungen führt.[24] 29

a) Rechte des Urhebers

Veräußert der Urheber das Original des Werkes, so räumt er damit nach § 44 Abs. 1 UrhG im Zweifel dem Erwerber kein Nutzungsrecht ein. Mit Veräußerung des Sacheigentums tritt eine Erschöpfung des Verbreitungsrechts nach § 17 Abs. 2 UrhG ein, von der wiederum die Vermietung grundsätzlich ausgenommen ist. Zudem bleibt der Urheber Inhaber der Rechte aus §§ 25, 27 UrhG. 30

---

20 EuGH GRUR 2021, 95 Rn. – SABAM; EuGH ZUM 2018, 44 Rn. 35 – AKKA; EuGH GRUR 2009, 421 Rn. 28 – Kanal 5 und TV 4; EuGH GRUR 2014, 473 Rn. 88 – OSA.

21 EuGH GRUR 2021, 95 Rn. 32 – SABAM.

22 EuGH ZUM 2018, 44 Rn. 51 – AKKA.

23 BGH GRUR 1995, 673, 675 – Mauer-Bilder.

24 Vgl. BGH NJW 2019, 2322 – HHole; BGH GRUR 2012, 172 – Stuttgart 21; BGH GRUR 2008, 984 – St. Gottfried; OLG München ZUM 2009, 971 – Sammlung Brandhorst; LG Berlin GRUR 2007, 964 – Berliner Hauptbahnhof.

31 Der Urheber kann vom Besitzer des Originals oder eines Vervielfältigungsstückes seines Werkes gemäß § 25 Abs. 1 UrhG verlangen, dass dieser ihm das Original oder das Vervielfältigungsstück zugänglich macht, soweit dies zur Herstellung von Vervielfältigungsstücken oder Bearbeitungen des Werkes erforderlich ist und nicht berechtigte Interessen des Besitzers entgegenstehen.

32 Bei der Weiterveräußerung des Originals eines Werkes der bildenden Künste oder eines Lichtbildwerkes hat der Veräußerer dem Urheber nach § 26 Abs. 1 S. 1 UrhG einen Anteil des Veräußerungserlöses zu entrichten, sofern an der Weiterveräußerung ein Kunsthändler oder Versteigerer als Erwerber, Veräußerer oder Vermittler beteiligt ist.

b) Rechte des Eigentümers

33 Das Urheberrecht sieht aber auch gewisse Rechte des Sacheigentümers vor. Der Eigentümer des Originals eines Werkes der bildenden Künste oder eines Lichtbildwerks ist nach § 44 Abs. 2 UrhG berechtigt, das Werk öffentlich auszustellen, auch wenn es noch nicht veröffentlicht ist, es sei denn, dass der Urheber dies bei der Veräußerung des Originals ausdrücklich ausgeschlossen hat.

34 Auch eine Person, die zur Verwendung eines Computerprogramms berechtigt ist, also beispielsweise der Käufer, hat gewisse urheberrechtlich abgesicherte Rechte zur Nutzung des Programms. So bedürfen bestimmte, in § 69c Nr. 1 und 2 UrhG genannte Handlungen gemäß § 69d UrhG nicht der Zustimmung des Rechtsinhabers, wenn sie für eine bestimmungsgemäße Benutzung des Computerprogramms einschließlich der Fehlerberichtigung durch einen zur Verwendung des Programms Berechtigten notwendig sind.

§ 2 Europäisierung des Urheberrechts

35 Zunehmenden Einfluss auf das Urheberrecht hat auch das Europarecht. Dies gilt nicht nur für die Vielzahl von Sekundärrechtsakten wie Richtlinien, Verordnungen und Entscheidungen, sondern auch für das Primärrecht, insbesondere die Grundrechte und Grundfreiheiten.

I. Europäisches Primärrecht

36 Das ranghöchste Recht in der Europäischen Union ist das Europäische Primärrecht. Dazu zählen die Gründungsverträge und die Charta der Grundrechte der Europäischen Union (Grundrechtecharta). Zu den Gründungsverträgen zählen

https://doi.org/10.1515/9783110617207-002

insbesondere der Vertrag von Rom, der im Vertrag über die Arbeitsweise der Europäischen Union (AEUV) aufgegangen ist, und der Vertrag von Maastricht, der sich im Vertrag über die Europäische Union (EUV) wiederfindet.

1. Grundrechte

Bei der Auslegung des Sekundärrechts spielt die Grundrechtecharta (GRCh) eine wichtige Rolle. In urheberrechtlichen Fällen sind häufig die Freiheitsrechte (Titel II; Art. 6–19 GRCh) und die justiziellen Rechte (Titel VI; Art. 47–50 GRCh) einschlägig. 37

Die GRCh schützt unter anderem die Freiheit der Meinungsäußerung und Informationsfreiheit (Art. 11 GRCh), die Freiheit der Kunst und der Wissenschaft (Art. 13 GRCh), die Berufsfreiheit (Art. 15 GRCh), die unternehmerische Freiheit (Art. 16 GRCh) und das Eigentumsrecht (Art. 17 GRCh), wobei das geistige Eigentum in Art. 17 Abs. 2 GRCh eigens erwähnt wird. Bei der Umsetzung von Richtlinien müssen die Mitgliedstaaten ein angemessenes Gleichgewicht zwischen den Grundrechten sicherstellen.[25] 38

Der Schutz des geistigen Eigentums gilt nicht schrankenlos.[26] Erforderlich ist eine Abwägung mit den kollidierenden Grundrechten. Nach Auffassung des EuGH kommt beispielsweise auch der unternehmerischen Freiheit erhebliches Gewicht zu. So hielt der EuGH beispielsweise die Anordnung an einen Hosting-Anbieter, ein System der Filterung einzurichten, um zu verhindern, dass Werke unter Verstoß gegen das Urheberrecht der Öffentlichkeit zur Verfügung gestellt werden, unter bestimmten Voraussetzungen für unzulässig. Für unzulässig hielt der EuGH eine Filterpflicht, die im konkreten Fall die folgenden fünf Kriterien aufwies: Die Filterpflicht erfasste die von den Nutzern auf den Unternehmensservern gespeicherten Informationen (1.), galt präventiv (2.) und war unterschiedslos auf alle Nutzer anwendbar (3.), sollte allein auf Kosten des Hosting-Anbieters erfolgen (4.) und sollte zeitlich unbegrenzt gelten (5.).[27] Der EuGH bezog dabei auch die Grundrechte der Nutzer in die Betrachtung ein.[28] 39

---

25 EuGH GRUR 2014, 468 Rn. 46 – kino.to.

26 EuGH GRUR 2012, 382 Rn. 41 – SABAM/Netlog; EuGH GRUR 2012, 265 Rn. 43 – Scarlet/SABAM.

27 EuGH GRUR 2012, 382 Rn. 47 – SABAM/Netlog.

28 EuGH GRUR 2012, 382 Rn. 48 – SABAM/Netlog.

2. Grundfreiheiten

40 Der Europäische Binnenmarkt gewährleistet den freien Verkehr von Waren, Personen, Dienstleistungen und Kapital. Dies wird durch die vier Grundfreiheiten, namentlich die Warenverkehrs-, Personenverkehrs-, Dienstleistungs- und Kapitalverkehrsfreiheit sichergestellt. Urheber- und Leistungsschutzrechte genießen als Gegenstand und Mittel wirtschaftlichen Wettbewerbs nur in dem Rahmen Schutz, der für diesen Wettbewerb selbst gilt. Von besonderer Relevanz für das Urheberrecht sind die Warenverkehrsfreiheit und die Dienstleistungsfreiheit.[29]

II. Europäisches Sekundärrecht

41 Zu den sekundären EU-Rechtsvorschriften zählen nach Art. 288 AEUV Verordnungen, Richtlinien, Beschlüsse, Empfehlungen und Stellungnahmen. Für die Auslegung des europäischen Sekundärrechts sind wiederum die Grundrechte heranzuziehen.[30] Nach der Rechtsprechung des Bundesverfassungsgerichts kommt es für die Frage, ob die deutschen Grundrechte oder die Grundrechte der EU-Grundrechte-Charta maßgeblich sind, darauf an, ob das Sekundärrecht eine Vollharmonisierung vornimmt.[31] Im vollharmonisierten Bereich kommt nur eine Prüfung anhand der EU-Grundrechte-Charta in Betracht. Verbleibt den Mitgliedstaaten hingegen ein Gestaltungsspielraum, so kommen die deutschen Grundrechte zur Anwendung.[32]

42 Zudem sind völkerrechtliche Übereinkommen bei der Auslegung zu berücksichtigen.[33] Nach der Rechtsprechung des EuGH folgt aus Art. 216 Abs. 2 AEUV ein Vorrang der von der EU geschlossenen internationalen Übereinkünfte vor den anderen Kategorien von Sekundärrechtsakten.[34] Internationale Verträge wie beispielsweise der WCT und der WPPT, die nicht nur von den Mitgliedstaaten, sondern auch von der EU unterzeichnet wurden, sind demnach für die Auslegung des Sekundärrechts maßgeblich.

---

29 Eingehend Raue/Hegemann/v. *Welser*[2] § 5 Rn. 149 ff.; Wandtke/Bullinger/v. *Welser*[6] Vor §§ 120 UrhG ff. Rn. 40 ff.

30 Vgl. EuGH GRUR 2021, 1067 – Mircom/Telenet; EuGH NJW 2019, 2913 – Pelham.

31 BVerfG NJW 2020, 300 – Recht auf Vergessen I; BVerfG NJW 2020, 314 – Recht auf Vergessen II.

32 BVerfG NJW 2020, 300 Rn. 50 ff. – Recht auf Vergessen I; BVerfG NJW 2020, 314 Rn. 77 ff. – Recht auf Vergessen II.

33 EuGH ZUM 2021, 245 Rn. 34 – Atresmedia/AGEDI; EuGH GRUR 2020, 1082 Rn. 62 – RAAP/PPI.

34 EuGH GRUR 2020, 1082 Rn. 62 – RAAP/PPI.

Die Pflicht zur Beachtung des Völkerrechts geht dabei über die von der EU unterzeichneten Abkommen hinaus. Der EuGH weist in ständiger Rechtsprechung darauf hin, dass etwa die RBÜ für die Auslegung der Urheberrechtsrichtlinien maßgeblich ist, auch wenn die EU nicht Vertragspartei der RBÜ ist.[35] So hat der EuGH beispielsweise in der Murphy-Entscheidung darauf hingewiesen, dass das Recht der öffentlichen Wiedergabe aus Art. 3 InfoSoc-RL im Lichte der RBÜ ausgelegt werden muss.[36] Dies gilt auch für das Förmlichkeitenverbot aus Art. 5 Abs. 2 RBÜ.[37] 43

1. Richtlinien

a) Überblick

Bislang wurden die nachfolgend genannten urheberrechtlich relevanten Richtlinien erlassen, die jeweils einzelne Bereiche des Urheber- und Leistungsschutzrechts regeln. 44

- **Computerprogramm-Richtlinie**[38]
- **Vermiet- und Verleih-Richtlinie**[39]
- **Satelliten- und Kabel-Richtlinie**[40]
- **Schutzdauer-Richtlinie**[41]
- **Datenbank-Richtlinie**[42]
- **InfoSoc-Richtlinie**[43]
- **Folgerechts-Richtlinie**[44]

---

35 EuGH GRUR Int. 2011, 1063 Rn. 189 – Murphy; EuGH GRUR 2012, 489 Rn. 59 – Luksan; EuGH GRUR 2019, 73 – Levola/Smilde.

36 EuGH GRUR Int. 2011, 1063 Rn. 189 – Murphy.

37 EuGH GRUR 2017, 62 Rn. 50 – Soulier.

38 Richtlinie 91/250/EWG vom 14.5.1991 über den Rechtsschutz von Computerprogrammen; ersetzt durch die Richtlinie 2009/24/EG vom 23.4.2009 über den Rechtsschutz von Computerprogrammen.

39 Richtlinie 92/100/EWG vom 19.11.1992 zum Vermiet- und Verleihrecht sowie zu bestimmten dem Urheberrecht verwandten Schutzrechten im Bereich des geistigen Eigentums.

40 Richtlinie 93/83/EWG vom 27.9.1993 zur Koordinierung bestimmter urheber- und leistungsschutzrechtlicher Vorschriften betreffend Satellitenrundfunk und Kabelweiterverbreitung.

41 Richtlinie 93/98/EWG vom 29.10.1993 zur Harmonisierung der Schutzdauer des Urheberrechts und bestimmter verwandter Schutzrechte, ersetzt durch die Richtlinie 2006/116/EG vom 12.12.2006 über die Schutzdauer des Urheberrechts und bestimmter verwandter Schutzrechte.

42 Richtlinie 96/9/EG vom 11.3.1996 über den rechtlichen Schutz von Datenbanken.

43 Richtlinie 2001/29/EG vom 22.5.2001 zur Harmonisierung bestimmter Aspekte des Urheberrechts und der verwandten Schutzrechte in der Informationsgesellschaft.

44 Richtlinie 2001/84/EG vom 27.9.2001 über das Folgerecht des Urhebers des Originals eines Kunstwerks.

- **Enforcement-Richtlinie**[45]
- **Verwaiste-Werke-Richtlinie**[46]
- **Verwertungsgesellschaften-Richtlinie**[47]
- **Marrakesch-Richtlinie**[48]
- **Digital-Single-Market-Richtlinie**[49]
- **Online-SatCab-Richtlinie**[50]

45 Nach der Rechtsprechung des EuGH muss das nationale Recht der Mitgliedstaaten richtlinienkonform ausgelegt werden.[51] Voraussetzung der richtlinienkonformen Auslegung ist, dass die auszulegende Bestimmung der Richtlinie inhaltlich unbedingt und hinreichend genau ist.

b) Umsetzung der DSM-RL und der Online-SatCab-RL

46 Am 20. Mai 2021 hat der Bundestag das „Gesetz zur Anpassung des Urheberrechts an die Erfordernisse des digitalen Binnenmarktes" verabschiedet, mit dem unter anderem die Digital Single Market-Richtlinie (RL 2019/790) und die Online-SatCab-Richtlinie (RL 2019/789) umgesetzt werden. Bei diesem Artikelgesetz, das unter anderem Änderungen des UrhG und des VGG vornimmt und ein neues Urheberrechts-Diensteanbieter-Gesetz (UrhDaG) einführt, handelt es sich um das größte Reformprojekt im Urheberrecht seit zwanzig Jahren.[52] Das Gesetz wurde am 31. Mai 2021 im Bundesgesetzblatt verkündet. Das Gesetz ist bis auf das UrhDaG am 7. Juni

---

45 Richtlinie 2004/48/EG vom 29.4.2004 zur Durchsetzung der Rechte am geistigen Eigentum.

46 Richtlinie 2012/28/EU des Europäischen Parlaments und des Rates vom 25.10.2012 über bestimmte zulässige Formen der Nutzung verwaister Werke.

47 Richtlinie 2014/26/EU des Europäischen Parlaments und des Rates vom 26.2.2014 über die kollektive Wahrnehmung von Urheber- und verwandten Schutzrechten und die Vergabe von Mehrgebietslizenzen für Rechte an Musikwerken für die Online-Nutzung im Binnenmarkt.

48 Richtlinie 2017/1564/EU des Europäischen Parlaments und des Rates vom 13.9.2017 über bestimmte zulässige Formen der Nutzung bestimmter urheberrechtlich oder durch verwandte Schutzrechte geschützter Werke und sonstiger Schutzgegenstände zugunsten blinder, sehbehinderter oder anderweitig lesebehinderter Personen und zur Änderung der Richtlinie 2001/29/EG.

49 Richtlinie 2019/790/EU über das Urheberrecht und die verwandten Schutzrechte im digitalen Binnenmarkt und zur Änderung der Richtlinien 96/9/EG und 2001/29/EG.

50 Richtlinie 2019/789/EU mit Vorschriften für die Ausübung von Urheberrechten und verwandten Schutzrechten in Bezug auf bestimmte Online-Übertragungen von Sendeunternehmen und die Weiterverbreitung von Fernseh- und Hörfunkprogrammen und zur Änderung der Richtlinie 93/83/EWG.

51 EuGH NJW 1984, 2021; EuGH NJW 1994, 2473; EuGH NJW 2004, 3547; Wandtke/Bullinger/*v. Welser*[6] Vor §§ 120 ff. UrhG Rn 56.

52 Vgl. *Ohly* ZUM 2021, 745.

2021 in Kraft getreten. Das UrhDaG ist am 1. August 2021 in Kraft getreten. Die Änderungen im UrhG betreffen unter anderem das Senderecht (§§ 20b ff. UrhG), das Bearbeitungsrecht (§ 23 UrhG), das Urhebervertragsrecht (§§ 32ff. UrhG), Schranken für Text und Data Mining (§ 44b und § 60d UrhG), für Karikatur, Parodie und Pastiche (§ 51a UrhG) und für Nutzungen nicht verfügbarer Werke (§§ 61d UrhG ff.), die Verlegerbeteiligung (§ 63a UrhG) und das Leistungsschutzrecht für Presseverleger (§§ 87f ff. UrhG). Die Änderungen im VGG führen unter anderem kollektive Lizenzen mit erweiterter Wirkung ein (§§ 51 ff. VGG). Eine Verwertungsgesellschaft kann hierdurch auch Nutzungsrechte an Werken Außenstehender einräumen. Kern des Reformprojekts ist die Neuregelung der Plattformhaftung. Diese Verantwortlichkeit von Upload-Plattformen stand im Zentrum der rechtspolitischen Debatte um die DSM-RL. Der deutsche Gesetzgeber hielt es für vorzugswürdig, Art. 17 DSM-RL nicht in über das UrhG verstreute Einzelbestimmungen umzusetzen, sondern ein neues Stammgesetz, das UrhDaG, zu schaffen.

2. Verordnungen

Daneben gibt es derzeit zwei EU-Verordnungen, die spezifisch urheberrechtliche 47
Fragen regeln.

- **Portabilitätsverordnung** (EU-Verordnung 2017/1128 vom 14.7.2017 zur grenzüberschreitenden Portabilität von Online-Inhaltediensten im Binnenmarkt)
- **Marrakesch-Verordnung** (EU-Verordnung 2017/1563 vom 13.9.2017 über den grenzüberschreitenden Austausch von Vervielfältigungsstücken bestimmter urheberrechtlich oder durch verwandte Schutzrechte geschützter Werke und sonstiger Schutzgegenstände in einem barrierefreien Format zwischen der Union und Drittländern zugunsten blinder, sehbehinderter oder anderweitig lesebehinderter Personen)

Die EU-Kommission hat am 15.12.2020 zwei **Verordnungsvorschläge** vorgestellt, 48
um den digitalen Sektor zu regeln.[53] Dabei handelt es sich um Vorschläge für eine Verordnung über einen Binnenmarkt für digitale Dienste (Gesetz über digitale Dienste/Digital Services Act)[54] und für eine Verordnung über bestreitbare und faire Märkte im digitalen Sektor (Gesetz über digitale Märkte/Digital Markets Act).[55] Am 5. Juli 2022 stimmte das Europäische Parlament beiden Vorschlägen zu. Die

53 Vgl. *Spindler* GRUR 2021, 545; *Kaesling* ZUM 2021, 177.
54 COM (2020) 825 final.
55 COM (2020) 842 final.

beiden Verordnungen sollen – nach Zustimmung durch den Rat der EU – noch im Jahr 2022 in Kraft treten.

49 Nach Art. 1 Abs. 1 S. 1 **Digital Services Act** sollen harmonisierte Vorschriften für die Erbringung von Vermittlungsdiensten im Binnenmarkt festgelegt werden. Der Digital Services Act soll unter anderem die Regelung der E-Commerce-RL modernisieren. Geplant ist die Schaffung unionsweit einheitlicher Regeln für digitale Dienste. Die Art. 3ff. Digital Services Act sollen die Regelungen der bisherigen E-Commerce-RL übernehmen und ergänzen. Intermediäre sollen auch künftig für fremde Inhalte grundsätzlich nicht verantwortlich sein. Art. 7 Digital Services Act soll allgemeine Verpflichtungen zur Überwachung oder aktiven Nachforschung verbieten.[56] Art. 14 Digital Services Act soll das bisherige Notice-and-take-down-Verfahren für Hostprovider zu einem Notice-and-action-Verfahren erweitern.[57] Nach Art. 1 Abs. 3 Digital Services Act soll der Digital Services Act für Vermittlungsdienste gelten, die für Nutzer mit Niederlassungsort oder Wohnsitz in der Union erbracht werden, ungeachtet des Orts der Niederlassung des Anbieters dieser Dienste. Der Digital Services Act soll bestehende sektorspezifische Rechtsvorschriften (beispielsweise zum Urheberrecht) ergänzen und bestehende EU-Rechtsvorschriften unberührt lassen.

50 Demgegenüber soll der **Digital Markets Act** die wettbewerblichen Aspekte marktstarker Plattformen, die im Binnenmarkt als „Gatekeeper" agieren, regeln. Art. 2 des Entwurfes des Digital Markets Act zählt zu den zentralen Plattformdiensten unter anderem Online-Vermittlungsdienste, Online-Suchmaschinen, Online-Dienste sozialer Netzwerke, Video-Sharing-Plattform-Dienste und Cloud-Computing-Dienste. Art. 3 des Entwurfes eines Digital Markets Act sieht vor, dass ein Betreiber zentraler Plattformdienste als Gatekeeper benannt wird, wenn er erhebliche Auswirkungen auf den Binnenmarkt hat (a), einen zentralen Plattformdienst betreibt, der gewerblichen Nutzern als wichtiges Zugangstor zu Endnutzern dient (b), und hinsichtlich seiner Tätigkeiten eine gefestigte und dauerhafte Position innehat oder absehbar ist, dass er eine solche Position in naher Zukunft erlangen wird (c).

51 Der Digital Markets Act soll gewährleisten, dass die betroffenen Märkte trotz der gefestigten Marktstellung dieser Gatekeeper bestreitbar und fair bleiben. Der DMA sieht deshalb für Unternehmen mit Gatekeeper-Status eine Reihe von besonderen Pflichten und Verboten vor, die teils unmittelbar anwendbar sind, teils zunächst noch näher konkretisiert werden müssen.

56 *Spindler* GRUR 2021, 545, 550.
57 *Spindler* GRUR 2021, 545, 552.

§ 3 Das Werk

Urheber von Werken der Literatur, Wissenschaft und Kunst genießen für ihre Werke Schutz nach Maßgabe des UrhG. Der Werkbegriff ist in §§ 2–4 UrhG geregelt. § 2 Abs. 1 UrhG enthält eine nicht abschließende Aufzählung von Werkarten. Weitere Werkarten nennen §§ 3, 4 UrhG. Bearbeitungen und Sammelwerke nach §§ 3, 4 UrhG werden unter den gleichen Voraussetzungen geschützt wie die in § 2 Abs. 1 UrhG genannten Werkarten. 52

I. Werkbegriff

1. Persönliche geistige Schöpfung

§ 2 Abs. 2 UrhG bestimmt die Schutzvoraussetzungen. Werke im Sinne des UrhG 53
sind nur persönliche geistige Schöpfungen. Es muss sich also um eine persönliche Schöpfung handeln, der ein geistiger Gehalt innewohnt und die eine wahrnehmbare Formgestaltung aufweist.[58] Daneben hatte die ältere deutsche Rechtsprechung eine gewisse Gestaltungshöhe (synonym Schöpfungshöhe) gefordert. Dieses Kriterium wurde zunächst vom BGH im Bereich der angewandten Kunst relativiert.[59] Welche Rolle das Kriterium der Gestaltungshöhe im Urheberrecht künftig spielen wird, ist noch nicht geklärt.[60] In der Literatur wird das Kriterium der Gestaltungshöhe teilweise als „überholt" bezeichnet.[61] Eine bestimmte Gestaltungshöhe wird in vielen neueren Entscheidungen nicht mehr gefordert.[62] In einer neueren Entscheidung greift der BGH im Bereich der Architektur allerdings wieder auf das Kriterium der Gestaltungshöhe zurück.[63] Auch die instanzgerichtliche Rechtsprechung hält an der Forderung nach einer Gestaltungshöhe/Schöpfungshöhe fest.[64]

---

58 *Schack*[10] Rn. 185.
59 BGH NJW 2014, 469 – Geburtstagszug.
60 Vgl. *Tolkmitt* GRUR 2021, 383 ff.
61 *Schack*[10] Rn. 186.
62 Vgl. BVerwG GRUR 2020, 189 Rn. 23 – Zugang zu Umweltinformationen; OVG Hamburg, Urteil vom 20.9.2021, Aktenzeichen 3 Bf 87/18 – Anwaltsschriftsatz.
63 BGH GRUR 2021, 1290 Rn. 60 – Zugangsrecht des Architekten.
64 So hat beispielsweise das Landgericht Frankfurt dem sogenannten Zauberwürfel („Rubik's Cube") die Schutzfähigkeit wegen zu geringer Gestaltungshöhe abgesprochen (LG Frankfurt, Teilurteil vom 22.12.2021, Aktenzeichen 2-06 O 111/21). Das Landgericht Hamburg hat Webseiten von Zeitungsverlagen die Schöpfungshöhe als Multimediawerke abgesprochen (LG Hamburg, Urteil vom 14.1.2022, Aktenzeichen 308 O 130/19 – Adblock Plus). Das OLG Stuttgart hat die Gestaltungs-

https://doi.org/10.1515/9783110617207-003

54 § 2 Abs. 2 UrhG muss richtlinienkonform ausgelegt werden. Obwohl der Werkbegriff durch Richtlinien nur für Lichtbildwerke, Computerprogramme und Datenbanken ausdrücklich bestimmt wird, hat der EuGH den Werkbegriff im Wege der Rechtsfortbildung inzwischen vollständig harmonisiert.

2. Europäischer Werkbegriff

55 Nach der Rechtsprechung des EuGH handelt es sich bei dem Begriff „Werk“ um einen autonomen Begriff des Unionsrechts, der einheitlich auszulegen und anzuwenden ist und zwei Tatbestandsmerkmale hat.[65] Zum einen muss es sich bei dem betreffenden Gegenstand um ein Original in dem Sinne handeln, dass er eine eigene geistige Schöpfung seines Urhebers darstellt. Zum anderen ist die Einstufung als Werk solchen Elementen vorbehalten, die eine solche Schöpfung zum Ausdruck bringen.

a) Ergebnis von kreativen Entscheidungen

56 Für die Originalität ist erforderlich, dass der Gegenstand die Persönlichkeit seines Urhebers widerspiegelt, indem er das Ergebnis von freien kreativen Entscheidungen ist. Es kommt also entscheidend darauf an, ob der Urheber tatsächlich frei kreative Entscheidungen treffen konnte.[66] Bei Texten kann sich die Originalität aus der Auswahl, der Anordnung und der Kombination der Wörter ergeben, mit denen der Urheber seinen schöpferischen Geist in origineller Weise zum Ausdruck gebracht hat und zu einem Ergebnis gelangt ist, das eine geistige Schöpfung darstellt.

57 Während es bei beispielsweise bei Werken der bildenden Kunst selten Streitigkeiten über die urheberrechtliche Werkqualität gibt, ist dies bei Werken der angewandten Kunst (Design) anders. Auch bei Werken der angewandten Kunst gilt nach Auffassung des EuGH der einheitliche Werkbegriff.[67]

58 Für die Einstufung als „Werk“ im Sinne des Urheberrechts reicht es nicht aus, dass ein Bekleidungsmodell einen über den Gebrauchszweck hinausgehenden eigenen, ästhetisch markanten visuellen Effekt hervorruft.[68] Fälle, in denen Gerich-

---

höhe bei der Karosserie des Porsche 356 bejaht (OLG Stuttgart, Urteil vom 20.11.2020, Aktenzeichen 5 U 125/19 – Porsche; im Ergebnis ebenso BGH GRUR 2022, 899 Rn. 26 – Porsche 911).

65 EuGH GRUR 2020, 736 Rn. 22 – Brompton Bicycle/Chedech; EuGH GRUR 2019, 1185 – Cofemel/G-Star; EuGH GRUR 2019, 73 – Levola/Smilde; EuGH GRUR 2012, 166 Rn. 89 – Painer.

66 EuGH GRUR 2019, 934, 936 Rn. 23 – Afghanistan Papiere.

67 EuGH GRUR 2019, 1185 – Cofemel/G-Star.

68 EuGH GRUR 2019, 1185 – Cofemel/G-Star.

te Kleidungsstücke oder Schmuck als Werke der angewandten Kunst die urheberrechtliche Schutzfähigkeit zuerkannt haben, sind relativ selten.[69] Das Oberlandesgericht Hamburg hat in einer Entscheidung sogar dem Schuhmodell „Madrid" des Herstellers „Birkenstock" Werkeigenschaft zugesprochen.[70] Mit dieser Entscheidung, die ohne mündliche Verhandlung im Beschlussweg erging, überdehnt das OLG Hamburg den Werkbegriff. Ein Schutz über das UWG wäre hier sachgerechter.

b) Ausdruck

Der Begriff „Werk" setzt nach der Rechtsprechung des EuGH einen mit hinreichender Genauigkeit und Objektivität identifizierbaren Gegenstand voraus. Nach Auffassung des EuGH widerspricht es dem Erfordernis der Genauigkeit und Objektivität, wenn eine Identifizierung im Wesentlichen auf naturgemäß subjektiven Empfindungen (beispielsweise Geschmack) der Person beruht, die den fraglichen Gegenstand wahrnimmt.[71] 59

3. Technische Erfordernisse

An dem Erfordernis der freien kreativen Entscheidung fehlt es, wenn die konkrete Gestaltung eines Gegenstands durch technische Erwägungen, durch Regeln oder durch andere Sachzwänge bestimmt wurde.[72] Das Kriterium der Originalität kann nicht von den Komponenten eines Gegenstands erfüllt werden, die nur von ihrer technischen Funktion gekennzeichnet sind. Ist der Ausdruck dieser Komponenten durch ihre technische Form vorgegeben, sind die verschiedenen Möglichkeiten der Umsetzung einer Idee so beschränkt, dass Idee und Ausdruck nach Meinung des EuGH zusammenfallen.[73] Auch wenn hinsichtlich der Form eines Gegenstands eine Wahlmöglichkeit besteht, kann nach Meinung des EuGH nicht die Schlussfolgerung gezogen werden, dass dieser Gegenstand zwangsläufig un- 60

---

69 Vgl. LG Düsseldorf, Urteil vom 17.10.2019, Aktenzeichen 14c O 68/18 – Sommerkleid; OLG Frankfurt, Urteil vom 11.12.2018, Aktenzeichen 11 U 12/18 – Modeschmuck.

70 OLG Hamburg, Beschluss vom 14.10.2021, Aktenzeichen 5 W 40/21 – Grand Step Shoes; gegen LG Hamburg, Beschluss vom 29.6.2021, Aktenzeichen 310 O 72/21 – Grand Step Shoes; im Ergebnis ebenfalls für einen Schutz eines Schuhmodells LG Köln ZUM-RD 2022, 314.

71 EuGH GRUR 2019, 73 – Levola/Smilde.

72 EuGH GRUR 2020, 736 Rn. 24 – Brompton Bicycle/Chedech; BVerwG GRUR 2020, 189, 190 f. – Zugang zu Umweltinformationen; *Koch* GRUR 2021, 273, 274.

73 EuGH GRUR 2020, 736 Rn. 27 – Brompton Bicycle/Chedech.

ter den Begriff „Werk“ fällt.[74] Die Existenz anderer möglicher Formen, mit denen das gleiche technische Ergebnis erreicht werden kann, lässt zwar darauf schließen, dass eine Wahlmöglichkeit besteht, ist aber für die Beurteilung der Frage, von welchen Faktoren sich der Schöpfer in seiner Wahl leiten hat lassen, nicht ausschlaggebend.[75]

61 Die deutschen Gerichte sind hier unterschiedlich streng. Das Landgericht Hamburg hat Sitzbezügen mit bunten Puzzlemustern, welche die Berliner Verkehrsbetriebe als Graffitischutz in Zügen des öffentlichen Nahverkehrs verwenden, Urheberschutz zuerkannt.[76] Der Gestaltungsspielraum sei zwar eingeschränkt gewesen, weil das Muster auch einem Gebrauchszweck als Graffitischutz diene. Es sei aber ein ausreichender Gestaltungsspielraum verblieben, den der Designer des Musters bewusst nach seinen eigenen freien kreativen Entscheidungen ausgenutzt habe.[77]

4. Form und Inhalt

62 Nicht nur die Form, sondern auch der Inhalt eines Werkes kann urheberrechtlichen Schutz genießen.[78] Dies zeigt beispielsweise § 12 Abs. 2 UrhG, der die Inhaltmitteilung bei unveröffentlichten Werken verbietet. Auch Teile des Inhalts eines literarischen Werks, die auf der schöpferischen Fantasie des Urhebers beruhen und seine Individualität zum Ausdruck bringen, genießen urheberrechtlichen Schutz.[79]

5. Idee und Ausdruck

63 Mit dem Begriffspaar Form/Inhalt nicht zu verwechseln ist das aus dem angloamerikanischen Rechtskreis stammende Gegensatzpaar idea/expression. Ideen als solche können nicht geschützt sein. Erst wenn eine Idee eine Form angenommen hat (was nicht gleichbedeutend mit einer körperlichen Festlegung ist), kommt ein urheberrechtlicher Schutz in Betracht. Dieser Schutz erstreckt sich dann aber auch auf den Inhalt, sofern dieser den Schutzanforderungen genügt.

---

74 EuGH GRUR 2020, 736 Rn. 32 – Brompton Bicycle/Chedech.

75 EuGH GRUR 2020, 736 Rn. 35 – Brompton Bicycle/Chedech.

76 LG Hamburg, Urteil vom 9.11.2021, Aktenzeichen 310 O 44/19 – Puzzlemuster.

77 LG Hamburg, Urteil vom 9.11.2021, Aktenzeichen 310 O 44/19 – Puzzlemuster.

78 *Schack*[10] Rn. 193.

79 OLG München NJW-RR 2000, 268 – It takes two; LG Hamburg GRUR-RR 2003, 233 – Die Päpstin.

6. Werkteile

Auch Werkteile können urheberrechtlichen Schutz genießen. Voraussetzung ist jedoch, dass der Werkteil seinerseits die Anforderungen des Werkbegriffs erfüllt. Ist dies nicht der Fall, so kann das schutzfreie Werkteil frei verwendet werden. Eine Ausnahme gilt bei Ausschnitten von Fotos, da hier unterhalb der Schwelle der Werkeigenschaft ein einfacher Lichtbildschutz nach § 72 UrhG in Betracht kommen kann.[80] 64

7. Entwürfe

Auch Entwürfe können geschützt sein.[81] Dabei müssen die individuellen Züge, die Werk als persönlich geistige Schöpfung qualifizieren, bereits im Entwurf ihren Niederschlag gefunden haben. 65

II. Einzelne Werkarten

§ 2 Abs. 1 UrhG enthält eine nicht abschließende Aufzählung einzelner Werkarten. Auch neuartige Werkarten können also Schutz genießen, sofern sie den Anforderungen des Werkbegriffs genügen. 66

1. Sprachwerke

Zu den geschützten Werken der Literatur, Wissenschaft und Kunst gehören beispielsweise nach § 2 Abs. 1 Nr. 1 UrhG Sprachwerke, wie Schriftwerke, Reden und Computerprogramme. Die Erwähnung von Reden verdeutlicht, dass nicht nur schriftlich fixierte, belletristische und wissenschaftliche Werke, sondern ebenso mündliche Vorträge, Vorlesungen und Interviews geschützt sein können. Nach Auffassung des EuGH kommt es bei Sprachwerken darauf an, ob der Urheber bei der Ausarbeitung frei kreative Entscheidungen treffen konnte. Die Originalität könne sich aus der Auswahl, der Anordnung und der Kombination der Wörter ergeben.[82] Nach einer neueren Entscheidung setzt der Urheberrechtsschutz bei Texten nicht mehr voraus, dass der Text das Alltägliche, Handwerksmäßige, bloße mechanisch-technische Aneinanderreihen von Material deutlich überragt.[83] 67

---

80 LG Hamburg ZUM-RD 2020, 479.
81 *Schack*[10] Rn. 203.
82 EuGH GRUR 2019, 934 Rn. 23 – Afghanistan Papiere.
83 OVG Hamburg, Urteil vom 20.9.2021, Aktenzeichen 3 Bf 87/18 – Anwaltsschriftsatz.

68 Grundsätzlich können auch kurze Texte schutzfähig sein. So hat das LG München beispielsweise dem Satz „*Mögen hätte ich schon wollen, aber dürfen habe ich mich nicht getraut*" von Karl Valentin als Sprachwerk Schutz zugebilligt.[84] Einfache Werbetexte sind hingegen nicht schutzfähig, wenn sie lediglich aus kurzen Sätzen bestehen, mit denen die Funktion und die Vorteile des zu bewerbenden Produkts unter Verwendung einfacher Formulierungen und üblicher Werbefloskeln beschrieben werden.[85] An die Schutzfähigkeit von Liedtexten sind nach Auffassung des BGH nur geringe Anforderungen zu stellen.[86] In der Rechtsprechung wurde die Schutzfähigkeit allerdings häufig verneint.[87] Während der Schutz von belletristischen Werken in aller Regel unproblematisch ist, sind insbesondere Fragen der Schutzfähigkeit von Fachtexten und von literarischen Figuren immer wieder Gegenstand von Gerichtsverfahren.

a) Fachtexte

69 Bei Fachtexten sind die geistigen Anstrengungen und die Sachkenntnisse, die für die Ausarbeitung aufgewandt wurden, unerheblich.[88] Bei rein informativen Texten, deren Inhalt im Wesentlichen durch die in ihnen enthaltenen Informationen bestimmt wird, so dass diese Informationen und ihr Ausdruck in den Berichten deckungsgleich und die Texte somit allein durch ihre technische Funktion gekennzeichnet sind, geht der EuGH davon aus, dass es dem Urheber bei der Ausarbeitung nicht möglich war, seinen schöpferischen Geist in origineller Weise zum Ausdruck zu bringen.[89]

70 Das LG Köln legt demgegenüber einen großzügigen Maßstab an und bejaht Urheberrechtsschutz sogar bei einer Zusammenfassung eines wissenschaftlichen Gutachtens.[90] Die vom EuGH geforderte Originalität des Werkes, die aus der freien Entscheidung über Anordnung und Kombination der Wörter resultiert, soll nach Ansicht des LG Köln auch durch eine gedankliche, punktuelle Auswahl der wesentlichen Inhalte des zusammengefassten Textes gegeben sein. Als Begründung führt das LG Köln aus, dass auch eine Zusammenfassung eine Wertung ent-

---

84 LG München GRUR-RR 2011, 447 – Karl-Valentin-Zitat.

85 LG Frankenthal, Urteil vom 3.11.2020, Aktenzeichen 6 O 102/20 – Spurhalteassistent.

86 BGH GRUR 1991, 531 – Brown Girl I.

87 OLG Stuttgart ZUM-RD 2021, 435 – Zum Geburtstag; OLG Hamburg ZUM 1998, 1041 – Samba – hai que – Samba de Janeiro; OLG Düsseldorf GRUR 1978, 640, 641 – Wir fahr'n, fahr'n, fahr'n auf der Autobahn.

88 EuGH GRUR 2019, 934 Rn. 23 – Afghanistan Papiere.

89 EuGH GRUR 2019, 934 Rn. 24 – Afghanistan Papiere.

90 LG Köln ZUM-RD 2021, 43 – Glyphosat-Gutachten; dagegen *Grünberger* ZUM 2021, 257, 259.

halte. Indem die Zusammenfassung sich auf die wesentlichen Punkte und der darin enthaltenen Wertung bzw. Bewertung konzentriere, enthalte sie für sich genommen wiederum eine Wertung, welche sich gerade nicht nur auf die Wiedergabe der Forschungsergebnisse als Informationen beschränke.[91]

b) Literarische Figuren

Auch ein einzelner Charakter eines Sprachwerks kann selbstständigen Urheber- 71
rechtsschutz genießen. Dies setzt voraus, dass der Autor dieser Figur durch die Kombination von ausgeprägten Charaktereigenschaften und besonderen äußeren Merkmalen eine unverwechselbare Persönlichkeit verleiht.[92] Nicht nur die konkrete Textfassung oder die unmittelbare Formgebung kann also urheberrechtlich schutzfähig sind. Urheberrechtsschutz kommt auch für eigenpersönlich geprägte Bestandteile und formbildende Elemente des Werkes in Betracht, die im Gang der Handlung, in der Charakteristik und Rollenverteilung der handelnden Personen, der Ausgestaltung von Szenen und in der „Szenerie" einer Erzählung liegen.[93] Neben der Fabel, d.h. dem Handlungs- und Beziehungsgeflecht der Charaktere, genießen daher auch einzelne Charaktere des Sprachwerks selbstständigen Urheberrechtsschutz, sofern sie sich durch eine unverwechselbare Kombination von äußeren Merkmalen, Charaktereigenschaften, Fähigkeiten und typischen Verhaltensweisen auszeichnen, somit zu besonders ausgeprägten Persönlichkeiten geformt sind und jeweils in einer bestimmten charakteristischen Weise auftreten. Dieser Schutz einer fiktiven Person kann auch unabhängig vom konkreten Beziehungsgeflecht und dem Handlungsrahmen bestehen, wie sie in der Fabel der Erzählung ihren Ausdruck gefunden haben.[94]

c) Computerprogramme

§ 2 Abs. 1 Nr. 1 UrhG zählt Computerprogramme zu den Sprachwerken. Die 72
Schutzvoraussetzungen werden in § 69a Abs. 3 UrhG, der Art. 1 Abs. 3 der Computerprogramm-RL umsetzt, näher definiert. Danach werden Computerprogramme geschützt, wenn sie individuelle Werke in dem Sinne darstellen, dass sie das Ergebnis der eigenen geistigen Schöpfung ihres Urhebers sind. Zur Bestimmung ihrer Schutzfähigkeit sind nach § 69a Abs. 3 S. 2 UrhG keine anderen Kriterien, insbesondere nicht qualitative oder ästhetische, anzuwenden. Computerprogramme

---

91 LG Köln ZUM-RD 2021, 43, 46 – Glyphosat-Gutachten.

92 BGH NJW 2014, 771– Pippi-Langstrumpf-Kostüm.

93 LG Hamburg GRUR-RR 2021, 103 – Hey, Pippi Langstrumpf.

94 LG Hamburg, Urteil vom 9.12.2020, Aktenzeichen 308 O 431/17 – Hey, Pippi Langstrumpf.

sind nach § 69a Abs. 1 UrhG Programme in jeder Gestalt, einschließlich des Entwurfsmaterials. Geschützt ist also der menschenlesbare Quelltext (Source Code) genauso wie der maschinenlesbare Binärcode.[95] Der gewährte Schutz gilt gemäß § 69 Abs. 2 UrhG für alle Ausdrucksformen eines Computerprogramms.

73 Demgegenüber sind Ideen und Grundsätze, die einem Computerprogramm zugrunde liegen, nicht geschützt. Auch Algorithmen sind nicht schutzfähig. Ein Algorithmus ist ein Verfahren zur Lösung einer gestellten Aufgabe. Er beschreibt die schrittweise Lösung eines Problems mit Hilfe elementarer Regeln.[96] Die Schutzfähigkeit von Algorithmen lässt sich auch nicht dadurch begründen, dass man den Zweck eines Computerprogramms als schutzunfähige Idee („idea") und den Algorithmus als Ausdruck („expression") betrachtet.[97]

d) Werktitel

74 Auch Werktitel genügen in aller Regel nicht den Anforderungen des § 2 Abs. 2 UrhG. Der Werktitel kann allerdings gesondert nach § 5 MarkenG geschützt sein. Werktitel sind nach § 5 Abs. 3 MarkenG die Namen oder besonderen Bezeichnungen von Druckschriften, Filmwerken, Tonwerken, Bühnenwerken oder sonstigen vergleichbaren Werken.

75 Der Werktitel individualisiert ein Werk als solches und unterscheidet es von anderen Werken.[98] Dabei gilt ein gegenüber dem Urheberrecht eigenständiger kennzeichenrechtlicher Werkbegriff. Werke im kennzeichenrechtlichen Sinne sind alle immateriellen Arbeitsergebnisse, die als Gegenstand des Rechts- und Geschäftsverkehrs nach der Verkehrsanschauung bezeichnungsfähig sind.[99] Aufgrund der engen Verbindung von Titel und Werk muss die Zuordnung der Titelinhaberschaft der Werkzuordnung folgen. Es kommt deshalb entscheidend darauf an, wessen immaterielles Arbeitsergebnis mit dem Titel gekennzeichnet wird. Danach ist grundsätzlich der Verfasser des Werkes Inhaber eines Werktitelrechts.[100]

---

95 EuGH GRUR 2021, 1508 Rn. 36 – Top System/État belge.

96 Wandtke/Bullinger/*Grützmacher*[6] § 69a UrhG Rn 29.

97 Vgl. *von Hellfeld* GRUR 1989, 471, 474.

98 BGH GRUR 2019, 535 Rn. 30 – Das Omen; BGH GRUR 2003, 440, 441 – Winnetous Rückkehr.

99 BGH GRUR 2019, 535 Rn. 30 – Das Omen; BGH GRUR 2012, 1265 Rn. 13 – Stimmt's?; BGH GRUR 2016, 939 Rn. 15 – wetter.de; BGH GRUR 2016, 1301 Rn. 17 – Kinderstube.

100 BGH GRUR 2019, 535 Rn. 32 – Das Omen.

2. Musikwerke

§ 2 Abs. 1 Nr. 2 UrhG nennt Werke der Musik. Geschützt sind von Menschen geschaffene Tonfolgen. An den für die Zubilligung von Urheberrechtschutz erforderlichen individuellen ästhetischen Gehalt stellt die Rechtsprechung keine hohen Anforderungen.[101] Im Bereich des musikalischen Schaffens ist der Schutz der sogenannten „kleinen Münze“ anerkannt, die einfache und gerade noch geschützte geistige Leistungen erfasst. Es reicht daher aus, wenn die formgebende Tätigkeit des Komponisten nur einen verhältnismäßig geringen Eigentümlichkeitsgrad aufweist, ohne dass es dabei auf den künstlerischen Wert ankommt.[102] Die Schutzfähigkeit kann sich nicht nur aus der Melodie und dem Einsatz der musikalischen Ausdrucksmittel der Rhythmik, des Tempos, der Harmonik und des Arrangements ergeben, sondern auch aus der Art und Weise des Einsatzes der einzelnen Instrumente, also der Instrumentierung und Orchestrierung.[103] Eine bestimmte Mindestzahl von Tönen oder Takten ist für die Erlangung eines Urheberschutzes nicht erforderlich.[104] Je kürzer allerdings die Tonfolge ist, desto geringer ist der Spielraum und desto seltener wird ein Urheberschutz erlangt. 76

Wird ein Musikstück durch Ablauf der Schutzdauer gemeinfrei, so kann durch eine nur unwesentliche Bearbeitung kein neuer Schutz begründet werden.[105] Die nur unwesentliche Bearbeitung eines nicht geschützten Werkes der Musik wird nach § 3 S. 2 UrhG nicht als selbstständiges Werk geschützt. 77

3. Pantomimische und choreografische Werke

Nach § 2 Abs. 1 Nr. 3 UrhG gehören pantomimische Werke einschließlich der Werke der Tanzkunst zu den geschützten Werken. Werke der Tanzkunst sind nur dann schutzfähig, wenn die Darbietung über bloß akrobatische Leistungen hinausgeht. Erforderlich ist nach Auffassung des OLG Köln, dass durch die akrobatischen Bewegungen in origineller Vielfalt der tänzerischen Bewegungs- und Körpersprache ein besonderer künstlerischer Ausdruck manifestiert wird.[106] Mit den Gestaltungsformen der Bewegung, Gebärden und Mimik der Tanzenden muss ein erfahrbarer Inhalt der Darbietung zum Ausdruck kommen, der über die bloße Aneinanderreihung von akrobatischen Übungen hinaus ein zusätzliches künstleri- 78

---

101 BGH GRUR 2015, 1189 Rn. 44 – Goldrapper.

102 BGH GRUR 2015, 1189 Rn. 44 – Goldrapper; BGH GRUR 1981, 267 – Dirlada; BGH GRUR 1988, 812, 814 – Ein bisschen Frieden; BGH GRUR 1991, 533 – Brown Girl II.

103 BGH GRUR 2015, 1189 Rn. 44 – Goldrapper; BGH GRUR 1981, 267, 268 – Dirlada.

104 OLG München ZUM-RD 2015, 387 – Erkennungsmelodie.

105 *Schack*[10] Rn. 284.

106 OLG Köln GRUR-RR 2007, 263 – Arabeske.

sches Anliegen vermittelt. Akrobatische Leistungen sind somit nicht ohne Weiteres als Werke der Tanzkunst urheberrechtlich geschützt.

4. Werke der bildenden und der angewandten Kunst

a) Bildende Kunst und Baukunst

79 § 2 Abs. 1 Nr. 4 UrhG nennt Werke der bildenden Künste einschließlich der Werke der Baukunst und der angewandten Kunst und Entwürfe solcher Werke. Bei Werken der bildenden Kunst wird die Schutzfähigkeit selten in Zweifel gezogen. Zeichnungen, Gemälde, Stiche, Plastiken, Skulpturen und sonstige Kunstwerke sind in der Regel urheberrechtlich geschützt.[107]

80 Werke der Baukunst gehören zur bildenden Kunst. Dem steht nicht entgegen, dass sie einem Gebrauchszweck dienen.[108] Nur solchen Bauwerken, die lediglich den technischen Regeln der Baukunst folgen oder den Zwängen der baulichen Gegebenheiten unterliegen, spricht die Rechtsprechung die Werkqualität ab.[109]

81 Werke der bildenden Kunst und der Baukunst sind ausdrücklich bereits als Entwürfe geschützt. Die für eine persönlich geistige Schöpfung notwendige Individualität erfordert, dass das Bauwerk nicht nur das Ergebnis eines rein handwerklichen oder routinemäßigen Schaffens darstellt, sondern dass es aus der Masse des alltäglichen Bauschaffens herausragt. Dies beurteilt sich nach dem ästhetischen Eindruck, den das Bauwerk nach dem Durchschnittsurteil des für Kunst empfänglichen und mit Kunstdingen einigermaßen vertrauten Menschen vermittelt.[110] Werke der Baukunst können beispielsweise geprägt sein durch ihre Proportionen, Größe, Einbindung in das Gelände, die Umgebungsbebauung, Verteilung der Baumasse, konsequente Durchführung eines Motivs und Gliederung einzelner Bauteile wie der Fassade oder des Daches sowie dadurch, dass alle einzelnen Teile des Bauwerks so aufeinander bezogen sind, dass sie zu einer Einheit verschmelzen.[111]

82 Dabei wird eine aus der Masse des alltäglichen Bauschaffens herausragende und damit urheberrechtlich schutzfähige Gestaltung nach Meinung des OLG Karlsruhe bei Repräsentativbauten wie etwa Museen, Regierungsgebäuden oder Unternehmenszentralen eher zu finden sein, als bei reinen Zweckbauten. Gewöhnlichen Wohnhäusern und vergleichbaren Zweckbauten wird daher häufig der Schutz versagt. Etwas anderes soll allerdings gelten, wenn besondere gestal-

---

107 LG Flensburg ZUM-RD 2021, 507, 508 – Edelblüte.

108 BGH GRUR 2021, 1290 Rn. 60 – Zugangsrecht des Architekten.

109 BGH GRUR 2021, 1290 Rn. 60 – Zugangsrecht des Architekten.

110 BGH GRUR 2008, 984, 986 – St. Gottfried; BGH GRUR 1982, 107, 110 – Kirchen-Innenraumgestaltung; BGH GRUR 1974, 675, 677 – Schulerweiterung.

111 OLG Karlsruhe GRUR-RR 2013, 423, 426 – Zwölffamilienhaus.

terische Elemente vorliegen, die über das vom Technisch-Konstruktiven oder vom Gebrauchszweck her Vorgegebene oder Übliche hinausgehen und die Individualität zum Ausdruck bringen.[112]

b) Angewandte Kunst

Als Werke der angewandten Kunst werden künstlerisch gestaltete Gegenstände 83
mit Gebrauchszweck verstanden. Auch bei Werken der angewandten Kunst gilt nach Auffassung des EuGH der einheitliche Werkbegriff.[113] Diese Rechtsprechung ist insofern zweifelhaft, als Art. 17 S. 2 Geschmacksmuster-RL[114] bestimmt, dass Umfang und Bedingung des Urheberschutzes einschließlich der erforderlichen Gestaltungshöhe von den einzelnen Mitgliedstaaten festgelegt werden.

Nach der Rechtsprechung des BGH gelten die gleichen Anforderungen, die an 84
Werke der bildenden Kunst zu stellen sind, auch für Werke der angewandten Kunst. Allerdings ist bei der Beurteilung, ob ein Werk der angewandten Kunst die für einen Urheberrechtsschutz erforderliche Gestaltungshöhe erreicht, zu berücksichtigen, dass die ästhetische Wirkung der Gestaltung einen Urheberrechtsschutz nur begründen kann, soweit sie nicht dem Gebrauchszweck geschuldet ist, sondern auf einer künstlerischen Leistung beruht. Bei Gebrauchsgegenständen, die durch den Gebrauchszweck bedingte Gestaltungsmerkmale aufweisen müssen, ist der Spielraum für eine künstlerische Gestaltung regelmäßig eingeschränkt.[115] Deswegen stellt sich bei ihnen in besonderem Maß die Frage, ob sie über ihre von der Funktion vorgegebene Form hinaus künstlerisch gestaltet sind und diese Gestaltung eine Gestaltungshöhe erreicht, die Urheberrechtsschutz rechtfertigt. Eine geringe Gestaltungshöhe, die gerade noch den Urheberrechtsschutz zu begründen vermag, führt zu einem entsprechend engen Schutzbereich des betreffenden Werkes.

Bei Möbeln beispielsweise hat die Rechtsprechung schon oft den Werkcha- 85
rakter bejaht.[116] In einigen Fällen wurde auch ein Schutz von Autokarosserien bejaht.[117]

---

112 OLG Karlsruhe GRUR-RR 2013, 423, 426 – Zwölffamilienhaus; OLG Karlsruhe GRUR 1985, 534, 535 – Architektenplan.

113 EuGH GRUR 2019, 1185 – Cofemel/G-Star; kritisch *Schack* GRUR 2021, 904.

114 Richtlinie 98/71/EG des Europäischen Parlaments und des Rates vom 13. Oktober 1998 über den rechtlichen Schutz von Mustern und Modellen.

115 BGH NJW 2014, 469 Rn. 41 – Geburtstagszug.

116 LG Düsseldorf, Urteil vom 14.7.2020, Aktenzeichen 14c O 57/19 – USM Haller.

117 Bejahend BGH GRUR 2022, 899 Rn. 26 – Porsche 911; OLG Stuttgart, Urteil vom 20.11.2020, Aktenzeichen 5 U 125/19 – Porsche; LG Stuttgart ZUM-RD 2019, 233 – Porsche; verneinend OLG Braunschweig ZUM-RD 2022, 342 – VW-Käfer, LG Braunschweig, Urteil vom 19.6.2019, Aktenzeichen 9 O 3006/17 – VW-Käfer.

5. Lichtbildwerke

86 § 2 Abs. 1 Nr. 5 UrhG nennt Lichtbildwerke einschließlich der Werke, die ähnlich wie Lichtbildwerke geschaffen werden. Bereits im Jahr 1999 hat der BGH festgestellt, dass die Schutzanforderungen hier richtlinienkonform ausgelegt werden müssen.[118] Nach Art. 6 der Schutzdauer-Richtlinie sollen Fotografien geschützt werden, wenn sie individuelle Werke in dem Sinne darstellen, dass sie das Ergebnis der eigenen geistigen Schöpfung ihres Urhebers sind. Eines besonderen Maßes an schöpferischer Gestaltung bedarf es danach für den Schutz als Lichtbildwerk nicht. Bei der Verwendung von Bildausschnitten will das LG Hamburg den einfachen Lichtbildschutz nach § 72 UrhG anwenden, wenn der Ausschnitt keinen Werkcharakter aufweist.[119]

6. Filmwerke

87 § 2 Abs. 1 Nr. 6 UrhG nennt Filmwerke einschließlich der Werke, die ähnlich wie Filmwerke geschaffen werden. Ein Filmwerk liegt bei Bild- oder Bildtonfolgen vor, die dem Betrachter den Eindruck von der Wiedergabe eines bewegten Geschehensablaufs vermitteln.[120] Geschützt werden alle Arten von Filmen. Bei Dokumentarfilmen beispielsweise liegt die schöpferische Leistung in der Aufbereitung des Themas, in der Sammlung, Auswahl und Anordnung des Stoffs sowie in der besonderen Zusammenstellung der einzelnen Bildfolgen.[121]

88 Das LG Frankenthal hat beispielsweise die Aufzeichnung eines Fußballspiels als Filmwerk erachtet. Maßgeblich dafür war, dass die Schnittregie der Fußballsendung, die Bilder aus mehreren Kameras umfasste und die für das Endprodukt Nahaufnahmen und Zeitlupen, Wiederholungen und Einspielungen von Spielsequenzen miteinander verband, genügend gestalterischen Spielraum ließ.[122] Neben der Schnittregie kämen noch Einspielungen vorproduzierter Berichte, Kommentare, Interviews und ähnlicher Zusätze ebenso wie die Einblendungen während des Spiels selbst hinzu. Die Schnittregie, die Nahaufnahmen, Zeitlupenwiederholungen und Einspielung von Spielsequenzen ließen genügend gestalterischen Spielraum. Eine körperliche Fixierung sei nicht erforderlich, sodass auch Livesendungen dem Urheberrechtsschutz unterfielen.[123]

---

118 BGH GRUR 2000, 317, 318 – Werbefotos.
119 LG Hamburg ZUM-RD 2020, 479.
120 LG Frankenthal ZUM-RD 2020, 147 – Fußballsendung.
121 BGH GRUR 2018, 1280 Rn. 13 – My Lai.
122 LG Frankenthal ZUM-RD 2020, 147, 148 – Fußballsendung.
123 LG Frankenthal ZUM-RD 2020, 147, 148 – Fußballsendung.

Sofern die erforderliche Schöpfungshöhe nicht erreicht wird, kommt ein Laufbildschutz nach § 95 UrhG in Betracht. 89

7. Darstellungen wissenschaftlicher und technischer Art

Darstellungen wissenschaftlicher oder technischer Art, wie Zeichnungen, Pläne, 90
Karten, Skizzen, Tabellen und plastische Darstellungen, gehören nach § 2 Abs. 1 Nr. 7 UrhG zu den geschützten Werken. Darstellungen wissenschaftlicher und technischer Art sind urheberrechtlich schutzfähig, obwohl sie regelmäßig einem praktischen Zweck dienen, der den Spielraum für eine individuelle Gestaltung einengt. Daher darf kein zu hohes Maß an eigenschöpferischer Formgestaltung verlangt werden. Es reicht daher aus, dass eine individuelle – sich vom alltäglichen Schaffen im Bereich technischer Zeichnungen abhebende – Geistestätigkeit in dem darstellerischen Gedanken zum Ausdruck kommt.[124]

Der BGH hatte beispielsweise die Schutzfähigkeit einer sogenannten Explosi- 91
onszeichnung zu beurteilen. Eine Explosionszeichnung (Sprengzeichnung) ist eine Art der graphischen Darstellung, die einen komplexen Gegenstand in seine Einzelteile zerlegt zeigt. Bei dieser wird das Gestaltungsvermögen des Grafikers nach Meinung des BGH insofern besonders gefordert, als es bei ihnen darum geht, den Gegenstand einer technischen Konstruktion zeichnerisch so in seine Einzelteile zu zerlegen, dass sich dem Betrachter die Zusammensetzung, Anordnung und Funktion dieses Gegenstandes verständlich und anschaulich erschließt. Dazu stehen dem Grafiker bestimmte Darstellungstechniken zur Verfügung, die Spielraum für ein individuelles Gestalten lassen. Der Grafiker ist in der Wahl der zur Verfügung stehenden Darstellungstechniken wie etwa Linienführung, Schattenbildung, Schraffuren, Darstellung und in der Auswahl der Perspektive frei.[125]

Der Schutzumfang des § 2 Abs. 1 Nr. 7 UrhG ist begrenzt auf einen Schutz in 92
der gleichen Dimension. Ein Schutz gegen einen Nachbau wird – anders als bei § 2 Abs. 1 Nr. 4 UrhG – nicht gewährt.[126]

III. Bearbeitung

Übersetzungen und andere Bearbeitungen eines Werkes, die persönliche geistige 93
Schöpfungen des Bearbeiters sind, werden gemäß § 3 S. 1 UrhG unbeschadet des

---

124 BGH GRUR 1991, 529 – Explosionszeichnungen.

125 BGH GRUR 1991, 529, 530 – Explosionszeichnungen.

126 BGH NJW-RR 1989, 618 – Bauaußenkante; BGH NJW 1995, 3252, 3253 – Pauschale Rechtseinräumung.

Urheberrechts am bearbeiteten Werk wie selbstständige Werke geschützt. An einem übersetzten Werk bestehen gegebenenfalls zwei Urheberrechte, zum einen das Urheberrecht am Original, zum anderen das Urheberrecht an der Übersetzung. Die Übersetzung darf allerdings nach § 23 UrhG nicht ohne Erlaubnis des Urhebers des Originals veröffentlicht oder verwertet werden.

94 Auch wenn ein gemeinfreies Werk, beispielsweise ein amtliches Werk im Sinne des § 5 Abs. 1 UrhG, übersetzt wird, kann ein Bearbeitungsurheberrecht entstehen.

IV. Sammelwerk und Datenbankwerk

95 § 4 UrhG regelt den Schutz von Sammel- und Datenbankwerken. Dabei werden Datenbankwerke als Unterfall der Sammelwerke angesehen.

1. Sammelwerke

96 § 4 Abs. 1 UrhG enthält eine Legaldefinition des Sammelwerks. Sammelwerke sind danach Sammlungen von Werken, Daten oder anderen unabhängigen Elementen, die aufgrund der Auswahl oder Anordnung der Elemente eine persönliche geistige Schöpfung sind. Sammelwerke werden gemäß § 4 Abs. 1 UrhG unbeschadet eines an den einzelnen Elementen gegebenenfalls bestehenden Urheberrechts oder verwandten Schutzrechts wie selbstständige Werke geschützt. Klassische Sammelwerke sind beispielsweise Lexika, Enzyklopädien, Anthologien, Koch- und Adressbücher.[127]

97 In einer älteren – vor Umsetzung der Datenbank-RL[128] ergangenen – Entscheidung hatte der BGH einen Schutz für ein Telefonverzeichnis als Sammelwerk wegen Fehlens der erforderlichen Gestaltungshöhe abgelehnt.[129] Die Schutzfähigkeit könne sich bei Nachschlagewerken aus der Art und Weise ergeben, in der das vorhandene Material ausgewählt, eingeteilt und angeordnet worden sei. Auch wenn die zugrunde liegenden Ordnungsprinzipien als abstrakte Gedanken und Ideen einem Urheberrechtsschutz nicht zugänglich seien, können sie nach Auffassung des BGH doch in dem Nachschlagewerk eine konkrete Ausformung erfahren haben. Zwar liege dem Telefonverzeichnis ein komplexes Regelwerk zugrunde, das im Einzelnen festlege, welche Angaben in einen Teilnehmereintrag aufzunehmen sei-

---

127 *Schack*[10] Rn. 302; Schricker/Loewenheim/*Leistner*[6] § 4 UrhG Rn. 1.
128 Richtlinie 96/9 EG vom 11. März 1996 über den rechtlichen Schutz von Datenbanken.
129 BGH GRUR 1999, 923 – Tele-Info-CD.

en, welche Form die Einträge aufweisen und wie und an welcher Stelle sie in das Verzeichnis aufzunehmen seien. Die Beachtung dieses Regelwerks führe allerdings nicht dazu, dass das Verzeichnis die erforderliche Gestaltungshöhe habe. Denn es geht weniger um die Auswahl der aufzunehmenden Datensätze als vielmehr um die Einheitlichkeit der Anordnung und Darstellung.[130]

Diese Ausführungen betrafen allerdings die Rechtslage vor der Umsetzung der Datenbank-RL in deutsches Recht. Die Datenbank-RL fordert lediglich das Vorliegen einer „eigenen geistigen Schöpfung" und nicht das Vorliegen einer „persönlichen geistigen Schöpfung".[131] Nachdem der deutsche Gesetzgeber Datenbankwerke als Unterfall von Sammelwerken klassifiziert hat, liegt es nahe, dass auch für Sammelwerke nicht an dem Erfordernis einer persönlichen geistigen Schöpfung festzuhalten ist. 98

2. Datenbankwerke

§ 4 Abs. 2 UrhG definiert Datenbankwerk im Sinne des UrhG als Sammelwerk, dessen Elemente systematisch oder methodisch angeordnet und einzeln mit Hilfe elektronischer Mittel oder auf andere Weise zugänglich sind. 99

a) Datenbank

Voraussetzung sowohl für den Urheberrechtsschutz nach § 4 Abs. 2 UrhG als auch für den Datenbankschutz sui generis nach § 87a UrhG ist, dass eine Datenbank vorliegt. Urheberrechtsschutz und Datenbankschutz sui generis bestehen unabhängig voneinander. Für die Auslegung des Begriffs der Datenbank ist die europäische Datenbank-RL heranzuziehen. Die Definition der Datenbank im Sinne des § 4 Abs. 2 UrhG und im Sinne des § 87a UrhG stimmen überein.[132] 100

Es muss sich nach Art. 1 Abs. 2 Datenbank-RL um eine Sammlung von Werken, Daten oder anderen unabhängigen Elementen handeln, die systematisch oder methodisch angeordnet und einzeln mit Hilfe elektronischer Mittel oder auf andere Weise zugänglich sind. Für das Vorliegen einer Datenbank sind drei Merkmale konstitutiv: erstens eine Sammlung von Werken, Daten oder anderen unabhängigen Elementen, zweitens die systematische oder methodische Anordnung 101

---

130 BGH GRUR 1999, 923, 924 – Tele-Info-CD.

131 Nach Erwägungsgrund 15 der Datenbank-RL sollten die Kriterien, ob eine Datenbank für den urheberrechtlichen Schutz in Betracht kommt, darauf beschränkt sein, dass der Urheber mit der Auswahl oder Anordnung des Inhalts der Datenbank eine eigene geistige Schöpfung vollbracht hat. Dieser Schutz bezieht sich auf die Struktur der Datenbank.

132 OLG München GRUR 2014, 75 – Topografische Karte.

und drittens die einzelne Zugänglichkeit mit elektronischen Mitteln oder auf andere Weise.[133] Von der Unabhängigkeit der Elemente der Sammlung ist nach der Rechtsprechung des BGH auszugehen, wenn sie sich voneinander trennen lassen, ohne dass der Wert ihres informativen oder sonstigen Inhalts dadurch beeinträchtigt wird.[134] Die Anforderung an die Unabhängigkeit der einzelnen Elemente ist gering. Im Hinblick auf topografische Landkarten hat der EuGH entschieden, dass ein geographischer Koordinatenpunkt, der lediglich aus einem Zahlencode besteht, der einen bestimmten Punkt in einem zweidimensionalen Gitternetz entspricht, ein unabhängiges Element ist.[135]

b) Schöpferische Tätigkeit bei Auswahl oder Anordnung

102 Nach Art. 3 der Datenbank-RL werden Datenbanken, die aufgrund der Auswahl oder Anordnung des Stoffes eine eigene geistige Schöpfung darstellen, urheberrechtlich geschützt. Da sich die schöpferische Tätigkeit sowohl auf die Auswahl als auch auf die Anordnung des Stoffes beziehen kann, steht es einem urheberrechtlichen Datenbankschutz nicht entgegen, dass diese auf Vollständigkeit ausgerichtet ist. Auch wenn keine eigenschöpferische Auswahlentscheidung getroffen wird, kann aufgrund der Anordnung des Stoffes Schutz bestehen.[136] Eine eigene geistige Schöpfung liegt nach Auffassung des EuGH dann vor, wenn der Urheber der Datenbank über die Auswahl oder die Anordnung der in ihr enthaltenen Daten seine schöpferischen Fähigkeiten in eigenständiger Weise zum Ausdruck bringt, indem er freie und kreative Entscheidungen trifft.[137] Das Kriterium ist dann nicht erfüllt, wenn die Erstellung der Datenbank durch technische Erwägungen, Regeln oder Zwänge bestimmt wird, die für künstlerische Freiheit keinen Raum lassen.[138] Entscheidend ist also für den urheberrechtlichen Schutz ei-

---

133 Nach Erwägungsgrund 17 der Datenbank-RL sollen unter dem Begriff „Datenbank“ Sammlungen von Werken sowie von anderem Material wie Texten, Bildern, Zahlen, Fakten und Daten verstanden werden. Erwägungsgrund 20 der Datenbank-RL erläutert, dass sich der in der Richtlinie vorgesehene Schutz auch auf Elemente erstrecken kann, die für den Betrieb oder die Abfrage bestimmter Datenbanken erforderlich sind, beispielsweise auf den Thesaurus oder die Indexierungssysteme. Art. 3 Abs. 2 der Datenbank-RL stellt klar, dass der urheberrechtliche Schutz sich nicht auf den Inhalt erstreckt. Der einzelne Datensatz wird also durch die Datenbank-RL nicht geschützt. Ob hierfür Urheberschutz in Betracht kommt, hängt davon ab, ob der einzelne Datensatz selbst Werkqualität hat.

134 BGH GRUR 2005, 940 – Marktstudien.

135 EuGH GRUR 2015, 1187 – Datenbankschutz für topografische Landkarte.

136 BGH GRUR 2011, 79 Rn. 38 – Markenheftchen.

137 EuGH GRUR 2012, 386 Rn. 38 – Football Dacato.

138 EuGH GRUR 2012, 386 Rn. 39 – Football Dacato.

ner Datenbank die Originalität, nicht hingegen der Arbeitsaufwand und die Sachkenntnis.[139]

Nach Auffassung des BGH sind die Anforderungen an die Schutzfähigkeit von Datenbankwerken gering. So hat es der BGH für den Schutz einer Gedichttitelliste als Datenbankwerk ausreichen lassen, dass die Sammlung in ihrer Struktur, die durch Auswahl oder Anordnung des Inhalts der Datenbank geschaffen worden ist, einen individuellen Charakter hat.[140] Gegenstand der Entscheidung war eine Liste der wichtigsten Gedichte der deutschen Literatur. Die Liste enthielt jeweils Autor, Titel, Anfangszeile und Erscheinungsjahr des einzelnen Gedichts. Ausdrücklich weist der BGH darauf hin, dass eine bestimmte Gestaltungshöhe nicht erforderlich sei. Ein bescheidenes Maß an geistiger Leistung genüge.[141] 103

Eine Verletzung des Datenbankwerks ist gegeben, wenn die Struktur des Datenbankwerks übernommen wird. Liegt keine vollständige Übernahme vor, so kommt eine Urheberrechtsverletzung nur dann in Betracht, wenn der übernommene Teil den Schutzvoraussetzungen genügt.[142] Zu dem Umfang der Übernahme hat sich die Rechtsprechung unter anderem in dem Fall „Gedichttitelliste" geäußert. In der Datenbank der Kläger waren 1.138 Gedichte aus der Zeit zwischen 1720 bis 1900 enthalten. Die Beklagte hatte eine CD-ROM mit 1.000 Gedichten vermarktet. 876 davon stammten aus der Zeit zwischen 1720 und 1900. Von diesen wiederum stimmten 856 mit denen aus der klägerischen Datenbank überein. Für relevant hielt die Rechtsprechung das Zahlenverhältnis der 876 zu 856 Gedichten. Die Rechtsprechung stellte darauf ab, dass damit annähernd 98 % (97,7 %) der Gedichte aus dem relevanten Zeitraum übernommen worden waren. Dem stand nicht entgegen, dass von der Gesamtzahl der klägerischen Gedichte, nämlich 1.138, lediglich 856 übernommen worden waren, also 75,2 %.[143] Nicht ausschlaggebend war das Verhältnis der 1.138 (Gesamtzahl der klägerischen Gedichte) zu 856 übernommenen Gedichten. Vielmehr war maßgeblich, dass fast alle Gedichte aus dem relevanten Zeitraum, die sich auf der CD-ROM der Beklagten befanden, auch in der klägerischen Gedichtanthologie auftauchten. 104

139 EuGH GRUR 2012, 386 Rn. 42 – Football Dacato.

140 BGH GRUR 2007, 685 – Gedichttitelliste I.

141 BGH GRUR 2007, 685 Rn. 21 – Gedichttitelliste I.

142 BGH GRUR 2007, 685 Rn. 25 – Gedichttitelliste I.

143 BGH GRUR 2007, 685 Rn. 26 – Gedichttitelliste I; LG Mannheim GRUR-RR 2004, 196, 197 – Freiburger Anthologie; OLG Karlsruhe, Urteil vom 28.7.2004, Aktenzeichen 6 U 37/04; zum Schutzrecht sui generis BGH GRUR-RR 2010, 232 Rn. 18 – Gedichttitelliste III.

V. Entstehen des Rechts

1. Werkschöpfung als Realakt

105 Der Schutz entsteht unmittelbar mit der Schaffung des Werkes. Dies gilt bereits im Entwurfsstadium, wie § 2 Abs. 1 Nr. 4 UrhG exemplarisch zeigt. Eine körperliche Fixierung ist nicht erforderlich. Eine frei vorgetragene Rede ist ebenso schutzfähig wie ein improvisiertes Musikstück. Voraussetzung ist lediglich, dass der Entwurf bereits den Schutzanforderungen des § 2 Abs. 2 UrhG – in seiner Ausgestaltung durch den EuGH – genügt.

2. Keine Formalitäten

106 Anders als die Registerrechte (Marke, Patent, eingetragenes Design etc.) entsteht das Urheberrecht ohne Eintragung. Für den Schutz gibt es keine formalen Voraussetzungen. Art. 5 Abs. 2 RBÜ (Revidierte Berner Übereinkunft) verbietet es, Genuss und Ausübung des Urheberrechts von der Erfüllung irgendwelcher Förmlichkeiten abhängig zu machen. Dieses Verbot gilt allerdings nur für Ausländer aus RBÜ-Staaten, nicht hingegen für Inländer.

3. Veröffentlichen und Erscheinen

107 Das Veröffentlichen und Erscheinen hat zwar keinen Einfluss auf das Entstehen des Urheberrechts, wohl aber auf den Schutzumfang. So setzen beispielsweise einige Schrankenbestimmungen voraus, dass das Werk veröffentlicht ist. Ein Werk ist gemäß § 6 Abs. 1 UrhG veröffentlicht, wenn es mit Zustimmung des Berechtigten der Öffentlichkeit zugänglich gemacht worden ist. Nach § 6 Abs. 2 Satz 1 UrhG ist ein Werk erschienen, wenn mit Zustimmung des Berechtigten Vervielfältigungsstücke des Werkes nach ihrer Herstellung in genügender Anzahl der Öffentlichkeit angeboten oder in Verkehr gebracht worden sind. Nach Auffassung des LG München reicht es für ein Erscheinen aus, wenn beispielsweise ein Text online angeboten wird. Auch bei einem elektronischen Angebot seien die Voraussetzungen des § 6 Abs. 2 Satz 1 UrhG erfüllt. Die Vervielfältigung auf dem die Daten bereithaltenden Server genüge für § 6 Abs. 2 Satz 1 UrhG, weil davon beliebig viele Vervielfältigungstücke hergestellt werden könnten.[144]

108 Ein Werk der bildenden Künste gilt nach § 6 Abs. 2 Satz 2 UrhG auch dann als erschienen, wenn das Original oder ein Vervielfältigungsstück des Werkes mit Zustimmung des Berechtigten bleibend der Öffentlichkeit zugänglich ist.

---

144 LG München, Urteil vom 31.1.2022, Aktenzeichen 21 O 14450/17 – Researchgate.

4. Vertragliche Abreden

Unabhängig vom Bestehen eines Urheberrechts kann vertraglich geregelt werden, 109
dass Vergütungen unabhängig von der urheberrechtlichen Schutzfähigkeit zu zahlen sind.[145] Die Schutzfähigkeit eines Werkes kann allerdings nicht vereinbart werden. Sie ist der Dispositionsfähigkeit der Parteien entzogen. Werden urheberrechtliche Ansprüche gerichtlich geltend gemacht, ist die Schutzfähigkeit von Amts wegen zu prüfen.[146]

5. Beweisfragen

In bestimmten Konstellationen kann es für den Urheber vorteilhaft sein, wenn er 110
nachweisen kann, dass sein Werk zu einem bestimmten Zeitpunkt bereits existiert hat.[147] Eine Möglichkeit, diesen Nachweis zu führen, bietet die notarielle Prioritätsverhandlung. Der Nachweis lässt sich dann durch Verbindung des vorgelegten Werkes mit einer notariellen Urkunde führen. Dabei wird eine öffentliche Urkunde im Sinne des § 418 ZPO erzeugt.[148] Das Werk wird durch den Notar in Verwahrung genommen.[149] Allerdings kann auf diese Weise nicht nachgewiesen werden, dass die Person, die das Werk dem Notar vorgelegt hat, tatsächlich Urheber ist.

§ 4 Die Urheberschaft

I. Alleinurheberschaft

Urheber ist nach § 7 UrhG der Schöpfer des Werkes. Dies ist beispielsweise der 111
Filmregisseur, aber nicht der Filmhersteller. Ein nach US-Recht bestehendes originäres Urheberrecht eines Filmherstellers wird von der deutschen Rechtsprechung in ein von den einzelnen Filmurhebern eingeräumtes ausschließliches und unbeschränktes Verwertungsrecht umgedeutet.[150]

---

145 BGH GRUR 2014, 73 – Altenwohnanlage; KG ZUM 2005, 230 – Verpackungsgestaltung.

146 OLG Düsseldorf ZUM-RD 2016, 368 – Verwaltungsgebäude.

147 Vgl. OLG Hamm ZUM-RD 2006, 26, 28; *Leistner* MittBayNot 2003, 3.

148 Münchener Kommentar zur ZPO/*Schreiber*[6] § 418 ZPO Rn. 3.

149 Davon zu unterscheiden ist die Möglichkeit der Hinterlegung von Sourcecode im Interesse eines Lizenznehmers an einem Computerprogramm. Eine solche Hinterlegung, die ebenfalls beim Notar oder auch anderen Hinterlegungsstellen erfolgen kann, soll sicherstellen, dass der Lizenznehmer im Falle der Insolvenz des Lizenzgebers Zugriff auf den Sourcecode erhält.

150 OLG Köln ZUM-RD 2015, 382, 383 – Reasonable Doubt; OLG Köln, Beschluss vom 11.11.2010, Aktenzeichen 6 W 182/10 – The Expendables.

https://doi.org/10.1515/9783110617207-004

112 Zuweilen kommt es vor, dass Werke zu anderen Werken Ähnlichkeiten aufweisen. Dann stellt sich die Frage, ob eine Übernahme vorliegt oder eine unabhängige Doppelschöpfung.

113 Haben zwei Urheber unabhängig voneinander zwei gleiche oder ähnliche Werke geschaffen, liegt eine Doppelschöpfung vor. In diesem Fall erfüllt die jüngere Schöpfung weder den Tatbestand der Vervielfältigung noch den der Bearbeitung. Das ist eine Folge des das Urheberrecht beherrschenden Prinzips der subjektiven Neuheit und führt zu einem Urheberrechtsschutz ohne Rücksicht auf das an dem anderen Werk bestehende Urheberrecht.[151] Eine objektive Neuheit ist im Urheberrecht nicht erforderlich.[152]

114 Für das Vorliegen einer unabhängigen Doppelschöpfung obliegt dem Urheber des später veröffentlichten Werkes die Beweislast. Dieser Beweislast ist nach Meinung des OLG Köln genügt, wenn der Schöpfer des späteren Werkes darlegen und beweisen kann, dass er die nach der Lebenserfahrung zu vermutende Kenntnis des älteren Werkes nicht besessen hatte.[153]

II. Miturheberschaft

1. Voraussetzung

115 Haben mehrere ein Werk gemeinsam geschaffen, ohne dass sich ihre Anteile gesondert verwerten lassen, so sind sie Miturheber des Werkes im Sinne des § 8 Abs. 1 UrhG. Ein Beispiel für ein Miturheberrecht nach § 8 UrhG ist der Film, bei dem unter anderem Regisseur, Kameramann und Cutter Miturheberrechte erwerben.[154]

116 Es kommt vor, dass die Parteien die Frage der Miturheberschaft unterschiedlich beurteilen. Dies ist etwa denkbar, wenn ein Bauherr dem Architekten Vorgaben macht oder ein Filmproduzent dem Drehbuchautor. Auftraggeber und Ideenanreger sind in der Regel keine Urheber. Auch der Besteller eines Werkes, der dem Urheber genaue Vorgaben zur Thematik, zum Umfang, zur Methode oder zu sonstigen Einzelheiten macht, schafft auf diese Weise noch keinen schutzfähigen Beitrag.[155]

117 Umgekehrt wird keine Miturheberschaft durch eine rein unterstützende Tätigkeit bei der Ausführung erlangt. Solange sich die Gehilfen an die Vorlage des Ur-

151 LG Flensburg ZUM-RD 2021, 507, 510 – Edelblüte.
152 OLG Braunschweig ZUM-RD 2022, 342, 368 – VW-Käfer.
153 OLG Köln GRUR 2000, 43 – Klammerpose.
154 BGH GRUR 2021, 1297 Rn. 31 – Werknutzer.
155 BGH ZUM 1995, 482 – Rosaroter Elefant; OLG Düsseldorf ZUM-RD 2001, 385 – Spannring.

hebers halten und nichts Eigenes beitragen, sind sie keine Urheber.[156] Beispielsweise ist Urheber einer Bronzeplastik nur der Bildhauer, nicht aber ein Metallgießer.[157]

Nach § 65 Abs. 2 UrhG erlischt das Urheberrecht erst siebzig Jahre nach dem Tod des Längstlebenden der folgenden Personen: Hauptregisseur, Urheber des Drehbuchs, Urheber der Dialoge, Komponist der für das betreffende Filmwerk komponierten Musik. 118

2. Abgrenzung zur Werkverbindung

Die Unmöglichkeit einer gesonderten Verwertung grenzt die Miturheberschaft 119
von der Urheberschaft an verbundenen Werken nach § 9 UrhG ab. Ein Beispiel für eine Werkverbindung ist die Verbindung von Musik und Text, etwa bei Beethovens 9. Sinfonie. Die Abgrenzung kann im Einzelfall aber schwierig sein. Erstellt etwa ein Illustrator für eine Buchreihe Zeichnungen, die durchschnittlich auf jeder vierten Seite der einzelnen Buchbände abgebildet sind, wird der Illustrator nach Meinung des LG München – anders als bei Comics – weder Miturheber der den Protagonisten zu Grunde liegenden Charaktere noch Miturheber des Sprachwerks. Die Illustrationen und der Text eines solchen Buches sind nach Meinung des LG München vielmehr verbundene Werke gemäß § 9 UrhG.[158]

3. Rechtfolgen der Miturheberschaft

Das Recht zur Veröffentlichung und zur Verwertung des Werkes steht den Mit- 120
urhebern nach § 8 Abs. 2 UrhG zur gesamten Hand zu. Änderungen des Werkes sind nur mit Einwilligung der Miturheber zulässig. Ein Miturheber darf seine Einwilligung zur Veröffentlichung, Verwertung oder Änderung nicht wider Treu und Glauben verweigern.

§ 8 Abs. 2 S. 3 UrhG regelt eine gesetzliche Prozessstandschaft. Jeder Miturhe- 121
ber ist danach berechtigt, Ansprüche aus Verletzungen des gemeinsamen Urheberrechts geltend zu machen; er kann jedoch nur Leistung an alle Miturheber verlangen.

Ein Miturheber ist bei Verletzungen des gemeinsamen Urheberrechts nach § 8 122
Abs. 2 S. 3 UrhG berechtigt, Auskunftserteilung und Rechnungslegung allein an sich selbst zu verlangen. Die Feststellung der Schadensersatzpflicht indes kann

156 BGH GRUR 1952, 257 – Krankenhauskartei.
157 Vgl. LG Köln, Urteil vom 18.10.2021, Aktenzeichen 14 O 323/21 – Büste.
158 LG München ZUM-RD 2009, 134 – Die Wilden Kerle.

ein Miturheber nach § 8 Abs. 2 S. 3 UrhG nur zu Gunsten aller Miturheber beanspruchen.[159] Der Berechtigung eines Miturhebers, die Feststellung der Schadensersatzpflicht wegen Verletzungen des gemeinsamen Urheberrechts allein zu seinen Gunsten geltend zu machen, steht zwar nicht der Wortlaut, wohl aber der Sinn und Zweck des § 8 Abs. 2 S. 3 UrhG entgegen. Diese Regelung soll eine Benachteiligung der anderen Miturheber verhindern. Bei einer Feststellung der Schadensersatzpflicht allein zu Gunsten eines Miturhebers besteht die Gefahr, dass die anderen Miturheber nicht in ein möglicherweise folgendes Betragsverfahren einbezogen werden. Ein Miturheber könnte dann den gesamten Schadensersatz zum Nachteil der anderen Miturheber für sich vereinnahmen.

123 Ein Miturheber kann allerdings einen Anspruch auf weitere angemessene Beteiligung nach § 32a UrhG und einen diesen Anspruch vorbereitenden Auskunftsanspruch grundsätzlich unabhängig von anderen Miturhebern und allein zu seinen Gunsten geltend machen.[160]

III. Vermutung der Urheber- oder Rechtsinhaberschaft

124 Eine wesentliche Erleichterung bei der Rechtsdurchsetzung bietet die gesetzliche Vermutung in § 10 UrhG. Wer auf den Vervielfältigungsstücken eines erschienenen Werkes oder auf dem Original eines Werkes der bildenden Künste in der üblichen Weise als Urheber bezeichnet ist, wird nach § 10 Abs. 1 UrhG bis zum Beweis des Gegenteils als Urheber des Werkes angesehen. § 10 Abs. 1 UrhG gilt auch im Verhältnis von Miturhebern zueinander.[161]

125 § 10 Abs. 3 S. 1 UrhG ordnet die entsprechende Geltung dieser Vermutung für die Inhaber ausschließlicher Nutzungsrechte an, soweit es sich um Verfahren des einstweiligen Rechtsschutzes handelt oder Unterlassungsansprüche geltend gemacht werden. Sie gilt nach § 10 Abs. 3 S. 2 UrhG allerdings nicht im Verhältnis zum Urheber oder zum ursprünglichen Inhaber des verwandten Schutzrechts. Ein auf einem Werk angebrachter Copyright-Vermerk „©" löst die Vermutungswirkung nach § 10 Abs. 3 UrhG nach Meinung des OLG Hamburg nur aus, wenn zusätzlich gerade auf die Ausschließlichkeit der Rechteinräumung hingewiesen wird.[162] Da ausschließliche urheberrechtliche Nutzungsrechte wegen verschiede-

---

159 BGH GRUR 2011, 714 Rn. 63 – Der Frosch mit der Maske.

160 BGH GRUR 2020, 611 Rn. 24 – Das Boot II; BGH GRUR 2012, 496 Rn. 12 – Das Boot I; LG Berlin ZUM-RD 2021, 302, 304 – Keinohrhasen (nach Rücknahme der Berufung rechtskräftig).

161 BGH GRUR 2021, 955 Rn. 85 – Das Boot III; BGH GRUR 2009, 1046 – Kranhäuser.

162 OLG Hamburg NZKart 2018, 322 – DIN-Normen; der Copyright-Vermerk stammt ursprünglich aus dem WUA (vgl. Wandtke/Bullinger/v. Welser § 121 UrhG Rn. 24)

ner Nutzungsarten vergeben werden können, muss, wenn die Vermutung greifen soll, zusätzlich eindeutig angegeben werden, auf welche Nutzungsrechte sich die exklusive Nutzungsrechtseinräumung erstreckt.

Da § 10 UrhG nur für erschienene Werke gilt, kann es ratsam sein, dass der Urheber beim Notar eine notarielle Prioritätsverhandlung vornehmen lässt. 126

§ 5 Urheberpersönlichkeitsrechte

Das deutsche Urheberrecht folgt der monistischen Theorie, die das Urheberrecht als einheitliches Recht sieht, in dem persönlichkeitsrechtliche und vermögensrechtliche Aspekte untrennbar verknüpft sind. Eine anschauliche Beschreibung stammt von Eugen Ulmer, der das Urheberrecht mit einem Baum verglich. Die einzelnen ideellen und materiellen Interessen bilden dessen Wurzeln, das einheitliche Urheberrecht den Stamm und die einzelnen Befugnisse des Urhebers entsprechen den Ästen und Zweigen, die ihre Kraft mal aus beiden Wurzeln und mal ganz oder vorwiegend aus einer Wurzel ziehen.[163] 127

§ 11 UrhG setzt diesen umfassenden Schutz des Urhebers voraus. Diese doppelte Funktion des Urheberrechts umschreibt § 11 UrhG, der die geistigen und persönlichen Beziehungen des Urhebers zu seinem Werk einerseits und die Werknutzung und Vergütung andererseits nennt. 128

Die Betonung der einen oder der anderen Seite ist durchaus unterschiedlich. Art. 27 der Allgemeinen Erklärung der Menschenrechte betont eher die ideelle Seite, indem er vorgibt: *„Jeder Mensch hat das Recht auf Schutz der moralischen und materiellen Interessen, die sich aus jeder wissenschaftlichen, literarischen oder künstlerischen Produktion ergeben, deren Urheber er ist.“* Das Bundesverfassungsgericht hingegen bezeichnet die angemessene Beteiligung der Urheber am wirtschaftlichen Nutzen ihrer Werke als Grundgedanken des deutschen Urheberrechts.[164] 129

I. Veröffentlichungsrecht, § 12 UrhG

1. Erstveröffentlichungsrecht

Das Veröffentlichungsrecht aus § 12 UrhG gibt dem Urheber ein Abwehrrecht gegen unerlaubte Veröffentlichungen. Bis zur Erstveröffentlichung kann sich der 130

163 *Ulmer*[3] 116.

164 BVerfG GRUR 2018, 829 Rn. 25 – Verlegeranteil; BVerfG GRUR 2014, 169 Rn. 87 – Übersetzerhonorare.

https://doi.org/10.1515/9783110617207-005

Urheber uneingeschränkt auf sein Veröffentlichungsrecht berufen. Gemäß § 6 Abs. 1 UrhG ist ein Werk veröffentlicht, wenn es mit Zustimmung des Berechtigten der Öffentlichkeit zugänglich gemacht worden ist.[165] Nach der Erstveröffentlichung ist das Recht aus § 12 UrhG verbraucht.[166]

131 Das BVerfG betont, dass das Werk mit der Veröffentlichung bestimmungsgemäß in den gesellschaftlichen Raum tritt und damit zu einem eigenständigen, das kulturelle und geistige Bild der Zeit mitbestimmenden Faktor werden kann.[167]

132 Der eigenständige Charakter des Verbotsrechts aus § 12 UrhG wird durch den persönlichkeitsrechtlichen Mindestschutz von Ausländern in § 121 Abs. 6 UrhG bestätigt. § 121 Abs. 6 UrhG bestimmt, dass ausländische Staatsangehörige den Schutz nach den §§ 12 bis 14 UrhG für alle ihre Werke genießen, auch wenn die schutzbegründenden Voraussetzungen des § 121 Abs. 1 bis 5 UrhG nicht vorliegen.

2. Erweiterter Schutz für unveröffentlichte Werke

a) Schutz gegen Inhaltsmitteilung

133 Das Urheberrecht schützt die Darstellung und die Form des Werkes. Nach § 12 Abs. 2 UrhG erstreckt sich der Schutz des Werkes vor dessen Veröffentlichung auch auf den Inhalt des Werkes. Da eine solche Inhaltsmitteilung oft keinen Eingriff in Verwertungsrechte darstellt, handelt es sich um eine Erweiterung des Schutzbereichs. Damit erweitert die Regelung in § 12 Abs. 2 UrhG den Schutzumfang des Urheberrechts in der Art und Weise, dass sie dem Urheber auch die erste öffentliche Mitteilung oder Beschreibung des Inhalts des Werkes vorbehält.

b) Schrankenrechtlicher Schutz

134 Ein Reihe von Schrankenregelungen, die eine erlaubnisfreie Nutzung vorsehen, gelten nur für veröffentlichte Werke, wie beispielweise § 48 Abs. 1 Nr. 1 UrhG (Öffentliche Reden), § 49 UrhG (Zeitungsartikel und Rundfunkkommentare), § 51 S. 1 und 2 Nrn. 1 und 2 UrhG (bestimmte Zitate), § 52 Abs. 1 UrhG (Öffentliche Wiedergabe), § 52a Abs. 1 UrhG (Öffentliche Zugänglichmachung für Unterricht und Forschung).[168] Vor der Veröffentlichung ist der Urheber also auch gegen diese erlaubnisfreie Nutzung geschützt.

---

165 Ein Werk ist demgegenüber nach § 6 Abs. 2 S. 1 UrhG erschienen, wenn mit Zustimmung des Berechtigten Vervielfältigungsstücke des Werkes nach ihrer Herstellung in genügender Anzahl der Öffentlichkeit angeboten oder in Verkehr gebracht worden sind.

166 *Ulmer*[3] 210; *Schack*[10] Rn. 382; *v. Welser* 27f.

167 BVerfG NJW 2001, 598, 599 – Germania 3.

168 BGH GRUR 2014, 974 – Portraitkunst.

c) Schutz bei Kunstwerken

Einen erweiterten Schutz von unveröffentlichten Werken sehen §§ 15 Abs. 1 Nr. 3, 18 UrhG vor. Das dem Urheber zustehende Ausstellungsrecht ist das Recht, das Original oder Vervielfältigungsstücke eines unveröffentlichten Werkes der bildenden Künste oder eines unveröffentlichten Lichtbildwerks öffentlich zur Schau zu stellen. Dieses Recht erlischt allerdings mit der Veröffentlichung. § 18 UrhG sichert das Veröffentlichungsrecht ab.[169] 135

3. Rückrufsrechte, §§ 41, 42 UrhG

Die Rückrufsrechte in §§ 41, 42 UrhG ergänzen das Veröffentlichungsrecht. Im 136 Filmbereich sind diese Rechte nach § 90 Abs. 1 Nr. 3 UrhG eingeschränkt. § 41 UrhG soll den Urheber davor bewahren, dass er ausschließliche Nutzungsrechte einräumt und der Nutzungsrechtsinhaber diese dann nicht ausübt. Würde § 12 UrhG nicht nur ein Verbotsrecht, sondern ein positives Veröffentlichungsrecht gewähren, mit dem der Urheber seinen Vertragspartner zur Ausübung der Nutzungsrechte zwingen könnte, so wäre § 41 UrhG überflüssig.[170]

a) Rückrufsrecht wegen Nichtausübung, § 41 UrhG

§ 41 UrhG gewährt dem Urheber ein Rückrufsrecht wegen Nichtausübung eines 137 ausschließlichen Nutzungsrechts. Übt der Inhaber eines ausschließlichen Nutzungsrechts dieses Recht nicht oder nur unzureichend aus, so kann der Urheber nach § 41 Abs. 1 S. 1 UrhG entweder nur die Ausschließlichkeit des Nutzungsrechts oder das Nutzungsrecht insgesamt zurückrufen. Ob der Nutzungsberechtigte seine Ausübungslast ausreichend wahrgenommen hat, ist im Einzelfall nach Maßgabe des Vertragszwecks auf Grund einer Interessenabwägung nach Treu und Glauben unter Berücksichtigung der Verkehrssitte zu ermitteln.[171] So kann beispielsweise statt einer Folgeauflage auch eine Taschenbuch-Lizenzausgabe ausreichen.[172] Das Rückrufsrecht kann gemäß § 41 Abs. 2 S. 1 UrhG nicht vor Ablauf von zwei Jahren seit Einräumung oder Übertragung des Nutzungsrechts oder, wenn das Werk später abgeliefert wird, seit der Ablieferung geltend gemacht werden. Zudem kann der Rückruf nach § 41 Abs. 3 S. 1 UrhG grundsätzlich erst dann erklärt werden, nachdem der Urheber eine angemessene Nachfrist bestimmt hat. § 41 UrhG unterscheidet nicht zwischen ausschließlichen Nutzungsrechten erster

---

169 *Dietz* 70; *v. Welser* 26.

170 Vgl. *v. Welser* 28 ff.; Loewenheim/*Peukert*[3] § 16 Rn. 6.

171 BGH GRUR 2011, 810 – World's End.

172 BGH GRUR 2011, 810 Rn. 48 – World's End.

oder späterer Stufe. Der Urheber kann den Rückruf daher auch gegenüber dem Inhaber eines abgeleiteten ausschließlichen Nutzungsrechts erklären.[173] § 41 UrhG hat neben seiner persönlichkeitsrechtlichen auch eine vermögensrechtliche Bedeutung. Mit Wirksamwerden des Rückrufs wandelt sich das ausschließliche Nutzungsrecht in ein einfaches Nutzungsrecht um oder erlischt insgesamt. Ein einfaches Nutzungsrecht, das sich von einem ausschließlichen Nutzungsrecht ableitet, erlischt dann allerdings nicht.[174]

b) Rückrufsrecht wegen gewandelter Überzeugung, § 42 UrhG

138 § 42 UrhG gewährt dem Urheber ein unverzichtbares Rückrufsrecht wegen gewandelter Überzeugung. Nach § 42 Abs. 1 S. 1 UrhG kann der Urheber ein Nutzungsrecht gegenüber dem Inhaber zurückrufen, wenn das Werk seiner Überzeugung nicht mehr entspricht und ihm deshalb die Verwertung des Werkes nicht mehr zugemutet werden kann. Da das Verbotsrecht aus § 12 UrhG mit der Erstveröffentlichung erlischt, kann der Urheber dem Nutzungsberechtigten die Verwertung des Werkes nicht auf § 12 UrhG gestützt untersagen. Die praktische Bedeutung der Vorschrift ist eher gering, was möglicherweise an der Entschädigungspflicht des Urhebers gemäß § 42 Abs. 3 UrhG liegt.

II. Anerkennung der Urheberschaft, § 13 UrhG

139 § 13 UrhG regelt zwei verschiedene Rechte. Während es sich bei dem Recht auf Anerkennung der Urheberschaft aus § 13 S. 1 UrhG um ein Abwehrrecht handelt, gewährt § 13 S. 2 UrhG ein Gestaltungsrecht.[175]

1. Recht auf Anerkennung der Urheberschaft, § 13 S. 1 UrhG

140 Nach § 13 S. 1 UrhG hat der Urheber das Recht auf Anerkennung seiner Urheberschaft am Werk. Er kann sich gestützt auf § 13 S. 1 UrhG gegen die Anmaßung der Urheberschaft durch andere Personen mit einem Unterlassungsanspruch wehren. Zudem kann der Urheber bei einer Verletzung des Rechts auf Anerkennung der Urheberschaft nach § 97 Abs. 2 UrhG sowohl den Ersatz des materiellen Schadens als auch den Ersatz des immateriellen Schadens beanspruchen.[176]

---

173 BGH GRUR 2009, 946 Rn. 22 – Reifen Progressiv.
174 BGH GRUR 2009, 946 Rn. 17 – Reifen Progressiv.
175 *von Ungern-Sternberg* GRUR 2017, 760, 762; *v. Welser* 31 f.
176 BGH GRUR 2015, 780 Rn. 37 – Motorradteile.

2. Bestimmung der Urheberbezeichnung, § 13 S. 2 UrhG

Nach § 13 S. 2 UrhG kann er bestimmen, ob das Werk mit einer Urheberbezeichnung zu versehen und welche Bezeichnung zu verwenden ist. Das Recht wird teilweise auch als Namensnennungsrecht bezeichnet. Es umfasst allerdings auch das Recht des Urhebers, anonym zu bleiben oder ein Pseudonym zu verwenden.[177] Dabei sind Verkehrsgewohnheiten und Branchenübungen zu berücksichtigen.[178] Nach Auffassung des BGH bezieht sich das Recht aus § 13 S. 2 UrhG auf verkörperte Werkexemplare.[179] Für eine solche Beschränkung gibt es indes keine Veranlassung. Der Begriff „Werk" in § 13 S. 2 UrhG bezeichnet das Immaterialgut, nicht hingegen ein Werkexemplar.[180] 141

Rechtsfolge einer Verletzung des Urheberbenennungsrechts ist auch ein Anspruch des Urhebers, die weitere Nutzung seines Werkes ohne Urheberbenennung zu unterlassen.[181] 142

III. Integritätsschutz, § 14 UrhG

Nach § 14 UrhG hat der Urheber das Recht, eine Entstellung oder eine andere Beeinträchtigung seines Werkes zu verbieten, die geeignet ist, seine berechtigten geistigen oder persönlichen Interessen am Werk zu gefährden. Der Urheber hat grundsätzlich gemäß §§ 11, 14 UrhG ein Recht darauf, dass das von ihm geschaffene Werk der Mit- und Nachwelt in seiner unveränderten individuellen Gestaltung zugänglich gemacht wird. Daraus folgt nach Auffassung des BGH ein allgemeines urheberrechtliches Änderungsverbot.[182] Die Beeinträchtigung bildet dabei den Oberbegriff.[183] § 39 UrhG dient nur der Klarstellung.[184] Bei der Entstellung handelt es sich aber nur um einen besonders schweren Fall der Beeinträchtigung des Werkes. Nach Auffassung des BGH handelt es sich auch bei der Vernichtung um einen Fall der Beeinträchtigung des Werkes.[185] 143

---

177 *von Ungern-Sternberg* GRUR 2017, 760, 762; *v. Welser* 32.

178 OLG Frankfurt GRUR 2015, 374 Rn. 23 – Hessenlöwe.

179 BGH NJW 1994, 2621 – Namensnennungsrecht des Architekten.

180 Schricker/Loewenheim/*Peukert*[6] § 13 UrhG Rn. 25; *v, Welser* 34 f.

181 LG Frankfurt ZUM-RD 2019, 111 – Benennung als Miturheber.

182 BGH NJW 1999, 790, 781 – Treppenhausgestaltung.

183 BGH GRUR 2019, 609 Rn. 31 – HHole; *v. Welser* 38 f.

184 BGH NJW 1999, 790, 781 – Treppenhausgestaltung.

185 BGH GRUR 2019, 609 Rn. 31 – HHole.

144 Die Prüfung des Integritätsschutzes erfolgt in drei Stufen. Zunächst sind das Vorliegen einer Beeinträchtigung und die Eignung zur Interessengefährdung zu prüfen. Im Anschluss findet eine Interessenabwägung statt.[186]

1. Beeinträchtigung

145 Das Werk wird in der vom Urheber verliehenen Gestalt geschützt. Eine Beeinträchtigung liegt in jeder Veränderung des individuellen Gesamteindrucks des Werkes. Die Entstellung ist ein besonders schwerer Fall der Beeinträchtigung.[187]

2. Eignung zur Interessengefährdung

146 Die Eignung zur Interessengefährdung wird durch das Vorliegen einer objektiven Beeinträchtigung des Werkes indiziert. In bestimmten Konstellationen ist eine Gefährdung der Urheberinteressen allerdings ausgeschlossen. Dies ist beispielsweise dann der Fall, wenn die Öffentlichkeit keine Notiz von der Beeinträchtigung nehmen kann. Diese Wertung liegt auch der Regelung des § 23 UrhG zugrunde, der bei einer Bearbeitung grundsätzlich erst deren Veröffentlichung oder Verwertung von der Einwilligung des Urhebers abhängig macht.[188] Auch Vereinbarungen über den Umfang erlaubter Werkänderungen können eine Interessengefährdung ausschließen.

3. Interessenabwägung

147 Bei der Interessenabwägung sind insbesondere Art und Intensität des Eingriffs, Gestaltungshöhe und Gebrauchszweck des Werkes sowie wirtschaftliche Gesichtspunkte zu berücksichtigen.[189]

148 Ein maßgeblicher und wesentlicher Abwägungsfaktor ist der individuelle Schöpfungsgrad. Je größer die Gestaltungshöhe ist, desto stärker sind die persönlichen Bindungen des Urhebers an sein Werk und umso höher ist das Erhaltungsinteresse zu bewerten.[190] Die Annahme eines hohen individuellen Schöpfungsgrades hat allerdings keineswegs automatisch zur Folge, dass Änderungen generell ausgeschlossen sind. Es gibt keinen absoluten und ausnahmslosen Vor-

---

186 *Schack*[10] Rn. 396; *v. Welser* 39ff.

187 *Schack*[10] Rn. 397; *v. Welser* 40.

188 *Schack*[10] Rn. 404; *v. Welser* 42.

189 Vgl. LG Hannover GRUR-RR 2021, 72 Rn. 53ff. – Lüpertz-Kirchenfenster; LG Berlin ZUM-RD 2021, 94 – St. Hedwigs-Kathedrale; *v. Welser* 42ff.

190 BGH ZUM 2008, 862 Rn. 27 – St. Gottfried; BGH GRUR 1974, 675, 676 – Schulerweiterung.

rang des Erhaltungsinteresses selbst bei überragender Schöpfungshöhe oder einzigartigen Werken. Auch das künstlerische Ansehen des Urhebers will die Rechtsprechung bei der Abwägung berücksichtigen.[191]

Insbesondere bei Werken der Baukunst spielt der Gebrauchszweck und die bestimmungsgemäße Verwendung des Bauwerks eine wesentliche Rolle, weil der Urheber mit wechselnden Bedürfnissen des Eigentümers rechnen muss. Er weiß, dass der Eigentümer das Bauwerk für einen bestimmten Zweck verwenden möchte und muss daher davon ausgehen, dass sich aus wechselnden Bedürfnissen des Eigentümers ein Bedarf nach Veränderungen ergeben kann.[192] Gleichwohl sind nicht stets solche Änderungen erlaubt, die der bestimmungsgemäße Gebrauchszweck erfordert, weil sich dann eine Interessenabwägung erübrigen würde. Erforderlich ist auch insoweit eine auf den konkreten Einzelfall bezogene Interessenabwägung. Insgesamt ist bei Bauwerken den Nutzungsinteressen des Eigentümers aber eine größere Bedeutung zugemessen als bei anderen Werkarten.[193] Zu berücksichtigen sind deshalb auch Modernisierungsinteressen des Eigentümers und wirtschaftliche Gesichtspunkte. 149

IV. Zugangsrecht, § 25 UrhG

§ 25 UrhG gewährt dem Urheber ein Recht auf Zugang zu Werkstücken. Dieses 150
wurzelt ebenfalls im Urheberpersönlichkeitsrecht. Das Zugangsrecht bezieht sich auf sämtliche urheberrechtlich geschützten Werke.[194]

Nach § 25 Abs. 1 UrhG kann vom Besitzer des Originals oder eines Verviel- 151
fältigungsstückes seines Werkes verlangen, dass er ihm das Original oder das Vervielfältigungsstück zugänglich macht, soweit dies zur Herstellung von Vervielfältigungsstücken oder Bearbeitungen des Werkes erforderlich ist und nicht berechtigte Interessen des Besitzers entgegenstehen. Der Besitzer ist nach § 25 Abs. 2 UrhG jedoch nicht verpflichtet, das Original oder das Vervielfältigungsstück dem Urheber herauszugeben.

In Architektenverträgen finden sich häufig Regelungen, nach denen der Ar- 152
chitekt berechtigt ist, das Bauwerk zu betreten, um Aufnahmen anzufertigen. In

---

191 BGH GRUR 1989, 106, 107 – Oberammergauer Passionsspiele II; OLG München GRUR 1986, 460, 461 – Unendliche Geschichte.

192 BGH ZUM 2008, 862 Rn. 38 – St. Gottfried; BGH GRUR 1999, 420, 426 – Verbindungsgang; BGH GRUR 1974, 675, 676 – Schulerweiterung.

193 BGH GRUR 2012, 172 – Stuttgart 21.

194 BGH GRUR 2021, 1290 Rn. 44 – Zugangsrecht des Architekten.

allgemeinen Geschäftsbedingungen können solche Klauseln nach § 307 Abs. 1 Satz 1 BGB nach Auffassung des BGH unwirksam sein, wenn sie den Vertragspartner des Architekten entgegen den Geboten von Treu und Glauben unangemessen benachteiligen.[195] Für eine Klausel, die ein Zugangsrecht ohne zeitliche Beschränkung und unabhängig von der Werkqualität vorsah, nahm der BGH eine solche Unwirksamkeit an.[196]

§ 6 Verwertungsrechte

153 Die Verwertungsrechte des Urhebers sind in §§ 15 ff. UrhG geregelt. Der Schutz des Urhebers ist umfassend, wie die Verwendung des Wortes „insbesondere" in § 15 UrhG zeigt. Für Computerprogramme finden sich in § 69c UrhG entsprechende Regelungen. Für die verwandten Schutzrechte – beispielsweise das Recht der ausübenden Künstler – verweist das UrhG entweder auf die urheberrechtlichen Regelungen (z. B. in den §§ 70–72 UrhG) oder regelt die Verwertungsrechte eigenständig (z. B. in §§ 77, 78 UrhG).

I. Körperliche Verwertung

154 Das Urheberrecht gibt dem Urheber nach § 15 UrhG das ausschließliche Recht, sein Werk in wirtschaftlicher Hinsicht zu verwerten. Zu den körperlichen Verwertungsrechten gehören das Vervielfältigungsrecht nach § 16 UrhG, das Verbreitungsrecht nach § 17 UrhG und das Ausstellungsrecht nach § 18 UrhG.

1. Vervielfältigungsrecht, § 16 UrhG

155 Das Vervielfältigungsrecht ist nach § 16 Abs. 1 UrhG das Recht, Vervielfältigungsstücke des Werkes herzustellen, gleichviel ob vorübergehend oder dauerhaft, in welchem Verfahren und in welcher Zahl. Eine Vervielfältigung im Sinne von § 16 Abs. 1 UrhG ist jede körperliche Festlegung eines Werkes, die geeignet ist, das Werk den menschlichen Sinnen auf irgendeine Art mittelbar oder unmittelbar wahrnehmbar zu machen.[197] So ist beispielsweise der Upload auf einen Server zum

195 BGH GRUR 2021, 1290 Rn. 44 – Zugangsrecht des Architekten.

196 BGH GRUR 2021, 1290 Rn. 18 ff. – Zugangsrecht des Architekten.

197 BGH GRUR 2020, 738 Rn. 19 – Internet-Radiorecorder; BGH GRUR 2017, 793 Rn. 41 – Mart-Stam-Stuhl.

https://doi.org/10.1515/9783110617207-006

Zwecke der späteren öffentlichen Zugänglichmachung eine Vervielfältigungshandlung.[198]

2. Verbreitungsrecht, § 17 UrhG

Das Verbreitungsrecht ist das Recht, das Original oder Vervielfältigungsstücke des Werkes der Öffentlichkeit anzubieten oder in Verkehr zu bringen. Eine unionsweite Regelung des Verbreitungsrechts enthält Art. 4 InfoSoc-RL.[199] § 17 Abs. 1 UrhG regelt das Verbreitungsrecht als selbstständiges Verwertungsrecht. Auch die Verbreitung von im Ausland rechtmäßig hergestellten Vervielfältigungsstücken kann im Inland unter Berufung auf § 17 UrhG untersagt werden, sofern hier keine entsprechende Erlaubnis vorliegt.[200] 156

Beide Tatbestandsvarianten – Anbieten und Inverkehrbringen – müssen gegenüber der Öffentlichkeit (§ 15 Abs. 3 UrhG) erfolgen. Eine Weitergabe im Privatbereich fällt nicht darunter. Nach bisheriger deutscher Rechtsprechung unterfällt auch eine konzerninterne Weitergabe nicht § 17 UrhG.[201] Ob diese Rechtsprechung allerdings Bestand haben wird, ist fraglich, da nach Auffassung des EuGH bereits die Lagerung von Waren das Verbreitungsrecht verletzen kann, wenn die Waren nachweislich dazu bestimmt sind, ohne Zustimmung des Urheberrechtsinhabers im Hoheitsgebiet des betreffenden Mitgliedstaats verkauft zu werden.[202] 157

Das Verbreitungsrecht erfasst nur körperliche Gegenstände. Unkörperliche Werke wie E-Books fallen nicht unter diese Vorschrift.[203] Auch der Versand eines Werkes per E-Mail wird nicht vom Verbreitungsrecht, sondern allenfalls – bei Vorliegen der entsprechenden Voraussetzungen – vom Recht der öffentlichen Wiedergabe erfasst.[204] 158

---

198 BGH GRUR 2019, 813 Rn. 51 – Cordoba II.

199 Nach Art. 4 Abs 1 der InfoSoc-RL sehen die Mitgliedstaaten vor, dass den Urhebern in Bezug auf das Original ihrer Werke oder auf Vervielfältigungsstücke davon das ausschließliche Recht zusteht, die Verbreitung an die Öffentlichkeit in beliebiger Form durch Verkauf oder auf sonstige Weise zu erlauben oder zu verbieten.

200 EuGH GRUR Int. 1989, 319 – Schutzfristenunterschiede.

201 Vgl. OLG Frankfurt GRUR-RR 2020, 298, 299 – Modefotograf.

202 EuGH GRUR 2019, 161 Rn. 30 – Imran Syed.

203 EuGH GRUR 2020, 179 Rn. 40 – Tom Kabinet.

204 EuGH NJW 2020, 3645 Rn. 20 – BY/CX.

a) Anbieten

159 Ein nach Deutschland gerichtetes Angebot, welches sich auf eine Übereignung im Ausland bezieht, ist ein rechtswidriges Anbieten in Deutschland im Sinne des § 17 Abs. 1 Fall 1 UrhG.[205]

b) Inverkehrbringen

160 Ein Inverkehrbringen erfasst auch den Export[206] und den Import. Ein dem § 17 Abs. 1 Fall 2 UrhG unterfallendes Inverkehrbringen in Deutschland liegt auch vor, wenn ein Händler mit Sitz im Ausland Kunden in Deutschland mittels eines Liefersystems in die Lage versetzt, sich rechtsverletzende Produkte in Deutschland liefern zu lassen.[207] Eine Verbreitung erfordert nach Meinung des EuGH eine Eigentumsübertragung.[208]

c) Erschöpfung

161 Dieses Erstverbreitungsrecht wird durch den Erschöpfungsgrundsatz aus § 17 Abs. 2 UrhG beschränkt. Sind das Original oder Vervielfältigungsstücke des Werkes mit Zustimmung des zur Verbreitung Berechtigten im Gebiet des Europäischen Wirtschaftsraums im Wege der Veräußerung in Verkehr gebracht worden, so ist ihre Weiterverbreitung mit Ausnahme der Vermietung nach § 17 Abs. 2 UrhG zulässig. Art. 4 Abs. 2 InfoSoc-RL regelt die EU-weite Erschöpfung und verbietet den Mitgliedstaaten zugleich, einen Grundsatz der internationalen Erschöpfung vorzusehen.[209] Der Erschöpfungsgrundsatz bezieht sich grundsätzlich nur auf körperliche Gegenstände.[210] Eine Ausnahme soll nach Meinung des EuGH nur für online vertriebene Software gelten.[211] Die unterschiedliche Behandlung recht-

---

205 EuGH GRUR 2015, 665 Rn. 28 – Dimensione/Knoll; BGH GRUR 2016, 490 Rn. 34 – Marcel-Breuer-Möbel II.

206 BGH GRUR 2004, 421 – Tonträgerpiraterie durch CD-Export; OLG Hamburg ZUM-RD 2016, 576, 597 – Grafische Biografie.

207 BGH GRUR 2016, 487 Rn. 42 – Wagenfeld-Leuchte II; BGH GRUR 2013, 62 Rn. 47 – Italienische Bauhausmöbel.

208 EuGH GRUR Int. 2008, 593 – Le Corbusier-Möbel II; dagegen Dreier/Schulze/*Schulze*[7] § 17 UrhG Rn. 4a; *v. Welser* GRUR Int. 2008, 596 ff.

209 Nach Art. 4 Abs. 2 InfoSoc-RL erschöpft sich das Verbreitungsrecht in der Gemeinschaft in Bezug auf das Original oder auf Vervielfältigungsstücke eines Werkes nur, wenn der Erstverkauf dieses Gegenstands oder eine andere erstmalige Eigentumsübertragung in der Gemeinschaft durch den Rechtsinhaber oder mit dessen Zustimmung erfolgt.

210 EuGH GRUR 2020, 179 Rn. 53 – Tom Kabinet.

211 EuGH NJW 2012, 2565 – UsedSoft.

fertigt der EuGH damit, dass die Regelung zur Verbreitung in der Computerprogramm-RL lex specialis zur Regelung in der InfoSoc-RL sei.[212]

II. Unkörperliche Verwertung

Die unkörperliche Verwertung wird vom Urheberrecht nur dann erfasst, wenn sie öffentlich erfolgt. Die Wiedergabe im nicht öffentlichen Bereich, beispielsweise ein privates Konzert, bleibt urheberrechtlich frei. Der Urheber hat nach § 15 Abs. 2 UrhG das ausschließliche Recht, sein Werk in unkörperlicher Form öffentlich wiederzugeben. 162

Nach Art. 3 Abs. 1 InfoSoc-RL[213] sehen die Mitgliedstaaten vor, dass den Urhebern das ausschließliche Recht zusteht, die drahtgebundene oder drahtlose öffentliche Wiedergabe ihrer Werke einschließlich der öffentlichen Zugänglichmachung der Werke in der Weise, dass sie Mitgliedern der Öffentlichkeit von Orten und zu Zeiten ihrer Wahl zugänglich sind, zu erlauben oder zu verbieten. Das Recht der öffentlichen Wiedergabe hat zwei wesentliche Tatbestandsmerkmale, nämlich die „Handlung der Wiedergabe" eines Werkes und die „Öffentlichkeit" dieser Wiedergabe.[214] 163

1. Öffentliche Wiedergabe nach der Rechtsprechung des EuGH

a) Reichweite der Harmonisierung

Das Recht zur öffentlichen Wiedergabe wurde durch Art. 3 Abs. 1 InfoSoc-RL teilweise harmonisiert. Art. 3 Abs. 1 InfoSoc-RL umfasst allerdings nur die Wiedergabe an eine Öffentlichkeit, die nicht an dem Ort anwesend ist, an dem die Wiedergabe ihren Ursprung nimmt. Nicht erfasst von Art. 3 Abs. 1 InfoSoc-RL sind daher direkte Aufführungen und Darbietungen von Werken vor einer Öffentlichkeit, die sich in unmittelbarem körperlichen Kontakt mit der Person befindet, die dieses Werk aufführt oder darbietet.[215] Die in § 19 UrhG genannten Formen der 164

---

212 EuGH GRUR 2020, 179 Rn. 55 – Tom Kabinet.

213 Richtlinie 2001/29/EG des Europäischen Parlaments und des Rates vom 22. Mai 2001 zur Harmonisierung bestimmter Aspekte des Urheberrechts und der verwandten Schutzrechte in der Informationsgesellschaft.

214 EuGH GRUR 2020, 1295 Rn. 22 – BY/CX; EuGH GRUR 2020, 609 Rn. 30 – Stim/Fleetmanager.

215 EuGH GRUR 2012, 156 Rn. 200 ff. – Football Association Premier League; EuGH GRUR Int. 2012, 150 Rn. 35 f. – UCMR-ADA/Zirkus Globus; BGH GRUR 2017, 514 Rn. 19 – Cordoba; *Schack*[10] Rn. 464.

Präsenzwiedergabe (Vortrags-, Aufführungs- und Vorführungsrecht) werden somit von der Harmonisierung nicht erfasst.

b) Überblick

165 Das Recht der öffentlichen Wiedergabe ist durch die Rechtsprechung des EuGH wie kein anderes Verwertungsrecht neu geformt worden.[216] Der EuGH bezieht in seine funktionsbezogene Auslegung auch subjektive Elemente – wie die Kenntnis des Handelnden – mit ein. Richtungsweisend für das Haftungskonzept des EuGH bei der öffentlichen Wiedergabe ist die YouTube-Entscheidung aus dem Jahr 2021.[217] In der YouTube-Entscheidung urteilte der EuGH, dass das Betreiben von Video-Sharing- und Sharehosting-Plattformen, auf der Nutzer geschützte Inhalte rechtswidrig öffentlich zugänglich machen, ohne Hinzutreten weiterer Umstände grundsätzlich nicht den Tatbestand der öffentlichen Wiedergabe erfüllt.[218] Dabei konkretisiert der EuGH insbesondere das Merkmal der Kenntnis weiter.[219]

166 Eine öffentliche Wiedergabe des Plattformbetreibers liegt vor, wenn mindestens eine der folgenden drei Voraussetzungen erfüllt ist:

- Keine unverzügliche Löschung oder Zugangssperrung trotz konkreter Kenntnis der Rechtsverletzung,
- Fehlen geeigneter technischer Maßnahmen zur Bekämpfung von Rechtsverletzungen, sofern der Betreiber weiß oder wissen müsste, dass über seine Plattform Inhalte rechtswidrig öffentlich zugänglich gemacht werden,
- Beteiligung des Betreibers an der Auswahl der rechtswidrig zugänglich gemachten Inhalte, dem Angebot von Hilfsmitteln zum unerlaubten Teilen oder der wissentlichen Förderung des unerlaubten Teilens.[220]

167 Nach der Youtube-Entscheidung des EuGH wird der Fortbestand der deutschen Rechtsfigur der Störerhaftung in der öffentlichen Wiedergabe in der Literatur unterschiedlich beurteilt. Teilweise wird für eine Störerhaftung im Bereich der öffentlichen Wiedergabe kein Bedürfnis mehr gesehen.[221] Der EuGH hält das deutsche Konzept der Störerhaftung indes ausdrücklich für vereinbar mit Art. 8 Abs. 3 InfoSoc-RL.[222] Nach Art. 8 Abs. 3 InfoSoc-RL müssen die Mitgliedstaaten sicher-

---

216 *von Ungern-Sternberg* GRUR 2022, 3, 4 ff.
217 EuGH GRUR 2021, 1054 – Peterson/Google und Elsevier/Cyando.
218 EuGH GRUR 2021, 1054 – Peterson/Google und Elsevier/Cyando.
219 EuGH GRUR 2021, 1054 Rn. 84 – Peterson/Google und Elsevier/Cyando.
220 EuGH GRUR 2021, 1054 Rn. 102 – Peterson/Google und Elsevier/Cyando.
221 *Ewert* EuZW 2021, 911, 912, ähnlich *Specht-Riemenschneider* GRUR 2021, 1066; *Zurth* ZUM 2021, 829, 833; vgl. auch *Grünberger* ZUM 2022, 321, 344.

stellen, dass die Rechtsinhaber gerichtliche Anordnungen gegen Vermittler beantragen können, deren Dienste von einem Dritten zur Verletzung eines Urheberrechts oder verwandter Schutzrechte genutzt werden. Art. 8 Abs. 3 InfoSoc-RL erlaubt es nach Meinung des EuGH, gerichtliche Anordnungen gegen Plattformbetreiber davon abhängig zu machen, dass diese nach Meldung einer Rechtsverletzung nicht unverzüglich tätig werden, um den fraglichen Inhalt zu entfernen oder den Zugang zu diesem zu sperren und dafür zu sorgen, dass sich derartige Rechtsverletzungen nicht wiederholen. Das Erfordernis der vorherigen Meldung der Rechtsverletzung darf nicht dazu führen, dass dem Rechtsinhaber durch die Verzögerung unverhältnismäßige Schäden entstehen. In der Literatur wird teilweise für den Bereich des „Kennen-Müssens" ein Fortbestand der Störerhaftung für öffentliche Wiedergaben erwogen.[223]

c) Tatbestandsvoraussetzungen der öffentlichen Wiedergabe

aa) Wiedergabe

Die Wiedergabe umfasst jede Übertragung geschützter Werke oder Leistungen un- 168
abhängig vom eingesetzten technischen Mittel oder Verfahren.[224] Jede Handlung, mit der eine Person in voller Kenntnis der Folgen seines Verhaltens Zugang zu geschützten Werken gewährt, kann eine Handlung der Wiedergabe sein.[225]

Nach dem 27. Erwägungsgrund der Infosoc-RL ist die bloße Bereitstellung ei- 169
ner Einrichtung, die eine Wiedergabe ermöglicht oder bewirkt, selbst keine Wiedergabe. Die Vermietung von Fahrzeugen mit Rundfunkgeräten ist daher beispielsweise keine öffentliche Wiedergabe.[226] Es liegt auch keine Wiedergabe vor, wenn ein Hotelbetreiber die Hotelzimmer mit Fernsehgeräten ausstattet, mit denen Hotelgäste digital-terrestrisch ausgestrahlte Fernsehsendungen (DVB-T) über eine Zimmerantenne empfangen können.[227] Kommt dagegen zur Bereitstellung der Empfangsgeräte eine Handlung wie die Weiterleitung von Rundfunksendungen über eine Verteileranlage an die Endgeräte hinzu, liegt eine Wiedergabe vor.[228]

---

222 EuGH GRUR 2021, 1054 – Peterson/Google und Elsevier/Cyando; vgl. hierzu *Spindler* NJW 2021, 2554, 2556; *Zurth* ZUM 2021, 829, 831.
223 *Ewert* EuZW 2021, 911, 912.
224 EuGH GRUR 2016, 60 Rn. 16 – SBS/SABAM; EuGH GRUR 2016, 684 Rn. 39 – Reha Training/GEMA; EuGH GRUR 2017, 510 Rn. 23 – AKM/Zürs.net Betriebs GmbH.
225 EuGH GRUR 2020, 1295 Rn. 23 – BY/CX.
226 EuGH GRUR 2020, 609 Rn. 34 – Stim/Fleetmanager.
227 BGH GRUR 2016, 697 Rn. 24 ff. – Königshof; BGH ZUM 2019, 186 – DVB-T-Empfänger.
228 BGH GRUR 2020, 1297 Rn. 20 – Rundfunkübertragung in Ferienwohnungen; BGH GRUR 2016, 697 Rn. 26 – Königshof; BGH ZUM 2019, 186 – DVB-T-Empfänger.

bb) Öffentlichkeit

(1) Große Zahl von Personen

170 Die Öffentlichkeit setzt nach Auffassung des EuGH eine unbestimmte Anzahl möglicher Adressaten und eine ziemlich große („recht viele“) Zahl von Personen voraus.[229] Unbestimmt ist die Anzahl dann, wenn die Wiedergabe sich nicht auf besondere Personen beschränkt, die einer privaten Gruppe angehören.[230] Die auf elektronischem Weg erfolgende Übermittlung eines geschützten Werkes als Beweismittel in einem gerichtlichen Verfahren zwischen Privatpersonen an ein Gericht ist keine „öffentliche Wiedergabe“, da sie nicht gegenüber Personen allgemein, sondern gegenüber einzelnen Personen aus einer klar definierten und geschlossenen Gruppe gerichtet ist, die bei einem Gericht Aufgaben im öffentlichen Interesse wahrnehmen.[231]

(2) Neues Publikum

171 Außerdem erfordert das Merkmal der Öffentlichkeit nach Auffassung des EuGH, dass ein neues Publikum erreicht wird.[232] Dies wiederum setzt voraus, dass das Publikum, für das die Wiedergabe vorgenommen wird, nicht bloß zufällig erreicht wird, sondern dass sich der Wiedergebende gezielt an das Publikum wendet.[233] Nach Auffassung des EuGH erfasst das Recht der „öffentlichen Wiedergabe“ auch eine Online-Filesharing-Plattform, die durch die Indexierung von Metadaten zu geschützten Werken und durch das Anbieten einer Suchmaschine den Nutzern ermöglicht, Werke aufzufinden und sie im Rahmen eines „Peer-to-Peer“-Netzes zu teilen.[234]

d) Hyperlinks

172 Das Kriterium des neuen Publikums ist auch bei der EuGH-Rechtsprechung zu Hyperlinks relevant. Zunächst urteilte der EuGH, dass keine öffentliche Wiedergabe vorliege, wenn anklickbare Links zu Werken bereitgestellt werden, die bereits auf

---

229 EuGH GRUR 2018, 911 Rn. 22 – Cordoba; EuGH GRUR 2016, 60 Rn. 21 – SBS/SABAM; EuGH GRUR 2016, 684 Rn. 41 – Reha Training/GEMA.

230 EuGH GRUR 2016, 684 Rn. 42 – Reha Training/GEMA.

231 EuGH GRUR 2020, 1295 Rn. 28 – BY/CX.

232 EuGH GRUR 2021, 1067 Rn. 51 – Mircom/Telenet; EuGH GRUR 2014, 1196 Rn. 15 – BestWater; EuGH GRUR 2016, 684 Rn. 45 – Reha Training/GEMA; EuGH GRUR 2017, 510 Rn. 27 ff. – AKM/Zürs. net Betriebs GmbH; dagegen *Schack*[10] Rn. 464.

233 EuGH GRUR 2012, 593 Rn. 91 – SCF; EuGH GRUR 2016, 684 Rn. 48 – Reha Training/GEMA.

234 EuGH GRUR 2017, 790 – The Pirate Bay.

einer anderen Internetseite frei zugänglich sind.[235] Ob dies auch dann gilt, wenn der Inhalt, auf den der Link verweist, ohne Zustimmung des Urhebers online gestellt wurde, blieb zunächst offen. Später urteilte der EuGH, dass es bei der Verlinkung auf urheberrechtsverletzende Inhalte entscheidend auf die Gewinnerzielungsabsicht des Linksetzenden ankomme. Wurde der Link ohne Gewinnerzielungsabsicht durch jemanden gesetzt, der die Rechtswidrigkeit verlinkter Werke nicht kannte oder vernünftigerweise nicht kennen konnte, soll keine öffentliche Wiedergabe vorliegen. Wurde der Link hingegen mit Gewinnerzielungsabsicht bereitgestellt, soll die Kenntnis zu vermuten sein und eine öffentliche Wiedergabe vorliegen.[236] Nach Auffassung des EuGH ist die Einbettung urheberrechtlich geschützter und der Öffentlichkeit mit Erlaubnis des Rechtsinhabers auf einer Website zugänglich gemachter Werke in die Website eines Dritten im Wege der Framing-Technik eine öffentliche Wiedergabe, wenn sie unter Umgehung von Schutzmaßnahmen gegen Framing erfolgt, die der Rechtsinhaber getroffen oder veranlasst hat.[237]

2. Vortrags-, Aufführungs- und Vorführungsrecht, § 19 UrhG

Die in § 19 UrhG geregelten Formen der Präsenzwiedergabe sind europarechtlich nicht harmonisiert. Denn Art. 3 Abs. 1 InfoSoc-RL betrifft nur die Wiedergabe an eine Öffentlichkeit, die an dem Ort, an dem die Wiedergabe ihren Ursprung nimmt, nicht anwesend ist.[238] Das Vortrags- und Aufführungsrecht erfasst die persönliche Darbietung eines Sprachwerks (Vortrag) oder eines Musikwerks (Aufführung) vor anwesendem Publikum, § 19 Abs. 1–3 UrhG. Das Vorführungsrecht definiert § 19 Abs. 4 UrhG demgegenüber als das Recht, ein Werk der bildenden Künste, ein Lichtbildwerk, ein Filmwerk oder Darstellungen wissenschaftlicher oder technischer Art durch technische Einrichtungen öffentlich wahrnehmbar zu machen. 173

3. Recht der öffentlichen Zugänglichmachung, § 19a UrhG

§ 19a UrhG definiert das Recht der öffentlichen Zugänglichmachung als das Recht, ein Werk drahtgebunden oder drahtlos der Öffentlichkeit in einer Weise zugänglich zu machen, dass es Mitgliedern der Öffentlichkeit von Orten und zu Zeiten ihrer Wahl zugänglich ist. 174

235 EuGH GRUR 2014, 360 – Svensson; EuGH GRUR 2014, 1196 – BestWater.
236 EuGH GRUR 2016, 1152 Rn. 51 – GS Media.
237 EuGH NJW 2021, 2793 – VG Bild-Kunst/Stiftung Preußischer Kulturbesitz.
238 EuGH GRUR Int. 2012, 150 – UCMR-ADA/Zirkus Globus.

175 Die öffentliche Zugänglichmachung muss auf eine unbestimmte Zahl möglicher Adressaten zielen und unter Verwendung eines besonderen technischen Verfahrens, das sich von den bisher verwendeten unterscheidet, oder ansonsten für ein „neues Publikum" erfolgen, also für ein Publikum, an das der Inhaber des Urheberrechts nicht gedacht hatte, als er die ursprüngliche öffentliche Zugänglichmachung seines Werkes erlaubte.[239]

176 § 19 a UrhG erfordert, dass Dritten der Zugriff auf ein urheberrechtlich geschütztes Werk eröffnet wird, das sich in der Zugriffssphäre des Vorhaltenden befindet.[240] Die bloße Verknüpfung eines auf einer fremden Internetseite bereitgehaltenen Werkes mit der eigenen Internetseite im Wege des Framing ist kein öffentliches Zugänglichmachen im Sinne des § 19a UrhG, weil allein der Inhaber der fremden Internetseite darüber entscheidet, ob das auf seiner Internetseite bereitgehaltene Werk für die Öffentlichkeit zugänglich bleibt.[241]

177 Die Rechtsprechung grenzt die Sendung nach § 20 UrhG und das Zugänglichmachen nach § 19a UrhG über das Kriterium „zu Zeiten ihrer Wahl" voneinander ab.[242] Danach wird bei der Sendung der Zeitpunkt der Übermittlung ebenso wie die zeitliche Reihenfolge der Programmbestandteile vom Sendenden vorgegeben, der zeitgleich für alle möglichen Empfänger auch das Sendesignal ausschickt, mithin über den Zeitpunkt der Übertragung entscheidet. Demgegenüber entscheidet beim öffentlichen Zugänglichmachen der Empfänger über Zeitpunkt, Reihenfolge und Umfang des Empfangs und veranlasst seinerseits die Übermittlung der angeforderten Daten.[243]

178 Ob in das Recht der öffentlichen Zugänglichmachung eingegriffen wird, wenn ein Foto nicht über eine Suchmaschine auffindbar ist, sondern nur über Eingabe einer aus vielen Zeichen bestehenden Webadresse (URL), war zunächst umstritten.[244] Der BGH verneint eine öffentliche Wiedergabe, da diese nicht nur eine unbestimmte Zahl möglicher Adressaten, sondern auch „recht viele Personen" voraussetze.[245] Erforderlich sei das Überschreiten einer Mindestschwelle, was eine allzu kleine oder gar unbedeutende Mehrzahl betroffener Personen ausschließe. Zur Bestimmung dieser Zahl von Personen ist die kumulative Wirkung

239 EuGH GRUR 2021, 1067 Rn. 51 – Mircom/Telenet.

240 BGH GRUR 2016, 171 Rn. 13 – Die Realität II; BGH GRUR 2013, 818 Rn. 8 – Die Realität I.

241 BGH GRUR 2019, 725 Rn. 16 – Deutsche Digitale Bibliothek; BGH GRUR 2016, 171 Rn. 14 – Die Realität II; BGH GRUR 2013, 818 Rn. 9 – Die Realität I.

242 OLG Stuttgart GRUR-RR 2008, 289 Rn. 10 – Music-on-demand-Dienst.

243 OLG Stuttgart GRUR-RR 2008, 289 Rn. 10 – Music-on-demand-Dienst.

244 Dafür: KG ZUM-RD 2020, 497; dagegen: OLG Frankfurt ZUM-RD 2020, 508, bestätigt von BGH GRUR 2021, 1286 – Lautsprecherfoto.

245 BGH GRUR 2021, 1286 Rn. 14 – Lautsprecherfoto.

zu beachten, die sich aus der Zugänglichmachung der Werke bei den potenziellen Adressaten ergibt. Dabei kommt es darauf an, wie viele Personen gleichzeitig und nacheinander Zugang zu demselben Werk haben.[246] Wenn ein Foto nur durch die Eingabe einer im konkreten Fall rund 70 Zeichen umfassenden URL zugänglich sei, so beschränkte sich der Personenkreis, für den das Foto zugänglich war, faktisch auf diejenigen Personen, die diese Adresse zuvor abgespeichert oder sie sonst in irgendeiner Weise kopiert oder notiert hatten, oder denen die Adresse von solchen Personen weitergegeben worden war.

4. Unbenanntes Recht der öffentlichen Wiedergabe, § 15 Abs. 2 UrhG

Nach Meinung des BGH kommt insbesondere beim Setzen von Hyperlinks ein unbenanntes Recht der öffentlichen Wiedergabe in Betracht.[247] 179

Voraussetzung für die Verletzung dieses unbenannten Rechts der öffentlichen Wiedergabe eines Werkes in unkörperlicher Form ist, dass die Wiedergabe gegenüber einer „neuen" Öffentlichkeit erfolgt, nämlich für ein Publikum, welches der Rechtsinhaber, als er die ursprüngliche öffentliche Wiedergabe erlaubte, nicht im Blick hatte. Dies ist der Fall, wenn sich die Wiedergabe – beispielsweise der Frame-Link – eines anderen technischen Verfahrens bedient, d.h. eines Verfahrens, welches sich von demjenigen der ursprünglichen Wiedergabe – beispielsweise einer öffentlichen Zugänglichmachung auf einer Online-Plattform – unterscheidet.[248] Ein in diesem Sinne neues Publikum kann auch vorliegen, wenn der Link auf ein im Internet ohne Zustimmung des Berechtigten eingestelltes Werk führt, dieses Werk mithin der Öffentlichkeit bereits anfänglich ohne Zustimmung des Rechtsinhabers zugänglich gemacht worden ist. Denn in diesem Fall war das durch die framende Verlinkung adressierte Publikum von Anfang an nicht von der Willensbildung des Berechtigten umfasst.[249] 180

Die Zustimmung des Berechtigten zur erstmaligen öffentlichen Zugänglichmachung hat zur Folge, dass ein entsprechender Frame-Link schon nicht den Tatbestand der öffentlichen Wiedergabe erfüllt, sodass es bereits an einem Eingriff in das Ausschließlichkeitsrecht des Berechtigten fehlt. Die fehlende Zustimmung des Berechtigten ist daher eine Tatbestandsvoraussetzung, für die der Berechtigte nach allgemeinen Grundsätzen die Darlegungs- und Beweislast trägt.[250] 181

246 BGH GRUR 2021, 1286 Rn. 14 – Lautsprecherfoto.
247 BGH GRUR 2016, 171 Rn. 15 – Die Realität II.
248 OLG München ZUM 2016, 993, 997 – Die Realität III.
249 OLG München ZUM 2016, 993, 997 – Die Realität III.
250 OLG München ZUM 2016, 993, 998 – Die Realität III.

5. Senderecht, § 20 UrhG

a) Sendebegriff

182 Das Senderecht ist gemäß § 20 UrhG das Recht, das Werk durch Funk, wie Ton- und Fernsehrundfunk, Satellitenrundfunk, Kabelfunk oder ähnliche technische Mittel, der Öffentlichkeit zugänglich zu machen. Erfasst werden Übertragungen mittels elektromagnetischer Wellen unabhängig davon, ob die Übertragung drahtgebunden oder drahtlos erfolgt.[251]

b) Weitersendung

183 Das Weitersenderecht nach § 20b UrhG ist ein Unterfall des Senderechts und damit ein besonderer Fall der öffentlichen Wiedergabe.[252] Das Weitersenderecht ist nach § 20b Abs. 1 UrhG das Recht, ein gesendetes Werk im Rahmen eines zeitgleich, unverändert und vollständig weiterübertragenen Programms weiterzusenden. Auf die verwendete Technologie kommt es nicht an. Die Weiterleitung von zentral empfangenen Rundfunksignalen an verschiedene Ferienwohnungen ist eine öffentliche Wiedergabe, wobei es nicht darauf ankommt, ob der ursprüngliche Empfang terrestrisch, per Satellit oder per Kabel erfolgt.[253] Die Wiedergabe in Ferienwohnungen ist damit ebenso öffentlich wie die Wiedergabe in Hotels, Gaststätten, Kureinrichtungen, Rehabilitationszentren und Krankenhäusern.[254] Demgegenüber fehlt es am Merkmal der Öffentlichkeit bei Wohnungsanlagen, die dauerhaft vermietet oder von den Eigentümern selbst genutzt werden.[255]

c) Sendelandprinzip

184 Wird eine Satellitensendung innerhalb der EU oder des EWR ausgeführt, so gilt sie nach § 20a Abs. 1 UrhG ausschließlich als in diesem Mitgliedstaat oder Vertragsstaat erfolgt. Satellitensendung ist die unter der Kontrolle und Verantwortung des Sendeunternehmens stattfindende Eingabe der für den öffentlichen Empfang bestimmten programmtragenden Signale in eine ununterbrochene Übertragungskette, die zum Satelliten und zurück zur Erde führt. Dieses Sendelandprinzip enthält keine Kollisionsnorm. Vielmehr kanalisiert es das Senderecht durch eine mate-

---

251 *Schack*[10] Rn. 472.
252 BGH GRUR 2020, 1297 Rn. 11 – Rundfunkübertragung in Ferienwohnungen.
253 BGH GRUR 2020, 1297 Rn. 35 – Rundfunkübertragung in Ferienwohnungen.
254 Vgl. EuGH GRUR 2007, 225 Rn. 41 – SGAE/Rafael; EuGH GRUR 2012, 156 Rn. 197 – Murphy; EuGH GRUR 2014, 473 Rn. 31 – OSA; EuGH GRUR 2016, 684 Rn. 60 – Reha Training; BGH GRUR 2018, 608 Rn. 38 – Krankenhausradio.
255 BGH NJW 2016, 807 Rn. 50 ff. – Ramses.

riell-rechtliche Definition der entscheidenden Handlung auf eine einzige Rechtsordnung.[256]

§ 20c UrhG wendet dieses Prinzip auch auf ergänzende Online-Dienste von Sendeunternehmen an.[257] Die Vervielfältigung und die öffentliche Wiedergabe von Werken zur Ausführung eines ergänzenden Online-Dienstes eines Sendeunternehmens in der EU oder im EWR gelten ausschließlich nach § 20c Abs. 2 UrhG als in dem Mitgliedstaat oder Vertragsstaat erfolgt, in dem das Sendeunternehmen seine Hauptniederlassung hat. § 20c Abs. 1 UrhG enthält eine Legaldefinition des ergänzenden Online-Dienstes eines Sendeunternehmens. Ein ergänzender Online-Dienst eines Sendeunternehmens ist danach (1.) die Sendung von Programmen im Internet zeitgleich mit ihrer Sendung in anderer Weise, (2.) die öffentliche Zugänglichmachung bereits gesendeter Programme im Internet, die für einen begrenzten Zeitraum nach der Sendung abgerufen werden können, auch mit ergänzenden Materialien zum Programm. Sendeunternehmen müssen also für die zeitgleiche Sendung ihrer Programme im Internet und für die Bereitstellung in Mediatheken nur die Rechte im Land ihrer Hauptniederlassung erwerben. Diese Regelung gilt nur für Eigenproduktionen und Nachrichtensendungen, nicht hingegen für die Übertragung von Sportveranstaltungen. 185

6. Zweitverwertungsrechte

Zweitverwertungsrechte sind Rechte an Verwertungsarten, denen jeweils eine 186
dem Urheber vorbehaltene Werkverwertung bereits vorausgegangen ist.[258] Zu den Zweitverwertungsrechten zählen die Rechte aus §§ 20b, 21 und 22 UrhG.[259] Die terminologische Einordnung von Rechten als Erst- und Zweitverwertungsrechte hat allerdings keine rechtlichen Folgen. So nimmt beispielsweise die GEMA sowohl Erst- als auch Zweitverwertungsrechte wahr.[260]

III. Bearbeitung, § 23 UrhG

1. Veröffentlichung und Verwertung von Bearbeitungen und Umgestaltungen

Der Schutzumfang des Urheberrechts wird durch § 23 Abs. 1 S. 1 UrhG erweitert. 187
Bearbeitungen oder andere Umgestaltungen eines Werkes, insbesondere auch ei-

---

256 BGH GRUR 2012, 621 Rn. 23 – Oscar.
257 *Dörr* ZUM 2019, 556, 558.
258 Schricker/Loewenheim/*v. Ungern-Sternberg*[6] § 15 UrhG Rn. 185.
259 Schricker/Loewenheim/*v. Ungern-Sternberg*[6] § 15 UrhG Rn. 186.
260 OLG Frankfurt GRUR 2006, 578 – Einräumung der Erstverwertungsrechte an GEMA.

ner Melodie, dürfen nach § 23 Abs. 1 S. 1 UrhG nur mit Zustimmung des Urhebers veröffentlicht oder verwertet werden. Die Zustimmung kann auch nachträglich erteilt werden. Unter den Bearbeitungsbegriff, den § 23 UrhG und § 3 UrhG gleichermaßen verwenden, fallen nur die Umgestaltungen, die selbst urheberrechtsschutzfähig sind.[261] Bei den ebenfalls in § 23 UrhG genannten „anderen Umgestaltungen" handelt es sich um solche, die nicht schöpferisch sind und daher keinen eigenen Urheberschutz des Umgestaltenden zur Folge haben. Solche nicht schöpferischen Werkverwendungen werden häufig bereits von § 15 UrhG erfasst, sodass die Aufnahme von anderen Umgestaltungen in § 23 UrhG insofern überflüssig ist.

188 Melodien kommt trotz der eigenständigen Erwähnung in § 23 Abs. 1 S. 1 UrhG kein eigenständiger Schutz zu. Der inzwischen aufgehobene § 24 UrhG enthielt in Absatz 2 einen sogenannten starren Melodienschutz, der einer freien Benutzung entgegenstand. Diese Regelung gilt nicht mehr.

2. Herstellung von Bearbeitungen und Umgestaltungen

189 Von den in § 23 Abs. 2 UrhG und § 69c Nr. 2 UrhG genannten Fällen abgesehen, erfordert die Herstellung einer Bearbeitung keine Zustimmung des Urhebers. § 23 Abs. 2 UrhG bestimmt, dass bereits das Herstellen der Bearbeitung oder Umgestaltung der Zustimmung des Urhebers bedarf, wenn es sich um die Verfilmung eines Werkes, um die Ausführung von Plänen und Entwürfen eines Werkes der bildenden Künste, um den Nachbau eines Werkes der Baukunst oder um die Bearbeitung oder Umgestaltung eines Datenbankwerkes handelt.

190 Eine weitere Ausnahme enthält § 69c Nr. 2 S. 1 UrhG. Der Rechtsinhaber hat gemäß § 69c Nr. 2 S. 1 UrhG das ausschließliche Recht, die Übersetzung, die Bearbeitung, das Arrangement und andere Umarbeitungen eines Computerprogramms sowie die Vervielfältigung der erzielten Ergebnisse vorzunehmen oder zu gestatten. Damit ist bei Software schon die Herstellung der Bearbeitung erlaubnispflichtig. Eine Umarbeitung im Sinne des § 69c Nr. 2 UrhG liegt nur bei einem Eingriff in die Programmsubstanz vor. Externe Befehle, die in den Programmablauf eingreifen, stellen keine Umarbeitung dar.[262]

3. Hinreichender Abstand

191 Wahrt das neu geschaffene Werk einen hinreichenden Abstand zum benutzten Werk, so liegt nach § 23 Abs. 1 S. 2 UrhG keine Bearbeitung oder Umgestaltung

---

261 Vgl. *v. Welser* 46ff.
262 LG Hamburg, Urteil vom 14.1.2022, Aktenzeichen 308 O 130/19 – Adblock Plus.

vor. Diese Vorschrift wurde durch das „Gesetz zur Anpassung des Urheberrechts an die Erfordernisse des digitalen Binnenmarktes“ in das UrhG aufgenommen und begrenzt den Schutzbereich des Urheberrechts.[263] Maßgeblich für die Beurteilung des hinreichenden Abstands ist dabei, inwieweit auch nach der Bearbeitung oder Umgestaltung noch ein Ausdruck der eigenen geistigen Schöpfung des Urhebers des vorbestehenden Werkes erkennbar ist.[264] Entscheidendes Kriterium ist die fehlende Wiedererkennbarkeit der schutzbegründenden eigenschöpferischen Elemente.[265] Da sich die Beschränkung der Verwertungsrechte auf eine Nutzung der Werke und Leistungen in wiedererkennbarer Form aus einer Auslegung der Verwertungsrechte und nicht aus einer Schrankenregelung ergibt, kann in dem Kriterium der fehlenden Wiedererkennbarkeit eine immanente Beschränkung des Schutzbereichs der Verwertungsrechte gesehen werden.[266]

Ein hinreichender Abstand liegt vor, wenn die aus einem vorbestehenden Werk entlehnten eigenpersönlichen Züge dem Gesamteindruck nach gegenüber der Eigenart des neuen Werkes so stark „verblassen“, dass das vorbestehende Werk nicht mehr oder nur noch rudimentär zu erkennen ist.[267] Es muss also ein „äußerer Abstand“ vorliegen. Auch wenn der neu geschaffene Gegenstand keinen Werkcharakter aufweist, wird das Urheberrecht am benutzen Werk nicht verletzt, sofern ein hinreichender Abstand vorliegt. Es kommt also nicht darauf an, ob das „neue geschaffene Werk“ i.S.d. § 23 Abs. 1 S. 2 UrhG tatsächlich Werkcharakter hat.[268]

Liegt – wie beispielsweise bei der Parodie – nur ein „innerer Abstand“ vor, so 192
kommt § 51a UrhG in Betracht.[269]

4. Technisch bedingte Änderungen

§ 23 Abs. 3 UrhG nimmt bestimmte ausschließlich technisch bedingte Änderun- 193
gen im Rahmen einzeln benannter Schrankenbestimmungen vom Anwendungsbereich des § 23 UrhG aus.

---

263 Entwurf zur Anpassung des Urheberrechts an die Erfordernisse des digitalen Binnenmarktes, Begründung zum Gesetzesentwurf der Bundesregierung, BT-Drucksache 19/27426, S. 78.

264 BT-Drucksache 19/27426, S. 78.

265 BGH GRUR 2022, 899 Rn. 47 – Porsche 911.

266 BGH GRUR 2022, 899 Rn. 49 – Porsche 911.

267 OLG Düsseldorf ZUM-RD 2022, 273 – Düsseldorfer Radschläger.

268 *Ohly* ZUM 2021, 745, 747; vgl. BGH GRUR 2022, 899 Rn. 54 – Porsche 911.

269 LG Berlin GRUR-RR 2022, 216 Rn. 31ff. – The Unknowable.

IV. Sonderregelung für Computerprogramme, § 69c UrhG

194 Für Computerprogramme regelt § 69c UrhG die Verwertungsrechte gesondert. Der Rechtsinhaber hat danach das ausschließliche Recht, bestimmte Handlungen vorzunehmen oder zu gestatten. So regelt § 69c UrhG das Vervielfältigungsrecht (Nr. 1), das Bearbeitungsrecht (Nr. 2), das Verbreitungsrecht (Nr. 3) und das Recht der öffentlichen Wiedergabe (Nr. 4). Die Definitionen der einzelnen Verwertungshandlungen sind teilweise genauer als in den §§ 15 ff. UrhG.

195 Das Vervielfältigungsrecht umfasst nach § 69c Nr. 1 Satz 1 UrhG das Recht, die dauerhafte oder vorübergehende Vervielfältigung, ganz oder teilweise, eines Computerprogramms mit jedem Mittel und in jeder Form vorzunehmen oder zu gestatten. Soweit das Laden, Anzeigen, Ablaufen, Übertragen oder Speichern des Computerprogramms eine Vervielfältigung erfordert, bedürfen diese Handlungen nach § 69c Nr. 1 Satz 2 UrhG der Zustimmung des Rechtsinhabers.

196 § 69c Nr. 2 Satz 1 UrhG umfasst das Recht, die Übersetzung, die Bearbeitung, das Arrangement und andere Umarbeitungen eines Computerprogramms sowie die Vervielfältigung der erzielten Ergebnisse vorzunehmen oder zu gestatten. Die Rechte derjenigen, die das Programm bearbeiten, bleiben nach § 69c Nr. 2 Satz 2 UrhG unberührt.

197 § 69 Nr. 3 Satz 1 UrhG umfasst jede Form der Verbreitung des Originals eines Computerprogramms oder von Vervielfältigungsstücken, einschließlich der Vermietung. Wird ein Vervielfältigungsstück eines Computerprogramms mit Zustimmung des Rechtsinhabers in der EU oder im EWR im Wege der Veräußerung in Verkehr gebracht, so erschöpft sich nach § 69 Nr. 3 Satz 2 UrhG das Verbreitungsrecht in Bezug auf dieses Vervielfältigungsstück mit Ausnahme des Vermietrechts. Ein das Verbreitungsrecht erschöpfender Vorgang liegt auch dann vor, wenn die Programmkopie online und nicht auf einem Datenträger erworben wird. Das Verbreitungsrecht an einer Programmkopie ist erschöpft, wenn der Rechtsinhaber dem Herunterladen der Programmkopie durch den Ersterwerber zugestimmt und ein entgeltliches, zeitlich unbegrenztes Nutzungsrecht eingeräumt hat.[270] Diese Rechtsprechung gilt allerdings nicht für andere Werkarten wie beispielsweise E-Books.[271]

198 § 69c Nr. 4 UrhG umfasst die drahtgebundene oder drahtlose öffentliche Wiedergabe eines Computerprogramms einschließlich der öffentlichen Zugänglichmachung in der Weise, dass es Mitgliedern der Öffentlichkeit von Orten und zu Zeiten ihrer Wahl zugänglich ist.

---

270 EuGH NJW 2012, 2565 – UsedSoft.
271 EuGH NJW 2020, 827 – Tom Kabinet.

§ 7 Schranken und Schutzdauer

Das UrhG gewährt dem Urheber ein Ausschließlichkeitsrecht, das durch Schranken begrenzt ist. Die Verwertungsrechte stehen dem Urheber von vornherein nur in den durch Schrankenbestimmungen gezogenen Grenzen zu.[272] Die Schranken haben keine enteignende Wirkung. Es handelt sich vielmehr um eine Frage der Gesetzestechnik, wenn das Gesetz das Verwertungsrecht zunächst als umfassend formuliert, die Schranken dieses Rechts aber in einzelnen Schrankenbestimmungen normiert.[273] 199

Die Schranken sind vor allem in §§ 44aff. UrhG geregelt. Daneben gibt es weitere Schranken. So lässt sich beispielsweise auch die zeitliche Befristung des UrhG auf siebzig Jahre nach dem Tode des Urhebers in § 64 UrhG als Schrankenbestimmung verstehen, ebenso die Freistellung von amtlichen Werken vom Urheberschutz in § 5 UrhG und der Erschöpfungsgrundsatz in § 17 Abs. 2 UrhG. 200

Auch die Schranken sind europarechtlich teilweise harmonisiert. Die deutschen Schrankenregelungen sind richtlinienkonform am Maßstab von Art. 5 Abs. 2 und 3 InfoSoc-Richtlinie auszulegen. Der Umsetzungsspielraum ist nach der Rechtsprechung des EuGH durch vier Kriterien begrenzt[274]: Die Mitgliedstaaten dürfen in ihren Rechtsvorschriften Schranken entsprechend Art. 5 Abs. 2 und 3 InfoSoc-Richtlinie nur vorsehen, wenn sie sämtliche Voraussetzungen dieser Bestimmung einhalten, wobei insbesondere der Grundsatz der Verhältnismäßigkeit zu beachten ist (1.). Die Ziele der InfoSoc-Richtlinie – Erreichung eines hohen Schutzniveaus für die Urheber und reibungsloses Funktionieren des Binnenmarkts – dürfen nicht gefährdet werden (2.). Der Drei-Stufen-Test aus Art. 5 Abs. 5 InfoSoc-Richtlinie ist zu beachten (3.) und es muss ein angemessener Ausgleich zwischen den verschiedenen durch die EU-Rechtsordnung geschützten Grundrechten sichergestellt werden (4.).[275] 201

Der ursprünglich aus der RBÜ stammende Drei-Stufen-Test sieht vor, dass Ausnahmen und Beschränkungen nur in bestimmten Sonderfällen (erste Stufe) angewandt werden dürfen, in denen die normale Verwertung des Werkes oder des sonstigen Schutzgegenstands nicht beeinträchtigt wird (zweite Stufe) und die 202

---

272 BVerfG NJW 1979, 2029 – Kirchenmusik; *Schack* GRUR 2021, 904.

273 BVerfG NJW 1979, 2029 – Kirchenmusik.

274 EuGH GRUR 2019, 940 Rn. 31ff. – Spiegel Online; EuGH GRUR 2019, 934 Rn. 46ff. – Afghanistan Papiere.

275 Vgl. EuGH GRUR 2019, 940 Rn. 31ff. – Spiegel Online; EuGH GRUR 2019, 934 Rn. 46ff. – Afghanistan Papiere.

https://doi.org/10.1515/9783110617207-007

berechtigten Interessen des Rechtsinhabers nicht ungebührlich verletzt werden (dritte Stufe). Bei der dritten Stufe (ungebührliche Verletzung) ist insbesondere zu prüfen, ob die Schranke geboten ist.[276]

203 Eine Gebotenheit ist in solchen Fällen denkbar, in welchen durch Schrankenbestimmungen geschützte Interessen sich ausschließlich über die Verwertung eines spezifischen Werkes verwirklichen lassen, so beispielsweise bei der Berichterstattung über Tagesereignisse durch die Veröffentlichung eines bislang unveröffentlichten Werkes, wenn eine anderweitige Darstellung zur Erreichung des Ziels nicht gleichermaßen geeignet ist.[277]

I. Überblick

204 Viele Schranken setzen voraus, dass das Werk bereits veröffentlicht sein muss, um genutzt zu werden.[278] So darf beispielsweise nur aus veröffentlichten Werken gemäß § 51 UrhG zitiert werden.[279] Vor der Veröffentlichung ist sogar die Inhaltsmitteilung durch § 12 Abs. 2 UrhG untersagt.

205 Weitere Schrankenregelungen, die eine Einschränkung auf veröffentlichte Werke enthalten, sind § 46 Abs. 1 S. 1 UrhG (Sammlungen für Kirchen-, Schul- oder Unterrichtsgebrauch), § 48 Abs. 1 Nr. 1 UrhG (Öffentliche Reden), § 49 UrhG (Zeitungsartikel und Rundfunkkommentare), § 52 Abs. 1 UrhG (Öffentliche Wiedergabe), § 52a Abs. 1 UrhG (Öffentliche Zugänglichmachung für Unterricht und Forschung), § 52b S. 1 UrhG (Wiedergabe von Werken an elektronischen Leseplätzen in öffentlichen Bibliotheken, Museen und Archiven) und § 61 UrhG (Verwaiste Werke).

206 Einschränkung auf erschienene Werke findet sich in den Schrankenregelungen des § 51 Abs. 1 Nr. 3 UrhG (Musikzitate), § 52 Abs. 1 UrhG (öffentliche Wiedergabe), § 53 Abs. 2 Nr. 4 Buchst. a und § 53 Abs. 3 UrhG (Vervielfältigung zum

---

276 OLG Zweibrücken NJW-RR 2021, 1344 Rn. 15 ff. – Kastellaun.
277 OLG Zweibrücken NJW-RR 2021, 1344 Rn. 18 – Kastellaun.
278 Ein Werk ist nach § 6 Abs. 1 UrhG veröffentlicht, wenn es mit Zustimmung des Berechtigten der Öffentlichkeit zugänglich gemacht worden ist; es ist nach § 6 Abs. 2 UrhG erschienen, wenn mit Zustimmung des Berechtigten Vervielfältigungsstücke des Werkes nach ihrer Herstellung in genügender Anzahl der Öffentlichkeit angeboten oder in Verkehr gebracht worden sind.
279 KG GRUR-RR 2008, 188 – Günter-Grass-Briefe; LG Köln GRUR-RR 2020, 482 – Feindliche Übernahme.

sonstigen eigenen Gebrauch) sowie § 53a S. 1 UrhG (Kopienversand auf Bestellung).[280]

Einige Schranken, wie §§ 45, 50, 53 und 57 UrhG schränken hingegen auch das Erstveröffentlichungsrecht ein.[281] Auch unveröffentlichte Werke dürfen also im Rahmen dieser Schranken genutzt werden. 207

Die Schranken sind richtlinienkonform auszulegen. Nach Art. 5 Abs. 5 InfoSoc-RL dürfen die Art. 5 Abs. 1–4 InfoSoc-RL genannten Ausnahmen und Beschränkungen nur in bestimmten Sonderfällen angewandt werden, in denen die normale Verwertung des Werkes oder des sonstigen Schutzgegenstands nicht beeinträchtigt wird und die berechtigten Interessen des Rechtsinhabers nicht ungebührlich verletzt werden. Auf diese Bestimmung können sich die Parteien vor nationalen Gerichten unmittelbar berufen.[282] 208

II. Einzelne Schranken

Nachfolgend werden beispielhaft einige besonders praxisrelevante Schranken vorgestellt. 209

1. Vorübergehende Vervielfältigungshandlungen, § 44a UrhG

§ 44a UrhG erlaubt vorübergehende Vervielfältigungshandlungen, die flüchtig oder begleitend sind und einen integralen und wesentlichen Teil eines technischen Verfahrens darstellen und deren alleiniger Zweck es ist, eine Übertragung in einem Netz zwischen Dritten durch einen Vermittler (1.) oder eine rechtmäßige Nutzung (2.) eines Werkes oder sonstigen Schutzgegenstands zu ermöglichen, und die keine eigenständige wirtschaftliche Bedeutung haben. 210

Die Vervielfältigungshandlung muss nach der Rechtsprechung des EuGH folgende fünf Voraussetzungen kumulativ erfüllen, um unter die Schrankenbestimmung zu fallen: Sie muss vorübergehend sein (1.), sie muss flüchtig oder begleitend sein (2.), sie muss einen integralen und wesentlichen Teil eines technischen Verfahrens darstellen (3.), sie muss den alleinigen Zweck haben, eine Übertragung in einem Netz zwischen Dritten durch einen Vermittler oder eine rechtmäßige Nutzung eines geschützten Werkes oder eines Schutzobjekts zu er- 211

280 Vgl. BGH GRUR 2014, 974 Rn. 15 – Porträtkunst.

281 Vgl. BGH GRUR 2020, 853 Rn. 63 – Afghanistan Papiere II; BGH GRUR 2020, 859 Rn. 76 – Reformistischer Aufbruch II; BGH GRUR 2014, 974 – Porträtkunst; OLG Frankfurt NJW-RR 2000, 119 – Unveröffentlichte Werke im Gerichtsverfahren.

282 *Arnold/Rosati* GRUR Int. 2015, 1193, 1200.

möglichen (4.) und sie darf keine eigenständige wirtschaftliche Bedeutung haben (5).[283]

212 Flüchtig im Sinne von § 44a UrhG sind Vervielfältigungshandlungen, wenn ihre Lebensdauer auf das für das ordnungsgemäße Funktionieren des betreffenden technischen Verfahrens Erforderliche beschränkt ist, wobei das Verfahren derart automatisiert sein muss, dass es die Vervielfältigungen automatisch, ohne Beteiligung einer natürlichen Person löscht, sobald ihr Zweck, die Durchführung eines solchen Verfahrens zu ermöglichen, erfüllt ist.[284]

213 Ein integraler und wesentlicher Teil eines technischen Verfahrens liegt dann vor, wenn die Vervielfältigungshandlung im Rahmen der Durchführung eines technischen Verfahrens vorgenommen wird. Die Vervielfältigungshandlung muss also notwendig in dem Sinne sein, dass das betreffende technische Verfahren ohne sie nicht ordnungsgemäß und effizient funktionieren könnte.[285] Allerdings werden nicht nur vollautomatisierte Vorgänge erfasst. Auch manuelle Vervielfältigungshandlungen können Teil eines technischen Verfahrens sein.[286]

214 Ob die Norm auch für Software und Datenbanken gilt, ist umstritten.[287]

2. Text und Data Mining, § 44b UrhG

a) Erlaubte Vervielfältigungen

215 § 44b UrhG erlaubt Vervielfältigungshandlungen für Text und Data Mining. § 44b Abs. 1 UrhG definiert Text und Data Mining als automatisierte Analyse von einzelnen oder mehreren digitalen oder digitalisierten Werken, um daraus Informationen insbesondere über Muster, Trends und Korrelationen zu gewinnen. Zweck des Text und Data Mining ist es, große Mengen an Informationen, die in digitaler Form vorliegen, wie Texte, Töne, Bilder oder Daten, mit Computern automatisiert auszuwerten. Dafür dürfen die auszuwertenden Inhalte gespeichert werden. Nicht vom Zweck des § 44b umfasst sind hingegen Handlungen, die ausschließlich darauf gerichtet sind, Inhalte zu sammeln und zu speichern, um digitale Parallel-Archive zu schaffen.[288] § 44b Abs. 2 S. 1 UrhG erklärt Vervielfältigungen

---

283 EuGH GRUR 2017, 610 Rn. 60 – Filmspeler; EuGH GRUR 2014, 654 Rn. 22ff. – PRCA/NLA; EuGH MMR 2011, 817 Rn. 161 – Karen Murphy; EuGH GRUR 2009, 1041 Rn. 54 – Infopaq I; EuGH GRUR Int. 2012, 336 Rn. 25 – Infopaq II.

284 EuGH GRUR 2009, 1041 Rn. 64 – Infopaq I; OLG Hamburg ZUM-RD 2021, 133, 144.

285 EuGH GRUR 2009, 1041 Rn. 61 – Infopaq I; EuGH GRUR Int. 2012, 336 Rn. 30 – Infopaq II.

286 Vgl. EuGH GRUR Int. 2012, 336 Rn. 39 – Infopaq II.

287 Vgl. Wandtke/Bullinger/v. *Welser*[6] § 44a UrhG Rn. 23ff.; *Barth* 439ff.

288 Gesetzentwurf der Bundesregierung zum Urheberrechts-Wissensgesellschafts-Gesetz, BT-Drucksache 18/12329, S. 88.

von rechtmäßig zugänglichen Werken für das Text und Data Mining für zulässig. Die Vervielfältigungen sind nach § 44b Abs. 2 S. 2 UrhG zu löschen, wenn sie für das Text und Data Mining nicht mehr erforderlich sind.

b) Kein Vorbehalt des Nutzers

Allerdings sind diese Nutzungen nur zulässig, wenn der Rechtsinhaber sich diese nicht nach § 44b Abs. 3 S. 1 UrhG vorbehalten hat. Ein Nutzungsvorbehalt bei online zugänglichen Werken ist nach § 44b Abs. 3 S. 2 UrhG nur dann wirksam, wenn er in maschinenlesbarer Form erfolgt. Der Nutzungsvorbehalt kann auch im Impressum oder in den Allgemeinen Geschäftsbedingungen enthalten sein, sofern er dort maschinenlesbar ist.[289] § 44b Abs. 3 S. 2 UrhG soll Rechtsinhabern ermöglichen, die Nutzung zu untersagen. Gleichzeitig bezweckt die Regelung, bei online zugänglichen Inhalten sicherzustellen, dass automatisierte Abläufe, die typisches Kriterium des Text und Data Mining sind, tatsächlich auch automatisiert durchgeführt werden können. Bei nicht online zugänglichen Inhalten kann der Nutzungsvorbehalt auch in anderer Weise erklärt werden. 216

Ein Nutzungsvorbehalt entfaltet Wirkung ex nunc. Die Beweislast für das Fehlen eines Nutzungsvorbehalts trägt der Nutzer.[290] 217

c) Verhältnis zu § 60d UrhG

§ 60d UrhG enthält eine Spezialregelung für Text und Data Mining für Zwecke der wissenschaftlichen Forschung. Bei § 60d UrhG ist kein Nutzungsvorbehalt möglich.[291] Text und Data Mining zu wissenschaftlichen Zwecken gemäß § 60d UrhG darf sich der Rechtsinhaber nicht vorbehalten. 218

3. Rechtspflege und öffentliche Sicherheit, § 45 UrhG

§ 45 Abs. 1 UrhG erlaubt es, einzelne Vervielfältigungsstücke von Werken zur Verwendung in Verfahren vor einem Gericht, einem Schiedsgericht oder einer Behörde herzustellen oder herstellen zu lassen. Unter den gleichen Voraussetzungen ist nach § 45 Abs. 3 UrhG auch die Verbreitung und öffentliche Wiedergabe der Werke zulässig. Verfahren im Sinne des § 45 UrhG ist jeder Vorgang, der einen konkreten, von dem betreffenden Organ nach außen wirkenden Sachverhalt zum Ge- 219

---

289 BT-Drucksache 18/12329, S. 89.

290 BT-Drucksache 18/12329, S. 89.

291 Eingehend Ebers/Heinze/Krügel/Steinrötter/*Heinze*/*Wendorf*, KI und Robotik, § 9 Rn. 18 ff.

genstand hat, nicht hingegen verwaltungsinterne Vorgänge. Das Gericht oder die Behörde muss einem Rechtssubjekt, also einem Kläger, Antragsteller, Betroffenen, Beschuldigten oder in ähnlicher Funktion Handelnden gegenüber tätig werden. Zu dem von § 45 Abs. 1 UrhG privilegierten Zweck darf jeder am betreffenden Verfahren Beteiligte die Vervielfältigungsstücke herstellen oder herstellen lassen.[292] § 45 UrhG erlaubt auch die Verwendung noch nicht veröffentlichter Werke.[293] Dies folgt daraus, dass § 45 Abs. 3 UrhG ausdrücklich das Ausstellungsrecht erwähnt, das nur für unveröffentlichte Werke gilt.[294]

4. Berichterstattung über Tagesereignisse, § 50 UrhG

220 § 50 UrhG erlaubt die Vervielfältigung und öffentliche Wiedergabe von Werken zur Berichterstattung über Tagesereignisse in einem durch den Zweck gebotenen Umfang. Unter einem Tagesereignis ist nach der Rechtsprechung jedes zur Zeit des Eingriffs in das Urheberrecht aktuelle Geschehen zu verstehen, das für die Öffentlichkeit von Interesse ist, wobei ein Geschehen so lange aktuell ist, wie ein Bericht darüber von der Öffentlichkeit noch als Gegenwartsberichterstattung empfunden wird.[295] Eine solche Berichterstattung liegt nach der Rechtsprechung beispielsweise vor, wenn ein Medienunternehmen einen militärischen Lagebericht, der zur Unterrichtung des Parlaments erstellt wurden, online veröffentlich und dabei in systematisierter Form präsentiert und mit einem Einleitungstext und weiterführenden Links versieht.[296]

5. Zitatrecht, § 51 UrhG

221 Zulässig ist nach § 51 Abs. 1 S. 1 UrhG die Vervielfältigung, Verbreitung und öffentliche Wiedergabe eines veröffentlichten Werkes zum Zweck des Zitats, sofern die Nutzung in ihrem Umfang durch den besonderen Zweck gerechtfertigt ist. Nach § 51 Abs. 1 S. 2 UrhG ist dies insbesondere zulässig, wenn einzelne Werke nach der Veröffentlichung in ein selbstständiges wissenschaftliches Werk zur Erläuterung des Inhalts aufgenommen werden (Nr. 1), Stellen eines Werkes nach der Veröffentlichung in einem selbstständigen Sprachwerk angeführt werden

---

292 BPatG, Beschluss vom 23.3.2015, Aktenzeichen 7 W (pat) 7/14.

293 OLG Frankfurt NJW-RR 2000, 119 – Unveröffentlichte Werke im Gerichtsverfahren.

294 OLG Frankfurt NJW-RR 2000, 119, 120 – Unveröffentlichte Werke im Gerichtsverfahren.

295 BGH GRUR 2020, 853 Rn. 40 – Afghanistan Papiere II; BGH GRUR 2011, 415 Rn. 11 – Kunstausstellung im Online-Archiv; BGH GRUR 2002, 1050 – Zeitungsbericht als Tagesereignis.

296 BGH GRUR 2020, 853 Rn. 38 – Afghanistan Papiere II.

(Nr. 2) oder einzelne Stellen eines erschienenen Werkes der Musik in einem selbstständigen Werk der Musik angeführt werden (Nr. 3).

Die Zitatfreiheit soll die geistige Auseinandersetzung mit fremden Werken erleichtern. Die Verfolgung eines Zitatzwecks nach § 51 UrhG erfordert daher, dass der Zitierende eine innere Verbindung zwischen einem fremden Werk und eigenen Gedanken herstellt und das Zitat als Belegstelle oder Erörterungsgrundlage für selbstständige Ausführungen des Zitierenden erscheint.[297] Der Nutzer eines geschützten Werkes, der sich auf die Zitierfreiheit beruft, muss das Ziel verfolgen, mit diesem Werk zu interagieren. Eine solche Interaktion setzt voraus, dass das zitierte Werk zu erkennen ist.[298] Es ist nicht erforderlich, dass das zitierte Werk untrennbar in den Gegenstand eingebunden ist, in dem es zitiert wird. Ein Zitat kann sich vielmehr auch aus der Verlinkung auf das zitierte Werk ergeben.[299] 222

Das Zitatrecht gestattet es allerdings nicht, ein fremdes Werk nur um seiner selbst willen zur Kenntnis der Allgemeinheit zu bringen. Ebenso wenig reicht es aus, dass ein solches Werk in einer bloß äußerlichen, zusammenhanglosen Weise eingefügt und angehängt wird.[300] 223

Die Rechtsprechung differenziert nach der Art des zitierenden Werkes. Handelt es sich dabei um ein Kunstwerk, so erfordert Art. 5 Abs. 3 S. 1 GG eine kunstspezifische Betrachtung. Daher muss bei der Auslegung und Anwendung des § 51 Nr. 2 UrhG die innere Verbindung der zitierten Stellen mit den Gedanken und Überlegungen des Zitierenden über die bloße Belegfunktion hinaus auch als Mittel künstlerischen Ausdrucks und künstlerischer Gestaltung anerkannt werden.[301] § 51 UrhG hat daher bei zitierenden Kunstwerke einen weiteren Anwendungsbereich als bei anderen, nichtkünstlerischen Sprachwerken.[302] 224

Typischerweise dient das Zitat als Beleg, beispielsweise zur Verdeutlichung übereinstimmender Meinungen, zum besseren Verständnis der eigenen Ausführungen oder zur Begründung oder Vertiefung des Dargelegten. Im Kontext einer eigenständigen künstlerischen Gestaltung reicht die Zitierfreiheit allerdings über die Verwendung des fremden Textes als Beleg hinaus. Ein Urheber darf fremde ur- 225

---

297 BGH GRUR 2020, 843 Rn. 53 – Metall auf Metall IV; BGH GRUR 2016, 368 Rn. 25 – Exklusivinterview; BGH GRUR 2012, 819 Rn. 12 – Blühende Landschaften.

298 BGH GRUR 2020, 843 Rn. 54 – Metall auf Metall IV; EuGH GRUR 2019, 929 Rn. 70 ff. – Pelham.

299 BGH GRUR 2020, 859 Rn. 92 – Reformistischer Aufbruch II.

300 BGH GRUR 2020, 859 Rn. 82 – Reformistischer Aufbruch II.

301 BVerfG NJW 2001, 598, 599 – Germania 3; BGH GRUR 2012, 819 Rn. 14 – Blühende Landschaften.

302 BVerfG NJW 2001, 598, 599 – Germania 3; BGH GRUR 2012, 819 Rn. 14 – Blühende Landschaften.

heberrechtlich geschützte Texte auch ohne einen solchen Bezug in sein Werk aufnehmen, soweit die Texte als solche Gegenstand und Gestaltungsmittel seiner eigenen künstlerischen Aussage bleiben. Eine solche Konstellation hatte das Bundesverfassungsgericht in dem Fall „Germania 2“ zu beurteilen. Wo es, wie in Heiner Müllers Theaterstück „Germania 3“, ersichtlich darum geht, den fremden Autor (Berthold Brecht) selbst als Person der Zeit- und Geistesgeschichte kritisch zu würdigen, kann es ein von der Kunstfreiheit gedecktes Anliegen sein, diesen Autor, seine politische und moralische Haltung sowie die Intention und Wirkungsgeschichte seines Werkes dadurch zu kennzeichnen, dass er selbst durch Zitate zu Wort kommt. Ob das Zitat einer solchen Würdigung und nicht bloß der Anreicherung eines Werkes durch fremdes geistiges Eigentum dient, ist auf Grund einer umfassenden Würdigung des gesamten Werkes zu ermitteln.[303]

6. Karikatur, Parodie und Pastiche, § 51a UrhG

226 § 51a S. 1 UrhG erlaubt die Vervielfältigung, Verbreitung und öffentliche Wiedergabe eines veröffentlichten Werkes zum Zweck der Karikatur, der Parodie und des Pastiches.

a) Überblick

227 Den gesetzlich erlaubten anlehnenden Nutzungen nach § 51a UrhG ist gemein, dass sie an ein oder mehrere vorbestehende Werke erinnern. In Abgrenzung zum Plagiat müssen sie zugleich wahrnehmbare Unterschiede zum Originalwerk aufweisen.[304] Ein Verblassen des Originalwerkes ist aber – anders als bei § 23 Abs. 1 S. 2 UrhG – für Nutzungen, die keiner Einwilligung bedürfen – nicht erforderlich. Schließlich muss die Nutzung des vorbestehenden Werkes einer inhaltlichen oder künstlerischen Auseinandersetzung des Nutzers mit dem Werk oder einem anderen Bezugsgegenstand dienen. Diese Auseinandersetzung ist Ausdruck der Grundrechte desjenigen, der die Karikatur, die Parodie oder den Pastiche anfertigt, und somit die Rechtfertigung für die Beschränkung des Urheberrechts am vorbestehenden Werk. Insbesondere sind hierbei die Meinungsfreiheit nach Art. 11 Abs. 1 GRCh, die Pressefreiheit nach Art. 11 Abs. 2 GRCh oder die Kunstfreiheit nach Art. 13 GRCh zu berücksichtigen. Im konkreten Fall ist stets ein angemessener Ausgleich zwischen den Rechten und Interessen des betroffenen

303 BVerfG NJW 2001, 598, 599 – Germania 3.
304 BT-Drucksache 19/27426, S. 90.

Rechtsinhabers und denen des Nutzers zu gewährleisten, wobei sämtliche Umstände des Einzelfalls wie etwa der Umfang der Nutzung in Anbetracht ihres Zwecks zu berücksichtigen sind.

Instruktiv zur Prüfung und Abwägung verschiedener Grundrechtspositionen **228**
ist die Entscheidung „Germania 3" des BVerfG. Das BVerfG hat in dieser Entscheidung zu Heiner Müllers Theaterstück „Germania 3", welches längere unlizenzierte Zitate von Berthold Brecht enthielt, eine instruktive Prüfung der verschiedenen Grundrechtspositionen vorgenommen. Das BVerfG geht im Ausgangspunkt davon aus, dass sich das Werk nach der Veröffentlichung mit der Zeit von der privatrechtlichen Verfügbarkeit löst und „geistiges und kulturelles Allgemeingut" wird.[305] Das Werk könne umso stärker als Anknüpfungspunkt für eine künstlerische Auseinandersetzung dienen, je mehr es seine gewünschte gesellschaftliche Rolle erfüllt. Diese gesellschaftliche Einbindung der Kunst sei damit gleichzeitig Wirkungsvoraussetzung für sie und Ursache dafür, dass die Künstler in gewissem Maß Eingriffe in ihre Urheberrechte durch andere Künstler als Teil der sich mit dem Kunstwerk auseinandersetzenden Gesellschaft hinzunehmen hätten. Zur Bestimmung des zulässigen Umfangs dieser Eingriffe dienten die Schrankenbestimmungen des Urheberrechts, die ihrerseits aber wieder im Lichte der Kunstfreiheit auszulegen seien und einen Ausgleich zwischen den verschiedenen – auch verfassungsrechtlich – geschützten Interessen schaffen müssen. Dem Interesse der Urheberrechtsinhaber vor Ausbeutung ihrer Werke ohne Genehmigung zu fremden kommerziellen Zwecken stehe das durch die Kunstfreiheit geschützte Interesse anderer Künstler gegenüber, ohne die Gefahr von Eingriffen finanzieller oder inhaltlicher Art in einen künstlerischen Dialog und Schaffungsprozess zu vorhandenen Werken treten zu können.[306] Steht ein geringfügiger Eingriff in die Urheberrechte ohne die Gefahr merklicher wirtschaftlicher Nachteile (z. B. Absatzrückgänge) der künstlerischen Entfaltungsfreiheit gegenüber, so haben die Verwertungsinteressen der Urheberrechtsinhaber im Vergleich zu den Nutzungsinteressen für eine künstlerische Auseinandersetzung zurückzutreten.[307]

Eine trennscharfe Abgrenzung der unterschiedlichen Zwecke des § 51a UrhG **229**
ist nach Auffassung der Bundesregierung nicht in jedem Fall möglich.[308] Die Befugnis nach § 51a S. 1 UrhG umfasst gemäß § 51a S. 2 UrhG die Nutzung einer Abbildung oder sonstigen Vervielfältigung des genutzten Werkes, auch wenn diese selbst durch ein Urheberrecht oder ein verwandtes Schutzrecht geschützt ist. § 62

305 BVerfG NJW 2001, 598, 599 – Germania 3.
306 BVerfG NJW 2001, 598, 599 – Germania 3.
307 BVerfG NJW 2001, 598, 599 – Germania 3.
308 BT-Drucksache 19/27426, S. 90.

Abs. 4 a UrhG stellt klar, dass Änderungen des Werkes zulässig sind, soweit es der Benutzungszweck nach § 51a UrhG erfordert. Eine Quellenangabe des parodierten Werkes ist nicht erforderlich.[309] Dies gilt auch für Karikatur und Pastiche.

230 Nach Auffassung des EuGH setzt die Parodie nicht voraus, dass ein neues urheberschutzfähiges Werk entsteht.[310] Für den Pastiche war in der Literatur teilweise die Werkqualität als Wesensmerkmal bezeichnet worden.[311] Diese Auffassung geht indes am Gesetzeswortlaut vorbei. Privilegiert wird jegliche Form der Kommunikation.[312] Nach Auffassung der Bundesregierung setzt § 51a UrhG insgesamt nicht voraus, dass durch die Benutzung des fremden Werkes eine neue persönliche geistige Schöpfung im Sinne des § 2 Abs. 2 UrhG entsteht.[313]

b) Karikatur

231 Eine gesetzliche Definition der Karikatur besteht nicht. Die Bundesregierung weist in ihrem Entwurf eines Gesetzes zur Anpassung des Urheberrechts an die Erfordernisse des digitalen Binnenmarktes darauf hin, dass Karikaturen meist eine Zeichnung oder andere bildliche Darstellung enthalten, die durch satirische Hervorhebung oder überzeichnete Darstellung bestimmter charakteristischer Züge eine Person, eine Sache oder ein Geschehen der Lächerlichkeit preisgibt.[314] Während die kritisch-humorvolle Auseinandersetzung bei der Parodie eher bestimmte Werke oder Werkgattungen aufgreift, setzt sich die Karikatur meist mit Personen oder gesellschaftlich-politischen Zuständen auseinander.

c) Parodie

232 Nach der Rechtsprechung des EuGH bestehen die wesentlichen Merkmale der Parodie darin, zum einen an ein bestehendes Werk zu erinnern, gleichzeitig aber ihm gegenüber wahrnehmbare Unterschiede aufzuweisen, und zum anderen einen Ausdruck von Humor oder eine Verspottung darzustellen.[315] Die Parodie muss

---

309 EuGH GRUR 2014, 972 Rn. 33 – Deckmyn.

310 EuGH GRUR 2014, 972 Rn. 21 – Deckmyn; BGH GRUR 2016, 1157 Rn. 28 – auf fett getrimmt.

311 *Stieper* GRUR 2020, 699, 703.

312 LG München, Urteil vom 20.6.2022, Aktenzeichen 42 S 231/21 – Ein Bild sagt mehr als tausend Worte; *Schack* GRUR 2021, 904, 906.

313 BT-Drucksache 19/27426, S. 90.

314 BT-Drucksache 19/27426, S. 91.

315 EuGH GRUR 2014, 972 Rn. 20 – Deckmyn; vgl. BGH GRUR 2020, 843 Rn. 63 – Metall auf Metall IV.

nach Auffassung des EuGH nicht zwingend das ursprüngliche Werk selbst betreffen.[316]

d) Pastiche

Weder in der DSM-RL noch in der InfoSoc-RL findet sich eine Definition des Pastiches. Der Pastiche-Begriff umfasst nach Auffassung der Bundesregierung nicht nur die Imitation des Stils, sondern auch die urheberrechtlich relevante Übernahme fremder Werke oder Werkteile. Ein Pastiche enthält eine künstlerische Auseinandersetzung mit dem vorbestehenden Werk.[317] Anders als bei Parodie und Karikatur, die in der Regel eine humoristische oder spöttische Komponente erfordern, kann diese beim Pastiche auch einen Ausdruck der Wertschätzung oder Ehrerbietung für das Original enthalten, etwa als Hommage.[318] Die Verbindung mit dem Original kann also positiv oder negativ sein.[319] Der Begriff „Pastiche" ist wenig klar. Aus diesem Grund wurde die Einführung einer Pasticheschranke von einigen Stimmen in der Literatur abgelehnt.[320] Die Übernahme geschützter Elemente ohne das Erfordernis eines inneren Abstandes sei zu missbrauchsanfällig.[321] Die Bundesregierung ging in ihrem Gesetzesentwurf von einem weiten Anwendungsbereich aus. Zitierende, imitierende und anlehnende Kulturtechniken sind nach Meinung der Bundesregierung ein prägendes Element der Intertextualität und des zeitgemäßen kulturellen Schaffens und der Kommunikation im „Social Web". Hierbei sei insbesondere an Praktiken wie Remix, Meme, GIF, Mashup, Fan Art, Fan Fiction oder Sampling zu denken.[322] Durch den breiten Anwendungsbereich erhält der Pastiche die Funktion eines Auffangtatbestandes.[323] 233

Die Meinung der Bundesregierung, der Pastiche-Begriff erfasse all diese unterschiedlichen Phänomene, geht zu weit. Diese Auffassung ist kaum vereinbar mit urheberrechtlichen Grundprinzipien und steht auch im Widerspruch zu den völkerrechtlichen Verpflichtungen der Europäischen Union und ihrer Mitgliedstaaten. Insbesondere widerspricht ein solches Verständnis dem Dreistufentest 234

---

316 EuGH GRUR 2014, 972 Rn. 21 – Deckmyn.

317 LG Berlin GRUR-RR 2022, 216 Rn. 38 – The Unknowable; *Bauer* 287; *Stieper* GRUR 2020, 699, 703.

318 BT-Drucksache 19/27426, S. 91; LG München, Urteil vom 20.6.2022, Aktenzeichen 42 S 231/21 – Ein Bild sagt mehr als tausend Worte.

319 *Bauer* 287.

320 *Gabler* 224.

321 *Gabler* 224.

322 BT-Drucksache 19/27426, S. 91.

323 *Döhl* ZUM 2020, 740, 742.

aus Art. 13 TRIPs, einem der Grundpfeiler des internationalen Urheberrechts.[324] Nach Art. 13 TRIPs begrenzen die Mitglieder Beschränkungen und Ausnahmen von ausschließlichen Rechten auf bestimmte Sonderfälle, die weder die normale Auswertung des Werkes beeinträchtigen noch die berechtigten Interessen des Rechtsinhabers unzumutbar verletzen. Dieser Dreistufentest stammt ursprünglich aus der RBÜ und findet sich auch in den WIPO-Verträgen WCT und WPPT und in der diese Verträge umsetzenden InfoSoc-RL. Nach Art. 5 Abs. 5 InfoSoc-RL dürfen die Art. 5 Abs. 1–4 InfoSoc-RL genannten Ausnahmen und Beschränkungen nur in bestimmten Sonderfällen angewandt werden, in denen die normale Verwertung des Werkes oder des sonstigen Schutzgegenstands nicht beeinträchtigt wird und die berechtigten Interessen des Rechtsinhabers nicht ungebührlich verletzt werden.

235 Es fehlt bei den von der Bundesregierung aufgelisteten unbestimmten Begriffen schon am Tatbestandsmerkmal des bestimmten Sonderfalls. Denn Praktiken wie „Remix, Meme, GIF, Mashup, Fan Art, Fan Fiction oder Sampling" sind ihrerseits unbestimmt. Sie können zudem die normale Auswertung des Werkes beeinträchtigen.

236 Dieser weite Anwendungsbereich der Pasticheschranke macht eine Grundrechtsabwägung im Einzelfall erforderlich. Wie das BVerfG bereits in der Entscheidung „Germania 3" ausgesprochen hat, muss der Urheber des Ausgangswerkes keine Umsatzrückgänge hinnehmen. Zudem ist immer zu prüfen, ob der Pastiche tatsächlich unter die Kunstfreiheit fällt. Für das Sampling hatte der EuGH dies – ohne nähere Begründung – bejaht.[325] Entnehme ein Nutzer einem Tonträger ein Audiofragment und nutze dieses zur Schaffung eines neuen Werkes, so liege eine künstlerische Ausdrucksform vor, die unter die durch Art. 13 GRCh geschützte Freiheit der Kunst fällt.[326] Die Übernahme schutzfähiger Elemente aus fremden Werken darf nicht über das erforderliche Maß hinausgehen und nicht zu einem unverhältnismäßigen Eingriff in die Primärverwertung der verwendeten Vorlage führen. Insbesondere darf sich ein Pastiche nicht so eng an ihre Vorlage anlehnen, dass die Gefahr von Verwechslungen mit dem Original besteht.

237 Nach Auffassung des OLG Hamburg geht es beim Pastiche im Kern um einen kommunikativen Akt der stilistischen Nachahmung, wobei auch die Übernahme fremder Werke oder Werkteile erlaubt ist.[327] Voraussetzung ist eine bewertende Referenz auf ein Original. Die Pastiche-Schranke ist nicht auf reine Stilimitationen beschränkt, da diese ohnehin keine Verletzung des Urheberrechts enthalten wür-

---

324 *v. Welser* GRUR-Prax 2021, 463, 465.
325 EuGH GRUR 2019, 929 Rn. 35 – Pelham/Hütter.
326 EuGH GRUR 2019, 929 Rn. 35 – Pelham/Hütter.
327 OLG Hamburg ZUM 2022, 563, 571 – Übernahme von Musikfragmenten (Metall auf Metall).

den.[328] Die Schranke ist vielmehr eine Grundlage für die erkennbare Übernahme der schöpferischen Züge konkret in Bezug genommener Werke. Ebenso wie Karikatur, Parodie und Zitat muss der Pastiche eine Auseinandersetzung mit dem vorbestehenden Werk oder einem sonstigen Bezugsgegenstand erkennen lassen.[329] Das OLG Hamburg will durch eine Interessenabwägung und durch die Anwendung des Drei-Stufen-Tests im Einzelfall gewährleisten, dass die nach § 51a UrhG gestatteten transformativen Nutzungen die berechtigten Interessen der Rechtsinhaber nicht beeinträchtigen.[330]

7. Privatkopie, § 53 UrhG

Nach § 53 Abs. 1 S. 1 UrhG sind einzelne Vervielfältigungen eines Werkes durch **238** eine natürliche Person zum privaten Gebrauch auf beliebigen Trägern zulässig, sofern sie weder unmittelbar noch mittelbar Erwerbszwecken dienen, soweit nicht zur Vervielfältigung eine offensichtlich rechtswidrig hergestellte oder öffentlich zugänglich gemachte Vorlage verwendet wird. Der zur Vervielfältigung Befugte darf nach § 51 Abs. 1 S. 2 UrhG die Vervielfältigungsstücke auch durch einen anderen herstellen lassen, sofern dies unentgeltlich geschieht oder es sich um Vervielfältigungen auf Papier oder einem ähnlichen Träger mittels beliebiger photomechanischer Verfahren oder anderer Verfahren mit ähnlicher Wirkung handelt.

Die Frage, wer bei Internet-Recordern als Hersteller der Vervielfältigung **239** anzusehen ist, hat wiederholt die Gerichte beschäftigt. Nach Auffassung des Bundesgerichtshofes ist allein der Kunde als Hersteller einer Privatkopie im Sinne von § 53 Abs. 1 S. 1 UrhG anzusehen, wenn die Programmierung der Aufzeichnung einen Vervielfältigungsvorgang auslöst, der vollständig automatisiert ohne (menschlichen) Eingriff von außen abläuft.[331] Der Anbieter des Internet-Recorders kann auch dann nicht als Hersteller angesehen werden, wenn er sich nicht darauf beschränkt, seinen Kunden einen Speicherplatz für die Aufzeichnung der Sendungen zur Verfügung zu stellen, sondern ein Gesamtpaket von Leistungen anbietet.

---

328 OLG Hamburg ZUM 2022, 563, 572 – Übernahme von Musikfragmenten (Metall auf Metall).

329 OLG Hamburg ZUM 2022, 563, 572 – Übernahme von Musikfragmenten (Metall auf Metall).

330 OLG Hamburg ZUM 2022, 563, 572 – Übernahme von Musikfragmenten (Metall auf Metall).

331 BGH GRUR 2020, 738 – Internet-Radiorecorder; BGH MMR 2020, 538 – musicmonster.

8. Unwesentliches Beiwerk, § 57 UrhG

240 § 57 UrhG erklärt die Vervielfältigung, Verbreitung und öffentliche Wiedergabe von Werken für zulässig, wenn sie als unwesentliches Beiwerk neben dem eigentlichen Gegenstand der Vervielfältigung, Verbreitung oder öffentlichen Wiedergabe anzusehen sind.

241 Die Prüfung, ob ein Werk gemäß § 57 UrhG unwesentliches Beiwerk neben dem eigentlichen Gegenstand der Vervielfältigung, Verbreitung oder öffentlichen Wiedergabe ist, setzt zunächst die Bestimmung dieses Hauptgegenstands voraus.[332] Ein Werk ist im Verhältnis zum Hauptgegenstand unwesentlich im Sinne von § 57 UrhG, wenn das Werk weggelassen oder ausgetauscht werden kann, ohne dass dies dem Betrachter auffällt oder ohne dass die Gesamtwirkung des Hauptgegenstands in irgendeiner Weise beeinflusst wird. Ein unwesentliches Beiwerk liegt auch vor, wenn keine inhaltliche Beziehung zum Hauptgegenstand besteht, sondern es durch seine Zufälligkeit und Beliebigkeit für diesen ohne jede Bedeutung ist.

242 Kein unwesentliches Beiwerk liegt beispielsweise vor, wenn ein Kunstwerk in einem Videofilm über ein Geschäftslokal gezeigt wird, sofern es für mehr als die Hälfte der Dauer des Videos an zentraler Stelle in nicht unerheblicher Größe zu sehen ist und so den ästhetischen Eindruck mitprägt.[333]

9. Panoramafreiheit, § 59 UrhG

243 Werke, die sich bleibend an öffentlichen Wegen, Straßen oder Plätzen befinden, dürfen mit Mitteln der Malerei oder Grafik, durch Lichtbild oder durch Film vervielfältigt, verbreitet und öffentlich wiedergegeben werden. Bei Bauwerken erstrecken sich diese Befugnisse nur auf die äußere Ansicht. Die Vervielfältigungen dürfen nicht an einem Bauwerk vorgenommen werden. Die Schranke ermöglicht es dem Publikum, das, was es von öffentlichen Wegen, Straßen oder Plätzen aus mit eigenen Augen sehen kann, als Gemälde, Zeichnung, Fotografie oder im Film zu betrachten.[334]

10. Nutzungen für Unterricht, Wissenschaft und Institutionen, §§ 60a ff. UrhG

244 Durch das am 1. März 2018 in Kraft getretene Urheberrechts-Wissensgesellschafts-Gesetz (UrhWissG) wurde ein eigener Unterabschnitt für gesetzlich erlaubte Nut-

---

332 BGH GRUR 2015, 667 – Möbelkatalog.
333 LG Flensburg ZUM-RD 2021, 507, 508 – Edelblüte.
334 BGH GRUR 2017, 798 Rn. 22 – AIDA Kussmund.

zungen für Unterricht, Wissenschaft und Institutionen (§§ 60a–60h UrhG) in das UrhG aufgenommen. Das UrhWissG verwendet keine Generalklausel, sondern regelt die Schranken für jede Nutzergruppe einzeln.

a) Unterricht und Lehre, § 60a UrhG

§ 60a UrhG privilegiert insbesondere Lehrende an Bildungseinrichtungen, daneben Teilnehmer, Prüfer und Mitarbeiter der Einrichtung. Zu den Bildungseinrichtungen zählen frühkindliche Bildungseinrichtungen, Schulen, Hochschulen sowie Einrichtungen der Berufsbildung oder der sonstigen Aus- und Weiterbildung, nicht jedoch private Bildungseinrichtungen. 245

§ 60a Abs. 1 UrhG enthält die Grundregel: Zur Veranschaulichung des Unterrichts und der Lehre an Bildungseinrichtungen dürfen zu nicht kommerziellen Zwecken bis zu 15 Prozent eines veröffentlichten Werkes vervielfältigt, verbreitet, öffentlich zugänglich gemacht und in sonstiger Weise öffentlich wiedergegeben werden für Lehrende und Teilnehmer der jeweiligen Veranstaltung (1.), für Lehrende und Prüfer an derselben Bildungseinrichtung (2) sowie für Dritte, soweit dies der Präsentation des Unterrichts, von Unterrichts- oder Lernergebnissen an der Bildungseinrichtung dient (3.). 246

§ 60a Abs. 2 UrhG ergänzt und erweitert die Grundregel: Danach dürfen Abbildungen, einzelne Beiträge aus derselben Fachzeitschrift oder wissenschaftlichen Zeitschrift, sonstige Werke geringen Umfangs und vergriffene Werke abweichend von § 60a Abs. 1 UrhG vollständig genutzt werden. Auch ein Werk geringen Umfangs, wie ein Gedicht oder Liedtext, soll vollständig genutzt werden können. Wie umfangreich ein Werk sein darf, damit es noch als Werk geringen Umfangs gilt, war schon vor Inkrafttreten des UrhWissG Gegenstand von Gesamtverträgen zwischen Verwertungsgesellschaften und Nutzern. Auf entsprechende Konkretisierungen hat die Bundesregierung in ihrer Begründung zum Regierungsentwurf des Gesetzes zurückgegriffen (Druckwerke: 25 Seiten, Noten: 6 Seiten, Filme 5 Minuten, Musik 5 Minuten).[335] 247

§ 60a Abs. 3 UrhG beschränkt dann die Schranke: Von der Erlaubnis nach den § 60a Abs. 1–2 UrhG werden bestimmte Nutzungen wieder ausgenommen. Nicht erlaubt ist danach die Vervielfältigung durch Aufnahme auf Bild- oder Tonträger und öffentliche Wiedergabe eines Werkes, während es öffentlich vorgetragen, aufgeführt oder vorgeführt wird (1.), die Vervielfältigung, Verbreitung und öffentliche Wiedergabe eines Werkes, das ausschließlich für den Unterricht an 248

335 Gesetzentwurf der Bundesregierung zum Urheberrechts-Wissensgesellschafts-Gesetz, BT-Drucksache 18/12329, S. 35.

Schulen geeignet, bestimmt und entsprechend gekennzeichnet ist, an Schulen (2.) sowie die Vervielfältigung von grafischen Aufzeichnungen von Werken der Musik, soweit sie nicht für die öffentliche Zugänglichmachung nach den § 60a Abs. 1–2 UrhG erforderlich ist (3.).

b) Unterrichts- und Lehrmedien, § 60b UrhG

249 § 60b UrhG privilegiert Hersteller von Lehrmaterialien. Zu den Unterrichts- und Lehrmedien zählen Sammlungen, die Werke einer größeren Anzahl von Urhebern vereinigen und ausschließlich zur Veranschaulichung des Unterrichts und der Lehre an Bildungseinrichtungen zu nicht kommerziellen Zwecken geeignet, bestimmt und entsprechend gekennzeichnet sind. Die Hersteller von Lehrmaterialien dürfen bis zu 10 Prozent eines veröffentlichten Werkes vervielfältigen, verbreiten und öffentlich zugänglich machen. Die Ergänzung aus § 60a Abs. 2 UrhG und Ausnahmen aus § 60a Abs. 3 UrhG gelten entsprechend.

c) Wissenschaftliche Forschung, § 60c UrhG

250 Nach § 60c Abs. 1 UrhG dürfen bis zu 15 Prozent eines Werkes für bestimmte Personengruppen zum Zweck der nicht kommerziellen wissenschaftlichen Forschung vervielfältigt, verbreitet und öffentlich zugänglich gemacht werden. Die privilegierten Personengruppen umfassen einen bestimmt abgegrenzten Kreis von Personen für deren eigene wissenschaftliche Forschung (Forschergruppen) sowie einzelne Dritte, soweit dies der Überprüfung der Qualität wissenschaftlicher Forschung (Peer Review) dient. Nach § 60c Abs. 2 UrhG dürfen für die eigene wissenschaftliche Forschung bis zu 75 Prozent eines Werkes vervielfältigt werden. Abbildungen, einzelne Beiträge aus derselben Fachzeitschrift oder wissenschaftlichen Zeitschrift, sonstige Werke geringen Umfangs und vergriffene Werke dürfen gemäß § 60c Abs. 3 UrhG vollständig genutzt werden. § 60c Abs. 4 UrhG nimmt bestimmte Handlungen von der Erlaubnis aus. Nicht erlaubt ist es danach, während öffentlicher Vorträge, Aufführungen oder Vorführungen eines Werkes diese auf Bild- oder Tonträger aufzunehmen und später öffentlich zugänglich zu machen.

d) Text und Data Mining für Zwecke der wissenschaftlichen Forschung, § 60d UrhG

251 § 60d UrhG erklärt Text und Data Mining für Zwecke der wissenschaftlichen Forschung unter bestimmten Bedingungen für zulässig und definiert die einzelnen privilegierten Institutionen. Nach § 60d Abs. 2 S. 1 UrhG sind beispielsweise

Forschungsorganisationen berechtigt. Forschungsorganisationen sind Hochschulen, Forschungsinstitute oder sonstige Einrichtungen, die wissenschaftliche Forschung betreiben, sofern sie nicht kommerzielle Zwecke verfolgen, sämtliche Gewinne in die wissenschaftliche Forschung reinvestieren oder im Rahmen eines staatlich anerkannten Auftrags im öffentlichen Interesse tätig sind. Nicht berechtigt sind demgegenüber Forschungsorganisationen, die mit einem privaten Unternehmen zusammenarbeiten, das einen bestimmenden Einfluss auf die Forschungsorganisation und einen bevorzugten Zugang zu den Ergebnissen der wissenschaftlichen Forschung hat.

Nach § 60d Abs. 3 UrhG sind zu Vervielfältigungen berechtigt einerseits Kul- 252
turerbe-Einrichtungen (Bibliotheken und Museen, sofern sie öffentlich zugänglich sind, sowie Archive und Einrichtungen im Bereich des Film- oder Tonerbes) und andererseits einzelne Forscher, sofern sie nicht kommerzielle Zwecke verfolgen.

e) Bibliotheken, Archive und Museen, §§ 60e, 60f UrhG

§§ 60e Abs. 1–3, 60f UrhG erlauben weitere Vervielfältigungs- und Verbreitungs- 253
handlungen. Bibliotheken, Archive, Museen und Bildungseinrichtungen, die keinen kommerziellen Zweck verfolgen, dürfen ein Werk aus ihrem Bestand oder ihrer Ausstellung für Zwecke der Zugänglichmachung, Indexierung, Katalogisierung, Erhaltung und Restaurierung vervielfältigen oder vervielfältigen lassen, auch mehrfach und mit technisch bedingten Änderungen.

§ 60e Abs. 4 S. 1 UrhG enthält die sogenannte Terminalschranke. Bibliothe- 254
ken, Archive, Museen und Bildungseinrichtungen, die keinen kommerziellen Zweck verfolgen, dürfen ein Werk aus ihrem Bestand ihren Nutzern für deren Forschung oder private Studien an Terminals in ihren Räumen zugänglich machen. Erlaubt sind beliebig viele gleichzeitige Zugriffe über elektronische Leseplätze. Eine Bestandsakzessorietät fordert das UrhG nicht. § 60e Abs. 4 S. 2 UrhG erlaubt Anschlusskopien. Die genannten Einrichtungen dürfen den Nutzern je Sitzung Vervielfältigungen an den Terminals von bis zu 10 Prozent eines Werkes sowie von einzelnen Abbildungen, Beiträgen aus derselben Fachzeitschrift oder wissenschaftlichen Zeitschrift, sonstigen Werken geringen Umfangs und vergriffenen Werken zu nicht kommerziellen Zwecken ermöglichen.

11. Verwaiste Werke, §§ 61ff. UrhG

Die §§ 61ff. UrhG enthalten Regelungen für verwaiste Werke, also von bestimmten 255
Werken, deren Rechtsinhaber nicht festgestellt oder ausfindig gemacht werden konnte. Diese verwaisten Werke dürfen unter bestimmten Umständen vervielfäl-

tigt und öffentlich zugänglich gemacht werden. § 61 UrhG definiert verwaiste Werke als Bestandsinhalte von öffentlich zugänglichen Bibliotheken, Bildungseinrichtungen, Museen, Archiven sowie von Einrichtungen im Bereich des Film- oder Tonerbes, wenn diese Bestandsinhalte bereits veröffentlicht worden sind, deren Rechtsinhaber auch durch eine sorgfältige Suche nicht festgestellt oder ausfindig gemacht werden konnte.

12. Nicht verfügbare Werke, § 61d ff. UrhG

256 § 61d UrhG setzt Art. 8 bis 10 DSM-RL um und enthält eine gesetzliche Nutzungserlaubnis für nicht verfügbare Werke zugunsten von Kulturerbe-Einrichtungen. § 60d Abs. 3 UrhG definiert Kulturerbe-Einrichtungen als Bibliotheken und Museen, sofern sie öffentlich zugänglich sind, sowie Archive und Einrichtungen im Bereich des Film- oder Tonerbes.

257 Nach § 61d Abs. 1 UrhG dürfen Kulturerbe-Einrichtungen im Sinne des § 60d UrhG nicht verfügbare Werke im Sinne des § 52b VGG aus ihrem Bestand vervielfältigen oder vervielfältigen lassen und der Öffentlichkeit zugänglich machen. Dies gilt nur, wenn keine Verwertungsgesellschaft besteht, die diese Rechte für die jeweiligen Arten von Werken wahrnimmt und insoweit repräsentativ im Sinne des § 51b VGG ist. Es handelt sich um eine Auffangregelung für Fälle, in denen die genannten Einrichtungen den Zugang nicht mithilfe von Verwertungsgesellschaften über kollektive Lizenzen mit erweiterter Wirkung gemäß § 52 VGG ermöglichen können. Die Nutzung ist nicht zu vergüten. Wenn eine Kulturerbe-Einrichtung von der gesetzlichen Nutzungsbefugnis Gebrauch macht, muss sie gemäß § 63 UrhG die Quelle angeben.

13. Änderungsverbot, § 62 UrhG

258 Für Änderungen im Rahmen der Schrankennutzung enthält § 62 UrhG ein eigenes Änderungsverbot. Soweit die Benutzung eines Werkes nach den §§ 44a ff. UrhG zulässig ist, dürfen nach § 62 Abs. 1 UrhG Änderungen an dem Werk nicht vorgenommen werden. Soweit der Benutzungszweck es erfordert, sind nach § 62 Abs. 2 UrhG Übersetzungen und solche Änderungen des Werkes zulässig, die nur Auszüge oder Übertragungen in eine andere Tonart oder Stimmlage darstellen. § 62 Abs. 3–5 UrhG erlauben einige Änderungen in eng definierten Fällen.

14. Quellenangabe, § 63 UrhG

259 § 63 UrhG regelt die Pflicht zur Quellenangabe im Rahmen der Schrankennutzung und trägt damit dem in § 13 UrhG geregelten urheberpersönlichkeitsrechtlichen

Namensnennungsrecht Rechnung. Wenn ein Werk oder in bestimmten Fällen ein Teil eines Werkes vervielfältigt oder verbreitet wird, ist stets die Quelle deutlich anzugeben. Bei der Vervielfältigung oder Verbreitung ganzer Sprachwerke oder ganzer Werke der Musik ist neben dem Urheber auch der Verlag anzugeben, in dem das Werk erschienen ist, und außerdem kenntlich zu machen, ob an dem Werk Kürzungen oder andere Änderungen vorgenommen worden sind. Die Verpflichtung zur Quellenangabe entfällt unter bestimmten Umständen, beispielsweise dann, wenn die Quelle weder auf dem benutzten Werkstück oder bei der benutzten Werkwiedergabe genannt noch dem zur Vervielfältigung oder Verbreitung Befugten anderweit bekannt ist.

III. Sonderregelung für Computerprogramme, §§ 69d, 69e UrhG

Für Computerprogramme regeln §§ 69d, 69e UrhG auch die Schranken gesondert. 260
§ 69d UrhG enthält Schranken zugunsten des zur Verwendung eines Vervielfältigungsstücks des Programms Berechtigten. Dies ist insbesondere der rechtmäßige Erwerber eines Programms. Erlaubt sind beispielweise die bestimmungsgemäße Benutzung und die Herstellung von Sicherungskopien.[336] Computerprogramme weisen gegenüber anderen Werkarten die Besonderheit auf, dass ihre Nutzung eine Vervielfältigung im Arbeitsspeicher erfordert. Dem trägt § 69d Abs. 1 UrhG Rechnung, der dem rechtmäßigen Erwerber diese Vervielfältigung erlaubt. Allerdings soll auch derjenige, der sich nur auf den Erschöpfungsgrundsatz beruft, dieses Recht haben, da er anderenfalls die Programmkopie nicht verwenden kann.[337] § 69e UrhG erlaubt die Dekompilierung, also die Rückübersetzung des maschinenlesbaren Objektcodes in menschenlesbaren Quellcode, sofern dies der Herstellung der Interoperabilität eines unabhängig geschaffenen Computerprogramms mit anderen Programmen dient.

IV. Schutzdauer

1. Befristung

Das Urheberrecht erlischt gemäß § 64 UrhG siebzig Jahre nach dem Tode des 261
Urhebers. Bei der Miturheberschaft erlischt das Urheberrecht gemäß § 65 Abs. 1

---

336 Der rechtmäßige Erwerber eines Computerprogramms darf dieses auch dekompilieren, um Fehler, die das Funktionieren dieses Programms beeinträchtigen, zu berichtigen (EuGH GRUR 2021, 1508 – Top System/État belge).

337 EuGH NJW 2012, 2565 – UsedSoft.

UrhG siebzig Jahre nach dem Tode des längstlebenden Miturhebers. Das Urheberrecht ist nach § 28 Abs. 1 UrhG vererblich. Der Rechtsnachfolger des Urhebers hat nach § 30 UrhG die dem Urheber nach diesem Gesetz zustehenden Rechte, soweit nichts anderes bestimmt ist.[338]

2. Rechtsposition des Eigentümers nach Ablauf der Schutzdauer

262 Allerdings gewährt die Rechtsprechung dem Eigentümer urheberrechtsähnliche Befugnisse, um sich beispielsweise gegen die Nutzung seines Eigentums zu wehren. So soll nach der Rechtsprechung des V. Zivilsenats des Bundesgerichtshofes einem Grundstückseigentümer ein ausschließliches Recht zur Anfertigung und Verwertung von Fotos von auf dem Grundstück befindlichen Bauwerken zustehen, soweit diese Fotos von seinem Grundstück aus angefertigt worden sind.[339] Bereits die Anfertigung der Fotos wird als Eigentumsrechtsverletzung beurteilt.[340] Nach der Rechtsprechung des V. Zivilsenats des Bundesgerichtshofes ist das ungenehmigte Fotografieren des Gebäudes nur dann zulässig, wenn das Grundstück dabei nicht betreten wird.[341] Dem Eigentümer des Grundstücks ist es vorbehalten, zu entscheiden, ob und unter welchen Bedingungen er das Fotografieren auf seinem Grundstück erlaubt oder nicht.[342] Diese Rechtsprechung ist auf breite Kritik gestoßen.[343]

263 Der I. Zivilsenat hat offengelassen, ob sich aus dem Eigentumsrecht eine solches Verbotsrecht ableiten lässt.[344] Allerdings kann in dem Besichtigungsvertrag mittels Allgemeiner Geschäftsbedingungen wirksam ein Fotografierverbot vereinbart werden.[345] Bei einem Verstoß gegen ein solches Fotografierverbot kann der Museumsträger als Schadensersatz aus §§ 280 Abs. 1, 249 Abs. 1 BGB die Unterlassung der späteren öffentlichen Zugänglichmachung der Fotos im Internet verlangen.[346]

---

338 Zu den Einschränkungen dieses Grundsatzes vgl. *v. Welser* 144 ff.

339 BGH NJW 2011, 749 – Preußische Gärten und Parkanlagen; BGH NJW 2013, 1809 – Preußische Gärten und Parkanlagen II.

340 LG Potsdam, Urteil vom 21.11.2008, Aktenzeichen 1 O 161/08 – Schloss-Fotos I.

341 BGH NJW 2011, 749 Rn. 12 – Preußische Gärten und Parkanlagen.

342 BGH NJW 2011, 749 Rn. 13 – Preußische Gärten und Parkanlagen.

343 Vgl. *Schack*[10] Rn. 43.

344 BGH NJW 2019, 757 Rn. 34 – Museumsfotos.

345 BGH NJW 2019, 757 Rn. 37 ff. – Museumsfotos.

346 BGH NJW 2019, 757 Rn. 71 – Museumsfotos.

3. Vervielfältigungen gemeinfreier visueller Werke

Vervielfältigungen gemeinfreier visueller Werke werden nach § 68 UrhG nicht durch verwandte Schutzrechte geschützt. § 68 UrhG setzt Art. 14 DSM-RL um. An Reproduktionen gemeinfreier visueller Werke besteht kein Leistungsschutzrecht. Ist eine Vervielfältigung ausnahmsweise selbst als persönliche geistige Schöpfung zu qualifizieren, kommt ein Schutz als eigenständiges urheberrechtliches Werk im Sinne des § 2 UrhG in Betracht. § 68 UrhG soll den Zugang der Allgemeinheit zum kulturellen Erbe fördern, indem die Verbreitung von Reproduktionen gemeinfreier Werke erleichtert wird. § 68 UrhG gilt sowohl für Reproduktionen, die nach Inkrafttreten der Regelung gefertigt werden, als auch für Bestandsfälle.[347] 264

4. Markeneintragung

Der Ablauf der urheberrechtlichen Schutzfrist steht nach überwiegender Auffassung grundsätzlich der Markeneintragung eines Werkes, beispielsweise eines Kunstwerks, nicht entgegen.[348] 265

V. Amtliche Werke

Gesetze, Verordnungen, amtliche Erlasse und Bekanntmachungen sowie Entscheidungen und amtlich verfasste Leitsätze genießen nach § 5 Abs. 1 UrhG keinen urheberrechtlichen Schutz. Die Gemeinfreiheit soll die allgemeine Kenntnisnahme ermöglichen. Gerichtliche Urteile und Beschlüsse sind danach urheberrechtlich frei. Anwaltliche Schriftsätze, die Bestandteil einer Gerichtsakte werden, sind weiterhin bei Vorliegen der Voraussetzungen urheberrechtlich geschützt, da nur die Entscheidung selbst, nicht jedoch die Akte mit ihrem gesamten Inhalt als gemeinfreies amtliches Werk zu qualifizieren ist.[349] Die Gemeinfreiheit erstreckt sich jedoch nach Meinung des LG Köln auch auf einen anwaltlichen Antragsschriftsatz, der Teil einer einstweiligen Verfügung geworden ist, wenn das Gericht ausdrücklich auf die Begründung der verbundenen Antragsschrift Bezug nimmt und tatsächlich eine feste Verbindung zwischen Entscheidung und Schriftsatz hergestellt hat.[350] 266

---

347 Gesetzentwurf der Bundesregierung zum Urheberrechts-Wissensgesellschafts-Gesetz, BT-Drucksache 18/12329, S. 106.

348 BGH GRUR 2012, 618 Rn. 17 – Medusa.

349 BGH GRUR 1986, 739 – Anwaltsschriftsatz.

350 LG Köln ZUM 2010, 987 – Anwaltsschriftsatz.

267 Die Gemeinfreiheit gilt nach § 5 Abs. 2 UrhG auch für andere amtliche Werke, die im amtlichen Interesse zur allgemeinen Kenntnisnahme veröffentlicht worden sind, mit der Einschränkung, dass die Bestimmungen über Änderungsverbot und Quellenangabe in § 62 Abs. 1 bis 3 UrhG und § 63 Abs. 1 und 2 UrhG entsprechend anzuwenden sind. Hierzu gehören beispielsweise veröffentlichte Entwürfe zu Gesetzen und Verordnungen, veröffentlichte Parlamentsprotokolle sowie Tätigkeitsberichte von Behörden. Weiterhin gehören hierzu patentamtliche Offenlegungsschriften und Patentschriften im Sinne des § 32 Abs. 1 PatG.[351]

§ 8 Vergütungsansprüche

I. Überblick

268 Das Urheberrecht regelt zahlreiche Vergütungsansprüche. Diese bieten typischerweise einen finanziellen Ausgleich für eine gesetzlich erlaubte Nutzung. So ist der Weiterverkauf eines Kunstwerks wegen § 17 Abs. 2 UrhG erlaubnisfrei, kann aber unter Umständen nach § 26 UrhG vergütungspflichtig sein.

269 Während das Urheberrecht insgesamt nach § 29 Abs. 1 UrhG nicht übertragbar ist und auch entsprechende Unterlassungsansprüche nicht abtretbar[352] sind, können entstandene Vergütungsansprüche grundsätzlich nach § 398 BGB abgetreten werden.

270 Ein Vorausverzicht ist hingegen grundsätzlich nicht möglich, wie § 63a S. 1 UrhG für sämtliche gesetzlichen Vergütungsansprüche des Abschnittes 6 (§§ 44a–63a UrhG) festlegt. Diese Vergütungsansprüche können nach § 63a S. 2 UrhG im Voraus nur an eine Verwertungsgesellschaft und unter bestimmten Bedingungen an einen Verleger abgetreten werden. Bei einzelnen Vergütungsansprüchen sieht das UrhG besondere Regelungen vor. So ist das Folgerecht gemäß § 26 Abs. 3 S. 1 UrhG unveräußerlich. Ein Verzicht ist im Voraus gemäß § 26 Abs. 3 S. 2 UrhG nicht möglich. Auch der Vergütungsanspruch für die Vermietung ist nach § 27 Abs. 1 S. 2 UrhG nicht verzichtbar. Er kann im Voraus nach § 27 Abs. 1 S. 3 UrhG nur an eine Verwertungsgesellschaft abgetreten werden.

271 Von großer wirtschaftlicher Bedeutung sind die Vergütungsansprüche gegen die Hersteller von Geräten und Speichermedien nach § 54 UrhG und gegen Gerätebetreiber nach § 54c UrhG. Urheber haben gemäß § 54 Abs. 1 UrhG gegen Hersteller von Geräten und von Speichermedien, die für Vervielfältigungen benutzt wer-

351 Schricker/Loewenheim/*Katzenberger/Metzger*[6] § 5 UrhG Rn. 65.
352 OLG Hamburg ZUM 1999, 78, 80 – Spiegel CD-ROM; *v. Welser* 100.

https://doi.org/10.1515/9783110617207-008

den, Anspruch auf Zahlung einer angemessenen Vergütung, sofern die Art des Werkes eine nach § 53 Abs. 1 oder 2 UrhG oder den §§ 60a bis 60f UrhG erlaubte Vervielfältigung erwarten lässt. Werden die Geräte, die im Weg der Ablichtung oder in einem Verfahren vergleichbarer Wirkung vervielfältigen, in bestimmten Einrichtungen (Schulen, Hochschulen etc.) betrieben, so besteht nach § 54c Abs. 1 UrhG auch gegen die Betreiber der Geräte ein Anspruch auf Zahlung einer angemessenen Vergütung. Nach Auffassung des EuGH besteht grundsätzlich auch eine Vergütungspflicht bei Speicherungen durch Cloud-Dienste.[353]

II. Verlegerbeteiligung

§ 63a Abs. 2 UrhG regelt die Verlegerbeteiligung und setzt Art. 16 DSM-RL um.[354] 272
Art. 16 DSM-RL erlaubt den Mitgliedstaaten, dem Verleger einen Beteiligungsanspruch an dem finanziellen Ausgleich einzuräumen, der dem Urheber für bestimmte gesetzlich erlaubte Nutzungen seines Werkes zusteht, sofern der Urheber dem Verleger ein Recht an seinem Werk eingeräumt hat.

Hat der Urheber einem Verleger ein Recht an seinem Werk eingeräumt, so ist 273
der Verleger nach § 63a Abs. 2 UrhG in Bezug auf dieses Recht angemessen an den gesetzlichen Vergütungsansprüchen nach diesem Abschnitt zu beteiligen. In diesem Fall können gesetzliche Vergütungsansprüche nur durch eine gemeinsame Verwertungsgesellschaft von Urhebern und Verlegern geltend gemacht werden.

In der Begründung zum Gesetzesentwurf wies die Bundesregierung darauf 274
hin, dass die Verlegerbeteiligung die gemeinsamen Verwertungsgesellschaften von Urhebern und Verlegern stärken solle. Die über Jahrzehnte vorgenommene Aufteilung der Vergütung auf Urheber und Verleger durch gemeinsame Verwertungsgesellschaften musste aufgrund der „Reprobel"-Entscheidung[355] des EuGH und „Verlegeranteil"-Entscheidung des BGH[356] ausgesetzt werden. Dies stellte insbesondere den Fortbestand der Verwertungsgesellschaft Wort als gemeinsamer Verwertungsgesellschaft von Autoren und Verlegern in Frage.

Voraussetzung für die Beteiligung des Verlegers nach § 63a Abs. 2 S. 1 UrhG 275
ist, dass der Urheber dem Verleger ein Recht an dem Werk eingeräumt hat, dass dieses Recht durch eine gesetzliche Erlaubnis beschränkt ist und dass der Urheber

353 EuGH GRUR 2022, 558 – Austro-Mechana/Strato.

354 Entwurf zur Anpassung des Urheberrechts an die Erfordernisse des digitalen Binnenmarktes, Begründung zum Gesetzesentwurf der Bundesregierung, BT-Drucksache 19/27426, S. 104.

355 EuGH NJW 2016, 39 – Hewlett-Packard/Reprobel.

356 BGH NJW 2016, 2418 – Verlegeranteil.

als Kompensation für diese Beschränkung eine Vergütung erhält. Nicht erforderlich ist, dass dem Verleger ein ausschließliches Recht an dem verlegten Werk eingeräumt wird. Die Einräumung eines einfachen Nutzungsrechts genügt.[357] Da die Beteiligung des Verlegers als gesetzlicher Beteiligungsanspruch an den Vergütungsansprüchen des Urhebers ausgestaltet ist und die Verwertungsgesellschaft nach § 49 VGG im Außenverhältnis auch für außenstehende Urheber einziehungsberechtigt ist, hängt die Beteiligung des Verlegers auch nicht davon ab, ob die Verwertungsgesellschaft tatsächlich die Rechte des Urhebers wahrnimmt.[358]

276 § 63a Abs. 3 UrhG ordnet die entsprechende Anwendung von § 63a Abs. 2 UrhG auf den Vergütungsanspruch für das Verleihen nach § 27 Abs. 2 UrhG an. Dies betrifft die sogenannte Bibliothekstantieme. Ist dem Verleger das Verbreitungsrecht eingeräumt, ist er nach § 63a Abs. 3 UrhG auch an diesem Anspruch zu beteiligen.

§ 9 Urhebervertragsrecht

277 Das Urhebervertragsrecht ist nur rudimentär geregelt. Nähere Ausgestaltung hat der Verlagsvertrag in einem eigenen Gesetz gefunden, nämlich dem Verlagsgesetz. Für andere Verträge fehlt es an einer derart detaillierten Regelung. Bei der Gestaltung urheberrechtlicher Verträge besteht ein großer Gestaltungsspielraum. Bei der Geltung deutschen Rechts sind grundsätzlich die Vorschriften des BGB anzuwenden. Schulrechtlich lassen sich viele Lizenzverträge als Rechtskauf oder Rechtspacht einordnen. Die Vorschriften des Urhebervertragsrechts gelten auch für ausübende Künstler. Nach § 79 Abs. 2 a UrhG sind Übertragungen nach § 79 Abs. 1 UrhG und Rechtseinräumungen nach § 79 Abs. 2 UrhG die §§ 31, 32 bis 32b, 32d bis 40, 41, 42 und 43 UrhG entsprechend anzuwenden.

I. Ausschließliche und einfache Nutzungsrechte

278 Das Urheberrecht ist nach § 29 Abs. 1 UrhG nicht übertragbar, es sei denn, es wird in Erfüllung einer Verfügung von Todes wegen oder an Miterben im Wege der Erbauseinandersetzung übertragen. § 29 Abs. 2 UrhG erlaubt allerdings die Einräumung von Nutzungsrechten nach § 31 UrhG, schuldrechtliche Einwilligungen und

357 BT-Drucksache 19/27426, S. 104.
358 BT-Drucksache 19/27426, S. 104.

https://doi.org/10.1515/9783110617207-009

Vereinbarungen zu Verwertungsrechten sowie die in § 39 UrhG geregelten Rechtsgeschäfte über Urheberpersönlichkeitsrechte.

Der Urheber kann nach § 31 Abs. 1 UrhG einem anderen das Recht einräumen, 279
das Werk auf einzelne oder alle Nutzungsarten zu nutzen. Das Nutzungsrecht kann als einfaches oder ausschließliches Recht sowie räumlich, zeitlich oder inhaltlich beschränkt eingeräumt werden. Nach § 31 Abs. 1 S. 2 UrhG kann das Nutzungsrecht inhaltlich beschränkt eingeräumt werden. Derartige Beschränkungen haben in jedem Fall schuldrechtliche Wirkung. Die dingliche Wirkung ist allerdings eingeschränkt. Die Beschränkung mit dinglicher Wirkung unterliegt nicht allein dem Parteiwillen, da eine uneingeschränkte Aufspaltung der Nutzungsrechte mit dem Interesse der Allgemeinheit an Rechtssicherheit und Rechtsklarheit kollidiert. Eine Aufspaltung mit dinglicher Wirkung ist daher nur begrenzt möglich und erfordert eine Abwägung zwischen den Interessen des Urhebers und denen der Allgemeinheit.

Eine nicht nur schuldrechtlich, sondern auch dinglich wirkende Aufspaltung 280
kommt nur in Betracht, wenn es sich um übliche, technisch und wirtschaftlich eigenständige und damit klar abgrenzbare Nutzungsformen handelt.[359] So sind beispielsweise die Nutzung im Internet und die Nutzung in einem Intranet jeweils eigenständige Nutzungshandlungen.[360]

Eine eigenständige Nutzungsart kann im Hinblick auf den Gebrauchszweck 281
vorliegen.[361] Allerdings ist dies immer eine Frage des Einzelfalls. Nutzungsrechte an Fotos können beispielsweise nicht dinglich dahingehend beschränkt werden, dass die Fotos auf einer Verkaufsplattform nur im Zusammenhang mit bestimmten Anbietern öffentlich zugänglich gemacht werden dürfen.[362]

1. Ausschließliche Nutzungsrechte

Das ausschließliche Nutzungsrecht berechtigt gemäß § 31 Abs. 3 S. 1 UrhG den In- 282
haber, das Werk unter Ausschluss aller anderen Personen auf die ihm erlaubte Art zu nutzen und Nutzungsrechte einzuräumen. Es kann nach § 31 Abs. 3 S. 2 UrhG bestimmt werden, dass die Nutzung durch den Urheber vorbehalten bleibt. Der Inhaber eines ausschließlichen Nutzungsrechts kann weitere Nutzungsrechte nach § 35 Abs. 1 UrhG nur mit Zustimmung des Urhebers einräumen.

---

359 BGH GRUR 2017, 266 Rn 46 – World of Warcraft I; BGH GRUR 2001, 153 – OEM-Version; BGH GRUR 2003, 416 – CPU-Klausel; BGH GRUR 2005, 48 – man spricht deutsch; BGH GRUR 1992, 310, 311 – Taschenbuch-Lizenz.

360 OLG Hamburg ZUM-RD 2021, 133, 141.

361 BGH GRUR 2010, 62 Rn. 18 – Nutzung von Musik für Werbezwecke.

362 OLG Düsseldorf MMR 2016, 477 – Produktfotos in Google Shopping.

2. Einfache Nutzungsrechte

283 Das einfache Nutzungsrecht berechtigt gemäß § 31 Abs. 2 UrhG den Inhaber, das Werk auf die erlaubte Art zu nutzen, ohne dass eine Nutzung durch andere ausgeschlossen ist. Einfache Nutzungsrechte sind dinglicher Natur.[363]

284 Nach einer Auffassung in der Literatur kann der Inhaber eines einfachen Nutzungsrechts keine weiteren einfachen Nutzungsrechte einräumen.[364]

285 Demgegenüber meinen andere, dass es durchaus möglich sei, dass ein Urheber mehreren Nutzern jeweils ein einfaches Nutzungsrecht einräumt und ihnen gleichzeitig gestattet, weiteren Nutzern die Nutzung ebenfalls zu gestatten.[365] Bildagenturen, die Nutzer erlauben, vorgefertigtes Bildmaterial gegen eine einmalige Zahlung zu verwenden, praktizieren diese Art der Unterlizenzierung einfacher Nutzungsrechte bereits.[366]

II. Übertragungszweckgedanke

1. Reichweite der Regelung

286 Die zentrale Vorschrift des Urhebervertragsrecht findet sich in § 31 Abs. 5 UrhG. Sind bei der Einräumung eines Nutzungsrechts die Nutzungsarten nicht ausdrücklich einzeln bezeichnet, so bestimmt sich gemäß § 31 Abs. 5 S. 1 UrhG nach dem von beiden Partnern zugrunde gelegten Vertragszweck, auf welche Nutzungsarten es sich erstreckt. Entsprechendes gilt nach § 31 Abs. 5 S. 2 UrhG für die Frage, ob ein Nutzungsrecht eingeräumt wird, ob es sich um ein einfaches oder ausschließliches Nutzungsrecht handelt, wie weit Nutzungsrecht und Verbotsrecht reichen und welchen Einschränkungen das Nutzungsrecht unterliegt. Der in § 31 Abs. 5 UrhG niedergelegte Auslegungsgrundsatz, dass der Urheber im Zweifel nur die Nutzungsrechte einräumt, die für das Erreichen des Vertragszwecks unerlässlich sind, beruht auf dem das gesamte Urheberrecht beherrschenden Leitgedanken einer möglichst weitgehenden Beteiligung des Urhebers an der wirtschaftlichen Verwertung seines Werkes.[367] Er dient dem Schutz des Urhebers als der regelmäßig schwächeren Vertragspartei und gilt auch bei einer Einräumung von Leistungsschutzrechten. In der Auslegungsregel kommt der Grundsatz zum Ausdruck, dass die urheberrechtlichen Befugnisse die Tendenz haben, so weit

---

363 BGH GRUR 2009, 946 Rn. 20 – Reifen Progressiv; LG München GRUR-RR 2004, 350 – GPL-Verstoß; *Schack* FS Schulze 2017, 307.

364 *Schack* FS Schulze 2017, 307, 310 ff.; Schricker/Loewenheim/*Ohly* § 35 UrhG Rn. 7.

365 Dreier/Schulze/*Schulze*⁷ § 31 UrhG Rn. 55.

366 Beispielsweise iStock (www.istockphoto.com) und Shutterstock (www.shutterstock.com).

367 BGH NJW 2015, 1690 Rn. 49 – Hi Hotel II.

wie möglich bei dem Urheber zu verbleiben, damit dieser in angemessener Weise an den Erträgnissen seines Werkes beteiligt wird.[368]

2. Spezifizierungslast des Erwerbers

Allerdings überlässt es § 31 Abs. 5 UrhG grundsätzlich den Vertragsparteien, In- 287
halt und Umfang des Nutzungsrechts zu bestimmen. Die Auslegungsregel spielt vor allem dann eine Rolle, wenn es an einer ausdrücklichen vertraglichen Vereinbarung der Parteien fehlt oder Unklarheiten über Inhalt oder Umfang eines eingeräumten Nutzungsrechts bestehen.[369] Allerdings versteht der BGH die Regelung sehr weit. Nach dem Übertragungszweckgedanken, dessen Anwendungsbereich über § 31 Abs. 5 UrhG hinausgeht, bestimmt sich bei einer pauschal formulierten Einräumung urheberrechtlicher Nutzungsrechte der (inhaltliche, räumliche und zeitliche) Umfang der Rechtseinräumung nach dem mit dem Vertrag verfolgten Zweck. Dies gilt auch dann, wenn der Wortlaut der Rechtseinräumung eindeutig ist.[370] So hatte der BGH beispielsweise die folgende Regelung in einem Gesellschaftsvertrag zu beurteilen: *„Der Gesellschaft steht an allen von den Gesellschaftern während ihrer Zugehörigkeit zur Gesellschaft geschaffenen beruflichen Arbeiten ein ausschließliches, unentgeltliches Nutzungsrecht mit der Befugnis zur Veränderung und Abänderung der Werke zu.“* Bei pauschalen Vereinbarungen über die Einräumung von Nutzungsrechten wird der Umfang des Nutzungsrechts nach Auffassung des BGH durch den Vertragszweck bestimmt und beschränkt, selbst wenn der Wortlaut der vertraglichen Regelung eindeutig ist. Bei pauschal formulierten Rechtseinräumungen bestimmt der Vertragszweck nicht nur, welche Nutzungsrechte im Einzelnen eingeräumt sind, sondern auch, ob diese nur inhaltlich, räumlich oder zeitlich beschränkt eingeräumt worden sind.[371] Die Darlegungs- und Beweislast dafür, dass eine pauschale Nutzungsrechtseinräumung dem Vertragszweck entspricht, trägt derjenige, der sich darauf beruft. Der BGH hob die Entscheidung des Berufungsgerichts auf, welches eine Einräumung sämtlicher Nutzungsrechte angenommen hatte. Mit pauschalen Formulierungen lässt sich der Übertragungszweckgedanke also nicht umgehen.

---

368 BGH, NJW 1979, 2610 – White Christmas.

369 BGH NJW 2015, 1690 Rn. 51 – Hi Hotel II; BGH GRUR 2012, 1031 Rn. 17 – Honorarbedingungen Freie Journalisten.

370 BGH NJW 1995, 3252 – Pauschale Rechtseinräumung.

371 BGH NJW 1995, 3252, 3253 – Pauschale Rechtseinräumung.

3. Allgemeine Geschäftsbedingungen

288 Die Frage, ob § 31 Abs. 5 UrhG durch AGB-Regelungen ausgehebelt werden kann, war lange streitig. Nach Meinung des BGH ist dies möglich und zulässig. Nach § 307 Abs. 1 BGB sind Bestimmungen in Allgemeinen Geschäftsbedingungen unwirksam, wenn sie den Vertragspartner des Verwenders entgegen den Geboten von Treu und Glauben unangemessen benachteiligen. Eine unangemessene Benachteiligung kann sich auch daraus ergeben, dass die Bestimmung nicht klar und verständlich ist. Nach § 307 Abs. 2 BGB ist eine unangemessene Benachteiligung im Zweifel anzunehmen, wenn eine Bestimmung (1.) mit wesentlichen Grundgedanken der gesetzlichen Regelung, von der abgewichen wird, nicht zu vereinbaren ist oder (2.) wesentliche Rechte oder Pflichten, die sich aus der Natur des Vertrags ergeben, so einschränkt sind, dass die Erreichung des Vertragszwecks gefährdet ist.

289 Vertragliche Regelungen, die unmittelbar den Umfang der vertraglichen Hauptleistungspflicht bestimmen, gehören allerdings zum Kernbereich privatautonomer Vertragsgestaltung. Sie sind deshalb regelmäßig der Inhaltskontrolle nach § 307 ff. BGB entzogen. Soweit § 31 Abs. 5 UrhG den Vertragsparteien die Möglichkeit eröffnet, durch eine ausdrückliche vertragliche Abrede mehr als die für den konkreten Vertragszweck erforderlichen Rechte zu übertragen, ist diese gesetzgeberische Leitentscheidung nach Meinung des BGH zu Gunsten privatautonomer Vertragsgestaltung zu berücksichtigen.[372]

III. Sicherung einer angemessenen Vergütung

290 §§ 32, 32a UrhG sollen dem Urheber eine angemessene Vergütung sichern, wobei § 32 UrhG an die Erlaubnis zur Werknutzung und § 32a UrhG an eine bereits erfolgte Werknutzung und an die darauffolgenden Erträge anknüpft. §§ 32, 32a UrhG sind nebeneinander anwendbar.[373] Zur Bestimmung der Angemessenheit von Vergütungen sieht § 36 Abs. 1 UrhG die Aufstellung gemeinsamer Vergütungsregelungen durch Vereinigungen von Urhebern mit Vereinigungen von Werknutzern oder einzelnen Werknutzern vor.[374]

---

372 BGH GRUR 2012, 1031 Rn. 18 – Honorarbedingungen Freie Journalisten.

373 BGH WRP 2020, 1443 – Fotopool.

374 Werknutzer im Sinne des § 36 Abs. 1 UrhG ist nicht nur der urhebervertragsrechtliche Vertragspartner des Urhebers, sondern auch ein Sendeunternehmen, das sich bei einer Auftragsproduktion vom Produktionsunternehmen die umfassenden Nutzungsrechte an dem hergestellten Werk einräumen lässt (vgl. BGH GRUR 2021, 1297 – Werknutzer; *Leidl* ZUM 2021, 1034).

1. Anspruch auf angemessene Vergütung bei Vertragsschluss, § 32 UrhG

Der Urheber hat nach § 32 Abs. 1 S. 1 UrhG für die Einräumung von Nutzungsrechten und die Erlaubnis zur Werknutzung Anspruch auf die vertraglich vereinbarte Vergütung. Ist die Höhe der Vergütung nicht bestimmt, gilt nach § 32 Abs. 1 S. 2 UrhG die angemessene Vergütung als vereinbart. 291

a) Bestimmung der Angemessenheit

Die Angemessenheit wird in § 32 Abs. 2 UrhG umschrieben. Danach ist eine nach einer gemeinsamen Vergütungsregel im Sinne des § 36 UrhG ermittelte Vergütung angemessen. Im Übrigen ist die Vergütung nach § 32 Abs. 2 S. 2 UrhG angemessen, wenn sie im Zeitpunkt des Vertragsschlusses dem entspricht, was im Geschäftsverkehr nach Art und Umfang der eingeräumten Nutzungsmöglichkeit, insbesondere nach Dauer, Häufigkeit, Ausmaß und Zeitpunkt der Nutzung, unter Berücksichtigung aller Umstände üblicher- und redlicherweise zu leisten ist. Eine pauschale Vergütung muss nach § 32 Abs. 2 S. 3 UrhG eine angemessene Beteiligung des Urhebers am voraussichtlichen Gesamtertrag der Nutzung gewährleisten und durch die Besonderheiten der Branche gerechtfertigt sein. 292

Die Branchenüblichkeit einer bestimmten Vergütung besagt noch nicht, dass sie auch redlich ist. Eine Vergütung ist nach Meinung des BGH nur dann redlich, wenn sie die Interessen des Urhebers neben den Interessen des Verwerters gleichberechtigt berücksichtigt.[375] Der Urheber muss an der wirtschaftlichen Nutzung seines Werkes angemessen beteiligt sein. Bei einer fortlaufenden Nutzung des Werkes wird dem Beteiligungsgrundsatz am besten durch eine erfolgsabhängige Vergütung entsprochen. Nutzt ein Verwerter das Werk durch den Vertrieb von Vervielfältigungsstücken, entspricht es dem Beteiligungsgrundsatz am ehesten, die Vergütung des Urhebers mit dem Absatz der Vervielfältigungsstücke zu verknüpfen und an die Zahl und den Preis der verkauften Exemplare zu binden, da die Leistung des Urhebers durch den Verkauf eines jeden einzelnen Exemplars wirtschaftlich genutzt wird.[376] 293

Auch eine Pauschalvergütung kann der Redlichkeit entsprechen. Dies setzt jedoch nach Meinung des BGH voraus, dass die Pauschalvergütung bei objektiver Betrachtung zum Zeitpunkt des Vertragsschlusses eine angemessene Beteiligung am voraussichtlichen Gesamtertrag der Nutzung gewährleistet. Auch die Kombination einer Pauschalvergütung mit einer Absatzvergütung kann angemessen sein. Dabei besteht zwischen der Pauschalvergütung und der Absatzvergütung 294

---

375 BGH NJW 2010, 771 Rn. 22 – Talking to Addison.

376 BGH NJW 2010, 771 Rn. 23 – Talking to Addison; BGH NJW 2005, 596 – Oceano Mare.

eine Wechselwirkung, sodass eine höhere Pauschalvergütung eine geringere Absatzvergütung ausgleichen kann und umgekehrt.[377]

295 Bei der Prüfung, ob eine vereinbarte Vergütung angemessen ist, können gemeinsame Vergütungsregelungen sowie Tarifverträge als Indiz herangezogen werden, auch wenn ihr zeitlicher oder persönlicher Anwendungsbereich nicht eröffnet ist.[378]

296 Nach der Rechtsprechung ergibt sich folgende Prüfungsreihenfolge: Vorrangig ist zu fragen, ob die Vergütung für die Nutzung der Werke des Urhebers tarifvertraglich bestimmt ist; in diesem Fall hat der Urheber gemäß § 32 Abs. 4 UrhG keinen Anspruch nach § 32 Abs. 1 S. 3 UrhG. Fehlt es an einer tarifvertraglichen Regelung, ist zu prüfen, ob die Voraussetzungen einer gemeinsamen Vergütungsregel im Sinne von § 36 UrhG vorliegen und damit die unwiderlegliche Vermutung der Angemessenheit gemäß § 32 Abs. 2 S. 1 UrhG eingreift. Ist eine gemeinsame Vergütungsregel nach den darin aufgestellten persönlichen, sachlichen, räumlichen oder zeitlichen Voraussetzungen nicht anwendbar, kommt auch eine Vermutungswirkung gemäß § 32 Abs. 2 S. 1 UrhG nicht in Betracht. Die angemessene Vergütung ist dann gemäß § 32 Abs. 2 S. 2 UrhG nach einer Abwägung der Umstände des Einzelfalls zu bestimmen.[379]

297 Ob die sogenannten MFM-Empfehlungen (Honorarempfehlungen der Mittelstandsgemeinschaft Fotomarketing) bei der Bestimmung der Angemessenheit im Foto-Bereich nach § 32 Abs. 2 S. 2 UrhG zu berücksichtigen sind, hat der BGH offengelassen.[380] Das LG Stuttgart hat eine Berücksichtigung abgelehnt.[381] Von frei ausgehandelten Vergütungssätzen könne bei MFM-Empfehlungen im Gegensatz zu den Vergütungssätzen des Tarifvertrages nicht ausgegangen werden.[382]

b) Anspruch auf Vertragsanpassung

298 Soweit die vereinbarte Vergütung nicht angemessen ist, kann der Urheber nach § 32 Abs. 1 S. 3 UrhG von seinem Vertragspartner die Einwilligung in die Änderung des Vertrages verlangen, durch die dem Urheber die angemessene Vergütung gewährt wird. Hiervon kann gemäß § 32 Abs. 3 UrhG nicht zum Nachteil des Urhebers abgewichen werden. Der Anspruch kann – anders als das Nachforde-

---

377 BGH WRP 2020, 1443 Rn. 42 – Fotopool; BGH NJW 2010, 771 Rn. 24 – Talking to Addison.
378 BGH WRP 2020, 1443 – Fotopool; BGH GRUR 2020, 611 Rn. 57 – Das Boot II.
379 BGH WRP 2020, 1443 Rn. 39 – Fotopool; BGH GRUR 2016, 62 Rn. 13 – GVR Tageszeitungen I; BGH GRUR 2016, 1296 Rn. 8 – GVR Tageszeitungen III.
380 BGH WRP 2020, 1443 Rn. 47 – Fotopool.
381 LG Stuttgart ZUM 2009, 77.
382 LG Stuttgart ZUM 2009, 77, 82.

rungsrecht aus § 32a UrhG – nur gegen den Vertragspartner geltend gemacht werden.[383]

2. Nachforderungsrecht, § 32a UrhG

§ 32a UrhG sieht ein Nachforderungsrecht des Urhebers vor. Nach § 79 Abs. 2 a UrhG gilt der Anspruch auch für ausübende Künstler.[384] Nach § 32a Abs. 3 UrhG kann auf die Ansprüche nach § 32a Abs. 1 und 2 UrhG im Voraus nicht verzichtet werden. 299

Bestehen aufgrund nachprüfbarer Tatsachen klare Anhaltspunkte für einen Anspruch nach § 32a UrhG, kann der Urheber Auskunftserteilung und Rechnungslegung verlangen, um im Einzelnen die weiteren Voraussetzungen dieses Anspruchs ermitteln und die zu zahlende Vergütung berechnen zu können. Im Filmbereich wurden solche Nachforderungsrechte bzw. entsprechende Auskunftsansprüche bereits erfolgreich geltend gemacht. So klagte beispielsweise der Kameramann des Filmes „Das Boot" erfolgreich auf entsprechende Auskünfte.[385] 300

a) Unverhältnismäßig niedrige Vergütung des Urhebers

§ 32a UrhG gibt dem Urheber einen Anspruch auf weitere angemessene Beteiligung, wenn sich die Gegenleitung als unverhältnismäßig niedrig im Vergleich zu den Erträgen und Vorteilen aus der Nutzung des Werkes erweist. Durch das Gesetz zur Anpassung des Urheberrechts an die Erfordernisse des digitalen Binnenmarktes aus dem Jahr 2021 wurde die Schwelle für eine Vertragsanpassung gegenüber dem früheren Recht, welches an ein „auffälliges Missverhältnis" anknüpfte, gesenkt.[386] 301

b) Anspruch auf Vertragsanpassung, § 32a Abs. 1 UrhG

Hat der Urheber einem anderen ein Nutzungsrecht zu Bedingungen eingeräumt, die dazu führen, dass die vereinbarte Gegenleistung sich unter Berücksichtigung der gesamten Beziehungen des Urhebers zu dem anderen als unverhältnismäßig niedrig im Vergleich zu den Erträgen und Vorteilen aus der Nutzung des Werkes 302

---

383 LG München ZUM-RD 2011, 632 – Werbespot.

384 OLG München ZUM 2017, 849 – Elvis Presley; LG München ZUM-RD 2021, 318 – Sechserpack.

385 Vgl. BGH GRUR 2012, 496 – Das Boot; BGH GRUR 2020, 611 – Das Boot II; BGH GRUR 2021, 955 – Das Boot III.

386 Entwurf zur Anpassung des Urheberrechts an die Erfordernisse des digitalen Binnenmarktes, Begründung zum Gesetzesentwurf der Bundesregierung, BT-Drucksache 19/27426, S. 80.

erweist, so verpflichtet § 32a Abs. 1 S. 1 UrhG den anderen, auf Verlangen des Urhebers in eine Änderung des Vertrages einzuwilligen, durch die dem Urheber eine den Umständen nach weitere angemessene Beteiligung gewährt wird. Zu den Vorteilen im Sinne des § 32a Abs. 1 UrhG gehören auch solche, die durch den Einsatz eines Werkes in der Werbung erzielt werden.[387]

303 Nach § 32a Abs. 1 S. 2 UrhG ist es unerheblich, ob die Vertragspartner die Höhe der erzielten Erträge oder Vorteile vorhergesehen haben oder hätten vorhersehen können.

304 Der Urheber kann eine Zahlungsklage erheben, auch wenn § 32a UrhG seinem Wortlaut nach keinen Zahlungsanspruch, sondern einen Anspruch auf Vertragsanpassung gewährt.[388]

c) Anspruch auf Zahlung in der Lizenzkette, § 32a Abs. 2 UrhG

305 Hat der andere das Nutzungsrecht übertragen oder weitere Nutzungsrechte eingeräumt und ergibt sich die unverhältnismäßig niedrige Vergütung des Urhebers aus den Erträgnissen oder Vorteilen eines Dritten, so haftet dieser dem Urheber nach § 32a Abs. 2 S. 1 UrhG unmittelbar. Bei der Prüfung ist grundsätzlich nur der Teil der vereinbarten Gegenleistung zu berücksichtigen, der auf die Übertragung oder Einräumung der vom Dritten verwerteten Nutzungsrechte entfällt.[389]

d) Verhältnis der Ansprüche zueinander

306 Die Ansprüche aus § 32a Abs. 1 und 2 UrhG stehen grundsätzlich selbstständig nebeneinander.[390] Dies gilt jedenfalls dann, wenn weder eine Zahlung des Lizenznehmers noch eines Unterlizenznehmers auf Fairnessentschädigung erfolgt ist.[391]

3. Auskunfts- und Rechenschaftsansprüche, §§ 32d und 32e UrhG

307 §§ 32d und 32e sehen Auskunfts- und Rechenschaftsansprüche gegen den Vertragspartner des Urhebers und gegen Dritte in der Lizenzkette vor.

---

387 OLG Dresden ZUM 2018, 443 – Werbe-Jingle.

388 BGH GRUR 2020, 611 Rn. 23 – Das Boot II; BGH GRUR-RR 2017, 185 Rn. 27 – Derrick.

389 BGH GRUR 2020, 611 Rn. 114 – Das Boot II.

390 BGH GRUR 2020, 611 Rn. 43 – Das Boot II.

391 LG Berlin ZUM-RD 2021, 302, 304 – Keinohrhasen (nach Rücknahme der Berufung rechtskräftig).

4. Sachverhalte mit Auslandsberührung, § 32b UrhG

Gemäß § 32b UrhG finden die §§ 32, 32a, 32d bis 32f und 38 Abs. 4 UrhG zwingend Anwendung, (1.) wenn auf den Nutzungsvertrag mangels einer Rechtswahl deutsches Recht anzuwenden wäre oder (2.) soweit Gegenstand des Vertrages maßgebliche Nutzungshandlungen im räumlichen Geltungsbereich dieses Gesetzes sind. 308

a) Erweiterung des § 32b UrhG im Jahr 2021

§ 32b UrhG wurde durch das Gesetz zur Anpassung des Urheberrechts an die Erfordernisse des digitalen Binnenmarktes aus dem Jahr 2021 ergänzt. Dies sollte Art. 23 Abs. 1 DSM-RL Rechnung tragen. Die Mitgliedstaaten müssen nach Art. 23 Abs. 1 DSM-RL gewährleisten, dass Vertragsbestimmungen, durch die die Einhaltung der Art. 19, 20 und 21 DSM-RL verhindert wird, gegenüber den Urhebern und ausübenden Künstlern nicht durchsetzbar sind. Erwägungsgrund 81 der DSM-RL sieht vor, dass die in der DSM-RL festgelegten Bestimmungen über Transparenz, Vertragsanpassungsmechanismen und alternative Streitbeilegungsverfahren bindend sein sollten und dass die Parteien von diesen Bestimmungen nicht abweichen können sollten. Dabei soll Art. 3 Abs. 4 Rom-I-VO zum Tragen kommen, indem die Anwendung der in der DSM-RL festgelegten Bestimmungen über Transparenz, Vertragsanpassungsmechanismen und alternative Streitbeilegungsverfahren in der von dem Mitgliedstaat des angerufenen Gerichts umgesetzten Form von der Wahl des Rechts eines Drittstaats unberührt bleibt, wenn sich alle anderen Elemente des Sachverhalts zum Zeitpunkt der Rechtswahl in einem oder mehreren Mitgliedstaaten befinden. Die DSM-RL verweist damit auf die Binnenmarktklausel in Art. 3 Abs. 4 Rom-I-VO. Sind alle anderen Elemente des Sachverhalts zum Zeitpunkt der Rechtswahl in einem oder mehreren Mitgliedstaaten belegen, so berührt die Wahl des Rechts eines Drittstaats durch die Parteien nach Art. 3 Abs. 4 Rom-I-VO nicht die Anwendung der Bestimmungen des Gemeinschaftsrechts – gegebenenfalls in der von dem Mitgliedstaat des angerufenen Gerichts umgesetzten Form –, von denen nicht durch Vereinbarung abgewichen werden kann. Art. 3 Abs. 4 Rom-I-VO setzt voraus, dass alle Elemente zum Zeitpunkt der Rechtswahl im Binnenmarkt belegen sind.[392] Es kommt dann zu einer Mischung aus gewähltem und zwingendem Recht.[393] Art. 3 Abs. 4 Rom-I-VO regelt eine be- 309

---

392 Ferrari/Kieninger/Mankowski/*Ferrari* [3] Art. 3 Rom-I-VO Rn. 62.

393 MüKo/*Martiny*[7] Art. 3 Rom-I-VO Rn. 95; Ferrari/Kieninger/Mankowski/*Ferrari* [3] Art. 3 Rom-I-VO Rn. 63.

stimmte Konstellation der kollisionsrechtlichen Unabdingbarkeit von zwingendem Binnenmarktrecht, schließt aber einen internationalen Geltungsanspruch nach Art. 9 Rom-I-VO nicht grundsätzlich aus.[394] Mit der Ergänzung der Eingriffsnorm des § 32b UrhG geht der deutsche Gesetzgeber über den Umsetzungsauftrag hinaus. Ob dies unionsrechtlich zulässig ist, ist allerdings zweifelhaft. International zwingend ist nun auch die Regelung des § 38 Abs. 4 UrhG, die es Urhebern bestimmter wissenschaftlicher Beiträge erlaubt, diese nach Ablauf von zwölf Monaten seit der Erstveröffentlichung öffentlich zugänglich zu machen, auch wenn ein ausschließliches Nutzungsrecht daran eingeräumt wurde.

b) Deutsches Recht wäre mangels Rechtswahl anzuwenden

310 § 32b Nr. 1 UrhG verweist auf das Vertragsstatut nach Art. 4 Rom-I-Verordnung. Sofern keine Rechtswahl getroffen wurde, beurteilt sich der Vertrag gemäß Art. 4 Abs. 2 Rom-I-VO nach dem Recht des Staates, in dem die Partei, welche die für den Vertrag charakteristische Leistung zu erbringen hat, ihren gewöhnlichen Aufenthalt hat. In aller Regel ist der Urheber die Person, die die charakteristische Leistung erbringt.[395] Anderes gilt allerdings beim Verlagsvertrag, wenn den Verleger eine Verwertungspflicht trifft.[396] Ein Verleger mit Sitz in Deutschland kann §§ 32, 32a, 32d bis 32f und 38 Abs. 4 UrhG deshalb nicht dadurch umgehen, dass im Verlagsvertrag eine ausländische Rechtsordnung vereinbart wird.

c) Maßgebliche Nutzungshandlungen in Deutschland vertragsgegenständlich

311 § 32b Nr. 2 UrhG erstreckt die kollisionsrechtlich zwingende Wirkung auf Verträge, soweit deren Gegenstand maßgebliche Nutzungshandlungen in Deutschland sind. § 32b Nr. 2 UrhG ist anwendbar, wenn ausländisches Vertragsrecht kraft objektiver Anknüpfung gilt, unabhängig davon, ob die Parteien die Geltung ausländischen Rechts vereinbart haben oder nicht. § 32b Nr. 2 UrhG erfasst als Auffangtatbestand die Mehrheit der Sachverhalte mit internationalem Bezug. Für die Frage, wann maßgebliche Nutzungshandlungen vorliegen, kommt es allein auf die vertragsgegenständlichen Nutzungshandlungen in Deutschland an. Ohne Be-

---

394 Vgl. Ferrari/Kieninger/Mankowski/*Staudinger*[3] Art. 9 Rom-I-VO Rn. 12.
395 Wandtke/Bullinger/*v. Welser*[6] § 32b UrhG Rn. 3.
396 BGH ZUM 2001, 989, 991 – Lepo Sumera.

deutung ist hingegen, in welchem quantitativen Verhältnis die inländische Nutzungshandlung zu etwaigen ausländischen steht.[397]

IV. Mündliche und konkludente Erlaubnis

Grundsätzlich kann eine Erlaubnis zur Werknutzung auch stillschweigend und konkludent erteilt werden. Es ist also nicht zwingend eine schriftliche oder ausdrückliche Zustimmung zu verlangen.[398] Das Ziel des hohen Schutzes der Urheber führt nach Auffassung des EuGH allerdings dazu, dass die Voraussetzungen, unter denen eine implizite Zustimmung zugelassen werden kann, eng zu fassen sind, damit der Grundsatz der vorherigen Zustimmung des Urhebers nicht ausgehöhlt wird.[399] 312

Der Urheber muss über die künftige Nutzung seines Werkes durch einen Dritten und darüber, mit welchen Mitteln er die Nutzung untersagen kann, sofern er dies wünscht, tatsächlich informiert werden. Anderenfalls wäre er nicht in der Lage, zu der Nutzung Stellung zu nehmen und sie demnach gegebenenfalls zu untersagen, sodass schon das Vorliegen seiner impliziten Zustimmung hierzu rein hypothetisch bliebe.[400] 313

V. Rechtsgeschäfte über das Urheberpersönlichkeitsrecht

1. Tatbestandsausschließendes Einverständnis

a) Wirkung

Grundsätzlich sind auch Rechtsgeschäfte über das Urheberpersönlichkeitsrecht möglich. Dies zeigt beispielsweise § 39 Abs. 1 UrhG. Danach darf der Inhaber eines Nutzungsrechts das Werk, dessen Titel oder Urheberbezeichnung nicht ändern, wenn nichts anderes vereinbart ist. Teilweise wurde hierfür das Rechtsinstitut der gebundenen Übertragung bemüht.[401] Tatsächlich bedarf es einer solchen Übertragung nicht. Hier sollte zwischen Zwei-Personen-Verhältnissen und Drei-Personen-Verhältnissen unterschieden werden. Im Zwei-Personen-Verhältnis reicht das Rechtsinstitut des tatbestandsausschließenden Einverständnisses 314

397 Wandtke/Bullinger/*v. Welser*[6] § 32b UrhG Rn. 4.
398 EuGH GRUR 2019, 1286 Rn. 40 – Spedidam/INA.
399 EuGH GRUR 2017, 62 Rn. 37 – Soulier und Doke.
400 EuGH GRUR 2017, 62 Rn. 39 – Soulier und Doke.
401 Vgl. *Forkel* GRUR 1988, 491 ff.

bereits aus.[402] Gestattet ein Architekt einem Bauherrn, Änderungen am Bauwerk vorzunehmen, so liegt darin keine Übertragung der Rechte aus § 14 UrhG, sondern ein Einverständnis, welches den Tatbestand einer Verletzung der Werkintegrität entfallen lässt. Eine solches einseitiges Rechtsgeschäft kann auch zum Gegenstand eines zweiseitigen Vertrages gemacht werden.

b) Grenzen

315 Überwiegend wird angenommen, der Kernbereich des Urheberpersönlichkeitsrechts stehe nicht in der Dispositionsfreiheit des Urhebers.[403] Allerdings fehlt es an praktikablen Abgrenzungskriterien, mit deren Hilfe sich der Kernbereich vom Randbereich abgrenzen ließe.[404]

316 Bei einer Ghostwriter-Vereinbarung verpflichtet sich der Urheber einerseits zum Verschweigen der eigenen Urheberschaft. Der Auftraggeber soll der Öffentlichkeit das fremde Werk als eigenes präsentieren dürfen. Ist eine Täuschung beabsichtigt, so sind solche Vereinbarungen schon aus diesem Grund nach § 138 BGB unwirksam.[405] Fehlt es an einer Täuschungsabsicht, beispielsweise bei Redenschreibern für Politiker, so sind solche Vereinbarungen in aller Regel wirksam. Die Rechtsprechung hält eine Ghostwriter-Vereinbarung in weitem Umfang für zulässig.[406] Sehen individualvertragliche Regelungen weitreichende Einschränkungen des Urheberpersönlichkeitsrechts vor, so können sie nach § 138 Abs. 1 BGB unwirksam sein.[407]

c) Allgemeine Geschäftsbedingungen

317 Die Rechtsprechung lässt vereinzelt sogar den Verzicht auf urheberpersönlichkeitsrechtliche Befugnisse, wie etwa das Namensnennungsrecht, in allgemeinen Geschäftsbedingungen zu.[408] Allerdings dürften solche Klauseln regelmäßig gegen § 307 Abs. 2 Nr. 1 BGB verstoßen.[409] Urheberpersönlichkeitsrechtliche Befug-

---

402 *v. Welser* 61ff.

403 BGH NJW 1994, 2621, 2622 – Namensnennungsrecht des Architekten; BGH GRUR 1955, 201, 204 – Cosima Wagner.

404 *v. Welser* 70f.

405 Schricker/Loewenheim/*Peukert*[6] § 13 UrhG Rn. 38; *v. Welser* 71f.

406 OLG Frankfurt NJW 2010, 780 – Ghostwriter-Vereinbarung.

407 Schricker/Loewenheim/*Peukert*[6] Vor §§ 12ff. UrhG Rn. 17.

408 LG Köln ZUM-RD 2021, 182 – Verzicht auf Urhebernennung; LG Kassel, Urteil vom 27.5.2021, Aktenzeichen 10 O 2109/20 – Stockfotografie.

409 OLG Hamburg ZUM 2011, 846 – Fotonutzungsrechte; LG Berlin ZUM 2015, 264 – Namensnennung eines Synchronsprechers.

nisse können durch allgemeine Geschäftsbedingungen nicht wirksam pauschal außer Kraft gesetzt werden. Nach Auffassung der Rechtsprechung müssen Änderungsvereinbarungen in allgemeinen Geschäftsbedingungen unter den Vorbehalt gestellt werden, dass die Bearbeitung und Umgestaltung z. B. „unter Wahrung der geistigen Eigenart des Werkes zu erfolgen hat", um Wirksamkeit erlangen zu können.[410]

2. Ermächtigung zur Geltendmachung urheberpersönlichkeitsrechtlicher Befugnisse

Will der Urheber erreichen, dass eine andere Person an seiner Stelle gegen Verlet- 318
zungen des Urheberpersönlichkeitsrechts vorgeht, so reicht hierfür das Rechtsinstitut der Ermächtigung, deren prozessuales Gegenstück die gewillkürte Prozessstandschaft ist.[411]

§ 10 Verwandte Schutzrechte

Die verwandten Schutzrechte sind insbesondere im Teil 2 des UrhG (§§ 70–87h 319
UrhG) geregelt. Zu den Inhabern der verwandten Schutzrechte zählen unter anderem ausübende Künstler (§§ 73 ff. UrhG), Veranstalter (§ 81 UrhG), Tonträgerhersteller (§§ 85 ff. UrhG), Sendeunternehmen (§ 87 UrhG), Datenbankhersteller (§§ 87a ff. UrhG), Presseverleger (§§ 87f ff. UrhG) und Filmhersteller (§ 94 UrhG).

Hinsichtlich der Schranken verweist das UrhG teilweise auf die urheberrecht- 320
lichen Schranken, beispielsweise § 83 UrhG für die ausübenden Künstler. Teilweise werden die Schranken auch selbstständig geregelt wie beispielsweise beim Datenbankherstellerrecht in § 87c UrhG.

Die Leistungsschutzrechte sind nicht umfassend, sondern in abschließenden 321
Rechtekatalogen aufgelistet, beispielsweise in §§ 77, 78 UrhG für ausübende Künstler, in § 85 Abs. 1 UrhG für Tonträgerhersteller, in § 87 Abs. 1 UrhG für Sendeunternehmen und in § 94 Abs. 1 UrhG für Filmhersteller. Während das Urheberrecht nach § 29 Abs. 1 UrhG grundsätzlich unübertragbar ist, sind die Leistungsschutzrechte übertragbar, wie § 79 Abs. 1 UrhG für die ausübenden Künstler, § 85 Abs. 2 UrhG für den Tonträgerhersteller, § 87 Abs. 2 UrhG für das Sendeunternehmen und § 94 Abs. 2 UrhG für den Filmhersteller zeigen.

---

410 BGH GRUR 1984, 45, 51 – Honorarbedingungen: Sendevertrag; OLG Hamburg GRUR-RR 2011, 293, 300 – Buy-out mit Pauschalabgeltung.

411 *Schack*[10] Rn. 704; *v. Welser* 101 ff.

https://doi.org/10.1515/9783110617207-010

I. Ausübende Künstler

1. Geschützte Personen

322 § 73 UrhG definiert ausübende Künstler als Personen, die ein Werk oder eine Ausdrucksform der Volkskunst aufführen, singen, spielen oder auf eine andere Weise darbieten oder an einer solchen Darbietung künstlerisch mitwirken.

323 Grundsätzlich stehen Urheber- und Leistungsschutz unabhängig nebeneinander. Ein ausübender Künstler kann zugleich Werkschöpfer sein. Die schöpferische Leistung des Werkschaffenden und die Wiedergabeleistung des ausübenden Künstlers sind ihrer Natur nach verschieden, auch wenn sie in einer Person zusammenfallen.[412] Gegenstand des Leistungsschutzrechts ist die persönliche Darbietung oder künstlerische Mitwirkung bei der Wiedergabe eines Werkes, beim Urheberrecht hingegen die in dem Werk selbst zum Ausdruck gelangte persönliche geistige Schöpfung.

324 Wer das Werk schöpferisch gestaltet und unabhängig davon bei dessen Vortrag oder Aufführung als Interpret mitwirkt, erbringt insoweit zwei unterschiedliche, voneinander getrennte Leistungen und ist dann Urheber und ausübender Künstler in einer Person.[413] Dies kann beispielsweise bei einer improvisierten musikalischen Darbietung der Fall sein.

2. Künstlerpersönlichkeitsrechte

325 Ähnlich dem Urheberpersönlichkeitsrecht gibt es für ausübende Künstler ein Künstlerpersönlichkeitsrecht, das insbesondere ein Recht auf Anerkennung und Namensnennung sowie einen Schutz der Integrität der Darbietung gewährt. Der ausübende Künstler hat nach § 74 Abs. 1 S. 1 UrhG das Recht, in Bezug auf seine Darbietung als solcher anerkannt zu werden. Er kann dabei bestimmen, ob und mit welchem Namen er genannt wird. Haben mehrere ausübende Künstler gemeinsam eine Darbietung erbracht und erfordert die Nennung jedes einzelnen von ihnen einen unverhältnismäßigen Aufwand, so können sie gemäß § 74 Abs. 2 S. 1 UrhG grundsätzlich nur verlangen, als Künstlergruppe genannt zu werden.

326 Der ausübende Künstler hat nach § 75 Abs. 1 S. 1 UrhG das Recht, eine Entstellung oder eine andere Beeinträchtigung seiner Darbietung zu verbieten, die geeignet ist, sein Ansehen oder seinen Ruf als ausübender Künstler zu gefährden. Haben mehrere ausübende Künstler gemeinsam eine Darbietung erbracht, so ha-

---

412 BGH GRUR 1984, 730, 732 – Filmregisseur.
413 BGH GRUR 1984, 730, 732 – Filmregisseur.

ben sie bei der Ausübung des Rechts aufeinander angemessene Rücksicht zu nehmen.

3. Verwertungsrechte

Die Verwertungsrechte des ausübenden Künstlers sind weniger umfassend ausgestaltet als die des Urhebers. Es bestehen nur die einzelnen im Gesetz aufgelisteten Rechte, hingegen – anders als bei § 15 UrhG – kein umfassendes Verwertungsrecht.[414] 327

§ 77 Abs. 1 UrhG gewährt dem ausübenden Künstler das ausschließliche Recht, seine Darbietung auf Bild- oder Tonträger aufzunehmen. Er hat nach § 77 Abs. 2 UrhG zudem das ausschließliche Recht, den Bild- oder Tonträger, auf den seine Darbietung aufgenommen worden ist, zu vervielfältigen und zu verbreiten. 328

Nach § 78 Abs. 1 UrhG hat der ausübende Künstler das ausschließliche Recht, seine Darbietung öffentlich zugänglich zu machen (1.), zu senden, es sei denn, dass die Darbietung erlaubterweise auf Bild- oder Tonträger aufgenommen worden ist, die erschienen oder erlaubterweise öffentlich zugänglich gemacht worden sind (2.), und außerhalb des Raumes, in dem sie stattfindet, durch Bildschirm, Lautsprecher oder ähnliche technische Einrichtungen öffentlich wahrnehmbar zu machen (3.). Ein umfassendes Recht der öffentlichen Wiedergabe hat der ausübende Künstler, anders als der Urheber, nicht. 329

4. Vertragsrecht

Der ausübende Künstler kann nach § 79 Abs. 1 seine Rechte und Ansprüche aus den §§ 77 und 78 UrhG übertragen. Alternativ kann der ausübende Künstler einem anderen das Recht einräumen, die Darbietung auf einzelne oder alle der ihm vorbehaltenen Nutzungsarten zu nutzen. Gemäß § 79 Abs. 2 a UrhG sind auf Übertragungen nach § 79 Abs. 1 UrhG und Rechtseinräumungen nach § 79 Abs. 2 UrhG, die §§ 31, 32 bis 32b, 32d bis 40, 41, 42 und 43 UrhG entsprechend anzuwenden. 330

II. Tonträgerhersteller

§ 85 UrhG regelt ein Leistungsschutzrecht für den Tonträgerhersteller. Ist der Tonträger in einem Unternehmen hergestellt worden, so gilt der Inhaber des Unternehmens als Hersteller. 331

---

414 *Schack*[10] Rn. 754.

1. Schutzvoraussetzungen

332 Der Schutzgegenstand des Tonträgerherstellerrechts ist unionsweit harmonisiert. Der Begriff „Tonträger“ ist entsprechend dem WIPO Performances and Phonograms Treaty (WPPT) auszulegen, da die Bestimmungen des WPPT integraler Bestandteil der Unionsrechtsordnung sind.[415] Art. 2 b WPPT definiert „Tonträger“ als die „Festlegung der Töne einer Darbietung oder anderer Töne oder einer Darstellung von Tönen außer in Form einer Festlegung, die Bestandteil eines Filmwerks oder eines anderen audiovisuellen Werkes ist“.

2. Schutzumfang

333 Der Tonträgerhersteller hat nach § 85 Abs. 1 S. 1 UrhG das ausschließliche Recht, den Tonträger zu vervielfältigen, zu verbreiten und öffentlich zugänglich zu machen. Wird ein Tonträger in ein audiovisuelles Werk integriert, verliert er insoweit seine Eigenschaft als Tonträger.[416] Die Frage, ob und inwieweit ein Teileschutz in Betracht kommt, ist unionsrechtlich zu entscheiden.[417] Das Vervielfältigungsrecht des Tonträgerherstellers umfasst das Recht, Dritten die Nutzung von Audiofragmenten des Tonträgers zur Einfügung in einen anderen Tonträger zu verbieten, es sei denn, dass dieses Fragment in den anderen Tonträger in geänderter und beim Hören nicht wiedererkennbarer Form eingefügt wird.[418] Bei der Nutzung von Audiofragmenten für eigene Tonträger wird somit das Vervielfältigungsrecht, nicht hingegen das Verbreitungsrecht in Anspruch genommen.

III. Sendeunternehmen

334 Das Sendeunternehmen hat gemäß § 87 Abs. 1 UrhG das ausschließliche Recht, seine Funksendung weiterzusenden und öffentlich zugänglich zu machen (1.), seine Funksendung auf Bild- oder Tonträger aufzunehmen, Lichtbilder von seiner Funksendung herzustellen sowie die Bild- oder Tonträger oder Lichtbilder zu vervielfältigen und zu verbreiten, ausgenommen das Vermietrecht (2.), und an Stellen, die der Öffentlichkeit nur gegen Zahlung eines Eintrittsgeldes zugänglich sind, seine Funksendung öffentlich wahrnehmbar zu machen (3.). Für die Entste-

---

415 EuGH GRUR 2021, 60 Rn. 38 – Atresmedia/AGEDI; EuGH GRUR 2012, 593 Rn. 38 – SCF.

416 EuGH GRUR 2021, 60 Rn. 44 – Atresmedia/AGEDI.

417 EuGH GRUR 2019, 929 – Pelham/Hütter; BGH, Urteil vom 30.4.2020, Aktenzeichen I ZR 115/16 – Metall auf Metall.

418 EuGH GRUR 2019, 929 Rn. 27 ff. – Pelham/Hütter.

hung des Leistungsschutzrechts kommt es nicht darauf an, dass ein urheberrechtlich geschütztes Werk gesendet wird.[419] Inhaber des Leistungsschutzrechts ist der Rechtsträger des Sendeunternehmens.

IV. Filmhersteller

Teil 3 des UrhG enthält in §§ 88 ff. UrhG besondere Bestimmungen für Filme. Der 335
Filmhersteller soll nach den Auslegungsregeln in §§ 88, 89 UrhG Inhaber der urheberrechtlichen Nutzungsrechte werden. Unabhängig von urheberrechtlichen Nutzungsrechten gibt § 94 UrhG dem Filmhersteller ein eigenständiges Recht an dem Trägermaterial. § 94 Abs. 1 S. 1 UrhG gewährt dem Filmhersteller das ausschließliche Recht, den Bildträger oder Bild- und Tonträger, auf den das Filmwerk aufgenommen ist, zu vervielfältigen, zu verbreiten und zur öffentlichen Vorführung, Funksendung oder öffentlichen Zugänglichmachung zu benutzen.

Geschützt wird die im Filmträger verkörperte organisatorische und wirt- 336
schaftliche Leistung des Filmherstellers.[420] Danach ordnet § 94 UrhG das Ergebnis eines besonderen unternehmerischen Aufwands mit den Mitteln eines Leistungsschutzrechts demjenigen zu, der den Aufwand als Unternehmer auf sich genommen hat. Auch Fragmente des Filmträgers sind nach Meinung des BGH geschützt. Der Filmhersteller hat nach § 94 Abs. 1 S. 2 UrhG zudem das Recht, jede Entstellung oder Kürzung des Bildträgers oder Bild- und Tonträgers zu verbieten, die geeignet ist, seine berechtigten Interessen an diesem zu gefährden. Das Leistungsschutzrecht ist gemäß § 94 Abs. 2 UrhG übertragbar.

Für Laufbilder verweist § 95 UrhG auf § 94 UrhG.[421] Filmwerke unterscheiden 337
sich von Laufbildern dadurch, dass sie auf einer schöpferischen Gestaltung beruhen. Ein Laufbild entsteht dagegen, wenn ein Film oder ein Filmausschnitt durch die Natur der Sache, den vorgegebenen Gegenstand oder die Zweckbestimmung in einer Weise vorbestimmt und festgelegt wird, dass praktisch jeder, der mit der erforderlichen Qualifikation die Verfilmung vornimmt, im Wesentlichen zum selben Ergebnis kommt. Typische Formen von Laufbildern sind filmische Aufzeichnungen oder Live-Sendungen von Darbietungen ausübender Künstler (Opernaufführungen, Solodarbietungen einzelner Sänger, Tänzer oder Musiker), bei denen

---

419 OLG Köln ZUM-RD 2018, 499, 505, 506 – Ausstrahlung von TV-Pannen anderer Sender; *Schack*[10] Rn. 773.

420 BGH GRUR 2018, 400 Rn. 19 – Konferenz der Tiere; BGH GRUR 2008, 693 – TV-Total; BGH GRUR 1993, 472 – Filmhersteller; KG GRUR-RR 2010, 372, 373 – Musikvideoclip.

421 BGH GRUR 2010, 1090 – Werbung eines Nachrichtensenders.

die Leistungen der ausübenden Künstler im Vordergrund stehen und nicht wie bei einem Filmwerk mit anderen schöpferischen Beiträgen verschmelzen.[422]

V. Datenbankhersteller

1. Schutzvoraussetzungen

338 Unabhängig vom urheberrechtlichen Schutz kommt ein Schutz sui generis aus den §§ 87a ff. UrhG für den Datenbankhersteller in Betracht. § 87a Abs. 1 S. 1 UrhG definiert Datenbanken als Sammlungen von Werken, Daten oder anderen unabhängigen Elementen, die systematisch oder methodisch angeordnet und einzeln mit Hilfe elektronischer Mittel oder auf andere Weise zugänglich sind und deren Beschaffung, Überprüfung oder Darstellung eine nach Art oder Umfang wesentliche Investition erfordert.

339 Bei der Umsetzung der Datenbank-RL ist der deutsche Gesetzgeber teilweise vom Wortlaut der Datenbank-RL abgewichen. Wie sich aus Art. 1 Abs. 2 der Datenbank-RL ergibt, ist das Merkmal der Investition noch nicht für die Definition einer „Datenbank" erforderlich, sondern erst für die Voraussetzung des Schutzes sui generis. Für das Vorliegen einer Datenbank bedarf es lediglich dreier Merkmale: erstens einer Sammlung von Werken, Daten oder anderen unabhängigen Elementen, zweitens einer systematischen oder methodischen Anordnung und drittens einer einzelnen Zugänglichkeit mit elektronischen Mitteln oder auf andere Weise.

340 Schutzvoraussetzungen für das Schutzrecht sui generis ist eine nach Art und Umfang wesentliche Investition. Allein die Erzeugung der Daten führt noch nicht zu diesem Investitionsschutz.[423] Für den Schutz der §§ 87a ff. UrhG reicht es aus, dass die Darstellung und die Aktualisierung der Datensammlung eine wesentliche Investition erfordern. Die Schwelle für die wesentliche Investition darf nach Auffassung der Rechtsprechung nicht zu hoch angesetzt werden. Es reicht aus, wenn bei objektiver Betrachtung keine ganz unbedeutenden, von jedermann leicht zu erbringenden Aufwendungen erforderlich waren, um die Datenbank zu erstellen. Nicht notwendig sind Investitionen von substanziellem Gewicht.[424] Es soll ausreichen, dass die Aufwendungen nicht als unbedeutend und von jedermann leicht zu erbringen angesehen werden können.[425]

---

422 KG ZUM 2003, 863 – Beat Club.

423 EuGH GRUR 2005, 252 – Fixtures-Fußballspielpläne II; OLG München GRUR-RR 2020, 1 Rn. 22 – Städtische Bodenrichtwertsammlung.

424 BGH GRUR 2011, 724 Rn. 23 – Zweite Zahnarztmeinung II.

425 BGH GRUR 2007, 137 Rn. 9 – Bodenrichtwertsammlung.

2. Schutzumfang

Der Datenbankhersteller hat gemäß § 87b Abs. 1 UrhG das ausschließliche Recht, die Datenbank insgesamt oder einen nach Art oder Umfang wesentlichen Teil der Datenbank zu vervielfältigen, zu verbreiten und öffentlich wiederzugeben. Dabei kommt es nicht auf die Art und die Form des angewandten Verfahrens an.[426] Ohne Bedeutung ist auch, dass die Übertragung des Inhalts einer geschützten Datenbank in eine andere Anordnung der betroffenen Elemente als in der Ursprungsdatenbank mündet.[427] 341

Um zu bestimmen, ob es sich um einen wesentlichen Teil des Inhalts einer Datenbank handelt, kann es auf qualitative oder quantitative Elemente ankommen. Artikel 7 Abs. 1 der Datenbank-RL bestimmt insoweit, dass das Recht, bestimmte Verwertungshandlungen zu untersagen, die Gesamtheit oder einen in qualitativer oder quantitativer Hinsicht wesentlichen Teil des Inhalts der Datenbank betrifft. Die Formulierung „in quantitativer Hinsicht wesentlicher Teil des Inhalts der Datenbank" bezieht sich auf das entnommene und/oder weiterverwendete Datenvolumen der Datenbank und ist im Verhältnis zum Volumen des gesamten Inhalts der Datenbank zu beurteilen.[428] 342

§ 87b Abs. 1 S. 2 UrhG stellt der Verwertung eines wesentlichen Teils der Datenbank die wiederholte und systematische Verwertung nach Art und Umfang unwesentlicher Teile der Datenbank gleich, sofern diese Handlungen einer normalen Auswertung der Datenbank zuwiderlaufen oder die berechtigten Interessen des Datenbankherstellers unzumutbar beeinträchtigen. Das Verbot der wiederholten systematischen Verwertung unwesentlicher Teile soll eine Umgehung des allgemeinen Verwertungsverbotes aus § 87b Abs. 1 S. 1 UrhG verhindern.[429] 343

Die Rechte des Datenbankherstellers erlöschen gemäß § 87d UrhG 15 Jahre nach der Veröffentlichung der Datenbank, jedoch bereits 15 Jahre nach der Herstellung, wenn die Datenbank innerhalb dieser Frist nicht veröffentlicht worden ist. 344

VI. Presseverleger

Die §§ 87fff. setzen Art. 15 DSM-RL um. Erfasst sind nur journalistische Veröffentlichungen, die im Rahmen einer wirtschaftlichen Tätigkeit veröffentlicht werden. 345

---

426 EuGH GRUR 2009, 573 – Apis/Lakorda.

427 EuGH GRUR 2008, 1077, 1079 Rn. 39 – Directmedia Media/Albert-Ludwigs-Universität Freiburg.

428 EuGH GRUR 2005, 244, 250 Rn. 70 – British Horseracing Board.

429 Vgl. EuGH GRUR 2005, 244, 251 Rn. 86 – British Horseracing Board.

Im Jahr 2019 hatte der EuGH das vom deutschen Gesetzgeber eingeführte Presseverlegerleistungsschutzrecht mangels Notifizierung für nicht anwendbar erklärt.[430] Dieses vom deutschen Gesetzgeber eingeführte Presseverlegerleistungsschutzrecht blieb praktisch wirkungslos, da Google die Presseverleger dazu aufforderte, zu erklären, dass Google Textausschnitte aus Presseveröffentlichungen kostenlos nutzen dürfe, um sie in der Trefferliste der Google-Suche oder in Google News anzuzeigen. Zugleich stellte Google den Presseverlegern in Aussicht, ihre Inhalte nicht mehr auf Google News anzuzeigen, sollte die Bestätigungserklärung nicht abgegeben werden.[431]

1. Schutzvoraussetzungen

346 § 87g Abs. 1 UrhG gibt dem Presseverleger ein Leistungsschutzrecht an seiner Presseveröffentlichung.

a) Presseveröffentlichung

347 § 87f Abs. 1 UrhG enthält eine Legaldefinition der Presseveröffentlichung. Eine Presseveröffentlichung ist danach eine hauptsächlich aus Schriftwerken journalistischer Art bestehende Sammlung, die auch sonstige Werke oder nach dem UrhG geschützte Schutzgegenstände enthalten kann, und die (1.) eine Einzelausgabe in einer unter einem einheitlichen Titel periodisch erscheinenden oder regelmäßig aktualisierten Veröffentlichung, etwa Zeitungen oder Magazinen von allgemeinem oder besonderem Interesse, darstellt, (2.) dem Zweck dient, die Öffentlichkeit über Nachrichten oder andere Themen zu informieren, und (3.) unabhängig vom Medium auf Initiative eines Presseverlegers unter seiner redaktionellen Verantwortung und Aufsicht veröffentlicht wird. In welchem Medium die journalistischen Beiträge publiziert werden, ist unerheblich. Presseveröffentlichungen in diesem Sinne sind beispielsweise sowohl die Online- als auch die Print-Ausgaben von Tageszeitungen, wöchentlich oder monatlich erscheinenden Zeitschriften, einschließlich abonnierter Zeitschriften von allgemeinem oder besonderem Interesse, sowie Nachrichtenwebsites. Presseveröffentlichungen enthalten vorwiegend Textbeiträge, aber auch andere Arten von Werken und Schutzgegenständen, insbesondere Grafiken, Fotografien sowie Audio- und Videosequenzen.[432] Wissenschaftliche Zeitschriften sind keine Presseveröffentlichungen. Auch Blogs, die nicht auf die

---

430 EuGH GRUR 2019, 1188 – VG Media/Google.
431 *Pohlmann/Lindhauer/Peter* NZKart 2021, 466, 468; *Schack* ZUM 2020, 165.
432 BT-Drucksache 19/27426, S. 111.

Initiative eines Presseverlegers zurückgehen und nicht unter der redaktionellen Verantwortung und der Aufsicht eines Presseverlegers stehen, sind keine Presseveröffentlichungen im Sinne des UrhG.

b) Presseverleger

Presseverleger ist nach § 87f Abs. 2 UrhG, wer eine solche Presseveröffentlichung herstellt. Entscheidend ist, wer die wirtschaftlich-organisatorische und technische Leistung erbringt, die für die Publikation einer Presseveröffentlichung erforderlich ist. Auch Presseagenturen können Presseverleger im Sinne des § 87f Abs. 2 UrhG sein.[433] Ist die Presseveröffentlichung in einem Unternehmen hergestellt worden, so gilt der Inhaber des Unternehmens als Hersteller. 348

2. Schutzumfang

§ 87g Abs. 1 UrhG gibt dem Presseverleger das ausschließliche Recht, seine Presseveröffentlichung im Ganzen oder in Teilen für die Online-Nutzung durch Anbieter von Diensten der Informationsgesellschaft öffentlich zugänglich zu machen und zu vervielfältigen. 349

§ 87g Abs. 2 UrhG grenzt den Schutzumfang ein. Die Rechte des Presseverlegers umfassen danach nicht (1.) die Nutzung der in einer Presseveröffentlichung enthaltenen Tatsachen, (2.) die private oder nicht kommerzielle Nutzung einer Presseveröffentlichung durch einzelne Nutzer, (3.) das Setzen von Hyperlinks auf eine Presseveröffentlichung und (4.) die Nutzung einzelner Wörter oder sehr kurzer Auszüge aus einer Presseveröffentlichung. Die freie Nutzung gemäß § 87g Abs. 2 Nr. 4 UrhG darf den Schutz der Investitionen nicht beeinträchtigen, die Presseverleger für die Herstellung ihrer Presseveröffentlichungen getätigt haben. Der Ausschluss von sehr kurzen Auszügen ist daher so auszulegen, dass die Wirksamkeit der Rechte des Presseverlegers nicht beeinträchtigt wird.[434] 350

Die Rechte des Presseverlegers erlöschen gemäß § 87j UrhG zwei Jahre nach der erstmaligen Veröffentlichung der Presseveröffentlichung. Die Frist beginnt gemäß § 87j S. 2, 69 UrhG mit dem Ablauf des Kalenderjahres, in dem das für den Beginn der Frist maßgebende Ereignis eingetreten ist. 351

---

433 BT-Drucksache 19/27426, S. 111.

434 BT-Drucksache 19/27426, S. 113.

VII. Lichtbildner

352 Nach § 72 Abs. 1 UrhG werden Lichtbilder und Erzeugnisse, die ähnlich wie Lichtbilder hergestellt werden, in entsprechender Anwendung der für Lichtbildwerke geltenden Vorschriften geschützt. Das Recht steht dem Lichtbildner zu.

1. Schutzvoraussetzungen

353 Für den Lichtbildschutz ist kein eigenschöpferisches Schaffen im Sinne des § 2 Abs. 2 UrhG erforderlich.[435] Auf Individualität kommt es bei § 72 UrhG nicht an, es genügt allein die rein technische Leistung.[436]

2. Nutzung von Ausschnitten

354 Nach Auffassung des LG Hamburg kommt ein Schutz aus § 72 UrhG in Betracht, wenn ein Ausschnitt eines Lichtbildwerks verwendet wird und der Ausschnitt für sich keine Werkqualität aufweist.[437]

3. Kein Schutz für Computergrafiken

355 Eine am Computer mittels elektronischer Befehle erstellte Abbildung eines virtuellen Gegenstands stellt nach der obergerichtlichen Rechtsprechung kein Erzeugnis im Sinne des § 72 UrhG dar, das ähnlich wie ein Lichtbild hergestellt wird.[438]

356 Auch wenn die Grafik wie eine Fotografie wirkt, besteht kein Schutz nach § 72 UrhG, da es auf das Ergebnis des Schaffensprozesses nicht entscheidend ankommt. Maßgeblich ist das Herstellungsverfahren.[439] Charakteristisch für die Fotografie sind die Verwendung strahlender Energie und die Abbildung eines im Moment der Bilderschaffung vorhandenen, körperlichen Gegenstands.[440] Bei

---

435 BGH GRUR 2000, 317, 318 – Werbefotos; BGH GRUR 1990, 669, 673 – Bibelreproduktion; BGH GRUR 1993, 34, 35 – Bedienungsanweisung,

436 LG Hamburg ZUM-RD 2020, 479, 480 – Abmalen des Motivs eines Lichtbilds.

437 LG Hamburg ZUM-RD 2020, 479, 480 – Abmalen des Motivs eines Lichtbilds.

438 KG GRUR 2020, 280 – Produktbilder; OLG Köln GRUR-RR 2010, 141 – Computergrafiken; OLG Hamm GRUR-RR 2005, 73 – Web-Grafiken.

439 KG GRUR 2020, 280 Rn. 56 – Produktbilder; OLG Hamm GRUR-RR 2005, 73, 74 – Web-Grafiken.

440 KG GRUR 2020, 280 Rn. 58 – Produktbilder; OLG Hamm GRUR-RR 2005, 73, 74 – Web-Grafiken; LG Berlin ZUM 2017, 955 – Packshots.

Computergrafiken kommt allerdings ein Schutz als Geschmacksmuster, insbesondere als nicht eingetragenes Gemeinschaftsgeschmacksmuster in Betracht.

§ 11 Internationales Recht

Regelungsgegenstand des internationalen Urheberrechts sind Fälle mit Auslands- 357
berührung.[441] Das internationale Urheberrecht berührt damit verschiedene Rechtsgebiete wie das Internationale Zivilverfahrensrecht, das Internationale Privatrecht und das Fremdenrecht. Auch dieses Teilgebiet des Urheberrechts ist inzwischen stark europarechtlich geprägt. Daneben bestehen eine Vielzahl völkerrechtlicher Verträge.

I. Internationales Zivilverfahrensrecht

Teilbereiche des internationalen Zivilverfahrensrechts sind in der EuGVO[442], der 358
EuZVO[443] und der EuVTVO[444] geregelt. Teile des internationalen Privatrechts, die das Urheberrecht betreffen, sind in der Rom-I-VO[445] und der Rom-II-VO[446] geregelt.

Das internationale Zivilverfahrensrecht regelt unter anderem die internatio- 359
nale Gerichtszuständigkeit in Fällen mit Auslandsbezug. Die Frage der Gerichtszuständigkeit ist streng von der Frage nach dem anwendbaren Recht zu trennen, die durch die Regelungen des internationalen Privatrechts bestimmt wird.

Die Einreichung der Klage bei einem international zuständigen Gericht ist von 360
entscheidender Bedeutung, da hierdurch nicht nur die Weichen für das Kollisionsrecht und damit für das anzuwendende Sachrecht gestellt werden, sondern die Anrufung eines international unzuständigen Gerichts eine Klageabweisung zur

---

441 Raue/Hegemann/*v. Welser*² § 5 Rn. 1ff.

442 Verordnung (EU) Nr. 1215/2012 des Europäischen Parlaments und des Rates vom 12. Dezember 2012 über die gerichtliche Zuständigkeit und die Anerkennung und Vollstreckung von Entscheidungen in Zivil- und Handelssachen.

443 Verordnung (EG) Nr. 1393/2007 des Europäischen Parlaments und des Rates vom 13. November 2007 über die Zustellung gerichtlicher und außergerichtlicher Schriftstücke in Zivil- oder Handelssachen in den Mitgliedstaaten.

444 Verordnung (EG) Nr. 805/2004 des Europäischen Parlaments und des Rates vom 21. April 2004 zur Einführung eines europäischen Vollstreckungstitels für unbestrittene Forderungen.

445 Verordnung (EG) Nr. 593/2008 des Europäischen Parlaments und des Rates vom 17. Juni 2008 über das auf vertragliche Schuldverhältnisse anzuwendende Recht (Rom I).

446 Verordnung (EG) Nr. 864/2007 des Europäischen Parlaments und des Rates vom 11. Juli 2007 über das auf außervertragliche Schuldverhältnisse anzuwendende Recht (Rom II).

https://doi.org/10.1515/9783110617207-011

Folge hat. Nach der Rechtsprechung des EuGH ist die deliktische Zuständigkeit nach Art. 7 Nr. 2 EuGVO für Urheberrechtsverletzungen im Internet überall dort gegeben, wo das Werk abrufbar ist.[447] Es kommt also für die Bestimmung der Gerichtszuständigkeit – anders als für die kollisionsrechtliche Frage nach dem anwendbaren Recht – nicht darauf an, dass die Webseite auf das betreffende Land „ausgerichtet" ist und dort „bestimmungsgemäß" abgerufen werden kann.[448]

II. Internationales Privatrecht

361 Teile des internationalen Privatrechts (Kollisionsrecht), die das Urheberrecht betreffen, sind in der Rom-I-VO[449] und der Rom-II-VO[450] geregelt. Die Regelungen des internationalen Privatrechts bestimmen, welches Sachrecht bei Fällen mit Auslandsberührung anzuwenden ist. Dabei können einzelne Aspekte, wie etwa die Werkqualität und vertragsrechtliche Fragen nach verschiedenen Rechtsordnungen zu beurteilen sein. Zu unterscheiden sind insbesondere das Urheberrechtsstatut und das Vertragsstatut.[451]

1. Urheberrechtsstatut

362 Das Urheberrechtsstatut ist nur unvollkommen kodifiziert. Nach Art. 8 Abs. 1 Rom-II-VO ist auf außervertragliche Schuldverhältnisse aus einer Verletzung von Rechten des geistigen Eigentums das Recht des Staates anzuwenden, für den der Schutz beansprucht wird. Art. 8 Rom-II-VO verweist also für die Rechtsfolgen einer Schutzrechtsverletzung auf das Recht des Staates, „für den" Schutz beansprucht wird. Gemeint ist damit der Staat, „für dessen Gebiet Schutz" beansprucht wird. Maßgeblich hierfür ist der Antrag im Klage- oder Verfügungsverfahren.[452] Ansprüche aus der Verletzung von im Ausland bestehenden Nutzungsrechten sind im Ver-

---

447 EuGH GRUR 2015, 296 – Hejduk; EuGH GRUR 2014, 100 – Pinckney; eingehend unten Rn. 887–891.

448 Ältere Entscheidungen, die für die internationale Zuständigkeit strengere Anforderungen aufstellten, sind damit überholt (vgl. etwa OLG Köln NJW-RR 2008, 359 – Internet-Fotos).

449 Verordnung (EG) Nr. 593/2008 des Europäischen Parlaments und des Rates vom 17. Juni 2008 über das auf vertragliche Schuldverhältnisse anzuwendende Recht (Rom I).

450 Verordnung (EG) Nr. 864/2007 des Europäischen Parlaments und des Rates vom 11. Juli 2007 über das auf außervertragliche Schuldverhältnisse anzuwendende Recht (Rom II).

451 Eingehend Raue/Hegemann/*v. Welser*[2] § 5 Rn. 4ff.; Wandtke/Bullinger/*v. Welser*[6] Vor §§ 120 UrhG ff. Rn. 3ff.

452 Vgl. OLG Frankfurt GRUR-RR 2020, 298 Rn. 39ff. – Modefotograf.

hältnis zu Ansprüchen aus der Verletzung von Nutzungsansprüchen nach dem deutschen Urheberrechtsgesetz eigene Streitgegenstände.[453]

Art. 8 Rom-II-VO regelt nur die Rechtsfolgen der Verletzung, nicht hingegen 363
beispielsweise die Frage der Erstinhaberschaft und der Übertragung.[454] Die Rechtsprechung geht indes von einer umfassenden Geltung des Schutzlandprinzips aus und beruft sich dafür auf Gewohnheitsrecht.[455] Das Recht des Schutzlandes soll für sämtliche Fragen des Urheberrechts (Entstehung, Inhaberschaft, Umfang der Verwertungsrechte, Schranken etc.) maßgeblich sein.[456] Vorzugswürdig und näherliegend wäre es allerdings, einzelne Aspekte wie beispielsweise die Erstinhaberschaft an das Ursprungsland anzuknüpfen.[457] Dies wird in einigen ausländischen Rechtsordnungen, beispielsweise in den Vereinigten Staaten, so praktiziert.[458]Auch die im Jahr 2020 veröffentlichten Leitlinien für Geistiges Eigentum und Internationales Privatrecht („Kyoto Leitlinien") des Komitees für Geistiges Eigentum und Internationales Privatrecht der International Law Association (ILA) sehen eine Abweichung vom Schutzlandprinzip vor.[459]

Das Vervielfältigungsrecht wird beispielsweise an dem Ort verletzt, an dem 364
das Vervielfältigungsexemplar entsteht. Zwar genügt, wenn Teilakte der grenzüberschreitenden Verwertungshandlung im Inland stattfinden, um eine Anwendbarkeit der inländischen Rechtsordnung zu bejahen. Auch bei im Ausland begangenen Handlungen eines mittelbaren Täters, Teilnehmers oder Störers, die als adäquate Veranlassung einer im Inland durch Dritte begangenen Rechtsverlet-

453 OLG Frankfurt GRUR-RR 2020, 298 Rn. 53 – Modefotograf.

454 Wandtke/Bullinger/*v. Welser*[6] Vor §§ 120 UrhGff. Rn. 11

455 LG München ZUM-RD 2012, 49, 59 – Elvis Presley; LG München, Urteil vom 14.5.2012, Aktenzeichen 21 O 14914/09 – Seekarten.

456 BGH GRUR 2014, 559 Rn. 14 – Tarzan; BGH GRUR 2007, 691, 692 – Staatsgeschenk; BGH GRUR 2004, 421, 422 – CD-Export; BGH GRUR 2003, 876, 877 – Sendeformat; BGH ZUM 2003, 955 – Hundertwasserhaus; BGH GRUR 2003, 328, 329 – Sender Felsberg; LG München, Urteil vom 31.1.2022, Aktenzeichen 21 O 14450/17 – Researchgate.

457 *Schack*[10] Rn. 1138; Wandtke/Bullinger/*v. Welser*[6] Vor §§ 120 UrhGff. Rn. 11.

458 Vgl. US Court of Appeals, Second Circuit GRUR Int. 1999, 639 – Itar-Tass; Raue/Hegemann/*v. Welser*[2] § 5 Rn. 4ff.; Dreier/Schulze/*Raue*[7] Vor §§ 120ff. Rn. 47.

459 Vgl. *Pajunk* GRUR 2021, 1270, 1273. Leitlinie 20 (2a) sieht folgende Regelung vor: „Die ursprüngliche Rechtsinhaberschaft im Urheberrecht unterliegt dem Recht des Staates, der die engste Verbindung zu der Werkschöpfung aufweist. Es wird vermutet, dass dies der Staat ist, in dem der Urheber zum Zeitpunkt der Schöpfung seinen gewöhnlichen Aufenthalt hat. Wird das geschützte Werk von mehreren Personen geschaffen, so können diese das Recht eines der Staaten ihres gewöhnlichen Aufenthalts als das für die ursprüngliche Rechtsinhaberschaft maßgebliche auswählen. Dieser Absatz findet auf verwandte Schutzrechte entsprechend Anwendung."

zung zu werten sind, ist ein hinreichender Inlandsbezug zu bejahen. Bloße Vorbereitungshandlungen genügen hingegen nicht.[460]

365 Bei grenzüberschreitenden Handlungen – beispielsweise online – lokalisiert der EuGH die Online-Nutzung dort, wo gezielt Mitglieder der Öffentlichkeit angesprochen werden.[461] Eine Rechtsverletzung liegt somit in den Ländern vor, in denen das Publikum gezielt angesprochen wird, sofern derjenige, der das Werk online gestellt hat, nicht die entsprechenden Nutzungsrechte hat. Bei dieser Prüfung, ob eine solche „gezielte Ansprache" vorliegt, sind alle Umstände des Einzelfalls zu berücksichtigen. Hierzu zählen beispielsweise die Sprache, der Inhalt und die Aufmachung des Angebots oder die territoriale Ausrichtung von Liefer- und Zahlungsmethoden.[462] Auch die Existenz einer nicht nur unerheblichen Zahl von im Inland ansässigen Nutzern des Angebots oder die Bekanntheit des Angebots im Inland will das LG Hamburg berücksichtigen.[463]

366 Ergeben sich keine Anhaltspunkte für einen spezifischen Inlandsbezug, soll es darauf ankommen, ob die Abrufbarkeit im Inland nicht nur unerhebliche und theoretische wirtschaftliche Auswirkungen für den Schutzrechtsinhaber hat. In diesen Fällen kann ein Inlandsbezug möglicherweise deshalb gegeben sein, weil das Angebot im Inland bekannt und in erheblichem Umfang nachgefragt ist, was sich beispielsweise daran messen lassen kann, dass eine nicht nur unerhebliche Anzahl von im Inland ansässigen Personen die fragliche Seite besucht, im Inland beworben oder zumindest hier auf das ausländische Angebot verwiesen wird.[464]

2. Vertragsstatut

367 Das Vertragsstatut bestimmt das auf Verträge anwendbare Recht und ist in der Rom-I-VO geregelt. Geht es um Fragen der Vertragsauslegung, so richtet sich diese nach dem Vertragsstatut, also dem auf einen Nutzungsvertrag anzuwendenden Sachrecht.[465] Art. 3 Rom-I-VO geht vom Grundsatz der Privatautonomie aus und ermöglicht unter bestimmten Voraussetzungen eine Rechtswahl.

368 Wurde keine Rechtswahl getroffen, unterliegt der Vertrag nach Art. 4 Abs. 2 Rom-I-VO dem Recht des Staates, in dem die Partei, welche die für den Vertrag cha-

---

460 BVerfG GRUR 2022, 1089 Rn. 35 – „Bot"-Software.

461 EuGH GRUR 2012, 1245 – Football Dataco.

462 OLG München GRUR-RR 2011, 1, 2 – Videodateien; LG Hamburg ZUM 2016, 887, 890 – Internet-Blog; AG Köln, Urteil vom 13.4.2021, Aktenzeichen 125 C 319/18 – Parkettboden.

463 LG Hamburg ZUM 2016, 887, 890 – Internet-Blog.

464 LG Hamburg ZUM 2016, 887, 890 – Internet-Blog.

465 BGH GRUR 2015, 1189, 1191 Rn. 36 – Goldrapper; BGH GRUR 2015, 264, 267 Rn. 41 – Hi Hotel II.

rakteristische Leistung zu erbringen hat, ihren gewöhnlichen Aufenthalt hat.[466] Bei einer einfachen Lizenz, bei der den Lizenznehmer nur eine Zahlungspflicht trifft, erbringt der Urheber die charakteristische Leistung.[467] Muss der Lizenznehmer von der Lizenz Gebrauch machen (Ausübungslast), so erbringt er die charakteristische Leistung. Beim Verlagsvertrag gilt deshalb das Recht des Landes, in dem der Verleger seinen Sitz hat, sofern keine Rechtswahl getroffen wurde.[468]

3. Abgrenzung des Urheberrechtsstatuts vom Vertragsstatut

Die Abgrenzung des Urheberrechtsstatuts vom Vertragsstatut kann zuweilen Fra- 369
gen aufwerfen. So wird beispielsweise die Frage, ob das Vertragsstatut auch für das Verfügungsgeschäft gilt, unterschiedlich beurteilt.[469] Die Rechtsprechung folgt überwiegend der sogenannten Einheitstheorie, nach der das Vertragsstatut auch für das Verfügungsgeschäft maßgeblich ist.[470] Um die Abgrenzung von Urheberrechtsstaut und Vertragsstatut geht es beispielsweise auch dann, wenn die Rechtsinhaberschaft von US-amerikanischen Werken zu klären ist, die in den Vereinigten Staaten nach der dort geltenden „Work made for hire"-Doktrin dem Arbeitgeber bzw. Filmproduzenten zugeordnet wird. Die für US-Werke geltende „Work made for hire"-Regel des § 101 Copyright Act 1976 sieht keine vertragliche Rechtsübertragung oder gesetzliche Lizenz vor, sondern die originäre Entstehung des Rechts beim Arbeitgeber bzw. Filmproduzenten. Regelt das Vertragsstatut die Frage des Rechtsübergangs nicht, sondern sieht eine originäre Entstehung des Urheberrechts beim Arbeitgeber vor, so wenden deutsche Gerichte das Recht des Schutzlandes (Urheberrechtsstatut) auch auf die Frage des Rechtsübergangs an.[471] Sofern die Rechtslage für das deutsche Schutzland zu prüfen ist, führt dies zur Anwendung des § 43 UrhG bei Arbeitnehmern.[472] Das zwischen US-Filmurhebern und einer US-Filmherstellerin geltende „Work made for hire"-Prinzip führt nach deutschem Recht zur Einräumung einer ausschließlichen Lizenz zu Gunsten

---

466 Wandtke/Bullinger/*v. Welser*[6] Vor §§ 120 UrhG ff. Rn. 24.

467 LG München, Urteil vom 9.12.2011, Aktenzeichen 21 O 7755/10 – Falco.

468 BGHZ 19, 110, 113 – Sorrell and Son; BGH GRUR 1980, 227, 230 – Monumenta Germaniae Historica.

469 Wandtke/Bullinger/*v. Welser*[6] Vor §§ 120 UrhG ff. Rn. 22.

470 OLG Stuttgart, Urteil vom 20.11.2020, Aktenzeichen 5 U 125/19 – Porsche; OLG Köln ZUM 2011, 574, 575 – Hotelfotos; OLG Frankfurt GRUR 1998, 141, 142 – Mackintosh-Entwürfe; dagegen OLG Braunschweig ZUM-RD 2022, 342, 357 – VW-Käfer.

471 LG München, Urteil vom 14.5.2012, Aktenzeichen 21 O 14914/09 – Seekarten (zum UK-Recht); LG Hamburg, Urteil vom 20.7.2012, Aktenzeichen 308 O 76/11 – Der Zauberer von Oz (zum US-Recht).

472 LG München, Urteil vom 14.5.2012, Aktenzeichen 21 O 14914/09 – Seekarten.

der Filmherstellerin.[473] Das LG Hamburg zieht dann allerdings im Rahmen des nach dem Schutzlandprinzip geltenden Zweckübertragungsgedankens US-amerikanische Branchenübungen aus der Filmbranche heran.[474] Anschließende Weiterübertragungen beurteilt das LG Hamburg dann nach dem Vertragsstatut, welches auf US-amerikanisches Sachrecht verweist.[475]

III. Fremdenrecht

370 Fremdenrechtliche Bestimmungen finden sich im deutschen Recht (§§ 120 ff. UrhG) und in völkerrechtlichen (bilateralen und multilateralen) Verträgen, von denen viele sowohl von der EU als auch von den EU-Mitgliedstaaten unterschrieben werden. Die EU setzt diese Verträge, wie beispielsweise den WIPO Copyright Treaty, in aller Regel durch Richtlinien um.

1. Deutsches Fremdenrecht

a) Staatsangehörigkeit oder Unternehmenssitz

371 Nach den §§ 120 ff. UrhG wird grundsätzlich nur deutschen Staatsangehörigen bzw. Unternehmen mit Sitz in Deutschland bedingungslos urheberrechtlicher und leistungsschutzrechtlicher Schutz gewährt.[476] Diesen gleichgestellt sind die Staatsangehörigen anderer EU- und EWR-Staaten oder Unternehmen mit Sitz in anderen EU- und EWR-Staaten.[477] Ausländern aus Drittstaaten kommt urheberrechtlicher Schutz nur zu, wenn bestimmte Bedingungen, wie etwa der Beitritt zu bestimmten Staatsverträgen, erfüllt sind. Nur deutsche Urheber und Leistungsschutzberechtige bzw. solche aus der EU oder EWR genießen somit ohne weitere Bedingungen vollen Schutz. Diese Schlechterstellung von Ausländern aus Drittstaaten dient dazu, andere Staaten zum Beitritt zu internationalen Verträgen zu bewegen.[478] Diese Benachteiligung wird durch die Staatsverträge abgemildert.

372 Die Ungleichbehandlung verstößt nicht gegen den allgemeinen Gleichheitssatz aus Art. 3 GG.[479] In der Bob-Dylan-Entscheidung führte das BVerfG aus, Folge des Territorialitätsprinzips sei, dass sich ein international tätiger Interpret

473 LG Hamburg, Urteil vom 20.7.2012, Aktenzeichen 308 O 76/11 – Der Zauberer von Oz.
474 LG Hamburg, Urteil vom 20.7.2012, Aktenzeichen 308 O 76/11 – Der Zauberer von Oz.
475 LG Hamburg, Urteil vom 20.7.2012, Aktenzeichen 308 O 76/11 – Der Zauberer von Oz.
476 Vgl. §§ 120 Abs. 1, 125 Abs. 1 S. 1, 126 Abs. 1 S. 1 UrhG.
477 Vgl. §§ 120 Abs. 2 Nr. 2, 125 Abs. 1 S. 2, 126 Abs. 1 S. 2 UrhG.
478 BVerfG NJW 1990, 2189 – Bob Dylan.
479 BVerfG NJW 1990, 2189, 2191 – Bob Dylan.

nicht einem einheitlichen, weltweit gültigen Leistungsschutzrecht, sondern einem Bündel nationaler Regelungen mit zum Teil erheblich unterschiedlichem Gehalt gegenübersehe. Dieser „Flickenteppich" von auf das jeweilige Territorium beschränkten Systemen nationaler Schutzrechte unterliege zwar infolge internationaler Abkommen dem Zwang zur Harmonisierung. Der Integrationsprozess sei jedoch nicht so weit fortgeschritten, dass Angehörige eines Staates mit hohem Schutzniveau für ihre Darbietungen im Ausland stets einen vergleichbaren Schutz erlangen können. Die deutschen Regelungen in den §§ 121 ff. UrhG verfolgten das Ziel, andere Staaten zu beeinflussen, internationalen Verträgen beizutreten oder zumindest Gegenseitigkeitsabkommen abzuschließen, welche deutschen Anspruchstellern im Ausland einen erhöhten Schutz gewähren. Das hierzu gewählte Mittel einer gezielten Benachteiligung von Angehörigen bislang „unentschlossener" Staaten entspreche einem allgemeinen Völkerrechtssatz. Dieser berechtige jede Nation, die Belange ihrer Angehörigen in fremden souveränen Staaten zu wahren.[480] Innerhalb der Europäischen Union ist eine solche Ungleichbehandlung allerdings nicht möglich, wie der EuGH im Jahr 1994 feststellte.[481] Juristische Personen aus dem EU-Ausland können sich auch auf die Grundrechte berufen.[482]

b) Erscheinungsort

Alternativ stellt das deutsche Fremdenrecht auf den Erscheinungsort ab. Nach 373
§ 121 Abs. 1 UrhG besteht beispielsweise Schutz für in Deutschland erschienene Werke, es sei denn, dass das Werk oder eine Übersetzung des Werkes früher als dreißig Tage vor dem Erscheinen in Deutschland außerhalb Deutschlands erschienen ist. In der Literatur wird deshalb teilweise gefordert, die §§ 121 ff. UrhG dahingehend europarechtskonform auszulegen, dass auch ein Erscheinen in der EU oder im EWR zur Schutzbegründung ausreicht.[483]

2. Konventionsrecht

Es gibt eine Vielzahl völkerrechtlicher Verträge, die Urheber- und Leistungs- 374
schutzrechte regeln. Neben den multilateralen Konventionen (RBÜ, Rom-Abkommen, TRIPs-Übereinkommen etc.) gibt es viele bilaterale Abkommen.[484] Zudem

---

480 BVerfG NJW 1990, 2189, 2191 f. – Bob Dylan.
481 EuGH NJW 1994, 375 – Phil Collins.
482 BVerfG NJW 2011, 3428 – Verbreitungsrecht des Urhebers.
483 *Röß* GRUR 2021, 1485.
484 Eingehend Raue/Hegemann/*v. Welser*² § 5 Rn. 52 ff.; Wandtke/Bullinger/*v. Welser*⁶ § 121 UrhG Rn. 5 ff.

enthalten auch viele Freihandelsabkommen wie beispielsweise das Japan-EU Free Trade Agreement aus dem Jahr 2019 (JEFTA) urheberrechtliche und leistungsschutzrechtliche Bestimmungen. Nachfolgend werden lediglich die grundlegenden Prinzipien vorgestellt. Sofern es die Fallbearbeitung erfordert, sollten die entsprechenden Kommentierungen zu den internationalen Konventionen herangezogen werden.[485] Auch die WIPO bietet auf ihrer Internetseite (wipo.int) entsprechende Einführungen und Kommentierungen.[486] Man kann zwischen den urheberrechtlichen Verträgen, den leistungsschutzrechtlichen Verträgen und Verträgen, die beide Aspekte regeln, unterscheiden.

a) Urheber- und leistungsschutzrechtliche Staatsverträge

375 Das TRIPs-Übereinkommen (Trade-Related Aspects of Intellectual Property Rights) erfasst sowohl Urheber- als auch Leistungsschutzrechte sowie gewerbliche Schutzrechte.[487] Es ist damit der immaterialgüterrechtliche Staatsvertrag mit dem breitesten Regelungsbereich. Daneben gibt es eine Vielzahl von bilateralen Investitionsschutzabkommen, die ebenfalls sowohl Urheberrechte als auch Leistungsschutzrechte betreffen.[488]

376 Das TRIPs-Übereinkommen ist integraler Bestandteil des WTO-Übereinkommens und hat derzeit 164 Mitgliedstaaten.[489] In Art. 9–13 TRIPs finden sich Vorschriften zum Urheberrecht, in Art. 14 TRIPs werden Leistungsschutzrechte geregelt. Die urheberrechtlichen Regelugen des TRIPs-Übereinkommen bauen auf der RBÜ auf (Bern-plus-Element). Art. 9 Abs. 1 TRIPs verpflichtet die Mitglieder zur Befolgung der Regelungen in Art. 1–21 RBÜ in der Pariser Fassung von 1971. Damit kommt dem TRIPs-Übereinkommen das Verdienst zu, den urheberrechtlichen RBÜ-Standard fast weltweit verbindlich gemacht zu haben.

---

485 Vgl. Ricketson/Ginsburg, International Copyright and Neighbouring Rights – The Berne Convention and Beyond, 2. Auflage, Oxford 2005; v. Lewinski, International Copyright Law and Policy, Oxford, 2008.

486 *WIPO*, Guide to the Berne Convention for the Protection of Literary and Artistic Works (Paris Act, 1971), 1978; *WIPO*, Guide to the Copyright and Related Rights Treaties Administered by WIPO and Glossary of Copyright and Related Rights Terms, 2004.

487 Raue/Hegemann/*v. Welser*[2] § 5 Rn. 129 ff.; Wandtke/Bullinger/*v. Welser*[6] § 121 UrhG Rn. 15 ff.

488 Wandtke/Bullinger/*v. Welser*[6] § 121 UrhG Rn. 34a.

489 Stand 6.2.2022: www.wto.org/english/thewto_e/whatis_e/tif_e/org6_e.htm

b) Urheberrechtliche Staatsverträge

377 Die Berner Übereinkunft (RBÜ) vom 9. September 1886 ist der wichtigste völkerrechtliche Vertrag im Urheberrecht. Die RBÜ hat derzeit 181 Mitglieder.[490] Art. 5 Abs. 1 RBÜ regelt den Grundsatz der Inländerbehandlung und die ergänzende Geltung der konventionseigenen Mindestrechte. Nach Art. 5 Abs. 1 RBÜ genießen die Urheber für die Werke, für die sie durch diese Übereinkunft geschützt sind, in allen Verbandsländern mit Ausnahme des Ursprungslandes des Werkes die Rechte, die die einschlägigen Gesetze den inländischen Urhebern gegenwärtig gewähren oder in Zukunft gewähren werden, sowie die in dieser Übereinkunft besonders gewährten Rechte. Nach Art. 5 Abs. 2 RBÜ sind der Genuss und die Ausübung dieser Rechte nicht an die Erfüllung irgendwelcher Förmlichkeiten gebunden; dieser Genuss und diese Ausübung sind unabhängig vom Bestehen des Schutzes im Ursprungsland des Werkes. Unter Förmlichkeiten werde alle Bedingung verstanden, die für die Existenz des Rechts notwendig ist.[491] Das Förmlichkeitenverbot umfasst formelle und materielle Voraussetzungen.[492] Förmlichkeiten sind alle Bedingungen oder Maßnahmen – unabhängig von denen, die sich auf die Schöpfung des Werkes beziehen (z. B. die materielle Bedingung der Originalität) oder die Fixierung desselben (wenn es sich um eine Bedingung nach nationalem Recht handelt) –, ohne deren Erfüllung das Werk nicht geschützt ist oder den Schutz verliert.[493] Auch Ausnahmen von Schrankenbestimmungen dürfen nicht von Förmlichkeiten abhängig gemacht werden.[494] Das Verbot gilt nicht für Inländer. Die Vereinigten Staaten konnten daher auch nach dem Beitritt zur RBÜ Formvorschriften für US-Staatsangehörige beibehalten.[495]

378 Kaum noch Bedeutung hat das Welturheberrechtsabkommen (WUA), das von der RBÜ verdrängt wurde.[496] Relevant hingegen ist der WIPO Copyright Treaty, den die EU durch die InfoSoc-RL umgesetzt hat und den der EuGH zur Auslegung der InfoSoc-RL heranzieht. Neben diesen Konventionen gibt es eine Vielzahl von bilateralen Verträgen, die teilweise der RBÜ vorgehen, wie etwa das deutsch-amerikanische Abkommen von 1892. Art. 1 des deutsch-amerikanischen Abkommens von 1892 gewährt uneingeschränkte Inländerbehandlung. Den Angehörigen der Vereinigten Staaten wird danach in Deutschland urheberrechtlicher Schutz nach

---

490 Stand 6.2.2022: www.wipo.int/export/sites/www/treaties/en/documents/pdf/berne.pdf
491 *WIPO*, Guide to the Berne Convention, S. 33.
492 *Ginsburg*, Boston University Law Review, 2016 (Volume 96) 745, 750.
493 *Ficsor*, Guide to the Copyright and related Rights Treaties Administered by WIPO, 41.
494 *Ginsburg*, Boston University Law Review, 2016 (Volume 96) 745, 758.
495 *Sprigman*, Stanford Law Review, 2004 (Volume 57) 485, 542.
496 Vgl. Raue/Hegemann/*v. Welser*[2] § 5 Rn. 74 ff.; Wandtke/Bullinger/*v. Welser*[6] § 121 UrhG Rn. 23 ff.

inländischem Recht gewährt. Auch die Schutzdauer im Inland richtet sich ausschließlich nach inländischem Recht.[497]

c) Leistungsschutzrechtliche Staatsverträge

379 Bei den Leistungsschutzrechten sind insbesondere das Rom-Abkommen (RA), das Genfer-Tonträgerabkommen (GTA) und der WIPO-Vertrag über Darbietungen und Tonträger (WPPT) und der WIPO-Vertrag zum Schutz audiovisueller Darbietungen (WAPT) zu nennen.[498]

§ 12 Verwertungsgesellschaften

I. Überblick

380 Häufig sind die Urheber- und Leistungsschutzberechtigten nicht in der Lage, ihre Rechte selbst effizient durchzusetzen. Diese Aufgabe übernehmen die Verwertungsgesellschaften. Die einzelnen Verwertungsgesellschaften unterscheiden sich sowohl in der Organisationsform als auch im Hinblick auf den Umfang der wahrgenommenen Rechte ganz erheblich.[499] Derzeit gibt es 13 Verwertungsgesellschaften in Deutschland:

Die **GEMA** (Gesellschaft für musikalische Aufführungsrechte und mechanische Vervielfältigungsrechte e.V.) nimmt die Rechte der Komponisten, Textdichter und Musikverleger wahr.

Die **GVL** (Gesellschaft zur Verwertung von Leistungsschutzrechten mbH) nimmt die Leistungsschutzrechte der ausübenden Künstler, der Tonträgerhersteller und der Veranstalter wahr.

Die **VG Wort** (Verwertungsgesellschaft Wort e.V.) nimmt die Rechte der Autoren und Verleger von Sprachwerken wahr.

Die **VG Bild-Kunst** (Verwertungsgesellschaft Bild-Kunst e.V.) nimmt die Rechte der Urheber von Werken der bildenden Kunst und der angewandten Kunst sowie der Fotografen und Filmurheber wahr.

Die **VG Musikedition** (Verwertungsgesellschaft zur Wahrnehmung von Nutzungsrechten an Editionen von Musikwerken, rechtsfähiger Verein kraft Verlei-

---

497 BGH GRUR 2014, 559 Rn. 17 – Tarzan; BGH GRUR 1978, 300 – Buster-Keaton-Filme; BGH GRUR 1978, 302 – Wolfsblut.

498 Vgl. Raue/Hegemann/*v. Welser*[2] § 5 Rn. 96ff.; Wandtke/Bullinger/*v. Welser*[6] § 125 UrhG Rn. 16ff.

499 Vgl. *v. Welser* 118ff.

https://doi.org/10.1515/9783110617207-012

hung) nimmt Rechte von Urhebern, Verlegern und Herausgebern an grafischen Aufzeichnungen von Musikwerken sowie an wissenschaftlichen Ausgaben und an Ausgaben nachgelassener Werke wahr.

Die **VFF** (Verwertungsgesellschaft der Film- und Fernsehproduzenten mbH) nimmt Rechte der Filmhersteller wahr.

Die **VGF** (Verwertungsgesellschaft für Nutzungsrechte an Filmwerken mbH) nimmt Rechte der Filmurheber und der Filmhersteller wahr.

Die **GWFF** (Gesellschaft zur Wahrnehmung von Film- und Fernsehrechten mbH) nimmt Rechte der Filmurheber und der Filmhersteller wahr.

Die **GÜFA** (Gesellschaft zur Übernahme und Wahrnehmung von Filmaufführungen mbH) nimmt die Rechte der Hersteller von pornografischen Filmen wahr.

Die **AGICOA** (Association de Gestion Internationale Collective des Œuvres Audiovisuelles) nimmt Kabelweitersenderechte wahr.

Die **VG Media** (VG Media Gesellschaft zur Verwertung der Urheber- und Leistungsschutzrechte von Medienunternehmen mbH) nimmt Rechte für Medienunternehmen wahr.

Die **VG TWF** (Verwertungsgesellschaft Treuhandgesellschaft Werbefilm GmbH) nimmt Rechte der Hersteller von Werbefilmen wahr.

Die **GWVR** (Gesellschaft zur Wahrnehmung von Veranstalterrechten mbH) nimmt die Rechte der Veranstalter wahr.

Für die VG Wort sind die Vergütungsansprüche gegen die Hersteller von Ge- **381**
räten und Speichermedien nach § 54 UrhG und gegen Gerätebetreiber nach § 54c UrhG eine wichtige Einnahmequelle, die im Jahr 2019 über 87 Millionen Euro einbrachten.[500] Die Gesamterlöse der VG Wort betrugen 2019 156,12 Millionen Euro.[501]

Für die GEMA sind beispielsweise die Einnahmen aus dem Online-Bereich, **382**
insbesondere Streaming, von wachsender Bedeutung und betrugen 2019 über 181 Millionen Euro.[502] Demgegenüber erbrachten die Senderechte im Jahr 2019 über 238 Millionen Euro. Die Gesamterlöse der GEMA betrugen 2019 818,81 Millionen Euro.[503]

---

500 VG Wort, Geschäftsbericht 2019.

501 VG Wort, Geschäftsbericht 2019, S. 4.

502 GEMA, Geschäftsbericht 2019.

503 GEMA, Geschäftsbericht 2019, S. 67.

II. Rechtliche Rahmenbedingungen

383 Das Recht der Verwertungsgesellschaften ist im VGG (Gesetz über die Wahrnehmung von Urheberrechten und verwandten Schutzrechten durch Verwertungsgesellschaften) geregelt. Verwertungsgesellschaften unterliegen wegen ihrer Monopolstellung einem Wahrnehmungszwang gegenüber den Rechtsinhabern (§ 9 VGG) und einem Abschlusszwang gegenüber den Nutzern (§ 34 VGG).

1. Wahrnehmungszwang

384 § 9 S. 1 VGG verpflichtet Verwertungsgesellschaften, auf Verlangen des Rechtsinhabers Rechte seiner Wahl an Arten von Werken und sonstigen Schutzgegenständen seiner Wahl in Gebieten seiner Wahl wahrzunehmen, wenn die Rechte, die Werke und sonstige Schutzgegenstände sowie die Gebiete zum Tätigkeitsbereich der Verwertungsgesellschaft gehören (1.) und der Wahrnehmung keine objektiven Gründe entgegenstehen (2.). Die Wahrnehmungsbedingungen müssen nach § 9 S. 2 VGG angemessen sein.

2. Abschlusszwang

385 § 34 Abs. 1 S. 1 VGG verpflichtet die Verwertungsgesellschaft, aufgrund der von ihr wahrgenommenen Rechte jedermann auf Verlangen zu angemessenen Bedingungen Nutzungsrechte einzuräumen. Die Bedingungen müssen nach § 34 Abs. 1 S. 2 VGG insbesondere objektiv und nichtdiskriminierend sein und eine angemessene Vergütung vorsehen.

386 Nach der Vorgängervorschrift (§ 11 Abs. 1 WahrnG) war anerkannt, dass die Abschlusspflicht der Verwertungsgesellschaft ausnahmsweise nicht besteht, wenn im Einzelfall eine missbräuchliche Ausnutzung der Monopolstellung ausscheidet und die Verwertungsgesellschaft dem Verlangen auf Einräumung von Nutzungsrechten vorrangige berechtigte Interessen entgegenhalten kann. Die Beurteilung, ob eine sachlich gerechtfertigte Ausnahme von dem Abschlusszwang gegeben ist, erforderte danach eine Abwägung der Interessen unter Berücksichtigung des Zwecks der grundsätzlichen Abschlusspflicht der Verwertungsgesellschaft.[504] Nach Meinung des BGH gelten diese Grundsätze auch nach Inkrafttreten des § 34 VGG fort.[505] Gemäß § 34 Abs. 2 VGG verstößt die Verwertungsgesellschaft

---

504 BGH GRUR 2019, 725 Rn. 12 – Deutsche Digitale Bibliothek; BGH GRUR 2009, 1052 Rn. 13 – Seeing is Believing.
505 BGH GRUR 2019, 725 Rn. 12 – Deutsche Digitale Bibliothek.

nicht bereits deshalb gegen ihre Verpflichtung zur Nichtdiskriminierung, weil sie die zwischen ihr und dem Anbieter eines neuartigen Online-Dienstes vereinbarten Bedingungen nicht auch einem anderen Anbieter eines gleichartigen neuartigen Online-Dienstes gewährt. Neuartig ist ein Online-Dienst, der seit weniger als drei Jahren der Öffentlichkeit in der Europäischen Union oder einem anderen Vertragsstaat des Abkommens über den Europäischen Wirtschaftsraum zur Verfügung steht.

Zweiter Teil: Plattformhaftung nach dem Urheberrechts-Diensteanbieter-Gesetz (UrhDaG)

Literatur: *M. Becker*, Automatisierte Rechtsdurchsetzung im Umsetzungsentwurf zu Art. 17 DSM-RL, ZUM 2020, 681; *Conrad/Nolte*, Schrankenbestimmungen im Anwendungsbereich des UrhDaG, ZUM 2021, 111; *Dreier*, Die Schlacht ist geschlagen – ein Überblick. Zum Ergebnis des Copyright Package der EU-Kommission, GRUR 2019, 771; *Frey/Rudolph*, Das Urheberrechts-Diensteanbieter-Gesetz – ein Überblick, MMR 2021, 671; *Geiger/Jütte*, Platform Liability Under Art. 17 of the Copyright in the Digital Single Market Directive, Automated Filtering and Fundamental Rights: An Impossible Match, GRUR Int. 2021, 517; *Gielen/Tiessen*, Die neue Plattformhaftung nach der Richtlinie über das Urheberrecht im digitalen Binnenmarkt, EuZW 2019, 639; *Hofmann*, Fünfzehn Thesen zur Plattformhaftung nach Art. 17 DSM-RL, GRUR 2019, 1219; *ders.*, Plattformregulierung im Lichte des Unionsrechts, ZUM 2020, 665; *ders.*, Das neue Urheberrechts-Diensteanbieter-Gesetz, NJW 2021, 1905; *ders.*, Update für das Urheberrecht, GRUR 2021, 895; *Holznagel*, Verfassungsrechtliche Fragen der Umsetzung von Art. 17 DSM-RL, ZUM 2020, 1; *Husovec/Quintais*, How to License Article 17? Exploring the Implementation Options for the New EU Rules on Content-Sharing Platforms under the Copyright in the Digital Single Market Directive, GRUR Int. 2021, 325; *Janal*, Friendly Fire? Das Urheberrechts-Diensteanbieter-Gesetz und sein Verhältnis zum künftigen Digital Services Act, GRUR 2022, 211; *Kaesling/Knapp*, Umsetzung der urheberrechtlichen Verantwortlichkeit von Upload-Plattformen, MMR 2021, 11; *Klass*, Der Kampf ums Urheberrecht – Die Neuregelung der urheberrechtlichen Verantwortlichkeit von Upload-Plattformen, ZRP 2021, 74; *Leistner*, Der Referentenentwurf zur Umsetzung der DSM-RL und die Theorie vom Sui-generis-Charakter des Art. 17 DSM-RL, ZUM 2020, 897; *ders.*, Art. 17 der DSM-Richtlinie ist wirksam ... und die deutsche Umsetzung ein Modell für Europa, GRUR 2022, 803; *Lennartz/Möllers*, Vogelfreie Werkteile, Zur unions- und verfassungsrechtlichen Zulässigkeit der „mutmaßlich erlaubten Nutzung" im UrhDaG, GRUR 2021, 1109; *Metzger/Pravemann*, Der Entwurf des UrhDaG als Umsetzung von Art. 17 DSM-RL – Ein gesetzgebungstechnischer Drahtseilakt, ZUM 2021, 288; *Metzger/Pravemann*, Die finale Version des UrhDaG – Auf die Plätze, filtern, los?, ZUM 2021, 755; *J. B. Nordemann/Waiblinger*, Art. 17 DSM-RL – Spannungsverhältnis zum bisherigen Recht?, GRUR 2020, 569; *Ohly*, Urheberrecht im digitalen Binnenmarkt – Die Urheberrechtsnovelle 2021 im Überblick, ZUM 2021, 745; *Pappi*, Neue Möglichkeiten der Rechtewahrnehmungen bei Plattformnutzungen, ZUM 2020, 11; *Peifer*, Sharing-Plattformbetreiberhaftung im Urheberrecht (Art. 17 DSM-RL), GRUR-Prax 2019, 403; *Raue/Steinebach*, Uploadfilter – Funktionsweisen, Einsatzmöglichkeiten und Parametrisierung, ZUM 2020, 355; *Rauer/Bibi*, Das neue Urheberrechts-Diensteanbieter-Gesetz, BB 2021, 1475; *Senftleben*, Filterverpflichtungen nach der Reform des europäischen Urheberrechts – Das Ende der freien Netzkultur?, ZUM 2019, 369; *ders.*, The Original Sin – Content „Moderation" (Censorship) in the EU, GRUR Int. 2020, 339; *ders.*, Institutionalized Algorithmic Enforcement – The Pros and Cons of the EU Approach to UGC Platform Liability, Florida International University Law Review 14 (2020), 299; *Spindler*, Art. 17 DSM-RL und dessen Vereinbarkeit mit primärem Europarecht, GRUR 2020, 253; *ders.*, Die Umsetzung von Art. 17 DSM-Richtlinie in deutsches Recht – Das UrhDaG, WRP 2021, 1111 (Teil 1), WRP 2021, 1245 (Teil 2); *Stieper*, Die Umsetzung von Art. 17 VII DSM-RL in deutsches Recht, GRUR 2020, 699, (Teil 1), GRUR 2020, 792 (Teil 2); *ders.*, Vergüten statt Verbieten – Vergütungspflichten im UrhDaG nach dem Regierungsentwurf zur Umsetzung der DSM-RL, ZUM 2021, 387; *Sutterer*, Erweiterte kollektive Lizenzen im Kontext grenzüberschreitender Werknutzungen, GRUR 2021, 662; *Torremans*, Intellectual Property Law and Human Rights, 4. Auflage, 2020; *Wandtke/Hauck*, Ein neues Haftungssystem im Urheberrecht – Zur Umsetzung von Art. 17 DSM-RL in einem „Urheberrechts-Diensteanbieter-Gesetz", ZUM 2020, 671; *Wandtke/Hauck*, Verantwortlichkeit und Haftung – Das Urheberrechts-Diensteanbieter-Gesetz im Kontext des allgemeinen Urheberrechts, ZUM 2021, 763; *v. Welser*, Plattformhaftung nach dem Urheberrechts-Diensteanbieter-Gesetz (UrhDaG), GRUR-Prax 2021, 463.

§ 13 Einleitung

Das „Gesetz über die urheberrechtliche Verantwortlichkeit von Diensteanbie- **387**
tern für das Teilen von Online-Inhalten" (Urheberrechts-Diensteanbieter-Gesetz/UrhDaG) enthält Regelungen für bestimmte Online-Plattformen wie YouTube, TikTok, Soundcloud, Pinterest und Instagram.[506] Zur Auslegung sind vor allem die DSM-RL[507], die Leitlinien der Europäischen Kommission zu Art. 17 der DSM-RL[508] und daneben die Begründung zum Gesetzesentwurf der Bundesregierung[509] heranzuziehen.

Das UrhDaG gliedert sich in sechs Teile. Der erste Teil mit dem Titel „All- **388**
gemeine Vorschriften" (§§ 1–3 UrhDaG) etabliert den Grundsatz der Haftung der Diensteanbieter und bestimmt, welche Diensteanbieter erfasst werden. Der zweite Teil mit dem Titel „Erlaubte Nutzungen" (§§ 4–6 UrhDaG) regelt die Pflicht zum Lizenzerwerb, die Erlaubnis durch Schranken und die wechselseitige Erstreckung von Erlaubnissen zwischen Nutzern und Diensteanbietern. Der dritte Teil mit dem Titel „Unerlaubte Nutzungen" (§§ 7–8 UrhDaG) verpflichtet die Diensteanbieter unter bestimmten Umständen zu Blockierungen. Der vierte Teil mit dem Titel „Mutmaßlich erlaubte Nutzungen" (§§ 9–12 UrhDaG) sieht ein Verfahren vor, wie mit hochgeladenen Inhalten vorläufig umzugehen ist. Der fünfte Teil mit dem Titel „Rechtsbehelfe" (§§ 13–17 UrhDaG) regelt verschiedene Verfahren, unter anderem das Beschwerdeverfahren, mit deren Hilfe eine Klärung der Rechtmäßig-

---

506 In ihrem Gesetzesentwurf geht die Bundesregierung davon aus, dass mittelfristig dreizehn Diensteanbieter in den Anwendungsbereich des Gesetzes fallen (BT-Drucksache 19/27426, S. 61ff.). Derzeit soll es sieben Diensteanbieter geben, die dem vollständigen Pflichtenprogramm des UrhDaG unterliegen. Darüber hinaus sollen derzeit zwei Startup-Diensteanbieter und die vier kleinen Anbieter in den Anwendungsbereich fallen.
Vgl. Begründung des Gesetzesentwurfes der Bundesregierung zu dem Gesetz zur Anpassung des Urheberrechts an die Erfordernisse des digitalen Binnenmarktes, BT-Drucksache 19/27426, S. 62.

507 Richtlinie (EU) 2019/790 über das Urheberrecht und die verwandten Schutzrechte im digitalen Binnenmarkt und zur Änderung der Richtlinien 96/9/EG und 2001/29/EG.

508 Europäische Kommission, Leitlinien zu Artikel 17 der Richtlinie (EU) 2019/790 über das Urheberrecht im digitalen Binnenmarkt, 4.6.2021, COM (2021) 288 final.

509 BT-Drucksache 19/27426.

https://doi.org/10.1515/9783110617207-013

keit von hochgeladenen Inhalten herbeigeführt werden soll. Der sechste Teil mit dem Titel „Schlussbestimmungen" (§§ 18–22 UrhDaG) schreibt unter anderem die zwingende Geltung des UrhDaG und Maßnahmen gegen den Missbrauch der Verfahrensrechte vor.

§ 14 Anwendungsbereich

389 Das Verhältnis des UrhDaG zum UrhG ist für die jeweils in Rede stehende Vorschrift gesondert zu bestimmen. So ist beispielswiese die Anordnung der täterschaftlichen Haftung für Diensteanbieter in § 1 Abs. 1 UrhDaG ein Sonderfall der öffentlichen Wiedergabe im Sinne des § 15 Abs. 2 UrhG.[510] Andere gehen von einer lex specialis zu § 19a UrhG aus.[511] Der Gesetzesentwurf der Bundesregierung geht davon aus, dass Art. 17 Abs. 1 DSM-RL lex specialis zu Art. 3 Abs. 1 InfoSoc-RL ist.[512] Das UrhDaG gilt nach § 21 UrhDaG auch für verwandte Schutzrechte.

390 Das UrhDaG betrifft bestimmte Unternehmen. Dabei differenziert das Gesetz zwischen verschiedenen Anbietern. So werden Start-ups und kleine Unternehmen von einigen Pflichten freigestellt. Die im UrhDaG enthaltenen Regelungen betreffen nicht nur inländische Diensteanbieter, sondern auch solche mit Sitz im Ausland, soweit sie ihre Dienste im Geltungsbereich des UrhDaG anbieten oder erbringen.[513]

I. Diensteanbieter, § 2 Abs. 1 UrhDaG

391 Diensteanbieter im Sinne des UrhDaG sind nach § 2 Abs. 1 UrhDaG solche, die (1). es als Hauptzweck verfolgen, eine große Menge an von Dritten hochgeladenen urheberrechtlich geschützten Inhalten zu speichern und öffentlich zugänglich zu machen, (2.) diese Inhalte organisieren, (3.) diese Inhalte zum Zweck der Gewinnerzielung bewerben und (4.) mit Online-Inhaltediensten um dieselben Zielgruppen konkurrieren.

392 Das Erfordernis einer Konkurrenz mit Online-Inhaltediensten trägt dem Umstand Rechnung, dass Plattformen wie YouTube zu direkten und ernsthaften Wettbewerbern von Diensten wie Spotify geworden sind.

---

510 *Ohly* ZUM 2021, 745, 753.
511 *Schack*[10] Rn 859; *Hofmann* ZUM 2020, 665, 666.
512 BT-Drucksache 19/27426, S. 130; dagegen *von Ungern-Sternberg* GRUR 2022, 3, 9.
513 BT-Drucksache 19/27426, S. 48.

https://doi.org/10.1515/9783110617207-014

Hinsichtlich der Definition des Wortes Dienst verweist das UrhDaG auf die Transparenz-RL, von der Bundesregierung als Notifizierungs-RL bezeichnet.[514] Art. 1 Abs. 1b) Transparenz-RL definiert „Dienst" als eine Dienstleistung der Informationsgesellschaft, d.h. jede in der Regel gegen Entgelt elektronisch im Fernabsatz und auf individuellen Abruf eines Empfängers erbrachte Dienstleistung. 393

II. Startups, § 2 Abs. 2 UrhDaG

§ 7 Abs. 4 UrhDaG stellt Startup-Diensteanbieter von der Pflicht zur qualifizierten Blockierung frei, solange die durchschnittliche monatliche Anzahl unterschiedlicher Besucher der Internetseiten des Dienstes 5 Millionen nicht übersteigt. Startup-Diensteanbieter sind nach § 2 Abs. 2 UrhDaG Diensteanbieter mit einem jährlichen Umsatz innerhalb der Europäischen Union von bis zu 10 Millionen Euro, deren Dienste der Öffentlichkeit in der Europäischen Union seit weniger als drei Jahren zur Verfügung stehen. Maßgeblich ist nach § 2 Abs. 4 Satz 2 UrhDaG jeweils der Umsatz des vorausgegangen Kalenderjahres. 394

III. Kleine Diensteanbieter, § 2 Abs. 3 UrhDaG

Nach § 7 Abs. 4 UrhDaG wird widerleglich vermutet, dass kleine Diensteanbieter im Hinblick auf den Grundsatz der Verhältnismäßigkeit nicht zur qualifizierten Blockierung nach § 7 Abs. 1 UrhDaG verpflichtet sind. Kleine Diensteanbieter sind nach § 2 Abs. 3 UrhDaG Diensteanbieter mit einem jährlichen Umsatz innerhalb der Europäischen Union von bis zu 1 Million Euro. Die Bundesregierung weist in ihrer Begründung zum Regierungsentwurf darauf hin, dass diese kleinen Diensteanbieter in der Regel keine Filtertechnologie einsetzen müssen.[515] 395

IV. Ausgenommene Diensteanbieter, § 3 UrhDaG

Nach § 3 UrhDaG gilt das UrhDaG insbesondere nicht für nicht gewinnorientierte Online-Enzyklopädien (1.), nicht gewinnorientierte bildungsbezogene oder wissenschaftliche Repositorien (2.), Entwicklungs- und Weitergabe-Plattformen für 396

514 Richtlinie 2015/1535 über ein Informationsverfahren auf dem Gebiet der technischen Vorschriften und der Vorschriften für die Dienste der Informationsgesellschaft.
515 BT-Drucksache 19/27426, S. 131.

quelloffene Software (3.), bestimmte Anbieter elektronischer Kommunikationsdienste (4.)[516], Online-Marktplätze (5.) sowie bestimmte Cloud-Dienste (6.–7.).

397 Plattformen wie beispielsweise Wikipedia (§ 3 Nr. 1 UrhDaG), GitHub (§ 3 Nr. 3 UrhG) oder eBay (§ 3 Nr. 5 UrhDaG) sind also vom Anwendungsbereich des UrhDaG ausgenommen. Hier bliebt es bei den allgemeinen Vorschriften des UrhG und des TMG.[517]

§ 15 Verantwortlichkeit des Diensteanbieters

I. Grundsatz: Haftung

398 Nach der Konzeption des UrhDaG haftet der Diensteanbieter grundsätzlich vollumfänglich für die öffentliche Wiedergabe. Er haftet also nicht nur auf Unterlassung, sondern auch auf Schadensersatz. § 1 Abs. 1 UrhDaG regelt den Grundsatz der unmittelbaren Haftung des Diensteanbieters.[518] Nach § 1 Abs. 1 UrhDaG gibt ein Diensteanbieter Werke öffentlich wieder, wenn er der Öffentlichkeit Zugang zu urheberrechtlich geschützten Werken verschafft, die von Nutzern des Dienstes hochgeladen worden sind. Gemäß § 1 Abs. 3 UrhDaG kann sich der Diensteanbieter nicht auf § 10 S. 1 TMG berufen.

399 Die Haftung entfällt, wenn der Diensteanbieter – oder der Nutzer – entsprechende vertragliche Nutzungsrechte erworben hat oder wenn er seinen Pflichten nach § 4 UrhDaG (bestmögliche Anstrengung zum Lizenzerwerb) und §§ 7 bis 11 UrhDaG (Blockierungspflichten) nachgekommen ist.

516 Die DSM-RL verweist auf Art. 2 Nr. 4 der RL 2018/1972 (Europäischer Kodex für die elektronische Kommunikation), der elektronische Kommunikationsdienste definiert als „gewöhnlich gegen Entgelt über elektronische Kommunikationsnetze erbrachte Dienste, die – mit der Ausnahme von Diensten, die Inhalte über elektronische Kommunikationsnetze und -dienste anbieten oder eine redaktionelle Kontrolle über sie ausüben – folgende Dienste umfassen: a) ‚Internetzugangsdienste' im Sinne der Begriffsbestimmung des Artikels 2 Abs. 2 Nummer 2 der Verordnung (EU) 2015/2120, b) interpersonelle Kommunikationsdienste und c) Dienste, die ganz oder überwiegend in der Übertragung von Signalen bestehen, wie Übertragungsdienste, die für die Maschine-Maschine-Kommunikation und für den Rundfunk genutzt werden."

517 BT-Drucksache 19/27426, S. 132.

518 BT-Drucksache 19/27426, S. 130.

https://doi.org/10.1515/9783110617207-015

II. Ausnahme: Haftungsfreistellung

§ 1 Abs. 2 S. 1 UrhDaG regelt die Haftungsfreistellung (Enthaftung) des Diensteanbieters. Erfüllt der Diensteanbieter seine Pflichten nach § 4 UrhDaG und §§ 7 bis 11 UrhDaG nach Maßgabe hoher branchenüblicher Standards unter Beachtung des Grundsatzes der Verhältnismäßigkeit, so ist er für die öffentliche Wiedergabe urheberrechtlich nicht verantwortlich. Der Diensteanbieter muss somit sowohl seiner Obliegenheit nach § 4 Abs. 1 UrhDaG als auch seinen Blockierungspflichten nachkommen. Dies muss nach Maßgabe hoher branchenüblicher Standards unter Beachtung des Grundsatzes der Verhältnismäßigkeit erfolgen, wobei § 1 Abs. 2 Satz 2 UrhDaG Kriterien für die Verhältnismäßigkeitsprüfung vorgibt. Nach § 1 Abs. 2 Satz 2 UrhDaG sind insbesondere zu berücksichtigen die Art, das Publikum und der Umfang des Dienstes (1.), die Art der von den Nutzern des Dienstes hochgeladenen Werke (2.), die Verfügbarkeit geeigneter Mittel zur Erfüllung der Pflichten (3.) sowie die Kosten, die dem Diensteanbieter für diese Mittel entstehen (4.). 400

§ 1 Abs. 4 UrhDaG schließt eine Möglichkeit einer Haftungsfreistellung für Diensteanbieter aus, deren Hauptzweck es ist, sich an Urheberrechtsverletzungen zu beteiligen oder sie zu erleichtern. Die Diensteanbieter sind also generell verantwortlich, sofern sie unter die Definition des § 2 UrhDaG fallen.[519] 401

§ 16 Voraussetzung der Haftungsfreistellung

I. Bestmögliche Anstrengungen zum Lizenzerwerb

1. Überblick

§ 4 UrhDaG statuiert eine Pflicht des Diensteanbieters, bestmögliche Anstrengungen zum Lizenzerwerb zu unternehmen. Bei der Beurteilung der Frage, ob die unternommenen Anstrengungen ausreichen, ist der Grundsatz der Verhältnismäßigkeit zu beachten.[520] Die Bundesregierung verwendet in ihrer Begründung zum Regierungsentwurf den Begriff der Obliegenheit.[521] Ein Kontrahierungszwang oder ein Anspruch auf Abschluss eines Lizenzvertrages besteht nicht.[522] 402

Diese Obliegenheit des Diensteanbieters besteht unabhängig von gesetzlichen Erlaubnissen (Schranken) zugunsten der Plattformnutzer. Zwar regelt § 6 Abs. 2 UrhDaG, dass Erlaubnisse auch zugunsten des Diensteanbieters wirken. 403

519 BT-Drucksache 19/27426, S. 131.
520 BT-Drucksache 19/27426, S. 132.
521 BT-Drucksache 19/27426, S. 132.
522 Dreier/Schulze/*Raue*[7] § 4 UrhDaG Rn. 5; *Hofmann* NJW 2021, 1905, 1907.

https://doi.org/10.1515/9783110617207-016

Diese Erstreckung befreit den Diensteanbieter aber nicht von der selbständigen Obliegenheit nach § 4 Abs. 1 UrhDaG.[523] Auch die Pflicht zur Wiedergabe mutmaßlich erlaubter Nutzungen nach den §§ 9 bis 11 UrhDaG entbindet den Diensteanbieter nicht von dieser Obliegenheit. Ein Verstoß gegen die Obliegenheit soll zu einer Schadensersatzpflicht des Diensteanbieters gegenüber dem Rechtsinhaber führen.[524] Daher liegt es im Eigeninteresse des Diensteanbieters, seine Anstrengungen sorgfältig zu dokumentieren, um diese im Streitfall auch nachweisen zu können.

404 Die Lizenzierungspflicht des Diensteanbieters wird zwar nicht durch Schrankenregelungen zugunsten der Nutzer aufgehoben, wohl aber durch vertragliche Rechtseinräumungen von Rechtsinhabern an Nutzer. Hierfür spricht ErwG 69 S. 2 DSM-RL. Wenn Rechtsinhaber Nutzern ausdrücklich die Erlaubnis erteilt haben, Werke und sonstige Schutzgegenstände über einen Dienst für das Teilen von Online-Inhalten verfügbar zu machen, so wird dem Diensteanbieter die Handlung der öffentlichen Wiedergabe innerhalb des Geltungsbereichs der vom Rechtsinhaber erteilten Erlaubnis gemäß ErwG 69 S. 2 DSM-RL genehmigt.

2. Konkretisierung der Obliegenheit nach § 4 Abs. 1–2 UrhDaG

405 § 4 Abs. 1 S. 1 UrhDaG verpflichtet Diensteanbieter, bestmögliche Anstrengungen zu unternehmen, um die vertraglichen Nutzungsrechte für die öffentliche Wiedergabe urheberrechtlich geschützter Werke zu erwerben. Diese Obliegenheit besteht auch bei der Nutzung kurzer Ausschnitte geschützter Werke.[525]

a) Potenzielle Lizenzgeber, § 4 Abs. 1 UrhDaG

406 § 4 Abs. 1 S. 2 UrhDaG konkretisiert die Obliegenheit des Diensteanbieters und beschränkt sie auf drei potenzielle Arten von Lizenzgebern.[526] Nach § 4 Abs. 1 S. 2 UrhDaG erfüllt der Diensteanbieter diese Pflicht, sofern er Nutzungsrechte erwirbt, die (1.) ihm angeboten werden, (2.) über repräsentative Rechtsinhaber verfügbar sind, die der Diensteanbieter kennt, oder (3.) über im Inland ansässige Verwertungsgesellschaften oder abhängige Verwertungseinrichtungen erworben werden können.

---

523 BT-Drucksache 19/27426, S. 132.
524 BT-Drucksache 19/27426, S. 132.
525 BT-Drucksache 19/27426, S. 132.
526 *Stieper* ZUM 2021, 387, 392.

Bei ihm bekannten repräsentativen Rechtsinhabern (§ 4 Abs. 1 Nr. 2 UrhDaG) und inländischen Verwertungsgesellschaften und -einrichtungen (§ 4 Abs. 1 Nr. 3 UrhDaG) muss der Rechtsinhaber also selbst aktiv werden. 407

aa) Angebote an Diensteanbieter, § 4 Abs. 1 Nr. 1 UrhDaG

Diensteanbieter sind grundsätzlich nicht verpflichtet, aktiv nach Lizenzangeboten einzelner Rechtsinhaber zu forschen. Eine solche Pflicht würde zu hohen Kosten bei den Diensteanbietern führen. Geht man davon aus, dass es eine unüberschaubare Vielzahl von Rechtsinhaber gibt, aber nach Einschätzung der Bundesregierung derzeit nur dreizehn Plattformen[527], so wird verständlich, dass die Obliegenheit gemäß § 4 Abs. 1 Nr. 1 UrhDaG nur durch eine Aktivität der einzelnen Rechtsinhaber, nämlich ein Angebot an die Diensteanbieter, ausgelöst werden kann. 408

bb) Repräsentative, dem Diensteanbieter bekannte Rechtsinhaber, § 4 Abs. 1 Nr. 2 UrhDaG

Soweit auch einzelne Rechtsinhaber im Sinne des § 4 Abs. 1 Nr. 2 UrhDaG über relevante Repertoires verfügen, etwa große Labels oder Filmstudios, ist es erforderlich, dass die jeweiligen Rechtsinhaber dem Diensteanbieter bekannt sind. Dies ist beispielsweise bei in der Vergangenheit bestehenden Geschäftsbeziehungen der Fall. Ein Angebot dieser Rechtsinhaber an den Diensteanbieter ist nicht erforderlich. Der Diensteanbieter muss von sich aus aktiv werden. 409

cc) Inländische Verwertungsgesellschaften oder abhängige Verwertungseinrichtungen, § 4 Abs. 1 Nr. 3 UrhDaG

§ 4 Abs. 1 Nr. 3 UrhDaG schließt auch kollektive Lizenzen mit erweiterter Wirkung ein.[528] Hierdurch können von Verwertungsgesellschaften nach §§ 51 ff. VGG auch Lizenzen von Werken außenstehender Personen erworben werden, die mit der Verwertungsgesellschaft keinen individuellen Vertrag geschlossen haben.[529] Auch hier ist ein Angebot an den Diensteanbieter nicht erforderlich. Der Diensteanbieter muss also aktiv auf die Verwertungsgesellschaften zugehen. 410

---

527 Vgl. BT-Drucksache 19/27426, S. 61 ff.
528 BT-Drucksache 19/27426, S. 132.
529 *Sutterer* GRUR 2021, 662, 663.

b) Konkretisierung der Nutzungsrechte, § 4 Abs. 2 UrhDaG

411 Eine weitere Konkretisierung enthält § 4 Abs. 2 UrhDaG. Die zu erwerbenden Nutzungsrechte werden in § 4 Abs. 2 UrhDaG näher definiert. Danach müssen die Nutzungsrechte für Inhalte gelten, die der Diensteanbieter ihrer Art nach offensichtlich in mehr als geringfügigen Mengen öffentlich wiedergibt (1.), in Bezug auf Werke und Rechtsinhaber ein erhebliches Repertoire umfassen (2.), den räumlichen Geltungsbereich des UrhDaG abdecken (3.) und die Nutzung zu angemessenen Bedingungen ermöglichen (4.). Diese Voraussetzungen müssen kumulativ vorliegen. Nur Nutzungsrechte, die sämtliche dieser Voraussetzungen erfüllen, lösen die Obliegenheit aus.

412 Durch die Aneinanderreihung relativ strenger Bedingungen, die an eine die Lizenzierungsobliegenheit auslösende Nutzungsrechtsoption geknüpft werden, wird sichergestellt, dass die Diensteanbieter nicht übermäßig belastet werden.

413 Aus der Formulierung des § 4 Abs. 2 Nr. 4 UrhDaG wird gefolgert, dass ein Diensteanbieter nach § 1 Abs. 2 UrhDaG von seiner Verantwortlichkeit für einen nicht lizenzierten Upload befreit wird, wenn er ein unangemessenes Lizenzangebot ablehnt.[530] Dies gilt natürlich nur dann, wenn er zusätzlich die Pflichten aus §§ 7 bis 11 UrhDaG erfüllt. Allerdings kann sich die Enthaftung nur auf das konkrete Werk beziehen, für das ein unangemessenes Angebot gefordert worden war.

414 Eine Enthaftung ist im konkreten Fall naturgemäß nur dann erforderlich, wenn der Diensteanbieter – oder der hochladende Nutzer – keine Lizenz/Erlaubnis hat. Hat aber beispielsweise der Diensteanbieter eine Lizenz/Erlaubnis für die konkrete Nutzung, so entfällt die Haftung auch dann, wenn diese Lizenz/Erlaubnis nicht den Anforderungen des § 4 Abs. 2 UrhDaG entspricht. Beispielsweise lässt auch eine deutlich überteuerte – tatsächlich erworbene – Lizenz die Haftung entfallen, würde aber keine Obliegenheit zum Lizenzerwerb auslösen.

3. Vergütungsanspruch des Urhebers, § 4 Abs. 3 UrhDaG

415 § 4 Abs. 3 UrhDaG sieht einen Direktvergütungsanspruch vor. Hat der Urheber das Recht der öffentlichen Wiedergabe eines Werkes einem Dritten eingeräumt, so hat der Diensteanbieter für vertragliche Nutzungen gleichwohl dem Urheber § 4 Abs. 3 S. 1 UrhDaG eine angemessene Vergütung für die öffentliche Wiedergabe des Werkes zu zahlen. § 4 Abs. 3 S. 2 UrhDaG schließt diesen Anspruch aus, wenn der Dritte eine Verwertungsgesellschaft ist oder der Urheber den Dritten als Digitalvertrieb einschaltet.

---

530 *Stieper* ZUM 2021, 387, 392.

Mit dieser Regelung wollte der Gesetzgeber dem Grundsatz der angemessenen und verhältnismäßigen Vergütung aus Art. 18 DSM-RL Rechnung tragen.[531] Nach Art. 18 Abs. 1 DSM-RL stellen die Mitgliedstaaten sicher, dass Urheber und ausübende Künstler, die eine Lizenz- oder Übertragungsvereinbarung für ihre ausschließlichen Rechte an der Verwertung ihrer Werke oder sonstigen Schutzgegenstände abschließen, das Recht auf eine angemessene und verhältnismäßige Vergütung haben. Vorbilder für § 4 Abs. 3 UrhDaG sind § 20b Abs. 2 UrhG und § 27 Abs. 1 UrhG.[532] 416

Der Urheber kann nach § 4 Abs. 4 UrhDaG auf den Direktvergütungsanspruch nicht verzichten und diesen im Voraus nur an eine Verwertungsgesellschaft abtreten. Er kann nur durch eine Verwertungsgesellschaft geltend gemacht werden. 417

Die Bundesregierung weist in ihrer Begründung zum Gesetzesentwurf darauf hin, dass der Direktvergütungsanspruch nicht zu einer wirtschaftlichen Mehrbelastung führt, da die Zahlungen an die Urheber bei der Bemessung des an die Verwerter zu zahlenden Betrags berücksichtigt werden kann.[533] Doppelzahlungen können durch diese Berücksichtigung vermieden werden. 418

II. Gesetzlich erlaubte Nutzungen, § 5 UrhDaG

1. Überblick über die Schrankenbestimmungen

Die öffentliche Wiedergabe von urheberrechtlich geschützten Werken und Teilen von Werken durch den Nutzer eines Diensteanbieters ist nach § 5 Abs. 1 UrhDaG zu bestimmten Zwecken zulässig. § 5 Abs. 1 Nr. 1 UrhDaG verweist auf Zitate nach § 51 UrhG und § 5 Abs. 1 Nr. 2 UrhDaG auf Karikaturen, Parodien und Pastiches nach § 51a UrhG. Diese Bestimmungen setzen Art. 17 Abs. 7 DSM-RL um. § 5 Abs. 1 Nr. 3 UrhDaG verweist allgemein auf die Schrankenbestimmungen des UrhG (§§ 44a–63a UrhG). Vor dem Hintergrund dieser allgemeinen Verweisung in § 5 Abs. 1 Nr. 3 UrhDaG sind die Nr. 1 und 2 UrhDaG eigentlich überflüssig. Die ausdrückliche Erwähnung der Schranken für Zitate (Nr. 1) sowie Karikaturen, Parodien und Pastiches (Nr. 2) dient der Umsetzungstransparenz. Bei der Umsetzung von EU-Richtlinien muss die sich aus diesem Recht ergebende Rechtslage hinreichend bestimmt und klar sein und die Begünstigten in die Lage versetzen, von allen ihren Rechten Kenntnis zu erlangen und diese gegebenenfalls vor den nationa- 419

531 BT-Drucksache 19/27426, S. 134.
532 BT-Drucksache 19/27426, S. 134.
533 BT-Drucksache 19/27426, S. 134.

len Gerichten geltend zu machen.[534] Die Formulierung der beiden spezifizierten Schranken in § 5 UrhDaG trägt dem Wortlaut des Art. 17 Abs. 7 DSM-RL Rechnung.

2. Neue Schranke für Karikaturen, Parodien und Pastiches

420 Weder in der DSM-RL noch in der InfoSoc-RL findet sich eine Definition des Pastiches. Anders als bei Parodie und Karikatur, die in der Regel eine humoristische oder spöttische Komponente erfordern, kann diese beim Pastiche auch einen Ausdruck der Wertschätzung oder Ehrerbietung für das Original enthalten, etwa als Hommage.[535]

421 Der Begriff „Pastiche" ist wenig gebräuchlich und ohne klare Konturen, sodass die Gefahr besteht, dass die Pasticheschranke zu einer Schrankengeneralklausel ähnlich dem US-amerikanischen „fair use" oder zu einen Auffangtatbestand umgedeutet wird.

422 Die Bundesregierung ging in ihrem Gesetzesentwurf von einem weiten Anwendungsbereich aus. Erfasst werden sollen zitierende, imitierende und anlehnende Kulturtechniken, wobei hier insbesondere an Praktiken wie Remix, Meme, GIF, Mashup, Fan Art, Fan Fiction oder Sampling zu denken sei.[536] Diese Auslegung geht zu weit und steht nicht im Einklang mit dem Dreistufentest aus Art. 13 TRIPs.[537]

423 Nach Art. 13 TRIPs begrenzen die Mitglieder Beschränkungen und Ausnahmen von ausschließlichen Rechten auf bestimmte Sonderfälle, die weder die normale Auswertung des Werkes beeinträchtigen noch die berechtigten Interessen des Rechtsinhabers unzumutbar verletzen. Dieser Dreistufentest stammt ursprünglich aus der RBÜ und findet sich auch im WCT und im WPPT.

424 Es fehlt bei den von der Bundesregierung aufgelisteten unbestimmten Begriffen schon am Tatbestandsmerkmal des bestimmten Sonderfalls. Denn Praktiken wie „Remix, Meme, GIF, Mashup, Fan Art, Fan Fiction oder Sampling" sind ihrerseits unbestimmt und haben – bis auf eine denkbare Nutzung vorbestehender Werke – wenig gemein. Die normale Auswertung wird zudem ganz erheblich beeinträchtigt, wenn beispielsweise unerlaubte Remixe von Musikstücken angefertigt werden. Weniger einschneidend ist hingegen das Sampling.[538] Diese wären dann auch nur bei Wiedergabe über vom UrhDaG erfasste Plattformen wie YouTu-

534 EuGH NJW 2001, 2244 Rn. 17.
535 BT-Drucksache 19/27426, S. 91.
536 BT-Drucksache 19/27426, S. 91.
537 *Schack* GRUR 2021, 904, 906; *v. Welser* GRUR-Prax 2021, 463, 464 f.
538 OLG Hamburg ZUM 2022, 563, 571 – Übernahme von Musikfragmenten (Metall auf Metall).

be zu vergüten, bei einer Wiedergabe über Spotify müsste der Urheber nicht nur nicht gefragt werden, sondern nicht einmal vergütet werden. Von seinem Urheberrecht bliebe dann wenig übrig.

Schließlich kann im Einzelfall auch eine unzumutbare Verletzung der berech- 425
tigten Interessen des Rechtsinhabers vorliegen. Allein die in § 13 Abs. 3 UrhDaG vorgesehene Möglichkeit einer einfachen Blockierung nach § 8 UrhDaG bei Verletzung der Werkintegrität (§ 14 UrhG) schützt die berechtigten Interessen keineswegs hinreichend.

Darüber hinaus ist bei einem Pastiche nicht einmal eine Quellenangabe erfor- 426
derlich.[539] § 63 UrhG nennt § 51a UrhG nicht. Würde man unter Pastiche auch einen Remix verstehen, so müsste der Originalurheber, dessen Werk unlizenziert verändert und ausgewertet wird, nicht einmal genannt werden.

Zudem bestimmt bereits Art. 5 Abs. 5 InfoSoc-RL, dass die in Art. 5 Abs 1 bis 4 427
InfoSoc-RL genannten Ausnahmen und Beschränkungen nur in bestimmten Sonderfällen angewandt werden dürfen, in denen die normale Verwertung des Werkes oder des sonstigen Schutzgegenstands nicht beeinträchtigt wird und die berechtigten Interessen des Rechtsinhabers nicht ungebührlich verletzt werden. Eine optionale Pasticheschranke findet sich bereits in Art. 5 Abs. 3 k) InfoSoc-RL.

3. Vergütungsanspruch

Für öffentliche Wiedergaben, die unter die Schrankenbestimmung für Karikatu- 428
ren, Parodien und Pastiches fallen (§ 5 Abs. 1 Nr. 2 UrhDaG) hat der Diensteanbieter dem Urheber (und Leistungsschutzberechtigten, § 21 Abs. 1 UrhDaG) nach § 5 Abs. 2 Satz 1 UrhDaG eine angemessene Vergütung zu zahlen. Der Anspruch kann nur durch eine Verwertungsgesellschaft geltend gemacht werden. Der Vergütungsanspruch ist nicht verzichtbar und im Voraus nur an eine Verwertungsgesellschaft abtretbar. Er kann nur durch eine Verwertungsgesellschaft geltend gemacht werden. Für eine Pastiche-Nutzung auf einer Plattform ist der Urheber also zu vergüten, nicht hingegen für ein Zitat. § 5 Abs. 2 S. 4 UrhDaG verweist auf § 63a Abs. 2 UrhG.

Hat der Urheber einem Verleger ein Recht an seinem Werk eingeräumt, so ist 429
der Verleger in Bezug auf dieses Recht nach § 63a Abs. 2 UrhG angemessen an den gesetzlichen Vergütungsansprüchen zu beteiligen. In diesem Fall können gesetzliche Vergütungsansprüche nur durch eine gemeinsame Verwertungsgesellschaft von Urhebern und Verlegern geltend gemacht werden.

---

539 BT-Drucksache 19/27426, S. 90.

430 Die Bundesregierung hat in ihrer Begründung zum Gesetzesentwurf darauf hingewiesen, dass sich die Vergütungshöhe an einem fiktiven Marktpreis für die Nutzung der geschützten Inhalte orientieren solle.[540] Bei der Bestimmung dieses Preises könne in einem ersten Schritt beispielsweise der (hypothetische) Preis für die Einzellizenzierung des genutzten Werkes zugrunde gelegt werden. Da nach § 5 Abs. 1 UrhDaG überwiegend die Nutzung von Werken in verfremdeter Form gestattet ist, kann dieser Wert in einem zweiten Schritt ins Verhältnis zum Umfang der tatsächlich stattfindenden gesetzlich erlaubten Nutzung gesetzt werden. Zu erhöhen wäre dieser anteilige Wert beispielsweise dann, wenn der verwendete Werkteil typischerweise einen besonders hohen Wiedererkennungswert hat oder eine besondere Aufmerksamkeit erzeugt, etwa der Refrain eines Musikstücks oder die Catchphrase aus einem Film. Um die Angemessenheit der Vergütung zu gewährleisten, solle schließlich auch der wirtschaftliche Erfolg nutzergenerierter Inhalte berücksichtigt werden. Dieser kann sich sowohl vergütungssteigernd wie auch mindernd auswirken.[541]

4. Hinweispflicht

431 Nach § 5 Abs. 3 UrhDaG hat der Diensteanbieter den Nutzer auf die gesetzlichen Erlaubnisse aus § 5 Abs. 1 UrhDaG in seinen Allgemeinen Geschäftsbedingungen hinzuweisen.

III. Reichweite von vertraglichen und gesetzlichen Erlaubnissen

432 Bei der Erstreckung der Erlaubnisse ist zwischen Erlaubnissen des Diensteanbieters und des Nutzers und zwischen vertraglichen (Lizenz) und gesetzlichen (Schranken) zu unterscheiden.

1. Erlaubnis des Diensteanbieters

433 Ist dem Diensteanbieter die öffentliche Wiedergabe eines Werkes erlaubt, so wirkt diese Erlaubnis nach § 6 Abs. 1 UrhDaG auch zugunsten des Nutzers, sofern dieser nicht kommerziell handelt oder keine erheblichen Einnahmen erzielt.

---

540 BT-Drucksache 19/27426, S. 136.
541 BT-Drucksache 19/27426, S. 136.

Diese Regelung trägt ErwG 69 S. 1 DSM-RL Rechnung. Werden Diensteanbietern für das Teilen von Online-Inhalten Erlaubnisse für die Nutzung von Inhalten erteilt, so sollten diese Erlaubnisse nach ErwG 69 S. 1 DSM-RL auch die urheberrechtlich relevanten Handlungen abdecken, die von Nutzern hochgeladene Inhalte innerhalb des Geltungsbereichs der den Diensteanbietern erteilten Erlaubnis betreffen. Dies soll allerdings nur in Fällen gelten, in denen diese Nutzer für nichtgewerbliche Zwecke handeln, etwa wenn sie ihre Inhalte ohne Gewinnerzielungsabsicht teilen oder wenn die Gewinne, die die hochgeladenen Inhalte einbringen, im Verhältnis zu den abgedeckten urheberrechtlich relevanten Handlungen der von diesen Erlaubnissen abgedeckten Nutzer nicht erheblich sind. 434

2. Erlaubnis des Nutzers

Verfügt der Nutzer über eine Erlaubnis, ein Werk über einen Diensteanbieter öffentlich wiederzugeben, so wirkt diese Erlaubnis nach § 6 Abs. 2 UrhDaG auch zugunsten des Diensteanbieters. Dies befreit den Diensteanbieter nach der Begründung zum Regierungsentwurf indes nicht von seiner Lizenzierungsobliegenheit.[542] 435

In der Literatur wird vorgeschlagen, die gesetzliche Erlaubnis über § 6 Abs. 2 UrhDaG auch auf den Diensteanbieter zu erstrecken und es bei der gesetzlichen Vergütung ohne Lizenzierungsobliegenheit zu belassen.[543] Zur Begründung wird darauf hingewiesen, dass beispielsweise die Zitatschranke auch zugunsten von traditionellen Intermediären wie Verlagen greift und nicht nur den Autor des zitierenden Werkes schützt.[544] 436

Das pflichtwidrige Unterlassen der Lizenzierung von Nutzungen unter den Voraussetzungen des § 4 Abs. 1 und 2 UrhDaG kann zu einer Schadensersatzpflicht des Diensteanbieters gegenüber dem Rechtsinhaber führen.[545] 437

IV. Blockierungspflichten, §§ 7, 8 UrhDaG

§§ 7, 8 UrhDaG sehen Blockierungspflichten vor. Unter Blockierung versteht das UrhDaG die Sperrung oder Entfernung, wie sich aus der Legaldefinition in § 7 Abs. 1 UrhDaG ergibt. Nach vorzugswürdiger Ansicht sind §§ 7, 8 UrhDaG keine 438

542 BT-Drucksache 19/27426, S. 132; dagegen Dreier/Schulze/*Raue*[7] § 6 UrhDaG Rn. 10; *Hofmann* NJW 2021, 1905, 1907.

543 *Metzger/Pravemann* ZUM 2021, 288, 293.

544 *Metzger/Pravemann* ZUM 2021, 288, 293; *Hofmann* NJW 2021, 1905, 1907.

545 BT-Drucksache 19/27426, S. 132.

eigenständigen Anspruchsgrundlagen.[546] Beide Normen verweisen auf den Verhältnismäßigkeitsgrundsatz in § 1 Abs. 2 UrhDaG.

439 In aller Regel werden diese Blockierungen mit Uploadfiltern umgesetzt. Der Einsatz von Uploadfiltern ist nicht neu. So verwendete YouTube schon in der Vergangenheit eine Inhalte-Identifizierungstechnologie, die jedes Video scannt und mit einer Referenzdatenbank abgleicht.[547] Diese Inhalte-Identifizierungstechnologie ist im Wesentlichen darauf beschränkt, zwei Dateien auf der Basis gebildeter Hashwerte oder digitaler Fingerprints auf Übereinstimmungen zu überprüfen. Ausgehend vom Grad der festgestellten Übereinstimmung lässt sich die Wahrscheinlichkeit berechnen, dass es sich um identische Inhalte handelt.[548] Eine rechtliche Bewertung wird hierdurch keineswegs überflüssig.

1. Qualifizierte Blockierung, § 7 UrhDaG

a) Verhinderung künftiger Wiedergaben

440 § 7 Abs. 1 UrhDaG verpflichtet den Diensteanbieter, durch Sperrung oder Entfernung (Blockierung) bestmöglich sicherzustellen, dass ein Werk nicht öffentlich wiedergegeben wird und hierfür auch künftig nicht verfügbar ist, sobald der Rechtsinhaber dies verlangt und die hierfür erforderlichen Informationen zur Verfügung stellt. Die qualifizierte Blockierung geht über die Beendigung hinaus und erfasst auch die Pflicht, sicherzustellen, dass ein Werk künftig nicht verfügbar ist. Die qualifizierte Blockierung erweitert also das Notice-and-Takedown-Verfahren des § 8 UrhDaG, da auch die künftige Wiedergabe verhindert werden soll („Staydown“).[549]

441 Die Bundesregierung weist in der Begründung zum Gesetzesentwurf darauf hin, dass keine Erfolgshaftung im Einzelfall besteht.[550]

b) Zurverfügungstellung von erforderlichen Informationen

442 Voraussetzung ist das Verlangen des Rechtsinhabers und das Zurverfügungstellen der hierfür erforderlichen Informationen. Bei den erforderlichen Informationen handelt es sich um solche, mit deren Hilfe Filtertechnologien in die Lage versetzt werden können, die künftige Wiedergabe zu verhindern. Die Art der erforderlichen Informationen hängt von den beim Diensteanbieter eingesetzten

546 Dreier/Schulze/*Raue*[7] § 7 UrhDaG Rn. 6; dagegen *Metzger/Pravemann* ZUM 2021, 288, 292.
547 *Conrad/Nolte* ZUM 2021, 111, 117.
548 *Conrad/Nolte* ZUM 2021, 111, 118.
549 BT-Drucksache 19/27426, S. 137.
550 BT-Drucksache 19/27426, S. 137.

Technologien sowie vom Stand der Technik ab. Je nach Werkart haben sich in der Praxis verschiedene Standards etabliert, etwa das Fingerprinting oder das Watermarking für audiovisuelle Inhalte.[551] Fehlt es an den erforderlichen Informationen, so bleibt es bei der einfachen Blockierung nach § 8 Abs. 3 UrhDaG.

c) Verhinderung des Overblocking

Maßnahmen dürfen gemäß § 7 Abs. 2 S. 1 UrhDaG nicht dazu führen, dass von Nutzern hochgeladene Inhalte, deren Nutzung gesetzlich erlaubt ist oder bei denen kein Verstoß gegen das Urheberrecht vorliegt, nicht verfügbar sind. Der Nutzer hat somit einen Anspruch auf Nicht-Löschung.[552] Erfolgt entgegen § 7 Abs. 2 S. 1 UrhDaG eine Löschung, so kommt ein Schadensersatzanspruch des Nutzers in Betracht.[553] 443

Beim Einsatz automatisierter Verfahren verweist § 7 Abs. 2 S. 2 UrhDaG auf die §§ 9 bis 11 UrhDaG. Handelt es sich um mutmaßlich erlaubte nutzergenerierte Inhalte im Sinne des § 9 UrhDaG, sind diese trotz eines im automatisierten Verfahren durchzusetzenden Blockierverlangens bis zum Abschluss eines Beschwerdeverfahrens öffentlich wiederzugeben.[554] 444

Unter diese automatisierten Verfahren fallen beispielsweise Upload-Filter. Die Verweisung gilt nach § 7 Abs. 2 S. 3 UrhDaG wiederum nicht bei Nutzungen von Filmwerken oder Laufbildern bis zum Abschluss ihrer erstmaligen öffentlichen Wiedergabe, insbesondere während der zeitgleichen Übertragung von Sportveranstaltungen, soweit der Rechtsinhaber dies vom Diensteanbieter verlangt und die hierfür erforderlichen Angaben macht. 445

2. Einfache Blockierung, § 8 UrhDaG

a) Anspruch auf Beendigung durch Sperrung und Entfernung

§ 8 Abs. 1 UrhDaG verpflichtet den Diensteanbieter, die öffentliche Wiedergabe eines Werkes durch Blockierung zu beenden, sobald der Rechtsinhaber dies verlangt und einen hinreichend begründeten Hinweis auf die unerlaubte öffentliche Wiedergabe des Werkes gibt. Die einfache Blockierung umfasst nach § 8 Abs. 1 UrhDaG nur die Beendigung der öffentlichen Wiedergabe durch Sperrung oder Entfernung. 446

---

551 BT-Drucksache 19/27426, S. 137.

552 *Hofmann* GRUR 2021, 895, 902.

553 *Kaesling/Knapp* MMR 2021, 11, 15.

554 BT-Drucksache 19/27426, S. 137.

b) Hinreichend begründete Hinweise

447 Voraussetzung ist das Verlangen des Rechtsinhaber und ein hinreichend begründeter Hinweis auf die unerlaubte öffentliche Wiedergabe des Werkes. Die einfache Blockierung entspricht einem bloßen Notice-and-Takedown-Verfahren.[555]

V. Mutmaßlich erlaubte Nutzungen, §§ 9–12 UrhDaG

1. Regelungszweck

448 Regelungszweck der §§ 9 bis 12 UrhDaG ist die Verhinderung von unverhältnismäßigen Blockierungen (Overblocking).[556] Die §§ 9 bis 12 UrhDaG gelten nur für automatisierte Verfahren zur Blockierung.[557] Hierfür hat der Gesetzgeber einen neuartigen Regelungsmechanismus geschaffen. Dieser Mechanismus trifft als prozedurales Instrument keine endgültige Aussage über die Zulässigkeit von Uploads, sondern ermöglicht vorläufig eine vergütungspflichtige öffentliche Zugänglichmachung aufgrund einer vermuteten Erlaubnis nach § 5 UrhDaG trotz Blockierverlangens. Ergibt eine Überprüfung das Fehlen der Erlaubnis nach § 5 UrhDaG, soll der entsprechende Inhalt blockiert werden.

449 Es wird widerleglich vermutet, dass nutzergenerierte Inhalte, die bestimmte typisierte Anforderungen erfüllen, mutmaßlich erlaubt sind. Sie sind trotz eines etwaigen Blockierverlangens zunächst wiederzugeben. Mit dieser Verpflichtung zur Wiedergabe korrespondiert die Möglichkeit des Rechtsinhaber nach § 14 UrhDaG Beschwerde einzulegen, über die innerhalb einer Woche zu entscheiden ist, und in bestimmten Fällen sogar eine sofortige Blockierung nach § 14 Abs. 4 UrhDaG („roter Knopf") durchzusetzen. Für die Wiedergabe mutmaßlich erlaubter Nutzungen nach den §§ 9ff. UrhDaG sind die Diensteanbieter urheberrechtlich nicht verantwortlich. Sie sind aber gemäß § 12 Abs. 1 UrhDaG zu einer angemessenen Vergütung der Urheber verpflichtet.

450 Das UrhDaG legt Kriterien fest, die für eine gesetzlich erlaubte Nutzung sprechen und die gleichzeitig in automatisierten Verfahren nachprüfbar sind. Mutmaßlich erlaubt sind dabei solche von Nutzern hochgeladenen Inhalte, die lediglich Teile – weniger als die Hälfte – geschützter Werke enthalten und diese mit anderem Inhalt kombinieren und entweder vom Nutzer vorab als erlaubt gekennzeichnet werden oder als geringfügig gelten, weil sie einen bestimmten Nutzungsumfang nicht überschreiten.

---

555 *Schack*[10] Rn 863.

556 BT-Drucksache 19/27426, S. 139.

557 Nicht automatisierte Verfahren zur Blockierung bleiben von den §§ 9–12 UrhDaG unberührt (BT-Drucksache 19/27426, S. 139).

2. Funktionsweise des Regelungsmechanismus

Die Vermutung einer gesetzlich erlaubten Nutzung setzt zunächst voraus, dass ein Upload weniger als die Hälfte eines oder mehrerer Werke Dritter enthält und diese Werkteile mit anderem Inhalt kombiniert. Das UrhDaG schützt also typische kontextbezogene gesetzlich erlaubte Nutzungen wie etwa ein Zitat oder eine Parodie, deren kontextuale Beziehung automatisierte Systeme nicht als erlaubt oder nicht erlaubt bewerten können. Die §§ 9 bis 12 UrhDaG sind deshalb nur bei automatisierten Verfahren der Blockierung von Inhalten anzuwenden. Zudem ist erforderlich, dass die Werke Dritter entweder nur geringfügig genutzt werden (§ 10 UrhDaG) oder dass der Nutzer seinen Upload als gesetzlich erlaubt kennzeichnet („Flagging", § 11 UrhDaG). Diese mutmaßlich erlaubten Nutzungen dürfen nicht automatisiert blockiert werden. Der Diensteanbieter ist vielmehr dazu verpflichtet, sie bis zum Abschluss eines etwaigen Beschwerdeverfahrens öffentlich wiederzugeben (§ 9 Abs. 1 UrhDaG). Wird die Vermutung einer gesetzlichen Erlaubnis nach § 5 UrhDaG in dem Beschwerdeverfahren widerlegt, so setzt sich das Blockierverlangen des Rechtsinhabers durch.[558] Der Schutz mutmaßlich erlaubter Nutzungen vor unverhältnismäßigem automatisierten Blockieren ist nach Maßgabe von § 11 Abs. 2 UrhDaG auch bei nachträglichen Blockierverlangen anzuwenden. Mit dieser Regelung wollte die Bundesregierung nach der Begründung zum Gesetzesentwurf der Meinungs- und Kunstfreiheit Rechnung tragen. Bei aktuellen Debatten ist es nach Meinung der Bundesregierung wichtig, dass Äußerungen in den sogenannten Sozialen Medien zeitnah online zugänglich sind, wenn sie sich mutmaßlich auf gesetzlich erlaubte Nutzungen stützen können.[559] § 12 Abs. 1 UrhDaG verpflichtet den Diensteanbieter, dem Urheber – und Leistungsschutzberechtigten (§ 21 UrhDaG) – für die öffentliche Wiedergabe mutmaßlich erlaubter Nutzungen eine angemessene Vergütung zu zahlen. 451

3. Pflicht zur öffentlichen Wiedergabe, § 9 Abs. 1 UrhDaG

Nach § 9 Abs. 1 UrhDaG müssen mutmaßlich erlaubte Nutzungen bis zum Abschluss eines Beschwerdeverfahrens nach § 14 UrhDaG öffentlich wiedergegeben werden, um unverhältnismäßige Blockierungen beim Einsatz automatisierter Ver- 452

---

558 Dies bedeutet zugleich, dass Uploads, die mindestens die Hälfte (50 % oder mehr) eines Werkes umfassen und für die zugleich ein Blockierverlangen vorliegt, nicht sofort zugänglich gemacht werden dürfen. Auch diese Nutzungen mögen im Ergebnis zwar gesetzlich erlaubt sein. Diese Befugnis muss der Nutzer jedoch im Beschwerdeverfahren nach Information über die Blockierung (§ 7 Abs. 3 i. V. m. § 8 Abs. 2 UrhDaG) geltend machen.

559 BT-Drucksache 19/27426, S. 46.

fahren zu vermeiden. § 9 Abs. 1 UrhDaG enthält somit eine Anspruchsgrundlage des Nutzers.[560]

453 Liegt eine mutmaßlich erlaubte Nutzung vor, so muss die Wiedergabe bis zum tatsächlichen Abschluss des Beschwerdeverfahrens fortgesetzt werden. Dies gilt auch dann, wenn hierbei die Wochenfrist für die Entscheidung über die Beschwerde nach § 14 Abs. 3 Nr. 3 UrhDaG überschritten wird. Allerdings entfällt nach § 12 Abs. 2 UrhDaG dann die Haftungsprivilegierung.[561]

4. Legaldefinition der mutmaßlich erlaubten Nutzung, § 9 Abs. 2 UrhDaG

454 § 9 Abs. 2 S. 1 UrhDaG stellt für bestimmte nutzergenerierte Inhalte eine widerlegliche Vermutung der gesetzlichen Erlaubnis nach § 5 UrhDaG auf. Nach der Legaldefinition in § 9 Abs. 2 S. 1 UrhDaG liegt eine mutmaßlich erlaubte Nutzung bei nutzergenerierten Inhalten, die (1.) weniger als die Hälfte eines Werkes eines Dritten oder mehrerer Werke Dritter enthalten, (2.) Werkteile mit anderem Inhalt kombinieren und (3.) Werke Dritter nur gemäß § 10 UrhDaG geringfügig nutzen oder gemäß § 11 UrhDaG als gesetzlich erlaubt gekennzeichnet sind, vor.

455 Für diese Inhalte wird widerleglich vermutet, dass ihre Nutzung nach § 5 gesetzlich erlaubt ist. Während die Voraussetzungen von § 9 Abs. 2 S. 1 Nr. 1 und 2 UrhDaG (geringerer als hälftiger Anteil und Kombination mit weiteren Inhalten) einfach nachzuvollziehen sind, erfordert die Verweisung in § 9 Abs. 2 S. 1 Nr. 3 UrhDaG auf die alternative Anwendung der §§ 10, 11 UrhDaG eine weitere Prüfung. § 9 Abs. 2 S. 2 UrhDaG sieht vor, dass Abbildungen nach Maßgabe von §§ 10 und 11 UrhDaG vollständig verwendet werden dürfen.

a) Geringerer als hälftiger Anteil, § 9 Abs. 1 S. 1 Nr. 1 UrhDaG

456 § 9 Abs. 1 Nr. 1 UrhDaG greift dann, wenn die nutzergenerierten Inhalte weniger als die Hälfte eines Werkes eines Dritten oder mehrerer Werke Dritter enthalten. Diese Anknüpfung, dass ein geringerer als hälftiger Anteil einer oder mehrerer Werke Dritter genutzt werden, gilt nach § 9 Abs. 2 S. 2 UrhDaG nicht für Abbildungen. Bei Abbildungen sind Teilnutzungen nach Einschätzung der Bundesregierung nicht sinnvoll umsetzbar.[562]

457 Grundsätzlich können auch Nutzungen, die mehr als die Hälfte eines Werkes umfassen, durch Schrankenregelungen erlaubt sein. Diese Nutzungen führen je-

---

560 Dreier/Schulze/*Specht-Riemenschneider*[7] § 9 UrhDaG Rn. 6; *Spindler* WRP 2021, 1245, 1246.
561 BT-Drucksache 19/27426, S. 139.
562 BT-Drucksache 19/27426, S. 139.

doch nicht zur Vermutung der §§ 9 bis 12 UrhDaG. In diesen Fällen setzt sich ein Blockierverlangen des Rechtsinhabers durch.

b) Kombination mit weiteren Inhalten, § 9 Abs. 1 S. 1 Nr. 2 UrhDaG

Diese Werke oder Werkteile müssen für die Anwendbarkeit der Vermutungswirkung mit anderen Inhalten kombiniert werden. Ob es sich bei diesen anderen Inhalten um eigene oder fremde handelt, spielt keine Rolle.[563] 458

c) Geringfügige Nutzung oder Kennzeichnung als erlaubte Nutzung, § 9 Abs. 2 S. 1 Nr. 3 UrhDaG

Zusätzlich zu diesen beiden Kriterien aus § 9 Abs. 2 S. 1 Nr. 1 bis 2 UrhDaG muss entweder eine geringfügige Nutzung oder eine Kennzeichnung als erlaubte Nutzung vorliegen. 459

aa) Geringfügige Nutzung, § 10 UrhDaG

(1) Kein kommerzieller Zweck/unerhebliche Einnahmen

§ 10 UrhDaG definiert bestimmte Nutzungen als geringfügig im Sinne des § 9 Abs. 2 S. 1 Nr. 3 UrhDaG, sofern sie nicht zu kommerziellen Zwecken oder nur zur Erzielung unerheblicher Einnahmen dienen. 460

(2) Absolute Zahlen für verschiedene Werkarten

Wird kein kommerzieller Zweck verfolgt und werden nur unerhebliche Einnahmen erzielt, so betrachtet § 10 UrhDaG Nutzungen bis zu 15 Sekunden je eines Filmwerks oder Laufbilds (1.), Nutzungen bis zu 15 Sekunden je einer Tonspur (2.), Nutzungen bis zu 160 Zeichen je eines Textes (3.) und Nutzungen bis zu 125 Kilobyte je eines Lichtbildwerks, Lichtbilds oder einer Grafik (4) als geringfügig. 461

In der Begründung zum Gesetzesentwurf führt die Bundesregierung im Hinblick auf § 10 Nr. 2 UrhDaG aus, dass 15 Sekunden bei einer durchschnittlichen Länge aktueller Songs von dreieinhalb Minuten ca. 7 Prozent ausmachen würden. Bei einer Nutzung eines solchen Ausschnitts liege in der Gesamtschau mit den weiteren Anforderungen an mutmaßlich erlaubte Nutzungen daher mit „hoher Wahrscheinlichkeit" eine gesetzliche Erlaubnis vor, etwa für die Verwendung als 462

563 BT-Drucksache 19/27426, S. 139.

Zitat, Parodie oder Pastiche.[564] Welche Anhaltspunkte für eine solche angeblich „hohe Wahrscheinlichkeit" sprechen sollen, bleibt unklar. 15 Sekunden können ohne Weiteres den charakteristischen Teil eines Songs umfassen. Ob eine solche Nutzung tatsächlich unter eine Schrankenbestimmung fällt, ist damit keineswegs indiziert.[565]

463 Der in § 10 Nr. 3 UrhDaG festgelegte Grenzwert von 160 Zeichen je eines Textes soll typische Zitate erfassen. Nach den Ausführungen der Bundesregierung soll die durchschnittliche Länge aller Wortformen im Dudenkorpus 5,99 Buchstaben betragen. Danach wären mutmaßlich ca. 27 Wörter erlaubt. Der Grenzwert von 160 Zeichen (ohne Leerzeichen) erfasst also Zitate, die je nach der zitierten Textsorte ein bis zwei Sätze umfassen. § 10 UrhDaG lässt die Befugnis der Nutzer unberührt, längere Textausschnitte nach § 11 UrhDaG als gesetzlich erlaubt zu kennzeichnen.

(3) Zusammenwirken von §§ 9, 10 UrhDaG

464 Neben den absoluten Zahlenwerten ist bei § 10 Nr. 1 bis 3 UrhDaG zusätzlich die relative Grenze aus § 9 UrhDaG zu beachten. Der Auszug aus dem fremden Werk muss nach § 9 Abs. 2 Nr. 1 UrhDaG zugleich auch kleiner als die Hälfte des fremden Werkes sein. Umfasst ein Text beispielsweise 300 Zeichen, so ist nach § 9 Abs. 2 Nr. 1 UrhDaG lediglich eine Nutzung von weniger als der Hälfte dieses Werkes erlaubt, also von höchstens 149 Zeichen.[566] Praktische Bedeutung erlangen die absoluten Grenzwerte des § 10 Nr. 1 bis 3 UrhDaG erst bei einem Werkumfang von mehr als 320 Zeichen beziehungsweise mehr als 30 Sekunden im Ton- und Bildbereich.

465 Für Abbildungen bestimmt § 10 Nr. 4 UrhDaG die maximal zulässige Dateigröße mit 125 Kilobyte. Nach § 9 Abs. 2 S. 2 UrhDaG dürfen – bis zu dieser Dateigröße – Fotos oder Grafiken als mutmaßlich erlaubte Nutzung vollständig genutzt werden.

bb) Kennzeichnung als erlaubte Nutzung, § 11 UrhDaG

466 Alternativ zu § 10 UrhDaG sieht § 11 UrhDaG eine Kennzeichnung als erlaubte Nutzung vor.

---

564 BT-Drucksache 19/27426, S. 140.
565 Vgl. *Stieper* ZUM 2021, 387, 389.
566 BT-Drucksache 19/27426, S. 140.

Das Verfahren nach § 11 UrhDaG ist dann anzuwenden, wenn die genutzten Werkteile Dritter die quantitativen Grenzen der geringfügigen Nutzung nach § 10 UrhDaG überschreiten und der Inhalt auf Grund eines Blockierverlangens automatisiert blockiert werden soll. § 11 Abs. 1 UrhDaG regelt das Verfahren zur Kennzeichnung als erlaubte Nutzung, wenn der Diensteanbieter automatisierte Verfahren zur Blockierung einsetzt und ein nutzergenerierter Inhalt bereits beim Hochladen wegen der Übereinstimmung mit einer Referenzdatei blockiert werden soll. 467

(1) Blockierverlangen vor dem Hochladen („Pre-Flagging“), § 11 Abs. 1 UrhDaG

Soll ein nutzergenerierter Inhalt beim Hochladen automatisiert blockiert werden und handelt es sich nicht um eine geringfügige Nutzung nach § 10 UrhDaG, so ist der Diensteanbieter nach § 11 UrhDaG verpflichtet, den Nutzer über das Blockierverlangen des Rechtsinhabers zu informieren (1.), den Nutzer zugleich auf die Erforderlichkeit einer gesetzlichen Erlaubnis nach § 5 UrhDaG für eine öffentliche Wiedergabe hinzuweisen (2.) und es dem Nutzer zu ermöglichen, die Nutzung als nach § 5 UrhDaG gesetzlich erlaubt zu kennzeichnen (3). Diese Kennzeichnung wird in der Begründung des Regierungsentwurfs als „Pre-Flagging“ bezeichnet.[567] 468

Die Pflichten nach § 11 Abs. 1 UrhDaG bestehen nur, soweit der Diensteanbieter automatisierte Verfahren zur Umsetzung seiner Pflichten aus den §§ 7 und 8 UrhDaG einsetzt. Verwendet der Diensteanbieter diese Verfahren, ermöglicht dies zugleich einen „Pre-Check“ des Uploads. 469

(2) Blockierverlangen nach dem Hochladen („Post-Flagging“), § 11 Abs. 2 UrhDaG

Soll ein nutzergenerierter Inhalt erst nach dem Hochladen automatisiert blockiert werden, so schreibt § 11 Abs. 2 UrhDaG die Geltung von § 11 Abs. 1 UrhDaG mit der Maßgabe vor, dass der Inhalt auch ohne Vorliegen einer Kennzeichnung nach § 11 Abs. 1 Nr. 3 für 48 Stunden als mutmaßlich erlaubt gilt. 470

§ 11 Abs. 2 UrhDaG stellt klar, dass der Diensteanbieter seinen Nutzern die Kennzeichnung als erlaubte Nutzung nachträglich ermöglichen muss, wenn ein nutzergenerierter Inhalt erst nach dem Hochladen automatisiert blockiert werden soll („Post-Flagging“). Diese Pflicht entsteht, sobald die öffentliche Wiedergabe eines nutzergenerierten Inhalts wegen eines Blockierverlangens automatisiert be- 471

567 BT-Drucksache 19/27426, S. 141.

endet werden soll. In diesen Fällen bestand im Moment des Hochladens kein Anlass, dem Nutzer eine Erklärung über eine etwaige gesetzliche Erlaubnis seiner Nutzung abzuverlangen. Das ist etwa der Fall, wenn das verwendete Werk zunächst lizenziert war, die Lizenz aber endet, oder wenn dem Diensteanbieter die zur Blockierung erforderliche Information über das verwendete Werk nicht zur Verfügung stand.

472 Soll ein von einem Nutzer hochgeladener Inhalt nachträglich automatisiert blockiert werden, so ist der Diensteanbieter verpflichtet, das in § 11 Abs. 1 UrhDaG geregelte Verfahren im Nachhinein durchzuführen. Zugleich ist der online verfügbare Inhalt für mindestens weitere 48 Stunden öffentlich wiederzugeben, um dem Nutzer Gelegenheit zur Reaktion auf das Blockierverlangen zu geben. Für diese Zeit gilt der Inhalt auch ohne Kennzeichnung durch den Nutzer als mutmaßlich erlaubt. Die Frist beginnt mit Absendung der Informationen nach § 11 Abs. 1 UrhDaG an den Nutzer. Diese Regelung wurde kritisiert, da sie dem Plattformbetreiber durch die Verpflichtung („must carry") die Möglichkeit der Enthaftung nimmt und gleichzeitig eine Vergütungspflicht auferlegt.[568]

473 Kennzeichnet der Nutzer den von ihm hochgeladenen Inhalt als gesetzlich erlaubte Nutzung, so ist der Inhalt als mutmaßlich erlaubte Nutzung nach § 9 Abs. 1 UrhDaG öffentlich wiederzugeben. Hierüber hat der Diensteanbieter den Rechtsinhaber nach § 9 Abs. 3 UrhDaG zu informieren. Diesem steht das Recht zu, Beschwerde nach § 14 UrhDaG einzulegen. Der Nutzer hat auch nach Ablauf der Frist die Möglichkeit, seine Nutzung als gesetzlich erlaubt zu kennzeichnen, um so die erneute öffentliche Wiedergabe des Inhalts zu erwirken. Alternativ kann er im Wege der Beschwerde nach § 14 UrhDaG gegen die Blockierung vorgehen.[569]

d) Entstellungsschutz

474 § 13 Abs. 3 S. 1 UrhDaG lässt den Entstellungsschutz unberührt. Der Urheber kann hierzu auch im Anwendungsbereich der §§ 9 bis 11 UrhDaG die einfache Blockierung nach § 8 UrhDaG verlangen. Dies gilt nach § 21 Abs. 1 UrhDaG auch für ausübende Künstler, deren Darbietung nach § 75 UrhG ebenfalls gegen Entstellung geschützt ist.[570]

---

568 *Conrad/Nolte* ZUM 2021, 111, 119.
569 BT-Drucksache 19/27426, S. 141.
570 Vgl. *Spindler* WRP 2021, 1111, 1116.

5. Informationspflicht des Diensteanbieters, § 9 Abs. 3 UrhDaG

§ 9 Abs. 3 UrhDaG verpflichtet den Diensteanbieter, den Rechtsinhaber sofort über die öffentliche Wiedergabe zu informieren und ihn auf das Recht hinzuweisen, nach § 14 UrhDaG Beschwerde einzulegen, um die Vermutung nach § 9 Abs. 2 UrhDaG überprüfen zu lassen. 475

6. Haftung des Diensteanbieters und des Nutzers, § 12 UrhDaG

Für die mutmaßlich erlaubte Nutzung muss der Diensteanbieter gemäß § 12 Abs. 1 UrhDaG eine Vergütung zahlen. Daneben regelt § 12 UrhDaG die Haftung der Beteiligten. 476

a) Zeitliche Freistellung des Diensteanbieters von der Verantwortlichkeit

Für die öffentliche Wiedergabe mutmaßlich erlaubter Nutzungen nach den §§ 9 bis 11 UrhDaG ist der Diensteanbieter gemäß § 12 Abs. 2 UrhDaG bis zum Abschluss eines Beschwerdeverfahrens, längstens aber bis zum Ablauf der Frist zur Entscheidung über die Beschwerde (§ 14 Abs. 3 Nr. 3 UrhDaG) urheberrechtlich nicht verantwortlich. Nach der Entscheidung über die Beschwerde haftet der Diensteanbieter nur dann urheberrechtlich auf Schadensersatz, wenn er bei der Durchführung des Beschwerdeverfahrens schuldhaft gegen die Pflichten nach § 14 UrhDaG verstoßen hat. Ansprüche auf Unterlassung und Beseitigung bleiben unberührt. In der Begründung zum Gesetzesentwurf der Bundesregierung wird § 12 Abs. 2 UrhDaG als lex specialis zu § 1 Abs. 2 S. 1 UrhDaG bezeichnet.[571] § 12 Abs. 2 UrhDaG stellt Diensteanbieter von der urheberrechtlichen Verantwortlichkeit für die öffentliche Wiedergabe mutmaßlich erlaubter Nutzungen für einen bestimmten Zeitraum frei. Die Freistellung von der Verantwortlichkeit endet, sobald ein etwaiges Beschwerdeverfahren abgeschlossen ist, spätestens aber zu dem Zeitpunkt, zu dem das Beschwerdeverfahren nach § 14 Abs. 3 Nr. 3 UrhDaG hätte abgeschlossen sein müssen, also innerhalb einer Woche. § 12 Abs. 2 S. 1 UrhDaG schafft dadurch einen starken Anreiz für den Diensteanbieter, Beschwerdeverfahren innerhalb der Wochenfrist abzuschließen. 477

b) Freistellung des Nutzers von der Verantwortlichkeit

Im Falle einer geringfügigen Nutzung im Sinne des § 10 UrhDaG ist der Nutzer nach § 12 Abs. 3 UrhDaG für die öffentliche Wiedergabe mutmaßlich erlaubter 478

571 BT-Drucksache 19/27426, S. 142.

Nutzungen bis zum Abschluss eines Beschwerdeverfahrens nach § 14 UrhDaG urheberrechtlich nicht verantwortlich. Der Diensteanbieter hingegen ist verpflichtet, die Inhalte zunächst öffentlich wiederzugeben und zu vergüten. Die Haftungsfreistellung ist wenig sachgerecht. Zudem wurden in der Literatur Zweifel an der Europarechtskonformität geäußert, da die Regelung wie eine Schrankenbestimmung wirkt.[572] Auch wenn eine Handlung des Nutzers unter keine Schrankenbestimmung fällt, wird er von der Haftung für seinen Upload befreit. Bis zum Abschluss des Beschwerdeverfahrens greift § 12 Abs. 3 UrhDaG, danach wird die öffentliche Wiedergabe beendet, wenn sie sich tatsächlich als rechtswidrig herausstellt.

c) Vergütungspflicht

479 § 12 Abs. 1 UrhDaG schreibt eine Vergütungspflicht des Diensteanbieters vor.

§ 17 Rechtsbehelfe

I. Überblick

480 Die §§ 13 ff. UrhDaG sehen Beschwerde- und Streitbeilegungsverfahren vor. An einigen Stellen verweist das UrhDaG auf das NetzDG (Gesetz zur Verbesserung der Rechtsdurchsetzung in sozialen Netzwerken; Netzwerkdurchsetzungsgesetz).

481 Der Schutz des Urhebers vor Entstellung seines Werkes nach § 14 UrhG bleibt gemäß § 13 Abs. 3 UrhDaG unberührt. Der Urheber kann hierzu auch im Anwendungsbereich der §§ 9 bis 11 UrhDaG die einfache Blockierung nach § 8 UrhDaG verlangen.

II. Verbindlichkeit der verschiedenen Verfahren

1. Beschwerdeverfahren

482 Die Teilnahme an Beschwerdeverfahren nach §§ 14, 15 UrhDaG ist für Nutzer und Rechtsinhaber gemäß § 13 Abs. 1 UrhDaG freiwillig. Der Diensteanbieter hingegen ist verpflichtet, entweder ein internes oder ein externes Beschwerdeverfahren zur Verfügung zu stellen. Sofern sich ein Nutzer oder ein Rechtsinhaber entscheidet, eine Beschwerde einzulegen, ist der Diensteanbieter verpflichtet, hierüber eine Entscheidung herbeizuführen.

572 Vgl. *Stieper* ZUM 2021, 387, 389; *Conrad/Nolte* ZUM 2021, 111, 120.

https://doi.org/10.1515/9783110617207-017

2. Außergerichtliche Streitbeilegung

Die Teilnahme an außergerichtlichen Streitbeilegungen nach §§ 16 und 17 ist für Nutzer, Rechtsinhaber und Diensteanbieter gemäß § 13 Abs. 2 UrhDaG freiwillig. 483

3. Rechtsweg

Das Recht, die Gerichte anzurufen, bleibt nach § 13 Abs. 4 UrhDaG unberührt. 484

III. Internes Beschwerdeverfahren, § 14 UrhDaG

1. Pflicht zur Einrichtung eines Beschwerdeverfahrens

§ 14 Abs. 1 UrhDaG verpflichtet Diensteanbieter, den Nutzern und Rechtsinhabern ein wirksames, kostenfreies und zügiges Beschwerdeverfahren über die Blockierung und über die öffentliche Wiedergabe von geschützten Werken zur Verfügung zu stellen. 485

2. Verfahrensgrundsätze

Beschwerden müssen nach § 14 Abs. 2 UrhDaG begründet werden. Der Diensteanbieter ist nach § 14 Abs. 3 UrhDaG verpflichtet, unverzüglich die Beschwerde allen Beteiligten mitzuteilen, allen Beteiligten Gelegenheit zur Stellungnahme zu geben und über die Beschwerde innerhalb einer Woche nach deren Einlegung zu entscheiden. Ob innerhalb einer Wochenfrist eine sachgerechte Entscheidung zustande kommen kann, wird allerdings bezweifelt, da bei Einräumung eines quasirechtlichen Gehörs auch eine hinreichende Reaktionszeit gegeben werden muss.[573] 486

Entscheidungen über Beschwerden müssen nach § 14 Abs. 5 UrhDaG von unparteiischen natürlichen Personen getroffen werden. Das UrhDaG beschränkt sich auf die Regelung einiger Verfahrensgrundsätze (Anhörung der Beteiligten, Unparteilichkeit der Entscheidungsträger, zügige Entscheidung), überlässt die konkrete Ausgestaltung des Verfahrens allerdings den Diensteanbietern.[574] 487

---

573 *Conrad/Nolte* ZUM 2021, 111, 121.
574 BT-Drucksache 19/27426, S. 143.

3. Sofortige Blockierung, § 14 Abs. 4 UrhDaG

488 Eine Möglichkeit für Rechtsinhaber, die sofortige Blockierung zu erreichen, sieht § 14 Abs. 4 UrhDaG vor. Erklärt ein vertrauenswürdiger Rechtsinhaber nach Prüfung durch eine natürliche Person, dass die Vermutung nach § 9 Abs. 2 UrhDaG zu widerlegen ist und die fortdauernde öffentliche Wiedergabe die wirtschaftliche Verwertung des Werkes erheblich beeinträchtigt, so ist der Diensteanbieter gemäß § 14 Abs. 4 UrhDaG – in Abweichung von § 9 Abs. 1 UrhDaG – zur sofortigen Blockierung bis zum Abschluss des Beschwerdeverfahrens verpflichtet. In der Begründung zum Gesetzesentwurf der Bundesregierung wird diese Möglichkeit als „roter Knopf" bezeichnet.[575] Dieser Mechanismus soll insbesondere bei der rechtswidrigen Nutzung von Premiuminhalten, wie etwa aktuellen Spielfilmen, in Betracht kommen, die vom Nutzer zu Unrecht nach § 11 UrhDaG gekennzeichnet wurden.[576]

489 Das Verfahren nach § 14 Abs. 4 UrhDaG greift auch dann, wenn es sich um ein nachträgliches Blockierverlangen handelt und der Inhalt auch ohne Erklärung des Nutzers nach § 11 Abs. 2 UrhDaG für bis zu 48 Stunden als mutmaßlich erlaubte Nutzung gilt. Auch während dieser Frist kann der Rechtsinhaber nach einer Information gemäß § 9 Abs. 3 UrhDaG bei Einlegung einer Beschwerde die sofortige Blockierung verlangen, wenn die wirtschaftliche Beeinträchtigung dies rechtfertigt.

a) Vertrauenswürdiger Rechtsinhaber

490 Die Möglichkeit der Intervention nach § 14 Abs. 4 UrhDaG steht nur vertrauenswürdigen Rechtsinhabern zur Verfügung, wobei die Vertrauenswürdigkeit vom Diensteanbieter zu beurteilen ist. In der Begründung zum Gesetzesentwurf der Bundesregierung werden als Kriterien der Umfang des beim Diensteanbieter hinterlegten werthaltigen Repertoires, der damit verbundene Einsatz qualifizierten Personals und die erfolgreiche Durchführung von Beschwerdeverfahren in der Vergangenheit genannt.[577] Bei Streitigkeiten über die Vertrauenswürdigkeit eines Rechtsinhabers und damit zugleich über den Zugang zum „roten Knopf" kann diese Frage auch gerichtlich geklärt werden.

---

575 BT-Drucksache 19/27426, S. 47.
576 BT-Drucksache 19/27426, S. 143.
577 BT-Drucksache 19/27426, S. 144.

b) Prüfung durch natürliche Person

491 Erforderlich ist immer eine Prüfung durch eine vom Rechtsinhaber beauftragte natürliche Person. Unzulässig ist es daher, den „roten Knopf" über automatisierte Verfahren auszulösen. Löst der Rechtsinhaber den Mechanismus nach § 14 Abs. 4 UrhDaG automatisiert aus, kann er nicht mehr als vertrauenswürdig gelten.

c) Folgen der unterlassenen Blockierung

492 Die Folgen der unterlassenen Blockierung ergeben sich aus § 12 Abs. 2 S. 2 bis 3 UrhDaG. Verstößt der Diensteanbieter gegen seine Pflicht zur sofortigen Blockierung nach § 14 Abs. 4 UrhDaG, so ist er für die öffentliche Wiedergabe des Werkes vom Zeitpunkt der Abgabe der Erklärung des Rechtsinhabers nach § 14 Abs. 4 UrhDaG an urheberrechtlich verantwortlich. War die Nutzung des Werkes nicht von einer gesetzlichen Erlaubnis nach § 5 UrhDaG gedeckt, so haftet er dem Rechtsinhaber auf Unterlassung und bei Verschulden auf Schadensersatz.

d) Folgen missbräuchlichen Blockierverlangens

493 Verlangt ein Rechtsinhaber wiederholt fälschlicherweise die sofortige Blockierung, ist er nach § 18 Abs. 3 UrhDaG zeitweise von dem Verfahren nach § 14 Abs. 4 UrhDaG auszuschließen. Diese Regelung stellt sicher, dass der „rote Knopf", der nutzerseitigem Missbrauch begegnen soll, nicht seinerseits zur missbräuchlichen Beschneidung von nutzerschützenden Bestimmungen eingesetzt wird.

IV. Externe Beschwerdestelle, § 15 UrhDaG

494 § 15 Abs. 1 UrhDaG erlaubt es dem Diensteanbieter, sich zur Erfüllung seiner Pflichten nach § 14 UrhDaG einer anerkannten externen Beschwerdestelle zu bedienen. Die Entscheidung über die Anerkennung einer externen Beschwerdestelle trifft gemäß § 15 Abs. 2 UrhDaG das Bundesamt für Justiz (BfJ) im Einvernehmen mit dem Deutschen Patent- und Markenamt (DPMA). Für die Voraussetzungen sowie für das Verfahren der Anerkennung gelten im Übrigen bestimmte Vorschriften des NetzDG über die Anerkennung einer Einrichtung der Regulierten Selbstregulierung entsprechend.

V. Außergerichtliche Streitbeilegung durch private Schlichtungsstellen, § 16 UrhDaG

495 Zur außergerichtlichen Beilegung von Streitigkeiten über die Blockierung und öffentliche Wiedergabe eines geschützten Werkes durch einen Diensteanbieter sowie über Auskunftsrechte nach § 19 UrhDaG können Rechtsinhaber und Nutzer nach § 16 Abs. 1 UrhDaG eine privatrechtlich organisierte Schlichtungsstelle anrufen.

496 § 16 Abs. 2 UrhDaG verweist wiederum auf die Vorschriften des NetzDG über privatrechtlich organisierte Schlichtungsstellen. Diese sind mit der Maßgabe anzuwenden, dass das Bundesamt für Justiz (BfJ) als zuständige Behörde die Entscheidung über die Anerkennung einer privatrechtlich organisierten Schlichtungsstelle im Einvernehmen mit dem Deutschen Patent- und Markenamt (DPMA) trifft.

VI. Außergerichtliche Streitbeilegung durch behördliche Schlichtungsstelle, § 17 UrhDaG

497 Das Bundesamt für Justiz (BfJ) richtet im Einvernehmen mit dem Deutschen Patent- und Markenamt (DPMA) eine behördliche Schlichtungsstelle ein, die dann zuständig ist, wenn keine privatrechtlich organisierte Schlichtungsstelle zur Verfügung steht.

VII. Maßnahmen gegen Missbrauch, § 18 UrhDaG

498 § 18 UrhDaG sanktioniert einen möglichen Missbrauch durch vermeintliche oder tatsächliche Rechtsinhabers („false copyright claims“), durch Nutzer („false flagging“) und durch Diensteanbieter („Overblocking“).

499 Hauptsanktionsinstrument bei Rechtsinhabern und Nutzern ist der vorübergehende Ausschluss von den jeweiligen Verfahren. Bei Overblocking durch Diensteanbieter ist eine Klagemöglichkeit für eingetragene Vereine vorgesehen.

1. Vermeintliche oder tatsächliche Rechtsinhaber, § 18 Abs. 1–3 UrhDaG

500 Verlangt ein vermeintlicher Rechtsinhaber von dem Diensteanbieter wiederholt die Blockierung eines fremden Werkes als eigenes Werk oder eines gemeinfreien Werkes, so hat der Diensteanbieter den vermeintlichen Rechtsinhaber gemäß § 18 Abs. 1 UrhDaG für einen angemessenen Zeitraum von den Verfahren nach den

§§ 7 und 8 UrhDaG auszuschließen. Im Verschuldensfall sieht § 18 Abs. 2 UrhDaG einen Schadensersatzanspruch des Diensteanbieters und des betroffenen Nutzers vor.

Ebenfalls zu einem Ausschluss von den entsprechenden Verfahren für einen angemessenen Zeitraum führt es, wenn ein Rechtsinhaber wiederholt fälschlicherweise entweder die sofortige Blockierung mutmaßlich erlaubter Nutzungen während des Beschwerdeverfahrens nach § 14 Abs. 4 UrhDaG („roter Knopf") oder die einfache Blockierung nach § 8 UrhG wegen einer Entstellung seines Werkes (§ 14 UrhG) verlangt. 501

§ 18 Abs. 4 UrhDaG verpflichtet den Diensteanbieter, nach einem missbräuchlichen Blockierverlangen im Hinblick auf gemeinfreie Werke oder solche, deren unentgeltliche Nutzung durch jedermann erlaubt ist, sicherzustellen, dass diese Werke nicht erneut blockiert werden. 502

2. Nutzer, § 18 Abs. 5 UrhDaG

Kennzeichnet ein Nutzer eine Nutzung wiederholt fälschlicherweise als erlaubt, so hat der Diensteanbieter den Nutzer nach § 18 Abs. 5 UrhDaG für einen angemessenen Zeitraum von der Möglichkeit zur Kennzeichnung erlaubter Nutzungen auszuschließen. 503

3. Diensteanbieter, § 18 Abs. 6 UrhDaG

Blockiert der Diensteanbieter wiederholt fälschlicherweise erlaubte Nutzungen, so kann er von einem eingetragenen Verein, dessen Zweck auf die nicht gewerbsmäßige und nicht nur vorübergehende Förderung der Interessen von Nutzern gerichtet ist, gemäß § 18 Abs. 6 UrhDaG auf Unterlassung in Anspruch genommen werden. Klageberechtigt sind damit die nach dem Unterlassungsklagegesetz legitimierten Verbände. Diese Klagemöglichkeit soll der Gefahr des Overblocking entgegenwirken.[578] 504

VIII. Auskunftsrechte, § 19 UrhDaG

Der Rechtsinhaber kann von dem Diensteanbieter nach § 19 Abs. 1 UrhDaG Auskunft über die nach § 4 UrhDaG vertraglich erlaubte Nutzung seines Repertoires 505

578 BT-Drucksache 19/27426, S. 146.

verlangen. Der Rechtsinhaber kann von dem Diensteanbieter nach § 19 Abs. 2 UrhDaG angemessene Auskunft über die Funktionsweise der Verfahren zur Blockierung unerlaubter Nutzungen seines Repertoires nach den §§ 7 und 8 UrhDaG verlangen.

506 § 19 Abs. 3 UrhDaG verpflichtet den Diensteanbieter, bestimmten Forschungsorganisationen im Sinne des § 60d Abs. 2 UrhG zum Zweck der wissenschaftlichen Forschung Zugang zu Daten über den Einsatz von Verfahren zur automatisierten und nicht automatisierten Erkennung und Blockierung von Inhalten zu gewähren, soweit überwiegende schutzwürdige Interessen des Diensteanbieters nicht entgegenstehen. Der Diensteanbieter hat Anspruch auf Erstattung der hierdurch entstehenden Kosten in angemessener Höhe.

IX. Inländischer Zustellungsbevollmächtigter, § 20 UrhDaG

507 Für die Verpflichtung des Diensteanbieters zur Bestellung eines inländischen Zustellungsbevollmächtigten für das gerichtliche Verfahren gilt § 5 Abs. 1 des NetzDG entsprechend.

508 § 5 Abs. 1 S. 1 NetzDG verpflichtet Anbieter sozialer Netzwerke, im Inland einen Zustellungsbevollmächtigten zu benennen und auf ihrer Plattform in leicht erkennbarer und unmittelbar erreichbarer Weise auf ihn aufmerksam zu machen. Gemäß § 5 Abs. 1 S. 2 NetzDG können an diese Person Zustellungen in Gerichtsverfahren vor deutschen Gerichten bewirkt werden. Das gilt auch für die Zustellung von Schriftstücken, die solche Verfahren einleiten.

X. Anwendung auf verwandte Schutzrechte, § 21 UrhDaG

509 Das UrhDaG ist gemäß § 21 Abs. 1 UrhDaG auf verwandte Schutzrechte im Sinne des UrhG und ihre Inhaber entsprechend anzuwenden. Der Direktvergütungsanspruch nach § 4 UrhDaG steht nur dem Lichtbildner und dem ausübenden Künstler zu.

XI. Zwingendes Recht, § 22 UrhDaG

Von den Vorschriften des UrhDaG kann nicht durch Vertrag abgewichen werden. 510
Teilweise wird diese Vorschrift als international zwingende Eingriffsnorm verstanden.[579]

§ 18 Vergütungsansprüche

I. Überblick

Das UrhDaG sieht verschiedene Vergütungsansprüche der Rechtsinhaber vor. 511
Diese Vergütungsansprüche sind unverzichtbar und können im Voraus nur an eine Verwertungsgesellschaft abgetreten werden (§ 4 Abs. 4 S. 1 UrhDaG, § 5 Abs. 2 S. 2 UrhDaG, § 12 Abs. 1 S. 2 UrhDaG).

Die einzelnen Ansprüche sind unterschiedlich ausgestaltet. Dies betrifft so- 512
wohl die Tatbestandsvoraussetzungen als auch die jeweilige Regelung der Aktivlegitimation.

II. Vergütungsanspruch bei vertraglicher Nutzung, § 4 Abs. 3 UrhDaG

1. Aktivlegitimation

a) Natürliche Personen

§ 4 Abs. 3 UrhG sieht einen Direktvergütungsanspruch des Urhebers gegen Diens- 513
teanbieter vor, der nach § 21 Abs. 2 UrhDaG auch Lichtbildnern (§ 72 UrhG) und ausübenden Künstlern (§ 73 UrhG) zusteht.

b) Verwertungsgesellschaftspflichtigkeit

Nach § 4 Abs. 4 S. 2 UrhDaG kann der Direktvergütungsanspruch nur durch eine 514
Verwertungsgesellschaft geltend gemacht werden.

579 Dreier/Schulze/*Raue*[7] § 22 UrhDaG Rn. 3.

https://doi.org/10.1515/9783110617207-018

2. Anspruchsvoraussetzungen

a) Öffentliche Wiedergabe

515 § 4 Abs. 3 S. 1 UrhDaG gibt Urhebern, ausübenden Künstlern und Lichtbildnern einen Anspruch auf Zahlung einer angemessenen Vergütung für die öffentliche Wiedergabe des Werkes.

b) Anspruchsausschluss bei vorheriger Rechtseinräumung an Verwertungsgesellschaft oder Digitalvertrieb

516 Dieser Anspruch besteht insbesondere auch dann, wenn der Urheber das Recht der öffentlichen Wiedergabe eines Werkes bereits einem Dritten eingeräumt hatte, sofern es sich bei diesem Dritten nicht um eine Verwertungsgesellschaft handelt oder der Urheber den Dritten als Digitalvertrieb eingeschaltet hatte. Der Anspruchsausschluss ist in § 4 Abs. 3 S. 2 UrhDaG geregelt.

III. Vergütungsanspruch bei gesetzlich erlaubter Nutzung, § 5 UrhDaG

1. Aktivlegitimation

a) Rechtsinhaber

517 § 5 Abs. 2 S. 1 UrhDaG nennt den Urheber als anspruchsberechtigte Person. § 21 Abs. 1 UrhDaG schreibt die entsprechende Anwendung auf sämtliche Leistungsschutzberechtigten vor. Anders als der Direktvergütungsanspruch aus § 4 UrhDaG ist die entsprechende Anwendung also nicht auf ausübende Künstler und Lichtbildner beschränkt, sondern gilt beispielsweise auch für Tonträgerhersteller.

b) Verwertungsgesellschaftspflichtigkeit

518 Nach § 5 Abs. 2 S. 3 UrhDaG kann der Vergütungsanspruch nur durch eine Verwertungsgesellschaft geltend gemacht werden. Zudem ist der Verleger gegebenenfalls zu beteiligen. § 5 Abs. 2 S. 4 UrhDaG erklärt § 63a Abs. 2 UrhG und § 27a VGG für anwendbar.

519 § 63a Abs. 2 UrhG sieht ein Beteiligungsrecht des Verlegers vor. Hat der Urheber einem Verleger ein Recht an seinem Werk eingeräumt, so ist der Verleger nach § 63a Abs. 2 S. 1 UrhG in Bezug auf dieses Recht angemessen an den gesetzlichen Vergütungsansprüchen zu beteiligen. Nach § 63a Abs. 2 S. 2 UrhG können gesetzliche Vergütungsansprüche dann nur durch eine gemeinsame Verwertungsgesellschaft von Urhebern und Verlegern geltend gemacht werden.

520 Die Handhabung des Verlegeranteils wird in § 27a VGG näher geregelt. § 27a Abs. 1 VGG sieht vor, dass der Urheber nach der Veröffentlichung eines verlegten

Werkes oder mit der Anmeldung des Werkes bei der Verwertungsgesellschaft gegenüber der Verwertungsgesellschaft zustimmen kann, dass der Verleger an den Einnahmen aus den in § 63a Abs. 1 UrhG genannten gesetzlichen Vergütungsansprüchen beteiligt wird. Die Verwertungsgesellschaft legt nach § 27a Abs. 2 VGG die Höhe des Verlegeranteils fest.

2. Anspruchsvoraussetzungen

Für die öffentliche Wiedergabe von Karikaturen, Parodien und Pastiches hat der 521
Diensteanbieter gemäß § 5 Abs. 2 S. 1 UrhDaG eine angemessene Vergütung zu zahlen. Aus der Verweisung auf § 5 Abs. 1 Nr. 2 UrhDaG folgt im Umkehrschluss, dass andere Nutzungen im Rahmen der Schranken, beispielsweise Zitate, nicht zu vergüten sind.[580]

IV. Vergütungsanspruch bei mutmaßlich erlaubter Nutzung, § 12 UrhDaG

1. Aktivlegitimation

a) Rechtsinhaber

§ 12 Abs. 1 S. 1 UrhDaG nennt den Urheber als anspruchsberechtigte Person. § 21 522
Abs. 1 UrhDaG schreibt die entsprechende Anwendung auf sämtliche Leistungsschutzberechtigten vor.

b) Verwertungsgesellschaftspflichtigkeit

§ 12 Abs. 1 S. 2 UrhDaG verweist auf § 5 Abs. 2 S. 2 bis 4 UrhDaG. Auch der An- 523
spruch aus § 12 Abs. 1 UrhDaG ist somit verwertungsgesellschaftspflichtig und der Verleger ist gegebenenfalls zu beteiligen.

2. Anspruchsvoraussetzungen

Für die öffentliche Wiedergabe mutmaßlich erlaubter Nutzungen nach den §§ 9 524
bis 11 UrhDaG hat der Diensteanbieter dem Urheber gemäß § 12 Abs. 1 Satz 1 UrhDaG eine angemessene Vergütung zu zahlen.

---

580 Zur Gesetzgebungsgeschichte Dreier/Schulze/*Raue*[7] § 5 UrhDaG Rn. 5.

§ 19 Maßgeblichkeit der EU-Grundrechtecharta für die Auslegung des UrhDaG

525 Am 24. Mai 2019 hatte die Republik Polen eine Klage beim EuGH gegen das Europäische Parlament und den Rat eingereicht mit dem Antrag, Art. 17 Abs. 4 b und Art. 17 Abs. 4 c letzter Satzteil der DSM-RL für nichtig zu erklären.[581] Art. 17 Abs. 4 DSM-RL sieht vor, dass Diensteanbieter bei Nichtvorliegen einer Erlaubnis des Rechtsinhabers für das Teilen von Online-Inhalten verantwortlich sind, es sei denn, der Anbieter dieser Dienste erbringt den Nachweis, dass er alle Anstrengungen unternommen hat, um die Erlaubnis einzuholen (a); und alle Anstrengungen unternommen hat, um sicherzustellen, dass bestimmte Werke, zu denen die Rechtsinhaber den Anbietern dieser Dienste einschlägige und notwendige Informationen bereitgestellt haben, nicht verfügbar sind (b); und in jedem Fall nach Erhalt eines hinreichend begründeten Hinweises von den Rechtsinhabern unverzüglich gehandelt hat, um den Zugang zu den entsprechenden Werken oder sonstigen Schutzgegenständen zu sperren bzw. die entsprechenden Werke oder sonstigen Schutzgegenstände von seinen Internetseiten zu entfernen, und alle Anstrengungen unternommen hat, um das künftige Hochladen dieser Werke oder sonstiger Schutzgegenstände zu verhindern (c). Die Republik Polen hielt die Pflicht, das „künftige Hochladen dieser Werke oder sonstiger Schutzgegenstände zu verhindern", für unvereinbar mit dem in Art. 11 GRCh verankerten Recht auf freie Meinungsäußerung und Informationsfreiheit. Die Vorschrift erfordere, dass die Anbieter eine vorherige automatische Überprüfung der von Nutzern bereitgestellten Inhalte vornähmen und damit präventive Kontrollmechanismen einführten. Dies untergrabe den Wesensgehalt des Rechts auf freie Meinungsäußerung und Informationsfreiheit und erfülle nicht das Erfordernis der Verhältnismäßigkeit und der Notwendigkeit einer Beschränkung dieses Rechts. Hilfsweise beantragt die Republik Polen für den Fall, dass der EuGH feststellt, dass die angefochtenen Bestimmungen nicht von den sonstigen Bestimmungen des Art. 17 DSM-RL getrennt werden könnten, ohne die in dieser Vorschrift enthaltene Regelung inhaltlich zu verändern, Art. 17 DSM-RL insgesamt für nichtig zu erklären.

526 In seinen Schlussanträgen vom 15. Juli 2021 beurteilte der Generalanwalt den Hauptantrag für unzulässig (Rn. 42) und den Hilfsantrag für unbegründet (Rn. 220).[582] Mit Urteil vom 26.4.2022 hat der EuGH die Klage abgewiesen.[583] Die

---

581 EuGH, Rechtssache C-401/19.

582 EuGH, Schlussanträge des Generalanwalts vom 15.7.2021, Aktenzeichen C-401/19.

583 EuGH NJW 2022, 1663 – Republik Polen/Europäisches Parlament und Rat; vgl. Leistner GRUR 2022, 803.

https://doi.org/10.1515/9783110617207-019

in Art. 17 DSM-RL geregelte Pflicht zur Vorabkontrolle von hochzuladenden Inhalten durch den Diensteanbieter schränkt die Meinungs- und Informationsfreiheit gemäß Artikel 11 GRCh des Nutzers nicht unverhältnismäßig ein.[584] Es ist Aufgabe der Mitgliedstaaten, bei der Umsetzung von Art. 17 DSM-RL in innerstaatliches Recht darauf zu achten, dass ein angemessenes Gleichgewicht zwischen den verschiedenen durch die Grundrechtecharta geschützten Grundrechten sichergestellt wird.

584 EuGH NJW 2022, 1663 Rn. 98 – Republik Polen/Europäisches Parlament und Rat.

Dritter Teil: Ansprüche

Literatur: *Bergmann*, Schadensersatz und das Prinzip der Erschöpfung – Herausgabe des Verletzergewinns wegen Urheberrechtsverletzung in der Absatzkette, GRUR 2010, 874; *Bodewig/Wandtke*, Die doppelte Lizenzgebühr als Berechnungsmethode im Lichte der Durchsetzungsrichtlinie, GRUR 2008, 220; *Bork*, Effiziente Beweissicherung für den Urheberrechtsverletzungsprozeß – dargestellt am Beispiel raubkopierter Computerprogramme, NJW 1997, 1665; *Brüggemann*, Urheberrechtsdurchsetzung im Internet – Ausgewählte Probleme des Drittauskunftsanspruchs nach § 101 UrhG, MMR 2013, 278; *Büscher*, Die Entscheidung „Der Novembermann" des I. Zivilsenats des BGH, GRUR 2021, 162; *Danckwerts*, Neues vom Störer: Was ist ein „von der Rechtsordnung gebilligtes Geschäftsmodell"?, GRUR-Prax 2011, 260; *Forch*, Tatsächliche Vermutung, sekundäre Darlegungslast und prozessuale Wahrheitspflicht im Filesharing-Prozess, GRUR-Prax 2015, 49; *dies.*, Beweisführung im Filesharing-Prozess unter Berücksichtigung der BGH-Urteile „Tauschbörse I-III", GRUR-Prax 2016, 1; *dies.*, Unberechtigte Fotonutzung im Internet: Höhe des angemessenen Schadensersatzes, GRUR-Prax 2016, 142; *dies.*, Leitlinien für Praktiker aus sechs BGH-Entscheidungen zum Filesharing, GRUR-Prax 2017, 4; *Grünberger*, Die Entwicklung des Urheberrechts im Jahr 2018, ZUM 2019, 281; *ders.*, Die Entwicklung des Urheberrechts im Jahr 2020, ZUM 2021, 257; *ders.*; Die Entwicklung des Urheberrechts im Jahr 2021, ZUM 2022, 321; *Hartmann*, Neue Regeln gegen Abmahnungsmissbrauch im UrhG, GRUR-RR 2014, 97; *Hennemann*, Die Inanspruchnahme von Zugangsvermittlern: Von der Störerhaftung zum Sperranspruch, ZUM 2018, 754; *Hermanns*, Der Unterlassungsanspruch als verkappter Rückrufanspruch?, GRUR 2017, 977; *ders.*, Quasi-Rückrufpflicht: Die Reichweite des Unterlassungstenors einer einstweiligen Verfügung im Immaterialgüter- und Lauterkeitsrecht, 2018;*Hewicker/Marquardt/Neurauter*, Der Abmahnkosten-Ersatzanspruch im Urheberrecht, NJW 2014, 2753; *Heydn/Schmid-Petersen/Vassilaki*, Durchsetzung von Rechten des geistigen Eigentums, München 2009; *Hofmann*, Die Ausweitung der öffentlichen Wiedergabe als Ersatz für die Harmonisierung der Haftung von Beteiligten, ZUM 2017, 750; *ders.*, Unterlassungsanspruch und Verhältnismäßigkeit – Beseitigung, Löschung und Rückruf, NJW 2018, 1290; *ders.*, Aktuelle Entwicklungen der Rechtsprechung zum europäischen Urheberrecht, EuZW 2018, 517; *ders.*, Die Plattformverantwortlichkeit nach dem neuen europäischen Urheberrecht – „Much Ado About Nothing"?, ZUM 2019, 617; *ders.*, Plattformregulierung im Lichte des Unionsrechts, ZUM 2020, 665; *Holznagel*, Melde- und Abhilfeverfahren zur Beanstandung rechtswidrig gehosteter Inhalte nach europäischem und deutschem Recht im Vergleich zu gesetzlich geregelten notice and take-down-Verfahren, GRUR Int. 2014, 105; *ders.*, Der Konflikt zwischen Art. 15 E-Commerce-RL und pro-aktiven Verhinderungspflichten von Host-Providern, ZUM 2018, 350; *Köhler*, Das neue Gesetz gegen unseriöse Geschäftspraktiken, NJW 2013, 3473; *Leistner*, Reformbedarf im materiellen Urheberrecht: Online-Plattformen und Aggregatoren, ZUM 2016, 580; *ders.*, Die „The Pirate Bay"-Entscheidung des EuGH: ein Gerichtshof als Ersatzgesetzgeber, GRUR 2017, 755; *Mantz*, Die (neue) Haftung des (WLAN-)Access-Providers nach § 8 TMG, GRUR 2017, 969; *Meier-Beck*, Schadenskompensation bei der Verletzung gewerblicher Schutzrechte nach dem Durchsetzungsgesetz, WRP 2012, 503; *Müller*, Die unmittelbare Inanspruchnahme des Access-Providers, MMR 2019, 426; *Obergfell*, Expansion der Vorbeugemaßnahmen und zumutbare Prüfpflichten von File-Hosting-Diensten, NJW 2013, 1995; *dies.*, Internettauschbörsen als Haftungsfalle für private WLAN-Anschlussinhaber, NJW 2016, 910; *Ohly* Die Verantwortlichkeit von Intermediären, ZUM 2015, 308; *ders.*, Der weite Täterbegriff des EuGH in den Urteilen „GS Media", „Filmspeler" und „The Pirate Bay": Abenddämmerung für die Störerhaftung, ZUM 2017, 793; *ders.*, The broad concept of „communication to the public" in recent CJEU judgments and the liability of intermediaries: primary, secondary or unitary liability?, GRUR Int. 2018, 517; *Otten*, Die auskunftsrechtliche Anordnung nach

§ 101 IX UrhG in der gerichtlichen Praxis, GRUR-RR 2009, 369; *Paschold*, Unionsrechtskonformität der Rechtsprechung des BGH zur sekundären Darlegungslast des Anschlussinhabers im Rahmen von Filesharing-Fällen mit Familienbezug nach der Entscheidung Afterlife, GRUR Int. 2018, 621; *Peifer*, Die dreifache Schadensberechnung im Lichte zivilrechtlicher Dogmatik, WRP 2008, 48; *Peukert/Kur*, Stellungnahme des Max-Planck-Instituts für Geistiges Eigentum, Wettbewerbs- und Steuerrecht zur Umsetzung der Richtlinie 2004/48/EG zur Durchsetzung der Rechte des geistigen Eigentums in deutsches Recht, GRUR Int. 2006, 292; *Raue/Hegemann*, Münchener Anwaltshandbuch Urheber- und Medienrecht, 2. Auflage 2017; *B. Raue*, Die dreifache Schadensberechnung, 2017; *Röß*, Das vorprozessuale Schweigen bei Urheberrechtsverletzungen, NJW 2019, 1983; *ders.*, Die Haftung der WLAN-Betreiber bei illegalem Filesharing, GRUR 2021, 823; *Schaub*, Haftung des Inhabers eines privaten Internetanschlusses für Rechtsverletzungen im Rahmen von Online-Musiktauschbörsen, GRUR 2016, 152; *dies.*, Sekundäre Darlegungslast und Interessenabwägung beim Filesharing über den Familienanschluss NJW 2018, 17; *dies.*, Sperranspruch statt Störerhaftung beim Filesharing, NJW 2018, 3754; *Schmidhuber*, Schadensersatz bei falscher oder unvollständiger Erteilung einer Auskunft, WRP 2008, 296; *Schricker/Loewenheim*, Urheberrecht, 6. Auflage, 2020; *Specht*, Die Haftung bei Teilnahme an Internettauschbörsen, GRUR 2017, 42; *Spindler*, Das neue Telemediengesetz – WLAN-Störerhaftung endgültig adé?, NJW 2017, 2305; *ders.*, Fortentwicklung der Haftung für Internetanschlüsse, GRUR 2018, 16; *ders.*, Störerhaftung für Access-Provider reloaded, GRUR 2018, 1012; *ders.*, Art. 17 DSM-RL und dessen Vereinbarkeit mit primärem Europarecht, GRUR 2020, 253; *ders.*, Der Vorschlag für ein neues Haftungsregime für Internetprovider – der EU-Digital Services Act, (Teil 1), GRUR 2021, 545, (Teil 2) GRUR 2021, 653; *Spindler/Schmitz*, Telemediengesetz, 2. Auflage, 2018; *Spindler/Schuster*, Recht der elektronischen Medien, 4. Auflage, 2019; *Steinbeck*, Morpheus – eine mögliche Urteilsbegründung, WRP 2013, 416; *Voges*, Die Umsatzsteuerpflicht bei der Abmahnung, GRUR-Prax 2020, 254; *von Ungern-Sternberg*, Urheberrechtlicher Werknutzer, Täter und Störer im Lichte des Unionsrechts, GRUR 2012, 576; *ders.*, Die Rechtsprechung des EuGH und des BGH zum Urheberrecht und zu den verwandten Schutzrechten im Jahr 2019, GRUR 2020, 113; *Walter/von Lewinski*, European Copyright Law: A Commentary, Oxford, 2010.

§ 20 Einleitung

I. Rechtsgrundlagen

Das UrhG enthält eine Vielzahl von Anspruchsgrundlagen. Die folgende Darstellung konzentriert sich auf die Ansprüche, die aus der Verletzung einer absoluten Rechtsposition folgen. Sonstige Ansprüche, wie beispielsweise vertragliche Ansprüche und gesetzliche Vergütungsansprüche, werden nur am Rande behandelt. 527

Die aus der Rechtsverletzung folgenden Ansprüche sind teilweise durch die Richtlinie zur Durchsetzung der Rechte des geistigen Eigentums (Enforcement-RL) harmonisiert.[585] Das „Gesetz zur Verbesserung der Durchsetzung von Rechten 528

585 RL 2004/48/EG zur Durchsetzung der Rechte des geistigen Eigentums.

https://doi.org/10.1515/9783110617207-020

geistigen Eigentums“ hat diese Richtlinie in deutsches Recht umgesetzt. Für die Auslegung der Ansprüche ist auf die Begründung zum Regierungsentwurf[586], auf die Enforcement-RL[587] und ihre Erwägungsgründe zurückzugreifen. Nach ständiger Rechtsprechung des EuGH muss das nationale Recht der Mitgliedstaaten richtlinienkonform ausgelegt werden.[588] Bei den Vorschriften der Enforcement-Richtlinie handelt es sich um Mindestvorschriften, die Mitgliedstaaten können also darüber hinausgehende Bestimmungen erlassen.[589]

529 Das Urheberrecht weist gegenüber den gewerblichen Schutzrechten einige Besonderheiten auf, die sich auch bei den Ansprüchen und ihrer Durchsetzung zeigen. So hat beispielsweise der EuGH ein eigenständiges Haftungssystem im Bereich der öffentlichen Wiedergabe entwickelt[590], das weder bei den gewerblichen Schutzrechten noch bei den Persönlichkeitsrechten existiert Der deutsche Gesetzgeber hat beispielsweise mit § 97a UrhG die Anforderungen an Abmahnungen sehr genau ausgestaltet. Auch dies findet keine Entsprechung bei den gewerblichen Schutzrechten und bei den Persönlichkeitsrechten.

II. Anwendbarkeit des UrhG

530 Ob das UrhG bei einem Fall mit Auslandsberührung anwendbar ist, entscheiden die Bestimmungen des internationalen Privatrechts (IPR). Die Gerichte eines jeden Landes wenden generell ihr eigenes IPR an. In Deutschland sind weite Teile des IPR unionsrechtlich, durch EU-Verordnungen vorgegeben. Der Inhalt der Ansprüche, die sich aus der Verletzung von Rechten des geistigen Eigentums ergeben, bestimmt sich nach dem Recht des Schutzlandes. Nach Art. 8 Abs. 1 Rom-II-Verordnung[591] ist auf außervertragliche Schuldverhältnisse aus einer Verletzung von Rechten des geistigen Eigentums das Recht des Staates anzuwenden,

---

586 Abgedruckt in BT-Drucksache 16/5048.

587 Vgl. Kommentierung der Enforcement-RL bei Walter/von Lewinski/*Walter*, European Copyright Law, S. 1193–1364.

588 Voraussetzung der richtlinienkonformen Auslegung ist, dass die in Rede stehende Bestimmung der Richtlinie inhaltlich unbedingt und hinreichend genau ist (vgl. EuGH NJW 1984, 2021; EuGH NJW 1994, 2473; EuGH NJW 2004, 3547; Wandtke/Bullinger/v. *Welser*[6] Vor §§ 120 ff. UrhG Rn. 56).

589 EuGH GRUR 2020, 840 Rn. 36 und 39 – YouTube-Drittauskunft.

590 Vgl. EuGH GRUR 2016, 1152 – GS Media; EuGH GRUR 2017, 610 – Filmspeler; EuGH GRUR 2017, 790 – The Pirate Bay.

591 Verordnung (EG) Nr. 864/2007 des Europäischen Parlaments und des Rates v 11.7.2007 über das auf außervertragliche Schuldverhältnisse anzuwendende Recht (Rom II).

für den der Schutz beansprucht wird. Dies richtet sich nach dem Antrag des Klägers.[592]

Das Schutzlandprinzip entsprach schon vor seiner Kodifizierung durch den EU-Gesetzgeber der in Deutschland überwiegend vertretenen Auffassung.[593] 531

Bei Handlungen, die mehrere Staaten berühren, muss die Rechtsverletzung lokalisiert werden. Bei einem grenzüberschreitenden Vertrieb etwa können die rechtswidrigen Verbreitungshandlungen in mehreren Staaten vorliegen.[594] Bei Angeboten im Internet reicht die bloße Abrufbarkeit nicht aus. Der EuGH lokalisiert die Online-Nutzung dort, wo gezielt Mitglieder der Öffentlichkeit angesprochen werden.[595] Anhaltspunkt kann unter anderem die Sprache des Internetauftritts sein. 532

III. Verletzung einer nach dem UrhG geschützten Rechtspositionen

1. Absolute Rechte

Die Rechtsfolgen des §§ 97 ff. UrhG richten sich gegen denjenigen, der das Urheberrecht oder ein anderes nach dem UrhG geschütztes Recht widerrechtlich verletzt. Zu den geschützten Rechtspositionen gehören neben den Urheber- und Leistungsschutzrechten beispielsweise auch ausschließliche Nutzungsrechte. Zu den anderen nach dem Urheberrechtsgesetz geschützten Rechten zählen allerdings nur absolute Rechte. Dies sind subjektive Rechte, die sich gegen jedermann richten.[596] Dazu zählen vor allem die Persönlichkeitsrechte und Verwertungsrechte der Urheber und Leistungsschutzberechtigten sowie ausschließliche Nutzungsrechte. Auch das Verwertungsverbot aus § 96 UrhG zählt dazu.[597] 533

---

592 OLG Frankfurt GRUR-RR 2020, 298, Rn. 39 – Modefotograf; eingehend oben Rn. 362–366.

593 BGH GRUR 2009, 840, 841 Rn. 17 – Le-Corbusier-Möbel II; BGH WRP 2007, 1219, 1222 Rn. 24 – Wagenfeld-Leuchte; BGH GRUR 2007, 691, 692 – Staatsgeschenk; BGH GRUR 2004, 421, 422 – CD-Export; BGH GRUR 2003, 876, 877 – Sendeformat; BGH ZUM 2003, 955 – Hundertwasserhaus; BGH GRUR 2003, 328, 329 – Sender Felsberg; BGHZ 126, 252, 255 – Joseph Beuys; BGHZ 136, 380 – Spielbankaffaire.

594 EuGH GRUR 2012, 817, 818 – Donner; BGH GRUR 2013, 62, 64 Rn. 46 – Italienische Bauhausmöbel.

595 EuGH GRUR 2012, 1245, 1247 Rn. 39 – Football Dataco.

596 *Schack*[10] Rn 833.

597 Dreier/Schulze/*Specht-Riemenschneider*[7] § 97 UrhG Rn. 3.

2. Keine Vergütungsansprüche

534 Vergütungsansprüche wie § 26 UrhG richten sich demgegenüber gegen einzelne Werknutzer. Der Anspruchsinhaber hat hier den Erfüllungsanspruch und bei Verzug und Nichterfüllung die Ansprüche nach allgemeinen zivilrechtlichen Vorschriften. Ansprüche aus §§ 97 ff. UrhG kommen demgegenüber nicht in Betracht.

3. Sonstige Regelungen

535 Auch § 95a UrhG schafft kein absolutes Recht, sondern regelt Verhaltenspflichten, die unmittelbar dem Schutz technischer Maßnahmen und mittelbar dem Schutz der durch diese technischen Maßnahmen urheberrechtlich geschützten Werke und Leistungen dienen. Ein Verstoß gegen § 95a Abs. 3 UrhG verletzt daher weder das Urheberrecht noch ein anderes nach dem Urheberrechtsgesetz geschütztes Recht i. S. d. § 97 Abs. 1 S. 1 UrhG.[598] Der Anspruch auf Unterlassung der Umgehung einer wirksamen technischen Maßnahme kann auf §§ 1004 S. 1 BGB analog, 823 Abs. 2 BGB in Verbindung mit § 95a Abs. 1 UrhG gestützt werden.[599]

IV. Prüfungsaufbau

536 Geht es beispielsweise um eine Urheberrechtsverletzung, so ist zunächst zu klären, ob ein urheberrechtlich geschütztes Werk vorliegt (§§ 2ff. UrhG), in welche Persönlichkeits- oder Verwertungsrechte eingegriffen wurde (§§ 11 ff. UrhG), und ob dieser Eingriff unter eine Schrankenbestimmung fällt (§§ 44a ff. UrhG) oder aufgrund anderer Bestimmungen, beispielsweise einer vertraglichen Gestattung, als erlaubt anzusehen ist. Eine vertragliche Erlaubnis schließt eine Rechtsverletzung nur dann aus, wenn in Rede stehende Handlung unter diese Erlaubnis fällt.[600]

537 Viele der dabei zu prüfenden Fragen sind unionsrechtlich geprägt. So bestehen mehrere EU-Verordnungen, sowie eine Vielzahl von EU-Richtlinien und EuGH-Entscheidungen, die das Urheberrecht grundlegend umgestaltet und vereinheitlicht haben.[601]

---

598 BGH GRUR 2015, 672 Rn. 68 – Videospiel-Konsolen II.

599 LG Hamburg ZUM-RD 2019, 174 – Konvertierung von Online-Videos.

600 EuGH MMR 2020, 175 Rn. 42 – IT-Development/Free Mobile.

601 Zum Werkbegriff beispielswiese EuGH GRUR 2019, 1185 – Cofemel/G-Star Raw; EuGH GRUR 2019, 934 – Funke Medien/Bundesrepublik Deutschland; eingehend oben Rn. 41–51.

§ 21 Aktivlegitimation

I. Rechtsinhaber und Rechtsnachfolger

Aktivlegitimiert ist grundsätzlich jeder, dessen geschützte Rechtsposition verletzt wird. Dies sind im Urheberrecht neben dem Urheber und dem Leistungsschutzberechtigten selbst auch deren Rechtsnachfolger. Nach dem Tod des Urhebers ge- 538
hen die Rechte nach § 28 Abs. 1 UrhG auf die Erben über. Der Urheber kann die Ausübung der Urheberrechte nach § 28 Abs. 2 UrhG auch einem Testamentsvollstrecker übertragen.[602]

II. Ausschließliche Lizenz

Erteilt der Urheber eine ausschließliche Lizenz, so sind grundsätzlich sowohl er 539
als auch sein Lizenznehmer befugt, gegen Rechtsverletzungen Dritter vorzugehen. Nach der Rechtsprechung ist derjenige, der eine ausschließliche Lizenz erteilt, auch nach Lizenzvergabe klagebefugt, sofern er von fortlaufenden Lizenzeinnahmen profitiert.[603] So kann beispielsweise ein Filmhersteller, der ausschließliche Nutzungsrechte an einem Film vergeben hat, selbst gegen das unberechtigte öffentliche Zugänglichmachen des Films vorgehen, wenn er ein eigenes materielles Interesse an der Unterbindung der Rechtsverletzung nachweist.[604]

Daneben verbleibt das Urheberpersönlichkeitsrecht auch nach einer Lizenz- 540
vergabe beim Urheber. Die Verletzung der Urheberpersönlichkeitsrechte begründet ebenfalls Unterlassungs- und Schadensersatzansprüche.[605]

Das Verbietungsrecht kann über das positive Benutzungsrecht hinausgehen, 541
wenn dies erforderlich ist, um die Nutzungsbefugnis zu dem nach dem Vertrag vorausgesetzten Gebrauch wirksam zu schützen.[606] Dementsprechend kann der zur Verwertung eines Werkes in einer bestimmten Nutzungsart Berechtigte befugt sein, auch gegen die unberechtigte Nutzung des Werkes in einer konkurrierenden Nutzungsart vorzugehen, wenn diese unmittelbar wirtschaftlichen Einfluss auf die an ihn lizenzierte Verwertung hat und deshalb seine materiellen Interessen

602 Vgl. KG GRUR 2006, 53 – Bauhaus-Glasleuchte II.
603 BGH GRUR 1992, 697, 698 – ALF; BGH GRUR 1999, 984, 985 – Laras Tochter.
604 OLG Köln ZUM-RD 2015, 382 – Reasonable Doubt.
605 Vgl. BGH GRUR 2002, 532 – Unikatrahmen.
606 BGH ZUM-RD 2013, 514 – Der Vorleser.

https://doi.org/10.1515/9783110617207-021

betroffen sind.[607] Der Inhaber von ausschließlichen Nutzungsrechten an einem Filmwerk muss beispielsweise keine illegalen Online-Nutzungen hinnehmen, die die wirtschaftliche Verwertung seiner ausschließlichen Nutzungsrechte beeinträchtigt, auch wenn er selbst keine Online-Nutzung vornehmen darf.[608] Eine Klagebefugnis des Lizenznehmers ist durchaus keine Selbstverständlichkeit, wie § 30 Abs. 3 MarkenG zeigt. Sofern lizenzvertraglich nichts anderes geregelt ist, kann der Lizenznehmer an einer Marke aus der lizenzierten Marke nur mit Zustimmung des Rechtsinhabers vorgehen.[609]

542 Um für einen Schadensersatzanspruch wegen Urheberrechtsverletzung aktivlegitimiert zu sein, bedarf es einer Verletzung in eigenen Rechten. Die Aktivlegitimation nach § 97 Abs. 2 UrhG reicht nur so weit, wie die räumlichen, sachlichen und zeitlichen ausschließlichen Nutzungsbefugnisse reichen.[610]

III. Abtretung

543 Die Aktivlegitimation kann auch durch Abtretung von Ansprüchen begründet werden. Der Zessionar kann die Ansprüche des Zedenten durchsetzen. Allerdings ist dabei zu beachten, dass Unterlassungs- und Beseitigungsansprüche grundsätzlich nicht ohne das zugrundeliegende Stammrecht übertragen werden können, da sie als unselbstständige Ansprüche der Verwirklichung und dem Schutz des Stammrechts dienen.[611]

544 Einige Ansprüche können nur an Verwertungsgesellschaften abgetreten werden. Dies gilt beispielsweise für den Anspruch aus § 27 Abs. 1 S. 1 UrhG (Verfügungsanspruch für Vermietung, § 27 Abs. 1 S. 3 UrhG).

IV. Gewillkürte Prozessstandschaft

1. Ermächtigung

545 Auch wenn Ansprüche nicht abtretbar sind, hindert dies eine Geltendmachung durch Dritte grundsätzlich nicht. Grundlage hierfür ist die Ermächtigung nach § 185 Abs. 1 BGB, die in der gewillkürten Prozessstandschaft ihr prozessuales Pen-

---

607 OLG Köln ZUM-RD 2014, 162 – Sprachfassungen; OLG München ZUM-RD 2013,183.
608 BGH ZUM-RD 2013, 514, 516 Rn. 23 – Der Vorleser.
609 Vgl. *Steinbeck* GRUR 2008, 110, 112.
610 AG Hamburg GRUR-RR 2015, 100 – Internet-Rechte.
611 OLG Hamburg ZUM 1999, 78, 80 – Spiegel-CD-ROM.

dant findet.[612] Im Wege der gewillkürten Prozessstandschaft können auch urheberpersönlichkeitsrechtliche Ansprüche durchgesetzt werden.[613]

Anders als bei der Abtretung wird der geltend zu machende Anspruch bei der 546
gewillkürten Prozessstandschaft nicht vom Stammrecht abgespalten. Daher ist eine solche Ermächtigung auch bei unabtretbaren Ansprüchen zulässig.[614] Aufgrund der Ermächtigung kann der Erklärungsempfänger Rechtswirkungen in der Sphäre des Ermächtigenden durch Handlungen im eigenen Namen bewirken. Hier liegt auch der Unterschied zur Vollmacht, die ein Handeln des Erklärungsempfängers im fremden Namen ermöglicht. Die Vollmacht ist personenbezogen, die Ermächtigung hingegen gegenstandsbezogen.

2. Eigenes wirtschaftliches Interesse

Die gewillkürte Prozessstandschaft setzt neben einer Ermächtigung ein eigenes 547
wirtschaftliches Interesse des Prozessstandschafters voraus.[615] Ein solches kann sich bei Verwertungsgesellschaften aus dem Wahrnehmungsvertrag ergeben.[616]

Ein eigenes schutzwürdiges Interesse ist bei Vereinigungen und Verbänden 548
nur für ihre Mitglieder anerkannt und auch zwar so weit, als sich die Rechtsverfolgung im Rahmen der satzungsmäßigen Zwecke des Verbands hält.[617] Ist der Zweck des Vereins nicht auf die Wahrung der rechtlichen Belange der Mitglieder beschränkt, sondern sollen auch Nichtmitglieder vertreten werden, scheidet eine gewillkürte Prozessstandschaft aus.[618]

---

612 BGH GRUR 1994, 800, 801 – Museumskatalog.

613 BGH ZUM 2014, 36 Rn. 25 – Beuys-Aktion; OLG Köln, Urteil vom 26.3.2021, Aktenzeichen 6 U 101/20 – Sarrazin-Thesen; LG Köln ZUM-RD 2021, 111 Rn. 63ff. – Feindliche Übernahme; *Schack*[10] Rn. 704; eine entsprechende Befugnis eines Bühnenverlages auch ohne ausdrückliche Ermächtigung hält hingegen das Kammergericht für möglich (KG ZUM-RD 2005, 381– Die Weber).

614 BGH GRUR 2002, 248, 250 – Spiegel-CD-ROM; OLG Zweibrücken GRUR 1978, 546, 547 – Zirkusname.

615 BGHZ 107, 384, 389 – Emil Nolde; BGHZ 119, 237, 242 – Universitätsemblem; OLG München ZUM 1997, 388, 390 – Schwarzer Sheriff; OLG München ZUM 1985, 448, 450 – Sammelbilder.

616 BGH ZUM 2014, 36 Rn. 26 – Beuys-Aktion.

617 BGH GRUR 2002, 238, 239 – Nachbau-Auskunftspflicht; OLG Frankfurt ZUM-RD 2020, 443, 445 – Verletzung einer Creative-Commons-Lizenz.

618 OLG Frankfurt ZUM-RD 2020, 443, 446 – Verletzung einer Creative-Commons-Lizenz.

V. Verwertungsgesellschaften

549 Einige Rechte sind nach dem UrhG und nach dem UrhDaG verwertungsgesellschaftspflichtig. Sie können also nicht von anderen Personen geltend gemacht werden. Verwertungsgesellschaftspflichtig sind beispielsweise die Rechte aus § 20b Abs. 1 S. 1 UrhG (Weitersenderecht), § 20b Abs. 2 S. 1 UrhG (Vergütungsanspruch, § 20b Abs. 2, S. 2 UrhG), § 26 Abs. 4 bis 5 UrhG (Auskunftsansprüche beim Folgerecht, § 26 Abs. 6 UrhG), § 27 Abs. 1 bis 2 UrhG (Vergütungsansprüche für Vermietung und Verleihen, § 27 Abs. 3 UrhG). Auch die Vergütungs- und Auskunftsansprüche aus den §§ 54 bis 54c UrhG, 54e Abs. 2 UrhG, §§ 54f und 54g UrhG können nach § 54h UrhG nur durch eine Verwertungsgesellschaft geltend gemacht werden.

§ 22 Passivlegitimation

I. Verletzer

550 Die Ansprüche aus §§ 97 ff. UrhG richten sich gegen denjenigen, der das Urheberrecht oder ein anderes nach dem UrhG geschütztes Recht widerrechtlich verletzt. Täter und Teilnehmer einer Urheberrechtsverletzung sind Verletzer. Daneben tritt die Störerhaftung.

1. Täter und Teilnehmer

551 Passivlegitimiert ist grundsätzlich derjenige, der als Täter oder Teilnehmer ein fremdes Recht verletzt. Als Täter einer Urheberrechtsverletzung haftet derjenige auf Unterlassung, der die Merkmale eines Verletzungstatbestands selbst, in mittelbarer Täterschaft oder in Mittäterschaft erfüllt.[619] Dazu genügt nach § 97 Abs. 1 S. 1 UrhG die Verwirklichung des objektiven Tatbestands. Anders als der Schadensersatzanspruch ist der Unterlassungsanspruch gegen den Täter einer Urheberrechtsverletzung immer dann gegeben, wenn er den objektiven Tatbestand einer Urheberrechtsverletzung in eigener Person erfüllt. Dies kann grundsätzlich auch schuldlos geschehen. Ob dem Verletzer ein Verschulden vorzuwerfen ist, spielt nur bei wenigen Ansprüchen – etwa beim Anspruch auf Schadensersatz – eine Rolle. Täter kann auch derjenige sein, der eine unbefugte Nutzungshandlung

---

619 BGH GRUR 2016, 493 – Al Di Meola.

https://doi.org/10.1515/9783110617207-022

zwar nicht selbst vorgenommen hat, dem diese jedoch als eigene zuzurechnen ist, weil er sie veranlasst hat.[620]

Ein Onlinehändler, der eigene Angebote abgibt, ist für diese grundsätzlich auch dann verantwortlich, wenn er sie von Dritten erstellen lässt und ihren Inhalt nicht zur Kenntnis nimmt und keiner Kontrolle unterzieht.[621] 552

Eine täterschaftliche Haftung liegt auch vor, wenn sich der Betreiber eines Internetportals urheberrechtlich geschütztes Material, das Dritte hochladen, zu eigen macht. Ein solches Zueigenmachen liegt nach Auffassung des Bundesgerichtshofs vor, wenn der Betreiber des Internetportals die eingestellten Inhalte vor ihrer Freischaltung auf Vollständigkeit und Richtigkeit überprüft.[622] Dies gilt auch dann, wenn für die Nutzer des Internetportals erkennbar ist, dass die Inhalte nicht vom Betreiber, sondern von Dritten stammen. Es kommt nach Auffassung der Rechtsprechung insbesondere darauf an, wie die fremden Inhalte in die eigene Internetseite eingebunden werden. Ein Indiz dafür, dass sich der Portalbetreiber die Inhalte zu eigen macht, kann auch darin liegen, dass er sich umfassende Nutzungsrechte an den fremden Inhalten einräumen lässt und Dritten anbietet, diese Inhalte kommerziell zu nutzen. 553

2. Haftungsmodell des EuGH bei Wiedergabehandlungen

Nach der Rechtsprechung des EuGH haftet derjenige als Täter, der den Tatbestand der öffentlichen Wiedergabe erfüllt, wobei auch mittelbare Handlungen erfasst werden sollen. Der EuGH hat damit ein neues unionsrechtliches Haftungskonzept für das Verwertungsrecht der öffentlichen Wiedergabe geschaffen.[623] 554

Art. 3 Abs. 1 der InfoSoc-Richtlinie[624] sieht für die Urheber das ausschließliche Recht der öffentlichen Wiedergabe einschließlich der öffentlichen Zugänglichmachung vor. Das Recht der öffentlichen Wiedergabe wird vom EuGH als einheitliches Verwertungsrecht betrachtet, das zwei wesentliche Aspekte aufweist, nämlich die „Handlung der Wiedergabe“ eines Werkes und die „Öffentlichkeit“ dieser Wiedergabe. Die Wiedergabe umfasst danach jede Übertragung geschütz- 555

---

620 KG GRUR-RR 2013, 204 – Foto-Nutzung.

621 BGH GRUR 2016, 493 – Al Di Meola; OLG Hamburg MMR 2017, 249 – Fotokalender.

622 BGH GRUR 2010, 616, 618 – marions-kochbuch.de.

623 Vgl. EuGH GRUR 2021, 1054 – Peterson/Google und Elsevier/Cyando; EuGH GRUR 2017, 790 – The Pirate Bay; EuGH GRUR 2017, 610 – Filmspeler; EuGH GRUR 2016, 1152 – GS Media; *Ohly* ZUM 2017, 793 ff.; *Grünberger* ZUM 2018, 321, 330; *Hofmann* EuZW 2018, 517, 518.

624 Richtlinie 2001/29/EG vom 22.5.2001 zur Harmonisierung bestimmter Aspekte des Urheberrechts und der verwandten Schutzrechte in der Informationsgesellschaft.

ter Werke oder Leistungen unabhängig vom eingesetzten technischen Mittel oder Verfahren.[625] Der Begriff der Öffentlichkeit erfordert nach Auffassung des EuGH „recht viele" Personen.[626] Außerdem erfordert das Merkmal der Öffentlichkeit nach Auffassung des EuGH, dass ein neues Publikum erreicht wird.[627] Dies wiederum setzt voraus, dass das Publikum, für das die Wiedergabe vorgenommen wird, nicht bloß zufällig erreicht wird, sondern dass sich der Wiedergebende gezielt an das Publikum wendet.

a) Pirate-Bay-Entscheidung

556 Nach Auffassung des EuGH erfasst der Begriff „öffentliche Wiedergabe" das Betreiben einer Online-Filesharing-Plattform, die durch die Indexierung von Metadaten zu geschützten Werken und durch das Anbieten einer Suchmaschine den Nutzern ermöglicht, Werke aufzufinden und sie im Rahmen eines „Peer-to-Peer"-Netzes zu teilen.[628] Nach Auffassung des EuGH kann grundsätzlich jede Handlung, mit der ein Nutzer in voller Kenntnis der Sachlage seinen Kunden Zugang zu geschützten Werken gewährt, eine „Handlung der Wiedergabe" sein.[629] Damit verliert die nach der älteren BGH-Rechtsprechung vorgenommene Unterscheidung zwischen Täter- und Störerhaftung im Bereich der öffentlichen Wiedergabe an Trennschärfe. Für die täterschaftliche Verletzung des Rechts der öffentlichen Wiedergabe sind nach der Pirate-Bay-Entscheidung zwei Voraussetzungen maßgeblich, nämlich die Ermöglichung von Wiedergabehandlungen Dritter oder eigene Vornahme derartiger Handlungen und die volle Kenntnis der Folgen dieses Verhaltens.[630]

aa) Zentrale Rolle

557 Der Provider muss eine zentrale Rolle gespielt haben. Dies ist der Fall bei Ermöglichung von Wiedergabehandlungen Dritter oder eigene Vornahme derartiger Handlungen.[631]

---

625 EuGH GRUR 2017, 510 Rn. 23 – AKM/Zürs.net Betriebs GmbH.
626 EuGH GRUR 2018, 911 Rn. 22 – Cordoba.
627 EuGH GRUR 2017, 510 Rn. 27 ff. – AKM/Zürs.net Betriebs GmbH.
628 EuGH GRUR 2017, 790 – The Pirate Bay; vgl. hierzu Hofmann ZUM 2017, 750; Leistner GRUR 2017, 755; *Ohly* ZUM 2017, 793; Spindler MMR 2018, 48.
629 EuGH GRUR 2020, 609 Rn. 32 – Stim/Fleetmanager.
630 EuGH GRUR 2017, 790 – The Pirate Bay.
631 EuGH GRUR 2017, 790 Rn. 26 – The Pirate Bay.

Die Bereitstellung und das Betreiben einer Filesharing-Plattform im Internet, die durch die Indexierung von Metadaten zu geschützten Werken und durch das Anbieten einer Suchmaschine den Nutzern dieser Plattform ermöglicht, diese Werke aufzufinden und sie im Rahmen eines „Peer-to-Peer"-Netzes zu teilen, reichte in dem Pirate-Bay-Fall bereits aus. 558

bb) Volle Kenntnis der Folgen

Der Weite des objektiven Tatbestandsmerkmals der zentralen Rolle wird durch das subjektive Tatbestandsmerkmal der Kenntnis entgegengewirkt. Eine täterschaftliche Haftung kommt nach der Konzeption des EuGH nur bei Vorsatz in Betracht.[632] 559

b) YouTube-Entscheidung

In der YouTube-Entscheidung vom 22. Juni 2021 urteilte der EuGH, dass das Betreiben von Video-Sharing- und Sharehosting-Plattformen, auf der Nutzer geschützte Inhalte rechtswidrig öffentlich zugänglich machen, ohne Hinzutreten weiterer Umstände grundsätzlich nicht den Tatbestand der öffentliche Wiedergabe erfüllt.[633] Dabei konkretisiert der EuGH insbesondere das Merkmal der Kenntnis weiter.[634] 560

Eine öffentliche Wiedergabe des Plattformbetreibers liegt nach Auffassung des EuGH vor, wenn mindestens eine der folgenden drei Voraussetzungen erfüllt ist: 561

- Keine unverzügliche Löschung oder Zugangssperrung trotz konkreter Kenntnis der Rechtsverletzung,
- Fehlen geeigneter technischer Maßnahmen zur Bekämpfung von Rechtsverletzungen, sofern der Betreiber weiß oder wissen müsste, dass über seine Plattform Inhalte rechtswidrig öffentlich zugänglich gemacht werden,
- Beteiligung des Betreibers an der Auswahl der rechtswidrig zugänglich gemachten Inhalte, dem Angebot von Hilfsmitteln zum unerlaubten Teilen oder der wissentlichen Förderung des unerlaubten Teilens.[635]

---

632 EuGH GRUR 2020, 609 – Stim/Fleetmanager.
633 EuGH GRUR 2021, 1054 – Peterson/Google und Elsevier/Cyando.
634 EuGH GRUR 2021, 1054 Rn. 84 – Peterson/Google und Elsevier/Cyando.
635 EuGH GRUR 2021, 1054 Rn. 102 – Peterson/Google und Elsevier/Cyando.

c) Störerhaftung bei Fehlen der Kenntnis

562 Fehlt es an der erforderlichen Kenntnis, so kommt eine Unterlassungshaftung in Betracht, die ihre europarechtliche Grundlage in Art. 8 Abs. 3 InfoSoc-RL findet.[636] Nach Art. 8 Abs. 3 InfoSoc-RL stellen die Mitgliedstaaten sicher, dass die Rechtsinhaber gerichtliche Anordnungen gegen Vermittler beantragen können, deren Dienste von einem Dritten zur Verletzung eines Urheberrechts oder verwandter Schutzrechte genutzt werden. Die Modalitäten der Anordnungen, die die Mitgliedstaaten nach Art. 8 Abs. 3 InfoSoc-RL vorzusehen haben, wie diejenigen der zu erfüllenden Voraussetzungen und des einzuhaltenden Verfahrens, sind Gegenstand der einzelstaatlichen Rechtsvorschriften.[637] Der EuGH hält das deutsche Konzept der Störerhaftung für vereinbar mit Art. 8 Abs. 3 InfoSoc-RL.[638] Art. 8 Abs. 3 InfoSoc-RL erlaubt es nach Meinung des EuGH, gerichtliche Anordnungen gegen Plattformbetreiber davon abhängig zu machen, dass diese nach Meldung einer Rechtsverletzung nicht unverzüglich tätig werden, um den fraglichen Inhalt zu entfernen oder den Zugang zu diesem zu sperren und dafür zu sorgen, dass sich derartige Rechtsverletzungen nicht wiederholen. Das Erfordernis der vorherigen Meldung der Rechtsverletzung darf nicht dazu führen, dass dem Rechtsinhaber durch die Verzögerung unverhältnismäßige Schäden entstehen. In der Literatur wird für den Bereich des „Kennen-Müssens“ eine Fortbestand der Störerhaftung für öffentliche Wiedergaben vorgeschlagen.[639]

3. Haftung als Anschlussinhaber

563 Grundsätzlich trägt der Anspruchsteller die Darlegungs- und Beweislast dafür, dass die Voraussetzungen des geltend gemachten Anspruchs erfüllt sind. Er hat darzulegen und im Bestreitensfall nachzuweisen, dass der Anspruchsgegner für die behaupteten Urheberrechtsverletzungen als Täter verantwortlich ist. Für Inhaber eines Internetanschlusses hat die deutsche Rechtsprechung ein eigenständiges Haftungsregime geschaffen. Danach gilt der Anschlussinhaber als Täter, sofern er nicht einer Erklärungspflicht nachkommt.[640] Diese Rechtsprechung soll den Anschlussinhaber veranlassen, zur Ermittlung des Täters der Urheberrechtsverletzung beizutragen.[641]

636 Vgl. *Ohly* GRUR 2018, 1139, 1141.
637 EuGH GRUR 2012, 265 Rn. 32 – SABAM.
638 EuGH GRUR 2021, 1054 – Peterson/Google und Elsevier/Cyando; vgl. hierzu *Spindler* NJW 2021, 2554, 2556; *Zurth* ZUM 2021, 829, 831.
639 *Ewert* EuZW 2021, 911, 912.
640 BGH NJW 2021, 2023 Rn. 72 – Saints Row.
641 Vgl. *von Ungern-Sternberg* GRUR 2022, 3, 15.

a) Vermutung der Täterschaft

Nach Auffassung des BGH spricht eine tatsächliche Vermutung für die Täterschaft 564 des Anschlussinhabers, wenn zum Zeitpunkt der Urheberrechtsverletzung keine anderen Personen diesen Internetanschluss benutzen konnten.[642] Eine diese tatsächliche Vermutung ausschließende Nutzungsmöglichkeit Dritter ist anzunehmen, wenn der Internetanschluss zum Verletzungszeitpunkt nicht hinreichend gesichert war oder bewusst anderen Personen zur Nutzung überlassen wurde. In solchen Fällen trifft den Inhaber des Internetanschlusses nach Meinung des BGH jedoch eine sekundäre Darlegungslast.[643]

b) Sekundäre Darlegungslast und Nachforschungspflicht

Der Anschlussinhaber genügt seiner sekundären Darlegungslast schon dadurch, 565 dass er vorträgt, ob und gegebenenfalls welche anderen Personen selbstständigen Zugang zu seinem Internetanschluss hatten und als Täter in Betracht kommen. In diesem Umfang ist der Anschlussinhaber im Rahmen des Zumutbaren zu Nachforschungen sowie zur Mitteilung verpflichtet, welche Kenntnisse er dabei über die Umstände einer eventuellen Verletzungshandlung gewonnen hat. Die pauschale Behauptung der theoretischen Möglichkeit des Zugriffs von im Haushalt lebenden Dritten auf den Internetanschluss genügt nicht. Wird eine Urheberrechtsverletzung über den von Eltern unterhaltenen Internetanschluss begangen, umfasst die sekundäre Darlegungslast der Anschlussinhaber nach Auffassung des BGH die Angabe des Namens ihres volljährigen Kindes, das ihnen gegenüber die Begehung der Rechtsverletzung zugegeben hat.[644] Diese Auffassung wurde durch das Bundesverfassungsgericht nicht beanstandet.[645] Das Grundrecht aus Art. 6 GG steht danach der Annahme einer zivilprozessualen Obliegenheit nicht entgegen, nach der Anschlussinhaber zur Entkräftung der Vermutung ihrer Täterschaft ihre Kenntnisse über die Umstände einer eventuellen Verletzungshandlung mitzuteilen haben und damit auch aufdecken müssen, welches ihrer Kinder die Verletzungshandlung begangen hat, sofern sie davon tatsächliche Kenntnis haben. In der Literatur wird diese „tatsächliche Vermutung der Haftung“ kriti-

642 Vgl. BGH NJW 2021, 2023 Rn. 48 – Saints Row; BGH GRUR 2016, 191 – Tauschbörse III; BGH GRUR 2016, 1275 – Tannöd; BGH GRUR 2016, 1280 – Everytime we touch; BGH GRUR 2016, 1289 – Silver Linings Playbook; *Specht* GRUR 2017, 42.

643 BGH NJW 2021, 2023 Rn. 48 – Saints Row; BGH NJW 2018, 68 Rn. 12 – Ego-Shooter-Spiel; BGH GRUR 2016, 191 – Tauschbörse III.

644 BGH NJW 2018, 65 – Loud.

645 BVerfG NJW 2019, 1510 – Loud.

siert.[646] Auch nach Auffassung des EuGH wird die Haftung des Anschlussinhabers nicht dadurch ausgeschlossen, dass er ein Familienmitglied benennt, dem der Zugriff auf diesen Anschluss möglich war, wenn er nicht nähere Einzelheiten zu Zeitpunkt und Art der Nutzung des Anschlusses durch dieses Familienmitglied mitteilt.[647]

c) Keine Beweislastumkehr und kein Anscheinsbeweis

566 Eine darüber hinausgehende Umkehr der Beweislast oder Verpflichtung des Anschlussinhabers, dem Anspruchsteller die für seinen Prozesserfolg benötigten Informationen zu verschaffen, besteht nicht.[648] Entspricht der Beklagte seiner sekundären Darlegungslast, ist es wieder Sache des Klägers, die für eine Haftung des Beklagten sprechenden Umstände darzulegen und nachzuweisen.[649]

567 Die (strengeren) Regeln über den Beweis des ersten Anscheins (Anscheinsbeweis) wendet der BGH bei Anschlussinhabern nicht an. Die Regeln über den Anscheinsbeweis gelten bei typischen Geschehensabläufen, also in Fällen, in denen ein bestimmter Sachverhalt nach der Lebenserfahrung auf eine bestimmte Ursache für den Eintritt eines bestimmten Erfolges hinweist. Im Wege des Anscheinsbeweises kann gegebenenfalls von einem bestimmten Erfolg auf die Ursache geschlossen werden. Dieser Schluss setzt einen typischen – sehr wahrscheinlichen – Geschehensablauf voraus. Angesichts der naheliegenden Möglichkeit, dass der Anschlussinhaber Dritten Zugriff auf seinen Anschluss einräumt, besteht für die Annahme der Täterschaft des Anschlussinhabers keine hinreichend große Wahrscheinlichkeit.

II. Störer

568 Wer durch sein eigenes Tun weder als Täter noch als Teilnehmer fremde Schutzrechte verletzt, kann als Störer auf Beseitigung und Unterlassung in Anspruch genommen werden, wenn er in irgendeiner Weise willentlich und adäquat kausal an der rechtswidrigen Beeinträchtigung mitgewirkt hat, sofern es ihm rechtlich und tatsächlich möglich sowie zumutbar war, die unmittelbare Rechtsverletzung

646 Vgl. *von Ungern-Sternberg* GRUR 2020, 113, 125.
647 EuGH GRUR 2018, 1234 – Bastei Lübbe/Strotzer.
648 BGH GRUR 2017, 386 – Afterlife.
649 BGH, GRUR 2016, 191 – Tauschbörse III; BGH GRUR 2016, 1280 – Everytime we touch.

zu verhindern.[650] Als Anspruchsgrundlage nennt der BGH teilweise § 97 Abs. 1 UrhG[651], teilweise § 1004 BGB[652].

1. Voraussetzungen

a) Willentlicher und adäquat kausaler Beitrag

Von erheblicher praktischer Bedeutung ist die Frage, ob und inwieweit jemand für Rechtsverstöße haftet, die ein Dritter begeht und zu denen er – ohne Täter oder Teilnehmer zu sein – willentlich und adäquat kausal beiträgt. 569

b) Rechtliche Möglichkeit der Verhinderung

Dabei kann als Mitwirkung auch die Unterstützung oder Ausnutzung der Handlung eines eigenverantwortlich handelnden Dritten genügen, sofern der in Anspruch Genommene die rechtliche Möglichkeit zur Verhinderung dieser Handlung hatte. Diese Frage hat die Rechtsprechung beispielsweise in Bezug auf die Haftung von Presseunternehmen für urheberrechtsverletzende Anzeigenwerbung beschäftigt.[653] 570

c) Verletzung von Prüfungspflichten

Die Rechtsprechung betont, dass die Störerhaftung nicht über Gebühr auf Dritte, die nicht selbst die rechtswidrige Handlung vorgenommen haben, erstreckt werden darf. Die Bejahung der Störerhaftung Dritter setzt deshalb die Verletzung von Prüfungspflichten voraus.[654] Wer nur durch Einsatz organisatorischer oder tech- 571

---

650 Der für Äußerungsrecht zuständige VI. Zivilsenat des BGH unterscheidet – anders als der für Urheberrecht zuständige I. Zivilsenat des BGH – zwischen unmittelbaren Störern, die nach Terminologie des I. Zivilsenats Täter oder Teilnehmer sind, und mittelbaren Störern, die nach der Terminologie des I. Zivilsenats Störer sind (vgl. BGH GRUR 2018, 642 Rn. 27 – Internetforum; BGH GRUR 2016, 104 Rn. 34 – recht§billig).

651 BGH NJW 1999, 1960 – Möbelklassiker.

652 BGH GRUR 2002, 618, 619 – Meißner Dekor.

653 BVerfG GRUR 2007, 1064, 1066 – Kopierschutzumgehung.

654 BVerfG GRUR 2012, 601 – Leuchtturm und 99 Luftballons; BGH GRUR 2013, 1229 – Kinderhochstühle im Internet II; BGH GRUR 2013, 751 – Autocomplete-Funktion; BGH GRUR 2012, 311 – Blog-Eintrag; BGH GRUR 2001, 529, 431 – Herz-Kreislauf-Studie; BGH GRUR 1999, 418, 419 – Möbelklassiker; BGH GRUR 1995, 751, 752 – Schlussverkaufswerbung II; BGH GRUR 1973, 203, 204 – Badische Rundschau; OLG Stuttgart, Urteil vom 2.10.2013, Aktenzeichen 4 U 78/13 – Wikipedia.

nischer Mittel an der von einem anderen vorgenommenen urheberrechtlichen Nutzungshandlung beteiligt war, muss demgemäß, wenn er als Störer in Anspruch genommen wird, ausnahmsweise einwenden können, dass er im konkreten Fall nicht gegen eine Pflicht zur Prüfung auf mögliche Rechtsverletzungen verstoßen hat. So kann er insbesondere geltend machen, dass ihm eine solche Prüfung nach den Umständen überhaupt nicht oder nur eingeschränkt zumutbar war. Die Zumutbarkeit einer Prüfung, um Verletzungshandlungen zu vermeiden oder abzustellen, richtet sich nach den jeweiligen Umständen des Einzelfalls.[655]

2. Typische Fallkonstellationen

a) Internet Service Provider

572 Von besonderer Bedeutung ist die Störerhaftung im Online-Bereich. Art. 8 Abs. 3 InfoSoc-RL enthält eine punktuelle Regelung der Sekundärhaftung für Vermittler.[656] Art. 8 Abs. 3 InfoSoc-RL sieht vor, dass die Rechtsinhaber gerichtliche Anordnungen gegen Vermittler beantragen können, deren Dienste von einem Dritten zur Rechtsverletzung genutzt werden.[657] Der EuGH wendet diese Norm beispielsweise bei Access-Providern an.[658] Auch bei Plattformen wie Streaming-Plattformen und Sharehostern kommt Art. 8 Abs. 3 InfoSoc-RL in Betracht.[659] Die neuere Rechtsprechung des EuGH hat allerdings die Grenzen zwischen Täter- und Störerhaftung verschoben. Die ältere Rechtsprechung der deutschen Gerichte zur Störerhaftung von Internet Service Providern im Bereich der öffentlichen Wiedergabe ist daher überholt. Damit ist die Störerhaftung von Internet Service Providern, beispielsweise von Host Providern keineswegs abgeschafft. Wirkt beispielsweise ein Online-Plattformbetreiber an der Verbreitung (§ 17 UrhG) von Möbelplagiaten mit, indem er eine Verkaufsplattform unterhält, auf der dritte Personen Handel treiben, so stellt sich die Frage der Störerhaftung.

b) Internetmarktplätze

573 Die Rechtsprechung hatte sich schon häufig mit der Frage zu beschäftigen, ob und wieweit Internetmarktplätze wie beispielsweise eBay für Rechtsverletzungen

655 BGH GRUR 2016, 936 – Angebotsmanipulation bei Amazon; BGH GRUR 2015, 485 – Kinderhochstühle im Internet III.

656 Wandtke/Bullinger/*Leenen*[6] Art. 8 InfoSoc-RL Rn. 4.

657 EuGH GRUR 2014, 468 – kino.to.

658 EuGH GRUR 2014, 468 – kino.to.

659 EuGH GRUR 2021, 1054 – Peterson/Google und Elsevier/Cyando.

bei Fremdversteigerungen haften.[660] In aller Regel werden Angebote durch den Versteigerer in einem automatischen Verfahren – also ohne inhaltliche Überprüfung – ins Internet gestellt. Die Prüfungspflicht des Unternehmens kann der Rechtsinhaber beispielsweise durch ein substantiiertes Hinweisschreiben begründen.[661] Dieses muss die erforderlichen Kenntnisse vermitteln und den Adressaten in die Lage versetzen, mit sachgerechten Kontrollmaßnahmen zu reagieren.[662] Der Hinweis muss so konkret gefasst sein, dass der Adressat den Rechtsverstoß unschwer feststellen kann. Dabei hängt das Ausmaß des insoweit vom Betreiber zu verlangenden Prüfungsaufwands von den Umständen des Einzelfalls ab, insbesondere vom Ausmaß der Rechtsverletzungen auf der einen und den Erkenntnismöglichkeiten des Betreibers auf der anderen Seite.[663] Da die Prüfungspflicht durch ein solches Schreiben allerdings erst begründet wird, darf dieses nicht als Abmahnschreiben mit Aufforderung zur Abgabe einer strafbewehrten Unterlassungserklärung verfasst werden, will sich der Rechtsinhaber nicht dem Vorwurf einer unbegründeten Schutzrechtsverwarnung und damit eines Eingriffs in den eingerichteten und ausgeübten Gewerbebetrieb aussetzen. Erst bei einem erneuten Verstoß kann dann ein Abmahnschreiben versandt werden. Der Betreiber eines Internetmarktplatzes haftet beispielsweise auch dann als Störer, wenn er selbst Anzeigen im Internet geschaltet hat, die über einen elektronischen Verweis zu Angebotslisten führen, in denen schutzrechtsverletzende Angebote enthalten sind.[664]

Die Grenze des Zumutbaren ist dann erreicht, wenn keine Merkmale vorhan- 574
den sind, die sich zur Eingabe in ein entsprechendes Suchsystem eignen.[665] Gerade bei Verstößen gegen das Urheberrecht kann es an entsprechenden Merkmalen fehlen. Bei Markenverletzungen in Online-Auktionen hingegen eignen sich die Markennamen in aller Regel gut für solche Suchsysteme. Der BGH wies ausdrücklich darauf hin, dass der Umstand, dass eine lückenlose Vorabkontrolle, die sämtliche Rechtsverletzungen sicher erkennt, technisch nicht möglich sei, eine Verurteilung zur Unterlassung nicht hindere, da auch im Falle einer Verurteilung zur Unterlassung (im Erkenntnisverfahren) die Betreiber des Auktionshauses für Zuwiderhandlungen (im Vollstreckungsverfahren) nur haftbar zu machen seien,

660 BGH GRUR 2004, 860 – Internet-Versteigerung I; BGH GRUR 2007, 708 – Internet-Versteigerung II; BGH GRUR 2008, 702 – Internetversteigerung III; BGH, Urteil vom 5.2.2015, Aktenzeichen I ZR 240/12 – Kinderhochstühle im Internet III.

661 Vgl. BGH GRUR 2007, 708 – Internet-Versteigerung II.

662 OLG Hamburg ZUM-RD 2010, 466, 467 – Abmahnung ohne Bilder.

663 BGH GRUR 2011, 1038 – Stiftparfüm.

664 BGH, Urteil vom 5.2.2015, Aktenzeichen I ZR 240/12 – Kinderhochstühle im Internet III.

665 BGH GRUR 2007, 708, 712 – Internet-Versteigerung II.

wenn sie ein Verschulden nach § 890 ZPO treffe.[666] Für Rechtsverletzungen, die sie in einem Filterverfahren nicht erkennen können, träfe sie kein Verschulden.[667]

c) Sharehoster

575 Im Hinblick auf den File-Hosting-Dienst Rapidshare stellte der BGH fest, dass einem solchen Dienst eine umfassende regelmäßige Kontrolle der Linksammlungen zuzumuten sei, die auf ihn verweisen, da durch das Geschäftsmodell Urheberrechtsverletzungen in erheblichem Umfang Vorschub geleistet werde. Die Prüfpflichten des Störers, die sich danach ergeben, bestehen in Bezug auf jedes Werk, hinsichtlich dessen ihm eine klare Rechtsverletzung angezeigt worden ist. Sie verringern sich nach Meinung des BGH nicht deswegen, weil er auf eine große Zahl von Verletzungen – im Streitfall auf das Öffentlich-Zugänglichmachen von über 4.800 Musiktiteln – hingewiesen worden ist.[668] In seinen Urteilen vom 2. Juni 2022 nahm der BGH in mehrere Verfahren zur Haftung der Sharehosting-Plattform „uploaded" Stellung und verwies die Verfahren zurück an die Vorinstanzen.[669] Nach Einschätzung des BGH bestehen gewichtige Anhaltspunkte für die Annahme, dass der Sharehoster keine hinreichenden technischen Maßnahmen ergriffen hat, weil die von ihm eingesetzten proaktiven Maßnahmen (Stichwortfilter beim Download, Hashfilter, manuelle Kontrollen und Recherchen in Linkressourcen) Urheberrechtsverletzungen nicht hinreichend effektiv entgegenwirkten. Weitere von dem Sharehoster im Gerichtsverfahren genannte Maßnahmen seien lediglich reaktiv und daher ebenfalls unzureichend. Zudem sah der BGH gewichtige Anhaltspunkte für die Annahme, dass das Geschäftsmodell des Sharehosters auf der Verfügbarkeit rechtsverletzender Inhalte beruhe und die Nutzer dazu verleiten solle, rechtsverletzende Inhalte über die Plattform zu teilen.

d) Domain-Registrare

576 Den Registrar einer Domain trifft keine allgemeine Prüfungs- und Überwachungspflicht hinsichtlich der Inhalte der von ihm registrierten und verwalteten Domains. Eine Verantwortlichkeit als Störer kann allerdings zu bejahen sein, wenn

---

666 Gegen eine solche Verlagerung der Fragen ins Vollstreckungsverfahren *Leible/Sosnitza* NJW 2007, 3324, 3326.

667 BGH GRUR 2008, 702, 706 Rn. 53 – Internet-Versteigerung III.

668 BGH GRUR 2013, 1030 – File-Hosting-Dienst.

669 BGH Urteile vom 2. Juni 2022, Aktenzeichen I ZR 53/17, I ZR 54/17, I ZR 55/17, I ZR 56/17, I ZR 57/17 und I ZR 135/18 – Uploaded.

der Rechtsinhaber ihn konkret auf Rechtsverletzung hingewiesen hat.[670] Dann ist ihm die Dekonnektierung der Domain zumutbar.

Die Störerhaftung des Registrars tritt ein, wenn unter der beanstandeten Do- 577
main weit überwiegend illegale Inhalte bereitgestellt werden, der Registrar einen Hinweis auf eine klare und ohne Weiteres feststellbare Rechtsverletzung erhalten hat und er die Dekonnektierung gleichwohl unterlässt. Voraussetzung ist allerdings, dass der Rechtsinhaber zuvor bereits erfolglos gegen die Beteiligten vorgegangen ist, die – wie der Betreiber der Internetseite – die Rechtsverletzung selbst begangen haben oder – wie der Host-Provider – zur Rechtsverletzung durch die Erbringung von Dienstleistungen beigetragen haben, sofern nicht einem solchen Vorgehen jede Erfolgsaussicht fehlt.[671]

Der die Haftung des Registrars auslösende Hinweis muss sich auf alle für die 578
Haftungsbegründung relevanten Umstände – Rechtsverletzung, weit überwiegende Bereitstellung illegaler Inhalte sowie erfolglose oder unmögliche vorrangige Inanspruchnahme anderer Beteiligter – beziehen und insoweit hinreichend konkrete Angaben enthalten.[672]

e) Presseunternehmen

Presseunternehmen haften wegen des Abdrucks von Anzeigen mit urheberrechts- 579
verletzendem Inhalt – ebenso wie bei der Veröffentlichung wettbewerbswidriger Anzeigen – nur in Fällen grober, unschwer zu erkennender Verstöße.[673] Um die Arbeit von Presseunternehmen nicht über Gebühr zu erschweren, obliegt diesen keine umfassende Prüfungspflicht. Vielmehr haftet ein Presseunternehmen für die Veröffentlichung urheberrechtsverletzender Anzeigen nur im Fall grober, unschwer zu erkennender Verstöße.

2. Übergang von der Störerhaftung zur Gehilfenhaftung

Nach der Rechtsprechung einiger Instanzgerichte, die sogenannte Sharehoster 580
(Rapidshare, etc.) betraf, kann die Störerhaftung in eine Gehilfenhaftung übergehen, wenn Hinweise des Rechtsinhabers hartnäckig ignoriert werden.[674] Nach

---

670 BGH GRUR 2021, 63 – Störerhaftung des Registrars; OLG Köln GRUR-RR 2019, 1 – Registrar; OLG Saarbrücken MMR 2015, 120 – Störerhaftung eines Registrars.

671 BGH GRUR 2021, 63 – Störerhaftung des Registrars.

672 BGH GRUR 2021, 63 Rn. 35 – Störerhaftung des Registrars.

673 BGH NJW 1999, 1960, 1961 – Möbelklassiker.

674 OLG Hamburg GRUR-RR 2013, 382 – Hörspiel; LG Frankfurt ZUM 2015, 160 – Gehilfenvorsatz eines Sharehosters; LG München ZUM-RD 2016, 652; LG München ZUM-RD 2015, 118.

Auffassung des OLG Hamburg kann der Betreiber eines Servers, der Online-Speicherplatz anbietet, als Gehilfe haften, wenn urheberrechtsverletzende Dateien durch Nutzer seines Dienstes öffentlich zugänglich gemacht werden, obwohl ihm zuvor mehrere Hinweise auf eine konkrete Rechtsverletzung gegeben wurden, und er sich hartnäckig weigert, zu verhindern, dass die urheberrechtlich geschützten Werke weiter über seine Server abrufbar sind.[675]

581 Der Gehilfenvorsatz erfordert nach Meinung des LG München keine Kenntnis von Einzelheiten der konkreten Rechtsverletzung. Es soll bereits genügen, wenn die Person mit hinreichend konkretisierten Haupttaten rechnen muss und diese billigend in Kauf nimmt.[676] Der Betreiber eines Sharehosting-Dienstes soll nach Meinung des LG München auch auf Auskunft und Schadensersatz haften, wenn er gegen eine ihn aufgrund der Störerhaftung bestehende Unterlassungsverpflichtung nachhaltig verstößt. Die Garantenpflicht wird dabei aus einer fortdauernden Missachtung der Prüfungspflichten abgeleitet. Die Störerhaftung wird nach dieser Rechtsauffassung zur Vorstufe der Garantenstellung.[677]

582 Nach Meinung des OLG München fehlt es demgegenüber am doppelten Gehilfenvorsatz.[678] Der Vorsatz des Gehilfen muss sowohl auf seine Beihilfeleistung als auch auf die Haupttat bezogen sein. Die Gehilfenhaftung setzt Kenntnis von der konkret drohenden Haupttat voraus. Eine allgemeine Kenntnis, dass über die Plattform Haupttaten begangen werden, genügt nach Meinung des OLG München aufgrund der Privilegierung des Host-Providers in § 10 S. 1 Nr. 1 TMG nicht.

III. Haftung des Unternehmensinhabers

583 Nach § 99 UrhG hat der Verletzte die Ansprüche aus § 97 Abs. 1 UrhG und § 98 UrhG auch gegen den Inhaber des Unternehmens, wenn in dem Unternehmen von einem Arbeitnehmer oder Beauftragten ein nach dem UrhG geschütztes Recht widerrechtlich verletzt worden ist. Die eigenständige verschuldensunabhängige Haftung des Unternehmensinhabers nimmt diesem die Möglichkeit einer Entlastung (Exkulpation), die nach den allgemeinen Vorschriften, namentlich § 831 BGB, gegeben wäre.[679] § 99 UrhG begründet somit eine Erfolgshaftung des Unternehmensinhabers ohne Entlastungsmöglichkeit; er haftet auch für die ohne sein

675 OLG Hamburg GRUR-RR 2013, 382 – Hörspiel.

676 LG München MMR 2017, 53; aufgehoben von OLG München, Urteil vom 2.3.2017, Aktenzeichen 29 U 1799/16.

677 LG München ZUM-RD 2015, 118, 122.

678 OLG München, Urteil vom 2.3.2017, Aktenzeichen 29 U 1799/16.

679 Wandtke/Bullinger/*Bohne*[6] § 99 UrhG Rn 1.

Wissen und gegen seinen Willen von einem Beauftragten begangenen Verstöße. Diese verschuldensunabhängige Haftung des Unternehmensinhabers tritt neben die Haftung des eigentlichen Verletzers und erweitert daher den Kreis derjenigen, die der Verletzte wegen Verletzung seiner Urheberrechte in Anspruch nehmen kann.[680]

Der Unternehmensbegriff ist hier weit zu verstehen. Entscheidend ist die organisatorische Eingliederung des Mitarbeiters. Erfasst werden die Ansprüche auf Unterlassung, Beseitigung, Vernichtung, Rückruf und Überlassung. Für Schadensersatzansprüche gilt die Vorschrift nicht. Allerdings kann § 831 BGB daneben anwendbar sein.[681] § 99 UrhG setzt voraus, dass die urheberrechtsverletzende Handlung unternehmensbezogen ist. Diese Unternehmensbezogenheit ist als ungeschriebenes Tatbestandsmerkmal grundsätzlich vom Anspruchsteller darzulegen und im Bestreitensfall zu beweisen.[682] Sofern allerdings der Anspruchsteller von sich aus nicht den Sachverhalt ermitteln kann, während der in Anspruch genommene Unternehmensinhaber über die erforderlichen Informationen verfügt oder diese sich unschwer zu verschaffen vermag, so darf dieser sich nicht auf ein einfaches Bestreiten der Unternehmensbezogenheit der Verletzungshandlung zurückziehen. Tut er dies dennoch und beteiligt sich nicht an der Aufklärung des Sachverhalts, so gilt die Behauptung des Anspruchstellers, eine Unternehmensbezogenheit liege vor, trotz mangelnder Substantiierung als gemäß § 138 Abs. 2 ZPO zugestanden.[683] Bei einer juristischen Person wie etwa einer Kapitalgesellschaft (GmbH, AG) ist die juristische Person der Unternehmensinhaber, nicht etwa die Anteilseigner oder gesetzlichen Vertreter. 584

IV. Haftung im Konzern

Beauftragte nach § 99 UrhG können auch selbstständige Unternehmen sein.[684] Es kommt entscheidend darauf an, ob die angegriffene Handlung innerhalb der Organisationseinheit des Unternehmensinhabers begangen worden ist und ob der Handelnde kraft eines Vertrags in diese dergestalt eingegliedert ist, dass einerseits der Erfolg seiner Handlung zumindest auch dem Unternehmensinhaber zugutekommt und andererseits dem Unternehmensinhaber ein bestimmender Einfluss jedenfalls auf diejenige Tätigkeit des Handelnden eingeräumt ist, in deren 585

680 BGH GRUR 2019, 813, 820 Rn. 74 – Cordoba II.
681 BGH GRUR 2012, 1279, 1283 Rn. 43 – DAS GROSSE RÄTSELHEFT.
682 OLG München GRUR-RR 2007, 345 – Beweislastverteilung.
683 OLG München GRUR-RR 2007, 345, 347 – Beweislastverteilung.
684 LG Hamburg, Urteil vom 3.9.2010, Aktenzeichen 308 O 27/09 Rn. 167 – Sarah Brightman.

Bereich das beanstandete Verhalten fällt. Beauftragter kann somit auch ein Tochterunternehmen sein, wenn es zur Organisation des Mutterunternehmens gehört und in diese dermaßen eingebunden ist, dass sein Erfolg unmittelbar dem Mutterunternehmen zugutekommt und das Mutterunternehmen bestimmenden Einfluss auf die Handlungen des Tochterunternehmens hat.

586 Dabei kommt es nicht darauf an, welchen Einfluss sich das in Anspruch genommene Mutterunternehmen bereits gesichert hat, sondern welchen Einfluss es sich sichern könnte und daher auch sichern müsste. Unter Anwendung dieser Grundsätze hielt das Landgericht Hamburg den Betreiber der Internetsuchmaschine Google für die Inhalte, die auf der Internetseite des hundertprozentigen Tochterunternehmens YouTube stehen, für verantwortlich.[685]

587 Bei rechtlich selbständigen Tochterunternehmen kommt zudem eine Haftung des Mutterunternehmens nach § 831 BGB in Betracht. Selbstständigen Unternehmen fehlt es zwar häufig an der erforderlichen Abhängigkeit und Weisungsgebundenheit gegenüber dem Geschäftsherrn. Soweit ein rechtlich selbstständiges Unternehmen aber eine Tätigkeit ausübt, bei der es den Weisungen eines anderen Unternehmens unterworfen ist, kann es auch dessen Verrichtungsgehilfe sein.[686] Für die Abgrenzung kommt es nicht auf die rechtliche Ausgestaltung der Beziehung oder den gesellschaftsrechtlichen Status an. Entscheidend ist vielmehr, ob nach den tatsächlichen Verhältnissen eine Eingliederung in den Organisationsbereich des Geschäftsherrn erfolgt ist und der Handelnde dessen Weisungen unterliegt. Dies ist dann der Fall, wenn das Tochterunternehmen als Werkzeug oder verlängerter Arm des Mutterunternehmens tätig ist.[687]

V. Haftung von Körperschaften des öffentlichen Rechts

588 § 99 UrhG gilt auch für Körperschaften des öffentlichen Rechts. Der Begriff des Arbeitnehmers ist weit auszulegen. Er erfasst alle Personen, die aufgrund eines entgeltlichen oder unentgeltlichen Beschäftigungsverhältnisses zu Dienstleistungen in einem Unternehmen oder einer Körperschaft des öffentlichen Rechts verpflichtet sind.[688]

---

685 LG Hamburg, Urteil vom 3.9.2010, Aktenzeichen 308 O 27/09 Rn. 168 – Sarah Brightman.

686 BGH GRUR 2012, 1279, 1283 Rn. 45 – DAS GROSSE RÄTSELHEFT; OLG Düsseldorf GRUR-RR 2013, 273 – Scheibenbremse; *Buxbaum* GRUR 2009, 240, 243.

687 OLG Düsseldorf GRUR-RR 2013, 273, 274 – Scheibenbremse.

688 BGH NJW 2022, 775 Rn. 31 – Uli-Stein-Cartoon; BGH GRUR 2019, 813, 820 Rn. 72 – Cordoba II.

Übt ein Bundesland die Schulaufsicht aus, so kann seine Haftung nicht mit dem Hinweis auf die Eigenschaft der Stadt als Trägerin der Schule abgetan werden.[689] 589

VI. Gesetzliche Vertreter von Unternehmen

§ 99 UrhG begründet bei juristischen Personen zwar eine Haftung der juristischen Person selbst. Ein Durchgriff auf die gesetzlichen Vertreter folgt daraus noch nicht.[690] Eine persönliche Haftung des gesetzlichen Vertreters einer Kapitalgesellschaft (AG, GmbH) für Schutzrechtsverletzungen ist weder in den Spezialgesetzen zum Schutz geistigen Eigentums noch im GmbH-Gesetz oder im AG-Gesetz ausdrücklich geregelt. 590

In der älteren Rechtsprechung nahm der BGH eine täterschaftliche Haftung schon dann an, wenn die Geschäftsführer bzw. Vorstände die Rechtsverletzung trotz Kenntnis nicht verhindert haben.[691] 591

Hingegen kommt eine persönliche Haftung der Geschäftsführer als Täter oder Teilnehmer auf Schadensersatz für einen Verstoß der Gesellschaft nach der neueren Rechtsprechung des BGH nur in Betracht, wenn die Geschäftsführer an diesem Verstoß durch positives Tun beteiligt waren oder wenn sie diesen Verstoß aufgrund einer nach allgemeinen Grundsätzen des Deliktsrechts begründeten Garantenstellung hätten verhindern müssen.[692] Die schlichte Kenntnis von Rechtsverletzungen scheidet als haftungsbegründender Umstand aus. Erforderlich ist vielmehr grundsätzlich, dass die Rechtsverletzung auf einem Verhalten beruht, das nach seinem äußeren Erscheinungsbild und mangels abweichender Feststellungen dem Geschäftsführer anzulasten ist. Dazu zählen Maßnahmen, über die typischerweise auf Geschäftsführerebene entschieden wird. 592

Wenn neben einer juristischen Person auch der Vertreter durch eine gerichtliche Entscheidung zur Unterlassung verpflichtet wurde, kann nach Auffassung des BGH gegen diesen kein Ordnungsgeld verhängt werden.[693] Sind sowohl eine juristische Person als auch ihr Organ aus einem Vollstreckungstitel zur Unterlassung verpflichtet und handelt das Organ im Rahmen der geschäftlichen Tätigkeit 593

---

689 BGH GRUR 2019, 813, 820 Rn. 77 – Cordoba II.

690 *Klaka* GRUR 1988, 729; *Götting* GRUR 1994, 6, 9.

691 BGH GRUR 2010, 616, 619 Rn 34 – marions-kochbuch.de; BGH GRUR 2012, 1145, 1148 Rn 36 – Pelikan.

692 BGH GRUR 2017, 541, 542 Rn. 25 – Videospiel-Konsolen III; BGH GRUR 2015, 672 – Videospiel-Konsolen II; BGH GRUR 2014, 883 – Geschäftsführerhaftung.

693 BGH GRUR 2012, 541 Rn. 6 – Titelschuldner im Zwangsvollstreckungsverfahren.

für die juristische Person dem Verbot zuwider, ist nur gegen die juristische Person ein Ordnungsgeld festzusetzen. Dadurch wird eine gesonderte Inanspruchnahme des Organs neben der juristischen Person im Erkenntnisverfahren indes nicht überflüssig. Eine gesonderte Inanspruchnahme ist dann relevant, wenn das Handeln des Organs der juristischen Person nicht nach § 31 BGB zurechenbar ist, weil es sich aus Sicht eines Außenstehenden so weit vom organschaftlichen Aufgabenbereich entfernt, dass der allgemeine Rahmen der ihm übertragenen Obliegenheiten überschritten erscheint. Das kommt beispielsweise dann in Betracht, wenn das Organ für einen neben der juristischen Person bestehenden eigenen Geschäftsbetrieb oder eine andere juristische Person die schuldhafte Zuwiderhandlung begangen hat.[694]

VII. Haftungsbeschränkung nach dem TMG

594 Bei Internetsachverhalten sind zudem die Haftungsbeschränkungen nach dem TMG zu berücksichtigen. §§ 7 bis 10 Telemediengesetz (TMG) regeln die Verantwortlichkeit von Internet-Service-Providern (Content-, Host-, und Access-Provider) übergreifend für alle Rechtsgebiete. Ziel dieser Regelungen ist es, die Risiken für die Provider aus Rechtsverletzungen zu reduzieren.

595 § 7 Abs. 1 TMG regelt die Haftung des Content-Providers. Danach sind Diensteanbieter für eigene Informationen, die sie zur Nutzung bereithalten, nach den allgemeinen Gesetzen verantwortlich. § 10 TMG regelt die Haftung des Host-Providers, der fremde Inhalte speichert. § 8 TMG regelt die Haftung des Access-Providers, die fremde Informationen in einem Kommunikationsnetz übermitteln oder zu denen sie den Zugang zur Nutzung vermitteln.

1. Speicherung von Informationen nach § 10 TMG

596 § 10 TMG betrifft Host-Provider, die fremde Inhalte speichern, und setzt Art. 14 E-Commerce-RL um. Nach § 10 TMG sind Diensteanbieter für fremde Informationen, die sie für einen Nutzer speichern, nicht verantwortlich, sofern sie (1.) keine Kenntnis von der rechtswidrigen Handlung oder der Information haben und ihnen im Falle von Schadensersatzansprüchen auch keine Tatsachen oder Umstände bekannt sind, aus denen die rechtswidrige Handlung oder die Information offensichtlich wird, oder (2.) unverzüglich tätig geworden sind, um die Informati-

694 BGH GRUR 2012, 541 Rn. 9 – Titelschuldner im Zwangsvollstreckungsverfahren.

on zu entfernen oder den Zugang zu ihr zu sperren, sobald sie diese Kenntnis erlangt haben.

Richtungsweisend für die Auslegung des Art. 14 E-Commerce-RL ist die You- 597
Tube-Entscheidung des EuGH aus dem Jahr 2021.[695] Danach gilt für Betreiber von Video-Sharing- und Sharehosting-Plattformen das Host-Provider-Privileg gemäß Art. 14 E-Commerce-RL, sofern sie keine aktive Rolle spielen, die ihnen Kenntnis von den Inhalten oder Kontrolle über die Inhalte verschaffen.[696] Art. 14 Abs. 1 a E-Commerce-RL schließt die Haftung nur bei konkreter Kenntnis der Rechtsverletzung aus.[697] Das Tatbestandsmerkmal „keine Kenntnis" entfällt also nicht bereits dann, wenn sich der Betreiber allgemein der Tatsache bewusst ist, dass seine Plattform auch dazu verwendet wird, Inhalte zu teilen, die möglicherweise Rechte des geistigen Eigentums verletzen, und somit eine abstrakte Kenntnis von der rechtsverletzenden Zugänglichmachung geschützter Inhalte auf seiner Plattform hat.[698] Der Umstand, dass der Betreiber einer Internetplattform, die das Teilen von Inhalten ermöglicht, eine automatisierte Indexierung der auf diese Plattform hochgeladenen Inhalte vornimmt, dass diese Plattform eine Suchfunktion enthält und dass sie Videos nach Maßgabe des Profils oder der Präferenzen der Nutzer empfiehlt, kann nicht für die Annahme ausreichen, dass dieser Betreiber eine „konkrete" Kenntnis von rechtswidrigen Tätigkeiten, die auf der Plattform erfolgen, oder von rechtswidrigen Informationen, die dort gespeichert sind, hat.[699]

Nach der älteren Rechtsprechung des BGH wurde der Unterlassungsanspruch 598
grundsätzlich nicht dadurch ausgeschlossen, dass das TMG nur eine eingeschränkte Haftung für bestimmte Provider vorsieht. Der BGH wendete § 10 TMG allerdings zunächst nicht auf Unterlassungsansprüche an.[700] Die Haftungsprivilegierung in § 10 TMG sollte vielmehr allein für die strafrechtliche Verantwortlichkeit und die Schadensersatzhaftung gelten.[701]

---

695 EuGH GRUR 2021, 1054 – Peterson/Google und Elsevier/Cyando.

696 EuGH GRUR 2021, 1054 Rn. 117 – Peterson/Google und Elsevier/Cyando.

697 EuGH GRUR 2021, 1054 Rn. 118 – Peterson/Google und Elsevier/Cyando.

698 EuGH GRUR 2021, 1054 Rn. 111 – Peterson/Google und Elsevier/Cyando.

699 EuGH GRUR 2021, 1054 Rn. 114 – Peterson/Google und Elsevier/Cyando.

700 Der erste Leitsatz der BGH-Entscheidung „Internet-Versteigerung II" lautete wie folgt: „Die Unanwendbarkeit des Haftungsprivilegs gemäß § 10 Satz 1 TMG (= § 11 Satz 1 TDG 2001) auf Unterlassungsansprüche gilt nicht nur für den auf eine bereits geschehene Verletzung gestützten, sondern auch für den vorbeugenden Unterlassungsanspruch (Fortführung von BGHZ 158, 236, 246 ff – Internet-Versteigerung I)" (abgedruckt in GRUR 2007, 708).

701 BGH GRUR 2008, 702 – Internet-Versteigerung III; BGH GRUR 2007, 708, 710 – Internet-Versteigerung II; BGH GRUR 2007, 890, 892 – Jugendgefährdende Medien bei eBay; BGH GRUR 2007, 724, 725 – Meinungsforum.

599 Demgegenüber urteilte der EuGH, dass die dem § 10 TMG zugrundeliegende Regelung in Art. 14 E-Commerce-RL[702] einschränkungslos anwendbar ist.[703] Der EuGH verwies in diesem Zusammenhang auf den 42. Erwägungsgrund der E-Commerce-RL, nach dem die in der E-Commerce-RL hinsichtlich der Verantwortlichkeit festgelegten Ausnahmen nur die Fälle erfassen, in denen die Tätigkeit des Anbieters von Diensten der Informationsgesellschaft „rein technischer, automatischer und passiver Art" ist.[704] Art. 14 E-Commerce-RL ist danach im Hinblick auf den Anbieter eines Internetreferenzdienstes wie Google anwendbar, wenn dieser keine aktive Rolle gespielt hat, die ihm eine Kenntnis der gespeicherten Daten oder eine Kontrolle über sie verschaffen konnte.[705] Hat dieser Anbieter keine derartige Rolle gespielt, kann er für die Daten, die er auf Anfrage eines Werbenden gespeichert hat, nicht zur Verantwortung gezogen werden, es sei denn, er hat die Informationen nicht unverzüglich entfernt oder den Zugang zu ihnen gesperrt, nachdem er von der Rechtswidrigkeit dieser Informationen oder Tätigkeiten des Werbenden Kenntnis erlangt hatte.[706] Ein Internet Service Provider kann sich nicht auf die in Art. 14 E-Commerce-RL vorgesehene Ausnahme berufen, wenn er sich etwaiger Tatsachen oder Umstände bewusst war, auf deren Grundlage ein sorgfältiger Wirtschaftsteilnehmer die Rechtswidrigkeit der fraglichen Verkaufsangebote hätte feststellen müssen und er, falls ein solches Bewusstsein gegeben war, nicht unverzüglich dieser Verordnung tätig geworden ist.[707]

600 Auch der I. Zivilsenat des BGH hatte seine Rechtsprechung daraufhin geändert. In seiner Entscheidung „Vorschaubilder" erwähnt der I. Zivilsenat des BGH die Möglichkeit einer Haftungsbeschränkung durch Art. 14 E-Commerce-RL, ohne allerdings § 10 TMG zu nennen.[708] In weiteren Entscheidungen weist der I. Zivilsenat des BGH auf die Möglichkeit einer Haftungsprivilegierung nach § 10 TMG

---

702 RL 2000/31/EG des Europäischen Parlaments und des Rates vom 8. Juni 2000 über bestimmte rechtliche Aspekte der Dienste der Informationsgesellschaft, insbesondere des elektronischen Geschäftsverkehrs.

703 EuGH GRUR 2010, 445, 450 ff. – Google und Google France.

704 EuGH GRUR 2010, 445, 451 Rn. 113 – Google und Google France.

705 EuGH GRUR 2010, 445, 451 Rn. 114 – Google und Google France; EuGH GRUR 2011, 1025 Rn. 113 – L'Oréal/eBay; BGH GRUR 2013, 1229, 1232 Rn. 37 – Kinderhochstühle im Internet II.

706 Das Entfallen des Haftungsprivilegs des Art. 14 E-Commerce-Richtlinie begründet noch keine Vorentscheidung für die Einordnung einer Handlung als täterschaftlich; BGH GRUR 2013, 1229, 1231 Rn. 30 – Kinderhochstühle im Internet II.

707 EuGH GRUR 2011, 1025, 1033 Rn. 124 – L'Oréal/eBay.

708 BGH GRUR 2010, 628, 633 Rn. 39 – Vorschaubilder; hierzu *Spindler* GRUR 2010, 785; *Ohly* GRUR 2010, 776, 784.

bei Unterlassungsansprüchen hin.[709] Eine Haftungsprivilegierung nach § 10 TMG scheidet aus, wenn es um eigene Inhalte des Diensteanbieters geht, etwa die Suchvorschläge bei der Suchwortergänzungsfunktion von Google.[710] Demgegenüber geht der VI. Zivilsenat des BGH nach wie vor davon aus, dass die Haftungsbeschränkung des § 10 TMG nicht für Unterlassungsansprüche gilt.[711]

Der Betreiber eines Internetmarktplatzes wie Amazon kann keine Haftungs- 601
privilegierung nach § 10 TMG mit dem Argument erhalten, die Auswahl von Bildern erfolge durch einen Algorithmus. Nach Auffassung des KG übt Amazon durch den Einsatz des für die Bilderauswahl genutzten Algorithmus, die Vorgabe der Kriterien, nach denen der Algorithmus arbeitet, und die Art der Vernetzung des Angebots mit den anderweitig abgelegten Händlerdaten selbst die Kontrolle darüber aus, ob und gegebenenfalls wann ein Foto bei einem Angebot sichtbar gemacht wird.[712]

2. Durchleitung von Informationen nach § 8 TMG

Nach § 8 Abs. 1 S. 1 TMG sind Diensteanbieter für fremde Informationen, die sie in 602
einem Kommunikationsnetz übermitteln oder zu denen sie den Zugang zur Nutzung vermitteln, nicht verantwortlich, sofern sie (1.) die Übermittlung nicht veranlasst, (2.) den Adressaten der übermittelten Informationen nicht ausgewählt und (3.) die übermittelten Informationen nicht ausgewählt oder verändert haben. Die Privilegierung umfasst nach § 8 Abs. 2 TMG auch die automatische kurzzeitige Zwischenspeicherung dieser Informationen, soweit dies nur zur Durchführung der Übermittlung im Kommunikationsnetz geschieht und die Informationen nicht länger gespeichert werden, als für die Übermittlung üblicherweise erforderlich ist.[713] Diese Regelung ist allerdings eng auszulegen. § 8 TMG greift nicht, wenn sich der Dienst nicht auf die reine Übermittlung beschränkt, sondern Inhalte der Webseiten ihrer Kunden auf ihren eigenen Servern zwischenspeichert.[714] Die Speicherung nach § 8 Abs. 2 TMG darf nur der Übermittlung der angefragten Informationen dienen.[715]

---

709 BGH GRUR 2010, 633, 635 Rn. 24 – Sommer unseres Lebens; BGH GRUR 2013, 1030, 1033 Rn. 44 – File-Hosting-Dienst; Vgl. auch BGH GRUR 2013, 1229 – Kinderhochstühle im Internet II.
710 BGH GRUR 2013, 751, 752 Rn. 20 – Autocomplete-Funktion.
711 BGH GRUR 2016, 855 Rn. 19 – www.jameda.de; BGH GRUR 2012, 751, 752 Rn. 9 – RSS-Feeds; BGH GRUR 2012, 311, 312f. Rn. 19 – Blog-Eintrag.
712 KG GRUR 2020, 280 Rn. 86 – Produktbilder.
713 Längerfristige Speicherungen können – sofern sie der beschleunigten Übermittlung dienen – unter § 9 TMG fallen, vgl. Spindler/Schuster/*Hoffmann*/*Volkmann*[4] § 8 TMG Rn. 42.
714 OLG Köln NJW 2021, 319 Rn. 69 – Content-Delivery-Network.
715 OLG Köln NJW 2021, 319 Rn. 70 – Content-Delivery-Network.

603 Sofern diese Diensteanbieter nicht verantwortlich sind, können sie nach § 8 Abs. 1 S. 2 TMG insbesondere nicht wegen einer rechtswidrigen Handlung eines Nutzers auf Schadensersatz oder Beseitigung oder Unterlassung einer Rechtsverletzung in Anspruch genommen werden; dasselbe gilt hinsichtlich aller Kosten für die Geltendmachung und Durchsetzung dieser Ansprüche.

604 Der Betreiber eines WLAN-Zugangs haftet nach § 8 Abs. 1 S. 2 TMG nicht als Störer für von Dritten über seinen Internetanschluss im Wege des Filesharings begangene Urheberrechtsverletzungen.[716] In Betracht kommt allerdings ein Sperranspruch des Rechtsinhabers gemäß § 7 Abs. 4 TMG.[717]

605 Das OLG München hatte § 8 Abs. 1 S. 2 TMG zunächst so ausgelegt, dass nur WLAN-Betreiber, nicht aber andere Access-Provider von der Störerhaftung ausgenommen werden.[718] Schon die Schaffung eines besonderen Anspruchsregimes für WLAN-Betreiber in § 7 Abs. 4 TMG zeigt nach Meinung des OLG München, dass im Übrigen die allgemeinen Grundsätze der Störerhaftung von den Haftungsbeschränkungen der §§ 8 bis 10 TMG unberührt bleiben.[719] Dem ist der BGH entgegengetreten. Angesichts der in der Begründung zum Regierungsentwurf zum Ausdruck kommenden Absicht, die Haftung von Zugangsvermittlern auf Schadensersatz, Beseitigung oder Unterlassung abzuschaffen, sei die Regelung auf alle Zugangsvermittler und nicht nur auf WLAN-Betreiber anwendbar.[720]

3. Zwischenspeicherung zur beschleunigten Übermittlung nach § 9 TMG

606 Nach § 9 S. 1 TMG sind Diensteanbieter für eine automatische, zeitlich begrenzte Zwischenspeicherung, die allein dem Zweck dient, die Übermittlung fremder Informationen an andere Nutzer auf deren Anfrage effizienter zu gestalten, unter bestimmten Voraussetzungen nicht verantwortlich. § 9 TMG erfasst das Caching.[721] Voraussetzung dieser Privilegierung ist, dass die Diensteanbieter (1.) die Informationen nicht verändern, (2.) die Bedingungen für den Zugang zu den Informationen beachten, (3.) die in Industriestandards festgelegten Regeln für die Aktualisierung der Informationen beachten, (4.) die in Industriestandards fest-

---

716 BGH NJW 2018, 3779 – Dead Island; *Schaub* NJW 2018, 3754; *Spindler* GRUR 2018, 1012; *Hennemann* ZUM 2018, 754.

717 BGH NJW 2018, 3779 – Dead Island.

718 OLG München GRUR 2018, 1050 Rn. 29– Constantin/Vodafone; dagegen *Grünberger* ZUM 2018, 321, 335.

719 OLG München GRUR 2018, 1050 Rn. 31 – Constantin/Vodafone.

720 BGH NJW 2018, 3779 Rn. 45 – Dead Island.

721 Spindler/Schuster/*Hoffmann*/*Volkmann*[4] § 9 TMG Rn. 8.

gelegte erlaubte Anwendung von Datensammeltechnologien nicht beeinträchtigen und (5.) unverzüglich handeln, um gespeicherte Informationen zu entfernen oder den Zugang zu ihnen zu sperren, sobald sie Kenntnis davon erhalten haben, dass die Informationen am ursprünglichen Ausgangsort entfernt wurden oder der Zugang zu ihnen gesperrt wurde oder ein Gericht oder eine Verwaltungsbehörde die Entfernung oder Sperrung angeordnet hat. Eine Zwischenspeicherung im Sinne des § 9 TMG dauert typischerweise länger als eine Zwischenspeicherung im Sinne des § 8 Abs. 2 TMG.[722] Grundsätzlich kann zwischen dem Einsatz von Proxy-Cache-Servern und Mirror-Servern unterschieden werden. Der Proxy-Cache-Server gleicht anhand einer übermittelten URL ab, ob die angefragten Inhalte zuvor schon einmal übertragen wurden und noch im Speicher vorrätig sind. Ist dies der Fall, werden die Seiteninhalte direkt vom Proxy-Cache-Server an den Nutzer geliefert. Die Übertragung der Daten vom ursprünglichen Host-Server ist dann nicht mehr erforderlich.[723] Mirror-Server sind Netzwerkserver, die ein Abbild von häufig nachgefragten Internetseiten bereithalten. Auch sie dienen der Effizienzsteigerung der Internetkommunikation durch die Dezentralisierung von Daten. Nach Einschätzung des OLG Köln stehen Mirror-Server hauptsächlich im Interesse der Content- oder Host-Provider. Durch die Datenredundanz kann eine Lastverteilung bewirkt werden, die im Fall kritisch hoher Abfragemengen den Ausfall der Serversysteme verhindern soll.[724] Speicherungen von Kundenwebseiten, die aus Gründen der Sicherheit und Stabilität vorgenommen werden, fallen nach Meinung des OLG Köln nicht unter § 9 TMG.[725]

VIII. Zugangsvermittler – WLAN-Betreiber und Access-Provider

§ 7 Abs. 4 TMG sieht einen Sperranspruch gegen Zugangsvermittler vor. Ein 607
Rechtsinhaber kann gemäß § 7 Abs. 4 TMG von einem Telemediendiensteanbieter nach § 8 Abs. 3 TMG die Sperrung der Nutzung von Informationen verlangen, wenn der Telemediendienst von einem Dritten dazu genutzt wurde, ein Schutzrecht zu verletzen und keine andere Möglichkeit besteht, die Verletzung zu unterbinden. § 8 Abs. 3 TMG erfasst WLAN-Betreiber („Diensteanbieter, die Nutzern einen Internetzugang über ein drahtloses lokales Netzwerk zur Verfügung stellen").

---

722 Spindler/Schuster/*Hoffmann*/*Volkmann*[4] § 8 TMG Rn. 42.
723 OLG Köln NJW 2021, 319 Rn. 76 – Content-Delivery-Network.
724 OLG Köln NJW 2021, 319 Rn. 77 – Content-Delivery-Network.
725 OLG Köln NJW 2021, 319 Rn. 80 – Content-Delivery-Network.

Diesen Sperranspruch aus § 7 Abs. 4 TMG wendet der BGH analog auch gegen Betreiber drahtgebundener Internetzugänge an.[726]

608 Nach der älteren Rechtsprechung des BGH kam hingegen auch für Inhaber eines WLAN-Anschlusses eine Störerhaftung in Betracht.[727] Nach der Neufassung des § 8 Abs. 1 S. 2 TMG haftet der Betreiber eines WLAN-Zugangs nicht mehr als Störer für von Dritten über seinen Internetanschluss im Wege des Filesharings begangene Urheberrechtsverletzungen.[728] Diensteanbieter sind nach § 8 Abs. 1 S. 1 TMG für fremde Informationen, die sie in einem Kommunikationsnetz übermitteln oder zu denen sie den Zugang zur Nutzung vermitteln, nicht verantwortlich, sofern sie die Übermittlung nicht veranlasst (1.), den Adressaten der übermittelten Informationen nicht ausgewählt (2.) und die übermittelten Informationen nicht ausgewählt oder verändert haben (3.). Liegen diese Voraussetzungen vor, können die Diensteanbieter nach § 8 Abs. 1 S. 2 TMG nicht wegen einer rechtswidrigen Handlung eines Nutzers auf Schadensersatz oder Beseitigung oder Unterlassung einer Rechtsverletzung in Anspruch genommen werden; dasselbe gilt hinsichtlich aller Kosten für die Geltendmachung und Durchsetzung dieser Ansprüche.

§ 23 Ansprüche

I. Unterlassung

609 Nach § 97 Abs. 1 UrhG hat der Rechtsinhaber bei bereits erfolgter oder drohender Rechtsverletzung gegen denjenigen, der sein nach dem UrhG geschütztes Recht widerrechtlich verletzt, einen Unterlassungsanspruch. § 97 Abs. 1 S. 1 UrhG setzt für den Unterlassungsanspruch zusätzlich zu einer erfolgten Rechtsverletzung ei-

726 BGH GRUR 2018, 1044 – Dead Island; ebenso LG München, Urteil vom 7.6.2019, Aktenzeichen 37 O 2516/18.

727 In dem Fall „Sommer unseres Lebens" war den Teilnehmern einer Internet-Tauschbörse ein Musiktitel über die IP-Adresse des Beklagten zum Download angeboten worden. Die Rechtsinhaberin verlangte von dem beklagten Inhaber des WLAN-Anschlusses Unterlassung, Schadensersatz und Erstattung der Abmahnkosten. Der Beklagte verteidigte sich damit, zum fraglichen Zeitpunkt im Urlaub gewesen zu sein. Sein Rechner habe sich in der fraglichen Zeit in einem abgeschlossenen, für Dritte unzugänglichen Büroraum befunden. Der BGH bejahte eine Störerhaftung. Den Inhaber eines WLAN-Routers träfe die Obliegenheit, die im Kaufzeitpunkt des Routers für den privaten Bereich marktüblichen Sicherungen ihrem Zweck entsprechend wirksam einzusetzen (BGH GRUR 2010, 633 – Sommer unseres Lebens; vgl. auch BGH, Urteil vom 24.11.2016, Aktenzeichen I ZR 220/15 – WLAN-Schlüssel).

728 BGH NJW 2018, 3779 – Dead Island; OLG München MMR 2018, 385 – McFadden.

https://doi.org/10.1515/9783110617207-023

ne Wiederholungsgefahr voraus. § 97 Abs. 1 S. 2 UrhG gewährt einen vorbeugenden Unterlassungsanspruch, wenn eine Rechtsverletzung erstmals droht.

1. Widerrechtliche Verletzung

Der Unterlassungsanspruch setzt die widerrechtliche Verletzung einer absoluten, 610
also gegenüber jedermann wirkenden Schutzposition voraus. Ein Eingriff in eine geschützte Rechtsposition kann nur dann als Verletzung gewertet werden, wenn sie widerrechtlich erfolgt. Wird die Handlung durch eine Schranke der §§ 44aff. UrhG erlaubt, liegt bereits kein Eingriff vor.[729] Die grundrechtlich geschützte Informations- und Pressefreiheit kann außerhalb der Schrankenbestimmungen keine Beeinträchtigung der ausschließlichen Rechte des Urhebers zur Vervielfältigung und zur öffentlichen Wiedergabe rechtfertigen.[730]

Eine Verletzung scheidet auch beim Vorliegen eines tatbestandsausschlie- 611
ßenden Einverständnisses aus. Willigt der Urheber in Änderungen seines Werkes ein, so liegt ein tatbestandsausschließendes Einverständnis vor, mit der Folge, dass sich die Frage nach der Rechtswidrigkeit gar nicht mehr stellt. Die Rechtswidrigkeit wird durch die Tatbestandsmäßigkeit eines Eingriffes indiziert. Ein Verschulden ist allein für den Schadensersatzanspruch von Bedeutung. Die allgemeinen Rechtfertigungsgründe spielen im Urheberrecht nur eine untergeordnete Bedeutung.

2. Wiederholungsgefahr

a) Entstehen der Wiederholungsgefahr

Nach § 97 Abs. 1 S. 1 UrhG kann derjenige, der ein Urheberrecht oder ein anderes 612
nach dem UrhG geschütztes Recht widerrechtlich verletzt, von dem Verletzer auf Beseitigung der Beeinträchtigung, bei Wiederholungsgefahr auf Unterlassung in Anspruch genommen werden. Zu den anderen nach dem UrhG geschützten Rechten gehören sämtliche im UrhG genannten absoluten Rechtspositionen, wie beispielsweise ausschließliche Nutzungsrechte im Sinne des § 31 Abs. 3 UrhG.

Grundsätzlich setzt der Unterlassungsanspruch – ebenso wie der Beseiti- 613
gungsanspruch – eine Rechtsverletzung voraus. Ebenso wie beim Beseitigungsanspruch ist ein schuldhaftes Handeln des Rechtsverletzers nicht erforderlich. § 97 Abs. 1 S. 1 UrhG verlangt für den Unterlassungsanspruch – zusätzlich zu den Voraussetzungen des Beseitigungsanspruches, namentlich einer erfolgten

---

729 Wandtke/Bullinger/*von Wolff*[6] § 97 UrhG Rn 29.
730 EuGH GRUR 2019, 934 – Afghanistan Papiere.

Rechtsverletzung – eine Wiederholungsgefahr. Eine bereits begangene Verletzungshandlung begründet allerdings die Vermutung für das Vorliegen einer solchen Wiederholungsgefahr. Die Vermutung der Wiederholungsgefahr gilt nicht nur für die konkrete Verletzungsform, sondern auch für sämtliche im Kern gleichartigen Verletzungsformen.[731]

614 Daher beschränkt sich der Unterlassungsanspruch des Verletzten nicht nur auf das konkret beanstandete Verhalten.[732] Nach Auffassung des BGH kann die Verletzung eines bestimmten Schutzrechts – beispielsweise eines Urheber- oder Leistungsschutzrechts an einem Foto – die Vermutung der Wiederholungsgefahr nicht nur für Verletzungen desselben Schutzrechts, sondern sogar auch für Verletzungen anderer Schutzrechte begründen, soweit die Verletzungshandlungen trotz Verschiedenheit der Schutzrechte im Kern gleichartig sind.[733]

b) Entfallen der Wiederholungsgefahr

615 Sie kann in aller Regel nur durch Abgabe einer vertragsstrafenbewehrten Unterlassungserklärung oder durch eine gerichtliche Entscheidung, die den Unterlassungsanspruch tituliert, beseitigt werden.

3. Erstbegehungsgefahr

a) Entstehen der Erstbegehungsgefahr

616 § 97 Abs. 1 S. 2 UrhG stellt fest, dass der Unterlassungsanspruch auch dann besteht, wenn eine Zuwiderhandlung erstmals droht (Erstbegehungsgefahr). Eine Erstbegehungsgefahr setzt das Vorliegen konkreter Tatsachen voraus, aus denen sich greifbar ergibt, dass ein Eingriff in das Schutzrecht drohend bevorsteht. Die bloße Möglichkeit einer künftigen Rechtsverletzung reicht nicht aus. Ein auf Erstbegehungsgefahr gestützter vorbeugender Unterlassungsanspruch besteht, soweit ernsthafte und greifbare tatsächliche Anhaltspunkte dafür vorhanden sind, der Anspruchsgegner werde in naher Zukunft einen bestimmten Rechtsverstoß begehen.[734] Die Erstbegehungsgefahr muss sich auf eine konkrete Verletzungshandlung beziehen. Die drohende Verletzungshandlung muss sich so konkret abzeichnen, dass sich für sämtliche Tatbestandsmerkmale beurteilen lässt, ob ihre

731 BGH GRUR 2013, 1235 Rn. 18 – Restwertbörse II.

732 BGH GRUR 2006, 421, 422 – Markenparfümverkäufe.

733 BGH GRUR 2013, 1235 Rn. 20 – Restwertbörse II.

734 BGH, Urteil vom 7.3.2019, Aktenzeichen I ZR 53/18, Rn. 32 – Wir sind Helden; BGH GRUR 2009, 841, 842 Rn. 7 – Cybersky; BGH GRUR 2003, 903, 904 – ABC der Naturheilkunde; BGH GRUR 2001, 1174, 1175 – Berühmungsaufgabe; BGH GRUR 1992, 318, 319 – Geld-zurück-Garantie.

Verwirklichung droht.[735] Eine Erstbegehungsgefahr wird etwa dadurch begründet, dass sich jemand berühmt, zu einer bestimmten Handlung berechtigt zu sein.[736] Eine solche Berühmung, aus der die ernsthaft drohende Gefahr einer Begehung abzuleiten ist, kann unter Umständen auch in Erklärungen zu sehen sein, die im Rahmen der Rechtsverteidigung in einem gerichtlichen Verfahren abgegeben werden. Indes kann der Umstand allein, dass sich jemand gegen die Klage verteidigt und dabei die Auffassung äußert, zu dem beanstandeten Verhalten berechtigt zu sein, noch nicht als eine Berühmung gewertet werden, die eine Erstbegehungsgefahr begründet.[737] Eine Rechtsverteidigung kann aber dann eine Erstbegehungsgefahr begründen, wenn den Erklärungen die Bereitschaft zu entnehmen ist, der Erklärende werde sich in naher Zukunft in der streitgegenständlichen Weise verhalten. Das Entstehen einer solchen Erstbegehungsgefahr kann dadurch verhindert werden, dass eindeutig klargestellt wird, dass es dem Erklärenden nur um die Rechtsverteidigung geht und keine Rechtsverletzungen zu besorgen sind.[738]

b) Entfallen der Erstbegehungsgefahr

Die Ausräumung der Erstbegehungsgefahr erfordert nicht zwingend eine straf- 617
bewehrte Unterlassungserklärung. In aller Regel ist nicht einmal eine einfache Unterlassungserklärung erforderlich. Vielmehr reicht häufig bereits eine bloße Absichtserklärung aus. Denn anders als für die durch einen begangenen Rechtsverstoß begründete Wiederholungsgefahr besteht für den Fortbestand der Erstbegehungsgefahr keine Vermutung. Der Wegfall der einmal begründeten Erstbegehungsgefahr kann nur dann angenommen werden, wenn die Umstände entfallen sind, die diese Gefahr begründet haben, oder wenn aus anderen Gründen aus diesen Umständen nicht mehr auf eine drohende Schutzrechtsverletzung geschlossen werden kann.[739] Nach der Rechtsprechung kann die Erstbegehungsgefahr etwa durch eine eindeutige Erklärung beseitigt werden.[740] Das OLG Köln lässt ein entgegengesetztes Verhalten – actus contrarius –, durch das unmissverständlich und ernsthaft zum Ausdruck gebracht wird, dass von der Verletzungs-

---

735 BGH GRUR 2010, 1103 Rn. 23 – Pralinenform II.

736 BGH GRUR 2001, 1174, 1175 – Berühmungsaufgabe; BGH GRUR 1987, 125, 126 – Berühmung.

737 BGH GRUR 2006, 879, 880 – Flüssiggastank.

738 BGH GRUR 2001, 1174, 1175 – Berühmungsaufgabe; BGH GRUR 1992, 404, 405 – Systemunterschiede.

739 BGH GRUR 2012, 1230 1236 Rn. 38 – MPEG-2-Videosignalcodierung.

740 BGH GRUR 1993, 53, 55 – Ausländischer Inserent; BGH GRUR 1992, 404 – Systemunterschiede; BGH GRUR 1992, 116, 117 – Topfguckerscheck.

handlung abgesehen werde, zur Beseitigung einer Erstbegehungsgefahr ausreichen.[741] Nach Meinung des OLG Hamburg wird eine etwaige Erstbegehungsgefahr schon dadurch ausgeräumt, dass der Abgemahnte dem Abmahnenden ankündigt, er werde die beanstandete Bezeichnung abändern und sodann auch entsprechend verfährt.[742] Ausreichend ist jedenfalls eine einfache Unterlassungserklärung, wobei auch diese nicht ohne Not abgegeben werden sollte. Eine durch Berühmung geschaffene Erstbegehungsgefahr entfällt grundsätzlich mit der Aufgabe der Berühmung. Eine solche liegt in der uneingeschränkten und eindeutigen Erklärung, dass die beanstandete Handlung in Zukunft nicht vorgenommen werde.[743]

4. Reichweite des Unterlassungsanspruches

618 Nach Auffassung des I. Zivilsenats des BGH ist die Verpflichtung zur Unterlassung einer Handlung, durch die ein fortdauernder Störungszustand geschaffen wurde, dahin auszulegen, dass sie neben der Unterlassung derartiger Handlungen auch die Vornahme möglicher und zumutbarer Handlungen zur Beseitigung des Störungszustands umfasst.[744] Dazu können auch Rückruf und Beseitigung gehören.

619 Ist der Schuldner einer Unterlassungsverfügung gehalten, seine Abnehmer aufzufordern, bereits ausgelieferte Produkte vorläufig nicht weiter zu vertreiben, kommt der Schuldner den sich daraus ergebenden Verpflichtungen nach Meinung des OLG Frankfurt nicht nach, wenn er lediglich darauf hinweist, dass das Produkt derzeit nicht vertrieben wird.[745]

620 Demgegenüber steht das OLG Düsseldorf auf dem Standpunkt, dass das Unterlassungsgebot aus § 139 Abs. 1 PatG regelmäßig nicht die Pflicht des Schuldners umfasst, Abnehmer aufzufordern, den Vertrieb der angegriffenen Ausführungsformen vorübergehend einzustellen.[746] Macht der Gläubiger keinen Anspruch auf Rückruf geltend, liegt nach Meinung des OLG Düsseldorf kein Grund vor, über den Umweg des Unterlassungsanspruchs im Vollstreckungsverfahren gleichwohl doch noch einen Anspruch auf Rückruf anzuerkennen und diesen in den Unterlassungstitel hineinzulesen.[747]

---

741 OLG Köln NJOZ 2005, 3635.

742 OLG Hamburg GRUR-RR 2007, 309 – INMAS.

743 BGH GRUR 2001, 1174 – Berühmungsaufgabe.

744 BGH WRP 2020, 324 – Diätische Tinnitusbehandlung; BGH GRUR 2018, 292 – Produkte zur Wundversorgung; BGH GRUR 2017, 823 – Luftentfeuchter; BGH GRUR 2017, 208 – Rückruf von RESCUE-Produkten; BGH GRUR 2016, 720 – Hot Sox; BGH GRUR 2015, 258 – CT-Paradies.

745 OLG Frankfurt GRUR 2018, 976 – Quarantäne-Buchung II.

746 OLG Düsseldorf GRUR 2018, 855 – Rasierklingeneinheiten.

747 OLG Düsseldorf GRUR 2018, 855, 858 – Rasierklingeneinheiten.

II. Sperrung

1. Sperrung des Zugangs

§ 7 Abs. 4 TMG sieht einen Anspruch des Rechtsinhabers gegen WLAN-Anbieter auf Sperrung des Zugangs zu rechtswidrigen Inhalten vor.[748] Nach § 7 Abs. 4 TMG kann der Rechtsinhaber von einem Diensteanbieter im Sinne des § 8 Abs. 3 TMG die Sperrung der Nutzung von Informationen verlangen, um die Wiederholung einer Rechtsverletzung zu verhindern, sofern der Diensteanbieter von einem Nutzer in Anspruch genommen wurde, um das Recht am geistigen Eigentum eines anderen zu verletzen und für den Inhaber dieses Rechts keine andere Möglichkeit, der Verletzung seines Rechts abzuhelfen, besteht. § 7 Abs. 4 TMG verweist damit auf § 8 Abs. 3 TMG, der Diensteanbieter betrifft, die Nutzern einen Internetzugang über ein drahtloses lokales Netzwerk zur Verfügung stellen. Derartige Websperren können beispielsweise durch DNS-Sperren, IP-Sperren, URL-Sperren und Verkehrsfilter realisiert werden.[749] Nach Auffassung des LG München steht dem Rechtsinhaber ein Sperranspruch aus § 7 Abs. 4 TMG analog auch gegen den Anbieter eines drahtgebundenen Internetzugangs zu.[750] 621

2. Subsidiarität

Nach § 7 Abs. 4 S. 1 TMG greift der Anspruch nur, wenn der eigentliche Rechtsverletzer nicht verfolgt werden kann. Die Rechtsverfolgung gegenüber denjenigen Beteiligten, die – wie die Betreiber beanstandeter Webseiten – entweder die Rechtsverletzung selbst begangen oder zu der Rechtsverletzung – wie der Host-Provider der beanstandeten Webseiten – durch die Erbringung von Dienstleistungen beigetragen haben, ist vorrangig, da beide wesentlich näher an der Rechtsgutsverletzung stehen als derjenige, der nur allgemein den Zugang zum Internet vermittelt.[751] 622

Die Geltendmachung von Ansprüchen gegen den Zugangsvermittler kommt nur in Betracht, wenn der Inanspruchnahme des Betreibers der Webseite oder seines Host-Providers jede Erfolgsaussicht fehlt und deshalb andernfalls eine Rechtsschutzlücke entstünde. Der Rechtsinhaber hat insoweit vorzutragen, welche zumutbaren Maßnahmen er zur Aufdeckung der Identität des Betreibers der Webseite oder des Host-Providers unternommen hat. Hier kommt nach Meinung des OLG München insbesondere die Einschaltung der staatlichen Ermittlungs- 623

---

748 *Mantz* GRUR 2017, 969, 972; *Spindler/Schmitz* § 7 TMG Rn. 77.
749 *Mantz* GRUR 2017, 969, 973; *Spindler/Schmitz* § 7 TMG Rn. 78.
750 LG München GRUR-RR 2019, 345 – Album-Veröffentlichung.
751 OLG München ZUM-RD 2022, 23 Rn. 41 – DNS-Sperrungen.

behörden im Wege der Strafanzeige oder auch die Vornahme privater Ermittlungen etwa durch einen Detektiv oder andere Unternehmen, die Ermittlungen im Zusammenhang mit rechtswidrigen Angeboten im Internet durchführen, in Betracht.[752]

III. Beseitigung

624 Hat eine Verletzungshandlung einen andauernden rechtswidrigen Zustand hervorgerufen, besteht neben dem Unterlassungsanspruch ein Beseitigungsanspruch.[753] Der ebenfalls in § 97 Abs. 1 S. 1 UrhG geregelte Beseitigungsanspruch setzt, anders als der Unterlassungsanspruch, keine Wiederholungsgefahr voraus. Auch nach Abgabe einer strafbewehrten Unterlassungserklärung kann demnach eine Beseitigungspflicht bestehen. Der Beseitigungsanspruch kann einen – möglicherweise schuldlos handelnden Verletzer – mitunter erheblich belasten, da ihm nunmehr Handlungspflichten auferlegt werden. Handelte der Verletzer nicht schuldhaft, so kann er nach § 100 UrhG statt der Beseitigung eine Geldentschädigung zahlen, wenn ihm durch die Erfüllung der in §§ 97, 98 UrhG genannten Ansprüche ein unverhältnismäßig großer Schaden entstehen würde und dem Verletzten die Abfindung in Geld zuzumuten ist. Hinsichtlich der Rechtsfolge weist der Beseitigungsanspruch Gemeinsamkeiten mit dem auf Naturalrestitution ausgerichteten Schadensersatzanspruch auf. Anders als der Schadensersatzanspruch ist der Beseitigungsanspruch nicht auf die Restitution eines eingetretenen Schadens, sondern auf die Beseitigung einer fortdauernden Störungsquelle gerichtet.[754] Der Beseitigungsanspruch dient damit allein der Abwehr von Störungen. Eine über die Beseitigung hinausgehende Herstellung eines urheberrechtskonformen Zustandes lässt sich mit einem Beseitigungsanspruch nicht herstellen.[755]

---

752 OLG München ZUM-RD 2022, 23 Rn. 42 – DNS-Sperrungen.

753 BGH GRUR 2015, 258, 262f. – CT-Paradies.

754 Einen Anspruch auf Beseitigung kann etwa ein Architekt geltend machen, dessen Bauwerk unzulässig verändert wurde (BGH ZUM 1999, 146, 147 – Treppenhausgestaltung; LG Berlin GRUR 2007, 964, 966 – Berliner Hauptbahnhof).

755 So entschied etwa das LG Berlin in dem Streit um die Gestaltung des Berliner Hauptbahnhofs, dass durch die bloße Entfernung einer – den Entwürfen des Architekten nicht entsprechenden – Flachdecke noch kein den eine abgehängte Decke vorsehenden Entwürfen entsprechender Zustand herbeigeführt wird (LG Berlin GRUR 2007, 964, 966 – Berliner Hauptbahnhof). Der negatorische Rechtsschutz bietet indes keinen Anspruch auf Verwirklichung der Planung. Dies kann sich allenfalls aus vertraglichen Abreden ergeben. Auch die Wiederherstellung eines Gebäudes durch Hinzufügung von Gebäudeteilen kann nicht durch einen Beseitigungsanspruch, sondern

IV. Vernichtung

Ein Sonderfall des Beseitigungsanspruches ist der Vernichtungsanspruch. Dieser in § 98 UrhG kodifizierte Anspruch wurde ebenfalls durch das Gesetz zur Verbesserung der Durchsetzung von Rechten geistigen Eigentums reformiert. Erfasst werden nur Gegenstände, die sich im territorialen Anwendungsbereich des UrhG befinden.[756] Eine nicht unerhebliche Änderung enthält die Neuregelung im Hinblick auf Vorrichtungen. Hierfür ist nun nicht mehr erforderlich, dass diese ausschließlich oder nahezu ausschließlich zur rechtswidrigen Herstellung von Vervielfältigungsstücken verwendet werden.[757] Vielmehr reicht bereits aus, dass diese „vorwiegend" hierfür Verwendung finden.[758] Eine besondere praktische Bedeutung des Vernichtungsanspruches liegt darin, dass dieser im einstweiligen Verfügungsverfahren durch den zuständigen Gerichtsvollzieher gesichert werden kann, indem eine Herausgabe zur Verwahrung stattfindet.[759] Ein solches Vorgehen hat die in der Praxis wichtige Folge, dass das Abmahnerfordernis in aller Regel entfällt.[760] Bei der erforderlichen Interessenabwägung ist zu berücksichtigen, wie hoch die Gefahr einzuschätzen ist, dass der Verletzer nach einem Hinweis auf die Entdeckung der Verletzungshandlung versuchen wird, die Verletzungsgegenstände beiseitezuschaffen und sich dadurch dem Vernichtungsanspruch zu entziehen. Parallel zur Herausgabe kann im einstweiligen Verfügungsverfahren ein Verbot der Rückgabe der Verletzungsgegenstände an den Lieferanten beantragt werden.[761] 625

1. Anspruchsgegenstände

a) Vervielfältigungsstücke

§ 98 Abs. 1 S. 1 UrhG gewährt dem Rechtsinhaber einen Anspruch auf Vernichtung der im Besitz oder Eigentum des Verletzers befindlichen rechtswidrig hergestellten, verbreiteten oder zur rechtswidrigen Verbreitung bestimmten Verviel- 626

nur durch einen auf Naturalrestitution gerichteten Schadensersatzanspruch erreicht werden (OLG München ZUM-RD 1998, 87, 89 – Farbfenster).

756 OLG München GRUR-RR 2010, 161 – Bronzeskulptur.

757 Vgl. zur bisherigen Rechtslage BGH GRUR 1988, 301, 302 – Videorekorder-Vernichtung.

758 Vgl. *Spindler/Weber* ZUM 2007, 257, 260; *Berlit* WRP 2007, 732, 734.

759 Wandtke/Bullinger/*Bohne*[5] § 98 UrhG Rn 8.

760 OLG Karlsruhe GRUR-RR 2013, 182 – Spielesteuerung; OLG Frankfurt BeckRS 2010, 21960; OLG Hamburg GRUR-RR 2007, 29, 30 – Cerebro Card; OLG Frankfurt GRUR 2006, 264 – Abmahnerfordernis; OLG Nürnberg WRP 1995, 427; OLG Nürnberg WRP 1981, 342; differenzierend OLG Braunschweig GRUR-RR 2005, 103 – Flüchtige Ware.

761 OLG Frankfurt GRUR-RR 2003, 96 – Uhrennachbildungen.

fältigungsstücke. Vervielfältigungsstücke sind nicht nur Vervielfältigungen im Sinne des § 16 UrhG, sondern auch unfreie Bearbeitung im Sinne des § 23 UrhG.[762] Der Schutzrechtsinhaber muss substantiiert vortragen, dass sich rechtswidrige Vervielfältigungsstücke im Inland befinden.[763] Hatte der Verletzer Besitz an den Gegenständen und leugnet er später, Besitzer zu sein, so trägt er hierfür die Beweislast.[764]

b) Vorrichtungen

627 § 98 Abs. 1 S. 2 UrhG erklärt diesen Anspruch im Hinblick auf die im Eigentum des Verletzers stehenden Vorrichtungen, die vorwiegend zur Herstellung dieser Vervielfältigungsstücke gedient haben, für entsprechend anwendbar. Der Begriff der Vorrichtung ist weit zu verstehen und umfasst sämtliche in Art. 10 der Enforcement-RL genannten Materialien und Geräte. Bemerkenswert ist, dass der Vernichtungsanspruch Vorrichtungen nur dann erfasst, wenn sie im Eigentum des Verletzers stehen.[765] Der bloße Besitz reicht also bei Vorrichtungen nicht aus. Grund hierfür ist die Überlegung, dass der Vernichtungsanspruch anderenfalls den Eigentümer der Vorrichtungen, der mit dem Verletzer nicht identisch zu sein braucht, treffen würde. Damit werden beispielsweise gutgläubige Vermieter von entsprechenden Maschinen privilegiert. Während des Gesetzgebungsverfahrens zum Gesetz zur Verbesserung der Durchsetzung von Rechten geistigen Eigentums schlug der Bundesrat vor, den Vernichtungsanspruch auf im fremden Eigentum stehende Vorrichtungen zu erstrecken, da anderenfalls die Gefahr der Umgehung der Vernichtung durch Eigentumsübertragung drohe und die Verhältnismäßigkeitsprüfung als Korrektiv ausreiche.[766] Die Bundesregierung lehnte diese Vorschläge wegen verfassungsrechtlicher Bedenken ab.[767]

c) Ausnahmen

628 § 98 Abs. 5 UrhG nimmt Bauwerke sowie ausscheidbare Teile von Vervielfältigungsstücken und Vorrichtungen, deren Herstellung und Verbreitung nicht rechtswidrig ist, vom Anwendungsbereich des § 98 Abs. 1 UrhG aus. Lässt sich

762 BGH GRUR 1999, 984, 988 – Laras Tochter.
763 Vgl. OLG Düsseldorf GRUR 1993, 903, 907 – Bauhaus-Leuchte.
764 Wandtke/Bullinger/*Bohne*[5] § 98 UrhG Rn 20.
765 Zur Gesetzgebungsgeschichte *Spindler/Weber* ZUM 2007, 257, 261; zum Referentenentwurf *Peukert/Kur* GRUR Int. 2006, 292, 294.
766 Stellungnahme des Bundesrates, BT-Drucksache 16/5048, S. 54.
767 Gegenäußerung der Bundesregierung, BT-Drucksache 16/5048, S. 62.

beispielsweise ein Film durch die Entfernung einzelner urheberrechtsverletzender Bestandteile – beispielsweise durch einen anderen Schnitt oder durch die Einblendung anderer Musik – dergestalt verändern, dass die Urheberrechtsverletzung vermieden wird, so ist dieses mildere Mittel nach dem Rechtsgedanken des § 98 Abs. 5 UrhG einer Vernichtung der entsprechenden Datenträger (Filmrollen etc.) vorzuziehen.[768]

2. Verhältnismäßigkeit

§ 98 Abs. 4 UrhG schließt den Vernichtungsanspruch aus, wenn die Maßnahme im Einzelfall unverhältnismäßig ist, wobei auch die berechtigten Interessen Dritter zu berücksichtigen sind. Die Neuregelung des § 98 UrhG verzichtet darauf, neben der Unverhältnismäßigkeit eine andere Beseitigungsmöglichkeit als Voraussetzung für den Anspruchsausschluss zu fordern. Im Ergebnis würde die Durchsetzung des Vernichtungsanspruchs im Vergleich zur bisherigen Rechtslage damit – entgegen der Intention des Gesetzgebers – erschwert werden. Nach Auffassung der Literatur ist trotz der Änderung des Wortlauts des § 98 UrhG daran festzuhalten, dass ein Ausweichen auf weniger einschneidende Maßnahmen nur bei Unverhältnismäßigkeit und Vorhandensein anderer Beseitigungsmöglichkeiten in Betracht kommt.[769] 629

Das Landgericht Hamburg hat beispielsweise die Vernichtung von urheberrechtlich geschützten Sitzbezügen, welche die Berliner Verkehrsbetriebe als Graffitischutz in Bussen und Zügen des öffentlichen Nahverkehrs verwenden, für unverhältnismäßig erachtet.[770] Zur Herausgabe der mit den Sitzbezügen versehenen Sitze aus den U-Bahnen und Bussen müssten diese entfernt werden. Dies hätte zur Folge, dass der öffentliche Nahverkehr in Berlin ganz erheblich beeinträchtigt werden würde. Denn auf einen Schlag müssten in allen betroffenen Fahrzeugen die Sitze entfernt werden. Bis die Sitze durch andere Sitze mit einem anderen Muster ersetzt würden, wären die jeweiligen Fahrzeuge für den öffentlichen Nahverkehr nicht nutzbar.[771] 630

---

768 Wandtke/Bullinger/*Bohne*^{5} § 98 UrhG Rn 47.

769 Wandtke/Bullinger/*Bohne*^{5} § 98 UrhG Rn 4.

770 LG Hamburg, Urteil vom 9.11.2021, Aktenzeichen 310 O 44/19 – Puzzlemuster.

771 LG Hamburg, Urteil vom 9.11.2021, Aktenzeichen 310 O 44/19 – Puzzlemuster.

3. Rechtsfolge

a) Vernichtung

631 Verlangt werden kann insbesondere die Herausgabe an einen Gerichtsvollzieher zum Zwecke der Vernichtung.[772] Der Gesetzgeber hat in § 98 UrhG lediglich das „ob", nicht hingegen das „wie" der Vernichtung geregelt. Die Herausgabe an den Gerichtsvollzieher ist in aller Regel die sicherste Form, um die Vernichtung der Plagiate sicherzustellen.[773]

b) Überlassung

632 Nach § 98 Abs. 3 UrhG kann alternativ zur Vernichtung verlangt werden, dass die Vervielfältigungsstücke, die im Eigentum des Verletzers stehen, gegen eine angemessene Vergütung, welche die Herstellungskosten nicht übersteigen darf, überlassen werden.

V. Rückruf und Entfernung

633 Die Ansprüche auf Rückruf und auf endgültiges Entfernen aus den Vertriebswegen können nebeneinander geltend gemacht werden. Der Anspruch auf Rückruf ist im Verhältnis zum Anspruch auf endgültiges Entfernen aus den Vertriebswegen nicht nur ein wesensgleiches Minus. Die beiden Ansprüche sind nach Auffassung des BGH vielmehr auf unterschiedliche und einander ergänzende Ziele gerichtet.[774]

1. Rückruf

634 Der Anspruch auf Rückruf verpflichtet den Schuldner dazu, seine Abnehmer zu einer Rückgabe der von ihm gelieferten Erzeugnisse aufzufordern. Ob die Abnehmer dieser Aufforderung Folge leisten, bleibt deren Entscheidung überlassen und hat auf die Verantwortlichkeit des Schuldners keine Auswirkung, sofern dieser alle ihm zumutbaren Anstrengungen unternommen hat, um die Abnehmer aufgrund der Aufforderung zu einer Rückgabe zu bewegen.[775]

---

772 BGH GRUR 2003, 228, 229 – P-Vermerk; OLG Hamburg GRUR-RR 2007, 3, 5 – Metall auf Metall; OLG München GRUR-RR 2010, 161 – Bronzeskulptur.

773 BGH GRUR 2003, 228, 230 – P-Vermerk.

774 BGH GRUR 2017, 785 Rn. 16 – Abdichtsystem.

775 BGH GRUR 2017, 785 Rn. 17 – Abdichtsystem.

Der Rückrufsanspruch wurde ebenfalls durch das Gesetz zur Verbesserung der Durchsetzung von Rechten geistigen Eigentums in das UrhG aufgenommen und basiert auf der Enforcement-RL.[776] Im Äußerungsrecht hatte die Rechtsprechung bereits vor der Enforcement-RL einen Anspruch auf Rückruf von persönlichkeitsrechtsverletzenden Produkten anerkannt.[777] Auch dieser Rückrufsanspruch lässt sich als ein Sonderfall des Beseitigungsanspruchs auffassen.[778] Nach § 98 Abs. 2 UrhG kann der Rechtsinhaber den Rückruf von rechtswidrig hergestellten, verbreiteten oder zur rechtswidrigen Verbreitung bestimmten Vervielfältigungsstücken verlangen. Der Anspruch kommt typischerweise dann in Betracht, wenn der Verletzer noch Verfügungsgewalt über die Gegenstände hat.[779] Sofern der Verletzer allerdings keine Verfügungsgewalt mehr über die Vervielfältigungsstücke hat, so wird der Anspruch häufig an dem in § 275 BGB kodifizierten Grundsatz scheitern, dass niemand zu einer unmöglichen Leistung verpflichtet ist. Man wird dem Verletzer allerdings zumuten können, dass er seinen Abnehmern die Rücknahme auf eigene Kosten anbietet.[780] Während des Gesetzgebungsverfahrens schlug der Bundesrat vor, eine Klarstellung aufzunehmen, wonach der Anspruch ausgeschlossen ist, wenn eine tatsächliche oder rechtliche Einflussmöglichkeit des Verletzers nicht mehr gegeben ist[781] Die Bundesregierung hielt dies nicht für erforderlich, da sich bereits aus allgemeinen schuldrechtlichen Grundsätzen ergebe, dass der Anspruch bei Unmöglichkeit ins Leere gehe.[782] Schon vor der Kodifizierung des Rückrufsanspruchs wurde in der obergerichtlichen Rechtsprechung vertreten, dass der Schuldner, dem der Vertrieb eines bestimmten Produkts untersagt worden ist, auch dafür Sorge zu tragen habe, dass von ihm bereits veräußerte, aber von seinen Abnehmern noch nicht abgesetzte Vertriebsstücke vom Markt genommen werden.[783] Auch der I. Zivilsenat des BGH 635

---

776 Wandtke/Bullinger/*Bohne*[5] § 98 UrhG Rn 37; *Bodewig* GRUR 2005, 632, 636; zum persönlichkeitsrechtlichen Rückrufsanspruch vgl. LG Berlin ZUM 2004, 139 – Hinter den Kulissen.

777 LG München I ZUM 2006, 79, 81 (eine Durchsetzung im Wege der einstweiligen Verfügung für möglich erachtend); LG Berlin ZUM 2004, 139 – Hinter den Kulissen; *Paschke/Busch* NJW 2004, 2620 ff.; *Dörre* GRUR-Prax 2010, 4; *Lindner* ZUM 2005, 203.

778 Vgl. BGH GRUR 1958, 402, 405 – Lili Marleen; *Bodewig* GRUR 2005, 632, 636; zweifelnd *Paschke/Busch* NJW 2004, 2620, 2623.

779 Vgl. BGH GRUR 1954, 337, 342 – Radschutz; BGH GRUR 1958, 402, 405 – Lili Marleen; BGH GRUR 1974, 666, 669 – Reparaturversicherung; *Köhler* NJW 1992, 137, 140; dagegen *Bodewig* GRUR 2005, 632, 636.

780 Vgl. Wandtke/Bullinger/*Bohne*[5] § 98 UrhG Rn. 38; *Bodewig* GRUR 2005, 632, 636; *Spindler/Weber* ZUM 2007, 257, 259; dagegen *Peukert/Kur* GRUR Int. 2006, 292, 295.

781 Stellungnahme des Bundesrates, BT-Drucksache 16/5048, S. 54 f.

782 Gegenäußerung der Bundesregierung, BT-Drucksache 16/5048, S. 62.

geht davon aus, dass eine Verpflichtung zum Rückruf im Unterlassungsanspruch enthalten sein kann.[784]

636 Nach einer Auffassung in der Literatur richtet sich der Anspruch nicht gegen Endabnehmer, unabhängig davon, ob diese privat oder geschäftsmäßig handeln.[785]

637 Der Anspruch auf Rückruf ist nicht lediglich ein bloßes Hilfsmittel zur Durchsetzung des Anspruchs auf Vernichtung. Der Anspruch auf Vernichtung steht zum Rückrufsanspruch nicht in einem Stufen- oder Exklusivitätsverhältnis.[786]

2. Entfernung aus den Vertriebswegen

638 Neben dem Rückruf kann der Verletze nach § 98 Abs. 2 UrhG von dem Verletzer die endgültige Entfernung von rechtswidrig hergestellten, verbreiteten oder zur rechtswidrigen Verbreitung bestimmten Vervielfältigungsstücken aus den Vertriebswegen verlangen. Grundsätzlich hat der Rechtsinhaber keinen Zugriff auf bereits ausgelieferte Ware.[787]

639 Der Anspruch auf endgültiges Entfernen aus den Vertriebswegen verpflichtet den Schuldner hingegen dazu, alle ihm zur Verfügung stehenden und zumutbaren tatsächlichen und rechtlichen Möglichkeiten auszuschöpfen, um die weitere oder erneute Zirkulation der rechtsverletzenden Gegenstände in den Vertriebswegen auszuschließen.[788] In manchen Fällen reicht eine bloße Aufforderung an die Abnehmer aus, um dieses Ziel zu erreichen. Je nach den Umständen des Einzelfalls kann der Schuldner aber verpflichtet sein, dieses Ziel zusätzlich oder ausschließlich auf anderem Wege anzustreben, etwa durch rechtliche Schritte gegen einen Abnehmer, der eine Rückgabe von vornherein ablehnt.

---

783 OLG Köln GRUR-RR 2008, 365 – Möbelhandel; OLG Frankfurt GRUR-RR 2009, 412 – Abreißschreibtischunterlage.

784 BGH GRUR 2018, 292 – Produkte zur Wundversorgung; BGH GRUR 2017, 823 – Luftentfeuchter; BGH GRUR 2017, 208 – Rückruf von RESCUE-Produkten; BGH GRUR 2016, 720 – Hot Sox; BGH GRUR 2015, 258 – CT-Paradies.

785 *Hermanns*, Quasi-Rückrufpflicht, S. 35.

786 BGH GRUR 2017, 785 Rn. 33 – Abdichtsystem.

787 *Peukert/Kur* GRUR Int. 2006, 292, 295.

788 BGH GRUR 2017, 785 Rn. 18 – Abdichtsystem.

VI. Schadensersatz

Nach § 97 Abs. 2 S. 1 UrhG hat der Rechtsinhaber einen Schadensersatzanspruch gegen denjenigen, der vorsätzlich oder fahrlässig ein Urheberrecht oder ein anderes nach dem UrhG geschütztes Recht verletzt. Voraussetzung ist also neben der Rechtsverletzung ein Verschulden. Vorsatz setzt das Wissen und Wollen des Erfolgs und das Bewusstsein der Rechtswidrigkeit voraus. Fahrlässig handelt, wer die im Verkehr erforderliche Sorgfalt außer Acht lässt. Wer sich bewusst im Grenzbereich des rechtlich Zulässigen bewegt, handelt in aller Regel fahrlässig.[789] Irrt der Verletzer über die Rechtslage, so schließt dies nur den Vorwurf des vorsätzlichen Handelns, nicht hingegen den Fahrlässigkeitsvorwurf aus. 640

1. Wahlrecht zwischen drei Methoden der Schadensberechnung

Der Umfang des Schadensersatzes richtet sich grundsätzlich nach §§ 249 ff. BGB. 641 Nach § 249 Abs. 1 S. 1 BGB ist der Zustand herzustellen, der bestehen würde, wenn der zum Ersatz verpflichtende Schaden nicht eingetreten wäre. Diese Naturalrestitution ist bei Schutzrechtsverletzungen in aller Regel nicht möglich. Daher hat der Verletzer nach § 251 BGB Geldentschädigung einschließlich entgangenen Gewinns nach § 252 BGB zu zahlen. Die hypothetische Gewinnentwicklung ist indes häufig nur schwer nachweisbar. Daher hat die Rechtsprechung dem Verletzten zwei weitere Möglichkeiten der Schadensberechnung bereitgestellt, die zwischenzeitlich auch vom Gesetzgeber kodifiziert wurden.[790] Dies sind die Herausgabe des Verletzergewinns gemäß § 97 Abs. 2 S. 2 UrhG und die Zahlung einer angemessenen Lizenzgebühr nach § 97 Abs. 2 S. 3 UrhG. Zwischen diesen drei Arten der Schadensberechnung darf der Verletzte frei wählen.[791] Das Wahlrecht zwischen den Berechnungsarten darf noch während eines laufenden Zahlungsklageverfahrens ausgeübt werden. Der Gläubiger soll auf Änderungen der Sach- und Beweislage reagieren können, die sich nicht selten erst im Laufe eines Verfahrens ergeben. Daher erlischt dieses Wahlrecht erst dann, wenn der nach einer bestimmten Berechnungsweise geltend gemachte Anspruch rechtskräftig zuer-

---

789 BGH GRUR 2007, 871 Rn. 42 – Wagenfeld-Leuchte; BGH GRUR 1998, 568, 569 – Beatles-Doppel-CD.

790 Vgl. BVerfG NJW-RR 2002, 68, 69; BGH GRUR 1993, 55 – Tchibo/Rolex II; BGH GRUR 2000, 226 – Planungsmappe; *Dreier* GRUR Int. 2004, 706; *Bodewig/Wandtke* GRUR 2008, 220, 223 ff; vgl. auch *Peifer* WRP 2008, 48.

791 BGH, Urteil vom 25.3.2010, Aktenzeichen I ZR 122/08, Rn. 17 – Werbung des Nachrichtensenders.

kannt worden ist.[792] Der Verletzte verliert das Wahlrecht auch dann, wenn über seinen Schadensersatzanspruch bereits für ihn selbst unangreifbar nach einer Berechnungsart entschieden worden ist.[793] Der aus einer Schutzrechtsverletzung folgende Schadensersatzanspruch sowie der der Bezifferung dieses Anspruchs dienende Auskunftsanspruch sind zeitlich nicht durch die vom Gläubiger nachgewiesene erste Verletzungshandlung begrenzt.

642 Nach der Rechtsprechung des Bundesgerichtshofs ist bei den verschiedenen Berechnungsmethoden des Schadensersatzes eine Kontrollüberlegung vorzunehmen.[794] Grundsätzlich müssen die verschiedenen Schadensberechnungsmethoden zu Ergebnissen gelangen, die sich im Wesentlichen ähnlich sind. Starke Abweichungen sind ein Indiz dafür, dass die Schadensberechnung nicht richtig vorgenommen wurde.

2. Entgangener Gewinn

643 Für die Berechnung des Schadensersatzanspruchs nach §§ 249ff. BGB ist die tatsächliche Vermögenssituation des Geschädigten mit der Situation zu vergleichen, die bestehen würde, wenn das schadensträchtige Ereignis nicht eingetreten wäre. Dabei ist auch der entgangene Gewinn zu berücksichtigen.[795] In der Praxis nehmen Schutzrechtsinhaber von dieser Berechnungsmethode häufig Abstand, da hierfür unter Umständen interne Kalkulationen offengelegt werden müssten.

3. Verletzergewinn

644 Nach § 97 Abs. 2 S. 2 UrhG kann bei der Bemessung des Schadensersatzes auch der Gewinn berücksichtigt werden, den der Verletzer durch die Verletzung des Rechts erzielt hat. Mit dieser Regelung wird die ständige – an Rechtsfolgen der Geschäftsführung ohne Auftrag angelehnte – Rechtsprechung kodifiziert. Der Verletzte kann somit den Verletzergewinn (anteilig) herausverlangen. Dieser Anspruch setzt nicht voraus, dass der Verletzte seinerseits hätte gewinnbringend wirtschaften können. Ersatzfähig ist aber nur der Anteil vom Gewinn, der auf der Verletzung des Schutzrechts beruht. Dabei trägt der Anspruchsteller die Darle-

---

792 BGH GRUR 1974, 53, 54 – Nebelscheinwerfer; BGH GRUR 1982, 301 – Kunststoffhohlprofil II; OLG Hamburg ZUM 2009, 482, 485 – Bauhaus aus Italien II.

793 BGH GRUR 2008, 93, 94 – Zerkleinerungsvorrichtung.

794 BGH GRUR 2012, 1226 – Flaschenträger; ausführlich *Meier-Beck* WRP 2012, 503.

795 Vgl. BGH GRUR 1971, 35, 39 – Maske in Blau.

gungs- und Beweislast dafür, ob und inwieweit der erzielte Gewinn auf der Verletzung seines Rechts beruht.[796]

Nach Auffassung des OLG Frankfurt dient die Abschöpfung des Verletzergewinns auch der Sanktionierung des schädigenden Verhaltens und auf diese Weise der Prävention gegen eine Verletzung von Immaterialgüterrechten.[797] 645

a) Bestimmung des herauszugebenden Verletzergewinns

Zur Ermittlung des zu zahlenden Schadensersatzes ist in einem ersten Schritt 646 der Gewinn zu ermitteln, den der Verletzer mit den schutzrechtsverletzenden Gegenständen erzielt hat. Dabei werden die berücksichtigungsfähigen Kosten des Verletzers vom erzielten Umsatzerlös abgezogen. In einem zweiten Schritt ist der Anteil des Verletzergewinns zu bestimmen, der kausal auf der Verletzung des fremden Schutzrechts beruht; nur dieser ist vom Verletzer herauszugeben.[798]

aa) Ermittlung des Gewinns

(1) Umsatzerlös

Umsatzerlös ist der Betrag, den die Person letztlich erhalten hat. Steuern sind ab- 647 zusetzen.[799] § 277 HGB definiert Umsatzerlöse als die Erlöse aus dem Verkauf und der Vermietung oder Verpachtung von Produkten sowie aus der Erbringung von Dienstleistungen der Kapitalgesellschaft nach Abzug von Erlösschmälerungen und der Umsatzsteuer sowie sonstiger direkt mit dem Umsatz verbundener Steuern.

(2) Abzugsfähige Kosten

Der Verletzer darf seine Kosten vom Erlös abziehen, soweit diese den schutz- 648 rechtsverletzenden Gegenständen unmittelbar zugerechnet werden können.[800] Zu diesen abzugsfähigen Kosten gehören neben den Kosten der Produktion, des Materials und des Vertriebs auch die Kosten des Personals, das für die Herstel-

---

796 BGH GRUR 2015, 269 – K-Theory.

797 OLG Frankfurt GRUR-RR 2020, 298 Rn. 61 – Modefotograf.

798 OLG Düsseldorf, Urteil vom 3.6.2015, Aktenzeichen I-15 U 34/14; OLG Düsseldorf, Urteil vom 4.10.2012, Aktenzeichen I-2 U 76/11.

799 OLG Düsseldorf, Beschluss vom 7.5.2008, Aktenzeichen Kart 1/07.

800 BGH GRUR 2001, 329 – Gemeinkostenanteil; BGH GRUR 2006, 419, 420 – Noblesse; OLG Düsseldorf GRUR 2004, 53, 54 – Gewinnherausgabeanspruch; OLG Frankfurt GRUR-RR 2020, 298 Rn. 64 – Modefotograf; *Meier-Beck* WRP 2012, 503, 505.

lung und den Vertrieb des Nachahmungsprodukts eingesetzt war, sowie bei Investitionen in Anlagevermögen die anteiligen Kosten für Maschinen und Räumlichkeiten, die ausschließlich für die Produktion und den Vertrieb der Nachahmungsprodukte verwendet worden sind. Ausgangspunkt für die Unterscheidung der anzurechnenden und der nicht anzurechnenden Kosten ist die Überlegung, dass für die Ermittlung des Schadensersatzes nach dem Verletzergewinn zu unterstellen ist, dass der Verletzte einen entsprechenden Betrieb unterhält, der dieselben Produktions- und Vertriebsleistungen wie der Betrieb des Verletzers hätte erbringen können.

649 Nicht abzugsfähig sind daher die Kosten, die unabhängig vom Umfang der Produktion und des Vertriebs durch die Unterhaltung des Betriebs entstanden sind. Hierzu zählen beispielsweise allgemeine Marketingkosten, die Geschäftsführergehälter, die Verwaltungskosten sowie die Kosten für Anlagevermögen, das nicht konkret der Rechtsverletzung zugerechnet werden kann. Nicht anrechenbar sind ferner Anlauf- und Entwicklungskosten sowie Kosten für die nicht mehr veräußerbaren Produkte.[801] Bei der unerlaubten Ausstrahlung von Filmaufnahmen durch einen Nachrichtensender kann der Verletzte einen Bruchteil der Werbeeinnahmen beanspruchen, die der Nachrichtensender durch Werbung im Umfeld der Sendung erzielt hat.[802]

650 Die Höhe der abzugsfähigen Kosten unterliegt der gerichtlichen Schätzung nach § 287 ZPO.[803]

bb) Bestimmung des Kausalanteils

651 Der Verletzergewinn ist nur insoweit herauszugeben, als er auf der Rechtsverletzung beruht.[804] Bei Werken der angewandten Kunst kann nicht ohne Weiteres davon ausgegangen werden, dass der Verletzergewinn im Falle einer identischen Nachahmung vollständig auf der Verletzung beruht. Vielmehr sind in einem solchen Fall regelmäßig auch andere Faktoren wie die Funktionalität oder der günstige Preis der unfreien Bearbeitung für die Kaufentscheidung maßgeblich.[805]

---

801 BGH GRUR 2007, 431, 434 – Steckverbindergehäuse.

802 BGH GRUR 2010, 1090 – Werbung des Nachrichtensenders.

803 BGH GRUR 2007, 431 – Steckverbindergehäuse; OLG Frankfurt GRUR-RR 2020, 298 Rn. 68 – Modefotograf; LG Frankfurt, Urteil vom 13.12.2018, Aktenzeichen 2-03 O 432/16 – Modefotograf.

804 BGH GRUR 2009, 856, 860 Rn. 41 – Tripp-Trapp-Stuhl; OLG Frankfurt GRUR-RR 2020, 298 Rn. 72 – Modefotograf; LG Frankfurt, Urteil vom 13.12.2018, Aktenzeichen 2-03 O 432/16 – Modefotograf.

805 BGH GRUR 2009, 856, 860 Rn. 45 – Tripp-Trapp-Stuhl.

b) Besonderheiten bei Absatzketten

Besonderheiten können sich bei der Berechnung des Verletzergewinns in der Absatzkette ergeben. Haben mehrere Personen nacheinander urheberrechtliche Nutzungsrechte verletzt, ist der Verletzte grundsätzlich berechtigt, von jedem Verletzer innerhalb der Verletzerkette die Herausgabe des von diesem erzielten Gewinns zu fordern.[806] Jeder Verletzer innerhalb einer Verletzerkette greift durch das unbefugte Inverkehrbringen des Schutzgegenstands erneut in das ausschließliche Verbreitungsrecht ein.[807] Jeder Verletzer muss seinen gesamten Gewinn auskehren, unabhängig davon, ob der Verletzte den von den Verletzern erzielten Gewinn selbst hätte erzielen können.[808] 652

Bei der Bemessung des Anspruchs gegen den Hersteller auf Herausgabe des Verletzergewinns will der BGH Ersatzzahlungen, die der Hersteller deshalb an seine Abnehmer leistet, weil diese am Weitervertrieb der rechtsverletzenden Gegenstände gehindert sind, nicht abziehen. Dem liegt die Erwägung zugrunde, dass bei der Bemessung des Schadensersatzes anhand des Verletzergewinns fingiert wird, der Rechtsinhaber hätte ohne die Rechtsverletzung durch Verwertung seines Schutzrechts den gleichen Gewinn wie der Verletzer erzielt. Der (fingierte) Gewinn des Rechtsinhabers wäre jedoch nicht durch Schadensersatzzahlungen an seine Abnehmer geschmälert worden.[809] 653

4. Angemessene Lizenzgebühr

Nach § 97 Abs. 2 S. 2 UrhG kann der Schadensersatzanspruch auch auf der Grundlage des Betrages berechnet werden, den der Verletzer als angemessene Vergütung hätte entrichten müssen, wenn er die Erlaubnis zur Nutzung des verletzten Rechts eingeholt hätte. Mit Einführung dieser Vorschrift wurde die Rechtsprechung zur Berechnung des Schadensersatzanspruches nach der Lizenzanalogiemethode kodifiziert. 654

Dabei ist in drei Prüfungsschritten vorzugehen. Vorrangig ist eine bereits am Markt durchgesetzte eigene Lizenzierungspraxis des Rechtsinhabers heranzuziehen. Fehlt es an einer solchen, sind branchenübliche Vergütungssätze und Tarife von Bedeutung. Liegen auch solche nicht vor, ist die Höhe der als Schadensersatz zu zahlenden Lizenzgebühr vom Tatgericht gemäß § 287 ZPO unter Würdi- 655

806 BGH GRUR 2009, 856, 862 – Tripp-Trapp-Stuhl.

807 BGH GRUR 2009, 856, 863 Rn. 69 – Tripp-Trapp-Stuhl.

808 BGHZ 145, 366, 375 – Gemeinkostenanteil.

809 BGH GRUR 2002, 532, 535 – Unikatrahmen; BGH GRUR 2009, 856, 863 Rn. 74 – Tripp-Trapp-Stuhl.

gung aller Umstände des Einzelfalls nach seiner freien Überzeugung zu bemessen.[810]

a) Eigene Vertragspraxis des Anspruchstellers

656 Für die Berechnung kann auf die eigene Vertragspraxis des Anspruchstellers zurückgegriffen werden.[811] Kann dieser belegen, dass eine ausreichende Zahl von Lizenzverträgen nach seinem Vergütungsmodell abgeschlossen wurde, kommt es grundsätzlich nicht darauf an, ob die in den Lizenzverträgen aufgeführten Lizenzsätze und sonstigen Konditionen für derartige Werke allgemein üblich und objektiv angemessen sind.[812] Werden die vom Verletzten geforderten Lizenzsätze tatsächlich auf dem Markt gezahlt, können sie einer Schadensberechnung im Wege der Lizenzanalogie auch dann zu Grunde gelegt werden, wenn sie über dem Durchschnitt vergleichbarer Vergütungen liegen. Lagen die tatsächlich gezahlten Lizenzsätze allerdings deutlich unter dem objektiven Wert, so ist der Anspruchsteller nicht darauf beschränkt.[813]

657 Lizenzverträge, die anlässlich von vergangenen Rechtsverletzungen geschlossen wurde, gestatten hingegen keine Rückschlüsse auf die Höhe des angemessenen Lizenzbetrags, da der Rechtsinhaber in einer solchen Konstellation mit der Geltendmachung seiner aus der Urheberrechtsverletzung erwachsenen Ansprüche drohen kann und daher eine erheblich stärkere Position als bei gewöhnlichen Verhandlungen hat.[814]

658 Nach Auffassung des Bundesgerichtshofs ist eine Lizenzierung nach Verletzung nicht ohne Weiteres geeignet ist, den objektiven Wert der bloßen Nutzung zu belegen, da mit einer solchen Zahlung in aller Regel mehr als nur die einfache Nutzung entgolten werde.[815] Dabei komme es nicht darauf an, ob eine förmliche Abmahnung vorausging oder der Rechtsinhaber unter Hinweis auf die Rechtsverletzung lediglich an den Verletzer herangetreten ist. In beiden Fällen stellen die nachfolgend vereinbarten „Lizenzgebühren“ nicht nur die Vergütung dar, die vernünftige Parteien als Gegenleistung für den Wert der künftigen legalen Benutzungshandlung vereinbart hätten. Sie bildeten vielmehr eine weitergehende Ge-

810 BGH GRUR 2020, 990 Rn. 37 – Nachlizenzierung
811 OLG Hamm GRUR-RR 2016, 188, 192 Rn. 142 – Beachfashion.
812 BGH GRUR 2009, 660, 663 – Resellervertrag.
813 BGH GRUR 2009, 407, 409 Rn. 27 – Whistling for a train.
814 BGH GRUR 2020, 990 – Nachlizenzierung; OLG München GRUR 2019, 828 – Lizenzanalogie bei Stadtplänen.
815 BGH GRUR 2020, 990 Rn. 23 – Nachlizenzierung.

genleistung für die einvernehmliche Einigung über mögliche Ansprüche aus der vorangegangenen Rechtsverletzung.

b) Branchenübliche Vergütungssätze

Zu beachten ist auch hier, dass der Gewinn grundsätzlich dem Schutzrechtsinha- 659
ber zusteht.[816] Die Berechnung kann beispielsweise als Pauschallizenzgebühr oder auf der Grundlage einer Stücklizenz vorgenommen werden. Die Prozentsätze sind von Branche zu Branche unterschiedlich.[817]

Bei der Festsetzung einer angemessenen Lizenzgebühr können branchenübli- 660
che Vergütungssätze und Tarife als Maßstab heranzuziehen sein. Es ist daher zu prüfen, ob für die einschlägige Nutzungsart Tarifwerke von Verwertungsgesellschaften oder Vergütungssätze anderer Organisationen existieren, die als allgemein übliche Vergütungssätze anzusehen sind oder zumindest als Anhaltspunkt dienen können.[818] Ob ein Tarif für die einschlägige Nutzungsart existiert, ist eine dem Sachverständigenbeweis zugängliche Tatfrage und muss gegebenenfalls durch einen Sachverständigen geklärt werden.[819] Lassen sich keine üblichen Honorare ermitteln, ist die angemessene Lizenzgebühr gemäß § 287 ZPO unter Berücksichtigung aller Umstände in freier Beweiswürdigung zu schätzen. Dabei sind der Umfang der Nutzung, der Wert des verletzten Rechts sowie Umfang und Gewicht des aus dem geschützten Werk übernommenen Teils zu berücksichtigen. Üblicherweise wird die fiktive Lizenz als Prozentsatz der vom Verletzer erzielten Umsätze berechnet.[820] Das OLG Düsseldorf geht dabei vom Nettoumsatz (Umsatzerlös des Verletzers abzüglich der Mehrwertsteuer) aus.[821]

aa) Fotos

Bei Verletzung des Urheberrechts an Fotografien wollen manche Gerichte im Rah- 661
men der Schadensschätzung gemäß § 287 ZPO bei der Ermittlung der üblichen Vergütung die Honorarempfehlungen der Mittelstandsgemeinschaft Fotomarketing (MFM) zu Grunde legen.[822] Dies ist nach Auffassung des BGH nicht ohne Wei-

---

816 *Meier-Beck* WRP 2012, 503, 506f.
817 Vgl. *Menninger/Nägele* WRP 2007, 912, 915.
818 BGH GRUR 2009, 407, 409 Rn. 29 – Whistling for a train.
819 BVerfG NJW 2003, 1655 – Urheberrechtlicher Schadensersatzprozess.
820 LG Düsseldorf, Teilurteil vom 27.2.2014, Aktenzeichen 14c O 237/11.
821 OLG Düsseldorf GRUR-RR 2003, 209 – Meißner Dekor.
822 OLG Brandenburg GRUR-RR 2009, 413 – MFM-Bildhonorartabellen; OLG Düsseldorf NJW-RR 1999, 194; OLG Düsseldorf NJW-RR 2007, 486 – Informationsbroschüre; LG Berlin GRUR 2000,

teres möglich.[823] Für die Zugrundelegung der MFM-Empfehlungen ist vielmehr erforderlich, dass das Gericht entweder über hinreichende eigene Sachkunde verfügt oder diese einholt, um beurteilen zu können, ob die entsprechenden MFM-Empfehlungen marktübliche Honorarsätze enthalten. Die MFM-Empfehlungen können jedenfalls dann nicht zur Grundlage genommen werden, wenn es sich nicht um professionelle Marktteilnehmer handelt.[824]

bb) Open Source und Creative-Commons-Lizenzen

662 Problematisch ist die Geltendmachung von Schadensersatzansprüchen, wenn Nutzungsrechte kostenlos lizenziert wurden. Werden im Wege der General Public License, Version 2 (GPLv2) lizenzgebührenfrei Rechte eingeräumt, kann eine Schadensersatzberechnung nicht nach den Grundsätzen der Lizenzanalogie vorgenommen werden.[825] Das OLG Hamm hielt es für ausschlaggebend, dass die Klägerin die streitgegenständliche Programmversion für alle in Betracht kommenden Nutzungen unentgeltlich vertrieben hat und damit auf eine monetäre Verwertung ihres ausschließlichen Nutzungsrechts verzichtet hatte. Das OLG Köln will auch bei Creative-Commons-Lizenzen eine Schadensberechnung nach der Lizenzanalogiemethode nicht zulassen.[826] Das OLG Frankfurt hingegen hatte einen Schadensersatzanspruch abgelehnt, da konkrete Anhaltspunkte für eine Schadensschätzung fehlten.[827]

663 Nach Meinung des OLG Düsseldorf kommt keine Berechnungsmethode in Betracht, da es bereits an einem Schaden fehle.[828] Ungeachtet der unterschiedlichen Berechnungsmöglichkeiten (konkreter Schaden, Lizenzanalogie, Herausgabe des Verletzergewinns) setzt ein Schadensersatzanspruch immer eine Vermögenseinbuße beim Verletzten voraus. Wer auf die monetäre Verwertung des Ausschließlichkeitsrechts verzichtet, kann keinen Schaden geltend machen.[829]

664 Nach Auffassung des LG Köln kommt allerdings ein Anspruch auf Herausgabe des Verletzergewinns in Betracht.[830]

797, 798; dagegen OLG Hamburg MMR 2010, 196, 197 – Food-Fotos; offen gelassen von BGH GRUR 2010, 623, 626 Rn. 36 – Restwertbörse.

823 BGH NJW 2006, 615, 617 – Pressefotos.

824 BGH GRUR 2019, 292 – Foto eines Sportwagens.

825 OLG Hamm GRUR-RR 2017, 421 – GPL-Lizenz.

826 OLG Köln NJW 2015, 789 – Creative-Commons-Lizenzen.

827 OLG Frankfurt ZUM-RD 2020, 443 – Verletzung einer Creative-Commons-Lizenz.

828 OLG Düsseldorf, Urteil vom 19.11.2020. Aktenzeichen 20 U 152/16 – Öko-Test.

829 OLG Düsseldorf, Urteil vom 19.11.2020. Aktenzeichen 20 U 152/16 – Öko-Test.

830 LG Köln, Urteil vom 17.7.2014, Aktenzeichen 14 O 463/13.

c) Schadensbemessung

Fehlt es an einer am Markt durchgesetzten eigenen Lizenzierungspraxis der Rechtsinhaberin und gibt es auch keine branchenüblichen Vergütungssätze und Tarife, ist die Höhe der als Schadensersatz zu zahlenden Lizenzgebühr gemäß § 287 ZPO unter Würdigung aller Umstände des Einzelfalls nach seiner freien Überzeugung zu bemessen. Dem Tatgericht kommt dabei ein gewisser Spielraum zu. Überprüfbar durch das Revisionsgericht ist lediglich, ob das Tatgericht Rechtsgrundsätze der Schadensbemessung verkannt, wesentliche Bemessungsfaktoren außer Acht gelassen oder seiner Schätzung unrichtige Maßstäbe zugrunde gelegt hat. 665

Der BGH hat für den Bereich des Filesharings von Musikstücken die Faktorrechtsprechung entwickelt. Danach werden die Popularität der eingesetzten Tauschsoftware, das Gefährdungspotenzial von der zur Tatzeit gleichzeitig online befindlichen Anzahl von potenziellen Nutzern und die Attraktivität der streitbefangenen Werkes berücksichtigt.[831] 666

Diese Faktorrechtsprechung wird von einigen Oberlandesgerichten auf Computerspiele übertragen.[832] 667

5. Verletzerzuschlag

a) GEMA-Zuschlag

Nach ständiger Rechtsprechung ist die Verwertungsgesellschaft GEMA (Gesellschaft für musikalische Aufführungs- und mechanische Vervielfältigungsrechte) berechtigt, bei Berechnung des Schadens, der durch ungenehmigte öffentliche Musikaufführungen entstanden ist, von höheren Gebührensätzen auszugehen, als sie für zuvor angemeldete öffentliche Musikdarbietungen verlangt. Dieser Zuschlag rechtfertigt sich daraus, dass die GEMA, um Urheberverletzungen nachzugehen, eine umfangreiche Überwachungsorganisation unterhalten muss.[833] In der Begründung zum Gesetzentwurf der Bundesregierung wird ausdrücklich klargestellt, dass die Neuregelung des § 97 UrhG diesen Kontrollzuschlag nicht berührt.[834] Der EuGH hat geurteilt, dass eine pauschale Entschädigung in Höhe des Doppelten der angemessenen Nutzungsvergütung mit Art. 13 Enforcement-RL grundsätzlich vereinbar ist.[835] Allerdings ist nach Meinung des EuGH nicht aus- 668

---

831 BGH GRUR 2016, 176 Rn. 57 ff. – Tauschbörse I.

832 OLG Celle GRUR-RR 2020, 146 – Saints Row IV.

833 BGH GRUR 1955, 549; BGH GRUR 1973, 379 – Doppelte Tarifgebühr; *Dreier* GRUR Int. 2004, 706, 709.

834 Begründung zum Gesetzesentwurf der Bundesregierung, BT-Drucksache 16/5048, S. 48, eingehend hierzu *Bodewig/Wandtke* GRUR 2008, 220, 225 ff.; *Patnaik* GRUR 2004, 191, 192.

835 EuGH GRUR 2017, 264 – OTK/SFP.

zuschließen, dass der Ersatz eines Schadens, der auf der Grundlage des Doppelten der hypothetischen Vergütung berechnet wurde, den tatsächlich erlittenen Schaden in Ausnahmefällen so eindeutig und beträchtlich überschreitet, dass eine diesbezügliche Forderung einen nach Art. 3 Abs. 2 Enforcement-RL verbotenen Rechtsmissbrauch darstellen könnte.[836]

b) Verdopplung der Lizenzgebühr wegen fehlender Urhebernennung

669 Nach der Rechtsprechung kommt auch bei fehlender Urhebernennung ein Verletzerzuschlag in Betracht.[837] Werden etwa Werbefotos ohne Einwilligung des Urhebers im Internet unter Weglassung des Bildquellennachweises veröffentlicht, so nehmen einige Gerichte bei der Schadensberechnung einen Aufschlag wegen fehlender Urhebernennung vor. Dies soll allerdings bei einem einmaligen Privatverkauf in einem Internetauktionshaus nicht der Fall sein.[838] Auch bei ausübenden Künstlern, wie etwa Synchronsprechern, kommt eine Entschädigung in Höhe von 100 % des Nutzungshonorars in Betracht.[839]

c) Kein allgemeiner Verletzerzuschlag

670 Während des Gesetzgebungsverfahrens zum Gesetz zur Verbesserung der Durchsetzung von Rechten geistigen Eigentums schlug der Bundesrat vor, dem Rechtsinhaber unter bestimmten Voraussetzungen zu ermöglichen, eine doppelte Lizenzgebühr als vermuteten Verletzergewinn geltend zu machen.[840] Die Bundesregierung hat diese Forderung abgelehnt, weil sie ihrer Ansicht nach auf die Gewährung eines Strafschadensersatzes hinausliefe.[841]

---

836 EuGH GRUR 2017, 264, 265 Rn. 31 – OTK/SFP.

837 BGH GRUR 2015, 780 – Motorradteile; OLG Frankfurt ZUM-RD 2016, 720; OLG Düsseldorf NJW-RR 2007, 486 – Informationsbroschüre; LG Düsseldorf ZUM-RD 2022, 36; LG München ZUM-RD 2012, 224, 226; LG Hamburg ZUM 2004, 675, 679, vgl. auch OLG Hamburg MMR 2010, 196, 197 – Food-Fotos.

838 OLG Braunschweig GRUR 2012, 920 – MFM-Honorarempfehlungen.

839 LG Berlin ZUM 2015, 264 – Namensnennung eines Synchronsprechers.

840 Stellungnahme des Bundesrates, BT-Drucksache 16/5048, S. 53f.; zustimmend *Bodewig/Wandtke* GRUR 2008, 220; *Berlit* WRP 2007, 732, 733f.

841 Gegenäußerung der Bundesregierung, BT-Drucksache 16/5048, S. 61.

VII. Geldentschädigung

Nach § 97 Abs. 2 S. 4 UrhG können Urheber und bestimmte Leistungsschutzberechtigte auch wegen des Schadens, der nicht Vermögensschaden ist, eine Entschädigung in Geld verlangen, wenn und soweit dies der Billigkeit entspricht. Die Geldentschädigung setzt voraus, dass eine schwerwiegende Verletzung des Urheberpersönlichkeitsrechts vorliegt und dass die Beeinträchtigung nicht in anderer Weise befriedigend ausgeglichen werden kann. Ob eine schwerwiegende Verletzung des Persönlichkeitsrechts vorliegt, hängt dabei insbesondere von der Bedeutung und Tragweite des Eingriffs, Art und Weise der Verletzung, Intensität und Dauer der Verletzung, ferner von Anlass und Beweggrund des Handelnden sowie vom Grad seines Verschuldens ab.[842] Hinsichtlich der Höhe der Entschädigung ist die Rechtsprechung bei Urheberrechtsverletzungen deutlich weniger großzügig als bei Verletzungen des allgemeinen Persönlichkeitsrechts. In einem Fall, in welchem ein Musiker Teile von 12 Musiktiteln übernommen, mit eigenen Texten verbunden und bei der GEMA als eigene Werke angemeldet hatte, bestätigte das Oberlandesgericht Hamburg einen Geldentschädigungsanspruch von über 60.000 Euro.[843] Die Voraussetzungen für die Leistung einer Geldentschädigung sind nicht nur bei einem zielgerichteten Verhalten erfüllt, sondern auch dann, wenn der Verletzer für eine weite Verbreitung der Verletzung verantwortlich ist und ihm jedenfalls ein hohes Maß an Fahrlässigkeit im Hinblick auf die Rechtsverletzung vorzuwerfen ist. 671

Das KG hielt einen Geldentschädigungsanspruch für begründet, wenn ein Kunstwerk abgebaut und zerstört wurde und dem Urheber keine Gelegenheit gegeben wurde, dieses selbst abzubauen und zu übernehmen.[844] 672

VIII. Erstattung von Abmahnkosten

Die Kosten einer außergerichtlichen Abmahnung sind grundsätzlich erstattungsfähig. Der Anspruch auf Erstattung der Abmahnkosten setzt voraus, dass der Gläubiger die Abmahnung in dem ernsthaften Willen ausgesprochen hat, den Un- 673

842 OLG Hamburg ZUM-RD 2013, 428 – Dark Sanctuary; LG Hamburg ZUM-RD 2010, 331 – Dark Sanctuary.

843 OLG Hamburg ZUM-RD 2013, 428 – Dark Sanctuary; LG Hamburg ZUM-RD 2010, 331 – Dark Sanctuary; aufgehoben, teilweise ab- und teilweise zurückverwiesen von BGH, Urteil vom 16.4.2015, Aktenzeichen I ZR 225/12.

844 KG NJW-RR 2020, 495 – Minigolfanlage.

terlassungsanspruch notfalls gerichtlich geltend zu machen.[845] Dabei werden für die Erstattung unterschiedliche Anspruchsgrundlagen herangezogen. Soweit die Abmahnung berechtigt ist und den Anforderungen des § 97a Abs. 2 S. 1 Nr. 1 bis 4 UrhG entspricht, kann nach § 97a Abs. 3 S. 1 UrhG Ersatz der erforderlichen Aufwendungen verlangt werden.

674 Ein Anspruch auf Erstattung der Abmahnkosten besteht nicht, wenn der Abmahnende zuvor bereits eine entsprechende einstweilige Verfügung – eine sogenannte Vorrats- oder Schubladenverfügung – bei Gericht erwirkt hat. Eine Abmahnung vor Einleitung eines gerichtlichen Verfahrens liegt grundsätzlich im Interesse des Abgemahnten, da er durch Abgabe einer Unterlassungserklärung dem Unterlassungsanspruch die Grundlage entziehen und den Abmahnenden klaglos stellen kann, ohne dass die Kosten eines Gerichtsverfahrens anfallen.

675 Ob daneben andere Anspruchsgrundlagen herangezogen werden können, wie beispielsweise die Geschäftsführung ohne Auftrag gemäß §§ 683 S. 1, 677, 670 BGB[846] ist umstritten.[847] Hiergegen spricht, dass anderenfalls die Anforderungen des § 97a UrhG unterlaufen werden könnten.[848]

1. Berechtigung der Abmahnung

676 Eine Abmahnung ist berechtigt, wenn der mit ihr geltend gemachte Unterlassungsanspruch besteht und sie nicht rechtsmissbräuchlich erfolgte.[849] Nach Auffassung des LG Hamburg ist die Störerhaftung im Verhältnis zur Täterhaftung ein Aliud.[850] Um zu verhindern, dass die Abmahnung als unberechtigt angesehen wird, wenn ein Störer als vermeintlicher Täter abgemahnt wird, wird in der Literatur eine hilfsweise Geltendmachung des Anspruchs aufgrund der Störerhaftung vorgeschlagen.[851]

---

845 BGH GRUR 2007, 164, 165 Rn. 12 – Telefax-Werbung II.

846 Vgl. BGH GRUR 1970, 189 – Fotowettbewerb; BGH GRUR 1973, 384, 385 – Goldene Armbänder; BGH GRUR 1984, 691, 692 – Anwaltsabmahnung; BGH GRUR 1992, 176 – Abmahnkostenverjährung.

847 Offen gelassen von BGH NJW 2021, 2023 Rn. 67 – Saints Row.

848 AG Hamburg GRUR-RR 2015, 100 – Internet-Rechte; *Hewicker/Marquardt/Neurauter* NJW 2014, 2753.

849 BGH GRUR 2020, 1087 Rn. 12 – Al Di Meola Live '95; BGH GRUR 2019, 1044 Rn. 12 – Der Novembermann.

850 Landgericht Hamburg ZUM 2013, 331.

851 Fromm/Nordemann/*Nordemann*[12] § 97a UrhG Rn. 33.

2. Wirksamkeit der Abmahnung

Die Abmahnung hat nach § 97a Abs. 2 S. 1 UrhG in klarer und verständlicher Weise 677
Name oder Firma des Verletzten anzugeben, wenn der Verletzte nicht selbst, sondern ein Vertreter abmahnt (1.), die Rechtsverletzung genau zu bezeichnen (2.), geltend gemachte Zahlungsansprüche als Schadensersatz- und Aufwendungsersatzansprüche aufzuschlüsseln (3). und wenn darin eine Aufforderung zur Abgabe einer Unterlassungsverpflichtung enthalten ist, anzugeben, ob die vorgeschlagene Unterlassungsverpflichtung erheblich über die abgemahnte Rechtsverletzung hinausgeht (4.). Voraussetzung einer wirksamen Abmahnung ist, dass sich aus ihr das gerügte Verhalten ohne Weiteres erkennen lässt.[852] Auch wenn der der Abmahnung beigefügte Entwurf einer strafbewehrten Unterlassungs- und Verpflichtungserklärung formal nicht Bestandteil der Abmahnung ist, kann ihr Inhalt als Begleittatsache ergänzend zur Konkretisierung des gerügten Verhaltens herangezogen werden.[853]

Bei der Auslegung des § 97a Abs. 2 S. 1 Nr. 4 UrhG kommt es allein darauf an, 678
ob das in der Abmahnung gerügte Verhalten geeignet ist, einen Anspruch auszulösen, dessen Reichweite sich aus der im Entwurf beigefügten Unterlassungserklärung ergibt. Dies kann im Hinblick auf eine aus dem konkret gerügten Verhalten resultierende Wiederholungs- oder aber aus der Begründung einer Erstbegehungsgefahr der Fall sein. Sofern die gerügte Rechtsverletzung den in der Unterlassungserklärung formulierten Anspruch abdeckt, besteht nach Auffassung des OLG Frankfurt keine Hinweispflicht nach § 97a Abs. 2 Nr. 4 UrhG.[854]

Bei § 97a Abs. 2 S. 1 Nr. 4 UrhG kommt es darauf an, ob die vorgeschlagene 679
Unterlassungsverpflichtung erheblich über den materiell-rechtlichen Unterlassungsanspruch hinausgeht, der sich aus der abgemahnten Rechtsverletzung ergibt.

Das kann beispielsweise dann der Fall sein, wenn sich eine vorgeschlagene 680
Unterlassungsverpflichtung auf die Verletzungshandlung „zu bearbeiten“ bezieht. Wie sich aus § 23 S. 1 UrhG ergibt, kann nicht die Unterlassung der Bearbeitung eines Werkes verlangt werden, sondern nur die Veröffentlichung oder Verwertung eines bearbeiteten Werkes.[855]

---

852 OLG Frankfurt ZUM 2015, 257 – Seminarunterlagen.

853 OLG Frankfurt, Beschluss vom 2.12.2014, Aktenzeichen 11 U 73/14.

854 OLG Frankfurt, Beschluss vom 2.12.2014, Aktenzeichen 11 U 73/14.

855 LG Düsseldorf ZUM-RD 2021, 307.

3. Weiterverfolgung des Unterlassungsanspruchs

681 Der Erstattungsanspruch besteht nicht, wenn der Abmahnende bei einer erfolglos gebliebenen Abmahnung seinen Unterlassungsanspruch nicht weiter verfolgt, ohne dafür einen nachvollziehbaren Grund anzugeben.[856]

4. Deckelung des Ersatzanspruchs

682 § 97a Abs. 3 S. 2 UrhG sieht eine Deckelung des Ersatzanspruchs vor, um den Abmahnmissbrauch einzudämmen.[857] Danach beschränkt sich der Ersatz der erforderlichen Aufwendungen für die Inanspruchnahme anwaltlicher Dienstleistungen hinsichtlich der gesetzlichen Gebühren auf Gebühren nach einem Gegenstandswert für den Unterlassungs- und Beseitigungsanspruch von 1.000 Euro, wenn der Abgemahnte eine natürliche Person ist, die nach diesem Gesetz geschützte Werke oder andere nach diesem Gesetz geschützte Schutzgegenstände nicht für ihre gewerbliche oder selbständige berufliche Tätigkeit verwendet (1.), und nicht bereits wegen eines Anspruchs des Abmahnenden durch Vertrag, auf Grund einer rechtskräftigen gerichtlichen Entscheidung oder einer einstweiligen Verfügung zur Unterlassung verpflichtet ist (2.). Diese Beschränkung greift nach § 97a Abs. 3 S. 4 UrhG allerdings nicht, wenn der genannte Wert nach den besonderen Umständen des Einzelfalls unbillig ist.

683 Diese Beschränkung des Erstattungsanspruchs kann dazu führen, dass der Rechtsinhaber, dessen Rechte verletzt wurden, einen Teil seiner außergerichtlichen Kosten selbst tragen musss, wenn der reguläre Gegenstandswert des Unterlassungsanspruchs höher ist.

684 Nach obergerichtlicher Rechtsprechung reicht das allein allerdings für die Bejahung der Unbilligkeit nicht aus.[858] Dies begründet beispielsweise das OLG Frankfurt damit, dass der Gesetzgeber bei Einführung dieser Regelung auch das Phänomen des Filesharings im Blick hatte, bei denen Privatpersonen für einen aus ihrer Perspektive relativ geringen wirtschaftlichen Vorteil in Abmahnschreiben hohe Folgekosten angedroht werden. Dabei berücksichtigt die Rechtsprechung auch, dass durch das häufig massenhafte Auftreten von Filesharing-Vorfällen betreffend ein einziges urheberrechtlich geschütztes Werk bei der Verfolgung von

---

856 LG Frankfurt a.M., Urteil vom 2.7.2015, Aktenzeichen 03 S 9/14; LG Düsseldorf MMR 2011, 326 – Abmahnkosten; *Hewicker/Marquardt/Neurauter* NJW 2014, 2753.

857 *Köhler* NJW 2013, 3473; *Hartmann* GRUR-RR 2014, 97.

858 OLG Frankfurt GRUR-RR 2020, 346 – Saints Row IV; OLG Celle GRUR-RR 2020, 146 – Saints Row IV; OLG Nürnberg ZUM-RD 2020, 141; dagegen LG Stuttgart GRUR-RR 2019, 99 – Abmahnkosten bei Filesharing.

Unterlassungsansprüchen gegenüber nicht gewerblich handelnden Privatpersonen erhebliche Synergieeffekte auftreten können.[859]

Die Deckelung des Erstattungsanspruches steht nach Ansicht der Rechtsprechung auch in Einklang mit den Vorgaben der Art. 14 Enforcement-RL.[860] Danach haben die Mitgliedstaaten sicherzustellen, dass die Prozesskosten und sonstigen Kosten der obsiegenden Partei in der Regel, soweit sie zumutbar und angemessen sind, von der unterlegenen Partei getragen werden, sofern Billigkeitsgründe nicht entgegenstehen. 685

Die Einschränkungen des Ersatzanspruchs nach deutschem Recht finden nach Ansicht des OLG Frankfurt ihre Entsprechung in Art. 14 Enforcement-RL. Auch diese Norm regelt zwei Einschränkungen der Ersatzpflicht: Zum einen müssen die Kosten zumutbar und angemessen sein, und zum anderen dürfen Billigkeitsgründe nicht entgegenstehen.[861] 686

5. Beschränkung durch das RVG

Nach § 15 Abs. 2 RVG kann der Rechtsanwalt die Gebühren in derselben Angelegenheit nur einmal fordern. Auftragsgemäß erbrachte anwaltliche Leistungen betreffen in der Regel ein und dieselbe Angelegenheit, wenn zwischen ihnen ein innerer Zusammenhang besteht und sie sowohl inhaltlich als auch in der Zielsetzung so weitgehend übereinstimmen, dass von einem einheitlichen Rahmen der anwaltlichen Tätigkeit gesprochen werden kann.[862] Auch die Inanspruchnahme mehrerer Schädiger kann eine Angelegenheit sein. Dies kommt insbesondere dann in Betracht, wenn den Schädigern eine gleichgerichtete Verletzungshandlung vorzuwerfen ist und demgemäß die erforderlichen Abmahnungen einen identischen oder zumindest weitgehend identischen Inhalt haben sollen.[863] Eine Angelegenheit kann auch vorliegen, wenn ein dem Rechtsanwalt zunächst erteilter Auftrag vor dessen Beendigung später ergänzt wird.[864] 687

Lässt der Rechtsinhaber gegenüber unterschiedlichen, rechtlich oder wirtschaftlich nicht verbundenen Unternehmen oder Personen in engem zeitlichen 688

---

859 OLG Frankfurt GRUR-RR 2020, 346 Rn. 56 – Saints Row IV.

860 EuGH GRUR 2022, 849 – Koch Media/FU; OLG Frankfurt GRUR-RR 2020, 346 – Saints Row IV; OLG Celle GRUR-RR 2020, 146 – Saints Row IV; OLG Nürnberg ZUM-RD 2020, 141.

861 OLG Frankfurt GRUR-RR 2020, 346 Rn. 64 – Saints Row IV.

862 BGH NJW 2010, 3035 Rn. 16 – Unrichtige Presseberichterstattung.

863 BGH NJW 2010, 3035 Rn. 19 – Unrichtige Presseberichterstattung; BGH NJW 2011, 155 Rn. 19 – Verschiedene Unterlassungsschuldner.

864 BGH NJW 2010, 3035 Rn. 19 – Unrichtige Presseberichterstattung; LG Frankfurt ZUM-RD 2021, 312, 316.

Zusammenhang getrennte, im Wesentlichen gleichlautende Abmahnungen wegen des rechtswidrigen Vertriebs von Vervielfältigungsstücken derselben Werke aussprechen, die aus derselben Quelle stammen, so können diese Abmahnungen als eine Angelegenheit im Sinne des § 15 Abs. 2 RVG zu qualifizieren sein.[865] Der verfahrensrechtliche Zusammenhang wird nicht dadurch aufgehoben, dass bei einem außergerichtlichen Vorgehen gegen verschiedene Rechtsverletzer an jeden Adressaten ein eigenes Abmahnschreiben zu richten ist. Dies gilt insbesondere bei der Geltendmachung von Unterlassungsansprüchen gegenüber Rechtsverletzern, denen eine gleichgerichtete Verletzungshandlung vorzuwerfen ist, sodass die erforderlichen Abmahnungen einen identischen oder zumindest weitgehend identischen Inhalt haben. Auch eine wirtschaftliche oder rechtliche Verbundenheit der abgemahnten Unternehmen ist in einer solchen Fallgestaltung nicht erforderlich.[866]

689 Der Annahme eines einheitlichen Rahmens steht es auch nicht entgegen, dass die verschiedenen Gegenstände im Falle der gerichtlichen Geltendmachung aufgrund des unterschiedlichen Sitzes der zu verklagenden Unternehmen nicht in einem Verfahren erfolgen könne. Bei der Prüfung der Frage, ob ein außergerichtliches Vorgehen mit mehreren Gegenständen eine Angelegenheit im Sinne des § 15 Abs. 2 RVG darstellt, kommt es maßgeblich darauf an, ob der Rechtsanwalt diese Gegenstände aufgrund etwa der sachlichen und zeitlichen Verbundenheit mittels eines einheitlichen Vorgehens bearbeiten kann. Die gerichtliche Zuständigkeit für eine etwaige, erst später erfolgende Klageerhebung ist hierfür kein aussagekräftiges Kriterium.[867]

6. Umsatzsteuer

690 Urheberrechtliche Abmahnungen sind als umsatzsteuerpflichtige Leistung zu qualifizieren.[868] Der Aufwendungsersatz, den der Abgemahnte dem Rechtsinhaber zahlen muss, ist danach umsatzsteuerpflichtiges Entgelt. Bei einer steuerpflichtigen Leistung ist gemäß § 14 Abs. 2 S. 1 Nr. 2 S. 2 UStG eine den Anforderungen des Umsatzsteuergesetzes entsprechende Rechnung auszustellen. Nach Auffassung des BGH normiert diese Vorschrift eine Nebenpflicht aus dem bürgerlich-rechtlichen Vertragsverhältnis zwischen Lieferanten und Empfänger, die sich

---

865 BGH GRUR 2019, 1044, 1045 Rn. 23 ff. – Der Novembermann; *Büscher* GRUR 2021, 162.

866 LG Düsseldorf, Urteil vom 17.2.2021, Aktenzeichen 2a O 85/20 – Burberry-Check.

867 BGH GRUR 2019, 1044, 1045 Rn. 33 – Der Novembermann.

868 BGH, Hinweisbeschluss vom 21.1.2021, Aktenzeichen I ZR 87/20, Rn. 10; BFH NJW 2019, 1836; *Voges* GRUR-Prax 2020, 254.

bereits aus Treu und Glauben ergäbe.[869] Erst durch die Rechnungsstellung wird der Leistungsempfänger in die Lage versetzt, die ihm berechnete Umsatzsteuer im Wege des Vorsteuerabzugs geltend zu machen. Besteht danach ein Anspruch auf Erteilung einer Rechnung, kann der Empfänger die geschuldete Leistung nach § 273 Abs. 1 BGB zurückhalten, bis die Rechnung erteilt ist. Die Geltendmachung des Zurückbehaltungsrechts nach § 274 Abs. 2 BGB hat zur Folge, dass der Empfänger zur Leistung nur gegen Erteilung der Rechnung (Zug um Zug) zu verurteilen ist.[870] Anders ist die Rechtslage nach Meinung des OLG Düsseldorf dann, wenn der Abmahnende vom Verletzer keine Umsatzsteuer fordert, sondern lediglich die Netto-Anwaltskosten geltend macht. In einem solchen Fall soll ein Vorsteuerabzug des Verletzers nicht in Betracht kommen, sodass auch kein Anspruch auf eine Rechnung besteht.[871]

Der BGH weist darauf hin, dass bei der Abwicklung zwei Rechnungen ge- 691
schrieben werden müssen: Eine Rechnung des abmahnenden Rechtsanwalts an seinen Mandanten (Rechtsinhaber) und eine des Mandanten an den Abgemahnten. Diese zweite Rechnung weist dabei regelmäßig den Nettobetrag der anwaltlichen Rechnung zuzüglich Umsatzsteuer aus. Die in der Rechnung an den Abgemahnten ausgewiesene Umsatzsteuer muss der Rechtsinhaber an das Finanzamt abführen; er kann aber die in der Rechnung seiner Bevollmächtigten enthaltene Umsatzsteuer im Wege des Vorsteuerabzugs geltend machen.[872]

7. Kein Erstattungsanspruch bei Durchsetzung des Sperranspruchs

Nach § 7 Abs. 4 S. 3 TMG besteht grundsätzlich kein Anspruch gegen den Diens- 692
teanbieter auf Erstattung der vor- und außergerichtlichen Kosten für die Geltendmachung und Durchsetzung des Sperranspruchs nach § 7 Abs. 4 S. 1 TMG. § 7 Abs. 4 S. 3 TMG ist lex specialis zu § 97a Abs. 3 UrhG.[873] Ausnahme hiervon ist der in § 8 Abs. 1 S. 3 TMG geregelte Fall, dass der Diensteanbieter absichtlich mit einem Nutzer seines Dienstes zusammenarbeitet, um rechtswidrige Handlungen zu begehen.

---

869 BGH GRUR 2012, 711 Rn. 44 – Barmen Live; BGB NJW-RR 2010, 1579 Rn. 13.
870 BGH GRUR 2012, 711 Rn. 44 – Barmen Live.
871 OLG Düsseldorf, Urteil vom 23.1.2020, Aktenzeichen 2 U 13/19 – Scheibenbremse II.
872 BGH, Hinweisbeschluss vom 21.1.2021, Aktenzeichen I ZR 87/20, Rn. 12.
873 *Grünberger* ZUM 2018, 321, 335.

IX. Bereicherungsausgleich

693 § 102a UrhG stellt klar, dass die Regelung der Rechtsfolgen im UrhG nicht abschließend ist. Die Ansprüche aus anderen gesetzlichen Vorschriften bleiben unberührt. Bei unerlaubten Nutzungen spielt insbesondere die sogenannte Eingriffskondiktion nach § 812 Abs. 1 S. 1 2. Fall BGB eine Rolle. Der Verletzte hat danach einen Anspruch auf Herausgabe der durch die Rechtsverletzung erlangten ungerechtfertigten Bereicherung nach § 812 Abs. 1 S. 1 2. Fall BGB. Rechtlicher Anknüpfungspunkt für einen Bereicherungsanspruch nach § 812 Abs. 1 S. 1 2. Fall BGB ist die Verletzung einer Rechtsposition, die nach der Rechtsordnung dem Berechtigten zu dessen ausschließlicher Verfügung und Verwertung zugewiesen ist.[874] Dies ist beispielsweise gegeben bei einem urheberrechtlichen Nutzungsrecht, nicht hingegen bei einer lediglich schuldrechtlichen Erlaubnis zur Nutzung eines schutzunfähigen Werkes.[875]

694 Anders als im Schadensersatzrecht ist für das Bereicherungsrecht nicht die Vermögenslage des Gläubigers, sondern die des Schuldners entscheidend. Gegenstand der Bereicherung kann jeder vermögenswerte Vorteil sein. Bei Eingriffen in Immaterialgüterrechte stellt der Gebrauch des immateriellen Schutzgegenstandes das Erlangte i.S.d. § 812 BGB dar. Da der dadurch erlangte Vorteil naturgemäß nicht wieder herausgegeben werden kann, ist Wertersatz zu leisten. In der Höhe entspricht der Wertersatz einer angemessenen Lizenzgebühr. Anders als beim Schadensersatzanspruch ist kein Verschuldensnachweis erforderlich. Diesem Vorteil steht allerdings der Nachteil gegenüber, dass der Verletzer gegebenenfalls Bereicherungswegfall nach § 818 Abs. 3 BGB geltend machen kann, sofern nicht die Ausschlussgründe der §§ 818, 819 BGB greifen. Hierin liegt ein nicht unwesentlicher Unterschied zur Lizenzanalogie im Rahmen des auf schuldhaftes Handeln gestützten Schadensersatzanspruchs. Zu beachten ist, dass für die deliktische Bereicherungshaftung nach § 852 BGB besondere Verjährungsregeln gelten.

X. Geschäftsführung ohne Auftrag

695 Das Rechtsinstitut der Geschäftsführung ohne Auftrag spielt insbesondere beim Anspruch auf Erstattung der Kosten für ein Abschlussschreiben und bei der Geschäftsanmaßung eine Rolle.

---

874 BGH GRUR 2014, 73 Rn. 23 – Altenwohnanlage.
875 BGH GRUR 2014, 73 Rn. 24 – Altenwohnanlage.

Dem Gläubiger kann ein Anspruch auf Erstattung der Kosten für ein Abschlussschreiben als Aufwendungsersatzanspruch nach den Grundsätzen der Geschäftsführung ohne Auftrag gemäß §§ 677, 683, 670 BGB zustehen.[876] Voraussetzung für den Anspruch auf Kostenerstattung aus §§ 677, 683, 670 BGB ist, dass die Versendung des Abschlussschreibens erforderlich war und dem mutmaßlichen Willen des Empfängers entsprach. Wird eine einstweilige Verfügung erlassen, so ist das kostenauslösende Abschlussschreiben nur erforderlich und entspricht nur dem mutmaßlichen Willen des Schuldners, wenn der Gläubiger dem Schuldner zuvor angemessen Zeit gewährt hat, um die Abschlusserklärung unaufgefordert von sich aus abgeben zu können. Außer dieser Wartefrist ist dem Schuldner eine Erklärungsfrist für die Prüfung zuzubilligen, ob er die Abschlusserklärung abgibt. Teilt der Schuldner vor Ablauf der angemessenen Wartefrist nach Zustellung einer einstweiligen Verfügung mit, dass er innerhalb der entsprechend § 517 ZPO für die Abschlusserklärung geltenden Monatsfrist unaufgefordert darauf zurückkommen werde, ob die einstweilige Verfügung als endgültige Regelung anerkannt werden wird und es eines Abschlussschreibens nicht bedürfe, sind die Kosten eines gleichwohl übersandten Abschlussschreibens nicht ersetzbar.[877] 696

Der Anspruch auf Herausgabe des Verletzergewinns kann auch auf die Geschäftsanmaßung nach §§ 687 Abs. 2, 681, 667 BGB gestützt werden. Behandelt jemand ein fremdes Geschäft als sein eigenes, obwohl er weiß, dass er nicht dazu berechtigt ist, so kann der Geschäftsherr nach § 687 Abs. 2 BGB die sich aus den §§ 677, 678, 681, 682 BGB ergebenden Ansprüche geltend machen. Da die Haftung aus § 687 Abs. 2 BGB allerdings nur vorsätzliche Eingriffe erfasst, ist ihr praktischer Anwendungsbereich gering. 697

XI. Auskunft

Auskunftsansprüche können mehreren Funktionen dienen. Einerseits versetzen sie den Rechtsinhaber in die Lage, den Schadensersatzanspruch nach den verschiedenen Berechnungsmethoden zu beziffern, um entscheiden zu können, welche Art der Berechnung die für ihn günstigste ist. Andererseits bestehen Auskunftsansprüche gegen den Verletzer über Dritte (Drittauskunftsanspruch) und gegen Dritte, die nicht zugleich Verletzer sind. Letztere sind insbesondere im Bereich der Internetpiraterie von entscheidender Bedeutung. 698

876 BGH GRUR 2017, 1160 – Bretaris Genuair; BGH GRUR 2010, 1038 Rn. 26 – Kosten für Abschlussschreiben I; BGH GRUR 2015, 822– Kosten für Abschlussschreiben II.

877 OLG München, Urteil vom 13.8.2020, Aktenzeichen 29 U 1872/20.

1. Vorbereitender Auskunftsanspruch

699 Der unselbstständige (vorbereitende) Auskunftsanspruch dient der Bezifferung des Anspruchs auf Schadensersatz bzw. Bereicherungsausgleich.[878] Grundlage sind §§ 242, 259, 260 BGB, die § 102a UrhG unberührt lässt.

a) Anspruchsvoraussetzung

700 Der Anspruch auf Auskunftserteilung setzt voraus, dass der Verletzte in entschuldbarer Weise über das Bestehen oder den Umfang seines Anspruchs auf Schadensersatz oder Bereicherungsausgleich im Ungewissen ist und sich die zur Durchsetzung dieser Ansprüche notwendigen Auskünfte nicht auf zumutbare Weise selbst beschaffen kann, während der Verletzer sie unschwer erteilen kann. Geschuldet werden alle Angaben, die der Verletzte zur Prüfung und Berechnung des Anspruchs auf Schadensersatz bzw. Bereicherungsausgleich benötigt. Der vorbereitende Auskunftsanspruch ist – ebenso wenig wie der Schadensersatzanspruch – zeitlich durch die vom Gläubiger nachgewiesene erste Verletzungshandlung begrenzt.[879] Inhalt und Umfang des Auskunftsanspruchs bestimmen sich unter Abwägung der Interessen der Parteien. Der Anspruch wird begrenzt durch das prozessuale Ausforschungsverbot. Insbesondere darf der Anspruch nicht zur Ausforschung von Kalkulationsinterna und Kundenbeziehungen benutzt werden.[880] Wird ein bestimmtes Schutzrecht verletzt, kann grundsätzlich nicht Auskunft darüber verlangt werden, ob auch andere Schutzrechte verletzt worden sind. Denn dies liefe auf die Anerkennung eines allgemeinen Auskunftsanspruchs heraus und würde der Ausforschung unter Vernachlässigung allgemein gültiger Beweislastregeln Tür und Tor öffnen. Sofern allerdings über die bereits begangene Verletzung des einen Schutzrechts hinaus rechtliche Beziehungen zwischen den Beteiligten bestehen, kann sich der Auskunftsanspruch auch auf andere Schutzgegenstände erstrecken.[881] So kann beispielsweise einer Verwertungsgesellschaft aufgrund der rechtlichen Beziehung zwischen ihr und dem auf Auskunft in Anspruch Genommenen ein Anspruch auf Erteilung einer Auskunft über die Verletzung von Nutzungsrechten an weiteren Werken zuste-

---

878 BGH GRUR 2010, 623, 626 Rn 43 – Restwertbörse; BGH GRUR 1980, 227, 232 – Monumenta Germaniae Historica; BGHZ 129, 66, 75 – Mauerbilder.

879 BGH GRUR 2010, 623, 627 Rn 54 – Restwertbörse; BGH GRUR 2007, 877, 879 – Windsor Estate; zustimmend *Steinbeck* GRUR 2008, 110, 111.

880 LG München I GRUR-RR 2008, 74, 76 – Biogas Fonds.

881 BGH GRUR 2010, 623, 627 Rn 51 – Restwertbörse.

hen, wenn dem kein anerkennenswertes Interesse des Auskunftspflichtigen entgegensteht.[882]

b) Rechnungslegung und Belegvorlage

Die Rechnungslegung ist eine qualifizierte Form der Auskunft und dient der Bezif- 701
ferung des Schadensersatzanspruchs. Der Schutzrechtsinhaber soll eine Abrechnung über Einnahmen und Ausgaben unter Vorlage der Belege erhalten. Der Anspruch auf Rechnungslegung ist gewohnheitsrechtlich anerkannt.[883] In § 97 Abs. 1 S. 2 UrhG a. F. war die Rechnungslegung im Rahmen des Gewinnherausgabeanspruchs auch kodifiziert. In der Gesetzgebungsgeschichte finden sich keinerlei Anhaltspunkte dafür, dass die Streichung dieser Regelung inhaltliche Änderungen nach sich ziehen sollte. Nach § 259 Abs. 1 BGB muss derjenige, der verpflichtet ist, über eine mit Einnahmen oder Ausgaben verbundene Verwaltung Rechenschaft abzulegen, dem Berechtigten eine die geordnete Zusammenstellung der Einnahmen oder der Ausgaben enthaltende Rechnung mitteilen und, soweit Belege erteilt zu werden pflegen, Belege vorlegen.

2. Auskunft über Dritte

a) Anspruchsvoraussetzung

Nach § 101 Abs. 1 UrhG kann derjenige, der in gewerblichem Ausmaß das Ur- 702
heberrecht oder ein anderes nach dem UrhG geschütztes Recht widerrechtlich verletzt, von dem Verletzten auf unverzügliche Auskunft über die Herkunft und den Vertriebsweg der rechtsverletzenden Vervielfältigungsstücke oder sonstigen Erzeugnisse in Anspruch genommen werden. Dieser Drittauskunftsanspruch ist verschuldensunabhängig.[884] Nach Meinung des BGH kann sich dieser Anspruch auch gegen den Störer richten.[885]

Der Anspruch ist nicht auf die Verletzung von körperlichen Verwertungsrech- 703
ten nach § 15 Abs. 1 UrhG beschränkt.[886] Der Auskunftsanspruch gilt bei allen

882 BGH GRUR 1988, 604, 605 – Kopierwerk; nicht hingegen Zeitungsverleger: BGH, Urteil vom 28.07.2022, Aktenzeichen I ZR 141/20 - Elektronischer Pressespiegel II.

883 Vgl. BGH GRUR 1998, 376 – Coverversion; LG Köln ZUM-RD 2009, 33, 39 – Kaminmodell; OLG Hamburg, Urteil vom 30.3.2011, Aktenzeichen 5 U 207/08 – Wagenfeld-Leuchte; Begründung zum Gesetzesentwurf der Bundesregierung, BT-Drucksache 16/5048, S. 48.

884 OLG München GRUR 2007, 419 – Lateinlehrbuch.

885 BGH GRUR 2012, 1026, 1027 Rn. 13 – Alles kann besser werden; zum Markenrecht BGH, Urteil vom 21.1.2021, Aktenzeichen I ZR 20/17, Rn. 69 – Davidoff Hot Water IV.

886 Begründung zum Gesetzesentwurf der Bundesregierung, BT-Drucksache 16/5048, S. 49.

Rechtsverletzungen, gleich ob die Verwertungshandlung körperlicher oder unkörperlicher Natur war. § 101 Abs. 4 UrhG schließt den Auskunftsanspruch aus, wenn die Inanspruchnahme im Einzelfall unverhältnismäßig ist. Das Erfordernis des „gewerblichen Ausmaßes" wurde durch das Gesetz zur Verbesserung der Durchsetzung von Rechten geistigen Eigentums eingefügt. Das gewerbliche Ausmaß kann sich aus der Quantität oder aus der Qualität der Rechtsverletzungen ergeben. Gewerbsmäßigkeit liegt demgegenüber vor, wenn sich der Täter durch die wiederholte Tatbegehung eine fortlaufende Einnahmequelle von einigem Umfang und einiger Dauer schaffen möchte.[887]

704 Die Angaben müssen sich nach § 101 Abs. 3 UrhG beziehen auf (1.) Namen und Anschrift der Hersteller, Lieferanten und anderer Vorbesitzer der Vervielfältigungsstücke oder sonstigen Erzeugnisse, der Nutzer der Dienstleistungen sowie der gewerblichen Abnehmer und Verkaufsstellen, für die sie bestimmt waren, und (2.) die Menge der hergestellten, ausgelieferten, erhaltenen oder bestellten Vervielfältigungsstücke oder sonstigen Erzeugnisse sowie die Preise, die für die betreffenden Vervielfältigungsstücke oder sonstigen Erzeugnisse bezahlt wurden.

b) Belegvorlage

705 Auch der Drittauskunftsanspruch wird durch einen Anspruch auf Belegvorlage ergänzt. Der Schuldner eines selbstständigen Auskunftsanspruchs, der die Namen seiner Lieferanten und gewerblichen Abnehmer offenbaren muss, ist in aller Regel auch zur Vorlage entsprechender Belege über den Einkauf und Verkauf wie beispielsweise Rechnungen und Lieferscheine verpflichtet. Soweit die Belege Daten enthalten, auf die sich die geschuldete Auskunft nicht bezieht, ist einem berechtigten Geheimhaltungsinteresse des Schuldners dadurch Rechnung zu tragen, dass die geheimhaltungsbedürftigen Daten in den Kopien abgedeckt oder geschwärzt werden. Eine Verpflichtung zur Vorlage von Belegen sieht das BGB in den allgemeinen Vorschriften über Auskunft und Rechnungslegung (§§ 259, 260 BGB) nur für die Rechnungslegung, nicht dagegen für die Auskunft (§ 260 Abs. 1 BGB) vor. In der Rechtsprechung ist jedoch anerkannt, dass sich im Rahmen des Auskunftsanspruchs ausnahmsweise auch ein Anspruch auf Vorlage von Belegen ergeben kann, wenn der Gläubiger hierauf angewiesen ist und dem Schuldner diese zusätzliche Verpflichtung zugemutet werden kann.[888]

---

887 BGH GRUR 2004, 421, 427 – Tonträgerpiraterie.

888 BGH GRUR 2001, 841 – Entfernung der Herstellungsnummer II; BGH GRUR 2002, 709 – Entfernung der Herstellungsnummer III; BGH GRUR 2003, 433 – Cartier-Ring; OLG Hamburg ZUM 2009, 482 – Bauhaus aus Italien II; OLG Hamburg, Urteil vom 30.3.2011, Aktenzeichen 5 U 207/08 – Wagenfeld-Leuchte.

3. Auskunftsanspruch gegen Dritte

Von dem Auskunftsanspruch gegen den Verletzer über Dritte zu unterscheiden ist der Auskunftsanspruch gegen Dritte, die nicht zugleich Verletzer sind. 706

a) Anspruchsvoraussetzungen

Nach § 101 Abs. 2 UrhG besteht ein Auskunftsanspruch in Fällen offensichtlicher Rechtsverletzung oder in Fällen, in denen der Verletzte gegen den Verletzer Klage erhoben hat, unbeschadet von § 101 Abs. 1 UrhG auch gegen eine Person, die in gewerblichem Ausmaß (1.) rechtsverletzende Vervielfältigungsstücke in ihrem Besitz hatte, (2.) rechtsverletzende Dienstleistungen in Anspruch nahm, (3.) für rechtsverletzende Tätigkeiten genutzte Dienstleistungen erbrachte oder (4.) nach den Angaben einer in Nr. 1, 2 oder 3 genannten Person an der Herstellung, Erzeugung oder am Vertrieb solcher Vervielfältigungsstücke, sonstiger Erzeugnisse oder Dienstleistungen beteiligt war. Einen allgemeinen Richtervorbehalt sieht der Anspruch nicht vor. Der Gesetzgeber befürchtete eine zu hohe Belastung der Gerichte.[889] 707

Nach Erwägungsgrund 14 der Enforcement-RL zeichnen sich in gewerblichem Ausmaß vorgenommene Rechtsverletzungen dadurch aus, dass sie zwecks Erlangung eines unmittelbaren oder mittelbaren wirtschaftlichen oder kommerziellen Vorteils vorgenommen werden. Die Instanzgerichte gingen zunächst davon aus, dass das Erfordernis des gewerblichen Ausmaßes nicht nur bei dem in Anspruch genommenen Dritten, typischerweise einen Internet-Service-Provider, sondern auch beim Rechtsverletzer vorliegen müsse.[890] Nach Auffassung des Bundesgerichtshofs bieten Wortlaut und Systematik des § 101 Abs. 2 S. 1 Nr. 3 UrhG indes keine Anhaltspunkte dafür, dass der Anspruch auf Auskunft gegen die Person, die in gewerblichem Ausmaß für rechtsverletzende Tätigkeiten genutzte Dienstleistungen erbrachte, nur unter der einschränkenden Voraussetzung besteht, dass die rechtsverletzenden Tätigkeiten gleichfalls ein gewerbliches Ausmaß hatten.[891] Der Begriff „in gewerblichem Ausmaß“ in § 101 Abs. 2 S. 1 UrhG bezieht sich nicht auf das Wort „Rechtsverletzung“, sondern auf den – bei Nr. 3 dieses Satzes – verwendeten Begriff des „Erbringens von Dienstleistungen“. 708

---

889 Begründung zum Gesetzesentwurf der Bundesregierung, BT-Drucksache 16/5048, S. 38; kritisch hierzu *Peukert/Kur* GRUR Int. 2006, 292, 297.

890 Vgl. OLG Köln NJOZ 2010, 1129 – Culcha Candela; OLG Köln MMR 2010, 421; OLG Köln MMR 2009, 334 – Die schöne Müllerin; OLG Köln GRUR-RR 2009, 9 – Ganz anders; OLG Karlsruhe MMR 2010, 419; OLG Zweibrücken MMR 2010, 214.

891 BGH GRUR 2012, 1026, 1027 Rn. 11 – Alles kann besser werden; BGH WRP 2013, 70, 71 Rn. 11 – Two Worlds II; BGH GRUR 2013, 536 – Die Heiligtümer des Todes; BGH, Beschluss vom 16.5.2013, Aktenzeichen I ZB 25/12 – Back to black.

709 Der Auskunftsanspruch gegen Dritte entfällt, wenn dieser nach §§ 383 bis 385 ZPO zeugnisverweigerungsberechtigt ist. Der zur Auskunft Verpflichtete kann vom Anspruchsteller Ersatz der für die Auskunftserteilung erforderlichen Aufwendungen verlangen.

710 Umstritten war, ob aus § 101 UrhG ein Anspruch gegen den Betreiber einer Videoplattform folgt, Auskunft über E-Mail-Adressen, Telefonnummern und IP-Adressen derjenigen Nutzer zu erteilen, die urheberrechtverletzende Filme auf der Plattform öffentlich zugänglich machen.[892] Der EuGH legt Art. 8 Abs. 2 a Enforcement-RL dahin aus, dass der darin genannte Begriff „Adressen" sich nicht auf die E-Mail-Adresse und Telefonnummer von Nutzern bezieht, die eine rechtverletzende Datei hochgeladen haben.[893] Der Auskunftsanspruch über „Namen und Anschrift" im Sinne des § 101 Abs. 3 Nr. 1 UrhG schließt somit die Auskunft über die E-Mail-Adressen und Telefonnummern der Nutzer der Dienstleistungen nicht ein. Er umfasst auch nicht die Auskunft über die für das Hochladen rechtsverletzender Dateien verwendeten IP-Adressen oder die von den Nutzern der Dienstleistungen zuletzt für einen Zugriff auf ihr Benutzerkonto verwendeten IP-Adressen.[894]

b) Haftung für Auskünfte

711 § 101 Abs. 5 UrhG sieht einen Schadensersatzanspruch des Verletzten vor, wenn der Auskunftsverpflichtete die Auskunft vorsätzlich oder grob fahrlässig, falsch oder unvollständig erteilt. In der Enforcement-RL fehlt eine entsprechende Vorschrift.[895] Im Hinblick auf den schuldhaft handelnden Verletzer hat diese Vorschrift nur klarstellenden Charakter. Die Schadensersatzhaftung für schuldhaft unrichtig erteilte Auskünfte ergibt sich hier bereits aus § 97 UrhG. Anders verhält es sich hingegen bei den auskunftspflichtigen Dritten, die selber keine Schutzrechtsverletzung begangen haben. Sofern man eine Schadensersatzhaftung dieser Dritten nicht bereits wegen eines Verstoßens gegen das durch die Auskunftsansprüche begründete gesetzliche Schuldverhältnis als gegeben erachtet, hat § 101 Abs. 5 UrhG hier konstituierende Wirkung. Nach § 101 Abs. 6 UrhG haftet derjenige, der eine wahre Auskunft erteilt hat, ohne dazu nach § 101 Abs 1 oder 2 UrhG verpflichtet gewesen zu sein, Dritten gegenüber nur, wenn er wusste, dass er zur Auskunftserteilung nicht verpflichtet war. Da § 101 Abs. 6 UrhG eine Haftung für grobe Fahrlässigkeit nicht vorsieht, besteht die Gefahr, dass vermeintliche Auskunftsansprüche auch bei Zweifeln über ihr Bestehen erfüllt werden.

---

892 BGH GRUR 2019, 504 – YouTube-Drittauskunft.
893 EuGH GRUR 2020, 840 – YouTube-Drittauskunft.
894 BGH GRUR 2021, 470 – YouTube-Drittauskunft II.
895 *Spindler/Weber* ZUM 2007, 257, 261; *Schmidhuber* WRP 2008, 296.

c) Durchsetzung

Nach § 101 Abs. 7 UrhG kann die Auskunftsverpflichtung in Fällen offensichtlicher Rechtsverletzung im Wege der einstweiligen Verfügung nach den §§ 935 bis 945 ZPO angeordnet werden. Diese Regelung ist eine Ausnahme von dem Grundsatz, dass eine Anspruchsdurchsetzung im Wege des Eilverfahrens die Hauptsache nicht vorwegnehmen darf.[896] Da die einmal erteilte Auskunft eine nicht rückgängig zu machende Erfüllung des Auskunftsanspruchs darstellt, verlangt § 101 Abs. 7 UrhG die Offensichtlichkeit der Rechtsverletzung. 712

d) Richtervorbehalt bei Fernmeldegeheimnis

In Fällen der Internetpiraterie ergeben sich typischerweise datenschutzrechtliche Fragen. Das verfassungsrechtlich geschützte Fernmeldegeheimnis und die Rechte des geistigen Eigentums, die ebenfalls Verfassungsrang haben, müssen in einen Ausgleich gebracht werden.[897] § 101 Abs. 9 und 10 UrhG tragen dem Fernmeldegeheimnis Rechnung. Die Vorschrift dient der Wahrung des Fernmeldegeheimnisses in Fällen, in denen bei Internet-Providern Verkehrsdaten abgefragt werden, um die entsprechenden Bestandsdaten zu erhalten.[898] Nach § 101 Abs. 9 UrhG ist für die Auskunftserteilung eine vorherige richterliche Anordnung über die Zulässigkeit der Verwendung der Verkehrsdaten erforderlich, wenn die Auskunft nur unter Verwendung von Verkehrsdaten im Sinne des § 3 Nr. 30 TKG erteilt werden kann. Diese ist von dem Verletzten zu beantragen. Für den Erlass dieser Anordnung ist das Landgericht, in dessen Bezirk der zur Auskunft Verpflichtete seinen Wohnsitz, seinen Sitz oder eine Niederlassung hat, ohne Rücksicht auf den Streitwert ausschließlich zuständig. Die Entscheidung trifft die Zivilkammer. Die Kosten des Verfahrens gegen einen Internet-Provider auf Auskunft über den Inhaber einer IP-Adresse trägt zunächst der Verletzte. Da sie der Vorbereitung eines konkret bevorstehenden Rechtsstreits gegen die Person, die für eine über diese IP-Adresse begangene Urheberrechtsverletzung verantwortlich ist, dienen, sind sie nach § 91 Abs. 1 S. 1 ZPO zu erstatten, soweit sie zur zweckentsprechenden Rechtsverfolgung notwendig waren.[899] Gegen die Entscheidung des Landgerichts ist die Beschwerde statthaft. Die Beschwerde eines Anschlussinhabers gegen die Gestattung der Auskunftserteilung ist auch dann statthaft, wenn sie erst nach Erteilung der Auskunft eingelegt worden ist.[900] Die Vorschriften zum Schutz personenbezo- 713

896 OLG Hamburg GRUR-RR 2007, 381, 382 – Betriebsrats-Check.
897 Vgl. *Sieber/Höfinger* MMR 2004, 575, 581 ff.
898 Vgl. Wandtke/Bullinger/*Bohne*[5] § 101 UrhG Rn 13; *Spindler/Weber* ZUM 2007, 257, 261.
899 BGH ZUM-RD 2015, 214; BGH GRUR 2014, 1239 – Deus Ex.
900 BGH GRUR 2013, 536 – Die Heiligtümer des Todes.

gener Daten bleiben unberührt. § 101 Abs. 10 UrhG erhält die nach Art 19 Abs. 1 S. 2 GG erforderliche Nennung des in Art. 10 GG kodifizierten Fernmeldegeheimnisses.

714 Auskünfte über den Namen des hinter einer IP-Adresse stehenden Anschlussinhabers richten sich nach Auffassung des BGH nach den Regelungen über die Bestandsdatenabfrage.[901] Es handele sich nicht um Verkehrsdaten, die nur auf richterliche Anordnung erhoben werden dürften, da die Zuordnung einer zu einem bestimmten Zeitpunkt benutzten dynamischen IP-Adresse zu einem Anschlussinhaber keine Aussage darüber enthalte, mit wem der Betreffende worüber und wie lange kommuniziert habe. In dem vom BGH entschiedenen Fall ging es allerdings nicht um den Auskunftsanspruch nach § 101 Abs. 9 UrhG, sondern um die Frage, ob der Verwendung der Daten ein Beweisverwertungsverbot entgegenstand. Zutreffend ist, dass es sich bei dem Namen eines Anschlussinhabers um Bestandsdaten und nicht um Verkehrsdaten handelt.[902] Der in § 101 Abs. 9 UrhG geregelte Richtervorbehalt ist nichtsdestotrotz nicht etwa obsolet. Denn diese Bestandsdaten können in aller Regel nur „unter Verwendung der Verkehrsdaten" im Sinne des § 101 Abs. 9 UrhG ermittelt werden. Da grundsätzlich eine Verpflichtung zur Löschung der Daten besteht, kann vorläufiger Rechtsschutz in Anspruch genommen werden, um dem Provider die Sicherung der Daten aufzugeben bzw. deren Löschung zu verbieten.[903]

4. Anspruch auf Abgabe einer eidesstattlichen Versicherung

715 Besteht Grund zu der Annahme, dass eine Auskunft nicht mit der erforderlichen Sorgfalt erteilt worden sind, so kommt ein Anspruch auf Abgabe der eidesstattlichen Versicherung nach §§ 259, 260 BGB in Betracht. Der Verpflichtete hat dann nach § 259 Abs. 1 BGB zu Protokoll an Eides Statt zu versichern, dass er die Auskunft nach bestem Wissen so vollständig abgegeben hat, als er dazu imstande war.[904]

---

901 BGH GRUR 2010, 633, 635 Rn. 29 – Sommer unseres Lebens.

902 Ebenso OLG Frankfurt GRUR-RR 2010, 91 – Speicherung auf Zuruf.

903 Vgl. OLG Karlsruhe MMR 2010, 419; OLG Schleswig GRUR-RR 2010, 239 – Limited Edition; OLG Köln GRUR-RR 2009, 9 – Ganz anders; OLG Hamburg MMR 2010, 338; *Otten* GRUR-RR 2009, 369; *Hoffmann* MMR 2009, 655, 657.

904 BGH GRUR 2001, 841, 845 – Entfernung der Herstellernummer II.

a) Sorgfaltsmangel

Ist der Gläubiger auf die Auskunft des Schuldners angewiesen, um Gegenstand und Umfang seines Schadensersatzanspruchs präzisieren zu können, bleibt stets das Risiko, dass dieser die Auskunft nicht wahrheitsgemäß erteilt, um sich dem Anspruch ganz oder teilweise zu entziehen. Der Gläubiger kann daher nach §§ 259, 260 BGB die Abgabe einer eidesstattlichen Versicherung verlangen, wenn Grund zu der Annahme besteht, dass die Auskunft nicht mit der erforderlichen Sorgfalt erteilt worden ist. Die in § 259 Abs. 2 BGB geregelte Abgabe einer Versicherung an Eides Statt ist die einzige abschließende und erschöpfende Sanktion zur Sicherstellung der Richtigkeit und Vollständigkeit der Auskunft bzw. Rechnung.[905] 716

Der Anspruchsteller muss darlegen und beweisen, dass Grund zur Annahme besteht, die Angaben seien unsorgfältig gemacht, wobei er nicht etwa die tatsächliche Unrichtigkeit der Angaben beweisen muss, sondern nur Tatsachen, welche den entsprechenden Verdacht begründen. Der Verdachtsgrund kann sich aus der Auskunft oder Rechnungslegung selbst ergeben, kann aber auch auf anderen Umständen beruhen. Grund zur Annahme mangelnder Sorgfalt ist unter anderem dann regelmäßig gegeben, wenn Angaben mehrfach berichtigt wurden oder unplausible Erklärungen darüber abgegeben werden, warum weitergehende Auskünfte nicht erteilt werden könnten. Ebenso besteht ein Grund bei fortlaufenden Auskunftsverweigerungen und dem Bemühen des Auskunftspflichtigen, die Ansprüche als nicht vorhanden hinzustellen oder den wahren Sachverhalt nicht offenzulegen oder bei widersprüchlichen Angaben.[906] 717

b) Abgrenzungsfragen

Solange und soweit der Auskunftsanspruch nicht erfüllt ist, bleibt er bestehen, sodass der Anspruch auf Angabe einer eidesstattlichen Versicherung nachrangig ist. Dies ist bei unvollständigen Auskünften – z. B. Fehlen bestimmter Zeiträume – unmittelbar einleuchtend. Der BGH stellt die Fälle der nicht ernstlichen und der von vornherein unglaubhaften Auskunft der unvollständigen Auskunft gleich.[907] Eine zum Zweck der Auskunft gegebene Erklärung genügt zur Erfüllung des Auskunftsanspruchs nicht, wenn sie nicht ernst gemeint, unvollständig oder von vornherein unglaubhaft ist.[908] Dabei ist auf die objektiv gegebenen Umstände abzustellen. Es 718

905 BGH NJW 1984, 2822 – Dampffrisierstab II.

906 OLG Hamburg, Urteil vom 16.8.2018, Aktenzeichen 3 U 132/17; LG Düsseldorf GRUR-RR 2009, 195 – Sorgfältige Auskunft.

907 BGH GRUR 2001, 841, 844 – Entfernung der Herstellernummer II.

908 BGH GRUR 2001, 841, 844 – Entfernung der Herstellernummer II; OLG Hamburg ZUM-RD 2021, 133 – Grundauskunft

kommt nicht darauf an, ob der Anspruchsteller die erteilte Auskunft als zutreffend und vollständig erachtet. Allein der Verdacht, der Auskunftsschuldner könnte bewusst oder unbewusst seine Erinnerungsfähigkeit unterdrückt haben, rechtfertigte es noch nicht, die Erklärung von vornherein als unglaubhaft und damit als nicht abgegeben anzusehen.[909] Ist die Auskunft unvollständig, besteht ein Ergänzungsanspruch.

719 Eine zum Zweck der Auskunft gegebene Erklärung genügt somit nicht zur Erfüllung des Auskunftsanspruchs, wenn sie nicht ernst gemeint, unvollständig oder von vornherein unglaubhaft ist.[910] In einem solchen Fall besteht der ursprüngliche Auskunftsanspruch weiter. Wurde dieser bereits tituliert, kann er nach § 888 ZPO vollstreckt werden.

XII. Urkundenvorlage und Besichtigung

1. Zweck

720 Nicht selten benötigt der Rechtsinhaber weitere Informationen, um feststellen zu können, ob überhaupt eine Rechtsverletzung vorliegt.[911] So kann eine Urheberrechtsverletzung hinsichtlich einer Software häufig nur bei Kenntnis des entsprechenden Quellcodes nachgewiesen werden. § 101a Abs. 1 UrhG setzt Art. 6 und 7 der Enforcement-RL um und gewährt dem Verletzten einen Anspruch auf Vorlage einer Urkunde und Duldung der Besichtigung einer Sache gegen denjenigen, der mit hinreichender Wahrscheinlichkeit das Urheberrecht oder ein anderes nach dem UrhG geschütztes Recht widerrechtlich verletzt hat. Der Anspruch richtet sich auf die Vorlage einer Urkunde oder Duldung der Besichtigung einer Sache, die sich in der Verfügungsgewalt des – möglichen – Verletzers befindet. Die Verpflichtung zur Duldung der Besichtigung kann nach § 101a Abs. 3 UrhG im Wege der einstweiligen Verfügung nach den §§ 935 bis 945 ZPO angeordnet werden. Erforderlich ist hierfür nach allgemeinen Regeln ein Verfügungsgrund.[912]

721 Bereits vor Einfügung des § 101a UrhG hat die Rechtsprechung einen Besichtigungsanspruch aus § 809 BGB abgeleitet. In der Faxkarten-Entscheidung hatte der BGH – gestützt auf § 809 BGB – den Beklagten verurteilt, den Quellcode der Programme bzw. Programmteile für ein urheberrechtlich geschütztes System of-

---

909 BGH GRUR 2001, 841, 844 – Entfernung der Herstellernummer II.

910 BGH NJW 1994, 1958; BGH GRUR 2001, 841.

911 Vgl. *Bork* NJW 1997, 1665 ff.

912 OLG Braunschweig MMR 2020, 254 – Unlizenzierte Softwarenutzung; OLG Nürnberg GRUR-RR 2016, 108 – Besichtigungsanspruch, dagegen OLG Düsseldorf GRUR-RR 2011, 289 – Später Besichtigungsantrag.

fenzulegen.[913] Zur Begründung dieses Anspruchs verwies der BGH auf Art. 43 TRIPs.[914] Die EU-Mitgliedstaaten sind verpflichtet, ihr nationales Recht TRIPs-konform auszulegen.[915] Art. 43 TRIPs sieht ausdrücklich vor, dass das Gericht dem Gegner einer in Beweisnot befindlichen Partei die Beibringung von Beweismitteln auferlegen kann, die sich in seinem Besitz befinden.[916] Auch diese Vorschrift schützt vertrauliche Informationen. Art. 50 Abs. 1(b) TRIPs sieht auch einstweilige zivilrechtliche Maßnahmen zur Beweissicherung vor.[917] Dieser Besichtigungsanspruch konnte bei Vorliegen einer gewissen Wahrscheinlichkeit für eine Rechtsverletzung auch im einstweiligen Verfügungsverfahren durchgesetzt werden.[918] Der Bundesgerichtshof wendet auf Fälle, bei denen die beanstandete Handlung vor dem Inkrafttreten des § 101a UrhG lag, § 809 BGB an.[919]

2. Anspruchsvoraussetzungen

a) Anspruchsgegenstand

Gegenstand des Vorlageanspruchs sind Urkunden und Gegenstände, die sich in 722
der Verfügungsgewalt des – möglichen – Verletzers befinden. § 101a Abs. 1 S. 2 UrhG erstreckt den Anspruch auf die Vorlage von Bank-, Finanz- oder Handelsunterlagen, sofern die hinreichende Wahrscheinlichkeit einer in gewerblichem Ausmaß begangenen Rechtsverletzung besteht. Der Besichtigungsanspruch bezieht sich auf Sachen. Dieser Begriff ist weit auszulegen. Erfasst werden beispielsweise auch Computerprogramme.

b) Passivlegitimation

Passivlegitimiert ist der Verletzer, sofern sich die Sache in seiner Verfügungs- 723
gewalt befindet. Der Anwendungsbereich des § 101a UrhG ist einerseits weiter als der des § 809 BGB, da nur Verfügungsgewalt, nicht hingegen der für den Besitz zusätzlich erforderliche Besitzwille vorausgesetzt wird. Andererseits ist der Anwendungsbereich enger, da sich § 101a UrhG nur gegen den Verletzer richtet. § 809 ZPO setzt insofern lediglich das Bestehen eines Hauptanspruches „in Anse-

---

913 Vgl. BGH GRUR 2002, 1046, 1048 – Faxkarte; *Kühnen* GRUR 2005, 185.

914 Das TRIPs-Übereinkommen (Trade-Related Aspects of Intellectual Property Rights) ist integraler Bestandteil des WTO-Übereinkommens.

915 EuGH GRUR 2001, 235, 237 – Dior; Wandtke/Bullinger/*von Welser*[5] § 121 UrhG Rn 16.

916 *Dreier* GRUR Int. 1996, 205 ff.

917 Busche/Stoll/*Vander* Art. 50 TRIPs Rn. 9.

918 OLG Frankfurt GRUR-RR 2006, 295, 296 – Quellcode-Besichtigung.

919 BGH GRUR 2013, 509 – UniBasic-IDOS.

hung der Sache" voraus.[920] So sind Fallgestaltungen denkbar, in denen Ansprüche „in Ansehung der Sache" in Betracht kommen, die sich gegen eine andere Person richten. So kann § 809 BGB gegen einen nichtverletzenden Besitzer geltend gemacht werden, um anschließend wegen des betroffenen Gegenstands einen Rückrufanspruch gegen den Verletzer nach § 98 Abs. 2 UrhG geltend zu machen.

724 Der BGH hatte die markenrechtliche Parallelvorschrift in § 19a MarkenG dahin ausgelegt, dass Amazon trotz verneinter Haftung als Täter/Teilnehmer passivlegitimiert sei, da eine Störerhaftung vorlag.[921] Der Anspruch auf Besichtigung umfasse zudem als Minus die Pflicht zur Mitteilung von Eigenschaften (etwa Herstellungsnummern) der Ware, deren Besichtigung zu gestatten sei.[922]

c) Hinreichende Wahrscheinlichkeit

725 Der Anspruch greift nicht bei jedwedem Verdacht. Art. 6 der Enforcement-RL verlangt, dass der Rechtsinhaber sämtliche verfügbaren Beweismittel bereits vorgelegt hat. Anders als die Richtlinie stellt der Anspruch nicht auf die Vorlage der Beweismittel, sondern auf eine hinreichende Wahrscheinlichkeit ab.[923] Die Anforderungen an die Wahrscheinlichkeit dürfen nicht zu niedrig angesetzt werden.[924] Übereinstimmungen und Ähnlichkeiten hinsichtlich der grafischen und funktionalen Gestaltung einer Webseite, die auch auf nachschaffender Nachprogrammierung beruhen können, lassen noch nicht auf eine hinreichende Wahrscheinlichkeit einer Urheberrechtsverletzung durch Quellcodeübernahme schließen.[925] Einem Anspruch auf Herausgabe des Quellcodes steht nicht entgegen, dass unstreitig nicht das gesamte Computerprogramm übernommen wurde, sondern lediglich einzelne Komponenten.[926] Das Vorliegen von Übereinstimmungen etwa bei der Bildschirmgestaltung und bei Funktionen kann als Indiz für die Übernahme eines Computerprogramms herangezogen werden. Eine hinreichende Wahrscheinlichkeit ist gegeben, wenn zu den Indizien der Umstand hinzukommt, dass ein früherer Mitarbeiter des Verletzten nun für den Verletzer arbeitet.[927]

920 Vgl. MünchKommBGB/*Hüffer* § 809 BGB Rn 3.
921 BGH GRUR 2021, 730 Rn. 73 – Davidoff Hot Water IV.
922 BGH GRUR 2021, 730 Rn. 74 – Davidoff Hot Water IV.
923 Begründung zum Gesetzesentwurf der Bundesregierung, BT-Drucksache 16/5048, S. 40.
924 Vgl. dagegen Wandtke/Bullinger/*Ohst*[5] § 101a UrhG Rn 9.
925 LG Köln MMR 2009, 640 – Facebook.
926 BGH GRUR 2013, 509 – UniBasic-IDOS.
927 *Marly*[7] Rn. 331.

d) Erforderlichkeit

Voraussetzung des Anspruchs auf Vorlage und Besichtigung ist, dass dieser zur Begründung von Ansprüchen des Verletzten – gemeint sind die sonstigen Ansprüche, also beispielsweise Unterlassungs- und Schadensersatzansprüche – erforderlich ist. Hierdurch soll gewährleistet werden, dass der Anspruch nicht zur Ausforschung der Gegenseite missbraucht wird.[928] Der Anspruch ist ausgeschlossen, wenn andere zumutbare Informationsquellen bestehen.[929] 726

e) Verhältnismäßigkeit

§ 101a Abs. 2 UrhG schließt den Anspruch aus, wenn die Inanspruchnahme im Einzelfall unverhältnismäßig ist. Eine Maßnahme ist beispielsweise dann unverhältnismäßig, wenn das Geheimhaltungsinteresse des angeblichen Verletzers das Interesse des Rechtsinhabers überwiegt und dem Geheimhaltungsinteresse durch Maßnahmen zur Sicherung der Vertraulichkeit nicht hinreichend Rechnung getragen werden kann. Bei der Abwägung ist unter anderem zu berücksichtigen, dass es sich bei den Parteien regelmäßig um konkurrierende Unternehmen handeln wird. Die Erlangung von Kenntnissen, beispielsweise über den von der Konkurrenz verwendeten Quellcode einer Software kann erhebliche Folgen haben, die sich auch durch Schadensersatzansprüche nach § 101a Abs. 5 UrhG kaum kompensieren lassen. 727

3. Schutz der Vertraulichkeit

§ 101a Abs. 1 S. 3 UrhG schränkt den Anspruch ein, soweit der vermeintliche Verletzer geltend macht, dass es sich um vertrauliche Informationen handelt.[930] In diesem Fall trifft das Gericht die erforderlichen Maßnahmen, um den im Einzelfall gebotenen Schutz zu gewährleisten.[931] Die Maßnahmen zum Schutz der Geheimhaltungsinteressen stehen im Ermessen des Gerichts.[932] Beispielsweise kann dem Anspruchsgegner auferlegt werden, dass die Offenbarung gegenüber einem zur Verschwiegenheit verpflichteten Dritten zu erfolgen hat, der dann darüber Auskunft geben kann, ob und gegebenenfalls in welchem Umfang die behauptete Rechtsverletzung vorliegt. § 172 Nr. 2 GVG erlaubt dem Gericht für die Verhandlung oder für einen Teil davon die Öffentlichkeit ausschließen, wenn ein wichti- 728

---

928 Vgl. Begründung zum Gesetzesentwurf der Bundesregierung, BT-Drucksache 16/5048, S. 40.
929 Wandtke/Bullinger/*Ohst*[5] § 101a UrhG Rn. 16; *von Hartz* ZUM 2005, 376, 380.
930 *Spindler*/*Weber* MMR 2006, 711 ff.
931 Vgl. auch BGH GRUR 2010, 318 – Lichtbogenschnürung.
932 Begründung zum Gesetzesentwurf der Bundesregierung, BT-Drucksache 16/5048, S. 41.

ges Geschäfts-, Betriebs-, Erfindungs- oder Steuergeheimnis zur Sprache kommt, durch dessen öffentliche Erörterung überwiegende schutzwürdige Interessen verletzt würden. In diesem Fall kann das Gericht die anwesenden Personen nach § 174 Abs. 3 GVG zur Geheimhaltung von Tatsachen verpflichten, die durch die Verhandlung oder durch ein die Sache betreffendes amtliches Schriftstück zu ihrer Kenntnis gelangen. § 353d Nr. 2 StGB stellt einen Verstoß gegen diese Schweigepflicht unter Strafe. Ist über die Frage der Schutzrechtsverletzung im selbstständigen Beweisverfahren ein Sachverständigengutachten erstellt worden, können möglicherweise berührte Geheimhaltungsinteressen des vermeintlichen Verletzers in aller Regel in der Weise gewahrt werden, dass der Schutzrechtsinhaber die Einsicht in das Gutachten (zunächst) auf namentlich benannte anwaltliche Vertreter beschränkt und diese zur Verschwiegenheit verpflichtet werden.[933] Zur Einsicht durch den Schutzrechtsinhaber persönlich darf ein solches Gutachten nicht freigegeben werden, bevor der vermeintliche Verletzer Gelegenheit hatte, seine Geheimhaltungsinteressen geltend zu machen. Diesem obliegt die Darlegung, welche Informationen im Gutachten Geheimhaltungswürdiges offenbaren und welche Nachteile ihm aus der Offenbarung drohen.

4. Durchführung

729 Der Vorlagepflicht wird durch die Aushändigung der Urkunde genügt. Bei der Besichtigung kann der Gegenstand nicht nur betrachtet, sondern eingehend untersucht werden. Dabei kann der Gegenstand in Betrieb gesetzt oder auch auseinandergebaut werden.[934] Die Besichtigung darf auch durch Fotografien oder Ausdrucke dokumentiert werden.[935]

5. Durchsetzung

a) Einstweilige Verfügung

730 Nach § 101a Abs. 3 UrhG kann die Verpflichtung zur Vorlage einer Urkunde oder zur Duldung der Besichtigung einer Sache im Wege der einstweiligen Verfügung nach den §§ 935 bis 945 ZPO angeordnet werden.

731 Bei der Beurteilung der Dringlichkeit sind die Gerichte unterschiedlich großzügig. Bei der Besichtigungsverfügung schließt ein längeres Zuwarten die Dring-

933 BGH GRUR 2010, 318 – Lichtbogenschnürung
934 *Spindler/Weber* ZUM 2007, 257, 264.
935 *Nägele/Nitsche* WRP 2007, 1047, 1052.

lichkeit nach Auffassung des OLG Düsseldorf nicht aus.[936] Ein längeres Abwarten ist nur dann dringlichkeitsschädlich, wenn das besondere Interesse an der Verfahrensart des einstweiligen Verfügungsverfahrens gerade in dem schnellen Erlangen eines Titels liegt. Das besondere Interesse, dass im Falle des § 101a Abs. 3 UrhG ein solches Vorgehen rechtfertigt, besteht jedoch darin, den Antragsgegner nicht durch eine Beteiligung am Verfahren in die Lage zu versetzen, die zu sichernden Beweismittel zu vernichten. Es bedarf hier des Verfügungsverfahrens, weil nur dieses Verfahren die Anordnung von Maßnahmen ohne Beteiligung des Gegners ermöglicht. Anders als im Falle etwa der Unterlassungsverfügung kann der Antragsteller hier im Fall fehlender Eilbedürftigkeit nicht auf den Klageweg verwiesen werden.

Andere Oberlandesgerichte (Braunschweig, Nürnberg, Hamm, Köln) gehen 732
demgegenüber davon aus, dass für das Besichtigungsverfahren die allgemeinen Anforderungen an die Dringlichkeit vorliegen müssen.[937]

Für die Gerichtskosten soll es nach Meinung des OLG Zweibrücken allein 733
darauf ankommen, ob zum Zeitpunkt des Erlasses der Besichtigungsanordnung deren tatbestandliche Voraussetzungen, insbesondere eine hinreichende Wahrscheinlichkeit für eine Rechtsverletzung, vorlagen.[938]

b) Beweissicherungsverfahren

Neben der einstweiligen Verfügung kommt ein Beweissicherungsverfahren in Be- 734
tracht. Nach § 493 ZPO können die Ergebnisse der selbstständigen Beweisaufnahme in einem späteren Hauptsachverfahren verwertet werden. Obwohl §§ 485ff. ZPO keine ausdrückliche Duldungspflicht des Verletzers vorsieht, hat die Rechtsprechung sich nach der sogenannten Düsseldorfer Praxis dadurch beholfen, dass auf entsprechenden Antrag eine die Beweissicherungsanordnung ergänzende Duldungsanordnung ausgesprochen wird.[939] Dabei ist es zweckmäßig, die von Amts wegen zuzustellende Beweissicherungsanordnung zusammen mit der im Parteibetrieb zuzustellenden Duldungsverfügung in dem Zeitpunkt zuzustellen, in dem der Sachverständige beim Schuldner erscheint, um die Besichtigung durchzuführen.

---

936 OLG Düsseldorf GRUR-RR 2011, 289 – Später Besichtigungsantrag; OLG Düsseldorf, Beschluss vom 30.3.2010, Aktenzeichen 20 W 32/10.

937 OLG Braunschweig MMR 2020, 254 – Unlizenzierte Softwarenutzung; OLG Nürnberg GRUR-RR 2016, 108 – Besichtigungsanspruch; OLG Hamm ZUM-RD 2010, 27; OLG Köln ZUM 2009, 427.

938 OLG Zweibrücken GRUR 2021, 995 – Lagerführungssystem.

939 Vgl. OLG Düsseldorf GRUR-RR 2016, 224 – Besichtigungsanordnung; *Kühnen* GRUR 2005, 185, 187.

6. Beweisverwertung

735 § 101a Abs. 4 UrhG ordnet die entsprechende Anwendung des in § 101 Abs. 8 UrhG enthaltenen Beweisverwertungsverbots an. Auch hier dürfen die Erkenntnisse in einem Strafverfahren oder in einem Verfahren nach dem OWiG wegen einer vor der Erteilung der Auskunft begangenen Tat gegen den Verpflichteten oder gegen einen in § 52 Abs. 1 StPO bezeichneten Angehörigen nur mit Zustimmung des Verpflichteten verwertet werden.

7. Schadensersatzpflicht

736 Nach § 101a Abs. 5 UrhG kann der vermeintliche Verletzer von demjenigen, der die Vorlage oder Besichtigung begehrt hat, den Ersatz des ihm durch das Begehren entstandenen Schadens verlangen, wenn keine Verletzung vorlag oder drohte. Der Anspruch ist verschuldensunabhängig.[940] Die Vorschrift ergänzt § 945 ZPO, der nur dann greift, wenn sich eine vorläufige Maßnahme als von Anfang an ungerechtfertigt erweist, aber gerade nicht den Fall regelt, dass zwar zunächst eine hinreichende Wahrscheinlichkeit einer Rechtsverletzung vorlag, der Verdacht sich aber nicht bestätigt. Auch Art. 50 Abs. 7 TRIPs sieht einen Schadensersatzanspruch bei einstweiligen Maßnahmen vor.[941] § 101a Abs. 5 UrhG geht insofern weiter, da er – anders als der Schadensersatzanspruch aus § 945 ZPO – sowohl das Verfügungs- als auch das Hauptsacheverfahren erfasst.

8. Besichtigung und Urkundenvorlage nach anderen Vorschriften

a) Besichtigung

737 § 102a UrhG lässt Ansprüche aus anderen gesetzlichen Vorschriften unberührt. Somit können Ansprüche auf Urkundenvorlage auch auf § 809 BGB gestützt werden. Nach § 809 BGB kann derjenige, der gegen den Besitzer einer Sache einen Anspruch in Ansehung der Sache hat oder sich Gewissheit verschaffen will, ob ihm ein solcher Anspruch zusteht, wenn die Besichtigung der Sache aus diesem Grunde für ihn von Interesse ist, verlangen, dass der Besitzer ihm die Sache zur Besichtigung vorlegt oder die Besichtigung gestattet.[942] Der Anspruch nach § 809 BGB ist auf die Besichtigung konkreter Gegenstände gerichtet und begründet kein generelles Nachforschungs- und Durchsuchungsrecht in Geschäftsräumen des Schuldners.[943]

---

940 *Spindler/Weber* ZUM 2007, 257, 266.
941 Busche/Stoll/*Vander* Art. 50 TRIPs Rn. 34.
942 RGZ 69, 401, 405 f – Nietzsche-Briefe.
943 BGH GRUR 2004, 420 – Kontrollbesuch.

§ 809 BGB setzt voraus, dass der Anspruchsgegner Besitzer der zu besichtigenden Sache ist und gewährt daher nicht solche Ermittlungs- und Kontrollmaßnahmen, mit denen der Anspruchsteller erst ermitteln will, ob der Anspruchsgegner im Besitz derjenigen Sache ist, in Ansehung derer er einen Anspruch hat oder sich Gewissheit hierüber verschaffen will.[944] In zwei grundlegenden Entscheidungen hat der BGH die Voraussetzungen für den Besichtigungsanspruch näher ausgestaltet.[945] In der Druckbalken-Entscheidung urteilte der für Patentrecht zuständige X. Zivilsenat, dass eine gewisse Wahrscheinlichkeit einer Patentverletzung nicht genüge. Sie müsse vielmehr erheblich sein. Von diesen strengen Voraussetzungen ist der für Urheberrecht zuständige I. Zivilsenat in seiner Faxkarten-Entscheidung abgewichen. Ein erheblicher Grad an Wahrscheinlichkeit sei nicht notwendigerweise erforderlich. Vielmehr müsse eine Einzelfallabwägung vorgenommen werden, bei der insbesondere zu berücksichtigen ist, ob dem Besichtigungsgläubiger noch andere Beweismittel zur Verfügung stehen und inwiefern das Geheimhaltungsinteresse des Besichtigungsschuldners beeinträchtigt werde. 738

b) Urkundenvorlage

Auch der allgemeine Anspruch auf Urkundenvorlage aus § 810 BGB besteht neben 739
§ 101a UrhG. Nach § 810 BGB kann derjenige, der ein rechtliches Interesse daran hat, eine in fremdem Besitz befindliche Urkunde einzusehen, von dem Besitzer unter bestimmten Voraussetzungen die Gestattung der Einsicht verlangen. Urkunden im Sinne des § 810 BGB sind ebenso wie im Prozessrecht die durch Niederschrift verkörperten Gedankenerklärungen. Mangels schriftlicher Verkörperung sind elektronische Datenträger ebenso wenig wie Fotografien als Urkunden einzuordnen. Diese materiellrechtliche Anspruchsgrundlage korrespondiert mit § 142 ZPO, erfasst aber anders als diese prozessuale Norm nur Urkunden. Nach § 142 ZPO kann das Gericht anordnen, dass eine Partei oder ein Dritter die in ihrem oder seinem Besitz befindlichen Urkunden und sonstigen Unterlagen, auf die sich eine Partei bezogen hat, vorlegt. Hierdurch wird der prozessuale Beibringungsgrundsatz modifiziert. Für § 142 ZPO verbleibt auch nach Umsetzung der Enforcement-RL ein praktisch nicht unerheblicher Anwendungsbereich, da sich § 142 ZPO auch gegen Dritte richten kann. § 142 ZPO erfasst nicht nur Urkunden im prozessualen Sinn, also Verkörperungen von Gedankenerklärung durch Schriftzeichen[946], son-

---

944 BGH GRUR 2004, 420, 421 – Kontrollbesuch.
945 BGH GRUR 1985, 512 – Druckbalken; BGH GRUR 2002, 1046 – Faxkarte; *Frank/Wiegand* CR 2007, 481ff.; *Patnaik* GRUR 2004, 191, 192f.
946 BGH NJW 1976, 294.

dern auch sonstige Unterlagen wie etwa Fotos und Zeichnungen.[947] Für eine solche gerichtliche Vorlageanordnung reicht es aus, dass ein Eingriff in das Schutzrecht wahrscheinlich ist.[948] Nicht erforderlich ist demnach der Nachweis der Benutzungshandlung.

XIII. Sicherung von Schadensersatzansprüchen

740 § 101b UrhG setzt Art. 9 Abs. 2 S. 2 der Enforcement-RL um, nach der die mitgliedstaatlichen Behörden die Übermittlung von Bank-, Finanz- oder Handelsunterlagen oder einem geeigneten Zugang zu den entsprechenden Unterlagen anordnen können. Art. 9 Abs. 2 S. 2 ergänzt Art. 9 Abs. 2 S. 1 der Enforcement-RL, nach der die mitgliedstaatlichen Gerichte die Möglichkeit der vorsorglichen Beschlagnahme beweglichen und unbeweglichen Vermögens des Verletzers einschließlich der Sperrung seiner Bankkonten unter Beschlagnahme sonstiger Vermögenswerte haben sollen. Der zuletzt genannten Vorschrift in Art. 9 Abs. 2 S. 2 der Enforcement-RL wird bereits durch die Arrestvorschriften in §§ 916 ff. ZPO hinreichend Rechnung getragen.[949]

741 Die Möglichkeit, diesen Anspruch im Wege einer einstweiligen Verfügung durchzusetzen, ist an das zusätzliche Erfordernis der Offensichtlichkeit geknüpft.[950] § 101b UrhG privilegiert denjenigen, dessen Schutzrechte verletzt wurden gegenüber anderen Gläubigern, indem er gemäß § 101b UrhG über weitergehende Rechte zur Durchsetzung von Zwangsvollstreckungsmaßnahmen verfügt als andere Gläubiger, die lediglich im Wege der eidesstattlichen Versicherung über die Vermögensverhältnisse des Schuldners Klarheit gewinnen können.[951] Die Gerichte legen § 101b UrhG eng aus. Der Anspruch greift nach Auffassung des LG Hamburg erst dann, wenn der Verletzer einen bereits feststehenden Schadensersatzanspruch nicht erfüllt und der Verletzte keine ausreichende Kenntnis über das Vermögen des Verletzers hat, um die Durchsetzung seines Anspruchs wirksam betreiben zu können.[952]

742 Ein Schadensersatzanspruch besteht nur dann offensichtlich, wenn eine Fehleinschätzung nahezu ausscheidet.[953] Dies ist beispielsweise nicht der Fall, wenn

---

947 Zöller/*Greger* § 142 ZPO Rn 1.

948 Vgl. BGH WRP 2006, 1377 – Restschadstoffentfernung.

949 *Peukert/Kur* GRUR Int. 2006, 292, 302.

950 *Spindler/Weber* ZUM 2007, 257, 266.

951 OLG Frankfurt GRUR-RR 2012, 197 – Vorlage von Bankunterlagen.

952 LG Hamburg, Urteil vom 20.7.2012, Aktenzeichen 308 O 76/11 – Der Zauberer von Oz.

953 OLG Frankfurt GRUR-RR 2012, 197, 198 – Vorlage von Bankunterlagen.

aufklärungsbedürftige Umstände vorliegen. In der Literatur wird darauf hingewiesen, dass das Erfordernis der „Offensichtlichkeit" über Art. 9 Enforcement-RL hinausgehe, der insofern nur eine „ausreichende Sicherheit" voraussetze.[954] In der Literatur wird die Einordnung der Schadensersatzsicherungsvorschrift in das materielle Recht kritisiert; vorzugswürdig sei eine Ergänzung der prozessualen Arrestvorschriften gewesen.[955] Anders als § 101a UrhG dient § 101b UrhG nicht der Beweisgewinnung, sondern allein der Sicherung von Schadensersatzansprüchen. § 101b UrhG ergänzt die Arrestvorschriften, indem er dem Gläubiger Kenntnisse verschaffen soll, die zur Anwendung der Restvorschriften erforderlich sind. Die damit einhergehende Privilegierung der Schutzrechtsinhaber wird in der Literatur kritisiert.[956] Voraussetzung für den Anspruch ist, dass die Zwangsvollstreckung ohne die Vorlage gefährdet wäre.[957] Nach § 101b Abs. 1 UrhG kann der Verletzte den Verletzer bei einer in gewerblichem Ausmaß begangenen Urheberrechtsverletzung auch auf Vorlage von Bank-, Finanz- oder Handelsunterlagen in Anspruch nehmen. § 101b Abs. 2 UrhG schließt den Anspruch aus, wenn die Inanspruchnahme im Einzelfall unverhältnismäßig ist. Nach § 101b Abs. 3 UrhG kann die Verpflichtung zur Urkundenvorlage im Wege der einstweiligen Verfügung nach den §§ 935 bis 945 ZPO angeordnet werden, wenn der Schadensersatzanspruch offensichtlich besteht. Das Gericht trifft die erforderlichen Maßnahmen, um den Schutz vertraulicher Informationen zu gewährleisten. Dies gilt insbesondere in den Fällen, in denen die einstweilige Verfügung ohne vorherige Anhörung des Gegners erlassen wird.

XIV. Urteilsveröffentlichung

Nach § 103 S. 1 UrhG kann der obsiegenden Partei im Urteil die Befugnis zu- 743
gesprochen werden, das Urteil auf Kosten der unterliegenden Partei öffentlich bekannt zu machen, wenn sie ein berechtigtes Interesse darlegt. Art und Umfang der Bekanntmachung werden im Urteil bestimmt. Die Befugnis erlischt, wenn von ihr nicht innerhalb von drei Monaten nach Eintritt der Rechtskraft des Urteils Gebrauch gemacht wird. Das Urteil darf gemäß § 103 S. 2 UrhG erst nach Rechtskraft bekannt gemacht werden, wenn nicht das Gericht etwas anderes bestimmt. Der Anspruch auf Urteilsveröffentlichung dient der Beseitigung der durch die Rechts-

---

954 *Spindler/Weber* ZUM 2007, 257, 266.
955 *Peukert/Kur* GRUR Int. 2006, 292, 302.
956 *Seichter* WRP 2006, 391, 399.
957 Wandtke/Bullinger/*Ohst*[5] § 101b UrhG Rn. 11.

verletzung verursachten Beeinträchtigung.[958] Das berechtigte Interesse der obsiegenden Partei kann nur auf Grund einer Interessenabwägung festgestellt werden, wobei auf den Zeitpunkt der letzten mündlichen Verhandlung abzustellen ist, da es Zweck der Urteilsbekanntmachung ist, fortwirkende Störungen zu beseitigen.[959] Die Bekanntmachung des Urteils muss notwendig, geeignet und angemessen sein, um den beeinträchtigenden Eindruck in der Öffentlichkeit zu korrigieren. Bei der Interessenabwägung kommt es einerseits darauf an, wie schwer der Verletzte durch die Rechtsverletzung beeinträchtigt ist und in welchem Ausmaß die Öffentlichkeit von ihr Kenntnis genommen hat, andererseits, ob die Veröffentlichung für den Verletzer zumutbar ist.[960]

744 Für Beschlüsse gilt § 103 UrhG nach überwiegender Ansicht nicht.[961] Dies ergibt sich aus dem Wortlaut „Urteil". Zudem nennt § 103 S. 4 UrhG die Rechtskraft als Voraussetzung. Allerdings ist dieser Ausschluss von Beschlussverfügungen im Hinblick auf Art. 15 Enforcement-RL kaum zu rechtfertigen. Art. 15 Enforcement-RL gibt den EU-Mitgliedstaaten auf, sicherzustellen, dass die Gerichte bei Verfahren wegen Verletzung von Rechten des geistigen Eigentums auf Antrag des Antragstellers und auf Kosten des Verletzers geeignete Maßnahmen zur Verbreitung von Informationen über die betreffende Entscheidung, einschließlich der Bekanntmachung und der vollständigen oder teilweisen Veröffentlichung, anordnen können. Der Verletzte kann ein für ihn günstiges Urteil oder einen Beschluss in einem Verfügungsverfahren grundsätzlich auch ohne gerichtlich zugesprochene Befugnis veröffentlichen.[962] Gleiches gilt für eine ihm gegenüber abgegebene strafbewehrte Unterlassungserklärung. Allerdings sind hier die Grenzen des Wettbewerbsrechts zu beachten. Die Veröffentlichung eines ungeschwärzten Urteils im Internet kann eine wettbewerbswidrige Handlung darstellen, wenn das veröffentlichte Urteil dem Prozessgegner eine rechtswidrige Handlung bescheinigt hat.[963]

---

958 BGH GRUR 2002, 799, 801 – Stadtbahnfahrzeug.
959 BGH GRUR 1998, 568, 570 – Beatles-Doppel-CD.
960 OLG Hamburg, Urteil vom 30.3.2011, Aktenzeichen 5 U 207/08 – Wagenfeld-Leuchte.
961 OLG Frankfurt NJW-RR 1996, 423 – Veröffentlichung einer Beschlussverfügung.
962 OLG Frankfurt NJW-RR 1996, 423, 424 – Veröffentlichung einer Beschlussverfügung.
963 OLG Hamm MMR 2008, 750.

§ 24 Einwendungen und Einreden

I. Verjährung

1. Dreijährige Regelfrist

Seit dem Schuldrechtsmodernisierungsgesetz gilt für die Ersatzansprüche aus Immaterialgüterrechtsverletzungen die dreijährige Regelfrist des § 195 BGB. So verweist § 102 UrhG auf § 195 BGB. Nach § 199 Abs. 1 BGB beginnt die regelmäßige Verjährungsfrist grundsätzlich mit dem Schluss des Jahres, in dem der Anspruch entstanden ist und der Gläubiger von den den Anspruch begründenden Umständen und der Person des Schuldners Kenntnis erlangt oder ohne grobe Fahrlässigkeit erlangen müsste. Vor Gericht obliegt es dem Schuldner, entsprechende Umstände darzulegen, aus denen sich die Kenntnis oder die grob fahrlässige Unkenntnis ergibt. 745

Der Verjährung für Unterlassungsansprüche aus einer Dauerhandlung beginnt erst mit deren Ende der Dauerhandlung. Als eine solche Dauerhandlung kann beispielsweise die öffentliche Wiedergabe online (§ 19a UrhG) angesehen werden. Bei Einzelhandlungen ist jeder Einzelakt gesondert zu beurteilen. Der fortlaufende Vertrieb von Produkten ist als Vielzahl von Einzelhandlungen zu werten. 746

§§ 203ff. BGB regeln die Hemmung der Verjährung. Nach § 203 BGB ist die Verjährung gehemmt, wenn zwischen dem Schuldner und dem Gläubiger Verhandlungen über den Anspruch oder die den Anspruch begründenden Umstände schweben, bis der eine oder der andere Teil die Fortsetzung der Verhandlungen verweigert. Nach § 204 Abs. 1 Nr. 9 BGB wird die Verjährung durch die Zustellung des Antrags auf Erlass einer einstweiligen Verfügung oder, wenn der Antrag nicht zugestellt wird, dessen Einreichung, wenn die einstweilige Verfügung innerhalb eines Monats seit Verkündung oder Zustellung an den Gläubiger dem Schuldner zugestellt wird, gehemmt. Der Zeitraum, währenddessen die Verjährung gehemmt ist, wird nach § 209 BGB in die Verjährungsfrist nicht eingerechnet. Die verjährungshemmende Wirkung erstreckt sich auf sämtliche Ansprüche, die durch die einstweilige Verfügung gesichert bzw. befriedigt werden sollen. Maßgeblich ist der Streitgegenstand des Verfahrens. Die einstweilige Verfügung zur Sicherung eines Unterlassungsanspruchs hemmt daher nicht die Verjährung des Schadensersatzanspruchs. Die Hemmung endet gemäß § 204 Abs. 2 BGB sechs Monate nach der rechtskräftigen Entscheidung oder anderweitigen Beendigung des eingeleiteten Verfahrens. Das einstweilige Verfügungsverfahren endet im Fall eines Urteils mit dessen formeller Rechtskraft des Urteils, im Falle des Beschlusses mit Erlass der Verfügung. 747

https://doi.org/10.1515/9783110617207-024

2. Zehnjährige Ausnahmefrist

748 Liegt keine Kenntnis oder grob fahrlässige Unkenntnis vor, bestimmen sich die Fristen nach § 199 Abs. 2 bis 4 BGB. Schadensersatzansprüche verjähren nach § 199 Abs. 3 BGB ohne Rücksicht auf die Kenntnis oder grob fahrlässige Unkenntnis in zehn Jahren von ihrer Entstehung an und ohne Rücksicht auf ihre Entstehung und die Kenntnis oder grob fahrlässige Unkenntnis in 30 Jahren von der Begehung der Handlung, der Pflichtverletzung oder dem sonstigen, den Schaden auslösenden Ereignis an, wobei die früher endende Frist maßgeblich ist. Ansprüche, die nicht auf Schadensersatz gerichtet sind, also insbesondere Unterlassungsansprüche, verjähren nach § 199 Abs. 4 BGB ohne Rücksicht auf die Kenntnis oder grob fahrlässige Unkenntnis in zehn Jahren von ihrer Entstehung an.

749 Die Ansprüche aus der deliktischen Bereicherungshaftung unterliegen demgegenüber der zehnjährigen Frist des § 852 S. 2 BGB. Hat der Ersatzpflichtige durch eine unerlaubte Handlung auf Kosten des Verletzten etwas erlangt, so ist er auch nach Eintritt der Verjährung des Anspruchs auf Ersatz des aus einer unerlaubten Handlung entstandenen Schadens zur Herausgabe nach den Vorschriften über die Herausgabe einer ungerechtfertigten Bereicherung verpflichtet. Dieser Anspruch verjährt in zehn Jahren von seiner Entstehung an, ohne Rücksicht auf die Entstehung in 30 Jahren von der Begehung der Verletzungshandlung oder dem sonstigen, den Schaden auslösenden Ereignis an. Hat der Verpflichtete durch die Verletzung auf Kosten des Berechtigten etwas erlangt, verweist § 102 S. 2 UrhG auf § 852 BGB. Die Spezialgesetze zum Schutz geistigen Eigentums stellen die in der Praxis wichtigsten Anwendungsfelder für § 852 BGB dar. Im Ergebnis wird der Ersatzumfang mit Ablauf der dreijährigen Regelverjährung nach §§ 195, 199 Abs. 1 BGB beschränkt. Während zuvor die Kompensation sämtlicher Nachteile verlangt werden konnte, ist der Ausgleich danach auf die dem Verletzer verbliebene Bereicherung begrenzt.

II. Verwirkung

750 Anders als die Einrede der Verjährung ist die Einwendung der Verwirkung von Amts wegen zu beachten. Der auf § 242 BGB beruhende Verwirkungseinwand schließt eine verspätete Geltendmachung von Rechten gegenüber dem Verpflichteten unter bestimmten Umständen aus und sanktioniert eine besondere Form der unzulässigen Rechtsausübung. Die Entscheidung über die Verwirkung erfolgt durch Abwägen aller auf beiden Seiten zu berücksichtigenden Umstände, wobei Art und Inhalt des geltend gemachten Rechts für die Voraussetzungen und die Maßstäbe von besonderer Bedeutung sind.

Der BGH setzt den Wert des Urheberrechts bei der Abwägung der beiderseitigen Interessen hoch an, da das Urheberrecht seinen Wert aus der ihm zugrundeliegenden schöpferischen, geistigen Leistung erhält und persönlichkeits- und vermögensrechtlichen Schutz aus den Verfassungssätzen der Kunstfreiheitsgarantie und des Eigentums genießt. Der Verwirkungseinwand erfordert, dass der Verletzer sich einen wertvollen Besitzstand geschaffen hat und dass angesichts des wertvollen Besitzstands die Rechtsverletzung dem Rechtsinhaber so offenbar wird, dass sein Schweigen vom Verletzer als Billigung gedeutet werden kann oder jedenfalls als sicherer Hinweis, der Rechtsinhaber werde von der Verfolgung seiner Rechte absehen. Nicht ausreichend für den Verwirkungseinwand wäre ein Verhalten des Rechtsinhabers, aus dem der Verletzer eine grundsätzliche Lizenzbereitschaft ableiten kann. 751

Rechtsfolge der Verwirkung nach § 242 BGB ist im Urheberrecht wie auch sonst im Immaterialgüterrecht und im Wettbewerbsrecht allein, dass der Rechtsinhaber seine Rechte im Hinblick auf bestimmte konkrete bereits begangene oder noch andauernde Rechtsverletzungen nicht mehr durchzusetzen vermag. Ein Freibrief für künftige Rechtsverletzungen ist damit nach der Rechtsprechung des BGH nicht verbunden.[964] 752

Anders als in den Vereinigten Staaten kann der Umstand, dass der Rechtsinhaber zu erkennen gibt, dass ihm eher an einem finanziellen Ausgleich als an der Unversehrtheit des Schutzrechts gelegen ist, für sich allein noch nicht zu seinem Nachteil gereichen.[965] Auch Patentverwertungsgesellschaften, die selbst keine Produkte herstellen, sondern lediglich versuchen, ihre Patente durch Lizenzverträge zu verwerten, können Unterlassungsansprüche durchsetzen.[966] Allerdings kann dieser Umstand im Rahmen der Ermessensentscheidung über die Einstellung der Zwangsvollstreckung zu berücksichtigen sein. Nach Auffassung 753

964 BGH GRUR 2014, 363 – Peter Fechter; BGH GRUR 2012, 928 – Honda-Grauimport; BGH GRUR 2013, 1161 – Hard Rock Café.

965 Für Aufsehen gesorgt hat eine patentrechtliche Entscheidung in den Vereinigten Staaten, nach der Schutzrechtsinhaber Unterlassungsansprüche nur unter besonderen Bedingungen durchsetzen können. Nach den in den Vereinigten Staaten für Patentverletzungen geltenden Rechtsgrundsätzen besteht ein Unterlassungsanspruch nur dann, wenn eine Wiedergutmachung der Verletzung unmöglich ist (1), gesetzliche Rechtsbehelfe keine angemessene Kompensation bieten (2), die Interessen des Anspruchstellers überwiegen (3) und das öffentliche Interesse dem Unterlassungsanspruch nicht entgegenliefe (4). Ist der Schutzrechtsinhaber lizenzierungsbereit und setzt sein Patent nicht geschäftlich um, so kann es bereits an der ersten Voraussetzung fehlen (US Supreme Court GRUR Int. 2006, 782 – eBay v MercExchange; eingehend hierzu Diessel Michigan Law Review 2007 Bd 106, 305; Carroll Michigan Telecommunications and Technology Law Review 2007 Bd 13, 421).

966 OLG Karlsruhe GRUR-RR 2010, 120, 122 – Patentverwertungsgesellschaft.

des LG Düsseldorf kann es in solchen Fällen auch am Vorliegen der Dringlichkeit mangeln, sodass der Unterlassungsanspruch nicht im Wege der einstweiligen Verfügung durchgesetzt werden kann.[967]

III. Kartellrechtliche Einwendungen

754 In Konstellationen, in denen der Rechtsinhaber eine marktbeherrschende Stellung einnimmt, können auch kartellrechtliche Einwendungen eine Rolle spielen. Solche Fallkonstellationen tauchen nicht selten dann auf, wenn technische Schutzrechte für einen bestimmten Industriestandard – beispielsweise im Telekommunikationsbereich – grundlegend sind. Auch bei nichttechnischen Schutzrechten sind solche kartellrechtlichen Einwendungen denkbar. Auch die Ausübung von Urheberrechten kann den Vorwurf des Missbrauchs einer marktbeherrschenden Stellung begründen.[968]

755 Das LG München führt aus, dass Immaterialgüterrechte im europäischen Primär- und Sekundärrecht ebenso wie national auf verfassungsrechtlicher Ebene geschützt sind. Das Ausschließlichkeitsrecht erlaubt insbesondere die Geltendmachung eines Unterlassungsanspruchs.[969] Der Entscheidung des LG München lag eine Klage der Qualcomm Inc. gegen die Apple Inc. zugrunde, welche die Funktion „Siri und Suchen“ betraf.

756 Immaterialgüterrechte gewähren ein Ausschließlichkeitsrecht, das insbesondere die Geltendmachung eines Unterlassungsanspruchs gewährt. Dessen Ausübung kann grundsätzlich keinen Missbrauch begründen. Das LG München wies auf die Grundwertung des Patentrechts hin, dass der Patentinhaber sein Ausschließlichkeitsrecht auch ausüben darf.

757 Anderes könne nur gelten, wenn das fragliche Patent standardessenziell ist und dem Patentinhaber hierdurch eine marktbeherrschende Stellung vermittelt, oder wenn sich aus den Modalitäten der Ausübung der Rechte aus dem (nicht standardessentiellen, aber nicht umgehbaren) Patent ergibt, dass ein kartellrechtlich relevantes Ziel verfolgt wird und die Ausübung des Rechts mithin nicht mehr seinem „spezifischen Gegenstand“ entspreche.[970] An die Annahme einer solchen

---

967 LG Düsseldorf GRUR 2000, 692, 696 – NMR-Kontrastmittel.

968 Vgl. EuGH GRUR Int. 1995, 490 – Magill TV Guide; EuGH GRUR 2004, 524 – IMS; EuG, Urteil vom 17.9.2007, Aktenzeichen T-201/04 – Microsoft; Wandtke/Bullinger/*von Welser*[5] Vor §§ 120 ff. Rn. 44 ff.; eingehend oben Rn. 26–28.

969 LG München, Urteil vom 31.1.2019, Aktenzeichen 7 O 14459/17, NZKart 2019, 174.

970 Calliess/Ruffert-*Weiß*, Art. 102 AEUV Rn. 39; grundlegend EuGH GRUR Int. 1995, 490 – Magill; EuGH GRUR Int. 1990, 141 – Volvo/Veng.

Ausnahmesituation sind nach Meinung des LG München strenge Anforderungen zu stellen.[971] Eine Lizenz muss dann erteilt werden, wenn ihre Verweigerung das Auftreten eines neuen Erzeugnisses verhindert, nach dem eine potenzielle Nachfrage der Verbraucher besteht, die Verweigerung darf nicht gerechtfertigt sein, und sie muss geeignet sein, jeglichen Wettbewerb auf einem abgeleiteten Markt auszuschließen. Dieser Ansatz kann nach Meinung des LG München dahingehend generalisiert werden, dass bei Vorliegen der vorgenannten Umstände die Geltendmachung von Ansprüchen auf Unterlassung, Rückruf und Vernichtung aus einem Ausschließlichkeit vermittelnden Immaterialgüterrecht ausgeschlossen sein soll. Liegen die genannten Voraussetzungen nicht vor, so können die Ansprüche geltend gemacht werden.

IV. Rechtsmissbrauch

Ob eine Rechtsverfolgung im Urheberrecht rechtsmissbräuchlich ist, prüft der 758
BGH am Maßstab des allgemeinen Verbots unzulässiger Rechtsausübung aus § 242 BGB.[972] Rechtsprechung des EuGH zu diesem Thema gibt es wenig. Nach Auffassung des EuGH spielt bei der Feststellung des Rechtsmissbrauchs insbesondere die Art und Weise eine Rolle, in der der Rechtsinhaber vorgeht. Für einen Rechtsmissbrauch kann es sprechen, wenn keine Klage erhoben wird, nachdem ein außergerichtlicher Lösungsversuch abgelehnt wurde.[973] Ebenso spricht es für einen Rechtsmissbrauch, wenn ein Rechtsinhaber unter dem Anschein, gütliche Lösungen wegen angeblicher Rechtsverletzungen vorzuschlagen, in Wirklichkeit versucht, aus der Zugehörigkeit der betroffenen Nutzer zu einem Peer-to-Peer-Netz wirtschaftliche Einnahmen zu erzielen, ohne die durch dieses Netz bewirkten Urheberrechtsverletzungen konkret bekämpfen zu wollen.[974]

Die Ausübung eines Rechts ist unzulässig, wenn der Berechtigte sachfremde 759
Motive verfolgt und sein Vorgehen nur als Vorwand zur Erreichung rechtsfremder Zwecke dient.[975] Von einem Rechtsmissbrauch ist auszugehen, wenn das beherrschende Motiv bei der Geltendmachung des Unterlassungsanspruchs sachfrem-

---

971 LG München NZKart 2019, 174 Rn. 57 unter Berufung auf EuGH MMR 2004, 456 Rn. 34–35 – IMS Health.

972 BGH GRUR 2020, 1087 Rn. 13 – Al Di Meola Live '95.

973 EuGH GRUR 2021, 1067 Rn. 95 – Mircom/Telenet.

974 EuGH GRUR 2021, 1067 Rn. 95 – Mircom/Telenet.

975 Vgl. BGH NJW 2017, 2425 – Gebührengenerierung; BGH GRUR 2001, 260 – Vielfachabmahner; BGH GRUR 2000, 1089, 1090 – Missbräuchliche Mehrfachverfolgung; KG MMR 2018, 394.

de, für sich genommen nicht schutzwürdige Interessen und Ziele seien.[976] Diese müssten nicht das alleinige Motiv sein, vielmehr reicht es nach Auffassung des Bundesgerichtshofs bereits aus, dass die sachfremden Ziele überwiegen.[977]

760 Anhaltspunkte für eine missbräuchliche Rechtsverfolgung können sich daraus ergeben, dass die Abmahntätigkeit in keinem vernünftigen wirtschaftlichen Verhältnis zur gewerblichen Tätigkeit des Abmahnenden steht, der Anspruchsberechtigte die Belastung des Gegners mit möglichst hohen Prozesskosten bezweckt oder der Abmahnende systematisch überhöhte Abmahngebühren oder Vertragsstrafen verlangt.[978]

761 Die allgemeinen Grundsätze zum Rechtsmissbrauch gelten auch für urheberrechtliche Abmahnungen.[979] Eine Klage kann rechtsmissbräuchlich sein, wenn der Kläger allein das Ziel verfolgt, den Gegner unter Druck zu setzen, um sich das Klagerecht abkaufen zu lassen und grob eigennützige Zwecke verfolgt.

762 Schlägt der Abmahnende dem Abgemahnten in einer vorformulierten Unterlassungserklärung für jeden Fall der Zuwiderhandlung das Versprechen einer Vertragsstrafe vor, die unabhängig von einem Verschulden verwirkt sein soll, kann dies ein Anhaltspunkt dafür sein, dass die Geltendmachung des Unterlassungsanspruchs missbräuchlich ist.[980] Eine Vertragsstrafe kann nur für schuldhafte Fälle der Zuwiderhandlung gefordert werden. Anderslautende Regelungen stehen nicht im Einklang mit § 339 BGB.[981]

763 Für die Rechtsmissbräuchlichkeit kann außerdem sprechen, wenn in der Abmahnung ein überhöhter Streitwert angegeben wird, oder wenn eine unverhältnismäßig hohe Vertragsstrafe gefordert wird.[982] Ist bereits die Abmahnung rechtsmissbräuchlich, so ist auch die gerichtliche Weiterverfolgung der darin erhobenen Unterlassungsansprüche unzulässig.[983] Ist die außergerichtliche Geltendmachung des Unterlassungsanspruchs als missbräuchlich anzusehen, führt dies dazu, dass der Unterlassungsanspruch auch nicht mehr gerichtlich geltend gemacht werden kann. Das hat zur Folge, dass eine Klage oder ein Antrag auf Erlass einer einstweiligen Verfügung unzulässig sind.

---

976 BGH GRUR 2019, 1044, 1045 Rn. 17 – Der Novembermann.

977 BGH GRUR 2020, 1087 Rn. 16 – Al Di Meola Live '95.

978 BGH GRUR 2020, 1087 Rn. 16 – Al Di Meola Live '95; BGH NJW 2019, 2024.

979 BGH GRUR 2013, 176 Rn. 21 – Ferienluxuswohnung.

980 BGH GRUR 2012, 730 – Bauheizgerät; OLG Hamm MMR 2010, 826; OLG Hamm GRUR-RR 2011, 196; *Hess* GRUR-Prax 2012, 289.

981 OLG Koblenz MMR 2010, 815.

982 BGH GRUR 2012, 730, 732 – Bauheizgerät.

983 BGH, Urteil vom 26.4.2018, Aktenzeichen I ZR 249/16; BGH GRUR 2012, 730 – Bauheizgerät; BGH GRUR 2016, 961 – Herstellerpreisempfehlung bei Amazon.

Die Geltendmachung von mehreren aus einem einheitlichen wirtschaftlichen Lebensvorgang erwachsenen Ansprüchen gegen eine Person in getrennten Prozessen kann rechtsmissbräuchlich sein mit der Folge, dass die unterliegende Partei der obsiegenden insgesamt nur die Kosten zu erstatten hat, die bei der Verfolgung der Ansprüche in einem einzigen Verfahren entstanden wären.[984] 764

Im Bereich des UWG ist die Rechtsprechung streng. Wird neben einem Verfügungsverfahren ein Hauptsacheverfahren eingeleitet, ohne dass dafür eine sachliche Notwendigkeit besteht und ohne dass abgewartet wurde, ob die Verfügung als endgültige Regelung anerkannt wird, ist die Erhebung der Hauptsacheklage missbräuchlich.[985] Das OLG Frankfurt meint, dass diese Rechtsprechung für andere Rechtsbereiche nicht gelten soll.[986] 765

Ein Rechtsmissbrauch liegt nach Meinung des OLG Köln nicht vor, wenn der Gläubiger nach Erlass der einstweiligen Verfügung Hauptsacheklage erhebt, weil der Schuldner Widerspruch eingelegt und nicht die geforderte Abschlusserklärung abgegeben hat.[987] 766

---

984 BGH NJW 2013, 66; BGH NJW-RR 2013, 337; BGH NJW 2013, 1369.

985 BGH GRUR 2000, 1091 – Missbräuchliche Mehrfachverfolgung; BGH GRUR 2001, 78 – Falsche Herstellerpreisempfehlung; BGH GRUR 2002, 715 – Scanner-Werbung.

986 OLG Frankfurt NJW-RR 2008, 779.

987 OLG Köln GRUR-RR 2009, 183; vgl. dagegen OLG Nürnberg GRUR-RR 2004, 336.

Vierter Teil: Rechtsdurchsetzung

Literatur: *Ahrens*, Der Wettbewerbsprozess, 9. Auflage, 2021; *ders.*, Vom Ende der Risikohaftung des § 945 ZPO bei Verletzung von Rechten des Geistigen Eigentums, WRP 2020, 387; *Arnold*, Zur Trennung des öffentlichen vom privaten Recht – Vollstreckung von Ordnungsgeldern im europäischen Justizraum, ZEuP 2012, 315; *Berger*, Das abbestellte Abschlussschreiben, GRUR 2020, 1165; *ders.*, Eine dritte Instanz im zivilprozessualen Eilrechtsschutz?, GRUR-Prax, 2022, 193; *Büscher*, Klagehäufung im gewerblichen Rechtsschutz – alternativ, kumulativ, eventuell?, GRUR 2012, 16; *Danckwerts*, Aktuelle Entscheidungen zur Dringlichkeit – Welche Risiken birgt ein Vollstreckungsverzicht?, GRUR-Prax 2010, 473; *Danckwerts/Papenhausen/Scholz/ Tavanti*, Wettbewerbsprozessrecht, 2. Auflage, 2022; *Deckenbrock*, Die „kleine BRAO-Novelle" im Überblick, NJW 2017, 1425; *Dute*, Die Bindung des Berufungsgerichts an den Tatbestand – ein haftungsträchtiges Problem, NJW 2022, 359; *Fabig/Windau*, Übersetzungen bei Auslandszustellung innerhalb der EU?, NJW 2017, 2502; *Forch*, Tatsächliche Vermutung, sekundäre Darlegungslast und prozessuale Wahrheitspflicht im Filesharing-Prozess, GRUR-Prax 2015, 49; *Geimer/Schütze*, Europäisches Zivilverfahrensrecht, 4. Auflage, 2020; *Geimer/Schütze*, Internationaler Rechtsverkehr in Zivil- und Handelssachen, Loseblatt, 64. Ergänzungslieferung, 2022; *Hartmann*, Neue Schutzschriftregeln – Fragen über Fragen, GRUR-RR 2015, 89; *ders.*, Neue Schutzschriftregeln, GRUR-Prax 2015, 163; *Heermann/Schlingloff*, Münchener Kommentar zum Lauterkeitsrecht, 3. Auflage, 2022; *Hennemann*, Urheberrechtsdurchsetzung und Internet, 2011; *Herberger*, Online-Urteilsbekanntmachungen im gewerblichen Rechtsschutz und Urheberrecht, GRUR-Prax 2022, 219; *Hermanns*, Quasi-Rückrufpflicht: Die Reichweite des Unterlassungstenors einer einstweiligen Verfügung im Immaterialgüter- und Lauterkeitsrecht, 2018; *Herrmann/Würdemann*, Herkunftslandprinzip oder Marktortprinzip? Zur Kollision des außergerichtlichen Auskunftsanspruchs gemäß § 101 Abs. 2 Satz 1 Nr. 3 UrhG und des luxemburgischen Bankgeheimnisses, GRUR Int. 2017, 933; *Hess*, Aktuelles Wettbewerbsverfahrensrecht, WRP 2018, 781; *Hewicker/Marquardt/Neurauter*, Der Abmahnkosten-Ersatzanspruch im Urheberrecht, NJW 2014, 2753; *Heydn/Schmid-Petersen/Vassilaki*, Durchsetzung von Rechten des geistigen Eigentums, 2009; *Hofmann* Internetanschlussinhaberhaftung: Vorprozessuale „Darlegungslasten"?, Teil 1, GRUR-Prax 2020, 325, Teil 2, GRUR-Prax 2020, 355; *Husemann*, Die aus einem Unterlassungsvertrag resultierenden Handlungspflichten, WRP 2017, 270; *Kühnen*, Handbuch der Patentverletzung, 14. Auflage, 2022; *Kurtz*, Die Vollziehung der einstweiligen Verfügung durch Zustellung an den Anwalt der Antragsgegnerin, WRP 2016, 305; *Lindacher*, Internationales Wettbewerbsverfahrensrecht, 2009; *Mantz*, Das Recht auf Waffengleichheit und die Praxis im Verfahren der einstweiligen Verfügung, NJW 2019, 953; *ders.*, Erfahrungen mit dem Recht auf Waffengleichheit im einstweiligen Verfügungsverfahren, WRP 2020, 416; *Musielak/Voit*, ZPO, Kommentar, 19. Auflage, 2022; *Paulus/Peiffer/Peiffer*, Europäische Gerichtsstands- und Vollstreckungsverordnung, 2017; *Röß*, Das vorprozessuale Schweigen bei Urheberrechtsverletzungen, NJW 2019, 1983; *Rust*, Die Substantiierungslast im Zivilprozess, 2021; *Sack*, Negative Feststellungsklagen und Torpedos, GRUR 2018, 893; *Schack*, Internationales Zivilverfahrensrecht, 8. Auflage, 2021; *Schaub*, Die „unberechtigte Abmahnung" im Urheberrecht – Standort und Perspektiven, ZUM 2021, 356; *Schlingloff*, Das elektronische Schutzschriftenregister und die Schutzschriftenregisterverordnung, WRP 2016, 301; *H.C. Schmidt*, Anmerkungen zur Diskussion um die Beschränkung des Akteneinsichtsrechts in den Filesharingverfahren, GRUR 2010, 673; *M. Schmidt*, „und/oder"? Kein großer Fang mit „Schleppnetz-Anträgen", GRUR-Prax 2014, 71; *Schwippert*, Fallstricke im Abschlussverfahren, WRP 2020, 1237; *Steinbeck*, Die strafbewehrte Unterlassungserklärung: ein zweischneidiges Schwert!, GRUR 1994, 90; *Stieper*, Konkrete Verletzungsform reloaded – Die Rückkehr zum prozessualen Streitgegenstandsbegriff, WRP 2013, 561;

Teplitzky, Verfahrensgrundrechte im Recht der einstweiligen Verfügung, WRP 2016, 1181; ; *von Ungern-Sternberg*, Grundfragen des Klageantrags bei urheber- und wettbewerbsrechtlichen Unterlassungsklagen, Teil I, GRUR 2011, 375, Teil II, GRUR 2011, 486; *v. Welser/Hoppen*, Nachweis von Urheberrechten an Source Code mittels Git, CR 2020, 350; *Zindel/Vorländer*, Vom Ende der Schubladenverfügung, WRP 2017, 276; *Zöllner*, Der Vorlage- und Besichtigungsanspruch im gewerblichen Rechtsschutz – Ausgewählte Probleme, insbesondere im Eilverfahren, GRUR-Prax 2010, 74.

§ 25 Einleitung

Bei einer Urheberrechtsverletzung bestehen mehrere Möglichkeiten des Vorgehens. 767 Der Verletzte kann sogleich nach Kenntniserlangung ein Gerichtsverfahren einleiten oder zunächst versuchen, mit dem Verletzer eine außergerichtliche Einigung zu erzielen. Der erste Schritt ist in der Regel die Abmahnung, die in einer förmlichen Beanstandung des Rechtsverstoßes und der Androhung gerichtlicher Schritte besteht.[988] Zugleich enthält die Abmahnung eine Aufforderung zur Abgabe einer strafbewehrten Unterlassungserklärung innerhalb einer bestimmten Frist. Außerdem werden in aller Regel zugleich Ansprüche auf Auskunft, Schadensersatz und Kostenerstattung geltend gemacht. Allerdings birgt auch die Abmahnung rechtliche Risiken. Spricht ein Schutzrechtsinhaber in nicht eindeutigen Fällen eine Abmahnung aus und stellt sich diese später als ungerechtfertigt heraus, so kann er sich mit Unterlassungs- und Schadensersatzansprüchen konfrontiert sehen. Grundlage eines solchen Vorgehens desjenigen, der in Anspruch genommen wurde, ist die Rechtsprechung des BGH zu unberechtigten Schutzrechtsverwarnungen, die Unterlassungsansprüche aus §§ 3, 4 Nr. 4 UWG zur Folge haben können.[989] Darüber hinaus kommen bei einer ungerechtfertigten Abmahnung Ansprüche des Abgemahnten aus § 823 Abs. 1 BGB sowie gegebenenfalls aus § 826 BGB in Betracht. Für urheberrechtliche Abmahnungen sieht § 97a Abs. 4 UrhG einen eigenen Gegenanspruch vor. Soweit die Abmahnung unberechtigt oder unwirksam ist, kann der Abgemahnte nach § 97a Abs. 4 UrhG Ersatz der für die Rechtsverteidigung erforderlichen Aufwendungen verlangen, es sei denn, es war für den Abmahnenden zum Zeitpunkt der Abmahnung nicht erkennbar, dass die Abmahnung unberechtigt war.

---

988 BGH GRUR 2007, 164, 165 – Telefax-Werbung II.

989 BGH WRP 2005, 1418 – Unberechtigte Schutzrechtsverwarnung; BGH GRUR 2006, 433, 435 – Unbegründete Abnehmerverwarnung.

https://doi.org/10.1515/9783110617207-025

§ 26 Berechtigungsanfrage

I. Funktion

768 Alternativ oder zeitlich vorhergehend zu der Abmahnung ist bei Schutzrechtsverletzungen auch die Berechtigungsanfrage denkbar. Anders als eine Abmahnung enthält eine Berechtigungsanfrage keine Aufforderung, eine Handlung sofort einzustellen. Sie dient dazu, zunächst in einen Meinungsaustausch über die Zulässigkeit eines bestimmten Verhaltens einzutreten. Insbesondere in Fällen, in denen die rechtliche Situation nicht eindeutig ist, kann eine Berechtigungsanfrage gegenüber einer Abmahnung vorzugswürdig sein. Da eine Berechtigungsanfrage keine Aufforderung zur Unterlassung enthält, verpflichtet sie typischerweise nicht zu Schadensersatzansprüchen.[990] Allerdings darf auch eine Berechtigungsanfrage keine falschen oder irreführenden Angaben enthalten.

II. Inhalt

769 In der Berechtigungsanfrage weist der Inhaber der Schutzrechte auf diese hin und trägt den Sachverhalt vor, den er als rechtsverletzend betrachtet. Damit verbunden ist eine Aufforderung zu erklären, aufgrund welcher Umstände sich der Adressat als berechtigt ansieht, das Schutzrecht zu nutzen. Das weitere Vorgehen bestimmt sich nach der Reaktion des Anspruchsgegners. Trägt der Anspruchsgegner rechtliche oder tatsächliche Gründe vor, die sein Handeln als erlaubt erscheinen lassen, so werden die Parteien in aller Regel versuchen, den Konflikt außergerichtlich zu lösen. Stellt sich demgegenüber heraus, dass der Anspruch tatsächlich besteht, so sollte der Schutzrechtsinhaber vor Einleitung gerichtlicher Schritte noch eine ordnungsgemäße Abmahnung mit der Aufforderung zur Abgabe einer strafbewehrten Unterlassungserklärung folgen lassen. Denn die Abmahnung wird durch eine Berechtigungsanfrage nicht ersetzt. Reicht er demgegenüber sofort einen Antrag auf Erlass einer einstweiligen Verfügung bei Gericht ein, so läuft er Gefahr, dass die Gegenseite den Anspruch mit der Kostenfolge des § 93 ZPO anerkennt.[991]

---

990 BGH GRUR 1997, 896, 897 – Mecki-Igel III; LG Frankfurt MMR 2011, 401.
991 OLG Hamburg GRUR 2006, 616 – Anerkenntnis nach Berechtigungsanfrage.

https://doi.org/10.1515/9783110617207-026

§ 27 Abmahnung

I. Funktion

Die Abmahnung dient der außergerichtlichen Beilegung von Streitigkeiten. Im Vergleich zur sofortigen Einreichung einer Klageschrift oder eines Verfügungsantrags spart sie in aller Regel Zeit und Geld. 770

II. Erforderlichkeit der Abmahnung

1. Abmahnerfordernis als Grundsatz

Nach § 97a Abs. 1 S. 1 UrhG soll der Verletzte den Verletzer vor Einleitung eines ge- 771
richtlichen Verfahrens auf Unterlassung abmahnen und ihm Gelegenheit geben, den Streit durch Abgabe einer mit einer angemessenen Vertragsstrafe bewehrten Unterlassungsverpflichtung beizulegen. Die Abmahnung dient der außergerichtlichen Beilegung der Streitigkeit. Es handelt sich lediglich um eine Obliegenheit. Nach dem Gesetzeswortlaut besteht keine Pflicht, eine solche Abmahnung vor Einleitung gerichtlicher Schritte, also einem Antrag auf Erlass einer einstweiligen Verfügung oder einer Klage, auszusprechen. Unterbleibt die Abmahnung vor Einleitung gerichtlicher Schritte, so riskiert der Antragsteller bzw. Kläger, dass der Antragsgegner bzw. Beklagte den gerichtlich geltend gemachten Anspruch umgehend mit der Kostenfolge des § 93 ZPO anerkennt. Nach § 93 ZPO fallen dem Kläger die Prozesskosten zur Last, wenn der Beklagte nicht durch sein Verhalten zur Erhebung der Klage Veranlassung gegeben hat und den Anspruch sofort anerkennt.

2. Entbehrlichkeit als Ausnahme

In Ausnahmefällen kann von einer Abmahnung abgesehen werden. Eine Abmah- 772
nung ist beispielsweise entbehrlich, wenn absehbar ist, dass sie erfolglos bleiben wird oder wenn eine vorherige Abmahnung aufgrund besonderer Umstände unzumutbar ist.

a) Voraussichtliche Erfolglosigkeit

Die Erfolglosigkeit der Abmahnung ist etwa dann vorhersehbar, wenn der Verlet- 773
zer eindeutig zu erkennen gegeben hat, dass er einer Abmahnung keine Folge leisten werde. Eine Abmahnung ist umgekehrt nicht schon dann entbehrlich, wenn sich der spätere Antragsgegner außergerichtlich – ohne entsprechend abge-

https://doi.org/10.1515/9783110617207-027

mahnt worden zu sein – auf den Standpunkt gestellt hatte, eine Rechtsverletzung liege nicht vor. So kann der wegen einer Schutzrechtsverletzung in Anspruch Genommene auf die sogenannte Berechtigungsanfrage eine gegenteilige Rechtsauffassung äußern, ohne dass er bei einer unmittelbar folgenden gerichtlichen Inanspruchnahme die Möglichkeit verliert, den Anspruch noch kostenfrei nach § 93 ZPO anzuerkennen. Der Austausch von unterschiedlichen Rechtsansichten macht eine vorherige Abmahnung also nicht schon wegen voraussichtlicher Erfolglosigkeit entbehrlich. Denn die Entscheidung, ob sich jemand nach einer Abmahnung doch noch unterwirft, ist eine Frage, die von vielen Faktoren abhängt. In manchen Situationen spricht die kaufmännische Vernunft für die Unterwerfung, auch wenn man die Rechtsansicht des Abmahnenden nicht teilt und das eigene Verhalten für rechtmäßig hält.[992] Eine voraussichtliche Erfolglosigkeit liegt in aller Regel vor, wenn die Parteien sich in der Vergangenheit schon häufiger wegen ähnlicher Rechtsverletzungen auseinandergesetzt haben und in keinem der Fälle – trotz Abmahnung – eine Unterlassungserklärung abgegeben wurde.

b) Unzumutbarkeit

774 Nach der Rechtsprechung ist eine vorgerichtliche Abmahnung zur Vermeidung der Kostenfolge des § 93 ZPO ausnahmsweise dann unzumutbar, wenn im Verfügungsverfahren neben der Unterlassung zugleich die Herausgabe rechtsverletzender Gegenstände – z.B. Raubkopien – zur Sicherung des Vernichtungsanspruchs beantragt wird.[993] Eine solche Inverwahrungnahme wäre in aller Regel aussichtslos, wenn der Verletzer durch die Abmahnung gewarnt wird, da er dann die Produkte beiseiteschaffen kann. Nach Ansicht des OLG Hamburg gilt dieser Grundsatz selbst dann, wenn vor Stellung des Verfügungsantrags eine staatsanwaltschaftliche Durchsuchung der Räumlichkeiten des Schuldners stattgefunden hat.[994] Grundsätzlich reicht die Herausgabe zur Verwahrung aus, eine Sequestration ist nicht erforderlich. § 195 Nr. 2 GVGA (Geschäftsanweisung für Gerichtsvollzieher) definiert die Sequestration als „Verwahrung und Verwaltung" einer Sache. Erfordert die in einer einstweiligen Verfügung angeordnete Sicherstellung einer Sache nur eine Verwahrung (ohne Verwaltung), so liegt nach § 195 Nr. 3 GVGA keine Sequestration vor. Trotz § 758a Abs. 1 S. 2 ZPO, der eine richterliche

---

992 OLG Hamburg GRUR 2006, 616 – Anerkenntnis nach Berechtigungsanfrage.
993 OLG Karlsruhe GRUR-RR 2013, 182 – Spielsteuerung; OLG Frankfurt BeckRS 2010, 21960; OLG Hamburg GRUR-RR 2007, 29 – Cerebro Card; OLG Frankfurt GRUR 2006, 264 – Abmahnerfordernis; dagegen OLG Braunschweig GRUR-RR 2005, 103 – Flüchtige Ware.
994 OLG Hamburg GRUR-RR 2007, 29, 30 – Cerebro Card.

Anordnung der Wohnungsdurchsuchung bei Gefährdung des Durchsuchungserfolges für nicht erforderlich erklärt, empfiehlt es sich, vorsorglich einen entsprechenden Antrag zu stellen.

III. Inhalt des Abmahnschreibens

1. Klare Benennung des Vorwurfs

In der Abmahnung muss die vorgeworfene Verletzungshandlung genau bezeichnet werden. Dem Abgemahnten muss sich aus der Abmahnung erschließen, was ihm konkret in tatsächlicher und rechtlicher Hinsicht zum Vorwurf gemacht wird.[995] Für den Bereich des Urheberrechts wurden die Anforderungen an die Abmahnung durch das Gesetz gegen unseriöse Geschäftspraktiken vom 1.10.2013 näher geregelt. Nach § 97a Abs. 2 Satz 1 UrhG hat die Abmahnung in klarer und verständlicher Weise Name oder Firma des Verletzten anzugeben, wenn der Verletzte nicht selbst, sondern ein Vertreter abmahnt (1.), die Rechtsverletzung genau zu bezeichnen (2.), geltend gemachte Zahlungsansprüche als Schadensersatz- und Aufwendungsersatzansprüche aufzuschlüsseln (3.) und, wenn darin eine Aufforderung zur Abgabe einer Unterlassungsverpflichtung enthalten ist, anzugeben, ob die vorgeschlagene Unterlassungsverpflichtung erheblich über die abgemahnte Rechtsverletzung hinausgeht (4.). Nach § 97a Abs. 2 S. 2 UrhG ist eine Abmahnung unwirksam, wenn sie diesen Anforderungen nicht entspricht. 775

2. Unterscheidung zwischen Täter- und Störerhaftung

Nach Auffassung des LG Hamburg ist die Störerhaftung im Verhältnis zur Täterhaftung ein Aliud.[996] Eine strafbewehrte Unterlassungserklärung, die sich auf eine täterschaftliche Begehung bezieht, ist nach Auffassung des LG Hamburg nicht geeignet, die Wiederholungsgefahr nach den Grundsätzen der Störerhaftung zu beseitigen.[997] Ist für den Abmahnenden nicht zu erkennen, ob eine Täterhaftung oder nur eine Störerhaftung in Betracht kommt, wird in der Literatur eine hilfsweise Geltendmachung des Störervorwurfs vorgeschlagen, um dem Vorwurf einer unberechtigten Abmahnung zu entgehen.[998] 776

---

995 *Bernecke* WRP 2007, 579, 587.
996 LG Hamburg ZUM 2013, 331.
997 LG Hamburg ZUM 2013, 331.
998 Fromm/Nordemann/*Nordemann*[12] § 97a UrhG Rn. 33.

777 In einigen älteren Entscheidungen hatte der BGH bei der Antragsformulierung ebenfalls zwischen der Haftung als Täter und als Störer unterschieden.[999] Eine Formulierung, nach der es dem Beklagten untersagt sein soll, ein bestimmtes Computerspiel „im Internet, insbesondere über von der Beklagten betriebene Server für das Internetangebot [...], oder auf sonstige Weise vervielfältigen zu lassen oder öffentlich zugänglich zu machen" knüpfe an eine täterschaftliche Haftung der Beklagten an. Bei einer Störerhaftung verfehle dies die konkrete Verletzungsform.[1000]

778 In einer neueren Entscheidung vertritt der BGH die Auffassung, die in einem Unterlassungsantrag umschriebene Tathandlung „zu vervielfältigen oder vervielfältigen zu lassen" decke auch die Verantwortlichkeit unter dem Gesichtspunkt der Beihilfe ab. Es sei nicht erforderlich, die Besonderheiten der Haftung als Täter, Teilnehmer oder Störer im Klageantrag zum Ausdruck zu bringen. Es reiche vielmehr aus, dass sich dies aus der Klagebegründung und, soweit das Gericht dem Klageantrag stattgibt, aus den Entscheidungsgründen ergibt, die zur Auslegung des Klageantrags bzw. des Verbotstenors heranzuziehen sind.[1001]

3. Aufforderung zur Abgabe einer Unterlassungserklärung

779 Zudem wird in aller Regel unter Fristsetzung die Abgabe einer Unterlassungserklärung verlangt und für den Fall der Nichtabgabe ein Gerichtsverfahren angedroht. Grundsätzlich besteht keine Verpflichtung, eine Unterlassungserklärung vorzuformulieren.

4. Formulierung der Unterlassungserklärung

780 Es ist allerdings gängige Praxis, dem Abmahnschreiben den Entwurf einer Unterlassungserklärung beizufügen. Häufig wird in eine solche Erklärung nicht nur die Unterlassungspflicht aufgenommen, sondern auch eine Regelung hinsichtlich der Folgeansprüche (Auskunft, Schadensersatz etc.).

5. Aufnahme von kerngleichen Handlungen

781 Grundsätzlich kann die vorformulierte Unterlassungserklärung neben der konkreten Verletzung auch kerngleiche Handlungen erfassen. Im Urheberrecht besteht

---

999 BGH NJW 2013, 784 Rn. 43 – Alone in the Dark; BGH NJW 2010, 2061 Rn. 35 – Sommer unseres Lebens.

1000 BGH NJW 2013, 784 Rn. 43 – Alone in the Dark.

1001 BGH GRUR 2020, 738 Rn. 49 – Internet-Radiorecorder.

die Besonderheit, dass § 97a Abs. 2 Nr. 4 UrhG den Abmahnenden verpflichtet, anzugeben, inwieweit die vorgeschlagene Unterlassungsverpflichtung über die abgemahnte Rechtsverletzung hinausgeht. Diese Vorschrift ist indes nicht so zu verstehen, dass die Abmahnung nur die konkrete Verletzungsform erfassen darf. Auch im Urheberrecht sind kerngleiche Handlungen eingeschlossen.[1002]

6. Umgang mit Beseitigungs- und Rückrufansprüchen

Nach Auffassung des I. Zivilsenats des Bundesgerichtshofs umfasst eine Erklärung, in der sich der Schuldner verpflichtet, eine bestimmte Handlung zu unterlassen, regelmäßig zugleich Verpflichtungen zur Beseitigung und zum Rückruf.[1003] Dies muss bei der Formulierung der Unterlassungserklärung berücksichtigt werden. Hat eine Verletzungshandlung einen andauernden rechtswidrigen Verletzungszustand hervorgerufen, besteht neben dem Unterlassungsanspruch ein Beseitigungsanspruch. Dabei handelt es sich um selbstständige Ansprüche mit unterschiedlicher Zielrichtung. Der Gläubiger hat es in der Hand, ob er den einen oder den anderen Anspruch oder aber beide Ansprüche geltend macht. Der Gläubiger kann bereits mit dem Unterlassungsanspruch die Beseitigung des Verletzungszustands verlangen. Das folgt nach Meinung des I. BGH-Zivilsenats daraus, dass bei einer Dauerhandlung die Nichtbeseitigung des Verletzungszustands gleichbedeutend mit der Fortsetzung der Verletzungshandlung ist. Vereinbaren die Parteien in einem solchen Fall eine Unterlassungsverpflichtung, geht der I. Zivilsenat davon aus, dass diese auch die vertragliche Verpflichtung zur Beseitigung des Verletzungszustands umfasst, wenn keine Anhaltspunkte dafür bestehen, dass sie allein die Verpflichtung zur Unterlassung zukünftiger Verletzungshandlungen erfassen soll.[1004] Der Unterlassungsschuldner muss erforderlichenfalls auf Dritte einwirken, wenn und soweit er auf diese Einfluss nehmen kann. 782

Auch bei einer vertraglich übernommenen Unterlassungsverpflichtung besteht grundsätzlich die Pflicht, die Abrufbarkeit von rechtsverletzenden Inhalten auf den gängigsten Suchmaschinen auszuschließen.[1005] 783

1002 BGH GRUR 2013, 1235 – Restwertbörse.

1003 BGH GRUR 2018, 292 – Produkte zur Wundversorgung; BGH GRUR 2017, 823 – Luftentfeuchter; BGH GRUR 2017, 208 – Rückruf von Rescue-Produkten; BGH GRUR 2016, 720 – Hot Sox; BGH GRUR 2015, 258 – CT-Paradies.

1004 BGH GRUR 2015, 258, 263 Rn. 65 – CT-Paradies.

1005 OLG Düsseldorf GRUR-RR 2016, 259 – TÜV-Sondereintragung; OLG Celle MMR 2015, 408; OLG Stuttgart MMR 2016, 606; OLG Stuttgart GRUR-RR 2017, 86 – Modedesign-Studium; dagegen OLG Zweibrücken ZUM 2017, 73 – Cache-Speicherung.

784 Einige Instanzgerichte haben versucht, diese Verpflichtung bei nicht gewerblich handelnden Verletzern etwas abzumildern. Übernimmt jemand bei Meidung einer festen Vertragsstrafe von 5.100 Euro die Verpflichtung, es zu unterlassen, ein auf seiner Webseite widerrechtlich eingestelltes Lichtbild öffentlich zugänglich zu machen, so kann die Auslegung des Vertragsstrafeversprechens nach Meinung des OLG Frankfurt ergeben, dass die strafbewehrte Unterlassungsverpflichtung nicht auch die Löschung des Lichtbilds aus dem Cache von Suchmaschinen umfassen sollte.[1006]

785 Im Hinblick auf mögliche Schadensersatzansprüche des Abgemahnten kann der Abmahnende schon in der Abmahnung klarstellen, dass er keine Rückrufs- und Beseitigungsansprüche geltend macht. Auch in der vorformulierten Unterlassungserklärung sollten die Ansprüche dann ausdrücklich ausgenommen werden, sofern der Abmahnende das Risiko von diesbezüglichen Gegenansprüchen scheut.

7. AGB-Kontrolle von vorformulierten Unterlassungserklärungen

786 Entscheidet sich der Abmahnende, eine vorformulierte Unterlassungserklärung mitzuschicken, so muss diese vom Abmahnenden sorgfältig ausgearbeitet werden. Sie unterliegt der AGB-Kontrolle.[1007] Nach § 305 Abs. 1 S. 1 BGB sind allgemeine Geschäftsbedingungen (AGB) alle für eine Vielzahl von Verträgen vorformulierten Vertragsbedingungen, die eine Vertragspartei der anderen Vertragspartei bei Abschluss eines Vertrags stellt. Bestimmungen in AGB sind nach § 307 Abs. 1 S. 1 unwirksam, wenn sie den Vertragspartner des Verwenders entgegen den Geboten von Treu und Glauben unangemessen benachteiligen. Das Merkmal des Stellens ist erfüllt, wenn die Formularbestimmungen auf Initiative einer Partei in die Verhandlungen eingebracht und ihre Verwendung zum Vertragsabschluss verlangt werden.[1008] Der einseitige Wunsch einer Partei, bestimmte von ihr bezeichnete vorformulierte Vertragsbedingungen zu verwenden, reicht aus. Selbst eine Bitte, Anmerkungen oder Änderungswünsche mitzuteilen, eröffnet nach Meinung des BGH keine tatsächliche Gelegenheit, alternativ eigene Textvorschläge mit der effektiven Möglichkeit ihrer Durchsetzung in die Verhandlung einzubringen und ändert somit nichts am Vorliegen von AGB.[1009]

1006 OLG Frankfurt MMR 2020, 54 – Reichweite einer Unterlassungserklärung.

1007 BGH NJW 1993, 721 – Fortsetzungszusammenhang.

1008 BGH NJW 2016, 1230 Rn. 24 – Vertragsstrafe; BGH NJW-RR 2014, 937 Rn. 9; BGH NJW-RR 2014, 1133 Rn. 24; BGH NJW 2010, 1131 Rn. 11.

1009 BGH NJW 2016, 1230 Rn. 30 – Vertragsstrafe.

a) Verschuldensgrundsatz

So darf beispielsweise die Vertragsstrafe nur von einer „schuldhaften Zuwiderhandlung" abhängig gemacht werden. Es gilt generell der Verschuldensgrundsatz. Fehlt das Wort „schuldhaft", so ist die Regelung als verschuldensunabhängige Klausel auszulegen, was nicht im Einklang mit § 339 BGB steht.[1010] Schlägt der Abmahnende dem Abgemahnten in einer vorformulierten Unterlassungsverpflichtungserklärung für jeden Fall der Zuwiderhandlung das Versprechen einer Vertragsstrafe vor, die unabhängig von einem Verschulden verwirkt sein soll, kann dies ein Anhaltspunkt dafür sein, dass die Geltendmachung des Unterlassungsanspruchs missbräuchlich ist.[1011] 787

b) Streitwert und Vertragsstrafe

Ein Vertragsstrafeversprechen ist grundsätzlich gemäß § 307 Abs. 1 BGB unwirksam, wenn die Vertragsstrafe der Höhe nach bereits auf den ersten Blick außer Verhältnis zu dem mit der Vertragsstrafe sanktionierten Verstoß und den Gefahren steht, die mit möglichen zukünftigen Verstößen für den Unterlassungsgläubiger verbunden sind. Insoweit ist ein strengerer Maßstab anzulegen als bei einem individuell ausgehandelten Vertragsstrafeversprechen, bei dem eine Herabsetzung gemäß § 242 BGB auch im kaufmännischen Verkehr möglich ist.[1012] 788

Bei Vertragsstrafeversprechen, die Unterlassungserklärungen absichern, ist die Rechtsprechung allerdings eher großzügig.[1013] Unterwerfungserklärungen, die nach Schutzrechtsverletzungen oder Wettbewerbsverstößen abgegeben werden, dienen zwar auch der Schadenspauschalierung in Bezug auf zukünftige Rechtsverletzungen. In erster Linie besteht ihre Funktion jedoch darin, den Unterlassungsschuldner dadurch zur Einhaltung der von ihm versprochenen Unterlassungspflicht zu bewegen, dass er aufgrund der versprochenen Strafe vor weiteren Verstößen zurückschreckt. Um dieses Ziel zu erreichen, muss die Vertragsstrafe so hoch sein, dass sich ein Verstoß für den Verletzer voraussichtlich nicht mehr lohnt. Das LG Hamburg hielt beispielsweise für die Nutzung eines Fotos ohne Urhebernennung eine Vertragsstrafe in Höhe von 5.500 Euro für akzeptabel.[1014] 789

1010 OLG Koblenz MMR 2010, 815 – Webhosting-AGB.

1011 BGH GRUR 2012, 730 – Bauheizgerät; OLG Hamm MMR 2010, 826; OLG Hamm GRUR-RR 2011, 196; *Hess* GRUR-Prax 2012, 289.

1012 BGH GRUR 2014, 595 – Vertragsstrafenklausel.

1013 LG Hamburg ZUM-RD 2021, 513 – Vertragsstrafe bei fehlender Urhebernennung.

1014 LG Hamburg ZUM-RD 2021, 513, 517 – Vertragsstrafe bei fehlender Urhebernennung.

790 Über die Rechtsfolge der Unwirksamkeit der Vertragsstrafenregelung hinaus kann es zudem für die Rechtsmissbräuchlichkeit einer Abmahnung sprechen, wenn eine unverhältnismäßig hohe Vertragsstrafenregelung gefordert wird.[1015] Ist die außergerichtliche Geltendmachung des Unterlassungsanspruchs als rechtsmissbräuchlich anzusehen, führt dies dazu, dass der Unterlassungsanspruch auch nicht mehr gerichtlich geltend gemacht werden kann. Eine Klage oder ein Antrag auf Erlass einer einstweiligen Verfügung wären dann unzulässig.[1016]

c) Handlungseinheit

791 Auch die Forderung eines uneingeschränkten Verzichts auf die Einrede der Handlungseinheit ist in allgemeinen Geschäftsbedingungen in aller Regel rechtswidrig.[1017]

792 Ist es zu einer Mehr- oder Vielzahl von Verstößen gekommen, muss grundsätzlich zunächst geprüft werden, ob diese eine natürliche Handlungseinheit und damit nur eine Handlung darstellen.[1018] Wenn keine solche Handlungseinheit vorliegt, kann die Auslegung des Unterlassungsvertrags ergeben, dass mehrere fahrlässig begangene und zeitlich nicht zu weit auseinanderliegende Zuwiderhandlungen, die in der Weise zusammenhängen, dass sie gleichartig und unter Außerachtlassung derselben Pflichtenlage begangen worden sind, nur als ein Verstoß zu werten sind.[1019]

793 Die Berufung auf das Vorliegen einer Handlungseinheit kannn dem Schuldner nicht durch ABG genommen werden.[1020]

d) Fortsetzungszusammenhang

794 Das Rechtsinstitut des Fortsetzungszusammenhangs wird vom BGH seit der Entscheidung „Trainingsvertrag“ weder im Rahmen der Vertragsstrafenbemessung noch bei der Unterlassungsvollstreckung nach § 890 ZPO angewendet.[1021]

1015 BGH GRUR 2012, 730, 732 – Bauheizgerät.

1016 BGH, Urteil vom 26.4.2018, Aktenzeichen I ZR 249/16; BGH GRUR 2012, 730 – Bauheizgerät; BGH GRUR 2016, 961 – Herstellerpreisempfehlung bei Amazon.

1017 MüKo/*Gottwald*[9] § 339 BGB Rn. 41; Köhler/Bornkamm/Feddersen[39] § 13a UWG Rn. 27.

1018 BGH NJW-RR 2016, 155 Rn. 29 – Kopfhörer-Kennzeichnung.

1019 BGH NJW-RR 2016, 155 Rn. 29 – Kopfhörer-Kennzeichnung; OLG Düsseldorf MMR 2020, 486 Rn. 46.

1020 Zum UWG vgl. LG Osnabrück WRP 2021, 1368, 1370 – Bio-Siegel.

1021 BGH WRP 2001, 702, 704 – Trainingsvertrag; bestätigt von BGH GRUR 2021, 767 Rn. 21 – Vermittler von Studienplätzen.

Das OLG Frankfurt meint allerdings, dass die Forderung eines uneingeschränkten Verzichts auf die Einrede des Fortsetzungszusammenhangs in allgemeinen Geschäftsbedingungen mit wesentlichen Grundgedanken des Vertragsstrafenrechts nicht zu vereinbaren ist. Sie stellt im Regelfall eine unangemessene Benachteiligung des Schuldners dar.[1022] Eine Vertragsstrafenvereinbarung, die eine entsprechende Klausel enthält, ist daher insgesamt nach § 307 Abs. 1 BGB unwirksam, wenn nicht besondere Umstände ausnahmsweise eine Abweichung rechtfertigen.[1023]

e) Übereinstimmung mit späterem Antragstenor

Im Presse- und Wettbewerbsrecht müssen das Unterlassungsbegehren aus der 795
vorprozessualen Abmahnung und der nachfolgend gestellte Verfügungsantrag identisch sein, da anderenfalls ein Verstoß gegen den Grundsatz der prozessualen Waffengleichheit vorliegen kann, was nach Auffassung des Bundesverfassungsgerichts dazu führt, dass nicht ohne mündliche Verhandlung entschieden werden darf.[1024]

Ob diese Rechtsprechung angesichts von Art. 9 Abs. 4 Enforcement-RL[1025] 796
uneingeschränkt auch für das Recht des geistigen Eigentums übernommen werden kann, hat das BVerfG in einer Entscheidung vom 27. Juli 2020 ausdrücklich offengelassen.[1026] Nach Art. 9 Abs. 4 Enforcement-RL stellen die Mitgliedstaaten sicher, dass einstweilige Maßnahmen in geeigneten Fällen ohne Anhörung der anderen Partei angeordnet werden können, insbesondere dann, wenn durch eine Verzögerung dem Rechtsinhaber ein nicht wieder gutzumachender Schaden entstehen würde. In diesem Fall sind die Parteien spätestens unverzüglich nach der Vollziehung der Maßnahmen davon in Kenntnis zu setzen.

Gibt der Verletzer eine Unterlassungserklärung ab, die nicht ausreichend ist, 797
muss er grundsätzlich nicht noch einmal verwarnt werden. Vielmehr kann der Unterlassungsanspruch – soweit er noch besteht – gerichtlich geltend gemacht werden. Nach Auffassung des Kammergerichts kann das durch eine Abmahnung konkretisierte Schuldverhältnis nach Treu und Glauben dazu verpflichten, einen anwaltlich nicht vertretenen Abgemahnten mit dem Hinweis auf die Unzuläng-

---

1022 OLG Frankfurt GRUR-RR 2020, 556 – Venom.

1023 OLG Frankfurt GRUR-RR 2020, 556 – Venom; im Ergebnis ebenso Münchener Kommentar zum Lauterkeitsrecht/*Ottofülling*³ § 13a UWG Rn. 29.

1024 BVerfG GRUR 2022, 429 – Mann über Bord; BVerfG NJW 2020, 3023 – Zahnabdruckset.

1025 Richtlinie 2004/48/EG zur Durchsetzung der Rechte des geistigen Eigentums.

1026 BVerfG GRUR 2022, 429 – Mann über Bord; BVerfG NJW 2020, 3023 – Zahnabdruckset.

lichkeit seiner Reaktion noch einmal zu kontaktieren, wenn er offensichtlich rechtlichen Fehlvorstellungen unterliegt und der Wille zum Unterlassen sowie zur Vermeidung einer gerichtlichen Auseinandersetzung erkennbar ist.[1027]

798 Die Unterwerfungserklärung muss nach Inhalt und Umfang dem Unterlassungsanspruch entsprechen. An den Fortfall der Wiederholungsgefahr durch Abgabe einer Unterwerfungserklärung werden strenge Anforderungen gestellt. Bestehen Zweifel am Inhalt der Unterwerfungserklärung, dann reicht sie grundsätzlich nicht aus, die Besorgnis eines künftigen Verstoßes auszuräumen.[1028]

8. Fristsetzung

799 Dem Abgemahnten muss eine angemessene Frist zur Abgabe der verlangten Unterlassungserklärung gesetzt werden. Der Abgemahnte muss ausreichend Zeit haben, um den Sachverhalt aufzuklären und anwaltlichen Rat einzuholen. Auf der anderen Seite hat der Verletzte ein Interesse daran, dass der festgestellte Rechtsverstoß umgehend abgestellt wird. Eine zu kurz bemessene Frist macht die Abmahnung nicht unwirksam, sondern führt nur dazu, dass eine angemessene Frist in Gang gesetzt wird. Das Ende der Frist sollte der Abmahnende möglichst genau unter Angabe von Datum und – gegebenenfalls – Uhrzeit vorgeben. Schließlich enthält eine Abmahnung in der Regel eine ausdrückliche Androhung gerichtlicher Schritte für den Fall, dass die Unterlassungserklärung überhaupt nicht oder nicht rechtzeitig abgegeben wird. Die Abmahnung ist grundsätzlich formlos möglich. Schon aus Beweisgründen ist allerdings eine schriftliche Abmahnung dringend zu empfehlen und absolut gängige Praxis.

9. Vollmachtsvorlage obsolet

800 Eine Vollmacht muss der Abmahnung grundsätzlich nicht beigefügt werden. § 174 S. 1 BGB ist auf eine Abmahnung, die mit der Aufforderung zur Abgabe einer Unterlassungserklärung verbunden ist, nicht anwendbar.[1029] Bereits in der Abmahnung kann ein Vertragsangebot zum Abschluss eines Unterwerfungsvertrags liegen, wenn es von einem Rechtsbindungswillen getragen und hinreichend bestimmt ist. Auf eine solche Abgabe eines Vertragsangebots ist § 174 BGB weder direkt noch analog anwendbar. Nach zutreffender Auffassung des I. Zivilsenats des

---

1027 KG, Beschluss vom 30.1.2015, Aktenzeichen 24 W 92/14.

1028 BGH GRUR 1996, 290 – Wegfall der Wiederholungsgefahr I; BGH GRUR 1997, 379, 380 – Wegfall der Wiederholungsgefahr II.

1029 BGH GRUR 2010, 1120, 1121 Rn. 14 – Vollmachtsnachweis.

BGH besteht keinerlei Veranlassung, die einheitliche Erklärung des Abmahnenden in eine geschäftsähnliche Handlung (Abmahnung) und ein Vertragsangebot (Angebot auf Abschluss eines Unterwerfungsvertrags) aufzuspalten und auf erstere die Bestimmung des § 174 S. 1 BGB anzuwenden.[1030]

Sofern allerdings kein Entwurf einer Unterlassungserklärung beigefügt ist, 801 soll eine Zurückweisung wegen fehlender Vollmachtsvorlage nach Auffassung des KG möglich sein, ohne die Möglichkeit eines späteren Anerkenntnisses nach § 93 ZPO zu verlieren. Der Abgemahnte hat trotz Zurückweisung der Abmahnung nach § 174 S. 1 BGB keinen Anlass zur Klage geboten, wenn er seine Bereitschaft zum Ausdruck gebracht hat, bei Vorlage einer Vollmachtsurkunde eine Unterlassungserklärung abzugeben.[1031]

IV. Vertragsstrafe

1. Höhe der Vertragsstrafe

Die Unterlassungserklärung wird im Fall der Wiederholungsgefahr mit einem 802 Vertragsstrafeversprechen für jeden Fall der schuldhaften Zuwiderhandlung gegen die Unterlassungsverpflichtung verbunden. Die Vertragsstrafe soll künftige Verletzungshandlungen verhindern. Die angemessene Höhe der Vertragsstrafe richtet sich nach den Umständen des Einzelfalls. Zu berücksichtigen sind Art, Größe und Umsatz des verletzenden Unternehmens, Schwere und Ausmaß des Verstoßes, dessen Gefährlichkeit für den Verletzten, die Bereitschaft des Verletzers zu weiteren gleichartigen Verletzungshandlungen, das Verschulden des Verletzers sowie das im Zusammenhang mit dem Verstoß an den Tag gelegte Verhalten des Verletzers.[1032] In der Praxis liegt die mittlere Spanne angemessener Vertragsstrafen zwischen 5.000 und 10.000 Euro. Vor allem in Wiederholungsfällen sind auch höhere Vertragsstrafen angemessen. Die Erklärung darf nicht so formuliert sein, dass unklar bleibt, ob die Vertragsstrafe für jeden Fall der Zuwiderhandlung oder nur einmalig zu zahlen ist.[1033] Die Ernsthaftigkeit der Unterlassungserklärung muss ersichtlich sein.

Das OLG Frankfurt geht davon aus, dass in Geschäftsbereichen von normaler 803 wirtschaftlicher Bedeutung eine Vertragsstrafe von unter 2.500 Euro allenfalls in

1030 BGH GRUR 2010, 1120, 1121 Rn. 15 – Vollmachtsnachweis.

1031 KG GRUR-RR 2021, 459 – Fehlender Vollmachtsnachweis.

1032 BGH GRUR 1994, 146, 147 – Vertragsstrafenbemessung; OLG Frankfurt GRUR-RR 2008, 385 – Cartoons.

1033 OLG Hamburg GRUR-RR 2008, 230, 233 – Chefkoch.

Ausnahmefällen als ausreichend angesehen werden kann.[1034] Das OLG Oldenburg hatte in einem UWG-Fall die Untergrenze bei 2.000 Euro angesetzt.[1035]

2. Bestimmbarkeit des Einzelfalls

804 Nicht selten entsteht bei nachträglichen Verstößen gegen eine Unterlassungserklärung Unklarheit darüber, was als „Einzelfall“ zu verstehen ist.

805 Bei der Auslegung des Vertragsstrafeversprechens in einem Unterlassungsvertrag darf nicht unbesehen auf die Grundsätze zurückgegriffen werden, die für die Verhängung von Ordnungsmitteln bei der Unterlassungsvollstreckung nach § 890 ZPO maßgebend sind. Den Parteien kann ohne besondere Anhaltspunkte nicht der Wille unterstellt werden, bei der Vereinbarung eines Unterlassungsvertrags eine Regelung gewollt zu haben, die der Rechtslage nach Erlass eines gleichlautenden Unterlassungstitels entspricht. Der BGH geht davon aus, dass eine Vertragsstrafe regelmäßig auch in solchen Fällen, in denen keine natürliche Handlungseinheit vorliegt, nicht für jede einzelne Tat verwirkt ist.[1036] Der BGH will einzelne Taten, soweit sie sich nach dem objektiven Erklärungsinhalt des konkreten Vertrags als rechtliche Einheit darstellen, jeweils als eine einzige Zuwiderhandlung behandeln.[1037] Die sonst mögliche Folge einer Aufsummierung von Vertragsstrafen ist nach Meinung des BGH mit dem Gerechtigkeitsgedanken nicht zu vereinbaren, wenn ihr nicht ein entsprechendes Sicherungsbedürfnis des Gläubigers gegenübersteht oder die Wahrscheinlichkeit gegeben ist, dass dem Gläubiger durch die zu unterlassenden Taten ein entsprechend hoher Schaden entstehen könnte.

806 Umgekehrt entspricht es aber auch nicht einer beiderseits interessengerechten Auslegung eines Vertragsstrafeversprechens, Einzeltaten nur deshalb zu einer rechtlichen Einheit zusammenzufassen, weil der Schuldner von vornherein mehrere Verstöße gegen seine Unterlassungsverpflichtung beabsichtigt hat. Dies hätte nämlich eine ungerechtfertigte Privilegierung eines besonders hartnäckigen Verletzers zur Folge. Würde bei einem vorsätzlichen Verstoß, der in der Absicht begangen wird, eine Mehrzahl weiterer gleichartiger Verstöße folgen zu lassen, in jedem Fall nur eine einzige Vertragsstrafe verwirkt, würde die Vertragsstrafe bereits nach der ersten Handlung ihre Sicherungsfunktion gegenüber den Folgehandlungen einbüßen. Ein geringes Verschulden ist beispielsweise anzunehmen,

---

1034 OLG Frankfurt MMR 2015, 547 – Vertragsstrafenhöhe bei Online-Fotoveröffentlichung; ebenso LG Hamburg ZUM-RD 2021, 513 – Vertragsstrafe bei fehlender Urhebernennung.
1035 OLG Oldenburg GRUR-RR 2010, 252 – Pkw-Laufleistung.
1036 BGH GRUR 2001, 758 – Mehrfachverstoß gegen Unterlassungsverpflichtung.
1037 BGH GRUR 2001, 758, 760 – Mehrfachverstoß gegen Unterlassungsverpflichtung.

wenn der Unterlassungsschuldner es lediglich versäumt hat, eine einzige Beseitigungshandlung durchzuführen.[1038]

Das Versprechen, eine Vertragsstrafe „für jeden Fall der Zuwiderhandlung" 807
zu zahlen, kann nach Meinung des BGH so ausgelegt werden, dass mehrere Einzelverstöße, die auf fahrlässigem Verhalten beruhen und zeitlich nicht zu weit auseinander liegen, als eine einzige Zuwiderhandlung angesehen werden. Wenn es zu einer Mehr- oder Vielzahl von Verstößen gekommen ist, ist dabei zunächst zu prüfen, ob diese eine natürliche Handlungseinheit und damit nur eine Handlung darstellen. Wenn keine solche Handlungseinheit vorliegt, kann die Auslegung des Unterlassungsvertrags ergeben, dass mehrere fahrlässig begangene und zeitlich nicht zu weit auseinanderliegende Zuwiderhandlungen, die in der Weise zusammenhängen, dass sie gleichartig und unter Außerachtlassung derselben Pflichtenlage begangen worden sind, nur als ein Verstoß zu werten sind.[1039]

Um diesen Auslegungsschwierigkeiten zuvorzukommen, empfiehlt es sich 808
für den Abmahnenden, in dem Entwurf der Unterlassungserklärung klar zu definieren, was als „Einzelfall der Zuwiderhandlung" angesehen werden soll.

3. Kaufleute

Ist der Unterlassungsschuldner kein Kaufmann, so kann die Vertragsstrafe nach 809
§ 343 BGB herabgesetzt werden, wenn sie unverhältnismäßig hoch ist.[1040] Für Kaufleute schließt § 348 HGB eine Herabsetzung aus. Steht eine vereinbarte Vertragsstrafe in einem außerordentlichen Missverhältnis zur Bedeutung der Zuwiderhandlung, ist ihre Herabsetzung nach dem Grundsatz von Treu und Glauben gemäß § 242 BGB geboten, auch wenn eine Verringerung der Vertragsstrafe nach § 343 BGB durch § 348 HGB ausgeschlossen ist.[1041] Die Vertragsstrafe ist dann allerdings nicht auf die nach § 343 BGB angemessene Höhe, sondern nur auf das Maß zu reduzieren, das ein Eingreifen des Gerichts nach § 242 BGB noch nicht rechtfertigen würde.

4. Neuer Hamburger Brauch

Die Vertragsstrafe kann auch variabel vereinbart werden. Bei der Abgabe einer 810
Unterlassungserklärung nach dem sogenannten „neuen Hamburger Brauch" verpflichtet sich der Abgemahnte, eine für jeden Fall der Zuwiderhandlung vom Ver-

1038 BGH GRUR 2015, 258 – CT-Paradies.
1039 BGH GRUR 2017, 823 – Luftentfeuchter; GRUR 2015, 2021 – Kopfhörer-Kennzeichnung.
1040 BGH GRUR 1984, 72 – Vertragsstrafe für versuchte Vertreterabwerbung.
1041 BGH GRUR 2009, 181, 184 – Kinderwärmekissen; *Rieble* GRUR 2009, 824.

letzten (oder einem Dritten) nach billigem Ermessen festzusetzende, im Streitfall von einem Gericht zu überprüfende Vertragsstrafe zu zahlen, wobei diese durch einen Höchstbetrag begrenzt werden kann. Nach § 315 Abs. 3 S. 2 BGB kann eine gerichtliche Überprüfung der vom Gläubiger vorgenommenen Bestimmung der Vertragsstrafenhöhe in der Vereinbarung ausdrücklich vorgesehen werden. Unzulässig ist es demgegenüber, die Festsetzung von vornherein einem Gericht zu überlassen.[1042] Die richterliche Billigkeitskontrolle nach § 315 Abs. 3 S. 2 BGB kommt auch einem Kaufmann zugute, sodass es auf § 348 HGB, wonach eine unter Kaufleuten vereinbarte Vertragsstrafe nicht herabgesetzt werden kann, nicht ankommt.[1043]

811 Bei der späteren Bemessung der festzusetzenden Vertragsstrafe ist ein für dieselbe Zuwiderhandlung gegebenenfalls bereits gerichtlich verhängtes Ordnungsgeld zu berücksichtigen.[1044]

812 Aus Sicht des Abmahnenden ist eine betragsmäßig festgelegte Vertragsstrafe für jeden Einzelfall der Zuwiderhandlung häufig vorzugswürdig, da die abschreckende Wirkung stärker ist.

V. Zugang des Abmahnschreibens

813 Die Abmahnung muss dem Abgemahnten zugehen. Wurde der Abmahnung eine vorformulierte Unterlassungserklärung beigefügt, folgt dies aus § 130 Abs. 1 S. 1 BGB, wonach eine unter Abwesenden abgegebene empfangsbedürftige Willenserklärung im Zeitpunkt ihres Zugangs beim Erklärungsempfänger wirksam wird. Wurde keine Unterlassungserklärung beigefügt, ist die Abmahnung als geschäftsähnliche Handlung zu qualifizieren mit der Folge, dass § 130 Abs. 1 S. 1 BGB entsprechend anzuwenden ist.[1045] Nach der Rechtsprechung gilt ein Sendebericht nicht als Beweis für den Zugang eines Telefaxschreibens, sondern lediglich als ein Indiz für den Zugang.[1046]

Praxistipp: Ein Abmahnschreiben sollte aus Gründen der Nachweisbarkeit auf mehreren Wegen übermittelt werden, beispielsweise per E-Mail und Einschreiben/Rückschein.

1042 Vgl. BGH GRUR 1978, 192, 193 – Hamburger Brauch.
1043 BGH GRUR 2010, 355, 358 Rn. 30 – Testfundstelle.
1044 BGH GRUR 2010, 355, 358 Rn. 33 – Testfundstelle.
1045 BGH GRUR 2021, 752 Rn. 17 – Berechtigte Gegenabmahnung.
1046 BVerfG NJW 2020, 142.

Gibt der Beklagten nach der Klageerhebung eine strafbewehrte Unterlassungserklärung ab und macht geltend, ihm sei die Abmahnung des Klägers nicht zugegangen, so trifft ihn grundsätzlich die Darlegungs- und Beweislast für die Voraussetzungen einer dem Kläger die Prozesskosten auferlegenden Entscheidung nach § 93 ZPO.[1047] Der Beklagte muss also den Nichtzugang beweisen. Allerdings ist der Kläger im Rahmen der sekundären Darlegungslast gehalten, substanziiert darzulegen, dass das Abmahnschreiben abgesandt worden ist.[1048] Kann nicht festgestellt werden, ob das Abmahnschreiben dem Beklagten zugegangen ist oder nicht, so kommt § 93 ZPO nicht zur Anwendung. Die Nichterweislichkeit eines fehlenden Zugangs geht also zu Lasten des Beklagten. Diese Verteilung der Beweislast beruht auf der Überlegung, dass der Beklagte für den Ausnahmetatbestand des § 93 ZPO beweisbelastet ist. 814

VI. Kostenerstattung und Umsatzsteuer

Die Kosten einer urheberrechtlichen Abmahnung sind nach § 97 Abs. 3 S. 1 UrhG grundsätzlich erstattungsfähig. Urheberrechtliche Abmahnungen sind nach der Rechtsprechung des Bundesfinanzhofs als umsatzsteuerpflichtige Leistung zu qualifizieren.[1049] Der Aufwendungsersatz, den der Abgemahnte dem Rechtsinhaber zahlen muss, ist danach umsatzsteuerpflichtiges Entgelt. Der abmahnende Unterlassungsgläubiger – nicht sein Anwalt – muss dem abgemahnten Unterlassungsschuldner eine entsprechende Rechnung ausstellen. 815

§ 28 Reaktion des Abgemahnten

Die Reaktion des Abgemahnten hängt insbesondere davon ab, ob die Abmahnung berechtigt und wirksam ist oder nicht. Ist die Abmahnung berechtigt und wirksam, so besteht eine Antwortpflicht des Abgemahnten. Als Folge einer vom Abgemahnten begangenen Verletzungshandlung und der daraufhin erklärten Abmahnung kommt zwischen ihm und dem Abmahnenden eine Sonderbeziehung eigener Art zustande, die in besonderem Maß durch Treu und Glauben und das Gebot gegenseitiger Rücksichtnahme bestimmt wird. 816

1047 BGH GRUR 2007, 629, 630 – Zugang des Abmahnschreibens.
1048 Danckwerts/Papenhausen/Scholz/Tavanti/*Tavanti*² Rn. 98.
1049 BFH NJW 2019, 1836; *Voges* GRUR-Prax 2020, 254.

https://doi.org/10.1515/9783110617207-028

817 Ist die Abmahnung hingegen unberechtigt, muss der Abgemahnte darauf grundsätzlich nicht reagieren.[1050] Eine Ausnahme kann allerdings dann gelten, wenn der Abgemahnte in zurechenbarer Weise den Anschein eines Verstoßes gesetzt hat. Hält der Abgemahnte die Abmahnung für unberechtigt, so kommen beispielsweise die Einreichung einer Schutzschrift, eine negative Feststellungsklage oder die Geltendmachung eigener Ansprüche auf Schadensersatz und Unterlassung in Betracht.

I. Abgabe einer Unterlassungserklärung

1. Entscheidung über die Abgabe einer Unterlassungserklärung

818 Die Wiederholungsgefahr kann grundsätzlich nur durch eine strafbewehrte Unterlassungserklärung beseitigt werden.[1051] Da bei einem erfolgten Schutzrechtseingriff die Wiederholungsgefahr vermutet wird, reicht hier – anders als bei der Erstbegehungsgefahr – eine einfache Unterlassungserklärung nicht aus. Erforderlich ist vielmehr die Abgabe einer strafbewehrten Unterlassungs- und Verpflichtungserklärung. Die Wiederholungsgefahr besteht nicht nur für identische Verletzungshandlungen, sondern auch für alle im Kern gleichartigen Verletzungsformen.[1052]

Praxistipp: Die Abgabe einer Unterlassungserklärung sollte derjenige, dem eine Urheberrechtsverletzung vorgeworfen wird, nur dann in Betracht ziehen, wenn er sicherstellen kann, dass er die Verpflichtung zuverlässig – auch in der Zukunft – einhalten kann.

819 Die Unterlassungserklärung hat gegenüber einer gerichtlichen Verurteilung auch Nachteile. Bei einem Verstoß gegen die Unterlassungserklärung kann der Gläubiger die Vertragsstrafe einfordern. Das Verschulden wird bei einem Verstoß vermutet.[1053] Während ein Gläubiger im Rahmen des § 890 ZPO das Verschulden nachzuweisen hat, muss der Schuldner einer Vertragsstrafe sich nach §§ 339, 286 Abs. 4 BGB entlasten.[1054]

820 Zudem haftet der Schuldner einer Unterlassungserklärung – anders als bei § 890 ZPO – auch für Erfüllungsgehilfen. Auch eine unternehmerisch selbstständige Person kann Erfüllungsgehilfe sein. Eine Werbeagentur, deren sich ein

---

1050 BGH GRUR 1995, 167 – Kosten der unbegründeten Abmahnung; OLG Frankfurt GRUR-RR 2013, 246 – Filesharing durch Ehepartner; vgl. dagegen *Röß* NJW 2019, 1983.

1051 Zum Entfallen der Wiederholungsgefahr aufgrund eines Unterlassungstitels BGH GRUR 2003, 450, 452 – Begrenzte Preissenkung.

1052 BGH GRUR 1997, 931, 932 – Sekundenschnell.

1053 BGH GRUR 2017, 823 – Luftentfeuchter.

1054 *Steinbeck* GRUR 1994, 90, 92.

Schuldner für seine Werbung bedient, handelt bei ihrer Tätigkeit auch insoweit als Erfüllungsgehilfe, als es um die Erfüllung der vertraglich übernommenen Unterlassungspflicht geht.[1055] Dasselbe gilt, wenn der Schuldner bei seiner Werbung ein Verlagsunternehmen und dessen Anzeigenabteilung einschaltet.[1056]

Wird eine Unterlassungserklärung abgegeben, ist zunächst zu prüfen, ob die- 821
se weit genug reicht, denn nur dann ist die Wiederholungsgefahr beseitigt. Dafür muss es sich um eine ernst gemeinte, den Anspruchsgegenstand uneingeschränkt abdeckende, eindeutige und unwiderrufliche Unterlassungserklärung unter Übernahme einer angemessenen Vertragsstrafe für den Fall zukünftiger schuldhafter Zuwiderhandlung handeln.

Nach Auffassung des LG Hamburg ist die Störerhaftung im Verhältnis zur Tä- 822
terhaftung ein Aliud.[1057] Darauf muss der Abgemahnte bei der Formulierung seiner Unterlassungserklärung achten.

Vor der Abgabe einer Unterlassungserklärung sollte der Schuldner zunächst 823
die bereits oben im Abschnitt „Inhalt des Abmahnschreibens" (Rn. 775–801) erörterten rechtlichen Aspekte der Unterlassungserklärung prüfen. Nachfolgend werden einige zusätzliche Aspekte erörtert, die der Schuldner berücksichtigen sollte.

2. Beseitigung einer Erstbegehungsgefahr

Ist noch keine Verletzung erfolgt, sondern droht diese lediglich, so liegt eine Erst- 824
begehungsgefahr (und noch keine Wiederholungsgefahr) vor. Bei Vorliegen einer Erstbegehungsgefahr besteht grundsätzlich noch kein Anspruch auf Abgabe einer Unterlassungserklärung – erst recht keiner strafbewehrten. Vielmehr entfällt die Erstbegehungsgefahr in der Regel bereits mit den sie begründenden Umständen. Für die Beseitigung der Erstbegehungsgefahr reicht in aller Regel ein kontradiktorisches Verhalten aus. Bei einer Anspruchsberühmung reicht beispielsweise deren Aufgabe. Auch die Rechtsprechung hält eine Unterlassungserklärung nicht für erforderlich. So lässt das OLG Hamburg bereits die Ankündigung, ein beanstandetes Verhalten zu ändern, ausreichen.[1058]

1055 BGH GRUR 2017, 823 Rn. 20 – Luftentfeuchter; BGH GRUR 1985, 1065, 1066 – Erfüllungsgehilfe.

1056 BGH GRUR 1988, 561, 562 – Verlagsverschulden I; BGH GRUR 1998, 963, 965 – Verlagsverschulden II.

1057 LG Hamburg ZUM 2013, 331; Fromm/Nordemann/*Nordemann*[12] § 97a UrhG Rn. 43.

1058 OLG Hamburg GRUR-RR 2007, 309 – INMAS.

3. Neuer Hamburger Brauch

825 Häufig wird der Abgemahnte eine Erklärung nach dem sogenannten modifizierten „Hamburger Brauch“ vorziehen. Der Abgemahnte verpflichtet sich also, eine für jeden Fall der Zuwiderhandlung vom Verletzten (oder einem Dritten) nach billigem Ermessen festzusetzende, im Streitfall von einem Gericht zu überprüfende Vertragsstrafe zu zahlen, wobei diese durch einen Höchstbetrag begrenzt werden kann.

826 Wenn der Abgemahnte statt eines festen Betrags eine vom Gläubiger nach billigem Ermessen zu bestimmende Vertragsstrafe innerhalb eines Rahmens verspricht, so beseitigt ein solches Versprechen die Wiederholungsgefahr nur, wenn der die Vertragsstrafe begrenzende Höchstbetrag die Höhe eines fest zu vereinbarenden Betrags übersteigt.[1059] Als ungefährer Richtwert einer solchen Obergrenze nimmt die Rechtsprechung das Doppelte des im jeweiligen Fall angemessenen festen Betrags einer Vertragsstrafe an.[1060] Besondere Vorsicht ist geboten, wenn der Abmahnende einen festen Betrag fordert und der Abgemahnte eine nach billigem Ermessen zu bestimmende Vertragsstrafe mit Höchstgrenze verspricht. Die Rechtsprechung hat hier eine vom Abgemahnten gewählte Höchstgrenze mit einem Aufschlag von 50 % auf die vom Abmahnenden geforderte feste Vertragsstrafe (7.500 Euro Höchstgrenze statt 5.000 Euro fest) als zu niedrig erachtet.[1061] Nach Auffassung des OLG Hamburg muss die Obergrenze der innerhalb eines festen Rahmens vom Gläubiger zu bestimmenden Vertragsstrafe einen angemessenen Mindestbetrag in der Regel aber mindestens um das Doppelte übersteigen, um die Einhaltung der Unterlassungsverpflichtung zu gewährleisten.[1062]

Praxistipp: Aus Sicht des Abgemahnten ist eine Unterlassungserklärung mit flexibler Vertragsstrafe nach Hamburger Brauch einer fest bezifferten Vertragsstrafe in aller Regel vorzuziehen. Wird zusätzlich ein Höchstbetrag als Deckelung mit aufgenommen, darf dieser allerdings nicht zu niedrig bemessen werden, um sich nicht dem Vorwurf der mangelnden Ernstlichkeit auszusetzen.

4. Mögliche Beschränkung auf die konkrete Verletzungsform

827 Eine Beschränkung der geforderten Unterlassungserklärung auf die konkrete Verletzungsform durch den Unterlassungsschuldner birgt ein Risiko, wenn der Abmahnende zunächst eine Unterlassungserklärung gefordert hatte, die auch kern-

---

1059 BGH GRUR 1985, 937, 938 – Vertragsstrafe bis zu ... II.

1060 BGH GRUR 1985, 155, 157 – Vertragsstrafe bis zu ... I; BGH GRUR 1985, 937, 938 – Vertragsstrafe bis zu ... II.

1061 OLG Frankfurt GRUR-RR 2008, 385 – Cartoons.

1062 OLG Hamburg WRP 2015, 377.

gleiche Verstöße miteinbezieht. Eine Beschränkung auf die konkrete Verletzungsform kann unter Umständen so ausgelegt werden, dass der Schuldner sich durch die Einschränkung der Sanktionierung von kerngleichen Verletzungen entziehen will.

Ist eine solche Absicht tatsächlich nach den konkreten Umständen feststellbar, entfällt die Wiederholungsgefahr nur hinsichtlich der konkreten Verletzungsform. Hinsichtlich der kerngleichen Verletzungsformen bleibt die Wiederholungsgefahr bestehen mit der Folge, dass der Gläubiger seinen Anspruch insoweit noch gerichtlich durchsetzen kann.[1063] 828

5. Umgang mit Beseitigungs- und Rückrufverpflichtungen

Nach Auffassung des I. Zivilsenats des Bundesgerichtshofs umfasst die Unterlassungspflicht zugleich Verpflichtungen zur Beseitigung und zum Rückruf.[1064] Der Schuldner muss also entscheiden, ob er eine diesbezügliche vertragliche Verpflichtung eingehen will. 829

Praxistipp: Will der Unterlassungsschuldner verhindern, dass seine Unterlassungserklärung später von einem Gericht dahingehend ausgelegt wird, dass auch Rückruf- und Beseitigungspflichten umfasst sind, so muss er dies in der Erklärung klarstellen. Er riskiert dabei allerdings, dass der Abmahnende diesbezüglich doch noch gerichtliche Schritte einleitet. Hier bietet sich eine vorherige Kontaktaufnahme zum Abmahnenden an, um eine einvernehmliche Regelung zu finden.

6. Umstellungs- und Aufbrauchfristen

Braucht der Abgemahnte eine Umstellungs- oder Aufbrauchfrist, so sollte er den Abmahnenden zügig kontaktieren, um eine solche Frist vertraglich zu vereinbaren. In der Gewährung einer Abverkaufsfrist sieht das OLG Köln zugleich einen Verzicht auf den Rückrufsanspruch hinsichtlich der fristgemäß abverkauften Produkte.[1065] 830

1063 BGH GRUR 2010, 749 Rn. 45 – Erinnerungswerbung im Internet; BGH GRUR 1997, 931, 932 – Sekundenschnell.

1064 BGH GRUR 2018, 292 – Produkte zur Wundversorgung; BGH GRUR 2017, 823 – Luftentfeuchter; BGH GRUR 2017, 208 – Rückruf von Rescue-Produkten; BGH GRUR 2016, 720 – Hot Sox; BGH GRUR 2015, 258 – CT-Paradies.

1065 OLG Köln GRUR 2019, 176 – Herr Antje.

7. Folgeansprüche

831 Häufig wird der Abgemahnte nur einen Teil der Ansprüche mit einer Unterlassungs- und Verpflichtungserklärung anerkennen wollen. Beispielsweise kann zur Vermeidung eines Verfügungsverfahrens eine Verpflichtung nur hinsichtlich der Ansprüche vorgenommen werden, die tatsächlich auch im Verfügungsverfahren durchgesetzt werden können. Bezüglich der anderen Ansprüche, beispielsweise der Schadensersatzansprüche, kann der Abgemahnte versuchen, mit dem Abmahner eine außergerichtliche Einigung zu finden, ohne die Ansprüche förmlich durch Unterzeichnung der vorformulierten Unterlassungserklärung anzuerkennen.

8. Weitere Beschränkungen der Unterlassungserklärung

832 Die Formulierung „ohne Anerkennung einer Rechtspflicht, gleichwohl rechtsverbindlich", die häufig von Unterlassungsschuldnern in die Erklärung aufgenommen wird, verdeutlicht, dass die Unterlassungsverpflichtung unabhängig davon bestehen soll, ob der Unterlassungsschuldner auch schon kraft Gesetzes zur Unterlassung verpflichtet ist.[1066] Die Aufnahme dieser Formulierung soll insbesondere dazu dienen, im Hinblick auf die vom Abmahnenden geltend gemachten Anwaltskosten die Berechtigung der Abmahnung bestreiten zu können. Vor dem Hintergrund einiger älterer Entscheidungen,[1067] welche die Unterlassungserklärung einem Anerkenntnis gleichstellen, schien eine solche Formulierung durchaus zweckmäßig. Zwischenzeitlich hat allerdings der BGH klargestellt, dass kein Anerkenntnis des gesetzlichen Unterlassungsanspruchs und der Pflicht zur Übernahme der Abmahnkosten vorliegt, wenn der Abgemahnte den Anspruch auf Zahlung der Abmahnkosten nicht förmlich anerkennt oder sonst ausdrücklich zu erkennen gibt, dass der Vorwurf des Abmahnenden zu Recht erfolgt ist, sondern lediglich eine strafbewehrte Unterlassungserklärung abgibt.[1068] Dies gilt auch dann, wenn der Abgemahnte die Unterlassungserklärung abgibt, ohne zu erklären, dass dies ohne Anerkennung einer Rechtspflicht geschieht.[1069]

833 Die Erklärung sollte keinesfalls über den bestehenden Anspruch hinausgehen. Sämtliche Beschränkungen, die das materielle Recht widerspiegeln, sind in Unterlassungserklärungen zulässig. Zulässig sind daher beispielsweise zeitli-

---

1066 OLG Düsseldorf GRUR 1993, 851 – Anweisungswidriges Inserat.

1067 Vgl. KG WRP 1977, 793; AG Meldorf NJW 1989, 2548; AG Oberhausen WRP 2000, 137; AG Charlottenburg WRP 2002, 1472; dagegen jetzt BGH NJW 2021, 2023 Rn. 28 – Saints Row; BGH GRUR 2013, 1252 – Medizinische Fußpflege.

1068 BGH NJW 2021, 2023 Rn. 28 – Saints Row.

1069 BGH NJW 2021, 2023 Rn. 28 – Saints Row; BGH GRUR 2013, 1252 – Medizinische Fußpflege.

che Befristungen für die beschränkte Dauer eines gesetzlichen Verbotes. Eine Unterlassungserklärung kann also ausdrücklich auf die maximale Laufzeit eines Urheber- oder Leistungsschutzrechts begrenzt werden. Ebenso zulässig ist die Aufnahme einer auflösenden Bedingung.

Unter bestimmten Umständen wird es für zulässig erachtet, dass sich ein Schuldner unter der auflösenden Bedingung einer Änderung oder einer endgültigen Klärung der Rechtslage unterwirft. Wird eine Unterwerfungserklärung unter der auflösenden Bedingung einer allgemein verbindlichen, also auf Gesetz oder höchstrichterlicher Rechtsprechung beruhenden Klärung des zu unterlassenden Verhaltens als rechtmäßig abgegeben, so führt dies noch nicht dazu, dass die Wiederholungsgefahr bestehen bleibt.[1070] Etwas anderes gilt jedoch dann, wenn zur auflösenden Bedingung nicht eine solche Klärung allgemeiner Art, sondern allein der für den Verletzer günstige Ausgang eines von ihm gegen den Verletzten eingeleiteten Feststellungsverfahrens gemacht wird.[1071] Der BGH hielt beispielsweise eine Unterlassungserklärung unter der ausdrücklichen auflösenden Bedingung „einer anderweitigen rechtskräftigen Hauptsacheentscheidung eines bundesdeutschen Gerichts in gleicher Sache" für nicht geeignet, um die Wiederholungsgefahr auszuräumen.[1072] Eine solche Erklärung lässt keinen hinreichend eindeutigen Unterlassungswillen erkennen, da sie gerade nicht der außergerichtlichen Streitbeilegung, sondern nur seiner Verlagerung in ein dem Verletzer genehmes Verfahren und der Ermöglichung der Fortsetzung des Handelns nach Beendigung dieses Verfahrens dienen soll.[1073] 834

9. Warnung der Hersteller, Lieferanten und Abnehmer

Hält der Abgemahnte die Abmahnung für begründet, kommen neben der Abgabe einer Unterlassungserklärung gegebenenfalls weitere Maßnahmen in Betracht. Handelt es sich bei dem abgemahnten Unternehmen um einen Hersteller, so ist es ratsam, dass dieser seine Abnehmer vor Erteilung entsprechender Auskünfte auf den Konflikt hinweist. Zudem kann es sich für den abgemahnten Hersteller empfehlen, Unterlassungserklärungen für sämtliche Abnehmer vorzuformulieren, durch diese unterzeichnen zu lassen und vor Auskunftserteilung an das abmahnende Unternehmen zu versenden. Auf diese Weise kann der abgemahnte Hersteller vermeiden, dass sämtliche seiner Abnehmer ebenfalls kostenpflichtig verwarnt werden, die Kundenbeziehungen in Mitleidenschaft gezogen werden und 835

1070 BGH NJW-RR 1993, 1000 – Bedingte Unterwerfung.
1071 BGH NJW 1997, 1152 – Bob Dylan.
1072 BGH NJW 1997, 1152, 1154 – Bob Dylan.
1073 BGH NJW-RR 1993, 1000 – Bedingte Unterwerfung.

der Hersteller gegebenenfalls sämtliche Abmahnkosten seiner Abnehmer zu tragen hat. Der Auskunftsanspruch aus § 101 Abs. 3 UrhG erfasst zwar nur gewerbliche Abnehmer. Bei der Weitergabe von urheberrechtsverletzendem Material – beispielsweise Fotos – besteht aber auch das Risiko, dass private Abnehmer abgemahnt werden.

10. Zustandekommen eines Unterwerfungsvertrags

836 Ist die Unterlassungserklärung objektiv geeignet, die Wiederholungsgefahr zu beseitigen, sollte der Abmahnende sie annehmen. Der Versand des Abmahnschreibens mit beigefügter Unterlassungserklärung stellt einen Antrag auf Abschluss eines Unterwerfungsvertrags dar, den der Abgemahnte durch seine Unterschrift annimmt. Ändert der Abgemahnte den Entwurf ab, so stellt dies nach § 150 Abs. 2 BGB einen neuen Antrag dar, den der Abmahnende annehmen kann. Mit Annahme der Unterlassungserklärung kommt ein sogenannter Unterwerfungsvertrag zustande, der den gesetzlichen Unterlassungsanspruch durch einen selbstständigen vertraglichen Unterlassungsanspruch aufgrund eines abstrakten Schuldversprechens – gegebenenfalls teilweise – ersetzt.[1074] Handelt der Schuldner nach Zugang der Unterlassungserklärung aber noch vor Zustandekommen des Unterlassungsvertrags seiner Erklärung zuwider, so besteht kein Anspruch auf Zahlung der Vertragsstrafe.[1075] Der Unterwerfungsvertrag kommt grundsätzlich erst mit der Annahme des Angebots zustande.[1076] Sofern die Erklärung nicht vollständig oder in wesentlichen Punkten von der vorformulierten Unterlassungserklärung abweicht, ist der Zugang der Annahmeerklärung nach § 151 BGB grundsätzlich entbehrlich.[1077] Ein konkludenter Verzicht auf den Zugang der Annahme im Sinne des § 151 BGB kann hingegen nicht angenommen werden, wenn die Unterwerfungserklärung hinter dem vorangegangenen Verlangen des Gläubigers zurückbleibt.[1078] Eine ausreichende Unterlassungsverpflichtungserklärung beseitigt die Wiederholungsgefahr, auch wenn sie vom Verletzten nicht angenommen wird.[1079] Aus Sicht des Abmahnenden ist daher eine rasche Annahme geboten, wenn die Erklärung den Anforderungen entspricht. In der Praxis ist es üblich, die Unterlassungserklärung auch dann ausdrücklich anzunehmen, wenn diese nicht verändert

---

1074 BGH NJW 2010, 1874, 1876 Rn. 20 – Presserechtlicher Unterlassungsvertrag.
1075 BGH GRUR 2006, 878 – Vertragsstrafenvereinbarung; *Klein* GRUR 2007, 664.
1076 BGH WRP 2006, 1139, 1140 – Vertragsstrafenvereinbarung.
1077 BGH GRUR 2002, 824, 825 – Teilunterwerfung.
1078 OLG Köln GRUR-RR 2010, 339 – Matratzen im Härtetest.
1079 BGH GRUR 1985, 937, 938 – Vertragsstrafe bis zu ... I; OLG Braunschweig, Urteil vom 13.9.2021, Aktenzeichen 2 U 36/20 – Audi; OLG München NJW-RR 2003, 1487, 1489 – Esra.

wurde, sondern dem ursprünglichen Entwurf entspricht. Gibt der Verletzer eine inhaltlich unzureichende Unterlassungserklärung ab, die nur einen Teil der Rechtsverstöße abdeckt, so ist es in aller Regel ratsam, diesen Teil anzunehmen und hinsichtlich des restlichen Teils noch einmal zur Abgabe einer entsprechenden Erklärung aufzufordern und erforderlichenfalls gerichtliche Hilfe in Anspruch zu nehmen.

Bei Kaufleuten besteht gemäß §§ 350, 343 HGB kein Schriftformerfordernis für die Unterlassungserklärung. Gleichwohl kann der Gläubiger bei einer Übermittlung der Unterlassungserklärung per Telefax oder E-Mail nach § 127 Abs. 2 S. 2 BGB eine mit verbindlicher Unterschrift versehene Bestätigung verlangen.[1080] Kommt der Schuldner dem Verlangen nach einer schriftlichen Bestätigung nicht nach, so ist die Erklärung wirkungslos.[1081] Das Verlangen nach einer schriftlichen Bestätigung ist auch für den Gläubiger risikobehaftet, da er für den Fall, dass der Schuldner dem Verlangen nicht nachkommt, den Anspruch auf die Vertragsstrafe riskiert. 837

Bei schuldhaftem Verstoß gegen den Unterwerfungsvertrag ist die vereinbarte Vertragsstrafe zu bezahlen. Der Gläubiger des Vertragsstrafeversprechens ist dann lediglich für die objektive Zuwiderhandlung beweispflichtig, für einen etwaigen Mangel des Verschuldens hingegen der Schuldner. In die Unterlassungserklärung wird vom Abmahnenden üblicherweise eine Regelung aufgenommen, nach der die Vertragsstrafe bei mehrfachem Verstoß gegen den Unterwerfungsvertrag für jede einzelne Handlung zu zahlen ist. Nach Auffassung des BGH ist ein Verzicht auf die Einrede des Fortsetzungszusammenhangs zur Beseitigung der Wiederholungsgefahr regelmäßig nicht erforderlich.[1082] Aus Sicht des Abgemahnten sollte eine entsprechende Regelung, welche die Zusammenfassung mehrerer Verstöße zu einer einzigen Zuwiderhandlung nach den Grundsätzen der Handlungseinheit verhindert, aus dem Vertragsstrafeversprechen entfernt werden.[1083] 838

11. Rechtsfolgen erneuter Verstöße

Setzt sich der Schuldner bzw. Verletzer über den Unterwerfungsvertrag hinweg und verletzt das Schutzrecht erneut, hat der Gläubiger bzw. Rechtsinhaber einen neuen gesetzlichen Unterlassungsanspruch.[1084] 839

1080 OLG Frankfurt WRP 1989, 18; KG GRUR 1988, 567, 568.
1081 BGH GRUR 1990, 530, 532 – Unterwerfung durch Fernschreiben.
1082 BGH NJW 1993, 721, 722 – Fortsetzungszusammenhang.
1083 BGH GRUR 2009, 181, 184 – Kinderwärmekissen.
1084 BGH GRUR 1980, 241 – Rechtsschutzbedürfnis.

840 Bei erneuter Abmahnung kann die verwirkte Vertragsstrafe geltend gemacht werden sowie eine neue Unterlassungserklärung mit höherer Vertragsstrafe gefordert werden, da die bisherige Vertragsstrafe nicht ausreichte, um den Schuldner von weiteren Rechtsverletzungen abzuhalten.[1085] Bei einem Vertragsstrafeversprechen, das nach „neuem Hamburger Brauch" abgegeben wurde, kann nach Meinung des OLG Köln die erforderliche Verschärfung durch Versprechen einer Vertragsstrafe „nicht unter ... " genügen.[1086] Demgegenüber geht das OLG Braunschweig davon aus, dass bei einen Vertragsstrafeversprechen nach dem „neuen Hamburger Brauch" bei einem weiteren Verstoß keine Mindestsumme versprochen werden müsse.[1087]

841 Eine Verpflichtungserklärung nach „neuem Hamburger Brauch" lässt, wenn eine Obergrenze nicht festgesetzt ist, die Festsetzung einer Vertragsstrafe in jeder Höhe zu. Der Vorteil des „neuen Hamburger Brauchs" besteht insbesondere darin, dass im Falle eines Verstoßes eine Anpassung der Vertragsstrafe im Hinblick auf zukünftige Verstöße nicht geboten ist, weil in solchen Fällen ohne Weiteres mit einer höheren Vertragsstrafe als beim ersten Verstoß reagiert werden kann. Der Gläubiger ist in der Lage, eine Vertragsstrafe festzusetzen, die seiner Ansicht nach für den (wiederholten) Verstoß angemessen ist, sodass eine gesteigerte Sanktion sichergestellt und nicht zu befürchten ist, dass die Vertragsstrafe im Wiederholungsfall zu niedrig angesetzt wird. Die vom Bundesgerichtshof für den Wiederholungsfall befürwortete höhere Strafbewehrung in einem Vertragsstrafeversprechen ist dem „neuen Hamburger Brauch" immanent. Hat der Schuldner einmal gegen seine Unterlassungsverpflichtung verstoßen, droht ihm bei einem Wiederholungsfall automatisch eine deutlich höhere Sanktion, als sie bei einem erstmaligen Verstoß festzusetzen wäre.[1088]

842 Außerdem kann er den Unterlassungsanspruch auch gerichtlich geltend machen. Der Rechtsinhaber kann an einem solchen Vorgehen Interesse haben, da er auf diese Weise neben der ursprünglichen Unterlassungserklärung zusätzlich einen gerichtlichen Titel erhält. Bei weiteren Verstößen kann er dann sowohl die Zahlung der Vertragsstrafe fordern als auch die Verhängung eines Ordnungsgelds beantragen.

843 Nach der Rechtsprechung des OLG Köln ergibt sich der Unterlassungsanspruch aus dem Unterlassungsvertrag, ohne dass es darauf ankommen soll, ob

---

1085 BGH GRUR 1990, 534 – Abruf-Coupon; OLG Celle MMR 2017, 622.

1086 OLG Köln GRUR 2019, 176, 179 Rn. 51 – Herr Antje; OLG Köln ZUM 2015, 404 – Parfümfotos bei eBay.

1087 OLG Braunschweig, Urteil vom 13.9.2021, Aktenzeichen 2 U 36/20 – Audi.

1088 OLG Braunschweig, Urteil vom 13.9.2021, Aktenzeichen 2 U 36/20 – Audi.

die ursprüngliche Abmahnung begründet war.[1089] Gesetzliche und vertragliche Unterlassungsansprüche sollen in einer Konstellation einen einheitlichen Streitgegenstand bilden.[1090]

12. Wirksamkeit und Beendigung von Unterlassungsverträgen

a) Trennbarkeit von Unterlassungsverpflichtung und Vertragsstrafenregelung

Wurde eine Unterlassungserklärung abgegeben, bei der das Vertragsstrafever- 844
sprechen unwirksam ist, so kann die Unterlassungserklärung unter bestimmten Umständen gleichwohl wirksam sein. In einem Fall, bei dem der Schuldner die Bestimmung der Vertragsstrafenhöhe unzulässigerweise dem Gericht überlassen hatte, nahm das OLG Hamm die Wirksamkeit der Unterlassungserklärung an.[1091] Unterwerfungserklärung und Vertragsstrafeversprechen bestehen aus zwei äußerlich trennbaren Vereinbarungen im Sinne des § 139 BGB. Das OLG Hamm ging davon aus, dass der abtrennbare Teil, die Unterwerfungserklärung, auch ohne den nichtigen Teil und bei Kenntnis von der Nichtigkeit vereinbart worden wäre. Zwar gelte die Vertragsstrafe als typische Bekräftigung der Ernsthaftigkeit. Allerdings könne ein Unterlassungsvertrag auch ohne Vereinbarung einer Vertragsstrafe geschlossen werden. Die Unterlassungserklärung bleibt als selbstständiges Rechtsgeschäft ohne Vertragsstrafenvereinbarung sinnvoll. Wenn nämlich der Gläubiger mit der vertraglichen Unterwerfung einverstanden ist, so behält er jedenfalls den Vorteil, aus dieser Unterwerfung auch künftig einfacher vorgehen zu können. Die fehlende Vertragsstrafe kann nämlich durch eine Unterlassungsklage auf Basis des Vertragsversprechens durch richterliches Urteil kompensiert werden, das dann selbstständig Grundlage des Vollstreckungszwangs nach § 890 ZPO wird. Zwar wird dem Gläubiger auf diese Weise die erneute Klage nicht erspart, allerdings ist diese Klage schon deswegen vereinfacht, weil das Gericht nicht mehr prüfen muss, ob auch die Voraussetzungen des gesetzlichen Unterlassungsanspruchs vorliegen. Darin zeige sich der Vorteil der Vertragsverpflichtung.[1092]

1089 OLG Köln, Urteil vom 24.5.2017, Aktenzeichen 6 U 161/16 – Zauberwaschmittel; LG Frankfurt, Urteil vom 22.11.2018, Aktenzeichen 2-03 O 445/17.

1090 BGH GRUR 2013, 397 Rn. 13 – Peek & Cloppenburg III; OLG Köln ZUM 2015, 404 – Parfümfotos bei eBay.

1091 OLG Hamm, Urteil vom 22.8.2013, Aktenzeichen 4 U 52/13.

1092 OLG Hamm, Urteil vom 22.8.2013, Aktenzeichen 4 U 52/13.

b) Anfechtung

845 Grundsätzlich können auch Unterlassungserklärungen angefochten werden.[1093] Allerdings wird ein Irrtum nach § 119 BGB selten vorliegen. Irrt sich der Schuldner über die Rechtswidrigkeit des abgemahnten Verhaltens, so liegt darin nach Auffassung des OLG Stuttgart lediglich ein unbeachtlicher Motivirrtum.[1094] In besonderen Konstellationen kommt eine Anfechtung wegen arglistiger Täuschung in Betracht, beispielsweise wenn der Abmahnende fälschlich eine nicht bestehende Aktivlegitimation behauptet.

c) Kündigung

846 Der Unterlassungsvertrag begründet ein Dauerschuldverhältnis. Daher kommt grundsätzlich auch eine Kündigung in Betracht. Während die außerordentliche Kündigung eines Dauerschuldverhältnisses nach § 314 BGB ein vertragsimmanentes Mittel zur Auflösung der Vertragsbeziehung darstellt, handelt es sich bei der Auflösung eines Vertrags wegen Wegfalls der Geschäftsgrundlage nach § 313 BGB um eine von vornherein auf besondere Ausnahmefälle beschränkte rechtliche Möglichkeit.[1095]

847 Eine rechtsmissbräuchliche Abmahnung kann ein wichtiger Grund für die Kündigung einer auf der Abmahnung beruhenden Unterlassungsvereinbarung sein.[1096] Auch der Wegfall des der Erklärung zugrunde liegenden gesetzlichen Unterlassungsanspruchs kann ein wichtiger Grund für eine Kündigung sein.[1097]

II. Einreichung einer Schutzschrift

848 Schutzschriften sind nach § 945a Abs. 1 S. 2 ZPO vorbeugende Verteidigungsschriftsätze gegen erwartete Anträge auf Arrest oder einstweilige Verfügung. Die Schutzschrift war zunächst in der ZPO nicht geregelt und lediglich gewohnheitsrechtlich anerkannt. Am 1. Januar 2016 trat § 945a ZPO in Kraft, der die Schutzschrift regelt.[1098] § 945b ZPO ermächtigt das Bundesjustizministerium, eine Schutzschriftenregisterverordnung zu erlassen.[1099] Die Landesjustizverwaltung

1093 LG Hamburg ZUM-RD 2021, 513 – Vertragsstrafe bei fehlender Urhebernennung.
1094 OLG Stuttgart WRP 2016, 650.
1095 BGH GRUR 2014, 797 Rn. 23 – fishtailparka.
1096 BGH GRUR 2019, 638 – Kündigung der Unterlassungsvereinbarung.
1097 BGH GRUR 2014, 797 Rn. 24 – fishtailparka.
1098 *Hartmann* GRUR-RR 2015, 89; *derselbe* GRUR-Prax 2015, 163.
1099 *Schlingloff* WRP 2016, 301.

Hessen führt gemäß § 945a Abs. 1 S. 1 ZPO für die Länder ein zentrales, länderübergreifendes elektronisches Register für Schutzschriften (Schutzschriftenregister).[1100]

1. Funktion

Durch eine Schutzschrift kann jemand, der befürchtet, dass gegen ihn eine einstweilige Verfügung beantragt wird, versuchen, das Gericht davon abzuhalten, die einstweilige Verfügung überhaupt zu erlassen oder zumindest dies ohne mündliche Verhandlung zu tun. Grundsätzlich muss eine dem Gericht vorliegende Schutzschrift bei der Entscheidungsfindung berücksichtigt werden. Wird kein Verfügungsantrag eingereicht, so ist die Schutzschrift gegenstandslos. Nach § 945a Abs. 2 ZPO gilt eine Schutzschrift als bei allen ordentlichen Gerichten der Länder eingereicht, sobald sie in das Schutzschriftenregister eingestellt ist. Schutzschriften sind sechs Monate nach ihrer Einstellung zu löschen. Die Gerichte erhalten gemäß § 945a Abs. 3 S. 1 ZPO Zugriff auf das Register über ein automatisiertes Abrufverfahren. 849

2. Berücksichtigung der Schutzschrift durch das Gericht

Nach § 937 Abs. 2 ZPO kann das Gericht über einen Verfügungsantrag in dringenden Fällen ohne mündliche Verhandlung entscheiden. Diese vom Gesetzgeber als Ausnahme gedachte Vorschrift ist in der Praxis zum Regelfall geworden.[1101] Im Wettbewerb- und Presserecht ist dieser Trend durch die strenge Rechtsprechung des Bundesverfassungsgerichts etwas abgemildert worden.[1102] 850

Die Einreichung einer Schutzschrift kommt typischerweise dann in Betracht, wenn der Abgemahnte auf die Abmahnung des Schutzrechtsinhabers hin die Abgabe einer strafbewehrten Unterlassungserklärung verweigert und deshalb damit rechnen muss, dass der vermeintlich Verletzte ein Verfügungsverfahren einleiten wird. In aller Regel wird mit der Schutzschrift die Zurückweisung des Antrages auf Erlass der einstweiligen Verfügung beantragt, als Hilfsantrag die Anberaumung einer mündlichen Verhandlung. In der Schutzschrift kann der mutmaßliche Antragsgegner Einwendungen sowohl gegen das Vorliegen eines Verfügungsanspruchs als auch eines Verfügungsgrunds vortragen. Darüber hinaus kann er be- 851

1100 Stand 26.5.2022: https://schutzschriftenregister.hessen.de

1101 Vgl. *Teplitzky* WRP 2016, 1181, 1183.

1102 BverfG GRUR 2022, 429 – Mann über Bord; BverfG GRUR 2021, 989 – Kartellrechtliches Eilverfahren; BverfG NJW 2020, 3023 – Zahnabdruckset; BverfG NJW 2018, 3631; BverfG NJW 2018, 3634.

antragen, dass der Erlass und der Vollzug der Verfügung von einer Sicherheitsleistung abhängig gemacht werden. Diesbezüglich kann der Antragsgegner beispielsweise vortragen, dass durch die einstweilige Verfügung ein hoher Schaden eintreten kann und dass dieser Schaden durch den Schadensersatzanspruch nach § 945 ZPO voraussichtlich nicht abgedeckt werden kann.

852 Hält das Gericht die in der Schutzschrift geäußerten Bedenken für irrelevant, so kann es die einstweilige Verfügung im Beschlusswege erlassen. Sind die in der Schutzschrift geäußerten Bedenken hingegen relevant, so wird das Gericht in aller Regel einen Termin zur mündlichen Verhandlung bestimmen. Eine Schutzschrift gilt nach § 945a Abs. 2 ZPO als bei allen ordentlichen Gerichten der Länder eingereicht, sobald sie in das Schutzschriftenregister eingestellt ist.

853 Die Einreichung einer Schutzschrift kann für den Antragsgegner auch Nachteile mit sich bringen, die gegen die möglichen Vorteile der Schutzschrift abzuwägen sind. Insbesondere bei ausländischen Antragsgegnern kann es durch die Einreichung einer Schutzschrift dazu kommen, dass eine – trotz der Schutzschrift – erlassene einstweilige Verfügung später einfacher zugestellt werden kann, wenn die Schutzschrift durch einen Rechtsanwalt eingereicht wurde. Es kann dann die Zustellung an den Anwalt in Deutschland erfolgen. Eine Zustellung hat nach § 172 Abs. 1 ZPO an den Bevollmächtigten zu erfolgen.[1103]

854 Um zu vermeiden, dass der Verletzer eines Schutzrechts vor Erlass der einstweiligen Verfügung eine Schutzschrift einreicht, kann der Schutzrechtsinhaber versuchen, zunächst eine Beschlussverfügung zu erwirken und den Antragsgegner erst anschließend abmahnen. In der Praxis kommt es gelegentlich vor, dass bei der Abmahnung auf den Umstand, dass bereits eine einstweilige Verfügung erlassen wurde, nicht hingewiesen wird, weshalb eine solche einstweilige Verfügung als Vorrats- oder Schubladenverfügung bezeichnet wird. Grundsätzlich hat dieses Vorgehen für den Antragsteller den Nachteil, dass ein Anspruch auf Ersatz der Abmahnkosten nicht besteht.[1104] Darüber hinaus kann nach Meinung des OLG Frankfurt eine Unterlassungsvereinbarung unter Umständen wegen arglistiger Täuschung angefochten werden, wenn parallel zu ihrem Abschluss eine Verbotsverfügung beantragt wurde.[1105] In dem der Entscheidung zugrunde liegenden Fall war in dem Abmahnschreiben mitgeteilt worden, dass „*nach Fristablauf*", die Prozessbevollmächtigten der Klägerin „*raten werden, die ihr zustehenden Unterlassungsansprüche gerichtlich durchzusetzen*". Mit Verwendung der Zukunftsform

---

1103 OLG Köln GRUR 2001, 456 – Wahrung der Vollziehungsfrist; OLG Celle GRUR 1998, 77 – Wiederbefüllte Druckpatronen.

1104 OLG München GRUR-RR 2006, 176 – Schubladenverfügung.

1105 OLG Frankfurt, Urteil vom 19.2.2015, Aktenzeichen 16 U 141/14; hierzu *Zindel/Vorländer* WRP 2017, 276.

wurde zum Ausdruck gebracht, dass die tatsächliche gerichtliche Durchsetzung des Anspruchs noch bevorstand und noch nicht vollzogen war. Verstärkt wurde dieser Aussagegehalt durch die Wendung: „*...geben wir Ihnen entsprechend Gelegenheit, eine strafbewehrte Unterlassungserklärung,* [...] *abzugeben.*“ Damit wurde für den Erklärungsempfänger zum Ausdruck gebracht, er könne mit der Unterwerfung der Sache noch eine andere Wendung geben und das Verfahren insgesamt außergerichtlich abschließen.[1106]

3. Erstattungsfähigkeit der Kosten

Die Kosten einer Schutzschrift sind grundsätzlich erstattungsfähig, wenn ein Antrag auf Erlass einer einstweiligen Verfügung bei Gericht anhängig gemacht wird und entweder rechtskräftig zurückgewiesen oder vom Antragsteller zurückgenommen wird.[1107] Die Frage, ob Kosten der Rechtsverfolgung oder Rechtsverteidigung notwendig sind, beurteilt sich nach einem objektiven Maßstab. Ob das Gericht, bei dem der Verfügungsantrag gestellt wird, die Schutzschrift vor seiner Entscheidung zur Kenntnis genommen hat oder nicht, ist nach Meinung des OLG Hamburg nicht ausschlaggebend.[1108] 855

Wurde der Antrag auf Erlass einer einstweiligen Verfügung bereits zurückgenommen, bevor die Schutzschrift eingereicht wurde, so sind die Kosten auch dann nicht erstattungsfähig, wenn der Antragsgegner nicht wusste, dass der Antrag zurückgenommen worden war.[1109] Notwendig im Sinne des § 91 Abs. 1 S. 1 ZPO sind nur solche Maßnahmen, die im Zeitpunkt ihrer Vornahme objektiv erforderlich oder geeignet waren. Da eine nach Rücknahme des Verfügungsantrags eingereichte Schutzschrift ihr Ziel naturgemäß nicht mehr erreichen kann, ist sie keine objektiv zur Rechtsverteidigung erforderliche Maßnahme. Auf eine verschuldete oder unverschuldete Kenntnis des Antragsgegners von der Antragsrücknahme kommt es nicht an.[1110] 856

1106 OLG Frankfurt, Urteil vom 19.2.2015, Aktenzeichen 16 U 141/14.

1107 BGH GRUR 2003, 456 – Kosten der Schutzschrift I; BGH ZUM 2008, 136 – Kosten der Schutzschrift II, BGH GRUR 2008, 640 – Kosten der Schutzschrift III.

1108 OLG Hamburg GRUR-RR 2016, 431 – Übersehene Schutzschrift.

1109 BGH ZUM 2008, 136 – Kosten der Schutzschrift II; OLG Karlsruhe WRP 1981, 39.

1110 BGH ZUM 2008, 136, 137 – Kosten der Schutzschrift II.

III. Negative Feststellungsklage

857 Eine negative Feststellungsklage ist auf die Feststellung gerichtet, dass der geltend gemachte Anspruch nicht besteht.

1. Funktion

858 Weist der Abgemahnte die Abmahnung zurück und gibt der Abmahnende daraufhin zu erkennen, dass er an seinen Ansprüchen festhalten werde, so bleibt für den Abgemahnten ein Risiko bestehen: Es besteht die Möglichkeit, dass der Abmahnende zunächst seine Ansprüche nicht weiterverfolgt, aber dies irgendwann in der Zukunft nachholt. Hier kann dem Abgemahnten nicht zugemutet werden, sich auf den relativ unklar konturierten Verwirkungseinwand zu verlassen. Vielmehr besteht ein Feststellungsinteresse dahingehend, dass gerichtlich geklärt wird, ob eine Rechtsverletzung vorliegt oder nicht. Die negative Feststellungsklage dient der Klärung der Rechtslage.

2. Feststellungsinteresse

859 Die negative Feststellungsklage entspricht der Leistungsklage mit umgekehrtem Rubrum. Zulässigkeitsvoraussetzung der negativen Feststellungsklage ist nach § 256 ZPO ein rechtliches Interesse an der Feststellung des Bestehens oder Nichtbestehens eines Rechtsverhältnisses. Dieses Feststellungsinteresse wird durch die Abmahnung begründet.

a) Beweislast

860 Die Beweislast für das Vorliegen des Feststellungsinteresses trägt der Kläger. Anders als eine Abmahnung begründet eine Berechtigungsanfrage noch kein Feststellungsinteresse. Die Beweislastverteilung bei der negativen Feststellungsklage ist nicht anders als bei der Unterlassungsklage. Der beklagte Anspruchsteller hat demnach die Voraussetzung des von ihm in der Abmahnung geltend gemachten Anspruchs im Rahmen der negativen Feststellungsklage darzulegen und ggf. zu beweisen.

861 Der zu Unrecht Abgemahnte ist grundsätzlich nicht gehalten, vor der Erhebung einer negativen Feststellungsklage eine Gegenabmahnung auszusprechen.[1111] Eine Gegenabmahnung ist vielmehr nur dann ausnahmsweise veranlasst,

1111 BGH GRUR 2004, 790, 792 – Gegenabmahnung; OLG Stuttgart MMR 2011, 833.

wenn die Abmahnung in tatsächlicher oder rechtlicher Hinsicht auf einer offensichtlich unzutreffenden Annahme beruht, bei deren Richtigstellung mit einer Änderung der Auffassung des Abmahnenden gerechnet werden kann. Denn nur in solchen Fällen entspricht eine Gegenabmahnung dem mutmaßlichen Willen und dem Interesse des Abmahnenden und der Abgemahnte kann daher die Kosten der Gegenabmahnung erstattet verlangen.

Bei der negativen Feststellungsklage muss der Feststellungskläger lediglich 862
beweisen, dass sich der Beklagte eines Anspruchs aufgrund eines bestimmten Lebenssachverhalts berühmt. Demgegenüber obliegt dem Anspruchsteller in der Rolle des Feststellungsbeklagten der Beweis derjenigen Tatsachen, aus denen er seinen Anspruch herleitet, denn auch bei der negativen Feststellungsklage ist – wenn auch mit umgekehrten Parteirollen – Streitgegenstand der materielle Anspruch, um dessen Nichtbestehen gestritten wird.[1112]

b) Entfallen des Feststellungsinteresses

Das Feststellungsinteresse entfällt, wenn der Schutzrechtsinhaber seinerseits ei- 863
ne positive Leistungsklage mit umgekehrtem Rubrum auf Unterlassung erhebt und diese nicht mehr einseitig ohne Zustimmung des Beklagten zurückgenommen werden kann.[1113] Eine solche einseitige Rücknahme der Leistungsklage ist nach § 269 Abs. 1 ZPO nach Beginn der mündlichen Verhandlung nicht mehr möglich. Voraussetzung für das Entfallen des Feststellungsinteresses ist die Identität der Streitgegenstände.[1114] Das Feststellungsinteresse entfällt bei Einreichung einer Leistungsklage umgekehrten Rubrums dann nicht, wenn der Antrag der negativen Feststellungsklage über den umgekehrten Antrag der Leistungsklage hinaus geht. Eine solche Konstellation kann sich beispielsweise dann ergeben, wenn der Abmahnende die Abmahnung weiter fasst als seine Leistungsklage. Hinsichtlich des in der Abmahnung geltend gemachten überschießenden Teils besteht dann das Feststellungsinteresse weiter. Das Feststellungsinteresse entfällt also nur dann, wenn der Streitgegenstand deckungsgleich ist.[1115]

1112 OLG Hamburg ZUM 2022, 144 Rn. 66 – ITPUse.
1113 BGH GRUR 2006, 217 – Detektionseinrichtung I; BGH GRUR 1994, 846, 847 – Parallelverfahren II; *Hoene* WRP 2008, 44.
1114 Vgl. BGH GRUR 2008, 360, 361 Tz. 23 – EURO und Schwarzgeld.
1115 OLG Hamburg ZUM 2022, 144 Rn. 53 – ITPUse.

3. Auswirkung auf den Gerichtsstand

a) Leistungsklage

864 Der Abmahnende kann seine Leistungsklage ohne Weiteres bei einem anderen Gericht anhängig machen.[1116] Die Rechtshängigkeit einer negativen Feststellungsklage kann der späteren Leistungsklage nicht gemäß § 261 Abs. 3 Nr. 1 ZPO entgegengehalten werden, weil der Streitgegenstand der Leistungsklage weiter ist.

865 Anders ist dies im Anwendungsbereich der EuGVO.[1117] Werden bei Gerichten verschiedener Mitgliedstaaten Klagen wegen desselben Anspruchs zwischen denselben Parteien anhängig gemacht, so setzt das später angerufene Gericht Art. 29 Abs. 1 EuGVO unbeschadet des Art. 31 Abs. 2 EuGVO das Verfahren von Amts wegen aus, bis die Zuständigkeit des zuerst angerufenen Gerichts feststeht. Identität des Anspruchs im Sinne des Art. 29 Abs. 1 EuGVO kann zwischen der zuerst erhobenen negativen Feststellungsklage im Verhältnis zur nachfolgenden Leistungsklage bestehen.[1118] Diese Regelung hat zu negativen Feststellungsklagen vor Gerichten in Mitgliedstaaten – wie beispielsweise Italien – geführt, die den Ruf haben, dass Gerichtsverfahren dort lange dauern. Mit solchen sogenannten Torpedoklagen sollte die Leistungsklage mit umgekehrtem Rubrum verzögert werden. Negative Feststellungsklagen können auch am deliktischen Gerichtsstand gemäß Art. 7 Nr. 2 EuGVO erhoben werden.[1119] Eine Anspruchsidentität liegt vor, wenn sich potenziell konkurrierende Sachentscheidungen hinsichtlich ihrer rechtskraftfähigen Aussagen widersprechen könnten. Dies ist dann der Fall, wenn es in den Prozessen im Kern um denselben Streit geht.[1120] Eine Anspruchsidentität liegt demgegenüber nicht vor, wenn es um verschiedene territoriale Schutzrechte geht.[1121] Um überhaupt relevant zu sein, muss der territoriale Anspruchsgegenstand der Torpedoklage und der späteren Leistungsklage (zumindest teilweise) übereinstimmen.

866 Bei Vorliegen einer Torpedoklage ist bei der Anwendung des Art. 29 EuGVO auch zu prüfen, ob die Torpedoklage nicht rechtsmissbräuchlich erhoben wurde.[1122]

1116 BGH NJW 1994, 3107 – Parallelverfahren II.

1117 Verordnung (EU) Nr. 1215/2012 des Europäischen Parlaments und des Rates vom 12.12.2012 über die gerichtliche Zuständigkeit und die Anerkennung und Vollstreckung von Entscheidungen in Zivil- und Handelssachen.

1118 *Schack*[8] Internationales Zivilverfahrensrecht Rn. 908; MüKo/*Gottwald*[6] Art. 29 EuGVO Rn. 11.

1119 EuGH 2013, 287 – Torpedoklagen.

1120 LG Düsseldorf, Urteil vom 11.7.2018, Aktenzeichen 4c O 81/17.

1121 BGH GRUR 2011, 1112 Rn. 23 – Schreibgeräte.

b) Verfügungsverfahren

Ob die Erhebung einer negativen Feststellungsklage den Gläubiger für einen möglichen späteren Verfügungsantrag an den gewählten Gerichtsstand bindet, ist umstritten.[1123] Für den Erlass einstweiliger Verfügungen ist nach § 937 Abs. 1 ZPO das Gericht der Hauptsache zuständig. 867

Nach Auffassung des OLG Frankfurt kann der Abgemahnte durch die Erhebung einer negativen Feststellungsklage nicht den Gerichtsstand der Hauptsache für das Eilverfahren begründen.[1124] 868

IV. Geltendmachung eigener Unterlassungsansprüche

War die Abmahnung unbegründet, so kommen eigene Unterlassungsansprüche in Betracht. Eine unbegründete Schutzrechtsverwarnung kann als Eingriff in den eingerichteten und ausgeübten Gewerbebetrieb nach § 823 Abs. 1 BGB gewertet werden.[1125] Der Schutz des § 823 Abs. 1 BGB wird gegen jede Beeinträchtigung des Rechts am eingerichteten und ausgeübten Gewerbebetrieb gewährt, wenn die Störung einen unmittelbaren Eingriff in den gewerblichen Tätigkeitskreis darstellt. Durch den dem eingerichteten und ausgeübten Gewerbebetrieb gewährten Schutz soll das Unternehmen in seiner wirtschaftlichen Tätigkeit und in seinem Funktionieren vor widerrechtlichen Eingriffen bewahrt bleiben.[1126] 869

Ein solcher Eingriff ist besonders gravierend, wenn nicht der Hersteller, sondern dessen Abnehmer abgemahnt wird. Handelt es sich bei den Abnehmern um Handelsunternehmen, so werden diese in aller Regel wenig Interesse an einer Auseinandersetzung haben, sondern das beanstandete Produkt einfach aus ihrem Sortiment nehmen. Zudem versuchen viele Handelsunternehmen durch entsprechende Formulierung in ihren Einkaufsbedingungen dafür zu sorgen, dass sämtliche Aufwendungen, die durch von Dritten ausgesprochene Abmahnungen entstehen, von dem Lieferanten zu tragen sind. Eine Abnehmerverwarnung trifft das herstellende Unternehmen zwar nur mittelbar, dafür aber umso nachhaltiger. Der Lieferant kann in einer solchen Konstellation eigene Unterlassungsansprüche geltend machen. Nach Auffassung des Kammergerichts besteht allerdings in der 870

1122 LG Hamburg, Urteil vom 18.9.2015, Aktenzeichen 308 O 143/14.

1123 *Steinbeck* NJW 2007, 1783, 1785.

1124 OLG Frankfurt GRUR-RR 2014, 117 – VW-Bus; anders noch OLG Frankfurt GRUR 1997, 485 – Korrektur des Gerichtsstands.

1125 Vgl. BGH GRUR 2005, 882 – Unberechtigte Schutzrechtsverwarnung; kritisch hierzu *Deutsch* GRUR 2006, 374, 375.

1126 BGH NJW 2019, 781 Rn. 16 – Presserechtliches Warnschreiben.

Regel kein Rechtsschutzbedürfnis des Antragstellers an einer einstweiligen Untersagung der Zusendung weiterer Abmahnungen des Antragsgegners an den Antragsteller.[1127]

V. Geltendmachung von Schadensersatzansprüchen

871 Soweit die Abmahnung unberechtigt oder unwirksam ist, kann der Abgemahnte nach § 97a Abs. 4 S. 1 UrhG Ersatz der für seine Rechtsverteidigung erforderlichen Aufwendungen verlangen, es sei denn, es war für den Abmahnenden zum Zeitpunkt der Abmahnung nicht erkennbar, dass die Abmahnung unberechtigt war.

872 § 97a Abs. 4 S. 2 UrhG lässt weitergehende Ersatzansprüche ausdrücklich unberührt. Zu diesen Ansprüchen gehören etwa Schadensersatzansprüche aus § 823 Abs. 1 BGB. Geht eine unberechtigte Schutzrechtsverwarnung auf eine fahrlässig unzutreffende Rechtsberatung des Schutzrechtsinhabers durch einen Rechtsanwalt zurück, kann der Rechtsanwalt neben dem Schutzrechtsinhaber unter dem Gesichtspunkt eines rechtswidrigen und schuldhaften Eingriffs in den eingerichteten und ausgeübten Gewerbebetrieb zum Schadensersatz verpflichtet sein.[1128]

873 Stellt der zu Unrecht Abgemahnte infolge der Abmahnung den Vertrieb des beanstandeten Produkts ein, ist wegen des in der unberechtigten Schutzrechtsverwarnung liegenden Eingriffs in den eingerichteten und ausgeübten Gewerbebetrieb auch der Schaden ersatzfähig, der dem Abgemahnten infolge der Vertriebseinstellung nach Erhebung einer Klage wegen der Schutzrechtsverletzung entsteht.[1129]

§ 29 Einstweilige Verfügung

I. Überblick

874 Führt die außergerichtliche Abmahnung nicht zu dem gewünschten Erfolg, so kann der Rechtsinhaber gerichtliche Hilfe in Anspruch nehmen. Aufgrund der Schnelllebigkeit der Medien ist der vorläufige Rechtsschutz in Form des einstweiligen Verfügungsverfahrens von besonderer Bedeutung. Ob eine Klage oder ein

1127 KG GRUR-RR 2017, 85.

1128 BGH GRUR 2020, 1116 Rn. 18 – Unberechtigte Schutzrechtsverwarnung III; BGH NJW 2016, 2110 – Unberechtigte Schutzrechtsverwarnung II; zur Störerhaftung aufgrund eines presserechtlichen Informationsschreibens vgl. OLG München NJW-RR 2022, 124.

1129 BGH GRUR 2018, 832 – Ballerinaschuh.

https://doi.org/10.1515/9783110617207-029

Antrag auf Erlass einer einstweiligen Verfügung vorzugswürdig ist, ist eine Frage des Einzelfalls. Für eine einstweilige Verfügung sprechen aus Sicht des Verletzten häufig der geringe Zeit- und Kostenaufwand.

Die Möglichkeit von einstweiligen Verfügungen sieht auch die Richtlinie zur Durchsetzung der Rechte des geistigen Eigentums (Enforcement-RL) vor.[1130] Das nationale Recht der Mitgliedstaaten muss richtlinienkonform ausgelegt werden.[1131] Nach Art. 9 Abs. 1 a Enforcement-Richtlinie stellen die Mitgliedstaaten sicher, dass die zuständigen Gerichte die Möglichkeit haben, auf Antrag des Antragstellers gegen den angeblichen Verletzer eine einstweilige Maßnahme anzuordnen, um eine drohende Verletzung eines Rechts des geistigen Eigentums zu verhindern oder einstweilig die Fortsetzung angeblicher Verletzungen dieses Rechts zu untersagen oder die Fortsetzung an die Stellung von Sicherheiten zu knüpfen, die die Entschädigung des Rechtsinhabers sicherstellen sollen.[1132] 875

Voraussetzung für den Erlass einer einstweiligen Verfügung sind ein Verfügungsanspruch und ein Verfügungsgrund. Das Vorliegen von Verfügungsanspruch und Verfügungsgrund sind dem Gericht glaubhaft zu machen. Im Wege der einstweiligen Verfügung können nur einige wenige Ansprüche geltend werden, beispielsweise der Unterlassungsanspruch nach § 97 Abs. 1 UrhG, der Vernichtungsanspruch durch Sequestration (§ 98 Abs. 1 UrhG), der Drittauskunftsanspruch (§ 101 Abs. 1 UrhG) und der Auskunftsanspruch gegen Dritte (§ 101 Abs. 2 UrhG), der Besichtigungsanspruch (§ 101a Abs. 1 UrhG) und der Anspruch auf Sicherung von Schadensersatzansprüchen (§ 101b Abs. 1 UrhG). 876

Nicht im Wege der einstweiligen Verfügung gesichert werden können beispielsweise Zahlungsansprüche, also Ansprüche auf Schadensersatz (§ 97 Abs. 2 S. 1 UrhG), Bereicherungsausgleich (§ 812 BGB), Geldentschädigung (§ 97 Abs. 2 S. 4 UrhG), Erstattung von Abmahnkosten (§ 97a Abs. 3 UrhG) und Geschäftsführung ohne Auftrag (§§ 683, 670 BGB). Auch der akzessorische Auskunftsanspruch, der insbesondere auf Informationen über Umsatz und Gewinn des Verletzers zielt, kann nicht im Wege der einstweiligen Verfügung durchgesetzt werden. 877

1130 RL 2004/48/EG zur Durchsetzung der Rechte des geistigen Eigentums.

1131 Vgl. Wandtke/Bullinger/*von Welser*[5] Vor §§ 120 ff. UrhG Rn 56.

1132 Auch Art. 50 Abs. 2 TRIPs sieht eine Befugnis der Gerichte vor, gegebenenfalls einstweilige Maßnahmen ohne Anhörung der anderen Partei zu treffen, insbesondere dann, wenn durch eine Verzögerung dem Rechtsinhaber wahrscheinlich ein nicht wiedergutzumachender Schaden entstünde oder wenn nachweislich die Gefahr besteht, dass Beweise vernichtet werden. Art. 50 TRIPs ist zwar nicht unmittelbar anwendbar, aber zur Auslegung der einschlägigen Bestimmungen des deutschen Rechts mit heranzuziehen (BGH GRUR 2002, 1046, 1048 – Faxkarte; OLG Düsseldorf GRUR-RR 2008, 329, 330 – Olanzapin).

878 Der Antrag, mit dem der Berechtigte die Unterlassung einer Urheberrechtsverletzung begehrt, muss die Verletzungsform beschreiben.[1133] Besonders gut eignen sich hierfür Abbildungen des Verletzungsprodukts. Eine Wiedergabe des kopierten Originals kommt nur in Fällen einer identischen Übernahme in Betracht.

879 Nach § 937 Abs. 2 ZPO kann die Entscheidung im Verfügungsverfahren in dringenden Fällen ohne mündliche Verhandlung ergehen. Auch diese Möglichkeit ist in der Enforcement-Richtlinie vorgesehen. Nach Art. 9 Abs. 4 Enforcement-RL stellen die Mitgliedstaaten sicher, dass die einstweiligen Maßnahmen in geeigneten Fällen ohne Anhörung der anderen Partei angeordnet werden können, insbesondere dann, wenn durch eine Verzögerung dem Rechtsinhaber ein nicht wieder gutzumachender Schaden entstehen würde. In diesem Fall sind die Parteien spätestens unverzüglich nach der Vollziehung der Maßnahmen davon in Kenntnis zu setzen.

II. Rechtsweg

1. Ordentlicher Rechtsweg

880 § 104 UrhG eröffnet für sämtliche Urheberrechtsstreitsachen den ordentlichen Rechtsweg. Eine Legaldefinition der Urheberrechtsstreitsache enthält § 104 S. 1 UrhG. Dies sind alle Rechtsstreitigkeiten, durch die ein Anspruch aus einem der im UrhG geregelten Rechtsverhältnisse geltend gemacht wird.

881 So gehören etwa nach der Legaldefinition in § 104 S. 1 UrhG zu den Urheberstreitigkeiten alle Ansprüche, die sich aus einem im Urheberrechtsgesetz geregelten Rechtsverhältnis ergeben. Ziel ist unter anderem, dass Richter mit Urheberstreitsachen betraut werden, die häufig über urheberrechtliche Fragen zu entscheiden haben und auf diese Weise entsprechende Erfahrungen sammeln.

882 Um diesen Zweck zu erreichen, ist der Begriff der Urheberrechtsstreitsache weit auszulegen.[1134] Unter den Begriff fallen außer Streitigkeiten über Anspruchsgrundlagen aus dem UrhG, aus dem VGG und aus dem VerlG auch Streitigkeiten über Angelegenheiten aus anderen Gesetzen oder Rechtsquellen, die unter Anwendung der genannten drei Gesetze zu entscheiden sind.[1135] Kommen mehrere Anspruchsgrundlagen oder Verletzungshandlungen in Betracht, genügt es, dass der Anspruch zusätzlich auch auf das Urheberrecht gestützt werden kann. Es bleibt

---

1133 BGH GRUR 2003, 786 – Innungsprogramm.

1134 BGH GRUR-RR 2020, 95 Rn. 12 – Zuständigkeitskonzentration; BGH GRUR 2016, 636 Rn. 13 – Gestörter Musikvertrieb; BGH GRUR 2013, 757 Rn. 7 – Urheberrechtliche Honorarklage.

1135 BGH GRUR-RR 2020, 95 Rn. 12 – Zuständigkeitskonzentration; BGH GRUR 2016, 636 Rn. 13 – Gestörter Musikvertrieb.

dann eine Urheberrechtsstreitsache. Nicht unter § 104 UrhG fallen Streitigkeiten, die das Recht am eigenen Bild aus §§ 22ff. KUG betreffen.[1136]

Die Rechtswegzuständigkeit ist von Amts wegen zu prüfen. Ein rügeloses Einlassen zur Hauptsache begründet also nicht die Zuständigkeit eines an sich unzuständigen Gerichts. Die Prüfung der Rechtswegzuständigkeit muss im Verfahren erster Instanz erfolgen. Handelt es sich um eine Urheberrechtsstreitsache, für die nach § 104 S. 1 UrhG der ordentliche Rechtsweg gegeben ist, muss ein vom Kläger angerufenes Arbeitsgericht die Klage in den ordentlichen Rechtsweg verweisen. In den Rechtsmittelinstanzen ist dies nicht mehr nachholbar, wenn die Zulässigkeit des Rechtswegs nicht gerügt worden ist.[1137] Auch eine vor dem Arbeitsgericht erhobene Widerklage fällt nach § 104 S. 1 UrhG in die Rechtswegzuständigkeit der ordentlichen Gerichtsbarkeit, wenn sich die Widerklageforderung auf urheberrechtliche Anspruchsgrundlagen stützen lässt und zunächst ausdrücklich darauf gestützt wurde.[1138] 883

2. Arbeits- oder Dienstverhältnisse

Im Hauptsacheverfahren kann auch § 104 S. 2 UrhG eine Rolle spielen. Für Urheberrechtsstreitsachen aus Arbeits- oder Dienstverhältnissen, die ausschließlich Ansprüche auf Leistung einer vereinbarten Vergütung zum Gegenstand haben, bleiben nach § 104 S. 2 UrhG der Rechtsweg zu den Gerichten für Arbeitssachen und der Verwaltungsrechtsweg unberührt. So sind also die Arbeitsgerichte nur für urheberrechtliche Streitigkeiten aus Arbeitsverhältnissen zuständig, die ausschließlich Ansprüche auf Leistung einer vereinbarten Vergütung zum Gegenstand haben. Denn in diesen Fällen sind keine Rechtsfragen zu entscheiden, die Inhalt oder Umfang urheberrechtlicher Befugnisse betreffen. 884

3. Ansprüche auf Information gegen Körperschaften des öffentlichen Rechts

Verwaltungsgerichte sind durch § 104 S. 1 UrhG nicht gehindert, über urheberrechtliche Fragen zu entscheiden, die sich in Klagen auf Informationen gegen Körperschaften des öffentlichen Rechts stellen.[1139] Auch wenn in solchen Verfah- 885

1136 OLG Braunschweig ZUM-RD 2019, 626 Rn. 11.

1137 BAG NZA 1997, 765 – Schaufensterdekorationen; BAG NZA 1996, 1342 – Computerprogramm.

1138 LAG Köln, Beschluss vom 7.9.2021, Aktenzeichen 9 Ta 107/21 – Praxismanagementsoftware.

1139 Vgl. VGH Bayern ZUM-RD 2021, 392 – Informationszugang vs. Urheberschutz; VGH Mannheim, Urteil vom 22.6.2021, Aktenzeichen 10 S 320/20; OVG Berlin-Brandenburg, Urteil vom 5.11.2020, Aktenzeichen OVG 12 B 11.19.

ren häufig urheberrechtliche Fragen zu beurteilen sind, wird kein Anspruch aus einem der im UrhG geregelten Rechtsverhältnisse i. S. d. § 104 UrhG geltend gemacht. So entschied beispielsweise das Hamburgische Oberverwaltungsgericht über die Frage der urheberrechtlichen Schutzfähigkeit eines Anwaltsschriftsatzes, die sich in einer auf das Hamburgische Transparenzgesetz gestützten Klage stellte.[1140] Auch das Bundesverwaltungsgericht urteilt regelmäßig über urheberrechtliche Fragen, die sich in Klagen aus dem Informationsfreiheitsgesetz (IFG) gegen Körperschaften des öffentlichen Rechts stellen.[1141] Der Rechtsweg wird im IFG nicht geregelt. § 9 IFG enthält keine entsprechende Regelung.[1142] Nach der Rechtsprechung des BVerwG ist der Verwaltungsrechtsweg eröffnet.[1143] Eine ausdrückliche Regelung des Verwaltungsrechtswegs enthält beispielsweise § 6 Abs. 1 UIG (Umweltinformationsgesetz).[1144]

III. Gerichtszuständigkeit

886 Die Gerichtszuständigkeit ist insbesondere in der ZPO und der EuGVO[1145] geregelt. Die EuGVO gilt für zivilrechtliche Streitigkeiten, wobei es im Verfügungsverfahren auf die Rechtsnatur der zu sichernden Ansprüche ankommt.[1146] In ihrem Anwendungsbereich geht die EuGVO der ZPO vor. Bei der Durchsetzung von Ansprüchen bei Urheberrechtsverletzungen sind vor allem der allgemeine Gerichtsstand (Art. 4 EuGVO/§ 17 ZPO) und der deliktische Gerichtsstand (Art. 7 Nr. 2 EuGVO/ § 32 ZPO) relevant.

1. Internationale Zuständigkeit

887 Bei gegebener internationaler Zuständigkeit kann unter Umständen auch ausländisches Sachrecht anzuwenden sein. Das Territorialitätsprinzip steht dem nicht

---

1140 OVG Hamburg, Urteil vom 20.9.2021, Aktenzeichen 3 Bf 87/18 – Anwaltsschriftsatz.

1141 BverwG GRUR 2020, 189 – Zugang zu Umweltinformationen; BverwG NJW 2015, 3258 – Arbeiten der Wissenschaftlichen Dienste des Bundestags.

1142 *Schoch*[2] § 9 IFG Rn. 71.

1143 BverwG NVwZ 2012, 1563 – Rechtsweg bei IFG-Anspruch gegen BaFin.

1144 VG Stuttgart, Urteil vom 16.11.2017, Aktenzeichen 14 K 6356/16.

1145 Verordnung (EU) Nr. 1215/2012 des Europäischen Parlaments und des Rates vom 12.12.2012 über die gerichtliche Zuständigkeit und die Anerkennung und Vollstreckung von Entscheidungen in Zivil- und Handelssachen.

1146 EuGH, Urteil vom 3.9.2020, Aktenzeichen C-186/19 Rn. 52 – Supreme Headquarters Allied Powers Europe; BGH GRUR 2020, 101, 103 Rn. 16 – Facebook-Messenger.

entgegen.[1147] Die EuGVO gilt grundsätzlich unabhängig von der Staatsangehörigkeit für alle Personen, die ihren Sitz in einem EU-Mitgliedstaat haben.[1148] Hat der Beklagte keinen Wohnsitz in einem Mitgliedstaat, so richtet sich die Zuständigkeit grundsätzlich nach den nationalen Prozessordnungen. Der Gerichtsstand der unerlaubten Handlung richtet sich gemäß Art. 7 Nr. 2 EuGVO nach dem Tatort. Diese Vorschrift regelt neben der internationalen Zuständigkeit auch die örtliche Zuständigkeit, sodass ein Rückgriff auf die §§ 12ff. ZPO ausgeschlossen ist. Dies ist anders beim allgemeinen Gerichtsstand des Beklagtensitzes nach Art. 4 EuGVO, der nur die internationale Zuständigkeit regelt, sodass für die örtliche Zuständigkeit auf §§ 12ff. ZPO zurückgegriffen werden muss.[1149]

Der deliktische Gerichtsstand besteht an jedem Ort, an dem das Recht verletzt 888 wird oder eine solche Verletzung droht. Auch eine Feststellungsklage wird von der Norm erfasst.[1150] Nach der älteren Rechtsprechung in Deutschland konnte der Rechtsinhaber nur dort klagen, wo die urheberrechtlich geschützten Inhalte bestimmungsgemäß abrufbar sind.[1151] Nach Auffassung des EuGH soll es auf die Bestimmungsgemäßheit hingegen nicht ankommen.[1152] Art. 7 Nr. 2 EuGVO verlangt nach Auffassung des EuGH nicht, dass die fragliche Website auf den Mitgliedstaat des angerufenen Gerichts ausgerichtet ist. Es soll deshalb unerheblich sein, ob die Website mit den urheberrechtlich geschützten Inhalten für den Mitgliedstaat des angerufenen Gerichts bestimmt ist.[1153] Dem hat sich inzwischen auch der BGH angeschlossen.[1154] Es genügt danach die Abrufbarkeit einer Internetseite, ohne dass es darauf ankommt, ob sich diese zielgerichtet an Personen im Gerichtsstaat richtet.[1155] Daraus folgt in vielen Fällen ein Wahlrecht des Verletzten. Dieser kann sich das Gericht aussuchen, bei dem er seinen Verfügungsantrag einreichen will.

Für die Zuständigkeit ist es ohne Bedeutung, ob die behauptete Rechtsver- 889 letzung tatsächlich vorliegt. Ausreichend ist vielmehr, dass die Verletzung be-

---

1147 UK Supreme Court GRUR Int. 2011, 1098 – Lucasfilm v. Ainsworth; Österreichischer OGH GRUR Int. 1994, 638 – Adolf Loos – Werke II; OLG Köln ZUM 2009, 651; KG GRUR-RR 2006, 252 – Schuldenberatung; *Schauwecker* GRUR Int. 2008, 96, 99; *v. Welser* GRUR Int. 2011, 1103, 1104.

1148 Wandtke/Bullinger/*von Welser*[5] Vor §§ 120 UrhG ff Rn 28.

1149 Wandtke/Bullinger/*von Welser*[5] Vor §§ 120 UrhG ff Rn 29.

1150 BGH GRUR 2020, 435 Rn. 13 – www.yelp.de.

1151 BGH GRUR 2010, 628 – Vorschaubilder; OLG Köln GRUR-RR 2008, 71 – Internet-Fotos; OLG München ZUM 2012, 587 – Sparen & Vorsorgen; LG München MMR 2010, 72.

1152 EuGH GRUR 2015, 296 – Hejduk/EnergieAgentur.

1153 EuGH GRUR 2015, 296, 297f. Rn. 33 – Hejduk/EnergieAgentur; EuGH NJW 2013, 3627, 3629 Rn. 42 – Pinckney/KDG Mediatech AG (mit Anmerkung *Schack*).

1154 BGH GRUR 2016, 1048 – An Evening with Marlene Dietrich.

1155 OLG Frankfurt ZUM-RD 2019, 532 – gutenberg.org; KG, Urteil vom 16.1.2020, Aktenzeichen 2 U 12/16.Kart – Computergeneriertes Bild.

hauptet wird und nicht von vornherein ausgeschlossen ist.[1156] Nach Art. 35 EuGVO können die im Recht eines Mitgliedstaats vorgesehenen einstweiligen Maßnahmen bei den Gerichten dieses Staates auch dann beantragt werden, wenn für die Entscheidung in der Hauptsache das Gericht eines anderen Mitgliedstaats aufgrund dieser Verordnung zuständig ist.[1157] Die Mitgliedstaaten können also die Eilzuständigkeiten grundsätzlich unabhängig regeln.

890 Bei Urhebervermögensrechten will der EuGH die Kognitionsbefugnis gemäß Art. 7 Nr. 2 EuGVO auf den Schaden begrenzen, der in dem Land verursacht wurde, welches das Urheberrecht gewährt.[1158] Der gesamte Schaden kann nur am Sitz des Verletzers eingeklagt werden.

891 Unter mehreren zuständigen Gerichten hat der Kläger nach § 35 ZPO die Wahl. Unter dem Schlagwort „Forum Shopping" wird ein Gebrauchmachen von diesem gesetzlichen Wahlrecht verstanden.[1159]

2. Örtliche Zuständigkeit

892 Die örtliche Zuständigkeit bestimmt sich in aller Regel nach §§ 12ff. ZPO. Begehungsort von Rechtsverstößen ist bei Internetangeboten deutschlandweit tätiger Unternehmen nicht nur der Ort des Erscheinens einer Publikation, sondern grundsätzlich auch jeder Verbreitungsort.[1160] Bei deutschlandweit abrufbaren Internetangeboten liegt eine Verletzung nach Auffassung des OLG München an jedem Ort vor, an dem die Seite abrufbar ist.[1161] Die überwiegende Auffassung fordert bei Internetsachverhalten hingegen die bestimmungsgemäße Abrufbarkeit der Internetseite mit dem rechtsverletzenden Angebot am Gerichtsort.[1162] Danach gelten grundsätzlich keine anderen Kriterien als bei der Bestimmung der internationalen Zuständigkeit. Bei Internetdelikten kann der Verletzte also den Gerichtsstand wählen.[1163]

1156 BGH WRP 2007, 1219, 1221 – Wagenfeld-Leuchte; *von Ungern-Sternberg* GRUR 2008, 291, 300.

1157 Vgl. LG Hamburg GRUR Int. 2002, 1025, 1026 – Seifenverpackung.

1158 EuGH WRP 2013, 1456, 1459 Rn. 47 – Pinckney; EuGH GRUR 2015, 296, 298 Rn. 36 – Hejduk/EnergieAgentur.

1159 *Schack*[8] Internationales Zivilverfahrensrecht Rn. 271ff.

1160 OLG Hamm MMR 2008, 178 – Forum Shopping; OLG Hamburg GRUR 2007, 614 – Forum Shopping, zur örtlichen Zuständigkeit bei Rundfunkwerbung OLG Düsseldorf GRUR-RR 2005, 33 – Möbel-Werbespot.

1161 OLG München GRUR-RR 2013, 388 – Kleine Partysonne.

1162 LG Hamburg ZUM 2012, 596; LG Köln ZUM 2013, 66, 67; LG Frankfurt MMR 2012, 764; LG Berlin ZUM-RD 2012, 160 – Wikimedia.

1163 LG Frankfurt ZUM-RD 2012, 610.

§ 104a UrhG sieht für Klagen wegen Urheberrechtsstreitsachen gegen eine natürliche Person, die nach dem UrhG geschützte Werke oder andere nach dem UrhG geschützte Schutzgegenstände nicht für ihre gewerbliche oder selbstständige berufliche Tätigkeit verwendet, eine ausschließliche Gerichtszuständigkeit des Gerichts vor, in dessen Bezirk die Person zur Zeit der Klageerhebung ihren Wohnsitz, in Ermangelung eines solchen ihren gewöhnlichen Aufenthalt hat. Wenn die beklagte Person im Inland weder einen Wohnsitz noch ihren gewöhnlichen Aufenthalt hat, ist das Gericht zuständig, in dessen Bezirk die Handlung begangen worden ist. 893

3. Sachliche Zuständigkeit

Nach § 23 Nr. 1 GVG sind die Amtsgerichte für Streitigkeiten über Ansprüche, deren Gegenstandswert 5.000 Euro nicht übersteigt, zuständig. Für darüber liegende Gegenstandswerte begründet § 71 Abs. 1 GVG die Zuständigkeit der Landgerichte. Eine streitwertunabhängige Zuständigkeit der Landgerichte gibt es also – anders als in Kennzeichenstreitsachen nach § 140 Abs. 1 MarkenG und in Wettbewerbssachen nach § 14 Abs. 1 UWG – nicht. 894

4. Funktionale Zuständigkeit

§ 105 UrhG betrifft die funktionale Zuständigkeit.[1164] Die Spezialgesetze zum Schutz geistigen Eigentums ermächtigen die Bundesländer, durch Verordnung entsprechende Zuständigkeitsvorschriften zu schaffen. § 105 UrhG enthält eine Konzentrationsermächtigung für die Bundesländer, die Urheberrechtsstreitigkeiten bestimmten Amts- oder Landgerichten zuweisen können. 895

Eine Urheberrechtsstreitsache im Sinne der funktionalen Zuständigkeit liegt auch dann vor, wenn sich der Klageanspruch ausschließlich auf die Verletzung ausländischen Urheberrechts stützt.[1165] 896

Eine nur mittelbare Einwirkung ist nach Meinung des OLG Hamm gegeben, wenn die klagende Partei Schadenersatz wegen der Verletzung anwaltlicher Beratungs- und Aufklärungspflichten im Zusammenhang mit einem Urheberrechtsstreit begehrt.[1166] 897

Auch bei einer Klage auf Zahlung des Rechtsanwaltshonorars für die Beratung und Vertretung in einer Urheberrechtssache handelt es sich nicht um eine 898

1164 BGH GRUR-RR 2020, 95 Rn. 14 – Zuständigkeitskonzentration; BGH NJW 2018, 3720 Rn. 12 – Pizzafoto; OLG Braunschweig ZUM-RD 2019, 626.
1165 Entgegen LG Frankfurt, Urteil vom 2.2.2012, Aktenzeichen 2-03 O 419/99.
1166 OLG Hamm, Beschluss vom 27.4.2012, Aktenzeichen 32 SA 29/12.

Urheberrechtsstreitigkeit.[1167] Im Verwaltungsrechtsweg können keine urheberrechtlichen Ansprüche geltend gemacht werden.[1168]

IV. Kein Schiedsstellenverfahren erforderlich

899 Nach § 128 Abs. 1 VGG[1169] ist bei bestimmten Klagen, an denen eine Verwertungsgesellschaft beteiligt ist, ein vorheriges Schiedsstellenverfahren erforderlich. Für das Verfügungsverfahren gilt dies nach § 128 Abs. 3 VGG indes nicht.

V. Anträge

900 Die Anträge dürfen nicht zu weit und sollten nicht zu eng formuliert sein. Ein inhaltlich zu weit gehender Antrag kann zur Abweisung als – teilweise – unbegründet führen.

1. Streitgegenstand

901 Besondere Bedeutung für die Formulierung von Anträgen im Klage- oder Verfügungsverfahren und deren Begründung hat der Streitgegenstandsbegriff. Dieser ist in Bezug auf die Rechtshängigkeit, die Rechtskraft, die Klagehäufung und die Klageänderung einheitlich. Werden gegen einen Verletzer mehrere Verfahren anhängig gemacht, so kann einem zweiten und möglichen weiteren Verfahren die Rechtshängigkeitssperre des § 261 Nr. 3 ZPO entgegenstehen, wenn es sich um gleichlautende Klageanträge handelt. Dies ist allerdings dann nicht der Fall, wenn der zugrundeliegende Lebenssachverhalt ein anderer ist. Nach dem zweigliedrigen Streitgegenstandsbegriff bestimmt sich der Streitgegenstand nach dem Antrag und dem zu seiner Begründung vorgetragenen Lebenssachverhalt.[1170] Der Umfang der materiellen Rechtskraft einer Unterlassungsverurteilung ist beschränkt auf den Streitgegenstand, über den entschieden worden ist. Dieser wird

---

1167 BGH NJW 2013, 2439 – Urheberrechtliche Honorarklage.

1168 VG Berlin ZUM-RD 2019, 340 – St.-Hedwigs-Kathedrale.

1169 Gesetz über die Wahrnehmung von Urheberrechten und verwandten Schutzrechten durch Verwertungsgesellschaften vom 24.5.2016.

1170 BGH GRUR 2013, 401, 402 Tz. 18 – Biomineralwasser; BGH GRUR 2007, 691 Tz. 17 – Staatsgeschenk; BGH GRUR 2007, 172 – Lesezirkel II; BGH GRUR 2007, 605 – Umsatzzuwachs; BGH GRUR 2001, 755, 756 – Telefonkarte; *Büscher* GRUR 2012, 16, 23; *Berneke* WRP 2007, 579; *Teplitzky* WRP 2007, 1.

durch die konkrete Verletzungshandlung begrenzt, aus der das Klagebegehren hergeleitet worden ist. In dem Klageantrag ist die konkrete Verletzungsform aufzunehmen, nicht hingegen das Originalwerk, dessen Verletzung Grund der Klage ist.[1171]

In Rechtskraft erwächst der in die Zukunft gerichtete Verbotsausspruch nur in 902
seinem Bezug auf die festgestellte Verletzungshandlung.[1172] Unzulässig ist grundsätzlich die alternative Klagehäufung.[1173]

a) Unterschiedliche Sachverhalte

Zu dem Lebenssachverhalt, der die Grundlage der Streitgegenstandsbestimmung 903
bildet, gehören alle Tatsachen, die bei natürlicher Betrachtungsweise zu dem durch den Kläger/Antragsteller zur Entscheidung gestellten Tatsachenkomplex gehören. Das ist dann der Fall, wenn der Tatsachenstoff nicht sinnvoll auf verschiedene eigenständige Geschehensabläufe aufgeteilt werden kann, selbst wenn diese einer eigenständigen rechtlichen Bewertung zugänglich sind.[1174] Der Streitgegenstand wird damit durch den historischen Lebensvorgang bestimmt, auf den sich das Rechtsschutzbegehren bezieht. Ein und derselbe Unterlassungsantrag kann auf unterschiedliche Lebenssachverhalte gestützt werden. Trotz einheitlichen Antrags liegen dann mehrere Streitgegenstände vor. So liegt der Fall beispielsweise bei einem Unterlassungsantrag, der zunächst auf Erstbegehungsgefahr und später auch noch auf eine Verletzungshandlung gestützt wird. Stützt der Kläger sein Unterlassungsbegehren sowohl auf Wiederholungsgefahr wegen der behaupteten Verletzungshandlung als auch auf Erstbegehungsgefahr wegen Erklärungen des Beklagten bei der Rechtsverteidigung im gerichtlichen Verfahren, so handelt es sich um zwei verschiedene Streitgegenstände.[1175]

b) Unterschiedliche Schutzrechte

Werden Ansprüche auf verschiedene Schutzrechte gestützt, liegen grundsätzlich 904
mehrere Streitgegenstände vor. Geht der Kläger aus einem Schutzrecht vor, wird

---

1171 BGH GRUR 2003, 786 – Innungsprogramm.

1172 BGH GRUR 2006, 421, 422 – Markenparfümverkäufe; zustimmend *Lehment* WRP 2007, 237, 238; kritisch hierzu *Teplitzky* WRP 2007, 1 ff; *Teplitzky* WRP 2007, 397 ff.

1173 BGH GRUR 2011, 521 Tz. 8 – TÜV I; BGH GRUR 2011, 1043 Tz. 37 – TÜV II.

1174 BGH GRUR 2013, 401, 402 Tz. 19 – Biomineralwasser.

1175 BGH GRUR 2014, 1013, 1016 Rn. 20 – Original Bach-Blüten; BGH GRUR 2006, 429, 433 – Schlank-Kapseln.

der Gegenstand der Klage durch den Antrag und das im Einzelnen bezeichnete Schutzrecht festgelegt. So liegen etwa drei unterschiedliche Streitgegenstände vor, wenn ein Kläger sein Begehren auf sein Leistungsschutzrecht als Tonträgerhersteller, auf sein Leistungsschutzrecht als ausübender Künstler und auf sein Urheberrecht an dem entsprechenden Musikwerk stützt.[1176] Werden Ansprüche bezüglich eines Fotos sowohl auf das Urheberrecht an einem Lichtbildwerk als auch auf das Leistungsschutzrecht des Fotografen gestützt, so handelt es sich um einen einheitlichen Streitgegenstand.[1177]

905 Kommen bei einem Sachverhalt Ansprüche aus mehreren Normen in Betracht – beispielsweise aus Schutzrechtsverletzung und ergänzendem wettbewerbsrechtlichen Leistungsschutz –, kommt es darauf an, ob der Kläger die Klage allein auf den eine Norm betreffenden Sachverhalt gestützt hat oder ob er zudem auch einen Lebenssachverhalt vorgetragen hat, der geeignet ist, den Tatbestand weiterer Normen zu erfüllen.[1178] Die Benennung der jeweiligen Normen ist hierfür nicht entscheidend. Stützt der Kläger seinen Antrag jedoch erkennbar nur auf eine bestimmte Norm – beispielsweise auf § 97 UrhG –, ohne zugleich zu den Voraussetzungen des ergänzenden wettbewerbsrechtlichen Leistungsschutzes vorzutragen, so ist der Streitgegenstand darauf begrenzt. Weist das Gericht die Klage ab, so steht die Rechtskraft des Urteils einer auf andere Normen gestützten Klage nicht entgegen.[1179] Auch wenn neben Ansprüchen aus einem Schutzrecht wettbewerbsrechtliche Ansprüche unter dem Gesichtspunkt der Irreführung geltend gemacht werden, handelt es sich grundsätzlich um unterschiedliche Streitgegenstände.[1180]

c) Unterschiedliche Territorien

906 Ansprüche aus der Verletzung von im Ausland bestehenden urheberrechtlichen Rechtspositionen sind im Verhältnis zu Ansprüchen aus der Verletzung von Rechten nach dem deutschen Urheberrechtsgesetz nach Auffassung der Rechtsprechung eigene Streitgegenstände. Daher muss der Kläger zweifelsfrei klarstellen, dass er mit der Klage auch die Verletzung im Ausland bestehender Rechte geltend

1176 BGH GRUR 2013, 614 – Metall auf Metall II.

1177 BGH GRUR 2019, 284 – Museumsfotos; OLG Köln GRUR 2015, 167 – Creative-Commons-Lizenz.

1178 BGH GRUR 2003, 716, 717 – Reinigungsarbeiten.

1179 BGH GRUR 2001, 756, 757 – Telefonkarte.

1180 BGH GRUR 2009, 672, 678 Rn. 57 – Ostsee-Post; BGH GRUR 2009, 678, 682 Rn. 44 – Post/RegioPost.

machen will.[1181] Ein inländisches Urheberrecht kann nur durch eine zumindest teilweise im Inland begangene Handlung verletzt werden.[1182]

2. Kerntheorie

Der Verbotstenor umfasst grundsätzlich auch abgewandelte, denselben Kern enthaltende Handlungen. Diese sogenannte Kerntheorie wurde vom BVerfG ausdrücklich gebilligt.[1183] Vom Unterlassungstitel werden daher auch sämtliche Handlungen erfasst, die mit der im Tenor beschriebenen Handlung im Kern übereinstimmen, die also mit der verbotenen Verletzungshandlung zwar nicht völlig identisch sind, aber lediglich geringfügige Abweichungen aufweisen und deshalb als gleichwertig angesehen werden können.[1184] Der Unterlassungstitel erfasst auch solche Handlungen, die nur unbedeutend von der verbotenen Form abweichen und den Kern des gerichtlichen Verbots unberührt lassen, wenn sich nur das Charakteristische des verbotenen Verhaltens in der beanstandeten Handlung wiederfindet.[1185] Zur Auslegung des Unterlassungstitels sowie zur Ermittlung des Kerns der konkreten Verletzungshandlung sind die Entscheidungsgründe heranzuziehen. 907

3. Bestimmtheit

Ist der Klageantrag nicht hinreichend bestimmt, so ist dieser Antrag schon als unzulässig abzuweisen. Bei der Formulierung von Anträgen im einstweiligen Verfügungsverfahren ist zwischen Sicherungs- und Regelungsverfügungen auf der einen Seite und Leistungsverfügungen auf der anderen Seite zu unterscheiden. Der Antragsteller legt den Verfahrensgegenstand der Sicherungs- bzw. Regelungsverfügung fest, indem er die Tatsachen für den zu sichernden bzw. zu regelnden Anspruch und für die Notwendigkeit seiner Sicherung bzw. Regelung vorträgt. Dem Bestimmtheitserfordernis des § 253 Abs. 2 Nr. 2 ZPO ist bei der Sicherungs- 908

1181 BGH GRUR 2010, 628, 629 Rn. 17 – Vorschaubilder; BGH GRUR 2007, 691 Tz. 18 – Staatsgeschenk; BGH GRUR 2004, 855, 856 – Hundefigur; OLG Frankfurt GRUR-RR 2020, 298 Rn. 53 – Modefotograf; *von Ungern-Sternberg* GRUR 2008, 291, 301.

1182 BVerfG GRUR 2022, 1089 Rn. 34 – „Bot"-Software.

1183 BverfG GRUR 2007, 618 – Organisationsverschulden.

1184 Vgl. zum Äußerungsrecht KG AfP 2007, 582; OLG München AfP 2001, 322; zum Wettbewerbsrecht OLG Düsseldorf GRUR-RR 2003, 127, 131 – Euro-Service II; OLG Hamburg GRUR 1990, 637 – Geändertes Formular.

1185 BGH GRUR 2007, 607 – Telefonwerbung für „Individualverträge"; OLG Köln GRUR-RR 2008, 62 – Verlosung von WM-Tickets.

bzw. Regelungsverfügung bereits genügt, wenn zweifelsfrei erkennbar ist, welches Rechtsschutzziel der Antragsteller verfolgt.[1186] Nach § 938 Abs. 1 ZPO bestimmt das Gericht nach freiem Ermessen, welche Anordnungen zur Erreichung des Zwecks erforderlich sind. Insofern ist die Bindung des Gerichts an die Formulierung des Antrags durch § 938 Abs. 1 ZPO gelockert. Es steht dem Gericht daher frei, Maßnahmen anzuordnen, die von der wörtlichen Formulierung des Antrags abweichen, ohne gegen den Grundsatz der Antragsbindung nach § 308 Abs. 1 ZPO zu verstoßen. Sofern die Anordnung noch mit dem vom Antragsteller verfolgten Rechtsschutzziel übereinstimmt, führt dies grundsätzlich nicht zu einer negativen Kostenfolge für den Antragsteller. Demgegenüber gilt für Leistungsverfügungen das Bestimmtheitserfordernis des § 253 Abs. 2 Nr. 2 ZPO uneingeschränkt. Unterlassungsverfügungen sind grundsätzlich Sicherungsverfügungen und keine Leistungsverfügungen.[1187] Gleichwohl sind die Anforderungen an die Formulierung des Antrags hier tendenziell strenger als bei der Regelungsverfügung.

909 Nach § 253 Abs. 2 Nr. 2 ZPO muss die Klageschrift die bestimmte Angabe des Gegenstands und des Grundes des erhobenen Anspruchs sowie einen bestimmten Antrag enthalten. Die Anforderungen an die Bestimmtheit des Antrags sollten nicht unterschätzt werden. Der Antrag muss so bestimmt gefasst sein, dass der Streitgegenstand und der Umfang der Prüfungs- und Entscheidungsbefugnis des Gerichts klar umrissen sind und der Antragsgegner/Beklagte erkennen kann, wogegen er sich verteidigen soll und welche Unterlassungspflichten sich aus einer dem Unterlassungsantrag folgenden Verurteilung ergeben. Die Entscheidung darüber, was dem Antragsgegner/Beklagten verboten ist, darf nicht dem Vollstreckungsgericht überlassen werden.[1188] Aus diesem Grund sind beispielsweise Unterlassungsanträge, die Formulierungen wie „eindeutig“ und „unübersehbar“ enthielten, für zu unbestimmt und damit als unzulässig erachtet worden.[1189] Steht beispielsweise nicht eindeutig fest, welcher Gegenstand – beispielsweise ein Computerprogramm – mit einer bestimmten Bezeichnung gemeint ist, sind die entsprechenden Klageanträge grundsätzlich nur dann hinreichend bestimmt, wenn sie dessen Inhalt auf andere Weise so beschreiben, dass Verwechslungen so weit wie möglich ausgeschlossen sind. Dabei kann die gebotene Individualisierung bei einem Computerprogramm durch Bezugnahme auf Programmausdrucke oder

---

1186 Schuschke/Walker/Kessen/Thole/*Schuschke/Kessen*[7] § 938 ZPO Rn 3.

1187 Zöller/*Vollkommer*[34] § 935 ZPO Rn 2.

1188 BGH GRUR 2015, 1201, 1206 Rn. 42 – Sparkassen-Rot/Santander-Rot; BGH GRUR 2008, 357 Rn. 20 – Planfreigabesystem; BGH GRUR 2008, 84, 85 – Versandkosten; BGH GRUR 2005, 443, 445 – Ansprechen in der Öffentlichkeit II; BGH GRUR 2005, 692, 693 – „statt“-Preis.

1189 BGH GRUR 2008, 84, 85 – Versandkosten; BGH GRUR 1979, 116, 117 – Der Superhit.

Programmträger erfolgen.[1190] Auch ein Datenträger mit den aufgelisteten Dateien kann der Klage beigefügt werden.[1191]

Die Verwendung auslegungsbedürftiger Begriffe oder Bezeichnungen kann dann hingenommen werden, wenn über den Sinngehalt der verwendeten Begriffe oder Bezeichnungen kein Zweifel besteht, sodass die Reichweite von Antrag und Urteil feststeht.[1192] Besteht indes zwischen den Parteien Streit über die Bedeutung von allgemeinen Begriffen, muss der Kläger die Begriffe hinreichend konkret umschreiben und gegebenenfalls mit Beispielen unterlegen oder sein Begehren an der konkreten Verletzungshandlung orientieren.[1193] **910**

Grundsätzlich genügt eine wörtliche Beschreibung des Gegenstands, auf den sich die Verurteilung zur Unterlassung bezieht, den Bestimmtheitsanforderungen, sofern sich die Eigenschaften des Gegenstands, auf die es ankommt, mit Worten beschreiben lassen.[1194] **911**

Ist der angegriffene Gegenstand bildlich darstellbar – wie etwa bei einem Werk der bildenden oder angewandten Kunst oder bei einer Fotografie –, so kann diese Abbildung auch in den Antrag aufgenommen werden.[1195] Dabei kann ein Unterlassungsantrag auch mit dem Wort „wie" an das Charakteristische des konkreten Verletzungstatbestands anknüpfen.[1196] **912**

Die im Unterlassungsantrag umschriebene Tathandlung „zu vervielfältigen oder vervielfältigen zu lassen" deckt auch die Verantwortlichkeit unter dem Gesichtspunkt der Beihilfe ab. Es ist nach Auffassung des Bundesgerichtshofs nicht erforderlich, die Besonderheiten der Haftung als Täter, Teilnehmer oder Störer im Klageantrag zum Ausdruck zu bringen. Es reicht aus, dass sich dies aus der Klagebegründung, die zur Auslegung des Klageantrags heranzuziehen ist, ergibt.[1197] **913**

Mehrere mit Unterlassungsantrag angegriffene Verhaltensweisen werden von Antragstellern nicht selten mit einer „und/oder"-Verknüpfung verbunden. Allerdings ist eine solche „und/oder"-Verknüpfung nicht immer sachgerecht. Es kommt insbesondere darauf an, ob eine Begehungsgefahr im Hinblick auf die mit der „oder"-Verknüpfung angegriffenen alternativen Verhaltensweisen besteht, wenn **914**

1190 BGH GRUR 2008, 357, 359 Rn. 24 – Planfreigabesystem.

1191 BGH GRUR 2003, 786 – Innungsprogramm.

1192 BGH GRUR 2008, 357 Rn. 22 – Planfreigabesystem.

1193 OLG Hamburg GRUR 2022, 483 – Action Replay.

1194 BGH GRUR 2007, 871, 872 – Wagenfeld-Leuchte; BGH GRUR 2000, 228 – Musical-Gala.

1195 Vgl. BGH GRUR 2007, 871, 872 Rn. 19 – Wagenfeld-Leuchte.

1196 Vgl. BGH GRUR 2001, 529; KG NJW-RR 2007, 47.

1197 BGH GRUR 2020, 738 Rn. 49 – Internet-Radiorecorder; BGH GRUR 2019, 813 Rn. 27 – Cordoba II.

die zugrunde gelegte Verletzungshandlung lediglich in der Kumulierung dieser Verhaltensweisen besteht.[1198]

4. Ordnungsmittelandrohung

915 Ordnungs- und Zwangsmitteln sind zu unterscheiden. Nach § 890 Abs. 2 ZPO muss einer Verurteilung zur Zahlung von Ordnungsgeld oder zur Ordnungshaft eine entsprechende Androhung vorausgehen. Diese Androhung wird üblicherweise bereits in den Unterlassungsantrag aufgenommen.[1199] Auch wenn der Antragsgegner seinen Sitz im Ausland hat, ist eine Ordnungsgeldandrohung zulässig.[1200] Die Verhängung von Ordnungsmitteln nach § 890 ZPO betrifft nur das Inland, soweit die Entscheidung nicht in dem ausländischen Staat für vollstreckbar erklärt worden ist. Die Zwangsvollstreckung verletzt nicht die Hoheitsgewalt des Staats, in dem der Antragsgegner seinen Sitz hat.[1201]

916 Wird im Verfügungsantrag zusätzlich Auskunft beantragt, so muss allerdings keine diesbezügliche (zusätzliche) Zwangsgeldandrohung erfolgen. Die Androhung eines Zwangsmittel findet gemäß § 888 Abs. 2 ZPO nicht statt.

VI. Voraussetzungen der einstweiligen Verfügung

1. Verfügungsanspruch

917 Der Verfügungsanspruch ist die materiellrechtliche Grundlage, auf welche der Antragsteller sein Antragsbegehren stützt. Im Verfügungsverfahren werden typischerweise Unterlassungsansprüche durchgesetzt. Die Unterlassungsverfügung dient der vorläufigen Sicherung des Unterlassungsanspruchs. Ohne die Verfügung wäre der Unterlassungsanspruch bei Fortdauer der Rechtsverletzung für den betreffenden Zeitraum endgültig vereitelt. Die Unterlassungsverfügung führt zwar – für einen Zeitraum – zu einer Befriedigung des Unterlassungsanspruchs. Gleichwohl handelt es sich lediglich um eine vorläufige Sicherungsmaßnahme.

918 Neben dem Unterlassungsanspruch kann auch der Drittauskunftsanspruch aus § 101 Abs. 1 UrhG sowie der Auskunftsanspruch gegen Dritte aus § 101 Abs. 2 UrhG gemäß § 101 Abs. 7 UrhG im Wege der einstweiligen Verfügung durchge-

---

1198 BGH GRUR 2019, 813 Rn. 32 – Cordoba II; BGH GRUR 2013, 1229 Rn. 63 – Kinderhochstühle im Internet II.

1199 Schuschke/Walker/Kessen/Thole/*Sturhahn*[7] § 890 ZPO Rn. 17.

1200 BGH EuZW 2010, 114; BGH NJW-RR 2016, 69.

1201 BGH EuZW 2010, 114 Rn. 18; BGH NJW-RR 2016, 69 Rn. 21.

setzt werden, wenn eine offensichtliche Rechtsverletzung vorliegt.[1202] Die Rechtsverletzung muss zur Bejahung eines Auskunftsanspruchs im einstweiligen Verfügungsverfahren so eindeutig sein, dass eine Fehlentscheidung kaum möglich ist. Grund für diesen strengen Maßstab ist, dass eine einmal erteilte Auskunft nicht wieder zurückgenommen werden kann.[1203]

Zudem kann auch der Vernichtungsanspruch aus § 98 Abs. 1 UrhG gesichert 919
werden. Da im einstweiligen Rechtsschutz grundsätzlich keine endgültigen Verhältnisse geschaffen werden dürfen, kommt eine Vernichtung der Gegenstände nicht in Betracht, da diese vollendete Tatsachen schafft. Daher kann lediglich eine Herausgabe der Gegenstände zur Verwahrung an den Gerichtsvollzieher angeordnet werden.

Schließlich können auch der Besichtigungsanspruch (§ 101a Abs. 1 UrhG) 920
und der Anspruch auf Sicherung von Schadensersatzansprüchen (§ 101b Abs. 1 UrhG) im Wege der einstweiligen Verfügung geltend gemacht werden. Hier spielt der Überraschungseffekt eine besondere Rolle.

2. Verfügungsgrund

Nach § 935 ZPO sind einstweilige Verfügungen in Bezug auf den Streitgegenstand 921
zulässig, wenn zu besorgen ist, dass durch eine Veränderung des bestehenden Zustands die Verwirklichung des Rechts einer Partei vereitelt oder wesentlich erschwert werden könnte. Ein Verfügungsgrund liegt somit vor, wenn die Sache eilbedürftig ist. Anhaltspunkte für die Eilbedürftigkeit sind unter anderem die Intensität der Verletzung, der drohende Schaden und die Unzumutbarkeit des Zuwartens in der Hauptsacheklage. Für diese Eilbedürftigkeit wird synonym auch das Wort Dringlichkeit verwendet.[1204] Obwohl die einstweilige Verfügung grundsätzlich nur der vorläufigen Sicherung dient, erledigen sich in der Praxis viele Streitigkeiten durch ein Verfügungsverfahren, ohne dass gleichzeitig oder später noch ein Hauptsacheverfahren eingeleitet wird. Liegt keine Dringlichkeit vor, beispielsweise weil die Urheberrechtsverletzung bereits beendet ist, so kann der Anspruch nicht im Wege der einstweiligen Verfügung, sondern nur im Wege der Klage geltend gemacht werden.[1205]

1202 Vgl. OLG Hamburg GRUR-RR 2007, 381 – Betriebsrats-Check.

1203 OLG Hamburg GRUR-RR 2013, 13 – Replay PSP.

1204 Vgl. OLG Hamburg GRUR-RR 2007, 181 – Slowakischer Fußball; KG NJW-RR 2001, 1201 – Aufstellung einer Skulptur in Gartenanlage; OLG Köln GRUR 2000, 417 – Elektronischer Pressespiegel.

1205 OLG Köln MMR 2021, 990 – Trainer-Foto.

a) Begründung der Dringlichkeit

aa) Kein Dringlichkeitsvermutung für urheberrechtliche Unterlassungsansprüche

922 Im UrhG gibt es – anders als in § 12 Abs. 1 UWG und in § 140 Abs. 3 MarkenG – keine Dringlichkeitsvermutung für Unterlassungsansprüche.

923 Nach § 12 Abs. 1 UWG können einstweilige Verfügungen zur Sicherung der im UWG bezeichneten Ansprüche auf Unterlassung auch ohne die Darlegung und Glaubhaftmachung der in den §§ 935 und 940 ZPO bezeichneten Voraussetzungen erlassen werden. § 12 Abs. 1 UWG begründet somit für lauterkeitsrechtliche Unterlassungsansprüche eine Vermutung der Dringlichkeit, mit der Folge, dass der Antragsteller von der Glaubhaftmachung der Eilbedürftigkeit befreit ist. Nach überwiegender Meinung gilt diese Dringlichkeitsvermutung nicht im Urheberrecht.[1206]

bb) Ausnahmen

(1) Zwangslizenzen für Tonträger

924 Lediglich beim Anspruch auf Einräumung des Nutzungsrechts aus § 42a UrhG (Zwangslizenz zur Herstellung von Tonträgern) erlaubt es § 42a Abs. 6 S. 2 UrhG, einstweilige Verfügungen zu erlassen, auch wenn die in den §§ 935 und 940 ZPO bezeichneten Voraussetzungen nicht vorliegen.

(2) Besichtigungsverfügung

925 Nach § 101a Abs. 3 UrhG kann die Verpflichtung zur Vorlage einer Urkunde oder zur Duldung der Besichtigung einer Sache im Wege der einstweiligen Verfügung nach den §§ 935 bis 945 ZPO angeordnet werden. Das Gericht trifft die erforderlichen Maßnahmen, um den Schutz vertraulicher Informationen zu gewährleisten. Dies gilt insbesondere in den Fällen, in denen die einstweilige Verfügung ohne vorherige Anhörung des Gegners erlassen wird.

926 Viele Oberlandesgerichte (Braunschweig, Nürnberg, Hamm, Köln) gehen davon aus, dass auch für das Besichtigungsverfahren die allgemeinen Anforderungen an die Dringlichkeit vorliegen müssen.[1207]

1206 Vgl. OLG München GRUR 2019, 507 – Wissenschaftsverlage; OLG Frankfurt ZUM-RD 2017, 471; OLG Hamburg GRUR-RR 2002, 249 – Handy-Klingeltöne; OLG Stuttgart ZUM-RD 2009, 455, 457 – Ordenssammlung; OLG Köln MMR 2021, 990 Rn. 9 – Trainer-Foto; LG Köln ZUM-RD 2022, 314 – Sandale; LG Stuttgart ZUM-RD 2017, 232.

1207 OLG Braunschweig MMR 2020, 254 – Unlizenzierte Softwarenutzung; OLG Nürnberg GRUR-RR 2016, 108 – Besichtigungsanspruch; OLG Hamm ZUM-RD 2010, 27; OLG Köln ZUM 2009, 427.

Großzügiger ist hier allerdings das OLG Düsseldorf.[1208] Das besondere Interesse, das im Falle des § 101a Abs. 3 UrhG ein Vorgehen im Wege der einstweiligen Verfügung rechtfertigt, besteht nach Meinung des OLG Düsseldorf darin, den Antragsgegner nicht durch eine Beteiligung am Verfahren in die Lage zu versetzen, die zu sichernden Beweismittel zu vernichten. Es bedarf hier des Verfügungsverfahrens, weil nur dieses Verfahren die Anordnung von Maßnahmen ohne Beteiligung des Gegners ermöglicht. 927

cc) Interessenabwägung

Für urheberrechtliche Unterlassungsansprüche muss die Eilbedürftigkeit also besonders begründet werden. Der Erlass einer einstweiligen Verfügung bedarf einer besonderen Rechtfertigung in Form einer Interessenabwägung.[1209] Den Nachteilen, die dem Antragsteller aus einem Zuwarten bis zur Hauptsacheentscheidung entstehen können, sind die Nachteile gegenüberzustellen, die dem Antragsgegner aus der Anordnung drohen.[1210] Das Interesse des Antragstellers muss so sehr überwiegen, dass der beantragte Eingriff in die Sphäre des Antragsgegners auf Grund eines bloß summarischen Verfahrens gerechtfertigt ist.[1211] Für die Dringlichkeit spricht es, wenn die Verletzungshandlung andauert. Ist die Verletzung bereits beendet, so entfällt – in aller Regel – auch die Dringlichkeit.[1212] 928

An die Darlegung der Eilbedürftigkeit werden allerdings keine strengen Anforderungen gestellt, da ein wirksamer Schutz nach Auffassung beispielsweise des OLG Frankfurt regelmäßig nur durch ein kurzfristig erwirktes Unterlassungsgebot zu erzielen ist, während spätere Schadensersatzansprüche häufig nur eine eingeschränkte Kompensation ermöglichen.[1213] 929

b) Entfallen der Dringlichkeit

aa) Zeitspanne zwischen Kenntniserlangung und Antragstellung

Allerdings kann die Dringlichkeit entfallen, wenn der Rechtsinhaber mit der Einreichung seines Verfügungsantrags zu lange wartet. Ein solches Entfallen der 930

1208 OLG Düsseldorf GRUR-RR 2011, 289 – Später Besichtigungsantrag; OLG Düsseldorf, Beschluss vom 30.3.2010, Aktenzeichen 20 W 32/10; offengelassen im Patentrecht von OLG Düsseldorf, Beschluss vom 23.3.2022, Aktenzeichen 15 W 14/21.

1209 LG Köln ZUM-RD 2022, 314 – Sandale.

1210 OLG München GRUR-RR 2013, 388 – Kleine Partysonne.

1211 OLG Düsseldorf GRUR-RR 2012, 146 – E-Sky.

1212 OLG Köln MMR 2021, 990 – Trainer-Foto.

1213 OLG Frankfurt ZUM-RD 2017, 471.

Dringlichkeit richtet sich grundsätzlich nach der Zeitspanne zwischen der Kenntnisnahme von der Rechtsverletzung und der Beantragung der einstweiligen Verfügung. Es kommt auf die Kenntnis der zuständigen Personen an. Bei Unternehmen wird auf die Figur des „Wissensvertreters“ abgestellt, also auf die Personen, die allein oder zusammen mit anderen kraft Einzelweisung oder Organisationsstruktur dazu befugt sind, über ein Vorgehen gegen Schutzrechtsverletzungen zu entscheiden. Die Regelung des § 166 Abs. 1 BGB ist Ausformung eines allgemeinen Rechtsgedankens, wonach sich derjenige, der einen anderen mit der Erledigung bestimmter Angelegenheiten in eigener Verantwortung betraut, sich das in diesem Rahmen erlangte Wissen des anderen unabhängig von einem Vertretungsverhältnis zurechnen lassen muss. Das führt dazu, dass die Kenntnis von Mitarbeitern einer juristischen Person, die durch konkrete Einzelweisung oder durch die Organisationsstruktur des Unternehmens bestimmungsgemäß zuständig für den betroffenen Sachverhalt sind, jener zuzurechnen ist.[1214] Dies kann unter Umständen auch ein externer Rechtsanwalt außerhalb eines konkreten Auftrags sein.[1215] Bloßes „Kennenmüssen“ reicht nicht aus. Allerdings kann eine besondere Nachlässigkeit in eigenen Angelegenheiten als Anhaltspunkt dafür berücksichtigt werden, dass dem Verletzten der Erhalt seines Rechts selbst nicht so wichtig ist.[1216] Die Oberlandesgerichte beurteilen die Frist, innerhalb derer ein Antrag noch als dringlich anzusehen ist, unterschiedlich. Die Bandbreite liegt zwischen einem und bis zu sechs Monaten, wobei zum Teil Regelfristen entwickelt wurden, stets aber die besonderen Umstände des Einzelfalls berücksichtigt werden. Das OLG München geht von einer Monatsfrist[1217] aus, nach deren Verstreichen keine Dringlichkeit mehr besteht.[1218] Das Oberlandesgericht Hamburg war früher in besonderen Fällen auch noch mehrere Monate nach Kenntniserlangung von der Rechtsverletzung bereit, eine besondere Eilbedürftigkeit anzunehmen.[1219] Nach der neueren Rechtsprechung des OLG Hamburg besteht in aller Regel keine Dringlichkeit mehr, wenn der Verletzte fast zwei Monate zwischen der Kenntniserlangung und der Einreichung des Verfügungsantrags vergehen lässt, ohne den Verletzten vorher abzumahnen.[1220] In anderen Entschei-

1214 OLG Frankfurt NJW 2000, 1961 – T-Online.
1215 OLG Frankfurt, Beschluss vom 11.6.2013, Aktenzeichen 6 W 61/13.
1216 OLG Düsseldorf GRUR-RR 2012, 146, 147 – E-Sky.
1217 OLG München GRUR-RR 2008, 310 – Jackpot-Werbung.
1218 OLG München GRUR 1992, 328 – Dringlichkeitsvermutung.
1219 OLG Hamburg GRUR 1983, 436 – Puckmann.
1220 OLG Hamburg WRP 2007, 1251, 1252 – Simyo Industries.

dungen hat das OLG Hamburg bereits ein Zuwarten von ca. sechs Wochen als dringlichkeitsschädlich beurteilt.[1221]

Die Frist beginnt grundsätzlich erst mit Kenntnis der konkreten Verletzungshandlung.[1222] Bei einer Sperrverfügung beginnt die Monatsfrist nach Ansicht des OLG München zu laufen, sobald der Rechtsinhaber Kenntnis davon hat, dass einem Vorgehen gegen den Portalbetreiber oder seinen Hostprovider die Erfolgsaussicht fehlt. Dabei ist nicht auf die Kenntnis hinsichtlich eines bestimmten Werkes abzustellen, sondern auf die Kenntnis der Verletzungshandlung durch das Portal. Die Dringlichkeitsfrist beginnt also nicht mit der Kenntnis der Verletzung der Rechte hinsichtlich jedes neu öffentlich zugänglich gemachten Werkes neu zu laufen.[1223] 931

bb) Verhalten des Antragstellers im weiteren Verfahren

Gegen die Dringlichkeit spricht nicht nur ein unbegründetes Zuwarten mit der Einreichung des Verfügungsantrags, sondern auch ein verzögerndes Verhalten des Antragstellers im Prozess. Keine Dringlichkeit liegt vor, wenn der erstinstanzlich unterlegene Verfügungskläger sich die Berufungsbegründungsfrist um einen Monat verlängern lässt und diese verlängerte Frist fast vollständig ausnutzt.[1224] Gleiches gilt, wenn er gegen einen zurückweisenden Beschluss des Landgerichts sofortige Beschwerde einlegt, diese aber nicht unmittelbar begründet.[1225] Die Frage, ob die Durchführung des Tatbestandsberichtigungsverfahrens dringlichkeitsschädlich ist, wurde vom OLG Köln verneint. Da die Geltung der Präklusionsvorschriften im einstweiligen Verfügungsverfahren umstritten sei, entspreche die Stellung eines Tatbestandsberichtigungsantrags prozessualer Sorgfalt.[1226] 932

Die Dringlichkeit kann aber auch durch ein Verhalten nach Erlass der einstweiligen Verfügung beeinflusst werden.[1227] Erklärt beispielsweise der Gläubiger nach Erlass einer einstweiligen Verfügung im Hinblick auf Vergleichsverhandlungen sein Einverständnis, „bis zu einer Entscheidung des Verfügungsverfahrens" auf die Zwangsvollstreckung aus dem Titel zu verzichten, kann dies die Dringlich- 933

1221 OLG Hamburg GRUR-RR 2008, 366 – Simplify your Production; OLG Hamburg GRUR-RR 2007, 302, 304 – Titelseite.

1222 OLG Hamburg ZUM 2009, 575 – Ich & Ich.

1223 OLG München GRUR 2019, 507 – Wissenschaftsverlage.

1224 KG, Beschluss vom 16.4.2009, Aktenzeichen 8 U 249/08.

1225 KG, Beschluss vom 4.4.2008, Aktenzeichen 5 W 51/08 – Unterlassene Beschwerdebegründung.

1226 OLG Köln, Urteil vom 10.7.2015, Aktenzeichen 6 U 195/14.

1227 KG, Urteil vom 11.5.2010, Aktenzeichen 5 U 64/09; OLG Köln GRUR-RR 2010, 448 – Vollstreckungsverzicht im Eilverfahren; OLG Frankfurt, Urteil vom 25.3.2010, Aktenzeichen 6 U 219/09 – Whiskey-Cola.

keitsvermutung nach Auffassung des OLG Köln beseitigen.[1228] Will sich der Gläubiger nicht der Gefahr eines Schadensersatzanspruchs aus § 945 ZPO aussetzen und toleriert deshalb fortgesetzte Zuwiderhandlung des Schuldners, kann er nach Auffassung des OLG Frankfurt für sich kein Eilbedürfnis reklamieren.[1229] Demgegenüber geht das OLG Hamburg davon aus, dass die bloße Hinnahme von Titelverstößen durch den Gläubiger ohne das Betreiben eines Ordnungsmittelverfahrens noch kein hinreichendes Anzeichen dafür sein kann, dass dem Gläubiger die Sache selbst nicht eilig war.[1230] Bereits durch die Zustellung eines mit einer Ordnungsmittelandrohung versehenen Verfügungstitels entsteht ein gewisser Vollstreckungsdruck. Nach Meinung des OLG Hamburg entfällt die Dringlichkeit jedenfalls dann nicht, wenn der Gläubiger keine Erkenntnisse darüber hat, ob und inwieweit sich der Schuldner bemüht hat, die Weiterverbreitung rechtsverletzender Produkte durch Kontaktaufnahme mit Dritten zu unterbinden oder jedenfalls den Versuch dazu zu unternehmen.[1231]

cc) Beendigung der Verletzung

934 Bei der fortdauernden Verletzung von Schutzrechten ergibt sich die Dringlichkeit regelmäßig aus der Sache selbst. Ist jedoch die Verletzungshandlung eingestellt worden, obliegt es dem Antragsteller, Tatsachen dazu vorzutragen, inwieweit dennoch die Angelegenheit so dringlich ist, dass ihr nicht zugemutet werden kann, den Weg des Hauptsacheverfahrens einzuschlagen und in diesem auf den Erlass eines Vollstreckungstitels zu warten.[1232]

935 Nach Auffassung des OLG Köln kann die Dringlichkeit im Urheberecht durch Beendigung der Verletzungshandlung entfallen.[1233] Für die Dringlichkeit sei die zeitliche Komponente, also eine zeitnah drohende Wiederholung, von entscheidender Bedeutung. Wenn der Antragsgegner nach einer Abmahnung einen fehlenden Urhebervermerk nachträglich einfügen lässt, besteht auf Grund der vorangegangenen Verletzungshandlung zwar weiter die Vermutung zukünftiger

1228 OLG Köln GRUR-RR 2010, 448 – Vollstreckungsverzicht im Eilverfahren.

1229 OLG Frankfurt, Urteil vom 25.3.2010, Aktenzeichen 6 U 219/09, Rn 7 – Whiskey-Cola.

1230 OLG Hamburg, Beschluss vom 20.8.2018, Aktenzeichen 3 U 141/17, Leitsatz abgedruckt in GRUR-RR 2019, 288 – Titelverstoß durch Pressemitteilung.

1231 OLG Hamburg, Beschluss vom 20.8.2018, Aktenzeichen 3 U 141/17, Leitsatz abgedruckt in GRUR-RR 2019, 288 – Titelverstoß durch Pressemitteilung.

1232 Zum Markenrecht vor Einführung der Dringlichkeitsvermutung OLG Nürnberg GRUR-RR 2019, 64; zum Designrecht OLG Düsseldorf, Urteil vom 23.12.2021, Aktenzeichen 20 U 90/21 – Deckenleuchten.

1233 OLG Köln MMR 2021, 990 Rn. 10 – Trainer-Foto.

Rechtsverletzungen, also die Wiederholungsgefahr. Dafür jedoch, dass eine zukünftige Rechtsverletzung nicht nur als solche wahrscheinlich, sondern auch konkret in unmittelbar zeitlicher Nähe stattfinden wird, sodass ein Hauptsacheverfahren nicht durchgeführt werden könnte, spricht keine Vermutung.

c) Eignung für ein summarisches Verfahren

Nach Rechtsprechung der Oberlandesgerichte muss der Antragsteller bei Urheberrechtsverletzungen mangels Geltung der Vermutung des § 12 Abs. 1 UWG nicht nur die Eilbedürftigkeit gemäß §§ 935, 940 ZPO glaubhaft machen. Zusätzlich muss das Begehren des Antragstellers auch für eine Entscheidung im summarischen Verfahren geeignet sein, wobei für diese Eignungsprüfung gefordert wird, dass die Urheberrechtsfähigkeit keinen durchgreifenden Zweifeln begegnet und die Rechtsverletzung ohne Schwierigkeiten feststellbar ist.[1234] 936

Das einstweilige Verfügungsverfahren ist nicht geeignet, wenn eine sachgerechte Bearbeitung und Prüfung des Falls eine Sachaufklärung streitiger Tatsachen erfordern, die gegebenenfalls die Hinzuziehung eines gerichtlichen Sachverständigen nahelegen.[1235] Beispielsweise kann die Prüfung in einem Softwareverletzungsfall in aller Regel nicht ohne Sachverständigen erfolgen. Die Einholung eines gerichtlichen Sachverständigengutachtens ist im Verfügungsverfahren allerdings nicht möglich.[1236] 937

d) Neue Dringlichkeit

Umstritten ist, ob eine wegen zu langen Zuwartens fehlende Dringlichkeit im Hinblick auf die Erstbegehungsgefahr der Annahme der Dringlichkeit für den auf Wiederholungsgefahr gestützten Anspruch entgegensteht, wenn der in Anspruch Genommene das angekündigte Verhalten später tatsächlich ausführt. Die wohl überwiegende Ansicht geht davon aus, dass dann, wenn die Verletzungsform ihrer Ankündigung entspricht, kein Grund für die Annahme einer neuen Dringlichkeit bestehe.[1237] Gegen diese Ansicht spricht, dass es sich bei dem auf die Erstbegehungsgefahr gestützten vorbeugenden Unterlassungsanspruch und dem auf 938

1234 KG GRUR-RR 2003, 262 – Harry-Potter-Lehrerhandbuch; KG ZUM-RD 2011, 544, 551.

1235 OLG Düsseldorf GRUR 1983, 79.

1236 *Berneke/Schüttpelz*[4] Rn. 240.

1237 OLG Stuttgart ZUM-RD 2009, 455, 458 – Ordenssammlung; OLG Hamburg NJW-RR 2008, 100, 101; KG NJW-RR 2001, 1201, 1202; *Teplitzky* WRP 2005, 654, 661; dagegen OLG München NJOZ 2002, 1450, 1452.

eine Verletzungshandlung gestützten Unterlassungsanspruch um verschiedene Streitgegenstände handelt.[1238]

VII. Darlegung und Glaubhaftmachung

1. Darlegungs- und Glaubhaftmachungslast

Während der Kläger in einem ordentlichen Klageverfahren diejenigen Tatsachen darzulegen und zu beweisen hat, die seine Ansprüche begründen, muss der Antragsteller diese im einstweiligen Verfügungsverfahren lediglich glaubhaft machen. Die Glaubhaftmachung ist eine vereinfachte Form der Beweisführung.

a) Darlegungslast des Antragstellers

939 Die Darlegungslast für alle Tatbestandsvoraussetzungen liegt grundsätzlich beim Antragsteller. Es obliegt ihm bei grenzüberschreitenden Sachverhalten auch, den Inlandsbezug darzulegen, die die Anwendbarkeit deutschen Rechts begründet.[1239]

940 Der Antragsteller trägt die Darlegungslast für das Vorliegen einer persönlichen geistigen Schöpfung. Er hat daher nicht nur das betreffende Werk vorzulegen, sondern grundsätzlich auch die konkreten Gestaltungselemente darzulegen, aus denen sich der urheberrechtliche Schutz ergeben soll.[1240] Nähere Darlegungen sind nur dann entbehrlich, wenn sich die maßgeblichen Umstände schon bei einem bloßen Augenschein erkennen lassen.[1241] Wer sich demgegenüber zur Verteidigung auf vorbekanntes Formengut beruft, muss dies durch Vorlage von konkreten Entgegenhaltungen darlegen.[1242]

941 Grundsätzlich muss der Antragsteller auch das Nichtvorliegen etwaiger Einreden und Einwendungen glaubhaft machen. Diese Glaubhaftmachungslast erstreckt sich nicht auf alle denkbaren Umstände, die dem geltend gemachten Anspruch entgegenstehen könnten, sondern nur auf solche, deren Vorliegen aufgrund des ansonsten vorgetragenen Sachverhalts sowie gegebenenfalls der Beantwortung der Abmahnung als wahrscheinlich erscheint.

1238 Vgl. BGH GRUR 2006, 421 Rn. 25 – Markenparfümverkäufe.

1239 LG Hamburg ZUM 2016, 887, 890 – Internet-Blog.

1240 OLG Stuttgart, Urteil vom 20.11.2020, Aktenzeichen 5 U 125/19 – Porsche.

1241 BGH GRUR 2012, 58 Rn. 24 f. – Seilzirkus; LG Hamburg, Urteil vom 14.1.2022, Aktenzeichen 308 O 130/19 – Adblock Plus.

1242 BGH GRUR 2002, 958, 960 – Technische Lieferbedingungen.

Die Anforderungen an die Darlegungs- und Glaubhaftmachungslast sollten nicht unterschätzt werden. Dies gilt insbesondere für Verfahren, in denen es um die Urheberschaft an Computerprogrammen geht. Derjenige, der sich auf Urheberrechte beruft, hat darzulegen und zu beweisen bzw. glaubhaft zu machen, welche schutzfähigen Werke bzw. Werkteile er geschaffen hat. Er muss dafür nach Meinung des OLG Hamburg eine verständliche Beschreibung seines Programms/Programmteils vorlegen. Die Darlegung der Schutzfähigkeit erfordert einen Vortrag dazu, inwieweit Gestaltungsspielräume bei der Erstellung des Computerprogramms vorhanden waren.[1243] 942

b) Darlegungslast des Antragsgegners

Der Antragsgegner hat alle anspruchshindernden, anspruchsvernichtenden oder anspruchshemmenden Tatsachen darzulegen und erforderlichenfalls glaubhaft zu machen. Dazu gehört beispielsweise eine Erschöpfung des Verbreitungsrechts nach § 17 Abs. 2 UrhG oder das Eingreifen einer Schrankenregelung nach §§ 44a ff. UrhG. 943

c) Sekundäre Darlegungslast

Eine sekundäre Darlegungslast trifft den Prozessgegner der primär darlegungsbelasteten Partei, wenn diese keine nähere Kenntnis der maßgeblichen Umstände und auch keine Möglichkeit zur weiteren Sachaufklärung hat, während der Bestreitende alle wesentlichen Tatsachen kennt und es ihm unschwer möglich und zumutbar ist, nähere Angaben zu machen. Dem Bestreitenden obliegt es im Rahmen seiner sekundären Darlegungslast, Nachforschungen zu unternehmen, wenn ihm dies zumutbar ist. Die sekundäre Darlegungslast führt jedoch weder zu einer Umkehr der Beweislast noch zu einer über die prozessuale Wahrheitspflicht und Erklärungslast hinausgehenden Verpflichtung des in Anspruch Genommenen, dem Anspruchsteller alle für seinen Prozesserfolg benötigten Informationen zu verschaffen.[1244] Genügt der Anspruchsgegner seiner sekundären Darlegungslast nicht, gilt die Behauptung des Anspruchstellers nach § 138 Abs. 3 ZPO als zugestanden.[1245] 944

1243 OLG Hamburg ZUM 2022, 144.
1244 LG Düsseldorf NJW 2021, 792 – Fünf Freunde 3.
1245 BGH NJW 2020, 1962 Rn. 37.

2. Vermutung der Rechtsinhaberschaft, § 10 UrhG

945 § 10 UrhG enthält drei verschiedene Vermutungsregelungen. § 10 Abs. 1 UrhG regelt die Vermutung der Urheberschaft bei Anbringung der Urheberbezeichnung, § 10 Abs. 2 UrhG regelt die Vermutung der Rechtsinhaberschaft des Herausgebers oder des Verlegers bei fehlender Urheberbezeichnung, und § 10 Abs. 3 UrhG regelt die Vermutung der Rechtsinhaberschaft des Inhabers der ausschließlichen Nutzungsrechte bei Anbringung einer entsprechenden Bezeichnung.

946 Nach § 10 Abs. 1 UrhG wird derjenige bis zum Beweis des Gegenteils als Urheber des Werkes angesehen, der auf den Vervielfältigungsstücken eines erschienenen Werkes in der üblichen Weise als Urheber bezeichnet ist.[1246] § 10 Abs. 1 UrhG führt zu einer Beweislastumkehr. Bis zum Beweis des Gegenteils gilt der als Urheber Bezeichnete als Werkschöpfer im Sinne des § 7 UrhG. Derjenige, der die Urheberschaft bestreitet, trägt die Beweislast dafür, dass der Bezeichnete nicht der Urheber ist.[1247]

a) Vervielfältigungsstück

947 Bei einem Vervielfältigungsstück handelt es sich begriffsnotwendig um die körperliche Festlegung eines Werkes.[1248] Die Urhebervermutung setzt voraus, dass die Urheberbezeichnung auf einem körperlichen Werkexemplar angebracht worden ist. Sie ist dagegen nicht anwendbar, wenn ein Werk lediglich in unkörperlicher Form wiedergegeben wird. Zur Begründung weist der BGH darauf hin, dass der Urheber bei einer unkörperlichen Wiedergabe des Werkes – wie etwa einem öffentlichen Vortrag oder einer öffentlichen Aufführung – die Richtigkeit der Namensangabe nicht in gleichem Maße überwachen kann, wie es bei der Anbringung der Urheberbezeichnung auf dem Original oder auf Vervielfältigungsstücken des Werkes möglich ist.[1249] Auch eine digitale Kopie ist ein Vervielfältigungsstück im Sinne von § 10 UrhG.[1250]

1246 Der BGH lässt beispielsweise die Wiedergabe der Initialen in der Kopfleiste der Maskenausdrucke und in der Fußzeile des Bedienungshandbuchs eines Computerprogramms für die Anwendung des § 10 UrhG ausreichen (BGH GRUR 1994, 39 – Buchhaltungsprogramm).

1247 Eine entsprechende Regelung enthält auch Art. 4 der Enforcement-RL. Art. 4 der Durchsetzungs-RL verlangt allerdings nur eine Angabe des Namens auf dem Werkstück in der üblichen Weise.

1248 BGH GRUR 2015, 258 Rn. 34 – CT-Paradies; BGH GRUR 2009, 942 Rn. 25 – Motezuma.

1249 BGH GRUR 2015, 258 Rn. 34 – CT-Paradies.

1250 Zur Anwendung bei Open-Source-Projekten vgl. *v. Welser/Hoppen* CR 2020, 350.

b) Bezeichnung in üblicher Weise

Für die Anwendung des § 10 UrhG müsste zudem das Tatbestandsmerkmal der Bezeichnung in üblicher Weise vorliegen. Dazu muss die Bezeichnung an einer Stelle angebracht sein, an der bei derartigen Werken üblicherweise der Urheber angegeben ist.[1251] § 10 UrhG beruht darauf, dass auf einem Werkstück üblicherweise der Urheber genannt wird. Bei Filmwerken beispielsweise werden Urheber üblicherweise im Vor- oder Abspann genannt.[1252] 948

c) Copyright-Vermerk

Noch nicht höchstrichterlich geklärt ist die Frage, ob ein ©-Vermerk die Vermutungswirkung des § 10 Abs. 3 UrhG begründet. Nach Auffassung des LG München wird mit dem ©-Vermerk eine ausschließliche Nutzungsberechtigung zumindest im Kontext seiner Verwendung zum Ausdruck gebracht. 949

Findet sich ein ©-Vermerk etwa auf einem physischen Tonträger, soll sich dieser beispielsweise zumindest auf das Vervielfältigungs- und Verbreitungsrecht hinsichtlich der auf dem Tonträger enthaltenen Werke beziehen. Findet sich der ©-Vermerk hingegen im Rahmen einer Internetpräsenz, besteht angesichts der Nutzungsgewohnheiten im Internet kein Anlass, diesen Vermerk auf Vervielfältigungsrechte zu beschränken und das Recht der öffentlichen Zugänglichmachung nicht mitzulesen.[1253] 950

3. Vermutung der Aktivlegitimation von Verwertungsgesellschaften

a) Auskunfts- und Vergütungsansprüche

Macht die Verwertungsgesellschaft einen Auskunftsanspruch geltend, der nur durch eine Verwertungsgesellschaft geltend gemacht werden kann, so wird gemäß § 48 VGG vermutet, dass sie die Rechte aller Rechtsinhaber wahrnimmt. § 49 VGG enthält eine Regelung für Vergütungsansprüche. 951

b) GEMA-Vermutung

Die von der Rechtsprechung entwickelte GEMA-Vermutung besagt, dass zugunsten der GEMA angesichts ihres umfassenden In- und Auslandsrepertoires eine tatsächliche Vermutung ihrer Wahrnehmungsbefugnis für die Aufführungsrechte an 952

1251 BGH GRUR 2015, 258 Rn. 37 – CT-Paradies.

1252 BGH GRUR 2021, 955 Rn. 88 – Das Boot III.

1253 LG München, Endurteil vom 31.1.2022, Aktenzeichen 21 O 14450/17; der Copyright-Vermerk stammt ursprünglich aus dem WUA (vgl. Wandtke/Bullinger/v. Welser § 121 UrhG Rn. 24).

in- und ausländischer Tanz- und Unterhaltungsmusik und für die sogenannten mechanischen Rechte besteht.[1254]

4. Glaubhaftmachungsmittel

953 Zur Glaubhaftmachung können gemäß § 294 ZPO sämtliche nach der ZPO zulässigen Beweismittel verwendet werden. Ein abschließender Katalog von Glaubhaftmachungsmitteln existiert nicht. Außerdem sind insbesondere auch eidesstattliche Versicherungen zulässig.

954 Grundsätzlich muss vor der Abmahnung die Rechtekette sorgfältig geprüft werden.[1255] Teilweise gestattet die Rechtsprechung dem Antragsteller allerdings, mit plausiblen Glaubhaftmachungsmitteln einen einstweiligen Titel zu erwirken, selbst wenn sich später herausstellen sollte, dass etwaige Lücken in der Rechtekette nur durch in zweiter Instanz vorgelegtes Material geschlossen werden können.[1256] Das OLG Hamburg verweist zur Begründung darauf, dass sich die Anforderungen an ein Parteivorbringen auch danach richten, wie sich die Gegenseite zum Vortrag des Antragstellers einlässt.[1257] Bei längerer Recherche riskiert der Antragsteller, dass die Eilbedürftigkeit seines Antrags verneint wird.

VII. Mehrfache Antragstellung

955 Das zuweilen praktizierte Vorgehen, einen Verfügungsantrag im Falle der Anberaumung einer mündlichen Verhandlung zurückzunehmen, um ihn anschließend in der Hoffnung besserer Erfolgsaussichten bei einem anderen Gericht erneut einzureichen, ist nach Auffassung des OLG Hamburg kein Fall des missbräuchlichen „Forum Shopping".[1258] Ein unheilbarer Verfahrensmangel liegt allerdings auch nach der Rechtsprechung des OLG Hamburg dann vor, wenn der zweite Verfügungsantrag eingereicht wird, bevor der erste zurückgenommen wurde.[1259]

956 Nach Meinung des OLG Hamburg verliert ein Antragsteller durch die Rücknahme eines zuvor bei einem anderen Gericht eingereichten Eilantrags nicht sein Rechtsschutzbedürfnis für ein erneutes Eilverfahren bei einem weiteren Gericht.

1254 BGH GRUR 1986, 62, 63 – GEMA-Vermutung I.

1255 OLG Frankfurt ZUM-RD 2014, 573.

1256 OLG Hamburg GRUR-RR 2003, 135 – Bryan Adams.

1257 OLG Hamburg GRUR-RR 2003, 135 – Bryan Adams.

1258 OLG Hamburg, Beschluss vom 13.1.2022, Aktenzeichen 7 W 156/21 – Forum Shopping; anders noch OLG Hamburg GRUR 2007, 614 – Forum Shopping.

1259 OLG Hamburg GRUR-RR 2010, 266 – Doppelte Anhängigkeit eines Verfügungsantrags.

Dies soll jedenfalls in den Fällen gelten, in denen weder eine doppelte Rechtshängigkeit vorliegt oder vorlag noch das Gericht und/oder die Antragsgegnerseite über den vorangegangenen Antrag im Unklaren gelassen wurde.[1260] Eine Rücknahme des Verfügungsantrags hat nach Meinung des OLG Hamburg nicht die Rechtsfolge, dass ein erneuter Antrag auf Erlass einer einstweiligen Verfügung nunmehr unzulässig wäre. Maßgeblich sei vielmehr allein, ob es deshalb an einem Verfügungsgrund fehlt.[1261]

IX. Gegenstandswert

Der Wert eines Unterlassungsanspruchs bestimmt sich nach dem Interesse des 957 Anspruchstellers an der Unterbindung weiterer gleichartiger Verstöße. Dieses Interesse ist pauschalierend unter Berücksichtigung der Umstände des Einzelfalles zu bewerten und wird maßgeblich durch die Art des Verstoßes, insbesondere seiner Gefährlichkeit und Schädlichkeit für den Inhaber des verletzten Schutzrechts, bestimmt.[1262]

Anhaltspunkte für die Beurteilung der mit dem Unterlassungsanspruch ab- 958 zuwehrenden Gefährdung der Interessen des Inhabers eines nach dem Urheberrechtsgesetz geschützten Rechts sind sowohl der wirtschaftliche Wert des verletzten Rechts als auch der sogenannte Angriffsfaktor, der durch Intensität und Umfang der Rechtsverletzung bestimmt wird.[1263] Dieser Angriffsfaktor wird insbesondere durch die Stellung des Verletzers und des Verletzten, die Qualität der Urheberrechtsverletzung, den drohenden Verletzungsumfang, die Art der Begehung des Rechtsverstoßes und eine etwaige hierdurch begründete Gefahr der Nachahmung durch Dritte sowie subjektive Umstände aufseiten des Verletzers wie den Verschuldensgrad bestimmt. Das mit dem Unterlassungsbegehren verfolgte Interesse des Anspruchstellers ist darauf gerichtet, in Zukunft weitere oder fortgesetzte Rechtsverletzungen zu unterbinden. Der Gefährlichkeit der bereits begangenen Verletzungshandlung kommt bei der Wertbemessung Indizwirkung zu. Allerdings kann auch anderen, von der Verletzungshandlung unabhängigen Faktoren – etwa dem Grad der Wahrscheinlichkeit künftiger Zuwiderhandlungen – Rechnung zu tragen sein.

1260 OLG Hamburg, Beschluss vom 13.1.2022, Aktenzeichen 7 W 156/21 – Forum Shopping; *dagegen* Musielak/Voit/*Huber*[19] § 940 ZPO Rn. 25c.

1261 OLG Hamburg, Beschluss vom 13.1.2022, Aktenzeichen 7 W 156/21 – Forum Shopping; *dagegen* Musielak/Voit/*Huber*[19] § 940 ZPO Rn. 25c.

1262 BGH ZUM 2016, 1037 – Die Päpstin.

1263 BGH GRUR 2014, 206 – Einkaufskühltasche.

X. Vollziehung

1. Überblick

959 Eine einstweilige Verfügung muss nach §§ 929 Abs. 2, 936 ZPO innerhalb eines Monats nach Zustellung (Beschluss) bzw. Verkündung (Urteil) vollzogen werden, anderenfalls verliert sie nach § 929 Abs. 2 ZPO ihre Wirkung. Der Verfügungsgegner kann sie dann nach § 927 Abs. 1 ZPO aufheben lassen.[1264] Unter der Vollziehung einer einstweiligen Verfügung ist nach §§ 928, 936 ZPO grundsätzlich deren Vollstreckung zu verstehen. Da die Vollstreckung eines Unterlassungsgebots mittels Ordnungsmitteln nach § 890 ZPO erst dann in Betracht kommt, wenn der Schuldner gegen dieses Gebot verstoßen hat, genügt zur Vollziehung bereits die Zustellung der mit der Ordnungsmittelandrohung versehenen Entscheidung im Parteibetrieb nach §§ 191, 192 ZPO.[1265] Ebenso als Vollziehung anzusehen wäre ein separater Antrag auf Androhung von Ordnungsmitteln, der in der Praxis allerdings selten vorkommt, da der Antrag auf Androhung von Ordnungsmitteln in aller Regel in den Verfügungsantrag aufgenommen wird. Die Notwendigkeit der Vollziehung im Parteibetrieb gilt auch für Urteilsverfügungen, die gemäß § 317 ZPO von Amts wegen zugestellt werden.[1266]

960 Besonderes Augenmerk ist geboten, wenn die einstweilige Verfügung auch einen Auskunftsanspruch enthält. § 888 ZPO sieht zur Vollstreckung eines Anspruchs auf Auskunftserteilung die Anordnung von Zwangsmitteln vor. Ist die Auskunft nicht innerhalb der Monatsfrist erteilt worden, ist der fristgerechte Antrag des Gläubigers auf Festsetzung eines derartigen Zwangsmittels erforderlich.[1267] Für den Schuldner des titulierten Auskunftsanspruches ergibt sich daraus ein gewisser Zeitdruck für die Erteilung der Auskünfte, sofern er ein Zwangsgeldverfahren vermeiden will. Nach § 101 Abs. 3 UrhG sind Namen und Anschrift der Hersteller, Lieferanten und anderer Vorbesitzer der Vervielfältigungsstücke oder sonstigen Erzeugnisse, der Nutzer der Dienstleistungen sowie der gewerblichen Abnehmer und Verkaufsstellen, für die sie bestimmt waren, zu nennen.

1264 KG GRUR-RR 2015, 181 – Faxversendung ohne Beglaubigungsvermerk; OLG Frankfurt GRUR-RR 2015, 183 – Deutschsprachiger Verkaufsleiter.

1265 Vgl. BGH GRUR 1993, 415 – Straßenverengung.

1266 OLG Köln GRUR-RR 2018, 268 – Poststreik; OLG Frankfurt, Urteil vom 28.3.2019, Aktenzeichen 6 U 196/18.

1267 OLG Düsseldorf, Urteil vom 3.11.2009, Aktenzeichen 20 U 141/09; OLG Hamburg GRUR 1997, 147 – Vollziehung der Gebotsverfügung; Schuschke/Walker/Kessen/Thole/*Schuschke/Kessen*[7] § 929 ZPO Rn. 34; offengelassen von KG, Urteil vom 8.4.2011, Aktenzeichen 5 U 140/10.

Praxistipp: Der Unterlassungsschuldner sollte schon im eigenen Interesse die Personen, über die er Auskunft erteilt, vorwarnen und Unterlassungserklärungen für diese vorbereiten, um zu verhindern, dass diese Unternehmen ebenfalls abgemahnt werden.

2. Vollziehungsfrist

Ist seit dem Tag, an dem die einstweilige Verfügung verkündet (Urteilsverfügung) 961
oder dem Antragsteller zugesandt worden ist (Beschlussverfügung), ein Monat verstrichen, so kann diese nicht mehr vollzogen werden.[1268] Der Antragsgegner könnte dann die Verfügung entweder durch einen Widerspruch nach §§ 924, 936 ZPO oder durch einen Antrag nach §§ 927, 936 ZPO aufheben lassen. Bei Auslandszustellungen reicht die rechtzeitige Beantragung aus.[1269]

Einstweilige Verfügungen, die ohne mündliche Verhandlung im Beschluss- 962
wege ergehen, werden dem Antragsteller vom Gericht zugesandt. Der Antragsgegner erhält hingegen vom Gericht keine Zustellung oder Mitteilung. Vielmehr hat der Antragsteller die Beschlussverfügung im Parteibetrieb zustellen zu lassen. Die einmonatige Vollziehungsfrist beginnt mit dem Zugang der Beschlussverfügung beim Antragsteller.

Bei der nach einer mündlichen Verhandlung erlassenen Urteilsverfügung be- 963
ginnt die Monatsfrist für die Zustellung im Parteibetrieb mit der Verkündung des Urteils. Die Urteilsverfügung wird zwar beiden Parteien von Amts wegen zugestellt, gleichwohl muss der Antragsteller sie noch vollziehen.[1270] Die Zustellung durch das Gericht reicht also keinesfalls aus. Da die Vollziehungsfrist bereits mit der Verkündung des Verfügungsurteils zu laufen beginnt, ist der Antragsteller gehalten, frühzeitig bei Gericht um Aushändigung einer geeigneten Urteilsausfertigung nachzusuchen. Die Vollziehungsfrist wird nämlich insbesondere nicht dadurch gehemmt, dass der Antragsteller auf die Aushändigung einer solchen Urteilsausfertigung warten muss. Wird eine einstweilige Verfügung auf einen Widerspruch hin modifiziert oder auf die Berufung des Antragsgegners in der zweiten Instanz neu erlassen, so bedarf es einer erneuten Zustellung.[1271]

1268 § 929 Abs. 2 ZPO stellt zwar auf die „Zustellung" der Beschlussverfügung an den Antragsteller ab; allerdings setzt auch eine formlose Aushändigung des Beschlusses die Frist in Gang, da der Verfügungsgläubiger von diesem Zeitpunkt an zustellen kann (Zöller/*Vollkommer*[34] § 929 ZPO Rn. 5).

1269 Vgl. OLG Düsseldorf GRUR-RR 2001, 94, 95 – Zustellung im Parteibetrieb.

1270 BGH GRUR 2009, 890, 891 – Ordnungsmittelandrohung; OLG Stuttgart GRUR-RR 2009, 194 – Zustellungserfordernis; OLG München, Urteil vom 6.2.2013, Aktenzeichen 15 U 2848/12.

1271 OLG Düsseldorf NJW-RR 2000, 68; OLG Hamburg GRUR-RR 2007, 152.

3. Zuzustellendes Dokument

a) Ausfertigung oder beglaubigte Abschrift der Entscheidung

964 Nach der älteren Rechtsprechung musste grundsätzlich eine Ausfertigung[1272] oder eine beglaubigte Abschrift der Ausfertigung zugestellt werden.[1273] Nach der Neuregelung des § 317 Abs. 1 ZPO im Jahre 2014 werden Urteile den Parteien vorbehaltlich eines Antrags auf Erteilung einer Ausfertigung nach § 317 Abs. 2 ZPO in Abschrift zugestellt. Die Rechtsprechung lässt deshalb die Zustellung einer gerichtlich beglaubigten Abschrift einer Beschlussverfügung zur Wahrung der Vollziehungsfrist ausreichen.[1274] Die Übermittlung einer Ausfertigung soll im Hinblick auf § 317 Abs. 2 ZPO nicht mehr erforderlich sein.

965 Allerdings muss der Antragsteller dafür Sorge tragen, dass etwaige Verstöße nach Zustellung der Verfügung mit Ordnungsmitteln (bzw. Zwangsmitteln) sanktioniert werden können. Die Entscheidung über die Verhängung von Ordnungsmitteln setzt voraus, dass gemäß § 750 ZPO eine Ausfertigung des zugrunde liegenden Titels dem Schuldner zugestellt worden ist. Die Zustellung der Ausfertigung kann nach Meinung des OLG Düsseldorf nachgeholt werden, wenn die Beschlussverfügung durch Zustellung der beglaubigten Abschrift rechtzeitig vollzogen wurde.[1275] Die Zustellung muss dergestalt erfolgen, dass das gerichtliche Gebot aus sich heraus verständlich ist.[1276] Dabei darf beispielsweise keine Seite fehlen.[1277] Bei einer Urschrift, die Farbbilder enthält, reicht die Zustellung einer schwarz-weißen Ausfertigung grundsätzlich nicht aus.[1278] Dienen die farbigen Ablichtungen allein der Identifizierung urheberrechtswidrig verwendeter Lichtbilder, so genügt die Zustellung einer schwarz-weißen Ausfertigung, wenn sich

---

1272 Nach § 49 Abs. 1 S. 1 BeurkG besteht die Ausfertigung in einer Abschrift der Urschrift, die mit dem Ausfertigungsvermerk versehen ist. Der Ausfertigungsvermerk muss nach § 49 Abs. 2 S. 2 BeurkG unterschrieben und mit dem Siegel der erteilenden Stelle versehen sein.

1273 OLG Zweibrücken, Urteil vom 21.5.2015, Aktenzeichen 4 U 145/14; LG Hamburg GRUR-RR 2013, 230 – Process Forwarding International.

1274 BGH NJW 2019, 1374 – Beschlussverfügung; OLG München GRUR 2018, 444 – Vollziehung im Verhandlungstermin; OLG Düsseldorf GRUR-RR 2019, 404 – Anzeige der Interessenwahrnehmung; LG Köln, Urteil vom 4.7.2019, Aktenzeichen 14 O 86/19 – Glyphosat-Gutachten; Schuschke/Walker/Kessen/Thole/*Schuschke/*
Kessen[7]§ 929 ZPO Rn. 30.

1275 OLG Düsseldorf GRUR-RR 2019, 404 – Anzeige der Interessenwahrnehmung.

1276 Vgl. OLG Düsseldorf GRUR 1984, 78 – Vollziehung ohne Anlagen; OLG Köln GRUR 1987, 404 – Unvollständige Zustellung.

1277 BGH GRUR 1998, 746 – Unzulängliche Zustellung.

1278 OLG Frankfurt GRUR 2009, 995, 996 – Farbige Skulpturen; OLG Hamburg GRUR-RR 2007, 406 – Farbige Verbindungsanlage.

hieraus erkennen lässt, auf welche Lichtbilder sich das ausgesprochene Verbot tatsächlich bezieht.[1279]

b) Beglaubigte Abschrift der Antragsschrift mit Anlagen

Ob zusätzlich die Antragsschrift oder weitere Anlagen zuzustellen sind, beurteilt 966
sich vor allem danach, ob dies gerichtlich angeordnet ist. Die Praxis der Gerichte im Hinblick auf solche Anordnungen und die Rechtsfolgen unterlassener Zustellungen von Antragsschriften und Anlagen ist uneinheitlich.[1280] So ordnet das LG Düsseldorf beispielsweise in derartigen Fällen an: *„Bei Zustellung sind diesem Beschluss beglaubigte und einfache Abschrift der Antragsschrift nebst Anlagen beizufügen"*.[1281] Bei Beschlussverfügungen ist die Zustellung der Antragsschrift zumindest dann erforderlich, wenn die Verfügung nicht aus sich heraus klar und eindeutig ist.[1282] Selbiges gilt, wenn Dokumente durch ausdrückliche Bezugnahme im Tenor der Entscheidung zu deren Bestandteil gemacht wurden.[1283] Nach Auffassung des OLG München ist die Beifügung der Antragsschrift für eine wirksame Zustellung auch dann erforderlich, wenn das Gericht in der Verfügung auf den Antrag Bezug genommen und ihn ausdrücklich zum Bestandteil seines Beschlusses gemacht hat, selbst wenn das mit einer einstweiligen Verfügung ausgesprochene Verbot aus sich heraus verständlich ist.[1284] Ähnlich sieht es das OLG Frankfurt. Damit der Verfügungsschuldner Umfang und Inhalt des Verbots zweifelsfrei ermitteln kann, ist es bei einer mit keiner Begründung versehenen Beschlussverfügung, die auf Anlagen Bezug nimmt, erforderlich, dem Beschluss zumindest diejenigen Anlagen beizufügen, die Aufschluss über den Inhalt und die Reichweite des Verbots geben können.[1285] Hierzu gehören in jedem Fall Anlagen, auf die im Verbotstenor verwiesen wird, sowie in der Regel auch die Antragsschrift, die in Ermangelung einer Beschlussbegründung zur Ermittlung des Verbotskerns herangezogen werden kann.[1286]

1279 OLG Köln GRUR-RR 2010, 175, 176 – Farbige Lichtbilder im Beschlusstenor.

1280 Vgl. hierzu OLG Jena NJW-RR 2013, 831; LG Köln, Urteil vom 7.7.2010 – 28 O 721/09.

1281 LG Düsseldorf, Beschluss vom 23.4.2009 – 37 O 41/09..

1282 Vgl. OLG Jena NJW-RR 2013, 831; OLG Hamm BeckRS 2010, 04617; OLG Düsseldorf GRUR 1984, 78 – Vollziehung ohne Anlagen; LG Meiningen, Beschluss vom 13.9.2012, Aktenzeichen HK O 15/12.

1283 OLG Köln GRUR 1987, 404 – Unvollständige Zustellung; OLG Koblenz, Urteil vom 21.3.2013, Aktenzeichen 9 U 1156/12.

1284 OLG München NJW-RR 2003, 1722.

1285 OLG Frankfurt GRUR-RR 2011, 340 – Ankle Tube.

1286 OLG Frankfurt GRUR-RR 2011, 340 – Ankle Tube.

4. Zustellungsadressat

967 Grundsätzlich ist der Antragsgegner Zustellungsadressat. Sofern der Antragsgegner im Verfügungsverfahren anwaltlich vertreten wurde, ist an seinen Verfahrensbevollmächtigten zuzustellen, § 172 ZPO.[1287] Andernfalls ist die Verfügung nicht wirksam vollzogen.[1288] Eine Bestellung mit der Folge, dass der Verfahrensbevollmächtigte zum Zustellungsadressaten wird, liegt vor, wenn dieser dem Gericht oder dem Antragsteller mitgeteilt hat, für das Verfahren bevollmächtigt zu sein. Gegebenenfalls kann bereits die Einreichung einer Schutzschrift ausreichen, wenn der Antragsteller von ihr Kenntnis erlangt.[1289] Wurde der Antragsgegner in einem vorausgegangenen Abmahnverfahren von einem Rechtsanwalt vertreten, so rechtfertigt dies allein noch nicht, ihn als Zustellungsadressaten anzusehen.[1290] In Zweifelsfällen bietet es sich an, sowohl an den Antragsgegner selbst als auch an seinen anwaltlichen Vertreter zuzustellen.

968 Die Zustellung wird dadurch eingeleitet, dass an die Gerichtsvollzieherverteilerstelle des zuständigen Amtsgerichts am Sitz des Antragsgegners ein entsprechender Zustellungsauftrag gerichtet wird. Dem zuständigen Gerichtsvollzieher kann das Schriftstück mit Auftrag allerdings auch direkt übermittelt werden, was sich in eiligen Fällen durchaus anbietet.

969 Die Zustellung von Anwalt zu Anwalt erfolgt mit Hilfe eines vorbereiteten Empfangsbekenntnisses, welches von dem Verfahrensbevollmächtigten des Antragsgegners zu unterzeichnen und zurückzusenden ist. Die Zustellung ist insofern vereinfacht, als anstelle der Zustellung durch den Gerichtsvollzieher die einfache Übersendung per Post oder per Telefax ausreicht.[1291] Eine Zustellung per E-Mail ist nicht möglich.[1292] Die einstweilige Verfügung ist erst dann wirksam zugestellt, wenn der Anwalt des Antragsgegners von der Verfügung Kenntnis erlangt und seinen Annahmewillen durch die Unterzeichnung des Empfangsbekenntnisses bekundet.[1293] Der Adressat muss vom Zugang des Schriftstücks nicht nur Kenntnis erhalten, sondern zudem entscheiden, ob er es als zugestellt ansieht. Die Äußerung des Willens, das Schriftstück anzunehmen (Empfangsbereitschaft), ist –

1287 OLG Köln GRUR 2001, 456 – Wahrung der Vollziehungsfrist.

1288 OLG Hamburg GRUR-RR 2007, 296 – Sicherheitsprofil; OLG Hamburg NJOZ 2007, 2691 – Vollziehung einer Urteils-Unterlassungsverfügung.

1289 Vgl. OLG Köln GRUR-RR 2001, 71 – Schutzschriftanwalt.

1290 OLG Düsseldorf GRUR-RR 2005, 102 – Haartrockner; OLG Köln GRUR-RR 2005, 143 – Couchtisch; LG Köln, Urteil vom 4.7.2019, Aktenzeichen 14 O 86/19 – Glyphosat-Gutachten.

1291 OLG Köln, Beschluss vom 4.7.2006, Aktenzeichen 6 W 81/06; OLG München, Beschluss vom 6.10.2006, Aktenzeichen 18 W 2365/06.

1292 OLG Frankfurt, Urteil vom 4.3.2021, Aktenzeichen 6 U 123/20.

1293 BGH WRP 2007, 189, 190 – Empfangsbekenntnis; OLG Köln, Beschluss vom 4.7.2006, Aktenzeichen 6 W 81/06.

anders als etwa bei einer Zustellung durch den Gerichtsvollzieher – zwingende Voraussetzung einer wirksamen Zustellung.[1294]

Nach § 14 S. 1 BORA (neue Fassung) hat der Rechtsanwalt ordnungsgemäße Zustellungen von Gerichten, Behörden und Rechtsanwälten entgegenzunehmen und das Empfangsbekenntnis mit dem Datum versehen unverzüglich zu erteilen. Wenn der Rechtsanwalt bei einer nicht ordnungsgemäßen Zustellung die Mitwirkung verweigert, muss er dies dem Absender nach § 14 S. 2 BORA unverzüglich mitteilen. Im Jahr 2015 hatte der BGH entschieden, dass der Anwalt zur Unterzeichnung eines solchen Empfangsbekenntnisses standesrechtlich nicht verpflichtet ist.[1295] Durch § 59b II Nr. 8 BRAO wurde daraufhin der Satzungsversammlung der BRAK die Kompetenz eingeräumt, die Pflichten bei der Zustellung von Anwalt zu Anwalt näher zu regeln.[1296] Da § 195 ZPO allerdings keine Zustellungsfiktion vorsieht und es denkbar ist, dass ein Rechtsanwalt sich trotz § 14 BORA weigert, ein Empfangsbekenntnis zu unterzeichnen, ist es ratsam, Zustellungen über einen Gerichtsvollzieher vorzunehmen, wenn nicht mehr hinreichend Zeit für einen weiteren Zustellungsversuch bleibt. Ist der Versuch, eine Unterlassungsverfügung von Anwalt zu Anwalt zuzustellen, an der verweigerten Rückgabe des Empfangsbekenntnisses durch den bestellten Prozessvertreter des Verfügungsbeklagten gescheitert, liegt keine vollendete und damit wirksame Vollziehung vor.[1297] 970

5. Zustellung im Ausland

Bei einstweiligen Verfügungen ist eine Zustellung unabhängig davon erforder- 971
lich, ob es sich um eine Beschluss- oder eine Urteilsverfügung handelt. Bei einer Auslandszustellung ist es nicht erforderlich, dass innerhalb der Vollziehungsfrist schon die Zustellung bewirkt werden muss. Vielmehr reicht es aus, wenn der Antragsteller innerhalb der Vollziehungsfrist die in seiner Sphäre liegenden notwendigen Schritte unternimmt.[1298]

Die Zustellung richtet sich nach §§ 191, 183 ZPO. Für Zustellungen in EU-Staa- 972
ten gilt die EuZVO. Für Zustellungen in Nicht-EU-Staaten gilt § 183 ZPO in Verbindung mit internationalen Übereinkommen, insbesondere dem „Haager Übereinkommen vom 15.11.1965 über die Zustellung gerichtlicher und außergerichtlicher

1294 OLG Hamm NJW 2010, 3380.
1295 BGH NJW 2015, 3672; hierzu *Kurtz* 305.
1296 Zur Reform der BRAO *Deckenbrock* NJW 2017, 1425.
1297 OLG Karlsruhe NJW-RR 2016, 821.
1298 OLG Düsseldorf GRUR-RR 2020, 45 – Fehlendes Formblatt.

Schriftstücke im Ausland in Zivil- oder Handelssachen" (HZÜ).[1299] Soweit die EuZVO und das HZÜ anwendbar sind, gehen sie den Regelungen der ZPO vor. Eine öffentliche Zustellung nach § 185 Nr. 3 ZPO kommt nur in Ausnahmefällen in Betracht. Eine Zustellung kann nach § 185 Nr. 3 ZPO durch öffentliche Bekanntmachung (öffentliche Zustellung) erfolgen, wenn eine Zustellung im Ausland nicht möglich ist oder keinen Erfolg verspricht. Diese Anforderungen sind nach der Rechtsprechung auch dann erfüllt, wenn eine Zustellung im Ausland zwar theoretisch möglich wäre, ihre Durchführung aber einen derart langen Zeitraum in Anspruch nähme, dass ein Zuwarten der die Zustellung betreibenden Partei nicht zugemutet werden kann.[1300] Dabei ist auch zu berücksichtigen, dass eine Bewilligung der öffentlichen Zustellung den Anspruch auf rechtliches Gehör des Prozessgegners gefährdet. Für die Entscheidung der Frage, ob die Dauer einer Zustellung im Wege der Rechtshilfe nicht mehr zumutbar ist, bedarf es daher einer Abwägung der beiderseitigen Interessen, wobei es auf die Umstände des Einzelfalls ankommt. So nimmt beispielsweise die Zustellung in China häufig einen Zeitraum von über 12 Monaten in Anspruch. Die Zustellung in China ist zudem in vielen Fällen nicht erfolgreich.[1301] Ein solch langes Zuwarten bis zur Zustellung der Antragsschrift in China ist dem Antragsteller in einem einstweiligen Verfügungsverfahren nicht zumutbar.

973 Fragen können sich unter anderem bei der Zustellung von Beschlussverfügungen, von Entscheidungen mit Ordnungsmittelandrohung bzw. von isolierten Ordnungsmittelandrohungen und von Entscheidungen ohne Begründung ergeben.

a) Begründungserfordernis

974 Entscheidungen in Verfügungsverfahren sind nach §§ 922 Abs. 1 S. 2, 935 ZPO zu begründen, wenn sie im Ausland geltend gemacht werden sollen. Auch bei fehlender Begründung kann die Auslandszustellung einer Beschlussverfügung – trotz §§ 922, 936 ZPO – wirksam sein. Zwar ist die Vollziehung der Beschlussverfügung durch Zustellung zugleich eine Vollstreckungsmaßnahme. Eine Geltendmachung im Ausland i. S. d. § 922 Abs. 1 S. 2 ZPO liegt darin allerdings – nach Auffassung des OLG Köln – noch nicht.[1302] Das OLG Köln hielt eine Zustellung für wirksam, bei der die Antragstellerin eine Beschlussverfügung, die mit keiner Begründung versehen war, in Dänemark zustellen ließ. Aus dem Fehlen einer Be-

---

1299 *Schack*[8] Internationales Zivilverfahrensrecht Rn. 732.
1300 BGH NJW-RR 2009, 855 Rn. 13; OLG München GRUR-RR 2020, 511 Rn. 10.
1301 OLG München GRUR-RR 2020, 511 Rn. 10.
1302 OLG Köln GRUR 1999, 66 – DAN/DANNE.

gründung könne kein die Unwirksamkeit bzw. die Unbeachtlichkeit der Auslandszustellung begründender Mangel hergeleitet werden. Zwar sei die durch die Zustellung bewirkte Vollziehung einer einstweiligen Verfügung eine besondere Form der Vollstreckung des vorläufigen Titels, darin erschöpfe sich die Funktion der Vollziehung indes nicht. Diese sei vielmehr Voraussetzung der Wirksamkeit der getroffenen Anordnung über die in § 929 Abs. 2 ZPO genannte Monatsfrist hinaus und Teil des der Vollstreckung vorgelagerten Verfahrens der Erwirkung bzw. Erhaltung der einstweiligen Verfügung selbst. Die Vollstreckung erfolge im Rahmen des eigenständigen Verfahrens nach § 890 ZPO, das seinerseits die Zustellung des Antrags auf Verhängung von Ordnungsmitteln an den Unterlassungsschuldner voraussetze. Die Zustellung der diesem Vollstreckungsverfahren zugrundeliegenden Beschlussverfügung stelle sich demgegenüber lediglich als Ankündigung der Absicht, von dem titulierten Unterlassungsgebot Gebrauch machen zu wollen, dar und sei als ein der Geltendmachung des Verbots vorgelagerter Akt einzuordnen. Nach Auffassung des OLG Hamburg ist das Begründungserfordernis zwar gesetzlich zwingend vorgeschrieben, aber sanktionslos. Sinn und Zweck des Begründungserfordernisses liege allein in der Sicherung der ordnungsgemäßen Auslandszustellung, da eine Reihe von Ländern ausländische Gerichtsentscheidungen nicht förmlich zustellten, wenn ihnen nicht entnommen werden könne, auf welcher rechtlichen Grundlage die Verurteilung erfolgt sei.[1303]

b) Zustellungen im EU-Ausland

Zustellungen im Ausland beurteilen sich im Verhältnis zwischen den EU-Staaten nach der EuZVO.[1304] Art. 15 EuZVO sieht die Parteizustellung vor. Danach kann jeder Verfahrensbeteiligte gerichtliche Schriftstücke unmittelbar durch zuständige Personen des Empfangsmitgliedstaats zustellen lassen, wenn eine solche unmittelbare Zustellung nach dem Recht dieses Mitgliedstaats zulässig ist. Soweit das deutsche Recht Parteizustellung zulässt, kann sich die Partei, welche eine einstweilige Verfügung im Ausland zustellen will, unmittelbar an die zuständige Person im Empfangsstaat wenden, wenn auch dieser die Parteizustellung erlaubt. 975

1303 OLG Hamburg, Urteil vom 19.8.2004, Aktenzeichen 5 U 32/04.

1304 Verordnung (EG) Nr. 1393/2007 des Europäischen Parlaments und des Rates vom 13.11.2007 über die Zustellung gerichtlicher und außergerichtlicher Schriftstücke in Zivil- oder Handelssachen in den Mitgliedstaaten (Zustellung von Schriftstücken) und zur Aufhebung der Verordnung (EG) Nr. 1348/2000 des Rates.

aa) Beschlussverfügungen

976 Grundsätzlich können – trotz fehlenden rechtlichen Gehörs – auch Beschlussverfügungen im Ausland zugestellt werden. Das Kammergericht hatte über einen Fall zu entscheiden, in dem die Antragstellerin eine Beschlussverfügung in den Niederlanden zustellen ließ. Das KG hielt diese Zustellung für wirksam.[1305] Zwar sei zur Vollstreckung aus der einstweiligen Verfügung in den Niederlanden eine dort zu beantragende Anerkennung notwendig. Der Vollzug der einstweiligen Verfügung durch Zustellung derselben im Parteibetrieb sei indes keine Vollstreckungsmaßnahme, sondern habe dieser nach § 750 ZPO vorauszugehen. Auch wenn die Zustellung der Wahrung der Vollziehungsfrist diene, könne daraus nicht entnommen werden, dass sie bereits eine Maßnahme der Zwangsvollstreckung sei.

977 Nach Meinung des OLG Düsseldorf soll zwischen Zustellung und Wirksamkeit einer Unterlassungsverfügung ein gewisser Zeitraum liegen, der letztlich der Gewährung und der Möglichkeit rechtlichen Gehörs dienen soll.[1306] Aus diesem Grund kann es nach Meinung des OLG Düsseldorf jedenfalls nicht dringlichkeitsschädlich sein, die Durchführung einer mündlichen Verhandlung zu beantragen.[1307]

bb) Ordnungsmittelandrohung

978 Die Zustellung von Entscheidungen mit Ordnungsmittelandrohung im Ausland kann nach Auffassung der Literatur wegen Eingriffs in fremde Hoheitsrechte unzulässig sein.[1308] Dies soll erst recht für einen nachfolgenden Ordnungsmittelbeschluss gelten. Um die Wirksamkeit der Zustellung nicht zu gefährden, wird vorgeschlagen, zunächst keine Strafandrohung zu beantragen.[1309] Bestelle sich für den Verfügungsschuldner später ein inländischer Prozessvertreter, so könne diesem gegebenenfalls ein nachträglicher Androhungsbeschluss zugestellt werden. Allerdings ist dann fraglich, ob dann der Zweck der Zustellung, nämlich die einstweilige Verfügung zu vollziehen, erreicht werden kann. Nach der Rechtsprechung des BGH ist dies zweifelhaft. Der BGH hatte über einen Fall zu entscheiden, bei dem ein in Großbritannien ansässiges Unternehmen – gestützt auf § 945 ZPO – auf Schadensersatz wegen Zustellung einer deutschen Beschlussverfügung ohne Strafandrohung in Großbritannien geklagt hatte. Der BGH hielt die Klage für un-

---

1305 KG NJWE-WettbR 1999, 161.
1306 OLG Düsseldorf, Urteil vom 21.1.2021, Aktenzeichen 20 U 229/20.
1307 OLG Düsseldorf, Urteil vom 21.1.2021, Aktenzeichen 20 U 229/20.
1308 *Schack*[8] Internationales Zivilverfahrensrecht Rn. 1156.
1309 Vgl. *Lindacher* 152.

begründet, da die Zustellung der einstweiligen Verfügung nur dann als Vollziehung angesehen werden kann, wenn diese bereits eine Strafandrohung enthält.[1310] Das KG differenziert danach, wann die Androhung der Ordnungsmittel beantragt wird.[1311] Geschieht dies mit der Beantragung der Verfügung zusammen, so soll kein Eingriff in fremde Hoheitsrechte vorliegen. Werde der Antrag nachträglich separat gestellt, so liege ein Eingriff vor.[1312] Nach Auffassung der Literatur ist die Zustellung von Ordnungsgeldandrohungen in der EU zulässig.[1313]

cc) Übersetzungen bei Zustellungen

Die EuZVO[1314] ist nach Art. 1 EuZVO in Zivil- oder Handelssachen anzuwenden, in 979
denen ein gerichtliches oder außergerichtliches Schriftstück von einem in einen anderen Mitgliedstaat zum Zwecke der Zustellung zu übermitteln ist. Die EuZVO statuiert kein generelles Übersetzungserfordernis hinsichtlich zuzustellender Schriftstücke, sondern gestattet vielmehr zunächst die Zustellung eines nicht übersetzten Schriftstückes. Als Ausgleich für diese Möglichkeit gewährt Art. 8 Abs. 1 EuZVO ein Annahmeverweigerungsrecht.[1315] Voraussetzung für das Annahmeverweigerungsrechts ist, dass der Empfänger die Sprache, in der das zuzustellende Schriftstück verfasst ist, nicht versteht und dass das Schriftstück nicht in einer Amtssprache des Empfangsmitgliedstaates, in dem die Zustellung vorzunehmen ist, abgefasst ist.[1316] In der Praxis spielt die Auslandzustellung von einstweiligen Verfügungen auf der Grundlage der EuZVO eine große Rolle.[1317]

(1) Zustellungsbedürftige Schriftstücke

Das zuzustellende Schriftstück im Sinne des Art. 8 EuZVO muss die Unterlagen 980
enthalten, die es dem Empfänger erlauben, zu erkennen, dass ein gerichtliches

1310 BGH NJW 1996, 198, 200.
1311 KG NJWE-WettbR 1999, 161.
1312 KG NJWE-WettbR 1999, 161, 162.
1313 *Kurtz* 113 ff.; *Lindacher* 120.
1314 Verordnung (EG) Nr. 1393/2007 des Europäischen Parlaments und des Rates vom 13.11.2007 über die Zustellung gerichtlicher und außergerichtlicher Schriftstücke in Zivil- oder Handelssachen in den Mitgliedstaaten (Zustellung von Schriftstücken) und zur Aufhebung der Verordnung (EG) Nr. 1348/2000 des Rates.
1315 *Fabig/Windau* NJW 2017, 2502.
1316 Vgl. Geimer/Schütze/*Okonska*, Internationaler Rechtsverkehr, Art. 8 EuZVO Rn. 7.
1317 Viele in Deutschland tätige Technologie-Unternehmen betreiben ihr Geschäft von Irland (z.B. Apple Distribution International Ltd., Facebook, Twitter, Google) oder Luxemburg (z.B. Amazon) aus.

Verfahren besteht, in dessen Verlauf er seine Rechte dadurch geltend machen kann, dass er sich in einem laufenden Verfahren verteidigt oder dass er gegen eine – auf einen einseitigen Antrag hin ergangene Entscheidung – einen Rechtsbehelf einlegt.[1318] Nur Unterlagen, die beispielsweise lediglich Beweisfunktion haben und insofern für das Verständnis des Gegenstands und des Grundes der Klage erlässlich sind, müssen nicht übersetzt werden.[1319] Wurden die Unterlagen, deren Übersetzung erforderlich ist, nicht übersetzt, besteht ein Recht zur Annahmeverweigerung, welche auch gegenüber der Übermittlungsstelle erklärt werden kann.[1320] Ein Unternehmen mit Sitz im Ausland kann die Annahme eines Schriftstücks in deutscher Sprache nicht nach Art. 8 Abs. 1 EuZVO verweigern, wenn die Gesamtumstände ergeben, dass es über deutschsprachige Mitarbeiter verfügt, die sich auch um rechtliche Angelegenheiten kümmern können.[1321] Für die Frage, ob bei einem Unternehmen als Empfänger vom Verständnis der Sprache auszugehen ist, kommt es nach Auffassung des OLG Düsseldorf nicht auf die persönlichen Fähigkeiten der Mitglieder der Geschäftsleitung, sondern auf die Organisation des Unternehmens insgesamt an. Maßgeblich ist, ob aufgrund der Art und des Umfangs der Geschäftstätigkeit in einem bestimmten Land davon ausgegangen werden kann, dass in dem Unternehmen Mitarbeiter vorhanden sind, welche sich um rechtliche Auseinandersetzungen mit den Kunden in der Landessprache kümmern können. Der Antragsteller muss nicht das Risiko eingehen, die Anlagen nur teilweise übersetzen zu lassen. Er kann auch sämtliche Unterlagen übersetzen lassen.

(2) Annahmeverweigerungsrecht und Nachholung der Übersetzung

981 Nach einer Annahmeverweigerung kann die Zustellung gemäß Art. 8 Abs. 3 EuZVO dadurch bewirkt werden, dass dem Empfänger das Dokument zusammen mit einer den Anforderungen des Art. 8 Abs. 1 EuZVO entsprechenden Übersetzung des Schriftstücks zugestellt wird. In diesem Fall ist das Datum der Zustellung des Schriftstücks das Datum, an dem die Zustellung des Dokuments zusammen mit der Übersetzung nach dem Recht des Empfangsmitgliedstaats bewirkt wird. Muss jedoch nach dem Recht eines Mitgliedstaats ein Schriftstück innerhalb einer bestimmten Frist zugestellt werden, so ist im Verhältnis zum Antragsteller als Datum der Zustellung der Tag maßgeblich, an dem das erste Schriftstück zugestellt worden ist. Eine unverzügliche Nachholung der Zustellung einer Übersetzung

1318 EuGH NJW 2008, 1721, 1724 Tz 64 – Ingenieurbüro Weiss/IHK Berlin.

1319 EuGH NJW 2008, 1721, 1724 Tz. 69 – Ingenieurbüro Weiss/IHK Berlin.

1320 OLG Frankfurt NJW-RR 2009, 71 – Auslandszustellung in Italien.

1321 OLG Köln NJW-RR 2019, 1213; OLG Düsseldorf MMR 2020, 182 – Facebook; OLG München, Beschluss vom 14.10.2019, Aktenzeichen 14 W 1170/19 – Facebook.

kann nach Verweigerung der Annahme nach Art. 8 Abs. 3 Satz 3 i.V.m. Art. 9 Abs. 2 EuZVO, § 167 ZPO die Frist des § 929 Abs. 2 ZPO wahren.[1322]

(3) Belehrung über Annahmeverweigerungsrecht

Nach Art. 8 Abs. 1 EuZVO setzt die Empfangsstelle den Empfänger unter Verwendung eines Formblatts, welches sich in Anhang II zur EuZVO befindet, davon in Kenntnis, dass er die Annahme des zuzustellenden Schriftstücks bei der Zustellung verweigern oder das Schriftstück der Empfangsstelle binnen einer Woche zurücksenden darf, wenn das Schriftstück nicht in einer der zu akzeptierenden Sprachen (verständlich für Empfänger oder Amtssprache des Empfangsmitgliedstaats) abgefasst oder keine Übersetzung in einer dieser Sprachen beigefügt ist. Die Belehrung ist nach § 103 S. 2 der deutschen Rechtshilfeordnung für Zivilsachen (ZRHO) in jedem Fall vorzunehmen, unabhängig von der Sprache des zuzustellenden Schriftstücks. Das Fehlen der Belehrung führt nicht zur Nichtigkeit der Zustellung.[1323] Die Belehrung ist aber nachzuholen.[1324] Für das Nachholen der Belehrung durch Nachreichen des Formblatts gelten Anforderungen wie für die nachträgliche Übermittlung der Übersetzung entsprechend.[1325] Nach Auffassung des OLG Köln soll die Nachholung der Belehrung allerdings dann obsolet sein, wenn der Zustellungsempfänger die Annahme bereits verweigert hat.[1326] 982

c) Zustellungen in Drittstaaten

In Nicht-EU-Staaten wird nach dem HZÜ oder im vertraglosen Rechtshilfeverkehr zugestellt. Dem HZÜ gehören beispielsweise die Vereinigten Staaten, Japan, China, Deutschland und die Schweiz an, nicht hingegen beispielsweise Taiwan.[1327] 983

1322 OLG Düsseldorf GRUR-RR 2020, 45, 46 Rn. 29 – Fehlendes Formblatt; OLG Frankfurt GRUR-RR 2015, 183 – Deutschsprachiger Verkaufsleiter; OLG Dresden, Beschluss vom 7.4.2020, Aktenzeichen 4 U 2805/19 – Twitter; Zöller/*Geimer*[34] Art. 8 EuZustVO Rn. 4; *Berneke/Schüttpelz*[4] Rn. 576.

1323 EuGH EuZW 2017, 344 Rn. 57 – Henderson; EuGH, Beschluss vom 28.4.2016, Aktenzeichen C-384/14 – Alta Realitat; EuGH EuZW 2015, 832 – Alpha Bank; vgl. auch EuZW 2018, 1001 – Catlin Europe.

1324 EuGH EuZW 2017, 344 Rn. 58 – Henderson; OLG Düsseldorf GRUR-RR 2020, 45, 46 Rn. 29 – Fehlendes Formblatt; Geimer/Schütze/*Okonska*, Internationaler Rechtsverkehr, Art. 8 EuZVO Rn. 59.

1325 EuGH EuZW 2015, 832 – Alpha Bank; Geimer/Schütze/*Okonska*, Internationaler Rechtsverkehr, Art. 8 EuZVO Rn. 60.

1326 OLG Köln, Beschluss vom 29.11.2017, Aktenzeichen 7 VA 16/17.

1327 Vgl. OLG Düsseldorf, Urteil vom 14.10.2003, Aktenzeichen 20 W 38/03,

984 Im Anwendungsbereich des HZÜ kann die ausländische Behörde um formlose oder förmliche Zustellung ersucht werden. Bei formloser Zustellung sind grundsätzlich keine Übersetzungen der zuzustellenden Schriftstücke erforderlich, die Zustellung erfolgt aber nach Art. 5 Abs. 2 HZÜ nur, wenn der Empfänger die Schriftstücke freiwillig annimmt.[1328] Die förmliche Zustellung nach Art. 5 Abs. 1 HZÜ wird entweder in einer der Formen, die das Recht des ersuchten Staates für die Zustellung der in seinem Hoheitsgebiet ausgestellten Schriftstücke an dort befindliche Personen vorschreibt, oder in einer besonderen, von der ersuchenden Stelle gewünschten Form durchgeführt. Werden bei einer Zustellung nach dem HZÜ die Anforderungen des HZÜ gewahrt und lediglich Formvorschriften des Verfahrensrechts des Zustellungsstaates verletzt, wird der Zustellungsmangel nach Meinung des BGH gemäß § 189 ZPO geheilt, wenn das Schriftstück dem Zustellungsempfänger tatsächlich zugegangen ist.[1329] Bei der förmlichen Zustellung kann die ausländische Behörde verlangen, dass das Schriftstück in der Amtssprache des ersuchten Staates abgefasst oder in diese übersetzt ist. Von dieser Möglichkeit machen die meisten HZÜ-Mitglieder Gebrauch.[1330]

985 In der Literatur wird darauf hingewiesen, dass die Zustellung von Beschlussverfügungen und Ordnungsgeldandrohungen im Ausland problematisch ist.[1331] Allerdings ist die Rechtsprechung hier uneinheitlich. Das OLG München hält die Ordnungsmittelandrohung bei Urteilen gegen im Ausland ansässige Beklagte für zulässig.[1332] In einem Fall, der dem OLG München zur Entscheidung vorlag, wendete sich ein Fotograf gegen die unerlaubte Verbreitung seiner Fotos durch ein schweizerisches Unternehmen in Deutschland. Das OLG München hielt ein Urteil mit Strafandrohung für zulässig, da die Androhung von Ordnungsmitteln noch kein Akt der Zwangsvollstreckung sei. Die Androhung im Urteil setze nur die Unterlassungspflicht und die Möglichkeit der Zwangsvollstreckung voraus. Nur wenn das Ordnungsmittel durch besonderen Beschluss angedroht werde, liege darin der Beginn der Zwangsvollstreckung.[1333]

986 Das LG Hamburg und das LG Berlin hielten die Zustellung von Beschlussverfügungen in den Vereinigten Staaten für zulässig.[1334]

1328 *Schack*[8] Internationales Zivilverfahrensrecht Rn. 734.

1329 BGH NJW 2011, 3581 Rn. 33.

1330 Cepl/Voß/*Matthes*[2] § 183 ZPO Rn. 7.

1331 Cepl/Voß/*Matthes*[2] § 183 ZPO Rn. 3–4.

1332 OLG München GRUR 1990, 677, 678 – Postervertrieb.

1333 OLG München GRUR 1990, 677, 678 – Postervertrieb.

1334 LG Hamburg GRUR-RR 2013, 230 – Process Forwarding International; LG Berlin ZUM-RD 2012, 399 – Loriot

6. Vollziehung durch Ordnungs- und Zwangsgeldanträge

Einstweilige Verfügungen können auch durch Zwangsvollstreckungsmaßnahmen vollzogen werden. Dabei können Verstöße beispielsweise gegen einen Unterlassungstenor durch Ordnungsgeldanträge und Verstöße gegen einen Auskunftstenor durch Zwangsgeldanträge sanktioniert werden. 987

a) Ordnungsgeldverfahren

Handelt der Schuldner einem Unterlassungsgebot zuwider, so ist er wegen einer 988
jeden Zuwiderhandlung gemäß § 890 ZPO auf Antrag des Gläubigers zu einem Ordnungsgeld oder zur Ordnungshaft zu verurteilen. Auch für den Fall, dass das Ordnungsgeld nicht beigetrieben werden kann, kann zur einer Ordnungshaft verurteilt werden. Das einzelne Ordnungsgeld darf den Betrag von 250.000 Euro nicht übersteigen. Erforderlich ist ein Verschulden des Schuldners. Mehrere Einzelakte, mit denen ein Schuldner gegen ein tituliertes Unterlassungsgebot verstößt, können nicht als fortgesetzte Handlung zu einer einheitlichen Tat zusammengefasst werden.[1335] In Betracht kann aber eine natürliche Handlungseinheit kommen. Zu einer natürlichen Handlungseinheit können mehrere Verhaltensweisen zusammengefasst werden, die auf Grund ihres räumlich-zeitlichen Zusammenhangs so eng miteinander verbunden sind, dass sie bei natürlicher Betrachtungsweise als ein einheitliches, zusammengehörendes Tun erscheinen.[1336]

Für das Verfahren auf Festsetzung von Ordnungsmitteln gilt das Gebot des 989
Vollbeweises nach § 286 ZPO mit den dafür vorgesehenen Beweismitteln. Die Glaubhaftmachung reicht nicht aus.[1337] Die Beitreibung richtet sich nach dem Justizbeitreibungsgesetz, § 1 Abs. 1 Nr. 3 JBeitrG.

Bei der Bemessung der Höhe eines Ordnungsmittels sind Art, Umfang und 990
Dauer des Verstoßes, der Verschuldensgrad, der Vorteil des Verletzers aus der Verletzungshandlung und die Gefährlichkeit der begangenen und möglichen künftigen Verletzungshandlungen für den Verletzten zu berücksichtigen. Darüber hinaus sind die wirtschaftlichen Verhältnisse des Schuldners zu berücksichtigen.

1335 BGH GRUR 2021, 767 Rn. 21 – Vermittler von Studienplätzen; BGH NJW 2009, 921 Rn. 14 – Mehrfachverstoß gegen Unterlassungstitel.

1336 BGH GRUR 2021, 767 Rn. 34 – Vermittler von Studienplätzen; BGH NJW 2009, 921 Rn. 13 – Mehrfachverstoß gegen Unterlassungstitel; OLG Frankfurt, Beschluss vom 12.1.2022, Aktenzeichen 6 W 106/21.

1337 OLG München NJW-RR 2015, 1204 Rn. 14 – Vollbeweis im Ordnungsmittelverfahren; OLG Frankfurt MMR 2013, 791 Rn. 2 – Champagnerflaschen.

b) Zwangsgeldverfahren

991 Titulierte Ansprüche auf Auskunft und Rechnungslegung können nach § 888 ZPO vollstreckt werden. Bei nicht vertretbaren Handlungen, also Handlungen, die nicht durch einen Dritten vorgenommen werden können, sieht § 888 ZPO Zwangsmittel vor, um den Schuldner zur Vornahme der Handlung anzuhalten. Ein titulierter Auskunftsanspruch kann beispielsweise nach einer offensichtlich falschen oder unvollständigen Auskunft im Zwangsmittelverfahren gemäß § 888 ZPO durchgesetzt werden.[1338]

992 Ein titulierter Auskunftsanspruch ist erst dann erfüllt, wenn der Schuldner unter Darlegung sämtlicher im Urteilstenor aufgelisteter Einzeldaten Auskunft erteilt hat, wobei es nicht auf die materielle Rechtslage, sondern ausschließlich auf den maßgeblichen Vollstreckungstitel und dessen Vorgaben zu Inhalt und Umfang der Pflicht zur Auskunftserteilung ankommt. Insofern ist entscheidend, ob zu sämtlichen Einzeldaten, zu denen der Urteilsausspruch den Schuldner verpflichtet, Angaben vorhanden sind.[1339]

993 Ein titulierter Rechnungslegungsanspruch setzt eine nach Maßgabe von Urteilstenor und -gründen formal vollständige Rechnungslegung voraus. Es müssen zu sämtlichen Einzelheiten, über die der Urteilsausspruch den Schuldner zu Angaben verpflichtet, Auskünfte vorhanden sein, wobei zur Auslegung des Vollstreckungstitels über den Umfang der geschuldeten Rechnungslegung die Entscheidungsgründe heranzuziehen sind. Solange nur zu einem einzigen rechnungslegungspflichtigen Punkt Angaben fehlen, ist ein Zwangsgeld zu verhängen.[1340] Auskünfte über Handlungen, die im Urteilstenor nicht bezeichnet sind, können im Wege der Zwangsvollstreckung nicht erzwungen werden.[1341]

994 Bei der Anwendung des § 888 ZPO sind auch die Grundrechte des Auskunftsschuldners zu berücksichtigen. Das BVerfG hatte über einen Fall zu entscheiden, in dem eine Negativauskunft mit einen Zwangsmittelverfahren nach § 888 ZPO angegriffen wurde. In dieser ungewöhnlichen Konstellation stellte sich die Frage, ob die Negativauskunft deshalb als „offensichtlich falsch" gelten musste, weil das Gericht im Erkenntnisverfahren bindend (§ 318 ZPO) zu dem Ergebnis gekommen war, dass die abgestrittene Tathandlung tatsächlich vorgenommen worden war.[1342] Das BVerfG weist in diesem Zusammenhang darauf hin, dass es prinzi-

---

1338 OLG Frankfurt NJW-RR 2016, 960.

1339 OLG Düsseldorf GRUR-RR 2013, 273 – Scheibenbremse.

1340 OLG Düsseldorf, Beschluss vom 21.1.2016, Aktenzeichen I-15 W 12/15.

1341 BGH GRUR 2014, 605 – Flexitanks II; BGH NJW-RR, 2007, 1475, 1476; OLG Düsseldorf GRUR-RR 2013, 273 f. – Scheibenbremse.

1342 BverfG, Beschluss vom 11.6.2010, Aktenzeichen 2 BvR 535/10; BverfG, Beschluss vom 28.10.2010, Aktenzeichen 2 BvR 535/10.

piell stets im Bereich des Möglichen liegt, dass prozessuale und materielle Wahrheit nicht übereinstimmen.[1343] Das Zwangsgeldverfahren darf nicht dazu führen, dass der Schuldner meint, Angaben erfinden zu müssen.[1344] Die Abgabe einer eidesstattlichen Versicherung nach §§ 259, 260 BGB kann in solchen Konstellationen das mildere Mittel sein.[1345]

In Fällen, in denen die Vornahme der geschuldeten Handlung von der Mitwir- **995**
kung eines Dritten abhängt, muss der Schuldner die ihm zustehenden tatsächlichen und rechtlichen Möglichkeiten ausschöpfen, um den Dritten zu einer Mitwirkung zu bewegen.[1346]

7. Heilung von Zustellungsmängeln

War der Zustellungsvorgang mangelhaft, so kommt eine Heilung nach § 189 ZPO **996**
in Betracht.[1347] Ob ein Mangel des Zustellvorgangs nach § 189 ZPO geheilt werden kann, wenn der richtige Zustellempfänger nicht das dem falschen Empfänger zugestellte Schriftstück selbst, sondern nur eine Kopie davon, beispielsweise in der Form eines Telefaxes oder einer E-Mail, erhält, ist umstritten.[1348] Ist nicht der Zustellungsvorgang, sondern das zugestellte Schriftstück selbst mangelhaft, so kommt eine Heilung nach § 189 ZPO grundsätzlich nicht in Betracht.[1349] Nach Auffassung des BGH handelt es sich bei einer durch die Geschäftsstelle veranlassten Zustellung einer einfachen statt einer beglaubigten Abschrift einer Klageschrift um eine Verletzung zwingender Zustellungsvorschriften, die nach § 189 ZPO geheilt werden kann.[1350]

Verstöße gegen die EuZVO können nicht nach nationalem Recht geheilt wer- **997**
den, da dies der einheitliche Anwendung der Verordnung zuwiderlaufen würde.

1343 BverfG, Beschluss vom 11.6.2010, Aktenzeichen 2 BvR 535/10; BverfG, Beschluss vom 28.10.2010, Aktenzeichen 2 BvR 535/10.

1344 OLG München, Beschluss vom 29.10.2013, Aktenzeichen 6 W 1050/13.

1345 BverfG, Beschluss vom 28.10.2010, Aktenzeichen 2 BvR 535/10; OLG München, Beschluss vom 29.10.2013, Aktenzeichen 6 W 1050/13.

1346 OLG Düsseldorf GRUR-RR 2013, 273, 275 – Scheibenbremse.

1347 Vgl. Zöller/*Vollkommer*[34] § 929 ZPO Rn. 14; *Klute* GRUR 2005, 924.

1348 Dafür: KG WRP 2011, 612; OLG Frankfurt, Beschluss vom 6.2.2017, Aktenzeichen 19 U 190/16; MüKo/*Häublein*[6] § 189 ZPO Rn. 9; Cepl/Voß/*Matthes*[2] § 189 ZPO Rn. 8; dagegen: OLG Hamburg GRUR-RR 2018, 173 – Sportzubehör, OLG München GRUR 2018, 444 – Vollziehung im Verhandlungstermin.

1349 Zöller/*Stöber*[34] § 189 ZPO Rn 8; MüKo/*Häublein*[6] § 189 ZPO Rn. 7.

1350 BGH NJW 2016, 1517 Rn. 17.

8. Erneute Zustellung bei abändernden Entscheidungen

998 Ein Urteil, mit dem eine bereits erlassene einstweilige Verfügung bestätigt wird, muss grundsätzlich nicht noch einmal zugestellt werden. Eine erneute Zustellung ist aber erforderlich, wenn eine Entscheidung, die die einstweilige Verfügung inhaltlich abändert, insbesondere die Anordnung erweitert.[1351] Die Rechtsprechung zum Erfordernis einer erneuten Vollziehung ist allerdings uneinheitlich. Wird eine im Beschlussverfahren ergangene einstweilige Verfügung im Widerspruchsverfahren durch Urteil derart abgeändert, dass das neugefasste Verbot nicht als reines Minus oder als lediglich teilweise Einschränkung des Beschlusses zu werten ist, so ist das Urteil nach Meinung des OLG Köln auch dann im Parteibetrieb erneut zuzustellen, wenn der Beschluss bereits zugestellt war.[1352] Um hier unnötige Risiken zu vermeiden, sollte ein Urteil, welches den Tenor verändert, erneut zugestellt werden.

XI. Rechtsbehelfe

1. Sofortige Beschwerde

999 Lehnt das Gericht den Erlass einer einstweiligen Verfügung durch Beschluss ab, so kann der Antragsteller hiergegen mit der sofortigen Beschwerde vorgehen, § 567 Abs. 1 Nr. 2 ZPO. Die sofortige Beschwerde ist binnen einer Frist von zwei Wochen bei dem Gericht, dessen Entscheidung angefochten wird, oder bei dem Beschwerdegericht einzulegen.

1000 Erachtet das Gericht oder der Vorsitzende, dessen Entscheidung angefochten wird, die Beschwerde für begründet, so haben sie ihr abzuhelfen. Andernfalls ist nach § 572 Abs. 1 ZPO die Beschwerde unverzüglich dem Beschwerdegericht vorzulegen. Das Beschwerdegericht kann die Sache an das Ausgangsgericht zurückverweisen, wenn es die Beschwerde für begründet erachtet.[1353] Soweit die angefochtene Entscheidung aufzuheben ist, kann das Beschwerdegericht nach seinem Ermessen wählen, ob es der Beschwerde durch eigene Sachentscheidung abhilft oder die Sache an das Ausgangsgericht zurückverweist. Eine eigene Sachentscheidung des Beschwerdegerichts bietet sich an, wenn die Sache entscheidungsreif ist oder Entscheidungsreife mit geringem Aufwand herbeigeführt werden kann. In solchen Fällen kann das Beschwerdegericht die einstweilige Verfügung auch im Beschlussweg erlassen.[1354]

1351 Berneke/*Schüttpelz*[4] Rn. 566.

1352 OLG Köln, Urteil vom 18.12.1985, Aktenzeichen 6 U 144/85.

1353 OLG Nürnberg, Beschluss vom 31.1.2022 – 3 W 149/22.

1354 OLG Hamburg, Beschluss vom 14.10.2021, Aktenzeichen 5 W 40/21 – Grand Step Shoes.

2. Widerspruch

Gibt das Gericht dem Verfügungsantrag ohne mündliche Verhandlung statt, kann 1001 gegen die Beschlussverfügung Widerspruch nach §§ 924, 936 ZPO eingelegt werden. Durch Widerspruch gegen eine Beschlussverfügung erreicht der Antragsgegner, dass über den Verfügungsantrag mündlich verhandelt wird. Der Widerspruch kann darauf gestützt werden, dass die allgemeinen Prozessvoraussetzungen, der Verfügungsgrund oder der Verfügungsanspruch bei Erlass der einstweiligen Verfügung nicht vorlagen, letztere also von Anfang an nicht gerechtfertigt war. Auch die Versäumung der Vollziehungsfrist nach §§ 929 Abs. 2, 936 ZPO kann den Widerspruch rechtfertigen.

Besondere Formen des Widerspruchs sind der Kostenwiderspruch und der 1002 Unterwerfungswiderspruch. Mit beiden setzt sich der Schuldner gegen die Auferlegung der Kosten zur Wehr.

a) Kostenwiderspruch

Sofern die einstweilige Verfügung nach Meinung des Antragsgegners in der Sache 1003 begründet war, kann er auch einen Widerspruch nur gegen die Kostenentscheidung erheben. Ein solches Vorgehen bietet sich beispielsweise dann an, wenn der Antragsteller es unterlassen hat, den Antragsgegner vor Beantragung der einstweiligen Verfügung abzumahnen und die Abmahnung nicht aus besonderen Gründen entbehrlich war. Dem Antragsteller sind dann nach § 93 ZPO die Kosten aufzuerlegen. Zugleich kann die einstweilige Verfügung – bis auf die Kostenentscheidung – durch eine Abschlusserklärung als verbindliche Regelung anerkannt werden, um zu verhindern, dass die Gegenseite zusätzlich zu dem Verfügungsverfahren noch ein Hauptsacheverfahren initiiert. Es spricht einiges dafür, die Möglichkeit eines Kostenwiderspruchs auch dann zuzulassen, wenn zwar eine Abmahnung ausgesprochen wurde, diese aber nicht den Anforderungen des § 97a UrhG entsprach.[1355]

Der Kostenwiderspruch muss klar als solcher bezeichnet werden. Der An- 1004 tragsgegner kann also nicht vom Vollwiderspruch auf einen Kostenwiderspruch übergehen, ohne seine Rechte aus § 93 ZPO zu verlieren.

1355 Vgl. OLG Frankfurt ZUM-RD 2015, 300; LG München ZUM-RD 2011, 644; Fromm/Nordemann/*Nordemann*[12] § 97a UrhG Rn. 28.

b) Unterwerfungswiderspruch

1005 Dem Antragsteller sind die Kosten des Verfügungsverfahrens bei unterbliebener Abmahnung nach § 93 ZPO auch dann aufzuerlegen, wenn der Antragsgegner nach Zustellung der einstweiligen Verfügung eine strafbewehrte Unterlassungserklärung abgibt und gleichzeitig vollen Umfangs Widerspruch einlegt.[1356] Beim Unterwerfungswiderspruch wird der Widerspruch mit einer Unterlassungserklärung kombiniert. Umstritten ist, wie sich eine erst nach Widerspruchseinlegung abgegebene Unterlassungserklärung auswirkt. Nach einer Auffassung ist ein Unterwerfungswiderspruch mit der Kostenfolge des § 93 ZPO sogar noch in der mündlichen Verhandlung möglich.[1357] Sofern im Einzelfall nicht triftige Gründe dagegensprechen, sollte die Unterlassungserklärung vorher oder zeitgleich mit dem Widerspruch abgegeben werden. Da durch Abgabe einer strafbewehrten Unterlassungserklärung die Wiederholungsgefahr entfällt, muss der Antragsteller die Hauptsache für erledigt erklären.[1358] Nach übereinstimmender Erledigungserklärung wird nach § 91a ZPO durch Beschluss über die Kosten des Verfahrens entschieden.

c) Aufbrauchfrist und Sicherheitsleistung

1006 Mit dem Widerspruch kann auch die Gewährung einer Aufbrauchfrist und die Anordnung einer Sicherheitsleistung beantragt werden.[1359]

1007 Unabhängig davon, ob die Verfügung im Beschlusswege oder nach mündlicher Verhandlung im Widerspruchsverfahren aufrechterhalten wird, kann die Vollziehung einer einstweiligen Verfügung grundsätzlich gemäß §§ 936, 921 S. 2 ZPO von der Leistung einer Sicherheit abhängig gemacht werden.[1360] Nach § 921 S. 2 ZPO kann das Gericht den Erlass und die Vollziehung einer einstweiligen Verfügung von einer vorherigen Sicherheitsleistung abhängig machen, selbst wenn Verfügungsanspruch und Verfügungsgrund glaubhaft gemacht wurden. Dies trägt insbesondere dem Umstand Rechnung, dass es im Eilverfahren keine dem § 710 ZPO vergleichbare Gläubigerschutzvorschrift gibt. Da nicht ausgeschlossen werden kann, dass sich eine einstweilige Verfügung im Hauptsacheverfahren als ungerechtfertigt erweist und der Antragsteller Schadensersatz gemäß § 945 ZPO leisten muss, kann die Anordnung einer Sicherheitsleistung geboten sein.

1356 OLG Hamburg GRUR 1988, 242.

1357 OLG Hamburg WRP 1972, 537; OLG Celle WRP 1975, 242; OLG München WRP 1976, 264.

1358 BGH NJW-RR 2006, 566.

1359 OLG Köln, Urteil vom 13.8.2004, Aktenzeichen 6 U 140/04.

1360 OLG Düsseldorf, Urteil vom 14.12.2017, Aktenzeichen I-2 U 18/17; OLG München GRUR 1988, 709 – Deutsche Kreditkarte..

3. Berufung

Gegen eine Urteilsverfügung kann nach § 511 ZPO Berufung eingelegt werden. Der Antragsgegner kann die Berufung insbesondere auch damit begründen, dass die Verfügung zwischenzeitlich der Aufhebung wegen veränderter Umstände – beispielsweise aufgrund der Versäumung der Vollziehungsfrist – unterliegt. Während im Hauptsacheverfahren vor Einlegung einer Berufung immer geprüft werden muss, ob zunächst ein Tatbestandsberichtigungsantrag zu stellen ist, ist die Rechtsprechung zur Notwendigkeit des Tatbestandsberichtigungsantrags im Verfügungsverfahren uneinheitlich.[1361] 1008

4. Aufhebungsanträge

Zudem kann der Verfügungsschuldner wahlweise auch die Aufhebung der einstweiligen Verfügung wegen Nichterhebung der Hauptsacheklage (§ 926 ZPO)[1362] oder wegen veränderter Umstände (§ 927 ZPO) beantragen. 1009

a) Nichterhebung der Hauptsacheklage

Ist die Hauptsache nicht anhängig, so hat das Gericht gemäß § 926 Abs. 1 ZPO auf Antrag ohne mündliche Verhandlung anzuordnen, dass die Partei, die die einstweilige Verfügung erwirkt hat, binnen einer zu bestimmenden Frist Klage zu erheben habe. Wird dieser Anordnung nicht Folge geleistet, so ist auf Antrag die Aufhebung des Arrests durch Endurteil auszusprechen. § 926 ZPO weicht von Art. 50 Abs. 6 TRIPs ab. Art. 50 Abs. 6 TRIPs bestimmt, dass einstweilige Maßnahmen auf Antrag des Antragsgegners aufgehoben oder auf andere Weise außer Kraft gesetzt werden, wenn das Verfahren, das zu einer Sachentscheidung führt (Hauptsacheverfahren), nicht innerhalb einer angemessenen, näher bestimmten Frist eingeleitet wird. Trotz dieser Abweichungen gehen einige Gerichte davon aus, dass § 926 ZPO den Anforderungen des Art. 50 Abs. 6 TRIPs genüge, mit der Folge, dass eine einstweilige Verfügung nicht schon deswegen aufzuheben ist, weil nicht innerhalb der in Art. 50 Abs. 6 TRIPs genannten Fristen Hauptsacheklage erhoben wird.[1363] 1010

1361 Eingehend zum Tatbestandsberichtigungsanspruch *Dute* NJW 2022, 359.

1362 Die von § 926 ZPO abweichende Vorschrift des Art. 50 Abs. 6 TRIPs, die keinen Klageerzwingungsantrag, sondern den automatischen Beginn einer Frist von 20 Arbeitstagen oder 31 Kalendertagen vorsieht, ist nicht unmittelbar anwendbar (LG Mannheim GRUR-RR 2009, 277, 280 – Pan European License).

1363 OLG Hamburg GRUR 2003, 873 – Pflanzgutangebot; OLG Frankfurt GRUR-RR 2004, 198 – Softwarefälschung.

b) Veränderte Umstände

1011 Veränderte Umstände sind unter anderem das nachträgliche Erlöschen des Verfügungsanspruchs, das Ergehen eines den Verfügungsanspruch verneinenden Urteils im Hauptsacheverfahren oder die Versäumung der Vollziehungsfrist nach §§ 929 Abs. 2, 936 ZPO. Der Antragsgegner kann das Vorliegen veränderter Umstände im Sinne des § 927 ZPO nicht nur im Aufhebungsverfahren geltend machen, sondern auch im Widerspruchs- und Berufungsverfahren der einstweiligen Verfügung.[1364] Der Aufhebungsantrag nach § 927 ZPO kann allerdings nicht parallel zur Berufung eingelegt werden. Für eine solche doppelte Prozessführung besteht kein Rechtsschutzinteresse.[1365]

1012 Im Aufhebungsverfahren nach § 927 ZPO müssen weitere – neben dem weggefallenen Hauptgrund existierende – Verfügungsgründe nach Auffassung des OLG Frankfurt dann berücksichtigt werden, wenn der Antragsteller sich bereits im Anordnungsverfahren hierauf gestützt und die erforderlichen Tatsachen vorgetragen hat.[1366]

1013 Erweist sich die Anordnung einer einstweiligen Verfügung als von Anfang an ungerechtfertigt oder wird die Anordnung aufgrund § 926 Abs. 2 ZPO aufgehoben, ist der Antragsteller gemäß § 945 ZPO auch verpflichtet, dem Antragsgegner den Schaden zu ersetzen, der ihm aus der Vollziehung der einstweiligen Verfügung oder dadurch entstanden ist, dass er Sicherheit geleistet hat, um die Vollziehung abzuwenden oder die Aufhebung der einstweiligen Verfügung zu erwirken.

5. Gegenverfügung

1014 Nach überwiegender Ansicht ist ein im Rahmen eines anhängigen Verfügungsverfahrens durch den Antragsgegner gestellter Verfügungsantrag gegen den Antragsteller prozessual unstatthaft.[1367]

1364 OLG Koblenz GRUR 1989, 373 – Veränderte Umstände.

1365 OLG Düsseldorf NJW-RR 1988, 188; LG Hamburg, Urteil vom 18.9.2017, Aktenzeichen 324 O 401/17.

1366 OLG Frankfurt GRUR-RR 2014, 410 – Ciclopoli; OLG Frankfurt GRUR 1997, 484 – Auswechseln der Anspruchsgründe bei § 927 ZPO.

1367 OLG Frankfurt GRUR-RR 2012, 88 – Unstatthaftigkeit eines Widerverfügungsantrags; dagegen LG Köln ZUM 2006, 71; *Berneke/Schüttpelz*[4] Rn. 330.

6. Schadensersatz nach § 945 ZPO

a) Voraussetzungen

Wird eine einstweilige Verfügung aufgehoben, kommt ein Schadensersatzanspruch nach § 945 ZPO in Betracht. Erweist sich die Anordnung einer einstweiligen Verfügung als von Anfang an ungerechtfertigt oder wird die angeordnete Maßregel auf Grund des § 926 Abs. 2 ZPO oder des § 942 Abs. 3 ZPO aufgehoben, so ist die Partei, welche die Anordnung erwirkt hat, verpflichtet, dem Gegner den Schaden zu ersetzen, der ihm aus der Vollziehung der angeordneten Maßregel oder dadurch entsteht, dass er Sicherheit leistet, um die Vollziehung abzuwenden oder die Aufhebung der Maßregel zu erwirken.[1368] 1015

Ein Schadensersatzanspruch nach § 945 ZPO setzt im Falle einer Unterlassungsverfügung einen Vollstreckungsdruck und die Kausalität zwischen diesem Vollstreckungsdruck und dem eingetretenen Schaden voraus. Ein Verschulden ist nicht Voraussetzung.[1369] 1016

Bei auf Unterlassen gerichteten einstweiligen Verfügungen gilt der Grundsatz, dass der Antragsteller für denjenigen Schaden haftet, der dem Antragsgegner durch Beschränkung seiner Handlungsfreiheit aufgrund der auf Unterlassen bezogenen einstweiligen Verfügung entstanden ist, weil er sich an dieses Unterlassungsgebot gehalten und deshalb anderweitige, widersprechende Handlungen zur Schadensabwehr oder Gewinnerzielung nicht vornehmen konnte. 1017

Bestand allerdings nach materiellem Recht ein Anspruch auf Unterlassung der untersagten Handlungen, fehlt es nach der Rechtsprechung in der Regel an einem Vollziehungsschaden im Sinne des § 945 ZPO. 1018

Zudem steht die Rechtsprechung auf dem Standpunkt, dass dann, wenn der Antragsgegner sich über den objektiven Verbotsumfang hinaus weitergehenden Beschränkungen unterworfen hat, der hieraus entstandene Schaden kein Vollziehungsschaden nach § 945 ZPO ist. Auch soweit sich der Schuldner nach Rücknahme des Verfügungsantrags noch an das Verbot gehalten hat, scheidet ein Schadensersatz nach § 945 ZPO mangels Vollstreckungsdrucks aus. 1019

Nach Auffassung des BGH ist die Verpflichtung zur Unterlassung grundsätzlich dahin auszulegen, dass sie neben der Unterlassung auch die Vornahme möglicher und zumutbarer Handlungen zur Beseitigung des eingetretenen Störungszustands umfasst.[1370] Um das Haftungsrisiko aus § 945 ZPO gering zu halten, kann es sich daher anbieten, Beseitigungs- und Rückrufverpflichtungen bei einem Antrag auf Erlass einer Unterlassungsverfügung ausdrücklich auszunehmen. 1020

1368 OLG Karlsruhe ZUM-RD 2003, 418.

1369 *Cepl/Voß*^{2} § 945 ZPO Rn. 1.

1370 BGH NJW 2018, 1317 – Reichweite eines Unterlassungstitels.

b) Auswirkungen der Enforcement-RL

1021 Die Regelung des § 945 ZPO ist richtlinienkonform auszulegen. Art. 9 Abs. 7 Enforcement-RL regelt nur eine eingeschränkte Haftung.[1371]

1022 Werden einstweilige Maßnahmen aufgehoben oder werden sie aufgrund einer Handlung oder Unterlassung des Antragstellers hinfällig, oder wird in der Folge festgestellt, dass keine Verletzung oder drohende Verletzung eines Rechts des geistigen Eigentums vorlag, so sind die Gerichte gemäß Art. 9 Abs. 7 Enforcement-RL befugt, auf Antrag des Antragsgegners anzuordnen, dass der Antragsteller dem Antragsgegner angemessenen Ersatz für durch diese Maßnahmen entstandenen Schaden zu leisten hat.

1023 Der Begriff „angemessener Ersatz" ist nach Auffassung des EuGH autonom und einheitlich auszulegen.[1372] Eine Auslegung, nach der den Mitgliedstaaten selbst freisteht, den Inhalt, den Umfang und die Modalitäten des Begriffs „angemessener Ersatz" zu definieren, würde nach Meinung des EuGH dem Ziel der Gleichwertigkeit und der Homogenität bei einem hohen Schutzniveau für geistiges Eigentum nicht gerecht werden.[1373] Nach Meinung des EuGH sind die mitgliedstaatlichen Gerichte nicht automatisch und in jedem Fall verpflichtet, den Antragsteller zum Ersatz jedweden Schadens zu verurteilen, der dem Antragsgegner aufgrund der einstweiligen Maßnahmen entstanden ist.[1374] Eine strikte Risikohaftung, wie sie § 945 ZPO vorsieht, ist damit nicht in Einklang zu bringen.[1375]

§ 30 Abschlussverfahren

I. Funktion

1024 Die einstweilige Verfügung ist nur ein vorläufiger Titel. Der Verfügungsschuldner kann die bereits dargestellten Rechtsbehelfe gegen die Verfügung einlegen. Das Abschlussverfahren dient dazu, Rechtssicherheit zu erlangen.

1371 Vgl. EuGH GRUR 2019, 1168 – Bayer/Richter; *Ahrens* WRP 2020, 387.
1372 EuGH GRUR 2019, 1168, 1169 Rn. 41 – Bayer/Richter.
1373 EuGH GRUR 2019, 1168, 1169 Rn. 44 – Bayer/Richter.
1374 EuGH GRUR 2019, 1168, 1170 Rn. 52 – Bayer/Richter.
1375 *Ahrens* WRP 2020, 387, 389.

https://doi.org/10.1515/9783110617207-030

II. Abschlusserklärung

1. Reichweite des Rechtsbehelfsverzichts

Die Abschlusserklärung beseitigt die Bestandsschwäche des Verfügungstitels, indem sie ihn einem endgültigen Titel gleichstellt.[1376] Die Erklärung muss also zumindest zum Ausdruck bringen, dass der Verfügungstitel als nach Bestandskraft und Wirkung einem entsprechenden Hauptsachetitel gleichwertig anerkannt wird. Es muss also auf sämtliche Möglichkeiten eines Vorgehens gegen den Titel und den titulierten Anspruch verzichtet werden, die auch durch einen rechtskräftigen Hauptsachetitel ausgeschlossen wären. Sie muss einen Verzicht auf die möglichen Rechtsbehelfe gegen die einstweilige Verfügung – aus §§ 924, 926, 927 ZPO – enthalten. Allerdings soll der Verzicht den Verfügungsgläubiger nicht besserstellen, als er bei einem rechtskräftigen Hauptsachetitel stünde. Bei einem uneingeschränkten Verzicht auf den Rechtsbehelf des § 927 ZPO, der es dem Verfügungsschuldner ermöglicht, die Aufhebung der einstweiligen Verfügung wegen veränderter Umstände zu beantragen, wäre genau das der Fall. Denn einem Hauptsachetitel können unter den Voraussetzungen der §§ 323, 767 ZPO nachträglich entstandene Einwendungen entgegengehalten werden. Zu den Einwendungen, die eine Vollstreckungsabwehrklage gegen einen in der Hauptsache titulierten Unterlassungsanspruch begründen können, gehören nicht nur Gesetzesänderungen, sondern auch Änderungen in der höchstrichterlichen Rechtsprechung.[1377] Die Formulierung in einer Abschlusserklärung, nach der diese unter einer „auflösenden Bedingung einer auf Gesetz oder höchstrichterlicher Rechtsprechung beruhenden eindeutigen Klärung des zu unterlassenden Verhaltens als rechtmäßig“ steht, geht allerdings zu weit, da eine solche auflösende Bedingung zur Folge hätte, dass der Verfügungsschuldner nach Bedingungseintritt sämtliche Rechte aus §§ 924, 926, 927 ZPO geltend machen könnte. Der BGH hat eine entsprechend formulierte Bedingung allerdings als – zulässigen – Vorbehalt der Rechte aus § 927 ZPO ausgelegt, mit der Folge, dass durch die Gleichstellung des vorläufigen mit einem endgültigen Titel das Rechtsschutzbedürfnis für eine Hauptsacheklage entfällt.[1378] Will der Antragsgegner nicht gegen die einstweilige Verfügung vorgehen, so empfiehlt es sich, von sich aus innerhalb von zwei Wochen nach Zustellung der einstweiligen Verfügung eine Abschlusserklärung abzugeben.[1379] 1025

1376 BGH GRUR 2005, 692, 694 – „statt“-Preis.

1377 BGH GRUR 2009, 1096, 1097 Rn. 17 – Mescher weis; vgl. auch BGH NJW 2010, 1874, 1876 Rn. 22 – Presserechtlicher Unterlassungsvertrag.

1378 BGH GRUR 2009, 1096, 1098 Rn. 27 – Mescher weis.

1379 Vgl. OLG Hamm GRUR-RR 2010, 267 – Zweiwöchige Wartefrist.

Praxistipp: Möglich wäre etwa folgende Formulierung: Der ... (Verfügungsschuldner) erkennt die am ... (Datum) ergangene einstweilige Verfügung des Landgerichts Heilbronn, ... Aktenzeichen, als endgültige und zwischen den Parteien materiell-rechtlich verbindliche, nach Bestandskraft und Wirkung einem entsprechenden Urteil in einem Klageverfahren gleichstehende Regelung an und verzichtet auf die Rechte/Rechtsbehelfe aus den §§ 511 ZPO (Berufung), 926 ZPO (Anordnung der Klageerhebung) und 927 ZPO (Aufhebung wegen veränderter Umstände). Darüber hinaus wird darauf verzichtet, den Verfügungsanspruch durch negative Feststellungsklage oder im Rahmen eines Schadensersatzanspruches durch Inzidentfeststellungsantrag anzugreifen sowie die Einrede der Verjährung geltend zu machen.

2. Inhalt

1026 Die Abschlusserklärung muss dem Inhalt der einstweiligen Verfügung entsprechen, damit sie die erwünschte Gleichstellung mit dem Hauptsachetitel erreichen kann, und darf grundsätzlich nicht an Bedingungen geknüpft sein.[1380]

1027 Entspricht die Erklärung der Verfügung, so entfällt das Rechtsschutzbedürfnis für eine Unterlassungsklage.[1381] Grundsätzlich zulässig ist es auch, sich einen Kostenwiderspruch vorzubehalten.[1382]

III. Abschlussschreiben

1028 Das Abschlussschreiben ist eine Aufforderung an den Verfügungsschuldner, eine Abschlusserklärung abzugeben. In aller Regel wird diese Aufforderung mit der Androhung einer Klageerhebung für den Verweigerungsfall verbunden.[1383] Da das Abschlussschreiben der Vorbereitung einer möglichen Hauptsacheklage dient, ist es nicht an den Verfahrensbevollmächtigten des Verfügungsverfahrens, sondern direkt an den Verfügungsschuldner zu adressieren, sofern sich nicht der Verfahrensbevollmächtigte auch für ein etwaiges Hauptsacheverfahren legitimiert hat. Erhebt der Verfügungsgläubiger eine Hauptsacheklage, ohne vorher ein Abschlussschreiben versendet zu haben, so riskiert er, bei sofortigem Anerkenntnis nach § 93 ZPO die Prozesskosten tragen zu müssen. Will der Verfügungsgläubiger das Kostenrisiko des § 93 ZPO vermeiden, muss er dem Verfügungsschuldner auch dann – gegebenenfalls zum zweiten Mal – Gelegenheit geben, innerhalb einer an-

---

1380 BGH GRUR 2009, 1096, 1097 Rn. 14 – Mescher weis; BGH GRUR 2005, 692, 694 – „statt"-Preis.

1381 BGH GRUR 2005, 692 – „statt"-Preis.

1382 OLG Düsseldorf WRP 2010, 294.

1383 Vgl. OLG Frankfurt WRP 2007, 556, 557.

gemessenen Frist eine Abschlusserklärung abzugeben, wenn das Gericht auf den Widerspruch des Verfügungsschuldners hin die Beschlussverfügung durch Urteil bestätigt hat.[1384] Ebenso wie der Abmahnung der Entwurf einer Unterlassungsklärung beigefügt werden kann, besteht die Möglichkeit – allerdings nicht die Verpflichtung –, dem Abschlussschreiben den Entwurf einer Abschlusserklärung beizufügen. In der Regel wird dem Verfügungsschuldner eine Frist zur Abgabe der Abschlusserklärung gesetzt, wobei eine Frist von einem Monat ab Zugang des Abschlussschreibens ausreicht.

IV. Kosten und Fristen

Die Kosten des Abschlussschreibens sind grundsätzlich vom Verfügungsschuldner zu erstatten, sofern für das Abschlussschreiben Veranlassung bestand.[1385] Ausnahmen von dem Grundsatz der Erstattungsfähigkeit gelten dann, wenn der Gläubiger in einem durchschnittlich komplizierten Fall über eine eigene Rechtsabteilung verfügt oder wenn das Abschlussschreiben nicht erforderlich war.[1386] Letzteres ist der Fall, wenn der Schuldner sich bereits zuvor unterworfen oder eine Abschlusserklärung abgegeben hatte. Das Abschlussschreiben gehört hinsichtlich der Anwaltsgebühren nicht zum Verfügungsverfahren, sondern zur angedrohten Hauptsacheklage.[1387] Gibt der Antragsgegner die geforderten Erklärungen ab, steht dem Antragsteller grundsätzlich ein materiell-rechtlicher Kostenerstattungsanspruch zu.[1388] 1029

Ein Anspruch auf Kostenerstattung setzt voraus, dass der Gläubiger vor Übersendung des Abschlussschreibens eine Wartefrist von mindestens zwei Wochen nach Zustellung des Urteils, durch das die einstweilige Verfügung erlassen oder bestätigt worden ist, an den Schuldner abgewartet hat.[1389] 1030

Auch die Kosten für ein Abschlussschreiben, das nach einer durch Beschluss erlassenen einstweiligen Verfügung abgesandt worden ist, sind grundsätzlich zu erstatten, wenn der Gläubiger eine Wartefrist von zwei Wochen eingehalten hat.[1390] Während der BGH zunächst betont hatte, dass dem Schuldner im 1031

1384 OLG Frankfurt GRUR-RR 2006, 111, 112 – Aufforderung zur Abschlusserklärung.
1385 OLG Hamburg ZUM-RD 2009, 382, 385 – Yacht II; OLG Frankfurt GRUR-RR 2003, 294 – Wartefrist.
1386 OLG Stuttgart WRP 2007, 688, 689 – Abschlusserklärung.
1387 BGH GRUR 2010, 1038, 1039 Rn. 27 – Kosten für Abschlussschreiben.
1388 BGH GRUR-RR 2008, 368 – Gebühren für Abschlussschreiben.
1389 BGH GRUR 2015, 822, 823 Rn. 21 – Kosten für Abschlussschreiben II.
1390 BGH GRUR 2017, 1160 – BretarisGenuair.

Fall einer Beschlussverfügung regelmäßig keine begründete gerichtliche Entscheidung als Beurteilungsgrundlage zur Verfügung steht und dass der Widerspruch nach §§ 935, 924 ZPO unbefristet zulässig ist[1391], hebt der BGH nun hervor, dass die Interessenlage des Gläubigers dieselbe ist, unabhängig davon, ob eine einstweilige Verfügung in Beschluss- oder Urteilsform erwirkt wurde.[1392]

1032 Um die Kostenfolge des § 93 ZPO zu vermeiden, muss der Gläubiger dem Schuldner außerdem eine Erklärungsfrist von im Regelfall mindestens zwei Wochen für die Prüfung einräumen, ob er die Abschlusserklärung abgeben will, wobei die Summe aus Warte- und Erklärungsfrist nach Meinung des BGH nicht kürzer als die Berufungsfrist (ein Monat) sein darf. Eine dem Schuldner gesetzte zu kurze Erklärungsfrist setzt eine angemessene Frist in Gang.[1393]

§ 31 Hauptsacheklage

1033 Der Verletzte kann seine Ansprüche auch im Hauptsacheverfahren geltend machen. Anders als im Verfügungsverfahren, in dem vor allem die Unterlassungs-, Drittauskunfts- und Vernichtungsansprüche durchgesetzt bzw. gesichert werden können, sind im Klageverfahren sämtliche Ansprüche, insbesondere auch Schadensersatzansprüche und die zur Bezifferung erforderlichen unselbstständigen Auskunfts- und Rechnungslegungsansprüche durchsetzbar.

1034 Eine Besonderheit bei Immaterialgüterrechtsverletzungen besteht darin, dass die Verbindung von Auskunfts- und Schadensersatzfeststellungsklage hier die sonst übliche Stufenklage in ihrer praktischen Bedeutung verdrängt.

I. Rechtsweg und Zuständigkeit

1035 Hinsichtlich des Rechtswegs und der Gerichtszuständigkeit gelten die Ausführungen zum Verfügungsverfahren entsprechend. Neben gesetzlichen Ansprüchen wegen Urheberrechtsverletzung können im Hauptsacheverfahren auch vertragliche Ansprüche, beispielsweise auf Zahlung einer Vertragsstrafe geltend gemacht werden. Zwar gilt § 32 ZPO nicht für Ansprüche auf Zahlung einer Ver-

1391 BGH GRUR 2015, 822 Rn. 22 – Kosten für Abschlussschreiben II.

1392 BGH GRUR 2017, 1160 Rn, 57 – BretarisGenuair; *Schwippert* WRP 2020, 1237, 1239.

1393 BGH GRUR 2015, 822 Rn. 23 – Kosten für Abschlussschreiben II.

https://doi.org/10.1515/9783110617207-031

tragsstrafe.[1394] Nach dem Rechtsgedanken des § 17 Abs. 2 GVG hat das zuständige Gericht den Rechtsstreit aus allen in Betracht kommenden Gesichtspunkten zu entscheiden. Das kann eine Zuständigkeit für vertragliche Zahlungsansprüche begründen, wenn diese zusammen mit deliktischen Ansprüchen eingeklagt werden.[1395]

II. Schiedsstellenverfahren

§ 128 Abs. 1 VGG erfordert bei bestimmten Klagen, an denen eine Verwertungs- 1036
gesellschaft beteiligt ist, ein vorheriges Schiedsstellenverfahren.[1396] Die Verwertungsgesellschaften-Richtlinie[1397] sieht die Möglichkeit vor, dass die Mitgliedstaaten für Streitigkeiten zwischen Verwertungsgesellschaften und Nutzern ein alternatives Streitbeilegungsverfahren einführen können. Die Mitgliedstaaten müssen sicherstellen, dass Streitigkeiten zwischen Verwertungsgesellschaften und Nutzern vor Gericht oder vor eine andere unabhängige und unparteiische Streitbeilegungsstelle mit einschlägigen Kenntnissen des Rechts des geistigen Eigentums gebracht werden können.[1398] Die Durchführung eines Schiedsstellenverfahrens ist allerdings nur dann Sachurteilsvoraussetzung, wenn die Frage der Anwendbarkeit und der Angemessenheit des Tarifs entscheidungserheblich ist.[1399]

Unterlassungsansprüche können auch ohne die vorherige Anrufung der 1037
Schiedsstelle gerichtlich durchgesetzt werden.

III. Stufenklage

Ist der Schaden des Gläubigers bzw. die Bereicherung des Schuldners noch nicht 1038
bezifferbar, so kann der nach § 253 Abs. 2 Nr. 2 ZPO erforderliche bestimmte Klageantrag nicht gestellt werden. Hier hilft dem Gläubiger § 254 ZPO, der eine Ver-

---

1394 LG Mannheim, Beschluss vom 23.2.2016, Aktenzeichen 2 O 61/15.

1395 LG Hamburg ZUM 2009, 251 – Foto von Yehudi Menuhin.

1396 Über die Rechtmäßigkeit von Entscheidungen der Schiedsstelle nach dem VGG entscheiden auf Antrag gemäß § 23 EGGVG die ordentlichen Gerichte (BayObLG, Beschluss vom 22.11.2021, Aktenzeichen 102 VA 119/21).

1397 Richtlinie 2014/26/EU des Europäischen Parlaments und des Rates vom 26.2.2014 über die kollektive Wahrnehmung von Urheber- und verwandten Schutzrechten und die Vergabe von Mehrgebietslizenzen für Rechte an Musikwerken für die Online-Nutzung im Binnenmarkt.

1398 Vgl. BGH GRUR 2018, 1277 Rn. 34 – PC mit Festplatte III.

1399 BGH GRUR 2016, 71 – Ramses; BGH GRUR 2000, 872 – Schiedsstellenanrufung; OLG München ZUM-RD 2022, 99.

bindung von Auskunfts- und Zahlungsklage im Wege der Stufenklage ermöglicht.[1400]

IV. Kombination von Auskunfts- und Schadensersatzfeststellungsklage

1039 Die Rechtsprechung lässt auch eine Verbindung von Auskunfts- und Schadensersatzfeststellungsklage zu. Nach § 256 Abs. 1 ZPO kann auf Feststellung des Bestehens oder Nichtbestehens eines Rechtsverhältnisses Klage erhoben werden, wenn der Kläger ein rechtliches Interesse daran hat, dass das Rechtsverhältnis alsbald festgestellt werde. Das nach § 256 Abs. 1 ZPO erforderliche rechtliche Interesse liegt bei Schadensersatzfeststellungsklagen bereits dann vor, wenn künftige Schadensfolgen möglich, ihre Art, ihr Umfang und sogar ihr Eintritt aber noch ungewiss sind. Die Rechtskraft eines Feststellungsurteils, in dem die Schadensersatzpflicht einer Partei festgestellt worden ist, führt dazu, dass spätere Einwendungen, die sich auf Tatsachen stützen, welche schon im Zeitpunkt der letzten mündlichen Verhandlung vorgelegen haben, nicht mehr berücksichtigt werden dürfen, soweit sie das Bestehen des festgestellten Anspruchs betreffen. Die Frage, ob und in welcher Höhe ein Schaden eingetreten ist, wird indes von der Rechtskraft eines vorausgegangenen Feststellungsurteils nicht erfasst.[1401]

1040 Das Feststellungsinteresse entfällt nicht schon dadurch, dass der Kläger im Wege der Stufenklage auf Leistung klagen könnte. Denn auch nach erteilter Auskunft kann für die Begründung des Schadensersatzanspruchs eine Prüfung der verschiedenen Berechnungsmethoden erforderlich sein. Auch kann Streit über die Vollständigkeit der erteilten Auskunft entstehen. Ist die Schadensersatzfeststellungsklage zunächst zulässig, muss der Kläger auch dann nicht zur Leistungsklage übergehen, wenn der Anspruch im Laufe des Prozesses bezifferbar wird.[1402]

1041 Das nach § 256 Abs. 1 ZPO erforderliche Feststellungsinteresse entfällt nach Ansicht des BGH im Immaterialgüterrecht nicht schon dadurch, dass der Kläger im Wege der Stufenklage nach § 254 ZPO auf Leistung klagen könnte.[1403] Denn die Kombination von Auskunfts- und Feststellungsklage kann aufgrund prozessökonomischer Erwägungen geboten sein, wenn etwa auch nach erteilter Auskunft die Begründung des Schadensersatzanspruchs Schwierigkeiten bereitet. Zudem schützt die Feststellungsklage den Verletzten vor einer drohenden Verjährung.

1400 Vgl. BGH GRUR 2004, 855, 856 – Hundefigur.

1401 BGH NJW 2020, 766 Rn. 22 – Chickenwings.

1402 BGH GRUR 2018, 832, 838 Rn. 54 – Ballerinaschuh.

1403 BGH GRUR 2001, 1177, 1178 – Feststellungsinteresse II; BGH GRUR 1972, 180, 183 – Cheri.

Bei einem stattgebenden Feststellungsurteil verjährt der Schadensersatzanspruch gemäß § 197 Abs. 1 Nr. 3 BGB erst in 30 Jahren.

Diese großzügige Handhabung des Feststellungsinteresses durch die Recht- 1042
sprechung begründet keine Verpflichtung, von der Möglichkeit der Kombination von Auskunfts- und Schadensersatzfeststellungsklage auch Gebrauch zu machen. Der Kläger kann ebenso eine Stufenklage einreichen.[1404]

V. Zwischenfeststellungsklage

In materielle Rechtskraft erwächst gemäß § 322 ZPO bei Leistungsklagen nur der 1043
Ausspruch über den Klageanspruch, nicht aber die den Leistungsbefehl tragenden tatsächlichen Feststellungen und die Beurteilung vorgreiflicher Rechtsverhältnisse. Diese könnten daher in einem anderen Prozess anders beurteilt werden.[1405] § 256 Abs. 2 ZPO ermöglicht eine Zwischenfeststellungsklage. Bis zum Schluss derjenigen mündlichen Verhandlung, auf die das Urteil ergeht, kann der Kläger durch Erweiterung des Klageantrags beantragen, dass ein im Laufe des Prozesses streitig gewordenes Rechtsverhältnis, von dessen Bestehen oder Nichtbestehen die Entscheidung des Rechtsstreits ganz oder zum Teil abhängt, durch richterliche Entscheidung festgestellt werde. Ein besonderes Feststellungsinteresse ist nicht erforderlich. Die Vorgreiflichkeit macht das sonst für die Feststellungsklage erforderliche Feststellungsinteresse entbehrlich.[1406]

§ 32 Vollstreckung

I. Arten der Vollstreckung

Die Vollstreckung von titulierten Unterlassungsansprüchen erfolgt durch Ord- 1044
nungsmittel nach § 890 ZPO und setzt einen vollstreckbaren Unterlassungstitel, eine gerichtliche Ordnungsmittelandrohung, die Zustellung des Titels und der Ordnungsmittelandrohung sowie eine schuldhafte Zuwiderhandlung voraus. Eine durch Urteil erlassene Verbotsverfügung wird mit der Verkündung des Urteils wirksam und ist vom Schuldner ab diesem Zeitpunkt zu beachten, wenn sie eine

---

1404 BGH GRUR 2004, 855, 856 – Hundefigur.
1405 LG Hamburg ZUM 2021, 860 Rn. 48 – Wiedergabe von Sportsendungen auf einem Kreuzfahrtschiff.
1406 LG Hamburg ZUM 2021, 860 Rn. 50 – Wiedergabe von Sportsendungen auf einem Kreuzfahrtschiff.

https://doi.org/10.1515/9783110617207-032

Ordnungsmittelandrohung enthält. Aus der Notwendigkeit, die auf Unterlassung gerichtete Urteilsverfügung durch Zustellung zu vollziehen, folgt nicht, dass der Unterlassungsschuldner das Verbot nicht bereits ab der Urteilsverkündung zu beachten hat.[1407] Die Vollstreckung vertretbarer Handlungen, wie beispielsweise der Vernichtung von Gegenständen, richtet sich nach § 887 ZPO. Unvertretbare Handlungen, wie beispielsweise Auskunft und Rechnungslegung, werden nach § 888 ZPO im Wege des Zwangsmittelverfahrens vollstreckt. Die in § 888 ZPO vorgesehenen Zwangsmittel sind Beugemittel und können durch Vornahme der geschuldeten Handlung abgewendet werden. Die Abgabe von Willenserklärungen wird nach § 894 ZPO vollstreckt.

1045 Das Mindestmaß des einzelnen Ordnungsgelds beträgt 5 Euro, das Höchstmaß 250.000 Euro. Die Verhängung eines Ordnungsmittels nach § 890 ZPO ist neben der Geltendmachung eines Anspruchs auf Vertragsstrafe möglich. Eine bereits titulierte Vertragsstrafe ist bei der Festsetzung des Ordnungsmittels zu berücksichtigen.[1408] Mehrere Einzelakte, mit denen ein Schuldner gegen ein tituliertes Unterlassungsgebot verstößt, werden dabei nicht als fortgesetzte Handlung zu einer einheitlichen Tat zusammengefasst.[1409]

II. Reichweite eines Verbotstenors

1046 Die Reichweite eines Unterlassungsgebots ist durch Auslegung zu ermitteln. Bei der Auslegung eines Verbots sind auch Tatbestand und Entscheidungsgründe und gegebenenfalls auch das Parteivorbringen heranzuziehen.[1410] Umstände, die außerhalb des Titels liegen, sind bei der Auslegung wegen der Formalisierung des Vollstreckungsverfahrens grundsätzlich nicht zu berücksichtigen. Insbesondere ist es ohne Bedeutung, welche materiell-rechtlichen Ansprüche dem Gläubiger zustehen.[1411]

1407 BGH GRUR 2009, 890 – Ordnungsmittelandrohung.

1408 BGH GRUR 2010, 355, 358 Rn. 33 – Testfundstelle; OLG Köln NJW-RR 1986, 1191 – Verhängung eines Ordnungsmittels.

1409 BGH GRUR 2009, 427 – Mehrfachverstoß gegen Unterlassungstitel.

1410 BGH GRUR 2010, 855 Rn. 17 – Folienrollos; BGH GRUR 2017, 208 Rn. 35 –Rückruf von Rescue-Produkte.

1411 BVerfG GRUR 2022, 1089 Rn. 19 – „Bot“-Software.

1. Beseitigung und Rückruf

Nach der Rechtsprechung des I. Zivilsenats des BGH folgen aus einem gericht- 1047
lichen Unterlassungsgebot regelmäßig auch Pflichten zur Beseitigung und zum Rückruf.[1412] Das in einem Unterlassungstitel enthaltene Verbot verpflichtet den Schuldner außer zum Unterlassen weiterer Vertriebshandlungen auch dazu, aktiv Maßnahmen zu ergreifen, die den Weitervertrieb der rechtsverletzenden Produkte verhindern. Aus einem Unterlassungsgebot kann beispielsweise die Verpflichtung folgen, auf Handelsvertreter oder in die eigene Vertriebsorganisation eingebundene Unternehmen oder beauftrage Vertriebspartner einzuwirken oder die Abrufbarkeit von wettbewerbswidriger Werbung auf den gängigsten Suchmaschinen auszuschließen.[1413]

Allerdings wird diese Verpflichtung abgemildert, wenn das Verbot nicht in ei- 1048
nem Hauptsacheverfahren, sondern in einem Verfügungsverfahren ergangen ist. Im Verfahren der einstweiligen Verfügung erfordert die Verpflichtung die Aufforderung an die Abnehmer, die erhaltenen Waren vorläufig nicht weiter zu vertreiben.[1414]

2. Kerngleiche Verstöße

Der Verbotsumfang ist nicht auf die konkrete Verletzungsform begrenzt. Die soge- 1049
nannte Kerntheorie, nach welcher der Schutzumfang eines Unterlassungsgebots nicht nur Verletzungsfälle, die mit der verbotenen Form identisch sind, sondern auch solche gleichwertigen Handlungen umfasst, die ungeachtet etwaiger Abweichungen im Einzelnen den Kern unberührt lassen, wurde vom BVerfG gebilligt.[1415]

Die Zuordnung einer Handlung zum Kernbereich des Verbots scheidet aus, 1050
wenn sie nicht Gegenstand der Prüfung im Erkenntnisverfahren gewesen ist.[1416] Die Kerntheorie erlaubt es allerdings nicht, die Vollstreckung aus einem Unterlassungstitel auf Schutzrechte zu erstrecken, die nicht Gegenstand des vorhergehen-

---

1412 BGH GRUR 2018, 292 – Produkte zur Wundversorgung; BGH GRUR 2017, 823 – Luftentfeuchter; BGH GRUR 2017, 208 – Rückruf von Rescue-Produkten; BGH GRUR 2016, 720 – Hot Sox; BGH GRUR 2015, 258 – CT-Paradies.

1413 OLG Düsseldorf MMR 2016, 114; OLG Stuttgart GRUR-RR 2017, 86 – Modedesign-Studium; dagegen OLG Zweibrücken ZUM 2017, 73 – Cache-Speicherung.

1414 BGH WRP 2020, 324 – Diätische Tinnitusbehandlung.

1415 BVerfG GRUR 2022, 1089 Rn. 22 – „Bot"-Software; BVerfG GRUR 2007, 618 – Organisationsverschulden.

1416 BGH GRUR 2014, 706 – Reichweite des Unterlassungsgebots; BGH WRP 2013, 1485, 1486 – Umsatzangaben; KG, Beschluss vom 19.3.2019, Aktenzeichen 5 W 33/19.

den Erkenntnisverfahrens gewesen sind. Dies wäre eine unzulässige Titelerweiterung. Das rechtlich Charakteristische der konkreten Verletzungsform, das für die Bestimmung des Kerns der verbotenen Handlung maßgeblich ist, ist daher auf das beschränkt, was bereits Prüfungsgegenstand im Erkenntnisverfahren gewesen ist.[1417]

1051 Nach einer Entscheidung des OLG Frankfurt soll der Vertrieb von Piraterieware einerseits und von parallel importierter (nicht erschöpfter) Originalware andererseits mit einem einheitlichen Klageantrag verfolgt werden können. Gleichwohl müsse die Begründung eines etwaigen Vollstreckungsantrags sich daran orientieren, auf welchen dieser Gesichtspunkte ein antragsgemäß erlassenes Verbot gestützt worden sei.[1418] Ein Grund für diese differenzierende Behandlung der Kerngleichheit im Erkenntnisverfahren einerseits und im Ordnungsgeldverfahren andererseits ist nicht ersichtlich.

III. Verschulden

1. Verschuldensmaßstab

1052 Handelt der Schuldner eines titulierten und mit Ordnungsmittelandrohung versehenen Unterlassungsanspruches dem Unterlassungsgebot zuwider, so kann ein Ordnungsgeld und für den Fall, dass dieses nicht beigetrieben werden kann, Ordnungshaft verhängt werden. Nach § 890 ZPO kann alternativ auch von Anfang an Ordnungshaft verhängt werden. Für das Verschulden reicht bereits Fahrlässigkeit aus.[1419] Allerdings muss den Schuldner selbst ein Verschuldensvorwurf treffen.[1420] Ein Verschulden von Hilfspersonen reicht nicht aus, da weder § 278 BGB noch § 831 BGB anwendbar sind.

2. Haftung für Organe und Organisationsverschulden

1053 Eine juristische Person muss sich das Verschulden ihrer Organe nach § 31 BGB und ein etwaiges Organisationsverschulden zurechnen lassen.[1421] Ein Organisationsverschulden trifft den Betriebsinhaber schon dann, wenn er nicht unverzüglich nach erlangter Kenntnis vom Vollstreckungstitel alle ihm zumutbaren Maßnah-

1417 BGH GRUR 2014, 706 – Reichweite des Unterlassungsgebots.
1418 OLG Frankfurt GRUR-RR 2013, 325 – Converse.
1419 Zöller/*Stöber*[34] § 890 ZPO Rn 5.
1420 BVerfG GRUR 2022, 1089 Rn. 24 – „Bot"-Software.
1421 BVerfG GRUR 2007, 618 – Organisationsverschulden; Zöller/*Stöber*[34] § 890 ZPO Rn 5.

men trifft, um Zuwiderhandlungen zu vermeiden, insbesondere auch Verstöße von Angestellten.[1422]

Wenn neben einer GmbH auch der Geschäftsführer zur Unterlassung ver- 1054
pflichtet ist, kann nach Auffassung des BGH gegen diesen nur in Ausnahmefällen ein Ordnungsgeld verhängt werden.[1423] Sind sowohl eine juristische Person als auch ihr Organ aus einem Vollstreckungstitel zur Unterlassung verpflichtet und handelt das Organ im Rahmen der geschäftlichen Tätigkeit für die juristische Person dem Verbot zuwider, ist nur gegen die juristische Person ein Ordnungsgeld festzusetzen. Dadurch wird eine gesonderte Inanspruchnahme des Organs neben der juristischen Person im Erkenntnisverfahren allerdings keineswegs überflüssig. Diese gesonderte Inanspruchnahme ist dann relevant, wenn das Handeln des Organs der juristischen Person nicht nach § 31 BGB zurechenbar ist, weil es sich aus Sicht eines Außenstehenden so weit vom organschaftlichen Aufgabenbereich entfernt, dass der allgemeine Rahmen der ihm übertragenen Obliegenheiten überschritten erscheint. Das kommt beispielsweise dann in Betracht, wenn das Organ für einen neben der juristischen Person bestehenden eigenen Geschäftsbetrieb oder eine andere juristische Person die schuldhafte Zuwiderhandlung begangen hat.[1424]

Die Vollstreckung nach § 888 ZPO kann hingegen auch gegen den Geschäfts- 1055
führer erfolgen.[1425] Das Zwangsgeld ist lediglich eine Beugemaßnahme, keine repressive Rechtsfolge für einen vorausgegangenen Ordnungsverstoß. Ist der Geschäftsführer selbst Täter, hat er im Falle seiner Verurteilung zur Auskunftserteilung grundsätzlich auch über alle seine die Verletzungsform betreffenden Handlungen Auskunft zu geben. Das sind in erster Linie die durch die GmbH begangenen Handlungen, können aber auch weitere Benutzungshandlungen sein, für die er als Täter in anderer Weise verantwortlich ist.[1426]

3. Haftung für Dritte

Eine eigene Zuwiderhandlung des Schuldners kann bei der Handlung eines Dritten 1056
vorliegen, wenn sein Verhalten für die Handlung des Dritten ursächlich war.[1427]

1422 OLG Zweibrücken GRUR 2000, 921 – CHRONOSLIM.

1423 BGH GRUR 2012, 541 Rn. 6 – Titelschuldner im Zwangsvollstreckungsverfahren.

1424 BGH GRUR 2012, 541 Rn. 9 – Titelschuldner im Zwangsvollstreckungsverfahren.

1425 OLG Frankfurt GRUR-RR 2015, 408 – Zwangsgeld gegen Geschäftsführer.

1426 OLG Düsseldorf, GRUR-RR 2012, 406 – Nullauskunft.

1427 BGH NJW-RR 2003, 1235, 1236 – Gartenbaubetrieb; OLG Frankfurt NJW-RR 1990, 639; OLG Köln NJW-RR 1986, 1191.

1057 Der Unterlassungsschuldner ist nach Auffassung des V. Zivilsenats des BGH verpflichtet, ein etwaiges verbotswidriges Verhalten Dritter durch aktives Tun zu verhindern.[1428] Nach Auffassung des I. Zivilsenats des BGH kommt eine Pflicht zur aktiven Einwirkung auf Dritte nur dann in Betracht, wenn das Handeln des Dritten dem Schuldner wirtschaftlich zugutekommt.[1429]

1058 Er muss dazu die geeigneten Anordnungen erteilen und deren Ausführung überwachen. Die Sorgfaltsanforderungen sind streng. Zur Unterbindung von Verstößen gegen ein gerichtliches Verbot durch Mitarbeiter kann es gehören, auf sie durch Belehrungen und Anordnungen entsprechend einzuwirken und deren Beachtung zu überwachen. Die Belehrung muss schriftlich erfolgen und muss auf die Nachteile aus einem Verstoß sowohl hinsichtlich des Arbeits- oder Dienstverhältnisses als auch der Zwangsvollstreckung hinweisen. Es reicht also nicht aus, Mitarbeiter oder Beauftragte lediglich über den Inhalt des Titels zu informieren und sie zu einem entsprechenden Verhalten aufzufordern. Vielmehr muss die Einhaltung der Anordnungen auch überwacht werden.[1430]

1059 Auch eine Haftung für den Import eines rechtsverletzenden Produkts durch Dritte kommt in Betracht. Liefert beispielsweise ein im Ausland ansässiger Unterlassungsschuldner das unter den Verbotstenor fallende Produkt an einen ebenfalls im Ausland ansässigen Abnehmer und bietet dieser das Erzeugnis in Deutschland an, liegt darin eine Zuwiderhandlung gegen den Titel, wenn der Schuldner weiß, dass eine Weiterlieferung nach Deutschland beabsichtigt ist und dem Abnehmer gegenüber vorgibt, dass ein Angebot in Deutschland zulässig sei.[1431]

IV. Einstweilige Einstellung der Zwangsvollstreckung

1060 In Ausnahmefällen kommt auch eine einstweilige Einstellung der Zwangsvollstreckung nach §§ 719, 707 ZPO in Betracht.[1432] Nach § 707 Abs. 1 S. 1 ZPO kann das Gericht unter bestimmten Umständen auf Antrag anordnen, dass die Zwangsvollstreckung gegen oder ohne Sicherheitsleistung einstweilen eingestellt werde oder nur gegen Sicherheitsleistung stattfinde und dass die Vollstreckungsmaßregeln gegen Sicherheitsleistung aufzuheben seien. Die Einstellung der Zwangsvollstre-

---

1428 BGH NJW-RR 2003, 1235, 1236 – Gartenbaubetrieb.

1429 BGH NJW 2019, 56 – Wirbel um Bauschutt; BGH NJW 2014, 2180 Rn. 26 – Vertragsstrafenklausel.

1430 LG Frankfurt MMR 2019, 850.

1431 OLG Frankfurt GRUR-RR 2009, 324 – Titelumgehung.

1432 Eingehend *Klette* GRUR 1982, 471.

ckung ohne Sicherheitsleistung ist nach § 707 Abs. 2 S. 2 ZPO nur zulässig, wenn glaubhaft gemacht wird, dass der Schuldner zur Sicherheitsleistung nicht in der Lage ist und die Vollstreckung einen nicht zu ersetzenden Nachteil bringen würde. § 719 Abs. 1 ZPO verweist für den Fall einer Berufung auf § 707 ZPO. §§ 924 Abs. 3 S. 2, 936 ZPO verweisen für den Fall eines Widerspruchs ebenfalls auf § 707 ZPO.

Bei einstweiligen Verfügungen hat ein Antrag auf einstweilige Einstellung **1061** der Zwangsvollstreckung in der Praxis nur selten Erfolg.[1433] Die Einstellung der Zwangsvollstreckung ist nur unter besonderen Umständen möglich.[1434] Eine Einstellung der Zwangsvollstreckung kommt insbesondere in Betracht, wenn entweder festgestellt werden kann, dass das angefochtene Urteil voraussichtlich keinen Bestand haben wird oder wenn der Schuldner die Gefahr eines besonderen Schadens darlegen und glaubhaft machen kann, der über die allgemeinen Vollstreckungswirkungen hinausgeht.[1435]

1. Negative Bestandsprognose

Hauptgrund für die einstweilige Einstellung der Zwangsvollstreckung ist, dass **1062** zum Zeitpunkt der Einstellungsentscheidung bereits feststeht, dass das angefochtene Urteil keinen Bestand haben kann. Eine solche Situation liegt beispielsweise vor, wenn es nach dem glaubhaft gemachten Vortrag des Antragsgegners an der Dringlichkeit fehlt.[1436] Auch bei einer unwirksamen Vollziehung ist der Antrag auf Einstellung der Zwangsvollstreckung begründet.[1437] Gleiches gilt, wenn das Schutzrecht, auf welches das Urteil gestützt ist, voraussichtlich nicht rechtsbeständig ist.[1438] In anderen Fällen bedarf es einer Abwägung der Interessen der Parteien.[1439]

2. Außerachtlassen wesentlicher Aspekte

Auch ohne eine negative Bestandsprognose kommt nach Auffassung des OLG **1063** Düsseldorf eine Einstellung in Betracht, wenn das erstinstanzliche Gericht we-

1433 Vgl. BVerfG NJW 2018, 3631 – Verletzung prozessualer Waffengleichheit in Pressesachen.

1434 OLG Zweibrücken GRUR 1997, 486; OLG Koblenz NJW-RR 1990, 1535; OLG Frankfurt GRUR 1989, 456 – Vollstreckungseinstellung.

1435 Vgl. OLG Düsseldorf, Beschluss vom 5.8.2019, Aktenzeichen 2 U 35/19.

1436 OLG Köln GRUR 1982, 504 – Gastechnik.

1437 OLG Karlsruhe NJW-RR 2016, 821; OLG Hamburg NJWE-WettbR 2000, 51.

1438 OLG Karlsruhe GRUR-RR 2015, 50 – Leiterbahnstrukturen.

1439 OLG Koblenz WRP 1981, 545.

sentliche, entscheidungserhebliche Aspekte des Falls außer Acht gelassen und über die sich insoweit stellenden Fragen nicht entschieden hat.[1440]

3. Gefahr eines besonderen Schadens

1064 Ein über die Vollstreckungswirkung hinausgehender Schaden liegt nach Meinung des OLG Köln bei einem gegen Sicherheitsleitung zu vollstreckenden Urteil selbst dann nicht vor, wenn bei einer Vollstreckung Zahlungsunfähigkeit und Insolvenz drohe.[1441] Zusätzlich müsse glaubhaft gemacht werden, dass der bei einer Zerschlagung des Unternehmens drohende Schaden von dem Gläubiger nicht ersetzt werden kann.

1065 Als Hauptgrund gegen die Einstellung der Zwangsvollstreckung im Verfügungsverfahren wurde in der Vergangenheit von einigen Gerichten die Regelung des § 945 ZPO genannt. Die Belange des Verfügungsschuldners würden durch den Schadensersatzanspruch aus § 945 ZPO bereits ausreichend geschützt.[1442] Diese Argumentation ist seit der Entscheidung des EuGH vom 12.9.2019 in der Rechtssache Bayer/Richter kaum noch vertretbar.[1443]

V. Vollstreckung gegen Auslandsansässige

1066 Es besteht ein erhebliches Bedürfnis danach, im Inland erwirkte Entscheidungen gegen Auslandsansässige zu vollstrecken. Ob in solchen Fällen eine Inlandsvollstreckung oder eine Auslandsvollstreckung vorzugswürdig ist, beurteilt sich insbesondere danach, ob der Titelschuldner über hinreichendes Vermögen im Inland verfügt. Die Inlandsvollstreckung wirft dabei vergleichsweise wenig Fragen auf.

1. Auslandsvollstreckung

1067 Verfügt der Titelschuldner über kein Vermögen im Inland, so kommt eine Auslandsvollstreckung in Betracht. Die Vollstreckung erfolgt auf der Grundlage des inländischen Titels nach ausländischem Zwangsvollstreckungsrecht.

1068 Grundsätzlich kommen für die Auslandsvollstreckung zwei Wege in Betracht. Die Anerkennung und Vollstreckbarerklärung im Zweitstaat unter Anwendung des dortigen Vollstreckungsrechts (1) oder die Festsetzung des Ordnungsmittels

---

1440 OLG Düsseldorf GRUR-RR 2010, 122 – Prepaid telephone calls.
1441 OLG Köln ZIP 1994, 1053.
1442 OLG Zweibrücken GRUR 1997, 486.
1443 EuGH GRUR 2018, 1168 – Bayer/Richter; *Ahrens* WRP 2020, 387.

im Erststaat und dessen anschließende Vollstreckbarerklärung im Zweitstaat (2). Die Reform der EuGVO hat die Auslandsvollstreckung vereinfacht. Eine der Neuerungen ist die Abschaffung des Exequaturverfahrens.[1444]

a) Vollstreckung auf der Grundlage von Beschlussverfügungen

Die Vollstreckung von Beschlussverfügungen im Ausland ist wegen der fehlenden Anhörung der Gegenseite rechtlich problematisch. 1069

Nach Art. 45 Abs. 1 b EuGVO wird die Anerkennung einer Entscheidung auf Antrag eines Berechtigten versagt, wenn dem Beklagten, der sich auf das Verfahren nicht eingelassen hat, das verfahrenseinleitende Schriftstück oder ein gleichwertiges Schriftstück nicht so rechtzeitig und in einer Weise zugestellt worden ist, dass er sich verteidigen konnte, es sei denn, der Beklagte hat gegen die Entscheidung keinen Rechtsbehelf eingelegt, obwohl er die Möglichkeit dazu hatte. 1070

Voraussetzungen für das Anerkennungshindernis des Art. 45 Abs. 1 b EuGVO sind somit erstens die fehlende Zustellung des verfahrenseinleitenden Schriftstücks, zweitens die fehlende Einlassung und drittens die fehlende Einlegung eines Rechtsbehelfs trotz entsprechender Möglichkeit. Eine Einlassung nach Art. 45 Abs. 1 b EuGVO liegt bereits bei einem Vorbringen zur Zuständigkeit des Gerichts vor oder bei der Stellung von Anträgen, auch wenn sie sich auf die Forderung einer Sicherheitsleistung im Falle der Verurteilung beschränken.[1445] Eine Vollstreckung von Entscheidungen, die ohne Anhörung der Gegenseite ergeht, ist dann möglich, wenn kein Rechtsbehelf eingelegt wurde, obwohl die Möglichkeit dazu bestand.[1446] Zu diesen Rechtsbehelfen im Sinne des Art. 45 EuGVO gehört auch ein Widerspruch, der gegen eine Beschlussverfügung eingelegt werden kann.[1447] 1071

Die ältere Rechtsprechung (zum EuGVÜ) hielt Gerichtsentscheidungen, durch die einstweilige oder auf eine Sicherung gerichtete Maßnahmen angeordnet werden und die ohne Ladung der Gegenpartei ergangen sind, auf der Grundlage der EuGVÜ für nicht vollstreckbar.[1448] In der Literatur wurde wegen dieser Rechtspre- 1072

1444 Danckwerts/Papenhausen/Scholz/Tavanti/*Danckwerts*² Rn. 791.

1445 OLG Hamm NJW-RR 1995, 189, 190 – Vollstreckbarerklärung einer französischen vorläufigen Entscheidung.

1446 EuGH, Urteil vom 28.4.2009, Aktenzeichen C-420/07 Rn. 80 – Apostolides/Orams; BGH NJW-RR 2010, 571 – Vollstreckbarerklärung eines italienischen Urteils; OLG München GRUR-RR 2011, 78 – Metallhülle für Discs.

1447 LG Berlin, Beschluss vom 15.4.2008, 16 O 854/06; *Paulus/Peiffer/Peiffer* Art. 45 EuGVO Rn. 99.

1448 EuGH GRUR Int. 1980, 512, 514 – Denilauler; BGH GRUR 2007, 813, 814 – Ausländischer Arrestbeschluss; BGH, Beschluss vom 10.12.2009, Aktenzeichen IX ZB 143/07; OLG Stuttgart, Be-

chung empfohlen, ausdrücklich zu beantragen, dass das Gericht dem Antragsgegner den Verfügungsantrag zustellt und ihm Gelegenheit zur Äußerung gibt.[1449] Da bei der Zustellung im Ausland in aller Regel eine Übersetzung erforderlich ist, war es verbreitete Praxis, der Antragsschrift bereits eine beglaubigte Übersetzung beizufügen. Um den zeitlichen und finanziellen Aufwand gering zu halten, wurde empfohlen, die Antragsschrift kurzzufassen. Grundsätzlich reicht es aus, dass sämtliche die Schlüssigkeit begründenden Tatsachen im Schriftsatz enthalten sind. Bestellt sich dann ein Rechtsanwalt für den Antragsgegner, so können Details anschließend in der Replik ausgeführt werden.

1073 Durch die Reform der EuGVO wurde das Problem entschärft.[1450] Die seit dem 10. Januar 2015 geltende Neufassung der EuGVO hat auch für die Vollstreckung von Beschlussverfügungen eine Vereinfachung gebracht. Nach einer Auffassung in der Literatur ist es nun nicht mehr erforderlich, dass eine mündliche Verhandlung stattgefunden hat oder der Antragsgegner schriftlich angehört wurde.[1451] Nach Art. 2 a Abs. 1 EuGVO umfasst der Ausdruck „Entscheidung" auch einstweilige Maßnahmen einschließlich Sicherungsmaßnahmen, die von einem nach dieser Verordnung in der Hauptsache zuständigen Gericht angeordnet wurden. Hierzu gehören nach Art. 2 a Abs. 2 EuGVO keine einstweiligen Maßnahmen einschließlich Sicherungsmaßnahmen, die von einem solchen Gericht angeordnet wurden, ohne dass der Beklagte vorgeladen wurde, es sei denn, die Entscheidung, welche die Maßnahme enthält, wird ihm vor der Vollstreckung zugestellt. Art. 2 a Abs. 1 EuGVO bewirkt, dass einstweilige Maßnahmen anerkannt und vollstreckt werden können, wenn das erlassende Gericht nach der EuGVO in der Hauptsache zuständig ist und der Antragsgegner vorgeladen bzw. ihm wenigstens vor der Vollstreckung die Entscheidung zugestellt wurde. Einstweilige Verfügungen müssen nach §§ 936, 929 ZPO zugestellt werden. Daher greift der Nebensatz „es sei denn ..." mit der Folge, dass auch Beschlussverfügungen zu den Entscheidungen im Sinne des Art. 2 a EuGVO zählen.[1452]

1074 Das OLG Düsseldorf meint, dass zwischen Zustellung und Wirksamkeit einer Unterlassungsverfügung ein gewisser Zeitraum liegen soll, der letztlich der Ge-

---

schluss vom 13.10.2014, Aktenzeichen 5 W 26/14; kritisch hierzu *Schack*[8] Internationales Zivilverfahrensrecht Rn. 976.

1449 *Heydn/Schmid-Petersen/Vassilaki* Rn. 666; *Kurtz* 104.

1450 Vgl. Danckwerts/Papenhausen/Scholz/Tavanti/*Danckwerts*[2] Rn. 792; Geimer/Schütze/*Geimer*[4], Europäisches Zivilverfahrensrecht, Art. 45 EuGVO Rn. 138.

1451 Danckwerts/Papenhausen/Scholz/Tavanti/*Danckwerts*[2] Rn. 793.

1452 OLG Düsseldorf GRUR-RR 2021, 443 Rn. 35 – Anhängeretikett mit Modellbezeichnung; LG Düsseldorf, Urteil vom 20.5.2020, Aktenzeichen 2a O 236/19; Danckwerts/Papenhausen/Scholz/Tavanti/*Danckwerts*[2] Rn. 793; MüKo/*Gottwald*[6] Art. 45 EuGVO Rn. 23.

währung und der Möglichkeit rechtlichen Gehörs dienen soll. Wie lang dieser Zeitraum sein soll und wie er praktisch umgesetzt werden soll („Aufbrauchfrist" oder zweite Zustellung), ließ das OLG Düsseldorf offen.[1453]

Nach Art. 45 Abs. 1 a EuGVO wird die Anerkennung einer Entscheidung auf 1075
Antrag eines Berechtigten versagt, wenn die Anerkennung der öffentlichen Ordnung (ordre public) des ersuchten Mitgliedstaats offensichtlich widersprechen würde. Diese Bestimmung wird sehr eng ausgelegt. Damit das Verbot, die in einem anderen Mitgliedstaat ergangene Entscheidung in der Sache nachzuprüfen, gewahrt bleibt, muss es sich bei diesem Verstoß nach Auffassung des EuGH um eine offensichtliche Verletzung einer in der Rechtsordnung des Vollstreckungsstaats als wesentlich geltenden Rechtsnorm oder eines dort als grundlegend anerkannten Rechts handeln.[1454]

b) Vollstreckung von Ordnungsgeldbeschlüssen im Ausland

Grundsätzlich können deutsche Gerichte Ordnungs- und Zwangsgelder gegen im 1076
Ausland ansässige Schuldner festsetzen.[1455] Durch die Festsetzung eines Zwangsgelds nach § 888 ZPO wird nur im Inland Zwang angewendet, auch wenn die zu erzwingende Handlung – etwa eine Auskunftserteilung – im Ausland vorzunehmen ist.

Bei der Vollstreckung von Ordnungs- und Zwangsgeldbeschlüssen im EU- 1077
Ausland ist das Verfahren nach der EuVTVO von dem Verfahren nach der EuGVO zu unterscheiden. Zwischen den beiden Verfahren kann der Gläubiger wählen.[1456]

(1) EuVTVO

Eine Vollstreckung von Ordnungsgeldern im EU-Ausland ist nach der EuVTVO[1457] 1078
möglich.[1458] Die Rechtsprechung qualifiziert Ordnungsgelder als Forderungen im

---

1453 OLG Düsseldorf GRUR-RR 2021, 443 Rn. 35 – Anhängeretikett mit Modellbezeichnung.

1454 EuGH GRUR 2015, 1035, 1036 Rn. 44 – Diageo Brands/Simiramida; EuGH EuZW 2016, 713, 715 Rn. 46.

1455 OLG Köln, Beschluss vom 3.6.2003, Aktenzeichen 11 W 16/02; LG Düsseldorf, Beschluss vom 5.8.2021, Aktenzeichen 14c O 108/20; MüKo/*Gruber*[6] § 888 ZPO Rn. 3.

1456 BGH NJW-RR 2010, 571 – Vollstreckbarerklärung eines ausländischen Titels.

1457 EG-Verordnung Nr. 805/2004 des Europäischen Parlaments und des Rates vom 21.4.2004 zur Einführung eines europäischen Vollstreckungstitels für unbestrittene Forderungen.

1458 Nach Auffassung des EuGH darf eine Nebenentscheidung über die Kosten allerdings nicht als Europäischer Vollstreckungstitel bestätigt werden, wenn die Hauptsacheentscheidung nicht über eine unbestrittene Forderung im Sinne des EuVTVO ergangen ist, d. h. nicht als Europäischer Vollstreckungstitel bestätigt werden könnte (EuGH EuZW 2018, 136 – Chudas).

Sinne der EuVTVO.[1459] Auf Unterlassung gerichtete einstweilige Verfügungen sind einer solchen Bestätigung nach der EuVTVO schon deshalb nicht zugänglich, weil sie nicht auf eine Forderung i.S.v. Art. 4 Nr. 2 EuVTVO gerichtet sind.[1460]

1079 Das Ordnungsgeldverfahren genügt allerdings häufig nicht den in Art. 12ff. EuVTVO geregelten Anforderungen für Verfahren über unbestrittene Forderungen.[1461] Besonders praxisrelevant ist die ordnungsgemäße Unterrichtung des Schuldners über die Verfahrensschritte zum Bestreiten der Forderung nach Art. 17 EuVTVO.[1462] Nach Art. 17 b) EuVTVO muss in dem verfahrenseinleitenden Schriftstück, einem gleichwertigen Schriftstück oder einer Ladung zu einer Gerichtsverhandlung oder in einer zusammen mit diesem Schriftstück oder dieser Ladung zugestellten Belehrung deutlich auf die Konsequenzen des Nichtbestreitens oder des Nichterscheinens, insbesondere die etwaige Möglichkeit einer Entscheidung oder ihrer Vollstreckung gegen den Schuldner und der Verpflichtung zum Kostenersatz hingewiesen werden. Eine Heilung ist nur unter den engen Voraussetzungen des Art. 18 Abs. 1 EuVTVO möglich.[1463]

1080 Genügte das Verfahren im Ursprungsmitgliedstaat nicht den in Art. 13 bis 17 EuVTVO festgelegten verfahrensrechtlichen Erfordernissen, so sind eine Heilung der Verfahrensmängel und eine Bestätigung der Entscheidung als Europäischer Vollstreckungstitel unter bestimmten Umständen möglich. Dies ist dann der Fall, wenn der Schuldner nach Art. 18 Abs. 1 b) EuVTVO die Möglichkeit hatte, einen Rechtsbehelf gegen die Entscheidung einzulegen, der eine uneingeschränkte Überprüfung vorsieht, und wenn er in oder zusammen mit der Entscheidung ordnungsgemäß über die verfahrensrechtlichen Erfordernisse für die Einlegung eines solchen Rechtsbehelfs, einschließlich der Bezeichnung und der Anschrift der Stelle, bei der der Rechtsbehelf einzulegen ist, und gegebenenfalls der Frist unterrichtet wurde. Die Anforderungen an die Rechtsbehelfsbelehrung sind unionsautonom zu bestimmen.[1464] So muss beispielsweise auch über die Rechtsbehelfe gegen eine, einem Kostenfestsetzungsbeschluss zugrundeliegende, einstweilige Verfügung (Widerspruch etc.) belehrt werden.[1465]

1459 EuGH GRUR Int. 2012, 32 – Realchemie Nederland BV/Bayer CropScience AG; Geimer/Schütze/*Geimer*[4] Europäisches Zivilverfahrensrecht, Art. 2 EuVTVO Rn. 3.

1460 OLG München NJW-RR 2007, 1582.

1461 BGH NJW 2010, 1883 Rn. 20ff. – Europäischer Vollstreckungstitel.

1462 Vgl. BGH NJW 2012, 858 – Schuldnerbelehrung.

1463 BGH NJW 2010, 1883 Rn. 22 – Europäischer Vollstreckungstitel.

1464 BGH NJW 2012, 858 Rn. 19 – Schuldnerbelehrung.

1465 BGH NJW 2012, 858 Rn. 20 – Schuldnerbelehrung.

(2) EuGVO

Daneben kommt die Vollstreckung nach der EuGVO in Betracht.[1466] Wurden beispielsweise die Mindeststandards der Art. 12ff. EuVTVO nicht eingehalten, kann eine Vollstreckung im EU-Ausland gleichwohl nach Art. 39ff. EuGVO erfolgen. Zustellungsmängel können nach Art. 45 Abs. 4 EuGVO (Antrag auf Versagung der Anerkennung) geltend gemacht werden. Die Nichteinhaltung des Mindeststandards der Art. 12ff. EuVTVO hat also nicht notwendigerweise den Versagungsgrund nach Art. 45 Abs. 1 b EuGVO zur Folge.[1467] 1081

Nachdem das Erfordernis der Vollstreckbarkeitserklärung durch die Reform der EuGVO im Jahr 2015 weggefallen ist, sind nationale Titel und damit auch Ordnungsgeldbeschlüsse zu europäischen Vollstreckungstiteln geworden. Der wesentliche Unterschied zu Titeln nach EuVTVO liegt darin, dass bei der Vollstreckung auf Grundlage der EuGVO noch Versagungsgründe gegen die Anerkennung der Entscheidung und gegen die Vollstreckbarkeit geltend gemacht werden können, während die Anerkennung eines Titels nach der EuVTVO nicht angefochten und die Vollstreckung nur unter den engen Voraussetzungen des Art. 21 EuVTVO verweigert werden kann.[1468] 1082

c) Erforderlichkeit von Begründung und Vollstreckungsklausel

Um im Ausland anerkannt und für vollstreckbar erklärt werden zu können, muss die Entscheidung mit einer Begründung (§ 922 Abs. 1 S. 2 ZPO) und mit einer Vollstreckungsklausel (§ 31 AVAG)[1469] versehen sein.[1470] Eine einstweilige Verfügung, deren Zwangsvollstreckung in einem anderen Vertrags- oder Mitgliedstaat betrieben werden soll, ist nach § 31 AVAG auch dann mit der Vollstreckungsklausel zu versehen, wenn dies für eine Zwangsvollstreckung im Inland nach § 796 Abs. 1, § 929 Abs. 1 und § 936 ZPO nicht erforderlich wäre. 1083

1466 EuGH GRUR Int. 2012, 32 – Realchemie Nederland BV/Bayer CropScience AG.

1467 Geimer/Schütze/*Geimer*[4], Europäisches Zivilverfahrensrecht, Art. 45 EuGVO Rn. 193.

1468 Danckwerts/Papenhausen/Scholz/Tavanti/*Scholz*[2] Rn. 1276.

1469 Gesetz zur Ausführung zwischenstaatlicher Verträge und zur Durchführung von Verordnungen und Abkommen der Europäischen Gemeinschaft auf dem Gebiet der Anerkennung und Vollstreckung in Zivil- und Handelssachen (Anerkennungs- und Vollstreckungsausführungsgesetz – AVAG).

1470 *Kurtz* 102f.

2. Inlandsvollstreckung

1084 Verfügt der Titelschuldner über hinreichendes Vermögen im Inland, so bietet sich eine Inlandsvollstreckung an. Urteile im Hauptsache- oder im Verfügungsverfahren können ab dem Zeitpunkt ihrer Verkündung vollstreckt werden, sofern das Urteil eine Ordnungsmittelandrohung enthält. Eine Vollziehung der Urteilsverfügung durch Zustellung im Parteibetrieb erübrigt sich dadurch allerdings nicht.[1471] Soll die einstweilige Verfügung nur im Inland Wirkung entfalten, so schadet es nicht, wenn die Gegenseite zuvor nicht angehört wurde. Eine Beschlussverfügung kann gegebenenfalls auch durch eine Auslandszustellung wirksam vollzogen werden. Allerdings ist hier zu beachten, dass die Zustellung einer Entscheidung mit Strafandrohung in einem Nicht-EU-Staat, der auch nicht Vertragsstaat des LGVÜ ist, nach Auffassung der Literatur in fremde Hoheitsrechte eingreifen kann.[1472]

1085 Wird ein Ordnungsmittel durch separaten Beschluss angedroht, hatten einige Gerichte in älteren Entscheidungen den Beginn der Zwangsvollstreckung und gegebenenfalls einen Eingriff in fremde Hoheitsrechte gesehen.[1473]

VI. Klarstellungsverfügung

1086 Nicht selten besteht seitens des Gläubigers Unklarheit darüber, ob ein bereits ergangener Titel eine nunmehr neu beanstandete Rechtsverletzung erfasst oder nicht. Fraglich ist in diesem Zusammenhang häufig, ob ein Rechtsschutzbedürfnis für die Erwirkung einer Klarstellungsverfügung vorliegt. Nach Auffassung des Oberlandesgerichts Köln besteht für einen erneuten Verfügungsantrag ein Rechtsschutzbedürfnis, wenn und soweit eine bereits erlassene einstweilige Verfügung auslegungsfähig ist und ernsthafte Zweifel vorliegen, ob die nunmehr beanstandete Verletzungshandlung gegen den vorhandenen Unterlassungstitel verstößt.[1474] Das Oberlandesgericht Düsseldorf hält es für zulässig, dass der Verfügungsgläubiger gegen eine modifizierte Verletzungshandlung sowohl im Wege einer neuen Unterlassungsklage oder eines Antrags auf Erlass einer einstweiligen Verfügung als auch im Wege der Zwangsvollstreckung aus dem bereits bestehenden Titel vorgeht.[1475]

1471 BGH GRUR 2009, 890, 891 Tz. 15 – Ordnungsmittelandrohung.

1472 *Lindacher* 151 f.

1473 OLG München GRUR 1990, 677 – Postervertrieb; KG NJWE-WettbR 1999, 161.

1474 OLG Köln, Urteil vom 24.8.2012, Aktenzeichen 6 U 72/12.

1475 OLG Düsseldorf GRUR 1994, 81 – Kundenzeitschriften; offengelassen von OLG Hamburg, Urteil vom 29.1.2004, Aktenzeichen 3 U 109/03.

VII. Klage auf Abgabe einer eidesstattlichen Versicherung

Im Verfahren nach § 888 ZPO kann grundsätzlich nur die Auskunftserteilung bzw. Rechnungslegung und die Ergänzung bei formaler Unvollständigkeit durchgesetzt werden. Bei erkennbarer Unvollständigkeit fehlt es an einer formell ordnungsgemäßen Auskunft. In diesem Fall ist der titulierte Anspruch auf Auskunft noch nicht vollständig erfüllt und er kann daher im Wege der Zwangsvollstreckung nach § 888 ZPO weiterverfolgt werden.[1476] 1087

Ist die Auskunftserteilung oder Rechnungslegung dagegen unrichtig, weil die nach dem Urteilsausspruch geschuldeten Angaben zwar vollständig vorliegen, jedoch Anhaltspunkte dafür bestehen, dass die gegebene Auskunft nicht den Tatsachen entspricht, bleibt dem Gläubiger nur die Möglichkeit, den Schuldner in einem weiteren Erkenntnisverfahren nach §§ 259 Abs. 2, 260 Abs. 2 BGB auf Abgabe einer eidesstattlichen Versicherung zu verklagen, mit der der Schuldner die Richtigkeit der erteilten Auskunft bekräftigen muss.[1477] 1088

Bei unvollständigen Auskünften kann nach § 888 ZPO grundsätzlich nur die Ergänzung der formal unvollständigen Auskunft bzw. Rechnungslegung erzwungen werden. Beruht die Unvollständigkeit darauf, dass der Schuldner über den Umfang und die Reichweite seiner Rechnungslegungspflicht im Irrtum ist, etwa weil er meint, aus irgendwelchen Gründen nicht zur Offenbarung der betreffenden Lieferung verpflichtet zu sein, ist wiederum der Antrag auf Verhängung eines Zwangsmittels zulässig.[1478] 1089

Bestehen Zweifel an der Richtigkeit, liegt aber keine offensichtlich falsche Auskunft vor, so kann ein Anspruch auf Abgabe einer eidesstattlichen Versicherung geltend gemacht werden.[1479] Besteht Grund zu der Annahme, dass das Verzeichnis nicht mit der erforderlichen Sorgfalt aufgestellt worden ist, so hat der Verpflichtete auf Verlangen zu Protokoll an Eides statt zu versichern, dass er nach bestem Wissen den Bestand so vollständig angegeben habe, als er dazu imstande sei. 1090

1476 OLG Frankfurt GRUR-RR 2021, 477 – Salami und Oliven.

1477 OLG Düsseldorf, Beschluss vom 21.1.2016, Aktenzeichen I-15 W 12/15.

1478 OLG Düsseldorf, Beschluss vom 13.5.2019, Aktenzeichen 2 W 5/19.

1479 OLG Zweibrücken, Beschluss vom 3.11.1999, Aktenzeichen 5 WF 94/99.

§ 33 Vorabentscheidungsverfahren

1091 Die Parteien eines Klageverfahrens können zu jedem Zeitpunkt die Vorlage einer unionsrechtlichen Frage an den EuGH anregen. Erzwingen können die Parteien eine solche Vorlage zwar nicht. Die Nichtvorlage trotz Vorlagepflicht ist aber unter bestimmten Umständen als Verstoß gegen Art. 101 GG zu werten und kann dann mit einer Verfassungsbeschwerde angegriffen werden.

I. Vorlagepflicht

1092 Nach Art. 267 Abs. 1 AEUV entscheidet der EuGH über die Auslegung der Verträge und über die Gültigkeit und die Auslegung der Handlungen der Organe, Einrichtungen oder sonstigen Stellen der Union. Zu den überprüfbaren Handlungen der Organe zählen unter anderem die in Art. 288 AEUV genannten Rechtsakte. Ein mitgliedstaatliches Gericht kann derartige Fragen dem EuGH zur Entscheidung vorlegen, wenn sich die Frage in einem Verfahren stellt und das Gericht sie für entscheidungserheblich hält. Eine Vorlagepflicht besteht nach Art. 267 Abs. 3 AEUV grundsätzlich nur für letztinstanzlich entscheidende Gerichte. Die Vorlagepflicht entfällt dann, wenn die aufgeworfene Frage bereits in einem gleichgelagerten Fall vorgelegt und durch den EuGH beantwortet wurde, wenn eine gesicherte Rechtsprechung des EuGH zu dieser Frage bereits besteht oder wenn die richtige Anwendung des Unionsrechts derart offenkundig ist, dass für einen vernünftigen Zweifel kein Raum bleibt (Acte-clair-Doktrin).

1093 Nach der Rechtsprechung des EuGH muss ein letztinstanzliches nationales Gericht seiner Vorlagepflicht nachkommen, wenn sich in einem bei ihm anhängigen Verfahren eine Frage des Unionsrechts stellt, es sei denn, dass die gestellte Frage nicht entscheidungserheblich ist, dass die betreffende unionsrechtliche Bestimmung bereits Gegenstand einer Auslegung durch den Gerichtshof war oder dass die richtige Anwendung des Unionsrechts derart offenkundig ist, dass für einen vernünftigen Zweifel keinerlei Raum bleibt.[1480]

II. Verletzung der Vorlagepflicht

1094 Nach der Rechtsprechung des Bundesverfassungsgerichts haben die Fachgerichte bei Zweifelsfragen über die Anwendung und Auslegung von Unionsrecht diese

1480 EuGH NJW 1983, 1257 Rn. 21 – C. I. L. F. I. T.

https://doi.org/10.1515/9783110617207-033

dem EuGH vorzulegen. Dieser ist gesetzlicher Richter im Sinne des Art. 101 Abs. 1 S. 2 GG.[1481] Kommt ein deutsches Gericht seiner Pflicht zur Einleitung eines Vorabentscheidungsverfahrens nicht nach, kann dem Rechtsschutzsuchenden des Ausgangsrechtsstreits der gesetzliche Richter im Sinne des Art. 101 GG entzogen sein. Ein letztinstanzliches mitgliedstaatliches Gericht muss seiner Vorlagepflicht nachkommen, wenn sich in einem bei ihm schwebenden Verfahren eine Frage des Unionsrechts stellt, es sei denn, das Gericht hat festgestellt, dass diese Frage nicht entscheidungserheblich ist, dass die betreffende unionsrechtliche Bestimmung bereits Gegenstand einer Auslegung durch den EuGH war oder dass die richtige Anwendung des Unionsrecht derart offenkundig ist, dass für einen vernünftigen Zweifel keinerlei Raum bleibt.

Allerdings ist nicht jede Verletzung der unionsrechtlichen Vorlagepflicht zugleich ein Verstoß gegen Art. 101 Abs. 1 Satz 2 GG. Das BVerfG überprüft nur, ob die Auslegung und Anwendung der Zuständigkeitsregel des Art. 267 Abs. 3 AEUV bei verständiger Würdigung der das Grundgesetz bestimmenden Gedanken nicht mehr verständlich erscheint und offensichtlich unhaltbar ist.[1482] Dabei kommt es weniger auf die Vertretbarkeit der fachgerichtlichen Auslegung des maßgeblichen materiellen Unionsrechts an, sondern auf die Vertretbarkeit der Handhabung der unionsrechtlichen Vorlagepflicht.[1483] 1095

Die Maßstäbe, die das BVerfG an die unhaltbare Handhabung der Vorlagepflicht anlegt, sind streng. Hierzu hat das BVerfG Fallgruppen entwickelt. Eine unhaltbare Auslegung und Anwendung von Art. 267 Abs. 3 AEUV liegt insbesondere in den Fallgruppen der „grundsätzlichen Verkennung der Vorlagepflicht", des „bewussten Abweichens von der Rechtsprechung des Gerichtshofs ohne Vorlagebereitschaft" und der „unvertretbaren Überschreitung des Beurteilungsrahmens in Fällen der Unvollständigkeit der Rechtsprechung des Gerichtshofs" vor. 1096

Die Vorlagepflicht wird nach Meinung des Bundesverfassungsgerichts nur in solchen Fällen offensichtlich unhaltbar gehandhabt, in denen ein letztinstanzliches Hauptsachegericht eine Vorlage trotz der – seiner Auffassung nach bestehenden – Entscheidungserheblichkeit der unionsrechtlichen Frage überhaupt nicht in Erwägung zieht, obwohl es selbst Zweifel hinsichtlich der richtigen Beantwortung der Frage hegt und das Unionsrecht somit eigenständig fortbildet 1097

1481 BVerfG NJW 2018, 3223, 3235 Rn. 138 – Rundfunkbeitrag.

1482 BVerfG NJW 2018, 3223, 3235 Rn. 140 – Rundfunkbeitrag; BVerfG NJW 2018, 2036, 2037 Rn. 37 – Verlegeranteil.

1483 BVerfG NJW 2014, 2489, 2491 Rn. 24; BVerfG MMR 2011, 827, 829 Rn. 27 – Kabelweitersendungsrecht; BVerfG GRUR 2011, 225, 225 Rn. 16 – Gerätevergütung für Computer.

(grundsätzliche Verkennung der Vorlagepflicht).[1484] Dies gilt erst recht, wenn sich das Gericht hinsichtlich des Unionsrechts nicht hinreichend kundig macht. Es verkennt dann regelmäßig die Bedingungen für die Vorlagepflicht. Dies gilt auch, wenn es offenkundig die einschlägige Rechtsprechung des EuGH nicht auswertet. Um eine Kontrolle am Maßstab des Art. 101 Abs. 1 S. 2 GG zu ermöglichen, hat es die Gründe für seine Entscheidung über die Vorlagepflicht anzugeben.

1098 Gleiches gilt in den Fällen, in denen das letztinstanzliche Hauptsachegericht in seiner Entscheidung bewusst von der Rechtsprechung des EuGH zu entscheidungserheblichen Fragen abweicht und gleichwohl nicht oder nicht neuerlich vorlegt (bewusstes Abweichen ohne Vorlagebereitschaft).[1485]

1099 Liegt zu einer entscheidungserheblichen Frage des Unionsrechts eine einschlägige Rechtsprechung des EuGH hingegen noch nicht vor, hat die bestehende Rechtsprechung die entscheidungserhebliche Frage möglicherweise noch nicht erschöpfend beantwortet oder erscheint eine Fortentwicklung der Rechtsprechung des Gerichtshofs nicht nur als entfernte Möglichkeit (Unvollständigkeit der Rechtsprechung), wird Art. 101 Abs. 1 S. 2 GG verletzt, wenn das letztinstanzliche Hauptsachegericht den ihm in solchen Fällen notwendig zukommenden Beurteilungsrahmen in unvertretbarer Weise überschreitet.[1486] Das ist dann der Fall, wenn die Fachgerichte das Vorliegen eines „acte clair“ oder eines „acte éclairé“ willkürlich bejahen.

1100 Das Gericht muss sich daher hinsichtlich des materiellen Unionsrechts hinreichend kundig machen. Etwaige einschlägige Rechtsprechung des EuGH muss es auswerten und seine Entscheidung hieran orientieren. Auf dieser Grundlage muss das Fachgericht unter Anwendung und Auslegung des materiellen Unionsrechts die vertretbare Überzeugung bilden, dass die Rechtslage entweder von vornherein eindeutig („acte clair“) oder durch Rechtsprechung in einer Weise geklärt ist, die keinen vernünftigen Zweifel offenlässt („acte éclairé).[1487] Unvertretbar gehandhabt wird Art. 267 Abs. 3 AEUV im Falle der Unvollständigkeit der Rechtsprechung insbesondere dann, wenn das Fachgericht eine von vornherein eindeutige oder zweifelsfrei geklärte Rechtslage ohne sachliche Begründung bejaht.[1488] Um bei der Fallgruppe „Unvollständigkeit der Rechtsprechung des EuGH“ ein unvertretbares Überschreiten des Beurteilungsspielraums zu begründen, muss in der

---

1484 BVerfG NJW 2018, 3223, 3235 Rn. 142 – Rundfunkbeitrag; BVerfG NJW 2018, 2036, 2037f. Rn. 37 – Verlegeranteil.

1485 BVerfG NJW 2018, 3223, 3236 Rn. 142 – Rundfunkbeitrag.

1486 BVerfG NJW 2018, 3223, 3236 Rn. 142 – Rundfunkbeitrag.

1487 BVerfG NJW 2018, 3223 Rn. 143 – Rundfunkbeitrag; vgl. auch BVerfG NJW 2020, 314 Rn. 137ff. – Recht auf Vergessen II.

1488 BVerfG, Beschluss vom 15.12.2016, Aktenzeichen 2 BvR 221/11.

Verfassungsbeschwerde die EuGH-Rechtsprechung ausgewertet und ihre Unvollständigkeit dargelegt werden.[1489]

§ 34 Verfassungsbeschwerde

Werden in urheberrechtlichen Streitigkeiten grundrechtliche Fragen übersehen, 1101
kommt als letzte Möglichkeit eine Verfassungsbeschwerde in Betracht. Nach Art. 93 Abs. 1 Nr. 4a) GG entscheidet das BVerfG über Verfassungsbeschwerden, die von jedermann mit der Behauptung erhoben werden können, durch die öffentliche Gewalt in einem seiner Grundrechte oder in einem seiner in Art. 20 Abs. 4, 33, 38, 101, 103 und 104 GG enthaltenen Rechte verletzt zu sein. Die Möglichkeit einer Verfassungsbeschwerde hat an Bedeutung gewonnen, da das BVerfG seine Zuständigkeit auch in dem EU-weit vollharmonisierten Bereich für gegeben erachtet.[1490]

Die deutschen Grundrechte sind in vollvereinheitlichten Bereichen des Uni- 1102
onsrechts nicht anwendbar. Dies gilt auch für deren konkretisierende Anwendung.[1491] Wenn die EU im Rahmen dieser Befugnisse Regelungen schafft, die in der gesamten EU gelten und einheitlich angewendet werden sollen, muss auch der bei Anwendung dieser Regelungen zu gewährleistende Grundrechtsschutz einheitlich sein. Diesen Grundrechtsschutz gewährleistet die Charta der Grundrechte der Europäischen Union. Die Nichtanwendung der deutschen Grundrechte als Kontrollmaßstab beruht auf der Anerkennung eines Anwendungsvorrangs des Unionsrechts und lässt die Geltung der Grundrechte des Grundgesetzes als solche unberührt. Nach Auffassung des Bundesverfassungsgerichts bleiben sie dahinterliegend ruhend in Kraft. Dementsprechend erkennt das BVerfG einen die Überprüfung an den Grundrechten des Grundgesetzes ausschließenden Anwendungsvorrang des Unionsrechts nur unter dem Vorbehalt an, dass der Grundrechtsschutz durch die stattdessen zur Anwendung kommenden Grundrechte der Union hinreichend wirksam ist.[1492]

Die Frage, ob die Grundrechte des Grundgesetzes oder der Charta anzuwen- 1103
den sind, hängt maßgeblich von einer Unterscheidung zwischen vollständig vereinheitlichtem und gestaltungsoffenem Unionsrecht ab.

Ob eine Regelung unionsrechtlich vollständig vereinheitlicht ist, muss durch 1104
Auslegung des jeweils anzuwendenden unionsrechtlichen Fachrechts bestimmt

1489 BVerfG, Beschluss vom 7.1.2014, Aktenzeichen 1 BvR 2571/12, 1 BvR 2622/12.
1490 BVerfG NJW 2020, 314 – Recht auf Vergessen II.
1491 BVerfG NJW 2020, 314 Rn. 43 – Recht auf Vergessen II.
1492 BVerfG NJW 2020, 314 Rn. 47 – Recht auf Vergessen II.

https://doi.org/10.1515/9783110617207-034

werden. Die Frage der Gestaltungsoffenheit ist dabei jeweils in Bezug auf die konkret auf den Fall anzuwendenden Vorschriften in ihrem Kontext zu beurteilen, nicht aber aufgrund einer allgemeinen Betrachtung des Regelungsbereichs.[1493] Ob ein Gestaltungsspielraum besteht, muss in Bezug auf die jeweilige Norm des Unionsrechts untersucht werden. Gegen einen Gestaltungsspielraum spricht, wenn die Norm nur dazu dienen soll, besonderen Sachgegebenheiten hinreichend flexibel Rechnung zu tragen, dabei aber von dem Ziel der gleichförmigen Rechtsanwendung getragen ist.[1494]

1105 Die Unterscheidung zwischen vollvereinheitlichtem und gestaltungsoffenem Unionsrecht ist erforderlich, um zu entscheiden, ob die Grundrechte des Grundgesetzes oder diejenigen der Charta anwendbar sind. Soweit im Einzelfall festgestellt wird, dass die Anwendung der verschiedenen Grundrechte im konkreten Kontext nicht zu unterschiedlichen Ergebnissen führt, sind die Fachgerichte allerdings nicht gehindert, Abgrenzungsfragen nach der Reichweite der Vereinheitlichung dahinstehen zu lassen.[1495]

I. Grundrechte des Grundgesetzes

1106 In nicht vollständig vereinheitlichten Bereichen sind die Grundrechte des Grundgesetzes anzuwenden. Belässt der Unionsgesetzgeber den Mitgliedstaaten für die Umsetzung des Unionsrechts Gestaltungsspielräume, ist davon auszugehen, dass dies auch für den Grundrechtsschutz gilt. Das Bundesverfassungsgericht steht auf dem Standpunkt, dass das europäische Grundrechtsschutzniveau innerhalb eines äußeren unionsrechtlichen Rahmens eine Grundrechtsvielfalt zulässt.[1496]

1107 Wird das Handeln eines Mitgliedstaats nicht vollständig durch das Unionsrecht bestimmt, steht es den mitgliedstaatlichen Behörden und Gerichten nach Auffassung des EuGH frei, nationale Schutzstandards für die Grundrechte anzuwenden, sofern durch diese Anwendung weder das Schutzniveau der EU-GRCh, wie sie vom EuGH ausgelegt wird, noch der Vorrang, die Einheit und die Wirksamkeit des Unionsrechts beeinträchtigt werden.[1497]

1108 Die mitgliedstaatlichen Gerichte und Behörden dürfen die Anwendung der nationalen Schutzstandards davon abhängig machen, dass die Bestimmungen einer Richtlinie „Umsetzungsspielräume im nationalen Recht lassen“, sofern sich

1493 BVerfG NJW 2020, 314 Rn. 78 – Recht auf Vergessen II.
1494 BVerfG NJW 2020, 314 Rn. 80 – Recht auf Vergessen II.
1495 BVerfG NJW 2020, 314 Rn. 81 – Recht auf Vergessen II.
1496 BVerfG NJW 2020, 300 Rn. 50 – Recht auf Vergessen I.
1497 EuGH GRUR 2019, 929 Rn. 80 – Pelham.

dies auf den durch die Richtlinienbestimmungen bewirkten Harmonisierungsgrad bezieht, da die Anwendung nationaler Schutzstandards nur in Betracht kommt, soweit die Bestimmungen keine vollständige Harmonisierung bewirken.[1498]

II. Grundrechte der EU-Grundrechte-Charta

Sofern nicht die Gültigkeit oder Wirksamkeit von Unionsrecht infrage steht, sondern die richtige Anwendung vollvereinheitlichten Unionsrechts im Lichte der für den Einzelfall konkretisierungsbedürftigen Grundrechte der Charta (GRCh), nimmt das BVerfG seit der Entscheidung „Recht auf Vergessenwerden II" eine Prüfungskompetenz für sich in Anspruch.[1499] Gegenstand der Verfassungsbeschwerde war dort die Kontrolle einer Entscheidung eines deutschen Fachgerichts daraufhin, ob es bei der ihm obliegenden Anwendung des Unionsrechts den hierbei zu beachtenden Anforderungen der Charta Genüge getan hat. In solchen Fällen gehört es nach Meinung des Bundesverfassungsgerichts zu seinen Aufgaben, Grundrechtsschutz am Maßstab der Unionsgrundrechte zu gewährleisten. Soweit die Grundrechte des Grundgesetzes durch den Anwendungsvorrang des Unionsrechts verdrängt werden, kontrolliert das BVerfG dessen Anwendung durch deutsche Stellen am Maßstab der Unionsgrundrechte. 1109

Die Unionsgrundrechte gehören nach Meinung des Bundesverfassungsgerichts zu dem gegenüber der deutschen Staatsgewalt durchzusetzenden Grundrechtsschutz. Sie sind nach Maßgabe des Art. 51 Abs. 1 GRCh innerstaatlich anwendbar und bilden zu den Grundrechten des Grundgesetzes ein Funktionsäquivalent.[1500] 1110

Ohne Einbeziehung der Unionsgrundrechte in den Prüfungsmaßstab des BVerfG bliebe danach der Grundrechtsschutz gegenüber der fachgerichtlichen Rechtsanwendung unvollständig. Dies gilt insbesondere für Regelungsmaterien, die durch das Unionsrecht vollständig vereinheitlicht sind. Da hier die Anwendung der deutschen Grundrechte grundsätzlich ausgeschlossen ist, ist ein verfassungsgerichtlicher Grundrechtsschutz nur gewährleistet, wenn das BVerfG für die Überprüfung fachgerichtlicher Rechtsanwendung die Unionsgrundrechte zum Prüfungsmaßstab nimmt.[1501] 1111

1498 EuGH GRUR 2019, 929 Rn. 81 – Pelham.
1499 BVerfG NJW 2020, 314 Rn. 52 – Recht auf Vergessen II.
1500 BVerfG NJW 2020, 314 Rn. 59 – Recht auf Vergessen II.
1501 BVerfG NJW 2020, 314 Rn. 60 – Recht auf Vergessen II.

Sachregister

Die Zahlen verweisen auf die Randnummern.

https://doi.org/10.1515/9783110617207-035

V

www.ingramcontent.com/pod-product-compliance
Lightning Source LLC
LaVergne TN
LVHW091041021026
849161LV00002BA/258